DIE
WINDSORS

Donald Spoto

DIE
WINDSORS

GESCHICHTE EINER FAMILIE

WILHELM HEYNE VERLAG
MÜNCHEN

Titel der amerikanischen Originalausgabe:
The Decline and Fall of the House of Windsor
Ins Deutsche übertragen von Christian Quatmann
Redaktion: Barbara Zander

2. Auflage

Die Originalausgabe erschien 1995 im Verlag Simon & Schuster, New York
Copyright © 1995 by Donald Spoto
Copyright © 1996 der deutschen Ausgabe
by Wilhelm Heyne Verlag GmbH & Co. KG, München
Buchgestaltung: Jeanette Olender
Bildrecherche: Natalie Goldstein
Umschlaggestaltung: Christian Diener, Berlin,
unter Verwendung des Windsor-Wappens auf der Umschlag-Vorderseite
und folgender Fotos auf der Umschlag-Rückseite:
Buch S. 59, 121 und 281 © by Topham
und S. 349 © by Dorothy Wilding/Camera Press
Satz: Leingärtner, Nabburg
Druck und Bindung: Wiener Verlag, Himberg
Printed in Austria

ISBN 3-453-09743-2

Inhalt

Für Mary und Laurence Evans
in tiefer, aufrichtiger Zuneigung

»Könige sind Sternen vergleichbar – sie strahlen und verlöschen, sie genießen die Anbetung der Welt, aber sie finden keinen Frieden.«

Shelley, Hellas

»Wenn die Menschen die Monarchie nicht mehr verehren, werden sie uns als ihresgleichen betrachten, und dann ist die Illusion dahin.«

Ludwig XIV.

»Eine Monarchie sollte nicht erwarten, daß sie von Kritik verschont bleibt.«

Queen Elizabeth II.

*Entgegen dem Uhrzeigersinn, von oben: Charles und Diana, der Prinz
und die Prinzessin von Wales; Prinz Edward; Andrew und Sarah,
der Herzog und die Herzogin von York*

Die Royals und andere Stars (1994–95)

»Eine Familie auf dem Thron, das ist eine interessante Vorstellung.«
Walter Bagehot: The English Constitution (1867)

An einem milden Novemberabend des Jahres 1994 drängten sich in Los Angeles Tausende von Prominenten, Fans und Medienleuten vor einem Filmtheater in Century City, einer überaus wertvollen Immobilie, die früher einmal der benachbarten Twentieth Century-Fox,

11

einer der legendären Traumfabriken Hollywoods, gehört hatte. Der Anlaß war die Welturaufführung des Films *Frankenstein* nach Mary Shelley.

Der Schauspieler Jack Nicholson traf als einer der ersten Gäste ein. Er zeigte seine Einladungskarte und verschwand dann im Foyer des Theaters. Wie immer wirkte sein breites Lächeln liebenswert und gefährlich zugleich; eine Sonnenbrille schützte ihn vor dem Blitzlichtgewitter. Nicholson passierte einen Sicherheitsring und wurde dann dem Star des Abends vorgestellt – einem Engländer, der zwar mit dem Film *Frankenstein* nichts zu tun hatte, aber in der wohl erfolgreichsten Seifenoper der Welt eine Hauptrolle spielte. Jack schüttelte dem Gast die Hand und entbot ihm ein herzliches »Willkommen in Kalifornien!«.

»Für einen guten Horrorfilm bin ich immer zu haben«, erklärte der Mann, der niemand anders war als der britische Thronerbe, His Royal Highness Prince Charles Philip Arthur George, Knight of the Garter, Knight of the Thistle, Knight Grand Cross Order of Bath, Privy Councillor, Prince of Wales, Earl of Chester, Duke of Cornwall, Duke of Rothesay, Earl of Carrick und Baron of Renfrew, Lord of the Isles und Great Steward of Scotland. Doch in der Regel nannte man ihn meist schlicht Prinz Charles oder Prince of Wales.

Jack sagte, daß er einen guten Horrorfilm ebenfalls zu schätzen wisse, schließlich habe er sogar in einigen mitgewirkt. Dann bahnten Polizisten und Leibwächter beiden Männern den Weg durch das Gedränge der Fans, Fotografen und Fernsehreporter zum Vorführraum.

Zuvor hatte Prinz Charles mit Barbra Streisand, der amerikanischen Schauspielerin und Sängerin, Tee getrunken. Dabei gestand er Barbra, daß er ein großer Fan von ihr sei. Worauf sie erwiderte, daß es sehr nett sei, das zu hören. Die beiden Megastars, die sich gegenseitig so sehr bewunderten, hatten offenbar großes Vergnügen an ihrer kleinen Plauderei.

Während der Prinz sich in Los Angeles aufhielt, dinierte seine von ihm getrennt lebende Ehefrau Diana, Ihre Königliche Hoheit, die Prinzessin von Wales, einen Abend in einem Landhaus im englischen Berkshire. Gastgeber war der Musiker Elton John, und unter den Gästen befanden sich auch Sylvester Stallone, Richard Gere und George Michael. Einer der Eingeladenen berichtete, daß sich Diana über Stallones und Geres Witze fast totgelacht habe. »An diesem Abend hat sie sich allem Anschein nach blendend amüsiert.«

Zwei Wochen nach seiner Rückkehr aus Los Angeles besuchte Prinz Charles Ende November in London eine Wohltätigkeitsveranstaltung. Shirley Bassey sang »I Want to Know What Love Is« und warf dem Prinzen eine rote Rose zu, die dieser küßte und sich dann zur allgemeinen Begeisterung ins Knopfloch steckte. Ein paar Tage später war der Prinz dann in der Grafschaft Surrey unterwegs. Auf einem ländlichen Jahrmarkt sprach er mit Marvin dem Bananenkönig, hörte sich die Darbietungen eines singenden Fischhändlers an, trank ein Glas Bier bei Ye Dog & Bull und probierte Aal an einer Fischbude. Diese Unternehmungen sind zweifellos wesentlich einfacher, als Polo zu spielen, eine Sportart, die Charles nach etlichen schmerzhaften Stürzen vom Pferd mit seinen inzwischen siebenundvierzig Jahren aufgegeben hat.

Wie manche seiner Vorgänger als Prince of Wales und als Thronfolger (etwa sein Großonkel, King Edward VIII., sein Urgroßvater, King George V., und sein Ururgroßvater, King Edward VII.) hat auch Prinz Charles kaum etwas anderes zu tun, als sich bis zum Ableben der derzeitigen Throninhaberin die Zeit zu vertreiben – eine Situation, die zweifellos eine große psychische Belastung darstellt. Nach den Gepflogenheiten und dem Gesetz sind dem Thronfolger nämlich politische Aktivitäten und persönliche Stellungnahmen untersagt, so daß ihm kaum mehr zu tun bleibt, als harmlose Hobbys zu pflegen, freundliche Belanglosigkeiten von sich zu geben und mehr oder weniger heimliche Liebschaften einzugehen.

Bedauerlicherweise kann Charles an diesem Zustand kaum etwas ändern, denn die streng ihre Pflichten wahrnehmende Königin verfährt mit ihm nicht anders als Queen Victoria mit ihrem ältesten Sohn, der sich als Playboy hervorgetan hat. Da beide Königinnen ihren Söhnen eine praktische Vorbereitung auf die Zukunft und einen geregelten »Berufs«-Alltag gleichermaßen vorenthalten haben, blieb beiden Prinzen nur die Rolle höflicher Nutzlosigkeit. Und das hat bei beiden Thronfolgern zu ähnlichen Ergebnissen geführt: Die Prinzen wurden älter, ohne jedoch richtig erwachsen zu werden. »Ich habe ja nichts gegen die Anbetung des Ewigen Vaters«, sagte Victorias Sohn (der spätere King Edward VII.), als 1897 das Diamantene Thronjubiläum der Königin begangen wurde, »aber ich bin wohl der einzige Mann in diesem Land, der mit einer Ewigen Mutter gestraft ist.«

Ähnliche Gedanken dürften auch Charles nicht ganz fremd sein. Da ihm nie echte Aufgaben übertragen wurden, führte er ein einsames und isoliertes Leben, spielte Polo, zupfte bei offiziellen Anlässen verlegen an seinen Manschetten oder seinem Schlips herum und ist – wie viele Männer unter vergleichbaren Umständen – seiner lieblosen Ehe und seinem müßigen Leben entflohen und hat Trost bei seiner verheirateten Mätresse gesucht. »Die Frauen lieben ihn«, hat Lord Charteris, ein enger Freund der Königin und siebenundzwanzig Jahre lang einer ihrer Sekretäre, einmal gesagt. »Charles ist ein überaus charmanter Mann – wenn er nicht gerade über sein Leben jammert.«

Das tat der Prinz sogar in aller Öffentlichkeit, als er am 20. Juni 1994 in einem Fernsehinterview kundtat, daß er seiner Frau wegen ihrer unrettbar zerrütteten Ehe untreu geworden sei. Und dann beklagte er sich noch über seine unglückliche Vergangenheit und seine verworrene Gegenwart. Bereits 1983 hatte Charles im Hinblick auf seine Funktion erklärt: »Ständig habe ich das Gefühl, meine Existenz rechtfertigen zu müssen.« Worauf man erwidern könnte: Ja, dann suchen Sie sich doch einen anderen Job!

Allem Anschein nach haben sich seine Gefühle im Laufe der Jahre kaum geändert, allerdings hat er sie früher nur seiner wahren Liebe, Camilla Parker Bowles, anvertraut, heute offenbart er sich gleich der ganzen Welt.

Folgerichtig ist Ende 1994 eine – von Prinz Charles selbst autorisierte – umfangreiche Biographie erschienen, in der auch ausführlich aus seinen Briefen und Tagebüchern zitiert wird. Zweifellos wollte er damit seine Existenz rechtfertigen und seiner Popularität Aufwind geben. Charles erzählt in dem Buch von seiner einsamen Kindheit und berichtet vom abweisenden und distanzierten Verhalten seiner Eltern und schließlich von seiner Ehe, die vom ersten Tag an völlig unglücklich verlaufen sei. Angeblich hat er seine Frau nie geliebt, was er jetzt auch noch offen aussprach, und er erniedrigte damit sowohl Diana als auch die Prinzen William und Harry, die beiden unglücklichen Kinder aus dieser Verbindung. »Warum ist bei mir nur alles so schiefgelaufen?« fragte er voller Selbstmitleid. Die Antwort darauf könnten ihm seine Vorfahren über die Grenzen von Zeit und Geschichte hinweg zurufen: Man muß nur alles falsch anpacken.

Wie auf ein Stichwort wurde, kurz nach Erscheinen der Biographie, die Scheidung von Mr. und Mrs. Parker Bowles angekündigt – ein Ereignis, für das die Menschen in Großbritannien »jetzt und künftig [Charles] verantwortlich machen werden«. Das hat kein Geringerer gesagt als der ehrwürdige Harold Brooks-Baker, Herausgeber der

Genealogie Burke's Peerage. Nach Brooks-Bakers Auffassung »verschlechtert [dieser Zwischenfall] die Zukunftschancen der Monarchie« in Großbritannien erheblich. Immerhin befand sich der jetzt so unberechenbare Prince of Wales durch die Scheidung in einer Position, die es ihm ermöglicht hätte, sich zu seiner Mätresse zu bekennen, sein Erbe und Geburtsrecht auszuschlagen oder einfach sonst eine Entscheidung zu treffen.

»Mein Erstgeborener ist der größte Esel der Welt«, hat Queen Caroline, die Gattin King Georges II., einmal über ihren Sohn, den Prince of Wales, gesagt. »Ich wünschte von Herzen, er weilte nicht mehr unter uns.« Vielleicht hat auch Elizabeth II. Anfang 1995 ähnliches empfunden.

»Natürlich ist [Camilla] die große Liebe seines Lebens«, so Lord Charteris, und die Scheidung des Prinzen von Diana wird »die Luft reinigen. Und dazu wird es eher früher als später kommen.« Das gleiche gilt für Prinz (»Randy Andy«) Andrew, den Herzog von York und jüngeren Bruder von Charles, dessen Ehe mit der lebenslustigen Sarah Ferguson ebenfalls mit einem Skandal endete. (»Ganz einfach«, meint Lord Charteris, »die Herzogin von York ist ein vulgäres Weib. Sie ist vulgär, vulgär, vulgär und sonst nichts.« Das ist sie in der Tat.)

Aber würden Charles und Camilla, wenn beide geschieden wären, auch heiraten können? Würde der an das traditionelle Scheidungs- und Wiederverheiratungsverbot der anglikanischen Kirche gebundene Erzbischof von Canterbury einem solchen Schritt zustimmen? Würde er schließlich einem solchen König die Krone aufs Haupt setzen – und eine Camilla Shand Parker Bowles Windsor krönen? In derselben Woche, als die Scheidung der Eheleute Parker-Bowles bekanntgegeben wurde, diskutierten die Bischöfe die schwierige Frage der Scheidung und Wiederverheiratung. Und die Bischöfe fragten sich, ob es nicht Zeit für eine Liberalisierung der traditionellen Vorschriften sei. Gibt es nicht tatsächlich zerbrochene Ehen, ohne daß deren Scheitern erst durch den Urteilsspruch Dritter besiegelt werden muß?

Freilich spricht in diesem Zusammenhang manches für das Verhalten Edwards VIII., der 1936 seine persönlichen Wünsche über die ererbte Königswürde stellte und noch vor seiner Krönung auf den Thron verzichtete, um die geschiedene Amerikanerin Wallis Simpson zu heiraten. Durch seine rasche Entscheidung konnte er damals wenigstens eine Krise der Monarchie abwenden. Der heutige Prince of Wales dagegen läßt sich mit einer Entscheidung reichlich Zeit.

Die Neuigkeiten über Prinz Charles und die Prinzessin von Wales und ihre jeweiligen Vertrauten lesen sich in der Boulevardpresse nicht anders als Berichte über Mick und Bianca Jagger (oder Mick und Jerry Hall), über Richard Gere und Cindy Crawford oder Lyle Lovett und Julia Roberts – allesamt von den Medien und der Öffentlichkeit belagerte Stars.

Diana hatte Ende 1994 selbst eine harte Nervenprobe zu bestehen, als ein Mann namens James Hewitt behauptete, er sei fünf Jahre lang ihr Liebhaber gewesen. Der Mann, der früher bei Hofe hauptsächlich für die Pferdehaltung zuständig gewesen war, und die Prinzessin hatten sich zwischen 1986 und 1991 wie Figuren aus einem D.-H.-Lawrence-Roman aufgeführt. Hewitts Mitteilungen über die Affäre, die von der Sensationspresse verbreitet wurden, verärgerten zwar Diana und den Buckingham-Palast, wurden jedoch nicht dementiert. »Ich weiß nicht, wo das noch hinführen soll«, hat ein Geheimrat der Königin im Hinblick auf Hewitt, Parker Bowles und Konsorten einmal bemerkt. »Diese Leute machen die Königliche Familie zum Gespött der ganzen Welt.«

Bei einem offiziellen Anlaß in Paris hatte Diana einen ihrer großen Auftritte. Das begehrteste Covergirl der Welt trug ein Kleid mit tiefem Rückenausschnitt und einem hohen Schlitz. Die internationale Presse drängte sich, um Fotos von ihr zu bekommen. Anschließend wurde ihr zu Ehren ein Diner gegeben. »Sie zieht das Interesse auf sich, wohin sie auch geht, was immer sie tut«, sagte die Gastgeberin Anne Giscard d'Estaing, Gattin des damaligen französischen Präsidenten.

Diana ist allem Anschein nach guten Willens, doch gibt es in ihrem Leben keine erkennbare Perspektive, und wenn sie nicht gerade eine Wohltätigkeitsveranstaltung besucht, erweckt sie den Eindruck einer beängstigend orientierungs- und ziellosen Frau. Sie konsultiert regelmäßig einen Astrologen, geht zur Gymnastik, fährt zu ihrem Masseur, läßt sich akupunktieren, vertraut sich ihrem Hypnotherapeuten an und konsultiert ihren Aromatherapeuten. Sie glaubt an die Kraft der Kristalle und studiert Tierkreistabellen. Sie läßt sich täglich ihr Haar frisieren und fährt anschließend Kleider kaufen. In ihrem Haus gibt es ein besticktes Kissen mit der Aufschrift »Wenn du meinst, man könnte Liebe nicht mit Geld kaufen, dann kennst du nicht die richtigen Adressen«. Aber Diana ist nach übereinstimmender Auskunft eine treusorgende Mutter. Sie fährt mit ihren Kindern zum Skifahren und besucht mit ihnen Disney World (freilich nur nach vorheriger Absprache mit der Königin). An ihren diversen Urlaubszielen fleht sie die Presseleute an, sie wenigstens einmal in Ruhe zu lassen. Doch wenn sie nach London zurückkehrt, posiert sie wie beispielsweise im Juli 1994 für das Titelblatt der *Vogue*. Für die Fotos hatte sie eigens Patrick Demarchelier engagiert, einen der weltweit besten Modefotografen. So sorgt die Prinzessin von Wales für ihren guten Ruf und ist gleichzeitig präsent für die Öffentlichkeit, auf deren Gunst sie nicht verzichten kann.

Wo immer der Prinz und die Prinzessin von Wales auch auftreten, stellen sie die übrigen Anwesenden ausnahmslos in den Schatten. Jeder möchte sie sehen, ihnen nahe sein, sie berühren, ihnen die Hand schütteln. Charles und Diana sind die am häufigsten öffentlich auftretenden Mitglieder der Windsor-Dynastie, der englischen Königsfamilie, deren Oberhaupt einer der letzten einflußreichen Monarchen unserer Zeit ist. Und die mit diesem königlichen Status verbundenen Rituale und Privilegien haben eine mehr als tausendjährige Tradition.

Wie auch die übrigen Mitglieder der Familie spielen der Prinz und die Prinzessin – sowohl öffentlich als auch privat – glanzvolle Rollen in einem außergewöhnlichen Schauspiel. Dabei stellen sie sich tagtäglich auf mehr oder weniger offener Bühne ihrem Publikum – wie die Personen eines Dramas. Sie tragen uralte Titel und erfreuen sich der fast anbetungsähnlichen Bewunderung der Menschen. Ihren Tagesablauf bestimmt ein Aufgebot an PR-Experten. Immer wieder müssen die Hoheiten ausgefallene Kleidung tragen; ihre Garderobe wird sorgfältig ausgewählt, dann von der Presse begutachtet, die sie für die erwartungsvolle Öffentlichkeit im Detail beschreibt. Jede Reise wird dokumentiert, jeder Schritt, sei es nur um die Ecke, sei es irgendwo auf der Welt, wird registriert und fotografiert. Und wenn den beiden ein Fehler unterläuft, wird das von den Medien zum Entzücken der Öffentlichkeit besonders angemerkt. Tatsächlich sind die Mitglieder des englischen Königshauses unübertroffene Berühmtheiten und die meistfotografierten Stars unseres Jahrhunderts. Sie sind Figuren in einer unendlichen Geschichte, und egal wie sie sich auch verhalten, was immer sie tun, es wirkt entweder melodramatisch, manchmal lächerlich, oft aber auch mitleiderregend.

In der derzeitigen Besetzung des Dramas spielt Charles' Mutter die Hauptrolle, Ihre Majestät Queen Elizabeth, eine Ururenkelin von Queen Victoria.

In den ersten Monaten des Jahres 1995 hat die Königin mit ihren Finanzberatern und Anwälten viel Zeit verbracht, um einen für die

Öffentlichkeit bestimmten Rechenschaftsbericht vorzubereiten, in dem dargelegt wird, wie sie die 20 Millionen Pfund (50 Millionen Mark) verwendet, die sie vom britischen Steuerzahler pro Jahr für den Unterhalt ihrer drei Paläste (Buckingham, Kensington und St. James) und der übrigen königlichen Residenzen (Windsor und Balmoral Castle sowie Sandringham House) erhält. Diese Summe verstimmt besonders viele wirtschaftlich in Not geratene, arbeitslose britische Bürger, denn das Privatvermögen der Monarchin wird immerhin auf über sechs Milliarden Pfund (15 Milliarden Mark) geschätzt, ein Betrag, der pro Tag rund zwei Millionen Pfund (fünf Millionen Mark) Zinsen abwirft.

Zu den Aufgaben Ihrer Majestät gehört es zum Beispiel, Schiffe zu taufen, Krankenhäuser zu besuchen, Preise zu verleihen, die Sitzungsperioden des Parlaments zu eröffnen und zahllosen fremden Menschen zuzulächeln oder zuzuwinken. Und alle diese Aufgaben hat sie seit über vierzig Jahren bis heute mit bewundernswertem Geschick und großer Geduld erfüllt.

Wegen der hauptsächlich zeremoniellen Pflichten der Königin glauben viele Leute, daß sie keinerlei Macht habe und lediglich als »Aushängeschild« des Landes fungiere. Tatsächlich ist sie jedoch mehr als das.

Natürlich räumt die britische Verfassung dem Monarchen keinerlei direkte politische Mitwirkungsmöglichkeiten ein. Gleichwohl hat die Königin bis heute ganz erhebliche Möglichkeiten, Einfluß zu nehmen. So hat sie zum Beispiel das Recht, jeden Minister der Regierung zu Konsultationen zu sich zu bestellen und ihm nach eigenem Gutdünken Rat zu erteilen. Ferner kann sie aufgrund des Prärogativs ein Mitglied des Parlaments mit der Regierungsbildung beauftragen und das Parlament selbst zusammenrufen oder auflösen und Minister ernennen oder absetzen. Im Falle des Ausnahmezustands oder wenn ihrer Meinung nach der Gesellschaft Gefahr droht, kann sie das königliche Prärogativ dazu benutzen, den Notstand auszurufen. Sie kann auch eine Bürgerwehr mobilisieren oder das Kommando über bereits bestehende militärische Kräfte ausüben, denn alle Mitglieder der drei Waffengattungen schwören den Treueeid auf die Königin und nicht etwa auf ihr Heimatland.

Aber auch damit erschöpft sich ihre Machtfülle, die sich ausschließlich aus ihrem Geburtsrecht herleitet, noch nicht, denn Elizabeth Alexandra Mary Windsor *ist* Ihre Majestät. Und dieser Status gibt ihr die Möglichkeit, auf die Gesellschaft Einfluß zu nehmen. Die Position der Königin an der Spitze der Gesellschaft stützt und legitimiert die Aristokratie und schreibt damit die für Großbritannien typischen Klassenunterschiede fest. Die Monarchin ist somit die Verkörperung eines zutiefst undemokratischen Systems. Nach der monarchischen Tradition besitzt sie das Prärogativ und andere Privilegien, die ihr und ihrer Familie allein deshalb zukommen, weil sie Mitglieder einer bestimmten Dynastie sind. Ein Beweis dafür ist auch die Erblichkeit von Titeln, Herzogtümern, Baronet- und der Peerwürde, die automatisch einen Sitz im Parlament garantieren.

Heute wird die bisher kaum angezweifelte Nützlichkeit der Königin für das Land zunehmend in Frage gestellt. Ihre Präsenz wirkt sich zwar positiv für den Tourismus aus, und jeder Staatsakt wird durch ihre Anwesenheit zu einem besonderen Ereignis. Aber dann kehrt auch bald das normale Leben wieder ein, denn feierliche Zeremonien zählen wenig, wenn sie nicht auch auf den Alltag fortwirken. Im Januar 1995 hat in England eine großangelegte Befragung ergeben, daß die Mehrheit der Bevölkerung das Ende der Monarchie nahen sieht und glaubt, daß diese Institution das Ende der Regentschaft Elizabeths II. nicht überleben wird.

Bereits seit ihrem zehnten Lebensjahr, als ihr Vater George VI. unfreiwillig den Thron besteigen mußte und sie damit zur Thronfolgerin wurde, bereitete man Elizabeth auf ihre künftige Aufgabe vor, und sie hat sich in einer Rolle eingerichtet, die sie wohl kaum selbst gewählt hätte. »Ich wünschte, ich könnte so leben wie Sie, aber unglücklicherweise ist das nicht möglich«, hat sie einmal zu der Frau eines Beraters gesagt, und sie hat des öfteren geäußert, daß sie auch als einfache Landedelfrau mit ihren Pferden und Hunden sehr glücklich hätte werden können. Viele britische Bürger würden ihr heute genau diese Lebensform nahelegen. Ihre persönliche Lauterkeit, ihr Pflichtbewußtsein und Ehrgefühl sind zwar über jeden Zweifel erhaben, aber das gilt schließlich für viele Menschen, die in öffentlichen und privaten Einrichtungen tätig sind.

Am 21. April 1995 ist die Königin neunundsechzig Jahre alt geworden, und sie ist seit achtundvierzig Jahren mit einem fünf Jahre älteren Mann verheiratet. Prinz Philip trägt zwar den Titel eines Herzogs von Edinburgh, aber das ist auch das einzig Schottische an ihm. Er ist der Sohn eines deutsch-dänischen Prinzen, der durch eine Laune der internationalen Politik zum König von Griechenland aufstieg. Durch seine Mutter ist Prinz Philip ein Ururenkel von Queen Victoria – und somit ein Cousin seiner Frau.

Seit dem Tag, an dem Elizabeth 1952 im Alter von fünfundzwanzig Jahren zur Königin gekrönt wurde, muß er bei offiziellen Anlässen stets vier Schritte hinter ihr gehen. Bei der Krönung seiner Frau mußte Philip ihr als seiner Herrscherin lebenslange Untertänigkeit geloben, was (unter anderem) gewiß auch dazu beigetragen hat, daß aus ihm im Laufe der Zeit ein mißlauniger alter Brummbär geworden ist, der sich nach Auskunft seines Sohnes Charles seinen Kindern gegenüber meist als liebloser Tyrann aufgeführt hat. Seit seiner Heirat hat Philip stets in Schlössern und Residenzen gelebt, die Elizabeth gehören, und die Familie, die er mit ihr gegründet hat, ist ihre Familie, Windsor ist ihr Name. Seine verzweifelten Versuche, die Familie in Mountbatten umzubenennen, die anglisierte Form seines deutschen Namens Battenberg, blieben erfolglos. Anders als Queen Victoria, die ihren geliebten Gatten, Prinz Albert, zum Prinzgemahl ernannte, hat Elizabeth ihrem Ehemann diese Ehre verweigert. »Ich bin ja nur eine elende Amöbe, sonst nichts!« hat Philip einmal geklagt. Er ist ein Mann, dessen Leben weder Form noch Inhalte hat.

Aber immerhin ein Mann, der – wie Gerüchte lauten – für seine vielen Mätressen durchaus nicht ohne Bedeutung gewesen ist. Allerdings hat sich bis heute keine seiner angeblichen Geliebten, auch nicht durch finanziell äußerst verlockende Angebote der Medien, zu dem öffentlichen Eingeständnis einer Liaison mit dem Herzog von Edinburgh hinreißen lassen. Freilich hat dieses Schweigen und der Mangel an konkreten Beweisen einfallsreiche Schreiberlinge nicht davon abhalten können, zahlreiche, mehr oder weniger skurrile Geschichten in die Welt zu setzen. So werden die Spekulationen wohl nicht abreißen, und die Öffentlichkeit wird immer weniger in der Lage sein, zwischen Dichtung und Wahrheit zu unterscheiden.

Die Bedeutung eines Mitglieds der Königsfamilie hängt ohnehin nicht von seinen Aktivitäten im Schlafzimmer ab, sondern es kommt darauf an, wie es sich anderen Menschen gegenüber verhält, ob es mitfühlend und integer ist, ob es moralisch (nicht nur im sexuellen Bereich) zu überzeugen vermag und somit einen Charakter zeigt, der dem Status einer Königlichen Hoheit angemessen ist. Mit anderen Worten stellt sich die Frage: Worin besteht eigentlich die *Bedeutung* einer Dynastie, zunächst einmal für deren Mitglieder selbst, dann aber auch für diejenigen, in deren Dienst die »Royals« stehen? Denn die eigentliche Aufgabe der englischen Dynastie ist es doch, ihr Land zu repräsentieren und Ehre zu erwerben.

Bei einer Bewertung von Prinz Charles und seiner Familie sollte man sich deshalb nicht allein von den Geschichten über seinen Ehebruch leiten lassen, denn Liebeleien und Intrigen sind schließlich nicht nur eine Spezialität des Prince of Wales. Der Klatsch darüber ist allgemein so beliebt, daß dieses Thema sogar Stoff für Filme und Fernsehserien liefert.

Was man von Prinz Charles verlangen kann, ist, daß er seinem Leben ein ernsthaftes Ziel setzt und die Gefühle seiner Frau und seiner beiden Kinder nicht unnötig verletzt. Das heißt im Grunde genommen, daß er ihnen gegenüber Anstand zeigt. Einem Mann, der dem Prinzen erzählte, daß er Diana kennengelernt habe, entgegnete Charles in aller Öffentlichkeit voller Spott: »Das muß ja ein ganz großartiges Erlebnis gewesen sein.« Gleichzeitig mußten sich die beiden kleinen Prinzen von Schulkameraden sagen lassen: Euer Papi schläft mit seiner Geliebten ..., und eure Mami hat einen Freund.

Tatsächlich ist nun bekannt, daß die Prinzessin wirklich einen Freund hatte. Ihr Ehemann ist nicht der erste Prince of Wales, der fremdgegangen ist, doch Diana ist die erste Prinzessin, die sich darüber beklagt und ihrem Mann den Ehebruch mit gleicher Münze heimgezahlt hat.

Schon bevor Charles seine Probleme öffentlich machte, erzählte Diana etlichen Leuten, wie schlecht es ihr gehe und wie sehr sie sich in ihrer Ehe mit Charles gefangen fühle. »Er macht mir das Leben zu einer einzigen Qual«, vertraute sie im Dezember 1989 einer ihr nahestehenden Person an. »Und das nach allem, was ich für diese verdammte Familie getan habe!« Und dann ging sie zum Entsetzen ihrer königlichen Verwandten noch einen Schritt weiter und ließ es zu, daß 1992 ein Bericht in Buchform publiziert wurde, der über ihre Kümmernisse berichtet und detailliert Auskünfte erteilt über ihre Magersucht, ihre Bulimie und diverse Selbstmordversuche. Was für eine unglückliche, ungerecht behandelte und einsame Frau ich doch bin, war der Tenor des Buches.

Und so haben sich die Dinge immer tragischer entwickelt. Die Prinzessin scheint wie in einem Elfenbeinturm eingesperrt zu leben, durch die Palastwachen von der Außenwelt isoliert. Allerdings gibt es da ein Problem, denn als Mutter des voraussichtlichen Thronerben muß sie natürlich mit äußerster Vorsicht behandelt werden. Die Situation erinnert an die am Hof Heinrichs II. und seiner ihm entfremdeten Gattin Eleanor von Aquitanien im 12. Jahrhundert. Sie war auch bestimmt von Komplotten, Ränken, Flüster- und Rachekampagnen. Die Berichte über Höhen und Tiefen des königlichen

Familienlebens haben immer mehr den Charakter einer öffentlichen Beichte angenommen und zwar in der Art, wie man sie aus den Trivialfilmen des Fernsehens zur Genüge kennt.

Im Januar 1995 sprachen sich erstmals in der britischen Geschichte zahlreiche Bürger dafür aus, daß der Prince of Wales niemals König werden und man die Monarchie abschaffen und dafür ein demokratisch gewähltes Staatsoberhaupt einsetzen solle. Noch nie zuvor war die Zahl der Befürworter so groß gewesen.

Natürlich ruft heute niemand mehr nach dem Galgen, aber etliche Parlamentarier, Presseleute und Persönlichkeiten des öffentlichen Lebens haben vorgeschlagen, man solle die Königliche Familie am besten aufs Land schicken, wo die Royals sich dann um ihre geliebten Pferde und Hunde kümmern, Lachse angeln und sich nach Herzenslust mit ihren Liebesaffären beschäftigen könnten. Mehr britische Bürger denn je – einer Umfrage zufolge siebzig Prozent – sind der Meinung, daß die Monarchie nicht mehr zeitgemäß, ja sogar völlig nutzlos und bestenfalls ein Touristenmagnet sei.

»Das ganze Land hat sich wie nie zuvor auf den Prince of Wales eingeschossen«, hieß es in einem typischen Zeitungsartikel, »und es macht ihn allein für eine Reihe katastrophaler Fehler verantwortlich, was im kommenden Jahrhundert sogar zum Sturz des Hauses Windsor führen könnte.«

»Eine Familie auf dem Thron, das ist eine interessante Vorstellung«, schrieb im 19. Jahrhundert der Politiktheoretiker Walter Bagehot. »Eine königliche Familie versüßt die Politik durch angenehme, unterhaltsame Veranstaltungen.« Eine solche Familie, fuhr Bagehot fort, ziehe die Aufmerksamkeit der Welt auf sich, weil sie gleichsam »das Niveau des gewöhnlichen Lebens« widerspiegele.

Bagehot hat sich wohl kaum träumen lassen, wie gewöhnlich auch das Leben der Angehörigen der Königlichen Familie sein kann und wie wenig angenehm und unterhaltsam Veranstaltungen sein können. Die Royals sind inzwischen für die Gesellschaft nicht nur völlig belanglos, sondern auch sehr kostspielig geworden. Nach Auffassung etlicher britischer Regierungsmitglieder stellen sie sogar inzwischen eine Bedrohung für den Bestand des Landes dar. Die einzige Möglichkeit, wie man den Windsors helfen könne, mit ihrer Vergangenheit ins reine zu kommen, wäre, daß ihnen künftig die Gelegenheit genommen würde, Einfluß oder Macht auszuüben.

Während ich diese einleitenden Worte schreibe, sind bereits wieder neue Gerüchte in Umlauf, die bestimmt bald nicht mehr als bloßer Klatsch, sondern als reine Wahrheit gelten werden. Eines dieser Gerüchte besagt, Prinz Andrew, der zweite Sohn der Königin, stamme von Elizabeths großem Freund und Pferdeverwalter, Lord Porchester, und nicht von Prinz Philip. Ebenfalls neu ist die Behauptung, Prinz Edward, das vierte Kind der Queen, sei in Wahrheit der Sohn eines kürzlich verstorbenen Lieblingsdieners und Vertrauten der Königin namens Patrick Plunket. Was an diesen Geschichten der Phantasie entsprungen und was daran wahr sein könnte, mag die Zukunft zeigen.

Da das Leben im Hause Windsor in den vergangenen zwei Jahrhunderten überaus dramatisch verlaufen ist, besteht für Erfindungen eigentlich gar kein Anlaß. Auch müßte sich die Sensationspresse gar nicht erst die Mühe machen, den guten Ruf des englischen Königshauses zu zerstören, denn die historischen Tatsachen werfen ohnehin das richtige Licht auf diese gewöhnlichen Menschen mit einer ungewöhnlichen Familiengeschichte, eine legendenumwobene Geschichte, in der sich bestimmte Dinge erstaunlicherweise immer aufs neue wiederholen.

Dieses Buch stellt den Versuch dar, die Gefährdungen königlicher Herrschaft in unserer Zeit sichtbar zu machen, das Risiko der Vergötterung, die Allgegenwart moralischer Heuchelei und die Gnadenlosigkeit der Medien. Es ist der Versuch, die Chronik einer Dynastie zu schreiben, ihre Vor- und Gründungsgeschichte zu beleuchten, ihren Aufstieg und Niedergang zu verfolgen und die Aura berühmter Persönlichkeiten spürbar zu machen, die viel bedeutsamer ist als die monarchische Verantwortung allein. Es ist die Geschichte einer Familie, deren Mitglieder inzwischen als die größten Medienstars der Welt gelten.

King George III., Queen Charlotte und sechs ihrer Kinder

Der Stammbaum (1670–1837)

»Ich stehe dem Thron näher, als ich bisher geglaubt habe!«
Prinzessin Alexandrina Victoria, spätere Königin, im Alter von elf Jahren

»Ich bitte Dich, Dein teures Herz zu öffnen. Verbirg nichts, sondern erzähl mir selbst den geringsten Anlaß, der Dich schlecht von mir denken läßt, damit ich mich rechtfertigen kann, was mir ganz sicher gelingen wird, da ich nie absichtlich etwas getan habe, das Deinen

25

Unmut verdient hätte.« Das schrieb Queen Anne an ihre enge Freundin Lady Sarah Churchill, Herzogin von Marlborough.

Die beiden Frauen hatten sich 1670 kennengelernt, als Anne noch eine linkische, unwirsche fünfjährige Prinzessin war und die zehnjährige Sarah bereits ein bemerkenswert liebenswürdiges, ausgeglichenes Mädchen. Jahrelang pflegten die beiden ein enges freundschaftliches Verhältnis, und als Anne 1702 den Thron bestieg, war sie noch immer so angetan von der starken Persönlichkeit und der Schönheit ihrer Gefährtin, daß sie keine Entscheidung traf, ohne zuvor Sarah um Rat gefragt zu haben. Selbst Annes durch dynastische Erwägungen bestimmte Heirat mußte vorher von Sarah abgesegnet werden. Um zu unterstreichen, daß sie ihre Freundin als gleichrangig betrachtete, ersann die Königin sogar für den vertrauten Umgang mit Sarah eigene Namen. Anne nannte sich Mrs. Morley, und Sarah war Mrs. Freeman. Daraus schlossen einige Historiker, daß die zwei leidenschaftlich ineinander verliebt gewesen seien. Die Ehemänner der beiden Frauen waren später damit beschäftigt, aus dem Einfluß, den Sarah auf die Königin hatte, Profit zu ziehen.

Als Anne Anfang dreißig war, hatte sie ständig unter Gesundheitsproblemen zu leiden, und sie blieb trotz zahlreicher Schwangerschaften kinderlos. Um zu verhindern, daß die Krone nach Queen Anne auf einen römisch-katholischen Herrscher überging – falls Anne ohne Erben sterben würde, standen nämlich bereits mehrere papsttreue Anwärter bereit –, verabschiedete das Parlament 1701 das Gesetz *Act of Settlement*, nach dem nur protestantische Angehörige des Königshauses als Thronfolger zugelassen werden sollten.

Als Anne 1714 neunundvierzigjährig starb, herrschte erhebliche Verwirrung, als sich die überraschende Neuigkeit von der Wahl ihres Nachfolgers verbreitete. Der designierte König war zwar mit Anne nur entfernt verwandt, aber er war der einzige Protestant, der in Frage kam: der vierundfünfzigjährige deutsche Kurfürst Georg Ludwig von Hannover, ein Urgroßenkel König Jakobs I. Georg befand sich nun in der eigenartigen Situation, zum Herrscher eines Volkes berufen zu werden, dessen Sprache er nicht verstand und dessen Kultur ihm fremd war. Mit Georg kam erstmals deutsches Blut in die englische Monarchie. Das macht die Behauptung mancher engstirniger Royalisten, im englischen Königshaus fließe nur englisches Blut, unhaltbar.

Georg I., der weiterhin die Ratschläge seiner alten hannoverschen

Freunde befolgte, sich von seinen zahlreichen habgierigen Mätressen beeinflussen ließ und dazu seine ungeliebte Ehefrau schlecht behandelte, war bei seinen britischen Untertanen äußerst unbeliebt. Sein schlechtes Betragen schadete der Monarchie und führte dazu, daß ihre Machtbefugnisse immer mehr eingeschränkt wurden. Da Georg kein Englisch sprach und deshalb bei Kabinettssitzungen nicht den Vorsitz führen konnte, war er auf Hilfe angewiesen. Robert Walpole, der Erste Schatzkanzler, übernahm die Aufgabe des Vermittlers zwischen dem König und seinen Ministern so professionell, daß er bald zum ersten Premierminister des Landes wurde.

1727, nach dem Tod Georgs I., gelangte dessen ebenfalls in Hannover geborener Sohn als Georg II. auf den englischen Thron, und drei Jahre später trat Sarah, Herzogin von Marlborough, abermals in Erscheinung. Sie wollte ihre Lieblingsenkelin, die hübsche blonde Lady Diana Spencer, unbedingt mit dem Königssohn Friedrich, dem Prince of Wales und Thronfolger, verheiraten. Doch Walpole vereitelte diesen Plan aus politischen Gründen. Lady Diana Spencer heiratete dann später den Herzog von Bedford und starb mit sechsundzwanzig Jahren an Tuberkulose.

Der frühe Tod ihrer Enkelin brach Sarah fast das Herz, aber dank ihrer ungewöhnlichen Selbstdisziplin überstand sie auch diese Krise und blieb die mächtigste Frau in London. Von ihrem Wohnsitz Marlborough House aus beherrschte sie sowohl das Gesellschaftsleben Londons als auch die Familie Spencer, wie sie schon Queen Anne beherrscht hatte. Bis zu ihrem Tod 1744 war ihr größter Kummer, daß es ihr nicht gelungen war, ihre Familie mit dem Thron durch eine Heirat zu verbinden. Erst viel später sollte sich Sarahs Wunsch doch noch erfüllen, als nämlich 1981 ihre Nachfahrin, abermals eine Lady Diana Spencer, einen Prince of Wales heiratete: Charles, den ältesten Sohn von Queen Elizabeth II. und Erben des britischen Thrones.

Die wichtigste Beraterin König Georgs II. war seine kluge Frau Karoline. Die tolerante Königin – sie sah über Georgs zahllose Affären hinweg – war nicht nur sehr belesen und künstlerisch begabt, sondern hatte ebenfalls ein brillantes politisches Gespür. Ihr war Walpoles außergewöhnliche Begabung nicht entgangen, weshalb sie den König auch davon abhielt, den Premier zu entlassen.

Während dieser Zeit, am Ende des 18. Jahrhunderts, erlebte Großbritannien eine grundlegende Umwälzung im Bereich der Güterproduktion wie auch in der Landwirtschaft, die dann in der Industrie-

und Agrarrevolution ihren Höhepunkt finden sollte. Als Georg II. 1760 starb, verfügte das Land über die größte Flotte der Welt; das Zeitalter der Kolonialisierung und der wirtschaftlichen Vormachtstellung Großbritanniens brach an.

Der Prince of Wales, den Lady Diana Spencer nach dem Wunsch ihrer Großmutter hätte heiraten sollen, starb noch vor seinem königlichen Vater, und ein Enkel des Königs trat als Georg III. die Nachfolge Georgs II. an. Dieser erste in England geborene und erzogene König aus dem Haus Hannover regierte von 1760 bis 1820. »Farmer George«, wie die Engländer ihn liebevoll nannten, war ein konstitutioneller Monarch, der seine Entscheidungen sorgfältig abwägte, er war tiefreligiös und seiner Frau, der Queen Charlotte, treu ergeben. Das Königspaar heiratete bereits sechs Monate nach seiner ersten Begegnung und bekam fünfzehn Kinder. Nach 1811 war Georg III. gesundheitlich so angegriffen, daß sein Sohn zum Prinzregenten ernannt wurde und seinen kranken Vater meistens vertrat. Der König litt offenbar an einer seltenen Nervenkrankheit, die mit Bewußtseinsstörungen und Wahnzuständen einhergeht. Einige Gelehrte haben seine Krankheit später auf eine Bleivergiftung zurückgeführt, andere schlossen sich der Auffassung von Zeitgenossen Georgs III. an, die den König schlicht für wahnsinnig hielten.

Aber was immer auch die Ursache seiner Krankheit gewesen sein mag, Georg III. ergriff eine historische Maßnahme, um den Spekulationen über seinen Geisteszustand entgegenzutreten. Er schuf 1806 das Amt des Hof-Sprechers und ernannte dazu Joseph Doan. Seine Aufgabe war es, den König auf dessen Wunsch regelmäßig zu besuchen und dann nach Absprache der Londoner Presse über den Gesundheitszustand des Monarchen zu berichten. Doan und seine Nachfolger übernahmen also während des folgenden Jahrhunderts die undankbare Aufgabe der »Schadensbegrenzung«, wie man diese Tätigkeit später nennen sollte. In Doans Fall stellte dieses Amt eine besondere Herausforderung dar, denn der Geisteszustand des Monarchen verschlechterte sich zusehends.

Auf Farmer George folgte schließlich dessen Sohn als Georg IV., der von 1820 bis 1830 herrschte. Er hatte 1785 heimlich eine junge Katholikin geheiratet; da jedoch im *Act of Settlement* die Verheiratung des Monarchen mit einer Andersgläubigen ausgeschlossen war, wurde diese Verbindung annulliert, und Georg mußte – nicht zuletzt wegen seiner immensen Schulden – eine reiche, aber ungeliebte Cousine heiraten, der er nicht einmal erlauben wollte, an seiner Krönung teilzunehmen. Zu seiner großen Erleichterung starb sie bereits wenige Wochen später, und der König konnte sich jetzt wieder zwanglos mit seinen zahllosen Mätressen amüsieren.

Da sich Georg IV. für die Regierungsgeschäfte nur am Rande interessierte, übernahm das Parlament immer mehr Aufgaben und leitete selbständig bedeutende Reformen ein. Darunter eine Verschärfung des Strafrechts, die Förderung des Handels und eine Erweiterung der religiösen Toleranz. Georgs Lebensführung, die Trägheit, Verlogenheit, Zügellosigkeit und Dekadenz bestimmten, stieß viele seiner Untertanen ab, andere Zeitgenossen wiederum sahen in ihm lediglich einen harmlosen, freundlichen Trottel. Im Alter von siebenundsechzig Jahren erlag er schließlich einem Leberleiden.

Georgs einziges Kind wurde tot geboren, und so gelangte die Krone an seinen Bruder, der als Wilhelm IV. von 1830 bis 1837 regierte. Obwohl er mitunter durchaus seriös wirkte, machte »Silly Billy« vor allem durch lärmende Auftritte von sich reden. In seinem ganzen Gehabe erinnerte er eher an eine Figur aus einer Operette als an einen König. Mit seiner Mätresse, der Schauspielerin Dorothea Jordan, zeugte er zehn illegitime Kinder. Zwei Jahre nach dem Tod seiner Geliebten heiratete er die deutsche Prinzessin Adelheid von Sachsen-Meiningen.

Wenn sich Wilhelms Persönlichkeit von denen seiner hannoveranischen Vorgänger auch kaum unterschied, so kam es während seiner kurzen Herrschaft doch zu tiefgreifenden politischen Änderungen. 1832 unterstützte er widerstrebend die Verabschiedung der sogenannten Reform Bill, einer Wahlrechtsreform, die den Anteil der Wahlberechtigten um etwa zwei Prozent erhöhte. Ferner wurde in diesen Jahren eine gerechtere Verteilung der Parlamentssitze zwischen Unterhaus und Oberhaus beschlossen, was schließlich zu einer Minderung des Einflusses von Krone und Aristokratie führte.

Da er keinen legitimen Erben hinterließ, gelangte die Krone nach Wilhelms Tod an seine bis dahin kaum in Erscheinung getretene achtzehnjährige Nichte Alexandrina Victoria. Bereits einige Wochen vor ihrem elften Geburtstag hatte sie beim Lesen eines Familienstammbaums ihrer deutschen Gouvernante erklärt: »Ich stehe dem Thron näher, als ich bisher geglaubt habe!« Und feierlich hatte sie hinzugefügt: »Und ich werde gut sein.« Diese Behauptung sollte sich später auch bewahrheiten.

Queen Victoria, Prinz Albert und fünf ihrer Kinder

ERSTES KAPITEL

Eine große glückliche Familie (1837–1861)

>>Ich werde ihnen beweisen, daß ich die Königin von England bin.<<
Queen Victoria

Schon als Kind verwendete Alexandrina Victoria niemals den ersten ihrer beiden Vornamen, und als sie den Thron bestieg, wurde dies auch offiziell beibehalten. Am 24. Mai 1819 im Kensington-Palast in London geboren, war sie erst acht Monate alt, als ihr Vater, der Herzog von Kent, eine schwere Erkältung bekam, die sich zu einer Lungenentzündung entwickelte. Nachdem seine Ärzte ihn zwölf Tage lang mit den damals üblichen Methoden behandelt hatten, ihn zur Ader ließen, ihm Blutegel ansetzten und ihn geschröpft hatten, verblutete der zweiundfünfzigjährige Herzog am 23. Januar 1820. »Die englischen Ärzte bringen dich um«, meinte Jahre später Lord Melbourne, erster Premierminister unter Victoria. »Und die Franzosen lassen dich sterben.« Sechs Tage nach dem Tod des Herzogs starb auch dessen Vater, König Georg III., und die Möglichkeit, daß Victoria auf den Thron nachrückte, wurde immer wahrscheinlicher.

Die Erziehung des Kindes oblag hauptsächlich vier Personen: ihrer Mutter, der in Deutschland geborenen Herzogin von Kent, die lange Zeit kein Englisch sprach; Victorias Onkel Prinz Leopold; einem Captain Sir John Conroy, der persönlicher Diener ihres Vaters war und später der Liebhaber ihrer Mutter wurde, und schließlich der Privatlehrerin Baroness Louise Lehzen. Drei dieser vier engen Kontaktpersonen der jungen Prinzessin waren deutscher Herkunft und brachten für die Geschichte Großbritanniens und für die Entwicklung seiner Verfassung und des Parlaments nur wenig Interesse auf. »Bis zu meinem fünften Lebensjahr«, erinnerte sich Victoria später, »haben mich alle sehr verwöhnt …, *alle* haben das arme kleine vaterlose Kind auf Händen getragen.« Ihr einziger Kontakt zu anderen Kindern bestand zu ihrer Halbschwester Feodora (eines von zwei Kindern aus einer früheren Ehe ihrer Mutter); diese Feodora heiratete, als Victoria neun Jahre alt war, und ging nach Deutschland. Seitdem hatte das Kind keine gleichaltrigen Spielgefährten, und es verlebte seine Jugend fast ausschließlich in Gesellschaft Erwachsener.

Das Leben im Kensington-Palast verlief in ruhigen, geordneten Bahnen und war durch eine seltsame Mischung aus englischer Vornehmheit, hannoveranischer Unbekümmertheit und coburgischer Verbindlichkeit bestimmt. Die zu königlicher Höflichkeit erzogene kleine Victoria zeigte anderen trotzdem deutlich ihre Vorlieben und Abneigungen. So konnte sie etwa Bischöfe (»wegen ihrer Perücke und ihres *Schurzes*«) nicht leiden und versuchte deren Gesellschaft tunlichst zu meiden – eine Abneigung, die sie zeitlebens hegte. Auch war sie äußerst schlagfertig. Als ihre Mutter einmal zu ihr sagte: »Wenn du unartig bist, machst du mich und dich damit sehr unglücklich«, erwiderte Victoria: »Nein, Mama«, nicht *mich*, sondern *dich*!« Als ein Privatlehrer die Mutter einmal fragte, ob das Kind artig gewesen sei, lautete die vorsichtige Antwort: »Heute morgen ja, aber gestern hatten wir hier einen kleinen Sturm.« Woraufhin Victoria ihre Mutter korrigierte: »Es waren zwei Stürme – einer beim Anziehen und einer beim Waschen.« Beim Musikunterricht erklärte ihr der Lehrer: »Es gibt auch für Könige keinen leichten Weg zur Musik, Prinzessin. Ihr müßt genauso üben wie jeder andere auch.« Sofort knallte sie den Klavierdeckel zu und erklärte trotzig: »So! Da sehen Sie es, für mich gibt es kein *Muß*.«

Aber trotz ihrer jugendlichen Überheblichkeit war Victoria auch selbstkritisch. Denn am 24. Mai 1837, ihrem achtzehnten Geburtstag, schrieb sie in ihr Tagebuch: »Wie alt bin ich jetzt schon und trotzdem noch so weit von dem entfernt, was ich eigentlich sein sollte.«

Vier Wochen später, in den frühen Morgenstunden des 20. Juni, starb König Wilhelm IV. an Leberversagen. Der Erzbischof von Canterbury und der Haushofmeister eilten in den Kensington-Palast. Dort weckte die Herzogin von Kent ihre Tochter und informierte sie über den Besuch. Eilends warf Victoria einen Morgenrock über und ging hinunter, um die beiden zu begrüßen. Als sich die Männer in der großen Halle respektvoll vor ihr verneigten, wußte Victoria, daß sie jetzt Königin von England war. An diesem Tag vertraute sie ihrem Tagebuch, das sie fast sechzig Jahre lang mit großer Innigkeit führte, an:

> »Da es der Vorsehung gefallen hat, mich an diesen Platz zu stellen, werde ich mein Äußerstes tun, um meine Pflicht gegenüber meinem Land zu erfüllen. Ich bin noch sehr jung und vielleicht in vielem, doch nicht in allem, was dieses Amt von mir verlangt, unerfahren, aber ich bin sicher, daß nur sehr wenige Menschen mehr guten Willen und ein aufrichtigeres Verlangen besitzen als ich, das zu tun, was sich geziemt und was richtig ist.«

Der Geheime Kronrat bestätigte ihre Ernennung noch am selben Tag, und mehrere seiner Mitglieder wiesen mit Genugtuung darauf hin, daß die Kronen Großbritanniens und Hannovers von jetzt an getrennt seien, denn im Deutschen Königreich untersage die *Lex Salica* die weibliche Thronfolge. Ungeachtet ihrer mit 1,50 Meter winzigen Erscheinung waren die Räte von Victorias achtunggebietender Präsenz sehr beeindruckt. Mit ihren hellblauen Augen, ihrer porzellanweißen Haut und ihrem perfekt frisierten hellbraunen Haar entwaffnete sie auch die Skeptiker im Kronrat. »Sie beherrschte nicht nur den Sessel, in dem sie saß«, bemerkte später der Herzog von Wellington, »sondern den ganzen Raum!« Fast augenblicklich verbannte Victoria ihre Mutter, Captain Conroy und seine Freunde aus ihrem nächsten Umkreis, um sich vor deren Intrigen und Machtgelüsten zu schützen.

Die neue Königin präsentierte sich den Bürgern des Landes und der Regierung schon bald als eine eigenartige Mischung aus mädchenhaftem Überschwang, Zurückhaltung und herrischem Stolz. Wie bereits ihre frühen Biographen Sidney Lee und Lytton Strachey angemerkt haben, neigte Victoria zu Zornausbrüchen und war von einem grenzenlosen Egoismus. Schon bald machte sich im Buckingham-Palast Unterwürfigkeit breit, und es wurde auf strengste Etikette geachtet. Kleinste Übertretungen der Regeln quittierte die Königin sogleich mit bösen Blicken und überheblichen Zurechtweisungen.

Auch nach ihrer Krönung im Juni 1838 zeigte die Königin diese unerbittliche Strenge. »Ihre Eigenwilligkeit, erkennbar an ihren kleinen, vorstehenden Zähnen und dem zurückweichenden Kinn, war wesentlich unangenehmer als der von einem kräftigen Kiefer unterstrichene Durchsetzungswille«, schrieb Strachey, »denn diese Eigenwilligkeit war absolut unnachgiebig und unbelehrbar … Sie kam eigentlich Halsstarrigkeit gleich.« Aber diese Eigenschaft hat bei einem Monarchen natürlich ein ganz anderes Gewicht als bei normalen Sterblichen.

Schon wenige Wochen nach ihrer Krönung fand Victoria ihr Leben langweilig und unausgefüllt. Auch wenn sie die bei Hofe herrschende Förmlichkeit genoß und für ihre eigene Rolle ein immer ausgeprägteres Bewußtsein entwickelte, wurde sie doch bald des ständigen Beifalls müde, den sie als Herrscherin täglich erhielt. Ihr Volk betete sie an, wohl auch deshalb, weil sie so ganz anders war als ihre Vorgänger. Aber diese Anbetung aus der Ferne war für eine heißblütige junge Frau nicht genug, und Victorias Angehörige wie auch der Premierminister waren der Meinung, daß sie so bald wie möglich heiraten sollte.

Tatsächlich war es Victorias Premierminister, Viscount Melbourne, mit dem sie die erste enge menschliche Bindung als Erwachsene einging. Dieser gutaussehende, liebenswürdige Witwer von achtundfünfzig Jahren war für die junge Königin mehr als ein politischer und väterlicher Berater; er löste vielleicht ihre erste romantische Schwärmerei für einen Mann aus. Ohne Vaterliebe und Freundschaften aufgewachsen, mit nahezu keiner Möglichkeit zu sozialen

Kontakten, brauchte Victoria ebenso einen Vertrauten wie einen Berater, der ihr half, die Verantwortung zu tragen. Diesen Berater fand die Königin in Melbourne. Charles Greville schrieb in seinem Tagebuch, er habe schon immer gewußt (ebenso wie Victorias Mutter), daß die Gefühle der Königin »sexueller Natur [waren], auch wenn sie selbst es nicht weiß«. Was den Premierminister betrifft, so hegte er für die vierzig Jahre jüngere Victoria herzliche Gefühle, die denen eines Vaters ähnelten, dessen Tochter zufällig Königin des Landes war. Jedenfalls lebte Victoria in Melbournes Gesellschaft merkbar auf, wie sie es sonst nie tat.

Victorias Entsetzen war groß, als nach einer allgemeinen Wahl Melbourne und die gesamte Regierung einem neuen Premierminister, Sir Robert Peel, weichen mußten. Gegen diese politische Entwicklung war die Monarchin machtlos. Da sie sich aber eine Herrschaft ohne Melbourne nicht vorstellen konnte, verhielt sich die Königin zum erstenmal gesetzeswidrig und zeigte im Mai 1839 in der sogenannten Krise der königlichen Kammerfrauen ihren unabhängigen Geist.

Diese Kammerfrauen, traditionell Gattinnen von Lords, wählte die Königin in der Regel nach deren persönlicher Würde, Anstand und Loyalität aus, und sie begleiteten sie bei wichtigen öffentlichen Auftritten. Anfang des 19. Jahrhunderts war es selbstverständlich, daß der Premierminister für die Königin Damen, die seiner Politik nahestanden, auswählte, daher stammten unter Lord Melbourne die Kammerfrauen der Königin aus den Reihen der Whig-Partei. Diese Partei, Vorläuferin der Liberalen, vertrat die Interessen der Industrie und setzte sich für religiöse Toleranz und politische Reformen ein. Tatsächlich waren Victorias Kammerfrauen so regierungstreu, daß 1838/39 in London der Spruch kursierte, daß »eine konservative Katze im Umkreis des königlichen Palastes nicht einmal miauen« dürfe. Als Melbourne in den Wahlen von 1839 unterlag, war Victoria verpflichtet, den bisherigen Oppositionsführer Peel mit der Bildung einer neuen Regierung zu beauftragen.

Aber Victoria lehnte den kühlen Intellektuellen so vehement ab, wie sie Melbourne verehrte, und als Peel ein Gesuch an sie richtete, er wünsche, daß sich die Königin Kammerfrauen nehmen möge, die seiner Politik nahestünden, lehnte Victoria dies rundweg ab. Sie könne keine Maßnahme unterstützen, die ihren innersten Gefühlen zuwiderlaufe. »Die Königin von England wird solche Machenschaften nicht hinnehmen«, schrieb sie an Lord Melbourne, und fügte noch hinzu, daß Peels Leute »mich wie ein kleines Mädchen behandeln möchten, aber ich werde ihnen beweisen, daß ich die Königin von England bin«. Peel hatte begriffen, daß er auf keinerlei Unterstützung durch die Monarchin bauen konnte, und lehnte die Regierungsbildung ab. Melbourne kehrte ins Amt zurück, und jedermann war inzwischen klar, daß die Königin ihren Willen unerbittlich und entschlossen durchsetzen würde. Victoria hatte zwar einen persönlichen Triumph errungen, sie verlor dabei aber ihren Zauber, den sie als jugendliche Königin im ersten Jahr nach ihrer Krönung noch ausgestrahlt hatte; zudem verstärkte ihr Verhalten die bereits bestehenden Ressentiments gegen die Krone. Bei einem Ausritt durch die Straßen Londons riefen die Leute Victoria sogar »Mrs. Melbourne« nach. »Ich war damals noch sehr jung«, schrieb sie Jahre später, »und vielleicht würde ich anders handeln, wenn ich heute darüber entscheiden müßte.«

Im Frühsommer 1839 wurde Victoria zwanzig Jahre alt und zeigte erste Anzeichen einer neurotischen Altjüngferlichkeit. Sie war schnippisch und reizbar und machte sich in Wutausbrüchen Luft. Mit ihren Ministern wurde sie zunehmend ungeduldiger und hörte dafür fast verzweifelt auf Melbourne oder andere freundliche ältere Berater – und nicht zuletzt nahm sie rapide an Gewicht zu. Melbourne und ihr Onkel Leopold, inzwischen König von Belgien, drängten Victoria, ihrer Korpulenz durch tägliche Spaziergänge entgegenzuwirken. Aber sie hielt dem entgegen, wenn sie zu Fuß gehe, bekomme sie nur Steine in die Schuhe.

»Und warum lassen Sie sich keine engeren machen?« entgegnete darauf Melbourne.

»Weil dann meine Füße anschwellen«, jammerte Victoria.

»Dann müssen Sie sich mehr bewegen!« riet Melbourne, der ihr als einziger auf diese Art Paroli bieten durfte.

»Nein«, schrie die Königin.

»Doch!« widersprach Melbourne.

Darauf wurde ihre Stimme ganz leise, und ein Lächeln huschte über ihr Gesicht: »Donna Maria [die spanische Königin] ist auch so dick, obwohl sie solche Übungen schon gemacht hat.« Dem konnte Lord Melbourne nichts mehr entgegensetzen. Und fortan hatte niemand mehr etwas gegen das Übergewicht der Königin einzuwenden, die nun immer noch dicker wurde. Als sie 1840 heiratete, wog die nur 1,50 Meter große Victoria 164 Pfund, »ein unglaubliches Gewicht für meine Größe«, wie sie ihrem Tagebuch anvertraute.

Ein gravierender Einschnitt im Leben Victorias stand bevor: Sie sollte sich verlieben! Noch bevor sie den Thron bestiegen hatte, war sie kurz mit ihrem Cousin ersten Grades, dem Prinzen Franz August Karl Albert Emanuel von Sachsen-Coburg-Gotha zusammengetroffen, der allgemein Albert genannt wurde und drei Monate jünger war als sie. Damals waren beide siebzehn Jahren alt gewesen, und Victoria hatte Albert sofort gemocht. Später hat ihr Leopold, der auch das Treffen eingefädelt hatte, Albert als Ehemann vorgeschlagen, aber sie wollte wegen eines Mannes ihre Unabhängigkeit nicht aufgeben. Victoria führte nämlich ein sehr geselliges Leben, sie besuchte häufig das Theater, die Oper und den Zirkus und dinierte, von Musikern unterhalten, manchmal bis in die Nacht mit Höflingen im Buckingham-Palast. Diese Annehmlichkeiten wollte sie nicht für eine Ehe und Mutterschaft aufgeben, denn diese Verpflichtungen empfand sie damals als große Einschränkung ihrer ungebundenen Lebensweise.

Als sie im Oktober des Jahres 1839 jedoch Albert wiedertraf, verliebte sich Victoria auf der Stelle leidenschaftlich in den Prinzen. »Ich habe [Albert] erwachsen und verändert wiedergetroffen«, schrieb sie in ihr Tagebuch, »und er sieht gut aus. Ich schaute Albert voller Gefühl an, und er ist schön.«

Mit seinen 1,70 Metern überragte Albert Victoria um Haupteslänge, und er war tatsächlich eine beeindruckende Erscheinung. Zeitgenössische Gemälde, Stiche und schriftliche Zeugnisse bestätigen, was die Königin ihrem Tagebuch anvertraute:

> »Albert ist wirklich sehr charmant und überaus attraktiv mit seinen schönen Augen, seiner feingeschnittenen Nase und seinem hübschen Mund, seinem Oberlippenbart und den zierlichen Koteletten; eine schöne Erscheinung, mit breiten Schultern und einer schmalen Taille.«

Ihrem aufmerksamen Blick ist wirklich nichts entgangen. Hätte ein zeitgenössischer Schriftsteller es gewagt, eine derart detaillierte Beschreibung zu geben, hätte man ihm bestimmt den Vorwurf der Taktlosigkeit gemacht.

Doch fühlte sich die Königin nicht nur physisch zu Albert hingezogen. Im Gegensatz zu ihr hatte er (zunächst durch Hauslehrer und dann an der Universität Bonn) eine sehr gute Ausbildung erhalten und sich intensiv mit Geistes- und Naturwissenschaften, aber auch mit Sprachen und Musik beschäftigt. Überdies spielte er ausgezeichnet Klavier, Orgel, sang und komponierte und war zudem noch in Kunst- und Architekturgeschichte bewandert. Mit anderen Worten:

Albert hatte kaum etwas mit den hannoveranischen Königen gemeinsam, und er verkörperte für Victoria alles, was sie sich von einem Lehrer, einem Vertrauten und engem Freund erhoffte. Fünf Tage nachdem sie sich im Oktober 1838 wiedergesehen hatten, machte Victoria Albert einen Heiratsantrag, und er willigte ein. Dann (so die hingerissene Königin) umarmten sie »einander, und er war so freundlich, so liebevoll … und erschien mir so glücklich, daß ich überzeugt war, den glücklichsten, strahlendsten Augenblick meines Lebens zu erleben«.

Über Alberts Gefühle für Victoria und ihr gemeinsames Leben besitzen wir keine schriftlichen Aufzeichnungen, aber seine Treue als Ehemann, sein Wohlwollen für die Kinder und sein Pflichtbewußtsein als Prinzgemahl zeigen wohl deutlich, daß seine Zuneigung nicht geringer gewesen ist als ihre. Am 23. November wurde ihre Verlobung bekanntgegeben, und am 10. Februar 1840 fand in der königlichen Kapelle im St.-James-Palast in London die Trauung statt. Sie waren beide zwanzig Jahre alt.

Von hoffnungsvollen Erwartungen erfüllt, schrieb Victoria am Morgen ihres Hochzeitstages, daß die vorhergehende Nacht »die letzte gewesen ist, die ich allein verbracht habe«.

Albert und Victoria verband ganz sicher eine innige Seelengemeinschaft, und das gängige Bild der Königin als lust- und sexualfeindlich wird ihrem wahren Charakter keineswegs gerecht. »Ich & Albert allein, wie herrlich das war«, schrieb Victoria über ihre »wundervolle und verwirrende« Hochzeitsnacht auf Schloß Windsor. »Ich habe noch NIE, NIEMALS einen solchen Abend verbracht.« Sie hatte sich bis dahin überhaupt nicht vorstellen können, daß sie »so geliebt werden [könne] … Seine Liebe und Zuneigung haben in mir Gefühle himmlischer Liebe & überirdischen Glücks ausgelöst … Er schloß mich in seine Arme, und wir haben uns wieder und wieder geküßt! Seine Schönheit, seine Liebenswürdigkeit und Sanftheit, ich kann überhaupt nicht dankbar genug sein, daß ich einen solchen Ehemann habe! Oh! Das war der schönste Tag meines Lebens!« Gewiß nicht zufällig merkte sie noch an, daß Albert und sie »kaum geschlafen« hätten.

Schon Ende März war die Königin schwanger – »das EINZIGE, wovor ich mich fürchte«, wie sie ihrem Tagebuch bereits drei Monate früher anvertraut hatte. Und diese Angst vor Schwangerschaften behielt sie, aber dennoch bekam sie neun Kinder, die alle das Erwachsenenalter erreichten. Die leidenschaftliche junge Frau, die sich rückhaltlos den Freuden der Ehe hingab, verbrachte die folgenden zwanzig Jahre zwischen dem »Leid und dem Elend und der Plage« diverser Schwangerschaften und den »Freuden der Hingabe«.

»Ohne das [die ständigen Schwangerschaften]«, schrieb sie ihrem ersten Kind, Prinzessin Victoria (»Vicky«), achtzehn Jahre später, »ist es gewiß ein grenzenloses Glück, wenn man einen Ehemann hat, den man anbetet! Aber ich hatte neunmal das Elend der Schwangerschaft auszustehen …, und das ist wahrlich eine schwere Prüfung. Man fühlt sich so niedergedrückt – wie mit beschnittenen Flügeln –, ja, im Grunde genommen ist man nur halb man selbst. Das nenne ich die ›Schattenseite‹ [der Ehe].« Fast wie aus der Feder einer Frauenrechtlerin des späten 20. Jahrhunderts liest sich, was Victoria nach der Geburt von Vickys erstem Sohn, der später als deutscher Kaiser Wilhelm II. in die Geschichte einging, schrieb: »Es ist wirklich zu hart und fürchterlich, was wir durchmachen müssen, und die Männer sollten uns dafür verehren und alles tun, um wenigstens einigermaßen das wiedergutzumachen, wovon allein sie die Ursache sind!«

Mit der Heirat von Victoria und ihrem Vetter kam wiederum das deutsche Element in eine englische Dynastie. An die Stelle des Hauses Hannover trat offiziell das Haus Sachsen-Coburg-Gotha; Alberts Nachkommen trugen seinen Familiennamen Wettin. Albert lernte fließend Englisch zu reden, das er mit Victoria genauso häufig sprach wie Deutsch, das sie als erste Sprache gelernt hatte, weswegen sie ihren deutschen Akzent auch nie ganz verlor.

Zunächst ließ Victoria ihren Mann nicht an ihrer Macht und Verantwortung teilhaben. »Mit meinem häuslichen Leben bin ich sehr zufrieden«, schrieb Albert drei Monate nach seiner Heirat an seinen alten Freund, Prinz Wilhelm von Löwenstein, »aber die Schwierigkeit, meine Stellung mit der angemessenen Würde einzunehmen, besteht darin, daß ich nur der Ehemann bin und nicht der Herr im Haus.« Mit anderen Worten: Er hatte nichts zu tun.

Am 21. November – Victoria lag mit ihrem ersten Kind in den Wehen – erhielt Albert schließlich auf Drängen von Melbourne Einblick in Regierungsdokumente und vertrat die Königin im Geheimen Kronrat. Zudem wurde er für den Fall, daß die Königin im Kindbett sterben sollte, zum Regenten ernannt. Seit diesem Herbst war Albert Victorias inoffizieller Privatsekretär, und als sie ihn endlich 1857 offiziell zum Prinzgemahl ernannte, war er in Wahrheit bereits seit siebzehn Jahren eine Art Mit-Herrscher gewesen.

Diese Erweiterung seines Einflusses hatte er gewiß nicht zuletzt ihrer Achtung und Verehrung zu verdanken; sie war aber auch deshalb nötig, weil Albert während der neun Schwangerschaften der Königin ihre Pflichten übernahm. Damals mußte sich die Königin bei jeder Schwangerschaft aus dem öffentlichen Leben zurückziehen und sich fast ein Jahr lang nahezu ausschließlich in ihren Privatgemächern aufhalten. Viele sprachen deshalb bereits von einer »Albertinischen Monarchie«.

Während der ersten Jahre ihrer Ehe verbrachte das junge Königspaar einen Großteil seiner Zeit im Buckingham-Palast. Als Victoria wenige Wochen nach ihrer Krönung mit ihrem Hofstaat in den Palast einzog, den Georg III. von dem Herzog von Buckingham gekauft hatte und den Georg IV. umgestalten ließ, war sie die erste königliche Bewohnerin, die sich dort häuslich einrichtete. Sie mochte ihren Wohnsitz eigentlich nicht, aber sie war dort für ihre Minister bequem zu erreichen und auch nicht allzuweit vom Zentrum Londons entfernt. Mit seinen endlosen engen, kalten Korridoren und seinen sechshundert Räumen war der Palast freilich alles andere als ein gemütlicher Familienwohnsitz. Als dann dort auch noch ein Attentat auf sie verübt und in dem Gebäude nachts ein gewisser Edmund Jones aufgegriffen wurde, war es Victoria noch unangenehmer, dort zu leben.

Am 10. Juni 1840 gingen die im vierten Monat schwangere Königin und Albert im Palastgarten spazieren.

»Wir hatten uns noch kaum hundert Schritte vom Palast entfernt«, schrieb er später in einem Bericht, »als ich auf meiner Seite des Fußwegs einen kleinen Mann offenbar niederer Herkunft sah, der etwas auf uns richtete, und bevor ich noch erkannte, was es war, gab es einen lauten Knall, der uns beide fast betäubte, so laut war der Schuß, der kaum sechs Schritte von uns entfernt abgefeuert wurde. Victoria hatte sich gerade nach links, einem Pferd zugewandt, und konnte deshalb nicht recht begreifen, weshalb ihr die Ohren klangen … Ich faßte Victoria an den Händen und fragte sie, ob sie sehr erschrocken sei, aber sie lachte nur. Dann sah ich wieder zu dem Mann hinüber, der noch immer – mit gekreuzten Armen und in jeder Hand eine Pistole – an derselben Stelle stand … Plötzlich zielte er wieder mit einer Pistole auf uns und feuerte ein zweites Mal. Diesmal sah Victoria, was passierte, und bückte sich rasch.«

Der Täter war ein achtzehnjähriger Geisteskranker, den man in die Anstalt zurückschickte. Im Laufe der folgenden Jahre kam es in London zu mindestens sechs weiteren tätlichen Angriffen auf die Königin – mit unterschiedlichen Waffen. Obwohl die Königin jedesmal scherzend über diese Zwischenfälle hinwegging, kam die Königsfamilie nur noch ungern nach London. Albert, der häufig unter Erschöpfung und Depressionen zu leiden hatte, mochte die Stadt ohnehin nicht, und er hielt sich am liebsten in einer der königlichen Residenzen, im Schloß Windsor, Schloß Balmoral oder Osborne House, auf.[1]

In einem anderen Fall kletterte am späten Abend des 2. Dezember 1840 ein siebzehnjähriger Bursche namens Edmund Jones über die Parkmauer, stieg durch eines der Fenster in den Palast ein, setzte sich auf den Thron und besichtigte danach verschiedene Räume, bis ein Kindermädchen ihn hörte und einen Pagen alarmierte. Das war immerhin schon der zweite Besuch von ihm im Buckingham-Palast gewesen, der erste war bereits beendet, bevor er in den Palast eindringen konnte. »Ich wollte doch nur wissen, wie sie im Palast so leben«, erklärte »Boy« Jones, wie er fortan in Palastkreisen genannt wurde. »Ich dachte mir, daß sich eine Beschreibung darüber sehr gut für ein Buch eignen würde.« Seine Nachforschungen brachten ihm einen kürzeren Aufenthalt im Erziehungsheim ein, und nach einem dritten unerbetenen Besuch in der königlichen Residenz ein Jahr später schickte man Jones mit einem Schiff außer Landes. Prinz Albert versuchte nach diesen Vorfällen, die Sicherheitsvorkehrungen zu verbessern, hatte damit aber wenig Erfolg. (142 Jahre später erlebte auch Queen Elizabeth II., daß sich die Situation kaum gebessert hatte.)

Schließlich hielten sich Victoria, Albert und ihre Kinder nur noch selten im Buckingham-Palast auf, obwohl der Palast seit Januar 1841 offizieller Sitz des Hofes war. Das Parlament hatte über 175000 Pfund für seine Umgestaltung bewilligt, und viele der Abgeordneten,

---

[1] Zu weiteren Angriffen auf Victoria kam es am 30. Mai und 3. Juli 1842 und am 19. Mai 1849 (in allen drei Fällen zielte ein Wahnsinniger mit einer ungeladenen Pistole auf die Königin). Am 27. Juli 1850 wurde Victoria, als sie mit ihren Kindern in einer offenen Kutsche fuhr, von einem geistesgestörten Husaren mit einem Stock attackiert. Obwohl sie ein blaues Auge und Gesichtsverletzungen davontrug und hinterher über starkes Kopfweh klagte, besuchte sie noch am selben Abend die Oper. Am 29. Februar 1872 richtete ein irischer Rebell eine Pistole auf die Königin, als sie sich in ihrem Landauer dem Buckingham-Palast näherte; ein Bediensteter überwältigte den Angreifer. Und am 2. März 1882 verfehlte ein geistig verwirrter Mann, der in Windsor auf ihre Kutsche schoß, die Königin. »Es hat eine besondere Bedeutung, wenn auf einen geschossen wird«, sagte Victoria später seelenruhig beim Tee mit Prinzessin Beatrice, »dann merkt man erst, wie sehr man geliebt wird.«

die, wenn es ums Einsparen ging, es durchaus mit Victoria aufnehmen konnten, waren nicht erbaut darüber, daß die Königlichen Hoheiten so selten anwesend waren. Die Familie hielt sich vorzugsweise in Windsor Castle auf, dem größten Schloß der Welt, das – seit Wilhelm der Eroberer es im 11. Jahrhundert hatte bauen lassen – ununterbrochen bewohnt gewesen war. Hier kümmerte sich Albert um die Landwirtschaft und beaufsichtigte die baulichen Verbesserungen am Schloß. Am wohlsten fühlten sich die Hoheiten jedoch auf Schloß Balmoral in Schottland, das 1856 fertiggestellt wurde. Die Landschaft in der Umgebung des Schlosses erinnerte Albert an seine geliebte deutsche Heimat, und Victoria zog die Gesellschaft der schottischen Highlander jeder anderen vor – mit Ausnahme ihrer Familie natürlich. Ähnlich abgelegen wie Balmoral war auch Osborne House auf der Isle of Wight, der Insel im englischen Kanal (hier starb später auch die Königin). Gemeinsam mit dem namhaften Londoner Architekten Thomas Cubbitt überwachte Albert auf dem fast 400 Hektar großen Anwesen zwischen 1845 und 1851 den Bau der großen italienischen Villa. Die Planung und der Bau der Anlagen von Balmoral und Osborne entstanden unter der alleinigen Aufsicht des Prinzgemahls.

Daß Albert die Verantwortung für die königlichen Residenzen übertragen wurde, kann wohl als ein Beweis seines Einflusses bei Hofe gelten. Es ist jedenfalls wahr, daß die gesamte Regierungszeit Queen Victorias maßgeblich vom Geist ihres Ehemannes Albert geprägt war. Diesem kultivierten und sensiblen Mann mit einem leichten Hang zur Melancholie gelang es, das aufbrausende, leidenschaftliche Temperament seiner Frau immer wieder zu zügeln; er lehrte sie Ordnung, Disziplin und hart zu arbeiten, er teilte ihre strengen Moralbegriffe, und er vermittelte ihr literarische, historische und politische Bildung. Albert ist es sicher zu verdanken, daß unter Victorias Regentschaft der politische Einfluß des Königshauses immens wuchs. Albert kämpfte nicht nur gegen die Sklaverei, die Kinderarbeit und die damals noch üblichen Duelle, sondern er war der Königin auch dank seiner Herkunft auf dem internationalen Parkett ein mehr als ebenbürtiger Partner. So konnten 1856 Unstimmigkeiten mit Preußen und 1861 mit Amerika durch Alberts Verhandlungsgeschick beigelegt werden. Auch die Depeschen des Außenministeriums wurden fortan diplomatischer formuliert.

Alberts wichtigster Beitrag zur politischen Geschichte Großbritanniens besteht jedoch vermutlich in dem Grundsatz, daß der Monarch über den Parteien stehen müsse, denn nur so könne er einen angemessenen politischen Einfluß ausüben, weil die Arbeit eines unparteiischen Monarchen viel wirkungsvoller sei. Damit wies Albert Victoria unter dem Aspekt der konstitutionellen Monarchie ihre Rolle zu, denn er glaubte, daß sie die Bedürfnisse ihres Volkes verstehen könnte und zu einer von eigenen Interessen freien Einschätzung des Gemeinwohls in der Lage sei.[2]

Sein kultureller und intellektueller Einfluß auf die Gesellschaft war nicht minder bedeutend. Albert förderte das Kunstverständnis und setzte sich für die Bildung des englischen Volkes ein. Er ließ zahlreiche Museen errichten, die ohne Eintrittskosten zugänglich waren, und er ergänzte die Königliche Gemäldesammlung um bedeutende Werke. Als er 1841 zum Vorsitzenden einer Kunstkommission ernannt wurde, war es seine erste Aufgabe, die Ausstattung der umgebauten Parlamentsgebäude zu überwachen. Selbst ein begabter Musiker, unterstützte und förderte er etliche Komponisten: So war neben anderen Felix Mendelssohn Bartholdy häufig Gast der königlichen Familie.

Bis zu ihrer Heirat hatte sich Victoria für kulturelle Veranstaltungen nur wenig interessiert, als sie aber in Alberts Begleitung Opern besuchte, applaudierte sie begeistert, zum Beispiel bei Mozarts *Zauberflöte*. Als Kanzler der Universität Cambridge wirkte Albert an der Modernisierung und Erweiterung des Lehrplans mit, und er sorgte dafür, daß vermehrt hochqualifizierte ausländische Gelehrte als Gastdozenten eingeladen wurden. Längst nicht so gebildet wie ihr Ehemann, war Victoria von den zahllosen Fähigkeiten ihres Mannes beeindruckt.

Durch seinen Ernst, seine Intelligenz und sein Pflichtbewußtsein gewann Albert nicht nur die Achtung der britischen Politiker und Bürger, sondern auch deren Zuneigung. Aber als Prinzgemahl fremdländischer Herkunft wurde er auch mit Mißtrauen beobachtet. Sein deutscher Akzent, seine Nüchternheit und sein Desinteresse an Sport, der in der englischen Oberklasse einen hohen Stellenwert einnahm, trugen nicht gerade zu seiner Popularität bei. Doch das änderte sich, als Albert persönlich die Organisation für die sechsmonatige

---

[2] In seinen politischen Theorien wurde Albert stark von Baron Friedrich Christian von Stockmar beeinflußt – einer grauen Eminenz in Coburg und Windsor –, der auch schon Leopold und Victoria beraten hatte. Dem Baron schwebte eine konstitutionelle Monarchie vor, die Albert dann auf eine solche »Höhe der Macht, Stabilität und Ausgeglichenheit führte, wie man es bis dahin noch nicht erlebt [hatte] … [Ein Monarch sollte demnach] niemand sein, der nur zustimmend mit dem Kopf zu nicken hat …, sondern [eine Persönlichkeit], die an der Entwicklung einer Politik von Anfang an maßgeblich beteiligt ist.«

Große Ausstellung von 1851 übernahm; es war die erste Weltausstellung überhaupt. In einer beispiellosen Präsentation zeigte sie über 100 000 verschiedene Produkte aus den nach der Industriellen Revolution entstandenen Fabrikationsstätten. Und selbst nach einer Zeit der Auseinandersetzungen mit dem Königshaus in den fünfziger Jahren mußte Premierminister Palmerston, der Albert nicht sonderlich wohlgesonnen war, die »Klugheit und außergewöhnlichen Fähigkeiten« des Prinzgemahls anerkennen.

Von den 20 Millionen Menschen, die damals in Großbritannien lebten, besuchten sechs Millionen die Große Ausstellung in der Halle im Hyde-Park,[3] wegen ihrer von einem Stahlgerüst getragenen 300 000 Glasscheiben Kristallpalast genannt. Dieses Ereignis war nicht nur ein persönlicher Triumph für Victoria und Albert, sondern auch ein Höhepunkt für die ganze Nation. Wenig später wurde die Bezeichnung »viktorianisch« allmählich immer häufiger in der Presse, aber auch in Gesprächen verwendet, und zwar als Ausdruck für die neue Strömung, die unter Victorias Regentschaft die britische Gesellschaft erfaßt hatte.

Und es wuchs der Wohlstand dieser viktorianischen Gesellschaft seit den fünfziger Jahren des 19. Jahrhunderts. Die Löhne, Einkommen und Profite stiegen, und Landwirtschaft und Industrie erlebten ein goldenes Zeitalter. Trotzdem gab es natürlich weiterhin Arbeitslosigkeit und Armut im Land und erhebliche Klassenunterschiede.

Als erster Monarch verkörperte Victoria die bodenständigen sozialen Werte des Mittelstands: Sie mißtraute aristokratischer Überheblichkeit, hielt sehr viel von Anstand und guten Sitten und stellte Pflichterfüllung über alles. Rassistische Vorurteile waren ihr stets fremd, und auch die bestehenden Klassenunterschiede waren für sie nicht unantastbar. Eine Vorkämpferin der Demokratie kann man sie trotzdem nicht nennen, denn wie Albert glaubte sie unbeirrt an die göttliche Notwendigkeit ihrer Stellung und an die gleichsam göttliche Mission des Empires. In allem war Victoria die gelehrigste Schülerin ihres von ihr angebeteten Ehemannes.

Unter Victoria dehnte sich das Empire immer weiter auf dem Globus aus. Die britische Seemacht befand sich auf ihrem Zenit, britischer Wagemut und Abenteuergeist kannten kaum Grenzen, und dank immer neuer Fabriken, Eisenbahnlinien und Kanälen als Transportwege wuchs die Wirtschaft in einem atemberaubenden Tempo.

---

[3] Nach dem Ende der Ausstellung wurde der Kristallpalast abgetragen und anschließend Glasscheibe für Glasscheibe in Sydenham in Süd-London wiederaufgebaut.

Und die Königin repräsentierte die Nation in einer Weise, wie dies bis dahin noch kein Monarch vor ihr getan hatte. Ihre Vorliebe für Behaglichkeit, für ein ruhiges Familienleben und eine einfache, geordnete Lebensweise entsprach vollständig den Wünschen der Mittelklasse, die durch ihren Arbeitseinsatz Großbritanniens Vorherrschaft erst ermöglicht hatte. Anfang des 19. Jahrhunderts galt es nicht mehr länger als ehrenrührig, wenn ein Gentleman einer Beschäftigung nachging, denn Wirtschaft und Handel hatten ihren schlechten Ruf verloren. Jene Männer, die die ersten Fabriken aufgebaut hatten, wurden jetzt Industriemagnaten genannt, und ihr Einfluß war inzwischen ebenso groß (wenn auch nicht ihr Sozialprestige) wie der des Landadels, der das Land jahrhundertelang beherrscht hatte. So erfuhr die wirtschaftliche Machtbasis Englands eine grundlegende Erneuerung. Aber auch die Monarchie und die Einstellung der Menschen zu ihrem Königshaus veränderten sich gründlich. Der Respekt vor der Krone, den Victoria und Albert ihr zurückgewonnen hatten, war vielleicht sogar die Hauptursache dafür, daß 1848, als die politischen Strukturen auf dem Kontinent gründlich erschüttert wurden, eine Revolution in Großbritannien ausblieb.

So autoritär und auf die Probleme ihres eigenen Landes bedacht die Königin auch war, hatte sie trotzdem großes Interesse an den dramatischen Vorgängen auf dem Kontinent. 1843 stattete sie als erster Monarch Frankreich einen Staatsbesuch ab, wo sich ein Politiker von »ihrer würdigen Ausstrahlung« beeindruckt zeigte und feststellte, daß sie »durch ihr angenehmes Auftreten Vertrauen einflößte« – und das trotz ihrer »grauenhaften Aufmachung … Sie hatte sich überall mit Geranien geschmückt. Sie hatte plumpe Hände und trug an jedem Finger einen Ring, sogar am Daumen; an einem Finger steckte ein Rubin von gigantischer Größe, [so daß] sie Schwierigkeiten hatte, mit Messer und Gabel zu essen …, und noch mehr Probleme, ihre Handschuhe an- und auszuziehen.«[4] Die Extravaganzen, die im Viktorianischen Zeitalter gepflegt wurden, beschränkten sich nämlich nicht allein auf die Möblierung der eigenen vier Wände.

Aber die viktorianische Zeit stand auch zunehmend für eine engherzige moralische Haltung, ein wohlerzogenes, respektvolles Benehmen, Pflichtgefühl und Sparsamkeit und die Bereitschaft, klaglos

---

[4] Die Ringe sollten – so glaubte jedenfalls Victoria – von ihren kurzen, dicken und unschönen Händen ablenken. Melbourne hat einmal geäußert, daß im Gegenteil überreicher Schmuck die Aufmerksamkeit erst auf die Hände lenke.

hart zu arbeiten. Um es mit Oscar Wilde, dem großen Stückeschreiber jener Zeit, zu sagen, kam es in erster Linie darauf an, *ernst* zu sein, obwohl Wilde und andere nicht müde wurden, die nicht selten bis zur Lächerlichkeit gesteigerte und auf Wahrung der Fassade bedachte Etikette der Oberklasse zu kritisieren und satirisch zu überzeichnen.[5] Doch die Königliche Familie, die durch ihre beispielhafte Lebensweise den Glanz der Krone, die durch Generationen vorhergehender Monarchen in Mißkredit gebracht worden war, wiederhergestellt hatte, blieb von Kritik verschont.

Aufrecht und streng, wie er es an den deutschen Höfen gelernt hatte, nahm Albert die moralische Erziehung seiner launischen jungen Braut in die Hand, und sie entwickelte sich zu der Persönlichkeit, als die sie in die Geschichte eingegangen ist. In vielerlei Hinsicht war Albert der Beständigere und Überzeugendere von beiden, und bald machte sich die Kirche von England seine Philosophie, die auf einer Anstandsethik ohne religiösem Unterbau beruhte, zu eigen, und sie wurde der Nation als verbindlicher Standard des viktorianischen Lebensstils präsentiert. Von Albert übernahm die Königin die Gepflogenheit, ihre Gesellschaft nach den charakterlichen Eigenschaften der Menschen, die sie einlud, auszuwählen. Ein Kriterium, über das sie sich nach Auskunft des Herzogs von Wellington zuvor nicht »im geringsten« Gedanken gemacht hatte. Anderseits haßte Victoria aber aristokratischen Snobismus und Blasiertheit, und sie hatte ein echtes Interesse an den Armen und Entrechteten in ihrem Land.[6] Für die »mondäne, schnellebige Gesellschaft« brachte Victoria nur wenig Verständnis auf, und schon auf die kleinste Angeberei in der eigenen Familie reagierte sie zornig. Wenn ihr vielgeliebter Enkel, der deutsche Kaiser, nicht aufhöre, sich »privat wie in der Öffentlichkeit in herrscherlichen Allüren« zu ergehen, sagte sie einmal im hohen Alter, »dann sollte er besser nicht hierherkommen«.

Für Alberts strenge Moralbegriffe, die dem jungen Prinzen schon seine Lehrer vermittelt hatten und die sich später noch verstärk-

---

[5] Außer Wilde machten sich noch John Stuart Mill, Matthew Arnold, John Ruskin und Charles Dickens über die vorherrschende Selbstgefälligkeit und die Verdrängung unliebsamer gesellschaftlicher Gegebenheiten lustig. Ein gutes Beispiel ist eine Figur von Dickens, Mr. Podsnap (in *Unser gemeinsamer Freund*). Das ist ein selbstzufriedener Geschäftsmann, der sich für einen vorbildlichen Bürger hält, »weil er mit den Zuständen vollauf zufrieden ist, und vor allem aber mit sich selbst«.

[6] Mit dreizehn Jahren hatte Victoria die Industriestädte in Wales und in den Midlands besucht und war entsetzt über das, was sie dort sah: Die Häuser sind »allesamt schwarz [von dem vielen] Rauch und dem Verbrennen der Kohlehaufen …, armselige Hütten und heruntergekommene kleine Kinder«. Diese Erfahrung weckte Victorias soziales Gewissen.

ten, gab es tiefere Ursachen. Wie Victoria hatte er auch in früher Kindheit einen Elternteil verloren. Als er fünf Jahre alt war, wurde seine Mutter vom Hofe verbannt, weil sie eine Liebesaffäre mit einem Offizier hatte, den sie später heiratete. Victoria und Albert legten deshalb größten Wert auf ein intaktes Familienleben, und solange ihr ältester Sohn noch nicht erwachsen war, hatten ihre Bemühungen auch Erfolg. Wie hoch die beiden im öffentlichen Ansehen standen, zeigt auch der oft zitierte Ausspruch einer viktorianischen Lady, die nach einer Aufführung von Shakespeares *Antonius und Cleopatra* bemerkte, das Geschehen auf der Bühne habe so gar nichts mit dem »häuslichen Leben unserer lieben Königin« gemeinsam.

Das königliche Paar war mit einer großen Kinderzahl gesegnet, Victoria bekam zwischen 1840 und 1857 neun Kinder. Ihre zahlreichen Schwangerschaften waren nicht geplant, denn sie haßte es, schwanger zu sein. Zudem verbot die Kirche von England außer Enthaltsamkeit jede Form der Geburtenkontrolle; auch kannte man damals nur die Alternative Abstinenz oder Elternschaft. (Dies ließ auch die Zahl der Prostituierten rasch anwachsen, bei denen die Männer aus der Mittelklasse ihr Vergnügen suchten.) Was Victoria und Albert betraf, hatten sie von natürlichen Verhütungsmethoden kaum Ahnung und hielten sich an die Vorgaben der Ärzte, die direkt nach der Menstruation vom Geschlechtsverkehr abrieten und die Tage des mittleren Zyklus für die sichersten hielten.

So mußte Victoria kurz nach der Geburt ihres ersten Kindes, der Prinzessin Victoria (geboren am 21. November 1840), zu ihrem Entsetzen feststellen, daß sie schon wieder schwanger war. Am 9. November 1841 kam dann ein Junge zur Welt, der auf den Namen Albert Edward getauft und im Familienkreis zeitlebens Bertie genannt wurde. Seine Mutter ernannte ihn noch im Dezember seines Geburtsjahres zum Prince of Wales, und im Alter von neunundfünfzig Jahren sollte er schließlich als King Edward VII. den Thron besteigen. Bevor er die Geburt des kleinen Prinzen offiziell bekanntgab, las Albert seiner Frau den Wortlaut des Textes vor, der lautete: »Ihre Majestät und der Prinz sind wohlauf.« Da lachte die Königin herzlich und sagte: »Mein Lieber, so geht das nicht.«

»Und warum nicht?« fragte Albert.

»Weil dann der Eindruck entsteht, du seist ebenfalls niedergekommen!« Und nach einer kleinen Änderung hieß es schließlich: »Ihre Majestät und der kleine Prinz sind wohlauf.«

Aber in Wahrheit fühlte sich die Königin nach der Niederkunft gar nicht wohl. Sie litt nämlich nach der Geburt unter einer schweren sogenannten Post-partum-Depression. Sie war zutiefst von ihrer eigenen Wertlosigkeit überzeugt und fühlte sich völlig überflüssig – ein Zustand, für den sie vielleicht sogar selbst verantwortlich war, denn sie ließ das Kind von einer Amme stillen. Danach hatte sie einen erbitterten Streit mit Albert, der die Baroness Louise Lehzen, Victorias ehemalige Gouvernante und Vertraute, entlassen und statt dessen eine neue englische Kinderfrau einstellen wollte. Die Auseinandersetzung, die sich an diesem Punkt entzündete, wurde lautstark und erbittert ausgetragen. Zu guter Letzt stürmte Albert, verfolgt von der schreienden Victoria, in seine Privatgemächer. Sie rüttelte an der Tür und kreischte: »Ich bin die Königin!« Doch ihr Mann strafte sie mit eisigem Schweigen. Durch diese ungewohnte Kälte ihres Mannes erschreckt, brach sie vor seiner Suite zusammen und schluchzte: »Bitte, hör mir zu – ich bin doch deine Frau.« Wie auf ein Stichwort öffnete sich die Tür, und Albert beugte sich hinunter, um seine Frau in die Arme zu nehmen. »So ist es viel besser«, sagte er, »und die Wahrheit ist: Ich bin dein Mann.« Die Baroness Lehzen nahm kurz darauf ihren Abschied, und von jenem Tag an war Albert der unbestrittene Herr im königlichen Haushalt.

Zu einer weiteren Aufregung kam es 1853, nachdem sich herausgestellt hatte, daß der vierte Sohn des königlichen Paares, Leopold, an der Bluterkrankheit litt. Victoria verbarg ihren Kummer zunächst hinter einem mürrischen Schweigen und brach dann eine Reihe lautstarker Streitereien mit Albert vom Zaun, danach versank sie wieder in Schweigen. Albert schrieb seiner Frau daraufhin einen langen Brief, in dem er sie drängte, offen über ihren Schmerz und ihre Ängste zu sprechen und nicht alles in sich hineinzufressen. Diesen Rat nahm sie sich zu Herzen.

Das dritte Kind, Prinzessin Alice, kam 1843 zur Welt. Sie heiratete später Ludwig IV. von Hessen und wurde Mutter von Alexandra, die den Zaren Nikolaus II.[7] heiratete. Prinz Alfred, 1844 geboren, heiratete später die Großherzogin Marie, Tochter des Zaren Alexander II. Zu den Nachkommen dieses Paares gehörten Könige und Königinnen von Rumänien, Jugoslawien und Griechenland. 1846 er-

---

[7] Prinzessin Alice war Urgroßmutter von Prinz Philip von Griechenland, der als Leutnant Philip Mountbatten 1947 Prinzessin Elizabeth heiratete (die spätere Queen Elizabeth II.) und dem der Titel Herzog von Edinburgh verliehen wurde.

blickte dann Prinzessin Helena das Licht der Welt, die spätere Frau von Prinz Christian von Schleswig-Holstein. 1848 folgte Prinzessin Louise, die den neunten Herzog von Argyll heiratete; 1850 Prinz Arthur, der sich mit Prinzessin Louise von Preußen vermählte; 1853 Prinz Leopold, der die Prinzessin Helena von Waldeck-Pyrmont zur Frau nahm; und 1857 kam schließlich Prinzessin Beatrice zur Welt, die den Prinzen Heinrich von Battenberg heiratete (ihre gemeinsame Tochter wiederum wurde Ehefrau des Königs von Spanien). Nachdem sie also fast jedes Land des kontinentalen Europa mit einem ihrer Nachkommen bedacht hatte, konnte Victoria wahrlich Anspruch auf den ihr bereits zu Lebzeiten verliehenen Beinamen »Großmutter Europas« erheben.[8]

Mit einigen Aspekten ihres Lebens war diese Großmutter Europas freilich gar nicht zufrieden. Eine Frau, so klagte sie einmal, »ist körperlich und moralisch die Sklavin ihres Mannes. Daran muß ich immer wieder schmerzlich denken. Wenn ich mir ein fröhliches, glückliches, freies junges Mädchen vorstelle – und mir dann den leidenden, schmerzvollen Zustand anschaue, zu dem junge Frauen im allgemeinen verurteilt sind ... Man kann nicht leugnen, daß [dies] die Strafe der Ehe ist!« Queen Victoria war alles andere als eine Vorkämpferin der Frauenbewegung (die sie sogar für eine »verrückte, verderbliche Dummheit« hielt). Allerdings hielt sie die Beschränkungen durch die Schwangerschaften der Frauen für eine Schattenseite der weiblichen Existenz, und die untergeordnete Stellung der »Weiber« betrachtete sie als eine »Strafe«.

Aber trotzdem und trotz der Depressionen, die fast jede ihrer Schwangerschaften begleitete, waren Victoria, Albert und ihre Kinder jahrelang eine bemerkenswert glückliche und eng zusammenhaltende Familie.

Natürlich gab es die üblichen Schwierigkeiten mit der Disziplin der Kinder, und so entwickelten Victoria und Albert im Januar 1847 einen Plan für die Erziehung ihres Nachwuchses. Bis zum sechsten Lebensjahr wurde die Ausbildung der Kinder (bestehend aus Französisch, Englisch, Deutsch und Religion) einer Gouvernante anver-

---

[8] Zum Zeitpunkt ihres Todes lebten noch sechs ihrer neun Kinder, vierzig Enkelkinder und siebenunddreißig Urenkel. Darunter befanden sich unter anderem vier künftige englische Herrscher: ihr Sohn Edward VII., ihr Enkel George V. und ihre beiden Urenkel Edward VIII. und Georg VI.

traut; danach sollten sie von Privatlehrern in weiteren Fächern unterrichtet werden.

Besondere Maßnahmen wurden für den kleinen Thronfolger Bertie ergriffen. Auf Alberts Empfehlung hielt Victoria bewußt emotional Distanz zum Prince of Wales, denn die Eltern glaubten offenbar, daß der Junge außerhalb des Einflußbereiches seiner Mutter mehr innere Unabhängigkeit und ausgeprägtere Führungsqualitäten entwickeln würde. Aber im Alter von etwa sieben Jahren zeigte Bertie eine große Vorliebe für sportliche Aktivitäten, während sein Interesse an den anderen Fächern erheblich nachließ. Durch seinen Vater eingeschüchtert, fing Bertie an zu stottern und brauchte Jahre, um dieses Handicap zu überwinden; später vererbte er diese Veranlagung an mehrere seiner Söhne und Enkel, die sich mehr oder weniger erfolgreich bemühten, sich von dieser unangenehmen »Behinderung« zu befreien.

Die Königin und der Prinzgemahl wollten aus Bertie den perfekten Thronfolger machen und entwickelten für ihren Sohn einen umfangreichen Lehrplan. Sie schrieben dem Prinzen einen strikten Zeitplan vor und verlangten täglich von ihm Bericht über seine Fortschritte. Doch der Junge war offensichtlich mit dem Programm überfordert, und es gab ständig Auseinandersetzungen mit seinen Eltern, so daß man kurzfristig auch alternative Methoden ausprobierte. Als Bertie zwölf Jahre alt war, hatte er einen sehr nachsichtigen Privatlehrer namens Henry Birch, der meinte, daß ausgedehnte Spaziergänge auf dem Land dem Jungen eher helfen würden, systematisch zu arbeiten, als zusätzliche Stunden in Mathematik oder Geschichte. Aber auch dieser Versuch scheiterte.

Danach wurde, wie es damals vielfach üblich war, ein Phrenologe zu Rate gezogen, der den Schädel des Knaben einer genauen Untersuchung unterzog. Man hoffte, daß diese Vermessung und »Kartographierung« des Kopfes die besonderen Stärken und Begabungen des Jungen aufzeigen würde. Aber auch dieses Verfahren erwies sich als wirkungslos wie auch eine Spezialdiät, die der behandelnde Arzt verordnete, weil er hoffte, daß sie Berties geistige Leistungen durch eine bessere Nährstoffzufuhr steigern würde.

Die Töchter des Königspaares waren zwar auch eigenwillig, aber viel umgänglicher und wesentlich intelligenter als der Thronfolger. Doch ganz reibungslos verlief ihre Erziehung auch nicht. Als ein Dr. Brown in das häusliche Privatlehrer-Kollegium eintrat, hörte die sechsjährige Vicky, wie ihr Vater den Mann schlicht mit Brown ansprach und tat dies fortan auch. Ohne Erfolg korrigierte die Königin ihre Tochter wieder und wieder und schärfte ihr ein, sie solle gefälligst das höflichere Dr. Brown verwenden. Schließlich wurde Vicky sogar angedroht, man werde sie ins Bett stecken, falls sie nicht endlich gehorchen würde. Bei seinem nächsten Besuch begrüßte die Prinzessin den Doktor aber wieder vernehmlich mit »Guten Morgen, Brown!«. Als sie das zornige Gesicht ihrer Mutter bemerkte, stand sie sofort auf, machte einen Knicks und sagte: »Und gute Nacht, Brown. Ich gehe jetzt ins Bett.«

Ähnlich eigenwillig war auch Prinzessin Beatrice. Im Alter von zwei Jahren wollte sie einmal beim Mittagessen von einer besonders gehaltvollen Torte essen. »Baby darf das nicht essen«, sagte ihre Mutter ruhig, »weil das nicht gut ist für Baby.« Nachdem sich die Kleine eine reichliche Portion genommen hatte, entgegnete sie seelenruhig, ebenfalls in der dritten Person: »Aber Baby mag das gern essen, meine Liebe.« Ob das Kind bei dieser Gelegenheit seinen Willen durchsetzte, ist nicht bekannt.

Beatrices jüngere Schwester Louise, die den Marquis von Lorne (den späteren neunten Herzog von Argyll) heiratete, schockierte die Familie, als sie sich 1884 von ihrem Mann trennte. Bis zum Vorjahr war er noch Generalgouverneur von Kanada gewesen, wo das Ehepaar in den unerschlossenen Nordwest-Territorien hervorragende Pionierarbeit geleistet hatte. Nach einem schweren Schlittenunfall reiste Louise zur Erholung nach Europa, wo sie sich klar darüber wurde, daß ihr Ehemann sie bis zum Überdruß langweilte. Während ihres langen Lebens, das sie allein verbrachte, widmete sie sich der Kunst und Erziehungsfragen.

Besonders Vicky und Beatrice entwickelten im Laufe ihres Lebens beträchtliche intellektuelle und künstlerische Fähigkeiten. Vicky sprach bereits mit sechs Jahren fließend Französisch und Deutsch. Nachdem sie Prinz Friedrich Wilhelm von Preußen geheiratet hatte und zunächst Kronprinzessin, dann schließlich Kaiserin geworden war, ging sie weiterhin ihren kulturellen Interessen nach und brachte es als Malerin und Bildhauerin zu einer großen Könnerschaft. Vicky war nicht nur Vorkämpferin der liberalen Sache, sondern sie stellte sich auch allen autoritären Bestrebungen in den Weg, gründete höhere Schulen für Mädchen und Ausbildungsstätten für Krankenschwestern und war daneben Mutter von acht Kindern und eine einfühlsame, treusorgende Tochter. Mehr als achttausend Briefe wechselten die beiden Victorias, Mutter und Tochter, und es entstand eine Korrespondenz, der wir wichtige Einblicke in das Familienleben, aber auch in die Zeitgeschichte verdanken.

Ebenso gebildet und kultiviert war Beatrice, die auch als Pianistin und Komponistin in Erscheinung trat. Viele ihrer Arbeiten wurden öffentlich aufgeführt und fanden bei der Kritik eine wohlwollende Resonanz. Bemerkenswerte Leistungen aber vollbrachte sie als Privatsekretärin ihrer Mutter, eine Funktion, die sie vor ihrer Ehe mit Prinz Heinrich von Battenberg und nach der Geburt ihrer vier Kinder ausübte. Mit achtunddreißig Jahren verwitwet, kümmerte sie sich nach dem Tod ihrer Mutter um die Abschrift und Herausgabe von einhundertelf Bänden der Tagebücher der Königin. Wobei Beatrice – die viktorianischer war als Victoria selbst – die freimütige, gelegentlich sogar pikante und so gar nicht königliche Sprache ihrer Mutter stellenweise als derart kompromittierend empfand, daß sie zahlreiche Textpassagen einfach strich. Queen Elizabeth II. zeigt Besuchern von Schloß Windsor heute gern Auszüge der von Beatrice »bearbeiteten« Tagebücher, und sie hat schon mehrfach ihr Bedauern geäußert, daß Beatrice den Stil Victorias zu eigenmächtig verändert und im Übereifer sogar die Originale verbrannt hat.

Die Enttäuschung über den kleinen Prince of Wales wurde durch die Freude der Eltern an ihren Töchtern mehr als aufgewogen. Seit dem ersten Kind Georgs III. achtzig Jahre zuvor hatte kein regierender Monarch mehr einen männlichen Erben gehabt, und so weckte die Geburt Albert Edwards 1841 in weiten Kreisen die Hoffnung, der Thronerbe werde die Monarchie im Geiste Victorias und Alberts weiterführen. Aber diese Hoffnung sollte sich nicht erfüllen. Denn trotz des Ehrgeizes, den das Königspaar im Hinblick auf die Erziehung ihres Thronfolgers an den Tag legte, erreichte dieser weder intellektuell noch moralisch das Niveau seiner Eltern.

Da die Königin die Aristokratie für entsetzlich verdorben hielt, kam es für sie überhaupt nicht in Frage, Bertie auf eine Adelsschule zu schicken. Sie fürchtete, daß der Kontakt mit den jungen Adeligen ihm mehr schaden als nützen werde. Und so ließ sie ihn von Privatlehrern unterrichten, die seiner Trägheit und Gleichgültigkeit nichts entgegensetzten. Fundierte und anspruchsvolle Lektionen erteilte ihm nur sein Vater regelmäßig. Im Alter von zwanzig Jahren war Bertie ein liebenswürdiger, sorgloser und sympathischer Jüngling, den für seine hohe Stellung eigentlich nur sein Stammbaum qualifizierte. Wegen seiner Leichtlebigkeit weigerte sich die Königin überdies, ihn mit gesellschaftlichen oder zeremoniellen Pflichten zu betrauen. Und da er keinerlei Aufgaben hatte, verminderte sich sein Verantwortungsgefühl mehr und mehr.

Wenn auch Victoria und Albert das nicht erkannten, hatte ihr Sohn durchaus seine Fähigkeiten. Während kurzer Studienaufenthalte an den Universitäten von Oxford und Cambridge erzielte er beachtliche Leistungen. Sein Vater, der ihm das Wohnen mit anderen Studenten verboten und ihn privat einquartiert hatte, gab ihm auch persönliche Bedienstete mit, die schlechten Umgang von ihm fernhalten sollten. Erst als der Prince of Wales im Sommer und Frühherbst 1860 zu einen Staatsbesuch nach Kanada und Amerika geschickt wurde, hatte er das erste Mal in seinem Leben einen gewissen Freiraum. Auf dieser Reise bestaunte er in Chicago Getreidekräne, besuchte in St. Louis einen Jahrmarkt, und auf einem Ball in Cincinnati tanzte Bertie begeistert bis weit nach Mitternacht.

In jenem Jahr machte die Fotografie weltweit Furore. Queen Victoria hatte 1856 sogar einen offiziellen Fotografen zum Krimkrieg entsandt, der die Ereignisse dort dokumentieren sollte. Und der Prince of Wales avancierte dank der neuen Bildtechnik zum ersten internationalen Medienstar. Überall auf der Welt konnten die Menschen jetzt anhand von Fotografien beobachten, wie der englische Thronerbe heranwuchs, wie sich sein Aussehen veränderte und wie er sich kleidete. Die Königliche Familie posierte in langen Sitzungen, wie sie für die damalige Technik noch nötig waren, reglos vor der Kamera. Victoria allerdings, von Natur aus scheu, mied die Fotografen, wann immer sie konnte. Bertie war solche Zurückhaltung fremd. Überall in Amerika wurde er von Fotografen belagert, und die von der Presse veröffentlichten Fotos zeigten einem neugierigen Publikum, wie er aussah, wie er sich kleidete, wie er sein Haar trug. Als Bertie Pittsburgh und Baltimore besuchte und dort mit Bürgern durch die Straßen bummelte, zeigte die Arbeit der Zeitungen schon ihre Wirkung, denn er wurde von den Menschenmassen fast erdrückt. Erstmals machte man sich jetzt Gedanken über seine Sicherheit, und durch Washington und New York fuhr er deshalb in einer Kutsche. In Manhattan erwarteten den Thronfolger 300 000 Menschen, und er benötigte für die relativ kurze Strecke von der *Emigrants Wharf* bis zu seinem Hotel in der Fifth Avenue mehrere Stunden. Dort hießen ihn Politiker und Persönlichkeiten des öffentlichen Lebens herzlich willkommen, was seine Eltern in England mit Wohlgefallen registrierten – bis er, lässig amerikanisch gekleidet und mit einer Zigarre im Mundwinkel wieder daheim aufkreuzte.

Im Januar 1861 ging Bertie dann nach Cambridge, wo ihm kein Geringerer als Charles Kingsley, königlicher Professor für Neuere Geschichte, bescheinigte, daß er »sehr intelligente Fragen« stelle. Im folgenden Sommer schickte ihn sein Vater dann zehn Wochen zur Grenadiersgarde in der Nähe von Dublin. Prinz Albert verfügte, daß sein Sohn dort ein – angesichts der kurzen Zeit – schier unmögliches Ausbildungsprogramm absolvierte und ließ ihn von Woche zu Woche in alle militärischen Sparten einweisen, was den jungen Mann natürlich überforderte. Allerdings zeigte er sich dafür den Anforderungen der aufstrebenden jungen Schauspielerin und in Soldatenkreisen bekannten Nellie Clifden durchaus gewachsen, einer leichtlebigen Person, die sich in den Kasernen ihres Heimatortes so gut auskannte, daß sie das Bett nahezu jedes Soldaten auch im Dunkeln finden konnte. Briefe, in denen Albert seinen Sohn zur Heirat mit einer Prinzessin vom Kontinent drängte, blieben unbeantwortet, und der Prinz erwiderte nur, er werde allein aus Neigung heiraten. Er war aber einverstanden, die in Dänemark geborene und knapp siebzehnjährige Prinzessin Alexandra kennenzulernen. Doch war er vielleicht zu sehr in die feurige Nellie vernarrt, denn die betörend schöne Alix (wie sie von ihren Vertrauten genannt wurde) machte auf den Prinzen keinen besonderen Eindruck. Jedenfalls kehrte er erst einmal nach Cambridge zurück und traf sich in London weiter mit Nellie.

Im Herbst des Jahres 1861 konnte die Nachricht von der Affäre des jungen Prinzen vor Victoria noch geheimgehalten werden – freilich nicht vor seinem Vater, der Bertie einen zornerfüllten Brief schickte. Er schrieb, daß Nellie bereits von manchen schadenfroh als Prinzessin von Wales tituliert werde. Zweifellos werde sie bald ein Kind von Bertie bekommen, und dieser müsse dann vor Gericht zu den »widerlichen Einzelheiten [seiner] Verworfenheit« Stellung nehmen. Albert war aber nicht nur wegen Berties mangelnder Moral erzürnt, sondern auch, weil er fürchtete, daß Berties Lebenswandel dem Ansehen der Monarchie schaden würde; schließlich war die Erinnerung an die Hannoveraner noch nicht verblaßt, dazu kam, daß sich die Befürworter der Demokratie überall im Land immer lautstärker Gehör verschafften.

Albert erkrankte in diesen Monaten ernstlich und war wegen ständiger Überarbeitung und nicht abreißen wollender familiärer und politischer Sorgen erschöpft. Schon seit Oktober 1860 litt er unter Magenproblemen, und die dadurch verursachten Schmerzen hatten ihn im Dezember an den Rand eines Nervenzusammenbruchs gebracht. Dazu kamen unfaire Vorwürfe aus gewissen politischen Kreisen, denen er während des Krimkrieges ausgesetzt war (insbesondere die Behauptung, er habe das Parlament zugunsten Rußlands beeinflussen wollen). Schließlich sah sich Albert einer doppelten Arbeitsbelastung ausgesetzt, denn Victoria hatte sich nach dem Tod ihrer Mutter im März 1860 monatelang von allem zurückgezogen, und es quälte ihn außerdem die sich verschlechternde Bluterkrankheit des achtjährigen Prinzen Leopold.

In Deutschland bestand die Gefahr eines Krieges, und Großbritannien, dessen Wirtschaft auf die Baumwollieferungen aus den Südstaaten der USA angewiesen war, drohte in den amerikanischen Bürgerkrieg hineingezogen zu werden. »Ich bin krank, habe Fieber und Gliederschmerzen und fühle mich sehr elend«, schrieb Albert in sein Tagebuch. Ähnliche Einträge sollte er im Laufe des Jahres noch häufiger machen.

Trotzdem arbeitete der Prinzgemahl weiter wie bisher und konnte sogar durch sein diplomatisches Geschick einen drohenden Krieg zwischen Großbritannien und Amerika abwenden. Das Außenministerium hatte beim amerikanischen Außenminister schriftlich dagegen protestiert, daß die Besatzung eines Kriegsschiffs der Union das britische Schiff *Trent* aufgehalten und zwei Abgesandte der Konföderierten von Bord geholt hatte. Die Briten verlangten die Freilassung der beiden Männer und eine Entschuldigung für den Vorfall, sonst müsse man den britischen Botschafter aus Washington abziehen. Alberts Verhandlungsgeschick war es zu verdanken, daß sich die Situation entschärfte, und als dann die Krise abgewendet war, vertraute er Victoria an: »Ich war so schwach, ich habe kaum die Feder halten können.« Ende November mußte der Prinzgemahl widerwillig auch noch nach Cambridge reisen, wo er vergeblich versuchte, seinen Sohn zur Räson zu bringen.

Von Schüttelfrost geplagt, kehrte Albert nach Schloß Windsor zurück. Bald konnte er weder feste noch flüssige Nahrung mehr zu sich nehmen, und was noch schlimmer war, seit Anfang Dezember litt er immer wieder unter Bewußtseinstrübungen. Von seiner geliebten achtzehnjährigen Tochter Alice begleitet, wanderte er durch das Schloß Windsor, ging von einem Schlafzimmer ins andere, redete wirres Zeug und schlief dann ein, um ein paar Stunden später wieder völlig klar zu erwachen. Diese Stimmungsumschwünge zwischen überschwenglichem Optimismus und düsteren Todesahnungen versetzten Victoria und die Kinder in helle Panik.

Die Ärzte des Prinzen einigten sich schließlich auf die Diagnose Unterleibstyphus und behaupteten, die Krankheit werde bald vorüber sein, doch spätestens am Dienstag, dem 10. Dezember, wußten alle, daß sein Zustand sehr ernst war. (Später interpretierten Historiker Alberts Leiden als Magengeschwür oder – wofür mehr spricht – als Magenkrebs.)

Victoria war wie gelähmt vor Angst, aber sie leistete ihrem Mann Gesellschaft und hielt liebevoll seinen Kopf. Am 12. Dezember, einem Donnerstag, sagte Albert, er habe die Vögel in Rosenau, dem Landsitz seiner Familie nahe Coburg, singen hören; danach fragte er Victoria nach Cousins und Cousinen, die er jahrelang nicht mehr gesehen hatte. Von Alice wollte er wissen, ob Vicky in Berlin über seine Krankheit informiert worden sei.

»Ja«, entgegnete Alice, »ich habe ihr mitgeteilt, daß du sehr krank bist.«

»Du hättest ihr sagen sollen, daß ich im Sterben liege. Ja, ich sterbe.«

Am Freitag, dem 13. Dezember, eilte Bertie ans Krankenbett seines Vaters. »Das Beängstigendste war seine Atmung«, schrieb Victoria später, »sie ging so schnell. Sein Gesicht und die Hände hatten sich dunkel verfärbt, und ich wußte, daß das ein schlechtes Zeichen ist.« Gegen fünf Uhr nachmittags wurde für die bis dahin ahnungslose Öffentlichkeit ein Bulletin über Alberts Krankheit veröffentlicht, und die Königin erfuhr von den Ärzten, daß sich der Zustand ihres Gemahls rasch verschlechterte. Bisweilen von hysterischen Weinkrämpfen geschüttelt, saß sie am Bett ihres Mannes. Je schwächer er wurde, desto klarer wurde sein Geist. Er küßte seine Frau, umklammerte ihre Hand und flüsterte immer wieder: »Gutes Frauchen …, gutes Frauchen …«

Am 14. Dezember versammelten sich Bertie, Helena, Louise und Arthur schweigend um das Bett ihres Vaters. Seine geliebte Vicky war noch in Deutschland, Alfred auf See, Leopold zur Erholung an der Riviera, und die erst vierjährige Beatrice hielt man fern. Plötzlich bemerkte die Königin, daß Albert verzweifelt nach Atem rang, und sie beugte sich zu ihm hinab. »Es ist Frauchen«, flüsterte sie und bat ihn um einen Kuß. Er hob leicht den Kopf, küßte sie und sank zurück ins Kissen. Victoria verließ schluchzend den Raum. Kurz vor elf tat der zweiundvierzigjährige Prinz seinen letzten Atemzug, und Alice ging wortlos hinaus, um ihre Mutter zu holen.

»O ja, das ist der Tod!« rief die Königin weinend. Und nach einem herzzerreißenden Klagelaut sagte sie: »Ich weiß es, ich habe das schon einmal erlebt!«

Sie warf sich über Alberts leblosen Körper und nannte ihn immer wieder auf englisch und deutsch bei seinen Namen und Kosenamen. Während der folgenden Monate war die Königin außer sich vor

Kummer und Schmerz, und ihre Angehörigen und Minister fürchteten schon, sie würde den Verstand verlieren. Das geschah nicht, aber Victoria entwickelte sich zu einer zurückgezogen lebenden, mürrischen Witwe, und sie hat den Verlust ihres Mannes bis zu ihrem eigenen Tod nie verwunden. Jahrelang verharrte die Königin in dieser Weltabgewandtheit und trug für den Rest ihres Lebens nur noch Trauerkleidung.

ZWEITES KAPITEL

Prinz Bertie (1861–1871)

»Ich kann ihn nie ohne ein gewisses Schaudern ansehen.«
Queen Victoria über ihren ältesten Sohn, Albert Edward (Bertie)

»Dieser deutsche Prinz«, hat Benjamin Disraeli kurz nach Alberts
Tod geschrieben, »hat England einundzwanzig Jahre lang mit einer
Weisheit und Energie regiert, wie sie keiner unserer Könige je beses-
sen hat.«

Auch Queen Victoria räumte ein, daß das Dahinscheiden ihres geliebten Albert fast den Beginn einer neuen Regentschaft markierte, einer vierzigjährigen Witwenschaft und offenbar nie enden wollenden Trauerzeit, einer Art Schattenherrschaft ohne die Unterstützung des Prinzgemahls, auf den die Königin so sehr angewiesen gewesen war.

Das Viktorianische Zeitalter, wie es sich uns heute darstellt, hat in der Tat dem Einfluß Alberts mehr zu verdanken als seiner Frau, denn immerhin stimmte er den Grundton an, der für den Rest des Jahrhunderts nachklingen sollte. Albert wußte, daß ein Überleben der Monarchie nach den hannoveranischen Königen von der Identifikation des Herrschers oder der Herrscherin mit den Werten und Tugenden der Mittelklasse abhängen würde. Alberts ungewöhnliche politische Hellsichtigkeit bewahrte Queen Victoria davor, sich ihren Untertanen immer mehr zu entfremden, und von ihm lernte sie, sich wahrhaft monarchisch zu verhalten. Tatsächlich zeigen die Tugenden aller geachteten englischen Monarchen seit Albert, sei es der Ernst eines Georges V., der Mut eines Georges VI. oder das von Würde getragene Verantwortungsbewußtsein einer Elizabeth II., daß auch Alberts Nachkommen von ihm gelernt haben.

Zwischen 1862 und 1865 hatte sich die Königin geweigert, das Parlament zu eröffnen, und nach Ablauf dieser Zeit waren Presse und Öffentlichkeit über ihre selbstgewählte Isolation zutiefst empört. »Die loyalen Untertanen Ihrer Majestät sind ungemein erfreut zu erfahren, daß unsere Herrscherin im Begriff steht, ihre fortgesetzte Absonderung demnächst zu beenden«, schrieb die *Times*, die nur zu gern einem – allerdings falschen – Bericht glauben wollte, demzufolge die Königin 1864 ins öffentliche Leben zurückkehren wollte. »Binnen kurzem wird der ganze Hof seine unterbrochene Lebenstätigkeit wieder aufnehmen … Wir sind kein Volk, das sich gern auf das Hörensagen verläßt oder das für wirklich hält, was das Auge nicht zu sehen vermag … Jeder, der sich von der Welt und seinen Pflichten isoliert, läßt es an Sorgfalt fehlen und verliert bald den Überblick.«

Sechs Tage später veröffentlichte Ihre Majestät die Entgegnung darauf:

»Die Königin ist tief gerührt von dem Verlangen ihrer Untertanen, sie zu sehen, und was immer sie tun *kann*, um diesem legitimen, wohlgemeinten Wunsch nachzukommen, *wird* sie tun.«

Aber sie werde nicht, so beharrte Victoria, an öffentlichen Zeremonien teilnehmen, die für eine Witwe unziemlich seien, selbst wenn ihr schmerzlicher Verlust inzwischen zwei Jahre zurückliege. Es war deshalb mehr als ein Witz, als eines Tages am Tor des Buckingham-Palastes ein Schild hing mit der Mitteilung: »Ausgedehntes Anwesen wegen Geschäftsaufgabe des bisherigen Inhabers zu vermieten oder zu verkaufen.«

Auch fortan suchte Victoria London zu meiden, und sie wurde in der Öffentlichkeit selten gesehen. Sie zog sich vorzugsweise nach Osborne House, Balmoral oder Windsor zurück. Während der folgenden fünfzehn Jahre verbrachte sie nicht mehr als eine Woche pro Jahr in London. Ihr zurückgezogenes Leben begründete sie mit dem Tod ihres »lieben Gatten, dessen bloße Gegenwart mich mit Mut und Kraft erfüllt hat«. Im September 1884 brachte das satirische Magazin *Punch* eine Karikatur der Königin als Hermione aus Shakespeares *Wintermärchen*. Darin bittet Hermiones Tochter Perdita als Britannia ihre Mutter flehentlich: »Steig herab, sei nicht mehr Stein.« 1869 schließlich begriffen Victorias Minister, daß ihre inzwischen acht Jahre dauernde Isolation der Monarchie ernstlich zu schaden drohte.

Obwohl die Königin in den sechziger und siebziger Jahren ab und zu in der Öffentlichkeit erschien (meist, um noch ein Denkmal für ihren Mann einzuweihen), vernachlässigte sie ihre monarchischen und damit konstitutionellen Pflichten gänzlich. So erhoben sich immer wieder Stimmen, die sie aufforderten, zugunsten des Prince of Wales abzudanken. Auch wurde die Forderung laut, man solle anstelle der nichtsnutzigen Monarchie eine republikanische Staatsform schaffen. Daß sich Victoria von 1874 bis 1886 häufig weigerte, alljährlich die Parlamentseröffnung vorzunehmen, veranlaßte ihren offiziellen Biographen Sir Sidney Lee zu der Anmerkung: »Ihre Ablehnung dieser Praxis ließ den Eindruck aufkommen, dieses zentrale Verfassungsorgan stehe gar nicht mehr unter ihrem Einfluß.«

Dies abgeschiedene Leben der Königin, das, je länger es dauerte, um so mehr den Charakter einer melodramatischen Selbstinszenierung annahm, sollte häufig nur ihre Lethargie vor der Öffentlichkeit verbergen. Gegen ihre Antriebslosigkeit halfen auch Appelle ihrer Kinder und ihres Onkels Leopold, des Königs von Belgien, nicht, auch wenn sie wiederholt darauf hinwiesen, daß »die Engländer den persönlichen Kontakt brauchen und jemandem nur dann auf Dauer zugeneigt sind, wenn sie ihn regelmäßig sehen und bisweilen sogar berühren können«. Der Prince of Wales drängte die Königin ebenfalls, ihre zeremoniellen Verpflichtungen wahrzunehmen, und sein Sekretär bemerkte, wenn die Königin auf einem Ball in Balmoral von zehn Uhr abends bis zwei Uhr morgens mit ihren Kindern und ausgewählten Ministern tanzen könne, was sie bereits 1863 tat, dann müßte sie eigentlich auch in der Lage sein, im Buckingham-Palast ein paar Termine wahrzunehmen.

Ihre älteste Tochter Vicky verfaßte sogar einen von ihren Brüdern und Schwestern unterzeichneten Brief, in dem sie »unsere angebetete Mama und Königin« drängte, die Gefahren für die Monarchie, die ihre Untätigkeit geradezu heraufbeschwöre, nicht zu ignorieren. Doch dann bekamen die Königskinder Angst vor ihrer eigenen Courage und verzichteten darauf, das Schreiben abzusenden.

Der Brief hätte ohnehin keinerlei Wirkung gehabt, denn Victoria beharrte darauf, daß man von ihr einfach nicht erwarten könne, als verwitwete Frau ausländische Würdenträger zu empfangen oder an offiziellen Anlässen teilzunehmen. Dabei vergaß sie offenbar die Zeit vor ihrer Heirat, denn damals hatte sie ja ihre Verpflichtungen bei offiziellen Veranstaltungen wahrgenommen. Selbst zu Beginn ihrer Ehe hatte sie ihren Mann noch darauf hingewiesen, er dürfe nicht vergessen,

»daß ich die Herrscherin bin, mein Allerliebster, und daß ich die Geschäfte nicht einfach beiseite legen und warten lassen kann. Das Parlament hat Sitzungsperiode, fast jeden Tag geschieht irgend etwas …, deshalb ist es für mich jetzt ganz unmöglich, mich von London zu entfernen … Ich habe keinen ruhigen Augenblick, wenn ich nicht an Ort und Stelle bin und persönlich höre und sehe, was los ist.«

Das beweist wohl, daß eine neurotische, verstockte Widerspenstigkeit mitverantwortlich für ihren Rückzug war. Albert selbst, auf dessen Initiative der für Auftritte der Königsfamilie vorgesehene Balkon am Buckingham-Palast angebaut wurde, wäre wahrscheinlich entsetzt darüber gewesen, daß Victoria so lange in Isolation um ihn trauerte. Schließlich hatte er doch dafür gekämpft, daß der Herrscher das ganze Volk repräsentieren und dies auch durch öffentliche Auftritte verdeutlichen sollte.

Doch wäre es grundfalsch, Victorias nicht enden wollende Trauer und ihren Rückzug aus dem zeremoniellen und öffentlichen Leben als Desinteresse am Empire zu deuten, denn sie vernachlässigte ihre Alltagspflichten nicht und stand zur Konsultation in sozialen und politischen Fragen jederzeit zur Verfügung. Tatsächlich überhäufte sie ihre Minister mit Schreiben, weil sie unbedingt verhindern wollte, daß Großbritannien in den zwischen Deutschland und Dänemark entbrannten Konflikt um Schleswig-Holstein verwickelt wurde. Sie schrieb an die Direktoren öffentlicher Einrichtungen und erinnerte sie an ihre Pflichten, sie hielt ständig Kontakt zum Außenministerium und arbeitete die ihr von dort übersandten Akten durch, sie studierte Berichte ihrer Minister und hielt sich über die Parlamentsdebatten auf dem laufenden. An vielen Tagen las, unterzeichnete und kommentierte sie bis zu dreihundert Dokumente, und sie orientierte sich dabei an der von Prinz Albert geübten Praxis, »nichts zu unterzeichnen, bevor [man] es gelesen und mit Anmerkungen versehen« hat.

Ferner nahm Victoria uneingeschränkt ihr konstitutionelles Recht in Anspruch, in allen diplomatischen, politischen und kirchlichen Angelegenheiten sowie vor jeder Ernennung konsultiert zu werden. Während des russisch-türkischen Krieges 1877 schickte sie dem Kriegsministerium allein an einem Tag siebzehn Noten und Telegramme. In den Jahren nach Alberts Tod stellte Victoria ihre politische Verantwortung weit über ihre zeremoniellen Verpflichtungen.

Was ihre Premierminister betrifft, ging die Königin sogar mehrmals über die ihr konstitutionell zustehenden Rechte hinaus. Dem Premierminister William Gladstone, der in fünfzehn Jahren vier Amtszeiten erlebte und dessen Politik sie ablehnte, setzte sie besonders zu. Victoria fand Gladstones Auftreten arrogant und versuchte sogar einmal, ihre Verpflichtung, ihn mit der Regierungsbildung zu beauftragen, zu umgehen. »Die Königin hätte nichts dagegen einzuwenden«, erklärte sie unbekümmert, »wenn bekannt würde, daß sie die denkbar größte Abneigung hegt, diesen halb verrückten und in vielerlei Hinsicht wirklich lächerlichen alten Mann [ernst] zu nehmen.« Als er 1892 seine letzte Amtszeit antrat, drückte sie sich sogar noch freimütiger aus und schrieb ihrem Privatsekretär, daß »die Vorstellung eines irregeführten, aufgeregten Mannes von zweiundachtzig Jahren, er könne gemeinsam mit seinen elenden Demokraten England und dessen riesiges Reich regieren, reichlich lächerlich [sei]. Ja, im Grunde genommen ist diese Idee sogar ein schlechter Witz.«

Die Politiker freilich fanden diese Haltung unangemessen, und sie waren auch nicht gerade begeistert, als Victoria gegen den Rat des Premierministers 1868 ihren eigenen Kandidaten zum Erzbischof von Canterbury ernannte. Ebenso mißfiel es ihnen, als sie 1885 das Kriegsministerium überging und Briefe direkt an die Generalität schickte wie auch, daß sie gegen den Rat der Liberalen Partei, die damals im Unterhaus die Mehrheit hatte, 1894 Lord Rosebery zum Premierminister ernannte, weil er das »einzige Regierungsmitglied ist, das mir für diesen Posten geeignet erscheint«.

Das war nicht nur eine grobe Unhöflichkeit, sondern eine deutliche Überschreitung der dem Souverän gesetzten Grenzen, was ebenso für Victorias Gepflogenheit galt, den Oppositionsführer in Privatgesprächen über Gladstones Absichten zu informieren. Die Königin schrieb ihren Premierministern Briefe, in denen sie alles auflistete, was ihr mißfiel, und sie verlangte sogar den Aufschub administrativer Maßnahmen, wenn man sie nicht dazu vorher konsultiert hatte. »In Kriegs- und diplomatischen Angelegenheiten«, hat ein Fachmann einmal geschrieben, »betrachtete sie ihre Minister als Amateure und sich selbst als die einzig sachkundige Instanz.«

Auch schreckte Victoria, wenn sie sich Gehör verschaffen wollte, vor Rücktrittsdrohungen nicht zurück. 1877 versuchte Disraeli im Krieg zwischen Rußland und dem Osmanischen Reich einen Frieden zu vermitteln. Da die Königin seit dem Krimkrieg zwanzig Jahre vorher entschieden antirussisch eingestellt war, lehnte sie es ab (wie sie Disraeli schrieb), »Rußland die Füße zu küssen [oder sich] an der Erniedrigung Englands zu beteiligen ..., und werde ihre Krone niederlegen«.

Wer diese Aktivitäten der Königin als verfassungswidrig verurteilt, darf dabei nicht vergessen, daß nur Teile der britischen Verfassung schriftlich niedergelegt sind, anderes beruht auf Präzedenzfällen und Bräuchen. Eine Darstellung des britischen Verfassungssystems und die Beantwortung der Frage, wo im englischen Staatswesen die reale, wo die formale Macht angesiedelt ist, findet sich in dem 1867 erschienenen Werk *The English Constitution* von Walter Bagehot, einem Zeitgenossen Victorias und kundigen Autor und Herausgeber, der in Soziologie, Ökonomie und im Finanzwesen gleichermaßen bewandert war.

Laut Bagehot hat der britische Monarch drei grundlegende Rechte: konsultiert zu werden, zu ermutigen und zu warnen. Zwar führt der Monarch heutzutage keine Armeen mehr und hat auch nicht mehr den Vorsitz im Staatsrat, aber die königliche Macht verkörpert noch immer die »Würde« der britischen Regierung, und dieser Würde gilt die fortgesetzte »Verehrung der Bevölkerung«. Diese Funktion der Königin, behauptete er, sei noch immer von unermeßlichem Wert, denn auf sie richteten sich Loyalität und Gehorsam der Menschen, und sie stärke die Regierung durch die Macht der Religion, die hinter ihr stehe. Überdies entlaste ein Monarch den Premierminister von vielen gesellschaftlichen Verpflichtungen. Als Oberhaupt der Gesellschaft sei der Monarch, das gelte insbesondere für Victoria, so Bagehot, ein Vorbild an Moral, und sie repräsentiere »die mystische Seite [der Regierung], das Okkulte an ihren Handlungen und einen öffentlich sichtbaren Glanz«. Zeremonien seien deshalb wichtig, weil sich dabei »die Aufmerksamkeit des Landes auf eine Person richtet, die etwas Besonderes tut«. Außerdem, fährt Bagehot fort, sei die Monarchie wie eine gleichbleibende Verkleidung, unter der die Herrscher ausgewechselt werden könnten, ohne daß dies zu einem öffentlichen Aufruhr führe.

Unter Hinweis auf das Beispiel Victorias, Alberts und ihrer Kinder gelangte Bagehot überdies zu der Feststellung, »eine Familie auf dem Thron [sei] ebenfalls eine interessante Vorstellung. [Eine solche Familie] holt den Herrscherstolz auf die Ebene des Alltagslebens herab ... Eine Fürstenhochzeit ist die glanzvolle Version eines alltäglichen Geschehens und bindet auf diese Weise die Menschen aneinander ... Eine königliche Familie versüßt die Politik durch angenehme, unterhaltsame Veranstaltungen.«

Vor allem, schrieb Bagehot, »ist unsere königliche Herrin zu verehren. Wenn man aber erst anfängt, darüber nachzudenken, ist es mit dieser Verehrung bald vorbei. Auch wenn ein Untersuchungsausschuß sich mit unserer Monarchin befassen würde, wäre der königliche Zauber rasch verflogen. Denn das Geheimnis ist Lebenselixier des Königtums. Wir dürfen diese Magie nicht dem Tageslicht aussetzen.«

Bagehots Befürwortung der Monarchie machten ihn jedoch nicht blind für die Gefahren, die Victorias selbstgewählte Isolation bedeutete. »Die Königin hat durch ihre langwährende Abstinenz von allen öffentlichen Auftritten der Monarchie mindestens ebensoviel Schaden zugefügt wie der unwürdigste ihrer Vorgänger durch Lasterhaftigkeit oder leichtfertigen Lebenswandel.« Die Öffentlichkeit interessierte sich letztlich wenig dafür, wie pflichtbewußt Victoria daheim ihre Staatspapiere las, die ihr in den berühmten roten Aktenkoffern gebracht wurden, das Volk sehnte sich nach dem sichtbaren Glanz einer Monarchin.

Während Victorias fünfundsechzigjähriger Herrschaft veränderte sich die Gesellschaft grundlegend, und obwohl die Königin kaum wirkliche Macht besaß, hatte sie dennoch einen gewissen politischen Einfluß. So war die Königin auf jeder ihrer Reisen aufs neue über die Lebensbedingungen der Armen entsetzt und beklagte sich lautstark über diese Zustände. Ähnlich vehement hatte sie sich 1842 für die Verabschiedung des Bergbaugesetzes stark gemacht, das die Arbeit von Frauen und Kindern unter Tage untersagte. Seither hatte sie auch immer wieder Gesetzesvorlagen unterstützt, die die Arbeitszeit der Industriearbeiter auf zehn Stunden täglich begrenzen wollten. 1867 erhielten dann die in den Städten lebenden männlichen Staatsbürger, die Arbeit nachweisen konnten, das Wahlrecht. Drei Jahre später mußte jeder, der in den öffentlichen Dienst eintreten wollte, eine Eignungsprüfung ablegen; auch eine kostenlose allgemeine Grundschulausbildung wurde jetzt vom Staat eingeführt. Victoria setzte sich zudem für die Gründung kostenloser öffentlicher Bibliotheken ein, und 1871 öffneten Oxford und Cambridge ihre Pforten für Angehörige aller Glaubensrichtungen (bis dahin hatten nur Mitglieder der anglikanischen Kirche dort einen Studienplatz erhalten).

Dem Premierminister Benjamin Disraeli gelang es schließlich, daß die Königin wieder ins aktive Leben zurückkehrte. Er umschrieb seine Bemühungen später mit einem Zitat aus William Shakespeares *Wie es euch gefällt*: »Wenn es um den König geht, muß man [beim Schmeicheln] schon sehr dick auftragen.« Diese psychologische Meisterleistung fädelte Disraeli mit großem Geschick ein. Während er die Königin davon überzeugte, daß ihre Macht nach wie vor ungebrochen sei, riß Disraeli die letzten Reste dieser Macht an sich. Ihm gelang es, aus der zurückgezogen lebenden Witwe ein von allen angebetetes Heiligenbild zu machen. Nur wenige bemerkten offenbar, wie paradox das von ihm geschaffene Bild einer zuverlässigen königlichen Mittelklasse-Herrscherin war.

Der entscheidende Auslöser für Victorias Rückkehr ins Leben war ganz sicher die Tatsache, daß sie 1876 ihre von Disrealis Kabinett beschlossene Ernennung zur Kaiserin von Indien annahm. Sie trat jetzt auch wieder öffentlich auf und zeigte sich dafür wesentlich zugänglicher als zu irgendeinem Zeitpunkt seit 1861. Disraeli hatte den neuen Titel der Kaiserin von Indien nicht etwa ersonnen, weil er ein ergebener Royalist gewesen wäre; seine Absicht war es vielmehr, die Königin zu einem Symbol des Empires zu machen, das die ganze Aufmerksamkeit auf sich zog und dadurch von seinen Staatsgeschäften ablenkte. Disraeli hatte Queen Victoria ihrem Volk zurückgegeben, dem sie nun als lebende Verkörperung des persönlichen Anstands und der imperialen Größe galt. Aber die Anbetung einer idealisierten Persönlichkeit würde nur so lange funktionieren, wie das Königshaus keine Möglichkeit hatte, in die Regierung einzugreifen und sein Verhalten die allgemeine Achtung hervorrief. Das hatte Disraeli, Victorias Lieblingspremier, mit seinem Schachzug erreicht.

Die Persönlichkeit eines Herrschers kann in einer Monarchie das Selbstwertgefühl eines Volkes bestimmen. So bildete etwa im 16. Jahrhundert der Absolutismus, mit dem die Tudors herrschten, einen Schutz des Landes vor inneren und äußeren Kriegen, und er führte zum Reichtum der Mittelschicht. In den zwei folgenden Jahrhunderten sorgte dann eine konstitutionelle Monarchie dafür, die religiösen Konflikte zu beenden und den immer rascher wachsenden Einfluß der Händler und Kaufleute möglich zu machen. Im 19. Jahrhundert schließlich drängte die Demokratisierung der Gesellschaft die königliche Autorität gänzlich zurück – eine Entwicklung, an der sicher die allgemeine Unbeliebtheit der hannoveranischen Könige nicht unschuldig gewesen ist.

Als Victoria schließlich starb, war das britische Empire doppelt so groß wie zum Zeitpunkt ihrer Thronbesteigung. Es umfaßte 23 Prozent der Erdoberfläche, und 20 Prozent der Weltbevölkerung lebten in seinem Machtbereich. Auch im Mutterland hatte eine Veränderung stattgefunden: Gab es 1837 in England nur fünf Städte mit über 100000 Einwohnern, so waren es bis 1891 dreiundzwanzig. Auch war England, abgesehen von der dreijährigen Beteiligung am Krimkrieg, zwischen 1815 und dem Ausbruch des Ersten Weltkrieges 1914 in keinen größeren europäischen Konflikt verwickelt.

Das Land war vom Imperialismus erfüllt, und dieser Expansionismus ließ die mystischen Aspekte der Monarchie nur um so deutlicher hervortreten. Daran glaubte jedenfalls Victoria von ganzem Herzen, und es läßt sich tatsächlich eine Parallelität zwischen dem Aufstieg des Empires und der wiederauflebenden Popularität der Königin feststellen. Die Krone war immerhin ein Symbol, und diese Krone trug Victoria. Und so befand sich die Herrscherin in der ausgesprochen seltsamen Situation, daß sie zwar erheblich an Macht verloren hatte, ihr Prestige aber unermeßlich gewachsen war. Ihre Mütterlichkeit, ihr Pflichtgefühl und ihre hohen Moralvorstellungen, Tugenden, die sie anderen immer wieder vor Augen hielt, waren nur deshalb so beeindruckend, weil sie sich selbst auch an diese Maßstäbe hielt. So gewann sie die Mittelklasse für sich, und Großbritannien blieb von republikanischen Strömungen, wie sie das übrige Europa beeinflußten, verschont.

Es wäre freilich falsch, wollte man der Königin ein Verdienst daran zubilligen. Sie tat zwar immer ihren Willen unumwunden kund, war aber an den meisten Veränderungen völlig unbeteiligt. Dank Albert waren zwischen 1840 und 1861 die Rechte, die als Prärogative der Krone zustanden, erweitert, aber nach seinem Tod wieder eingeschränkt worden, was vor allem auf die Premierminister Disraeli, Gladstone und Salisbury zurückzuführen war.

Doch die größte Fehleinschätzung, die Victoria nach dem Tod ihres Mannes unterlief, war die Beurteilung ihres ältesten Sohnes Bertie, Albert Edward, des Prince of Wales und ihres Thronerben.

Da sie überzeugt war, daß der Prinz, der das Leben eines Playboys führte, ohnehin unfähig sei, Krone und Vaterland würdig zu vertreten, lehnte sie es ab, ihn mit irgendwelchen königlichen Aufgaben zu betrauen, Ausnahme waren nur unbedeutende zeremonielle Verpflichtungen. Er erhielt weder Einblick in ihre Aktenkoffer, noch war er je bei einer ihrer Minister-Audienzen zugegen. »Ihre Majestät«, schrieb sie an den Innenminister,

»hält es nicht für erstrebenswert, sich vom Erben der Krone in wichtigen Angelegenheiten vertreten und ihn allzuhäufig in der Öffentlichkeit auftreten zu lassen. Ein solcher Schritt würde den Prince of Wales nämlich völlig unnötigerweise unter den Zwang setzen, mit der Königin um die Zuneigung der Menschen zu konkurrieren. Eine solche Entwicklung … ist unbedingt zu vermeiden.«

Durch dieses Verhalten sorgte die Königin höchstpersönlich dafür, daß ihr Thronerbe nicht im geringsten auf die Aufgabe vorbereitet wurde, die ihm eines Tages ohnehin zufallen würde. Zum Teil beruhte Victorias Kompromißlosigkeit ihrem Sohn gegenüber darin, daß sie ihn für den Tod seines Vaters verantwortlich machte. Hätte Berties lockerer Lebenswandel Albert damals nicht zu seinem Besuch in Cambridge genötigt, so ihre Argumentation, wäre der Prinzgemahl niemals krank geworden und auch nicht an dieser Krankheit gestorben. Solche Überlegungen waren aber sicherlich nur eine zusätzliche Bestätigung für das tiefe Mißtrauen, das sie ihrem Sohn entgegenbrachte. Im übrigen handelte es sich bei diesen geheimen Vorwürfen um eine völlig ungerechtfertigte Unterstellung. Doch derlei Spekulationen trugen dazu bei, die Kluft zwischen Mutter und Sohn noch zu vergrößern. »Ich kann ihn nie ohne ein gewisses Schaudern ansehen«, sagte Victoria einmal.

Natürlich gab es nicht nur unangenehme Begegnungen zwischen Mutter und Sohn, doch beide waren bei Treffen stets wachsam. Da Victoria Bertie so rigoros von ihren königlichen Pflichten fernhielt, suchte er sich eine andere Beschäftigung und Möglichkeiten, um seine Energie auszuleben. Und so entwickelte sich der Prince of Wales genau so, wie es die Königin befürchtet hatte: zu einem leichtsinnigen und zügellosen Lebemann.

Durch die tiefe Ehrerbietung, die sie für ihre eigene Stellung empfand, flößte Victoria anderen Ehrfurcht ein. Sie war von Natur aus sehr scheu, »mädchenhaft scheu«, wie es ein angeheiratetes Familienmitglied einmal ausgedrückt hat. Im Gespräch hatte die Königin die Angewohnheit, unschlüssig mit den Schultern zu zucken und nervös zu lächeln, wobei sie ihr breites Zahnfleisch und ihre winzigen Zähne zeigte. Von ihrer Taille abgesehen, war sie eine beinahe puppenhafte Erscheinung. Klein, gedrungen und kräftig gebaut, in schwarze Seide gekleidet, trug sie eine Spitzenhaube auf dem grau werdenden Haar, und sie strahlte eine beeindruckende Würde und zugleich häusliche Schlichtheit aus. Als sie dann in ihren Fünfzigerjahren noch an Gewicht zunahm, erinnerte Victoria immer mehr an eine kleine, dicke Feldmaus – doch hinter diesem Äußeren verbargen sich aufrichtiges Wohlwollen und eine echte Freundlichkeit, Eigenschaften, die im Alter noch deutlicher hervortraten und ihre Kinder, ganz besonders ihre sehr geliebten Enkelkinder, beeindruckten.

Die Familie wuchs schnell. Gut ein Jahr nach Alberts Tod heiratete Bertie Prinzessin Alexandra, die Tochter des künftigen Königs von Dänemark, die königliche Verwandte in ganz Europa hatte. Deswegen erschien sie Victoria im Hinblick auf die künftige Expansion des Empires als geradezu ideale Braut für den Thronfolger.

Aber auch der Prince of Wales stand seiner jungen Frau nicht gleichgültig gegenüber: Jetzt, da seine Affäre mit Nellie Clifden der Vergangenheit angehörte, war er sehr empfänglich für Alexandras Schönheit und ihren Charme. Wenig später, nach ihrem Treffen 1862, machte Bertie deshalb, von seiner Mutter und ihren Ministern ermutigt, der Prinzessin einen Heiratsantrag.

Die achtzehnjährige Alexandra war nicht nur eine der standesgemäßen Schönheiten Europas, sie war auch ausgesprochen warmherzig und bescheiden. Überdies fühlte sich Bertie von den tadellosen Manieren des zwar in vornehmen, aber bescheidenen Verhältnissen aufgewachsenen Mädchens angezogen. Eine graziöse Erscheinung, aufmerksame Zuhörerin und voller Mitgefühl für die Armen und Leidenden, bezauberte Alexandra jeden, der ihr begegnete. Sie war groß, schlank, hatte braunes Haar, eine schneeweiße Haut und blaue Augen, die in der Abenddämmerung und bei Kerzenlicht violett leuchteten. Selbst mit siebzig Jahren besaß sie noch eine alterslose Ausstrahlung und beeindruckte durch ihre Würde.

Bertie und Alexandra – er war einundzwanzig, sie achtzehn Jahre alt – wurden am 10. März 1863 in der St.-George's-Kapelle in Windsor getraut. Der Hofpoet Alfred Tennyson feierte das Ereignis damals mit den Versen:

> *Meerkönigs Tochter von jenseits der See,*
> > *Alexandra!*
> *Zwar sind wir Sachsen, Normannen und Dänen,*
> *Doch Dänen alle in unserem Willkommen an Euch,*
> > *Alexandra!*

Jenny Lind, die als »Schwedische Nachtigall« berühmte Sopranistin, trat bei der Hochzeitsfeier auf. Ihre Darbietung des von dem verstorbenen Prinzen Albert komponierten Chorals »This day with joyful heart and voice« wurde nur kurz durch das Geheul von Vickys vierjährigem Sohn Wilhelm unterbrochen. Seine Onkel versuchten, den Kleinen zu beruhigen, doch der biß sie nur in die Beine, warf ein entwendetes Schmuckstück zwischen die Chorsänger und benahm sich sehr eigensinnig. Wilhelm, der später deutscher Kaiser wurde, sollte seinem Onkel Bertie Jahrzehnte später noch manche schlaflose Nacht bereiten.

Als Alexandra bereits nach einem Monat schwanger war, hoffte die noch immer trauernde Königin, daß die bevorstehende Vaterschaft Berties zügellosem Lebenswandel ein Ende setzen und er an einem ruhigen häuslichen Leben Gefallen finden würde. Aber diese Hoffnung sollte gründlich enttäuscht werden.

Die Jungverheirateten zogen in das renovierte Marlborough House in der Londoner Pall Mall, und am 8. Januar 1864 kam ihr erstes Kind vorzeitig zur Welt. Auf Drängen Victorias benannte man es nach seinem Großvater. Der jetzt in der Thronfolge an zweiter Stelle stehende Prinz Albert Victor Christian Edward (der im Familienkreis schon bald »Eddy« hieß) wog bei seiner Geburt nur drei Pfund und war auch nach Monaten noch immer kränklich und apathisch. Queen Victoria, die der Heirat ihres Sohnes zuvor so begeistert zugestimmt hatte, fragte sich jetzt bisweilen, ob sie nicht die falsche Schwiegertochter ausgewählt habe. War ihr Alexandra bis dahin als »eine liebenswerte, vortreffliche und rechtschaffene Seele« erschienen, wurde die Königin jetzt von Zweifeln geplagt. Inzwischen hatte Bertie trotz seiner neuen Familienverhältnisse sein Playboyleben wieder aufgenommen und war fast jede Nacht in mehr oder weniger guter Gesellschaft unterwegs; er vergnügte sich mit seinen Mätressen in England und auf dem Kontinent, wohin er häufig reiste. Das geschah vielleicht alles eher aus Trotz gegen seine Mutter als aus reiner Vergnügungssucht. »Traurige Berichte über skandalöse Vorfälle in höchsten Kreisen haben Unser Ohr erreicht«, schrieb die Königin an ihren Sohn:

> »was in der Tat höchst bedauerlich ist; noch bedauerlicher freilich ist es, daß diese Menschen (um es mit einer bekannten Redensart auszudrücken) ihre schmutzige Wäsche in aller Öffentlichkeit waschen.«

Eine Zeitlang versuchte Alix verzweifelt, bei den gesellschaftlichen Aktivitäten ihres Ehemannes mitzuhalten. Und anfangs schien es auch so, als seien sie ein ideales Paar: Beide interessierten sich mehr für Garderobe und leichte Unterhaltung als für kulturelle oder künstlerische Dinge. Aber während Bertie am liebsten jeden Abend bis zum Morgengrauen ausdehnte, fühlte sich Alix im Grunde am wohlsten in der Wärme und Geborgenheit ihres Heimes und bei ihren Kindern. Ihr von Jahr zu Jahr unmäßiger und korpulenter werdender Ehemann dagegen war ein frohgelaunter Lebemann und unverbesserlicher Schürzenjäger. Sie aber lebte tugendhaft und bescheiden und war eine einfache, aufrichtige Frau. »Ich denke oft, daß sie kein leichtes Los hat«, bemerkte Queen Victoria sehr treffend, »aber sie hat Bertie sehr gern – obwohl sie natürlich nicht blind ist.«

Alix war sich über den Lebenswandel ihres Mannes völlig im klaren und nahm sein Verhalten geduldig hin. Allerdings war sie oft geistesabwesend und unkonzentriert und hatte nur wenig Interesse an dem, was um sie herum geschah. Verzeihliche Schwächen, gewiß, aber dennoch störend. Alexandra war elegant, spontan und einfühlsam, zudem eine treusorgende Ehefrau, aber für den sprunghaften Tausendsassa Bertie, der sich seiner mangelnden Bildung durchaus bewußt war und der die Gesellschaft brillanter Leute liebte, mußte eine solche Frau ohne Reiz sein. Sie war zufrieden, wenn sie sich abends die Zeit mit Gesellschaftsspielen vertreiben konnte, während es ihm größtes Vergnügen bereitete, kostspielige Nächte in

Klubs wie Midnight, Garrick oder Savage zu verbringen; zudem unternahm er häufig einwöchige Abstecher nach Paris. Kurz gesagt kann man sich kaum ein Paar vorstellen, das sich gründlicher von Victoria und Albert unterschieden hätte als der Thronfolger und seine Ehefrau.

Aber trotz aller Unterschiede zwischen Alexandra und Bertie hingen die beiden sehr aneinander und behandelten sich mit großem Respekt. Hätten sie die Möglichkeit gehabt, sich scheiden zu lassen (was damals für königliche Hoheiten unmöglich war und auch in der besseren Gesellschaft selten vorkam), hätten sie davon mit großer Wahrscheinlichkeit keinen Gebrauch gemacht.

Was die Berichte in der Presse über den Prince of Wales anbelangt, so waren sie nicht nur negativ. Wenn Bertie auch häufig als bedeutungslos und unverantwortlich geschmäht wurde (natürlich nicht namentlich, sondern als »jemand bei Hofe«), galt ihm bisweilen auch die Sympathie der Berichterstatter.

Im Jahr 1864 engagierte Victoria den ersten hauptamtlichen königlichen Pressesekretär und schuf damit einen Präzedenzfall. Thomas Septimus Beard, ein siebenunddreißigjähriger Enkel Joseph Doans (er war bei dem glücklosen George III. Hofsprecher gewesen), mußte Queen Victoria fortan während ihrer Aufenthalte in London täglich aufsuchen, um von ihr abgesegnete Meldungen über das Königshaus an die neun Tageszeitungen der Hauptstadt weiterzuleiten. Mit Beards Ernennung begann jene Tradition, aus der dann im späten 20. Jahrhundert das Büro des Pressesekretärs Ihrer Majestät der Königin hervorgehen sollte, ein PR-Stab, der mit der delikaten Aufgabe betraut ist, Berichte über die Königliche Familie einer Presse zu »präsentieren«, die einen immer unersättlicher werdenden Bedarf selbst nach den banalsten Lebensäußerungen der Königsfamilie entwickelte. Mit Vorliebe veröffentlichten die Zeitungen natürlich Skandale und Skandälchen.

Doch Bertie war nicht der alleinige Anlaß, daß Beard eingestellt wurde: Auch Victoria war ins Zwielicht geraten, und obwohl Gerüchte, die über sie in Umlauf waren, nie eine Bestätigung fanden, wollte die Königin offenbar größeren Schaden verhüten.

Die Gerüchte bezogen sich auf Victorias Lieblingsdiener, den Schotten John Brown, der bereits seit 1849 für Albert und sie tätig war. Sieben Jahre jünger als die Königin, war er zunächst als Jagdgehilfe beschäftigt, wenn das königliche Paar in die Highlands kam. Zehn Jahre später fand Victoria, daß sich Brown zum »Inbegriff des perfekten Dieners« entwickelt hatte. Der gutaussehende, offenher-

zige Mann gewann daher nach dem Tod ihres Mannes die besondere
Zuneigung der Monarchin, und er nahm bald in ihrem Haushalt eine
derartige Vorzugsstellung ein, daß man munkelte, er sei der Geliebte
der Königin und sie habe ihn heimlich geheiratet. Hinter vorgehaltener Hand wurde sie sogar als »Mrs. Brown« bezeichnet.

Leute, die mit dem Palastleben vertrauter waren, wußten es freilich besser. Victorias Privatsekretär, Sir Henry Ponsonby, zum Beispiel wußte Browns Wert genau einzuschätzen, und er verstand auch,
warum die Königin gegen den ungewöhnlich direkten und vertraulichen Umgangston des Schotten nichts einzuwenden hatte. »Brown
ist ein erstklassiger Diener«, erklärte Ponsonby, »und seine Weigerung, sich dem Protokoll zu beugen, ist für die Königin ein er-
frischendes Gegengewicht zur Unterwürfigkeit und Ehrfurcht, der
sie allenthalben begegnet und die auch der Grund dafür ist, daß sie
keinen engen Freund hat.« Rückblickend betrachtet, könnte Victorias herzliche Zuneigung zu Brown, die er zweifellos erwiderte,
nahelegen, die beiden seien ineinander verliebt gewesen. Doch es
gibt nicht den geringsten Beweis dafür, daß sie ein Verhältnis gehabt
haben. Intimitäten über unverfängliche Worte und Gesten hinaus
wären zwischen den beiden überhaupt nicht in Frage gekommen.
Seinem Bruder Arthur schrieb Ponsonby, jeder in der Umgebung der
Königin wisse, daß »Brown zweifellos ihr Liebling [ist] – aber er ist
nur ein Diener und sonst nichts, und was als Witz über seine ständige
Präsenz begonnen hat, ist schließlich zu der Verleumdung verkommen, daß die Königin ihn geheiratet habe«.

Ganz sicher genoß Brown bei der Königin Vorrechte wie kein
anderer. So durfte er, ohne anzuklopfen, in ihre Gemächer treten und
sie mit »Frau« anreden. Als sie ihn einmal fragte, ob sie seiner
Ansicht nach zugenommen habe, erwiderte er unverblümt: »Wenn
Sie mich fragen – ja.« Seine Aufforderung, doch bitte stillzusitzen,
während er die Fußmatte in ihrer Kutsche zurechtrückte oder ihr das
Cape vorne zusammensteckte, sind gewiß Zeichen für eine gewisse
Vertrautheit zwischen den beiden. »Verflixt, gute Frau«, rief er eines
Tages aus, als er sie mit ihrer Hutnadel am Kinn gestochen hatte,
»können Sie Ihren Kopf nicht 'n bißchen höher halten?«

Ihren Kindern und Ministern begegnete er in der gleichen ehrli-
chen und direkten Art. »Sie werden Ihre Königliche Mutter nicht vor
fünf Uhr zu Gesicht bekommen!« beschied er den Prince of Wales,
als er zu einem Besuchstermin eine Stunde zu früh erschienen war.
Ebenso offen sprach er mit General Henry Gardiner, der sich vor
einem Termin bei der Königin auf dem Weg zu ihren Gemächern bei

Brown nach ihrem Befinden erkundigte und wissen wollte, was sie gesagt habe. »Na ja«, entgegnete Brown ungezwungen, »sie hat gerade gesagt: ›Gleich kommt dieser verdammte Gardiner und wird wieder seine Nase in alles und überall ’reinstecken‹.« Sonst behandelte jeder – ihre Angehörigen eingeschlossen – Victoria mit Ehrfurcht und wie eine Königin; Brown dagegen mochte sie, weil er sie als einziger Mensch (nach Albert) schlicht als »Frau« behandelte.

Brown war ein exzessiver Alkoholiker (er starb schließlich auch an seinem Alkoholmißbrauch). Victoria störte nicht, daß Brown soviel trank, denn er tat seinen Dienst für sie sogar klaglos über die normale Zeit hinaus und leistete stets tadellose Arbeit. Manchmal fand man ihn, völlig betrunken, in einem Korridor des Palastes. Aber die Königin tat solche Vorfälle nur mit einer Handbewegung ab, denn bei John Brown entschuldigte sie alles. In seiner Gesellschaft gestattete sich die Königin sogar bisweilen am späten Nachmittag selbst einen Schluck, denn sie hatte eine Abneigung gegen den englischen Tee. Als sie einmal erkältet war und eine von Brown zubereitete Tasse Tee trank, machte sie ihm ein Kompliment und sagte, sie habe noch nie einen besseren Tee getrunken. »Das wäre auch höchst verwunderlich, Ma’am«, entgegnete er, »schließlich habe ich einen kräftigen Schuß Whisky hineingetan.«

Vier Jahre nach Alberts Tod hatte die Königin Brown als ihren persönlichen Diener aus den Highlands mit nach London gebracht, aber auch in Windsor und Osborne war er stets dabei – was die Eifersucht ihrer Höflinge und Kinder weckte. Sein vertraulicher Umgangston wurde vielfach mißverstanden, und seine ständige Anwesenheit war unerwünscht, obwohl er sogar mehrere Attentatsversuche gegen die Königin vereitelte. Brown war tatsächlich so etwas wie ein enger Freund für die Königin. Bis zu seinem Tod, achtzehn Jahre vor ihrem, blieb er in Victorias Nähe. So mag die Königin Septimus Beard nicht nur für Bertie, sondern auch für sich eingestellt haben, damit er durch seine PR-Arbeit Gerüchte über die Königsfamilie im Keim ersticken konnte.

Berties und Alexandras zweiter Sohn, George Friedrich Ernst Albert, kam am 3. Juni 1865 zur Welt; in seinem späteren Leben wurde er zunächst Duke of York und später unter dem Namen George V. sogar König. Er war immer schon gesünder und viel aufgeweckter als sein älterer Bruder, der gleichgültige und nervenschwache Eddy. Als die beiden heranwuchsen, wurden sie enge Freunde, wobei Georgie die Führungsrolle übernahm und sich durch vorbildlichen Fleiß und

Gehorsam hervortat. Eddy stand zwar nach seinem Vater in der Thronfolge an zweiter Stelle, aber daß er jemals den Thron besteigen würde, daran wagte niemand so recht zu denken. Eddy wurde nie richtig erwachsen, er saß oft mit starrem Blick da, nahm offenbar seine Umgebung überhaupt nicht wahr und schien nur mit sich selbst beschäftigt zu sein. Zudem hatte er schon in jungen Jahren ein ungewöhnliches Interesse an Sex, und seine Persönlichkeit ließ keinerlei Entwicklung erkennen.

Viele bewunderten die Geduld, die Alix aufbrachte, und sie tat ihnen leid. Freilich genoß ihre kleine Familie nicht eben den allerbesten Ruf, und der hemmungslos lustbetonte Lebenswandel ihres Ehemannes drohte das Ansehen der gesamten königlichen Familie zu beschädigen. Prinz Bertie erschien wie der nutzlose Sohn einer unerreichbar fernen Mutter, und die Monarchie war offenbar nur noch von unsichtbaren Intriganten durchsetzt.

Das Getuschel hörte auch nicht auf, als Alix am 20. Februar 1867 ihr drittes Kind, Prinzessin Louise, unter schwierigen Umständen zur Welt brachte. Obwohl sie wegen eines heftigen rheumatischen Fiebers in den letzten sechs Wochen der Schwangerschaft ans Bett gefesselt war, gebar sie eine gesunde Tochter. Ihr Mann stand ihr nicht etwa bei, sondern war in Windsor beim Rennen. Das Fieber ließ bei Alix eine dauerhafte Schwäche zurück, und es verschlimmerte sich dadurch auch ihre angeborene (bis dahin nur latente) Otosklerose – eine fortschreitende Ohrenerkrankung, die man damals noch nicht behandeln konnte und die binnen kurzem zu völliger Taubheit führte. Wegen dieser rasch fortschreitenden Krankheit begleitete sie ihren Mann natürlich noch seltener als vorher, und sie suchte Geborgenheit und Liebe bei ihren Kindern.

Doch war die gewiß aufrichtige und tiefe Liebe, mit der sie ihre Kinder überhäufte, nicht ganz unproblematisch. Denn als Alix beispielsweise einen Brief an ihren Sohn George mit den Worten beendete »einen dicken Kuß auf dein süßes kleines Gesicht«, war dieser immerhin schon fünfundzwanzig Jahre alt und Kommandant auf einem Kanonenboot. Doch seine Antwortbriefe begannen auch nach wie vor mit »meine süße kleine und allerliebste Mami«, und er unterzeichnete mit »Dein Dich liebender kleiner Georgie«. Es gibt kaum Briefe, die uns aus der viktorianischen Zeit erhalten geblieben sind, die vergleichbare Liebesbekundungen enthalten.

Das nächste Kind, das Alix zur Welt brachte, Prinzessin Viktoria, wurde am 6. Juli 1868 geboren. Später nahm sie bei ihrer Mutter die Stellung einer Vertrauten und Sekretärin ein, wodurch sie nie Gelegenheit hatte, das »normale« Leben kennenzulernen. Die Prinzessin, ein einfaches Mädchen mit tief hängenden Augenlidern und weit auseinanderstehenden Zähnen, wurde von ihrer Mutter in ihrer sozialen Entwicklung behindert, zudem hielt sie mögliche Heiratskandidaten von ihrer Tochter fern, allerdings unabsichtlich. Selbst nach dem Tod von Alix konnte sich »Toria« aus diesem Einfluß, der sie über Jahre geprägt hatte, nicht mehr befreien, und sie blieb unverheiratet. Ihr Bruder George und ihre Nichten und Neffen haben sie sehr geliebt, doch sie blieb zeitlebens ein einsamer Mensch, da sie es nie gelernt hatte, ihre Gefühle zu zeigen. Ihre ein Jahr jüngere Schwester Maud hatte ein glücklicheres Schicksal, denn durch ihre Heirat wurde sie Königin von Norwegen. Das letzte der sechs Kinder des Prinzen und der Prinzessin von Wales, Prinz Alexander, starb 1871 bereits einen Tag nach der Geburt.

Prinz Bertie, der Familienvater, sorgte indessen weiterhin für Gesprächsstoff. Obwohl er inzwischen fett geworden war, gelang es seinem Schneider, das durch geschickt geschnittene Kleidung stilvoll auszugleichen. Der Prince of Wales legte dabei größten Wert auf jedes Detail seines Erscheinungsbildes und führte eine Reihe modischer Neuerungen ein, die bald kopiert wurden. Darunter den Homburg, einen hohen Filzhut, den er zum erstenmal bei einer Kur in Bad Homburg trug, die schwarze Smoking-Jacke und die Gepflogenheit, den untersten Knopf seiner Weste offen zu lassen – was sich Bertie wohl eher wegen seiner Korpulenz als aus modischer Extravaganz angewöhnte.

Mit der Übernahme von Sandringham House in Norfolk verfügten auch der Thronfolger und seine Frau über eine – verglichen mit Marlborough House – abgelegenere Residenz. Früher ein unscheinbarer, vernachlässigter Herrensitz stand das Landhaus, von Prinz Albert noch kurz vor seinem Tod preisgünstig erworben, in einem außergewöhnlich wildreichen Jagdrevier, und schon bald vergrößerte Bertie mit Begeisterung das Anwesen und überwachte den gründlichen Umbau des Hauses. Trotzdem behielt Sandringham House, das dichtes Gesträuch und phantasielos gestaltete Gärten umgaben, das mit dunklen Farben, nachgemachten Balken im Tudorstil, Eichenpaneelen und Buntglasfenstern ausgestattet war, einen düsteren, abweisenden Charakter.

Aber so gern Bertie Sandringham auch mochte, hielt es ihn nie lange an einem Ort. Er kam lediglich von Weihnachten bis Januar zur Jagd dorthin, dann zog es ihn wieder nach Paris und in andere europäische Hauptstädte. Den Juni verbrachte er in London, wo er das Rennen von Goodwood besuchte, und im Juli war er bei der Regatta von Cowes und in verschiedenen deutschen Bädern anzutreffen (wo er sich von seinen zügellosen kulinarischen Genüssen bei einer Kur erholte). Im Oktober ging er dann nach Balmoral, um Moorhühner zu jagen, bevor er schließlich nach Sandringham zurückkehrte. Diesen Rhythmus hielt er nicht nur in seinen langen Jahren als Prince of Wales ein, sondern auch noch, als er König geworden war. Endlose Reisen, zahllose Frauengeschichten, große Jagdleidenschaft, der Besuch teurer Restaurants und anrüchiger Unterhaltungslokale, das alles waren die Beschäftigungen eines Mannes, der für die Rolle des Königs völlig ungeeignet schien.

Auch machte sich der Prince of Wales bei seiner Mutter nicht gerade beliebt, als er sich 1868 als Literaturkritiker hervortat. Victorias Buch *Leaves from the Journal of Our Life in the Highlands*, ein nicht sonderlich gut geschriebener, oft jedoch charmanter Bericht über ihr einfaches Leben mit Albert in Balmoral, war sogleich ein großer Publikumserfolg. Doch Bertie, von dem bekannt ist, daß er jedes Buch, das er in die Hand nahm, bereits spätestens nach einer Minute ins Regal zurückstellte, tat das Buch seiner Mutter im Freundeskreis als »Geschwafel« ab. Wäre da nicht Alix gewesen, deren Verhalten zu keiner Kritik Anlaß gab, hätte das bis dahin nur hinter vorgehaltener Hand geäußerte öffentliche Mißfallen an ihrem Ehemann nach dem Mordaunt-Skandal gewiß zu einem Sturm der Entrüstung in der Öffentlichkeit geführt.

Harriet Mordaunt, eine reizbare, charakterlich labile Dame der Gesellschaft, war bereits seit vielen Jahren mit der königlichen Familie bekannt. Die geborene Moncrieffe stammte aus einer nahe Balmoral ansässigen Familie und heiratete 1866 mit achtzehn Jahren Sir Charles Mordaunt. Zwei Jahre später brachte sie ein blindes Kind zur Welt. »Charlie, du bist nicht der Vater des Kindes«, beichtete sie kurz darauf ihrem Mann unter Tränen. Allerdings konnte sie ihm auch nicht sagen, wer der Vater war. Denn im ersten Jahr ihrer Ehe hatte sich Harriet nicht nur mit einigen der Freunde des Prince of Wales vergnügt, sondern auch mit dem Prinzen selbst.

Den Charakter einer Seifenoper nahm die ganze Angelegenheit an, als Sir Charles den Schreibtisch seiner Frau aufbrach und dort Briefe von Bertie fand. Obwohl ihr Inhalt völlig harmlos war und sie genausogut von einem alten Schulkameraden hätten stammen können, spielte Mordaunt den entehrten Ehemann und glaubte den Erzählungen seiner offensichtlich übergeschnappten Frau, die sich jetzt als größte Kurtisane seit Madame Pompadour darstellte. Der Prince of Wales, in diesem Fall zu Unrecht beklagt, wurde in der Scheidungsangelegenheit Mordaunt sogar vor Gericht geladen, wo er sich mit großer Würde aus der Affäre zog. Die bedauernswerte Lady Harriet, die sich inzwischen in einer Irrenanstalt befand, konnte gar nicht zur Verhandlung erscheinen, und die Angelegenheit wurde rasch beigelegt. Und schon war Bertie wieder unterwegs, um sich, natürlich ohne Alix, in einem preußischen Spielkasino die Zeit zu vertreiben. Die Öffentlichkeit vergaß jedoch nicht so schnell, und als der Prinz zurückkehrte, mußte sich das Thronfolgerpaar in Ascot und bei anderen öffentlichen Auftritten häßliche Bemerkungen anhören. Wenn Alix jedoch allein auftrat, wurde sie allgemein mit großer Freundlichkeit behandelt.

Ähnlich empört reagierte die Londoner Bevölkerung, als (ebenfalls im Jahr 1871) eine Dame mit dem bezeichnenden Namen Lady Susan Vane Tempest (engl. vain = eitel; tempest = Sturm, Gewitter) weitere Vorwürfe gegen den Prinzen vorbrachte. Ihr alkoholkranker, geistesgestörter Mann hatte sie mittellos sitzenlassen, und sie drohte nun damit, das »traurige Geheimnis« ihrer Affäre mit dem Prince of Wales an die Öffentlichkeit zu bringen, falls dieser sie nicht mit den »für ihren laufenden Unterhalt und das Schweigegeld für ihre Bediensteten nötigen Mitteln« ausstatten würde. Daraufhin erhielt die Lady ein kleines Landhaus in Ramsgate. Aber schon bald tauchte sie wieder in London auf und ging den Sekretär des Prinzen um Geld für »den Unterhalt von zwei Häusern und zusätzlichen Bediensteten« an. Doch schließlich beruhigte sie sich, und diese Affäre geriet in Vergessenheit.

Eine kleinere Summe mußte auch an die Familie der verstorbenen Giulia Barucci gezahlt werden, die sich selbst ganz offen »als die größte Hure der Welt« bezeichnet hatte und zu deren Liebhabern mehrere gekrönte Häupter gehört hatten. Denn im Gegensatz zu Harriet Mordaunt hatte diese Dame vom Prince of Wales tatsächlich Briefe erhalten, die selbst sein juristischer Beistand »delikat« nannte. Gegen eine entsprechende Summe wurden die Briefe an Berties Repräsentanten ausgehändigt.

In Verbindung mit dem völligen Rückzug Victorias aus dem öffentlichen Leben veranlaßten diese geschmacklosen Enthüllungen sogar konservative Parlamentarier dazu, ihre Stimme gegen die müßiggängerische, pflichtvergessene königliche Familie zu erheben. Und auch im Hyde Park versammelten sich jetzt immer häufiger größere Menschenmassen, die das Ende der Monarchie und die Einrichtung einer Republik Großbritannien forderten.

Victoria, die sich durch solch scharfe Kritik weder beunruhigen noch einschüchtern ließ, hielt ihren Sohn im Fall Harriet Mordaunt zu Recht für unschuldig. Gleichwohl begriff die Königin, daß das durch den Vorfall Mordaunt ausgelöste Getuschel im Licht der beiden anderen Skandälchen durchaus seine Berechtigung hatte. Premierminister William Gladstone riet dazu, Bertie als eine Art Verwalter nach Dublin zu entsenden. »Eine wunderbare Gelegenheit«, schrieb Gladstone, »dem Prinzen die Gelegenheit zu einer politischen Schulung zu geben, die ihm bisher ohne eigenes Verschulden vorenthalten wurde«. Aus Sicht der Königin freilich war Irland als »Experimentierfeld durchaus ungeeignet«. In einem Brief an ihren Lordkanzler beklagte sie überdies [Berties] »Unbesonnenheit, die ihm in den Augen der Mittel- und Unterklasse nur schaden kann und über die in diesen Tagen reichlich Klage geführt wird«.

Schlimmer als die Ausbreitung des demokratischen Geistes wäre aus Victorias Sicht vermutlich nur der Aufmarsch preußischer Truppen in den Kensington Gardens gewesen. Keineswegs absolutistisch gesonnen, assoziierte sie dennoch mit dem Begriff »Demokratie« die gefürchtete Herrschaft der aufsässigen Massen. Aber die größte Bedrohung sah sie in den Ausschweifungen der Aristokratie, was man ihr auch in Anbetracht ihrer hannoveranischen Herkunft nicht verdenken kann.

Offenbar von dem Wunsch getrieben, der Öffentlichkeit immer wieder ihren geliebten Albert ins Gedächtnis zu rufen, der für Aristokraten und zügellos lebende Menschen nichts übriggehabt hatte, nahm die Königin jeden offiziellen Auftritt zum Anlaß, an ihren Prinzgemahl zu erinnern. 1871 eröffnete sie die Royal Albert Hall und fünf Jahre später in der Nähe das rund 70 Meter hohe mit Kristallen, Jaspis, Onyx und Marmor geschmückte Denkmal für Albert.

Die zunehmend von demokratischer Gesinnung bestimmten Londoner Presseleute taten das Ihre, um die Situation noch weiter anzuheizen. So hieß es in einem für die Zeit typischen Leitartikel:

»Selbst die unerschütterlichsten Anhänger der Monarchie schütteln den Kopf und fragen sich besorgt, ob der Nachfolger der Königin genügend Takt und Talent mitbringt, um die Monarchie vor dem totalen Absturz zu bewahren. Wenn das englische Volk in einem Jahr vom Erscheinen des künftigen Königs vor einem Scheidungsgericht lesen muß und im nächsten Jahr, daß er als Hauptattraktion an einem deutschen Spieltisch oder in irgendeiner

Hotelhalle auftritt, ist es wahrlich nicht verwunderlich, daß Gerüchte über den Gesundheitszustand der Königin allgemeine Besorgnis und Beunruhigung auslösen.«

Zu diesem allgemeinen Aufruhr kam 1871 noch die Nachricht aus dem Königshaus, daß der Prince of Wales, genau zehn Jahre nachdem sein Vater (wie man damals glaubte) an Unterleibstyphus gestorben war, an derselben Krankheit leide. Von Fieberanfällen geschüttelt und verzweifelt nach Luft ringend, kämpfte der dreißigjährige Bertie wochenlang mit dem Tod. Die Glöckner der Londoner Kirchen waren in Bereitschaft, in den Geschäften und Behörden wurden schwarze Flaggen bereitgehalten.

Die erschütterte Königin wechselte sich mit Alix am Bett des Schwerkranken ab. Doch erstaunlicherweise erholte sich der Prinz wieder, was mit einem Dankgottesdienst in der St.-Paul's-Kathedrale gefeiert wurde. In den folgenden Monaten wurden die kurz zuvor noch lauten Rufe nach der Republik von »God Save the Queen«-Chören übertönt.

King Edward VII.; oben: Alice Keppel; Mitte: Lilly Langtry; Edward VII.
im Spielsalon

DRITTES KAPITEL

Liebschaften und Mätressen (1871–1901)

»Die Bewährungsproben des Lebens beginnen erst mit der Ehe.«
Queen Victoria

Im Jahr 1886, als sein Freund Archibald Rosebery zum Außenminister ernannt wurde, erhielt der damals fast fünfundvierzig Jahre alte Prince of Wales erstmals Einblick in Geheimakten der Regierung. Das geschah ohne Wissen der Königin, die ihren Sohn auch weiterhin nicht an ihren offiziellen Pflichten beteiligte und ihm somit jede Möglichkeit der Vorbereitung auf den Thron verwehrte.

Während einer zweimonatigen Indienreise 1876 hatte Berties Auftreten die Anerkennung seiner Mutter gefunden. Auf dem Subkontinent hatte er den Rassismus der britischen Beamten verurteilt, die (wie er an seine Mutter schrieb) die Inder »brutal und verächtlich« behandelten. Außerdem hatte er Geschick im Umgang mit den politischen Führern des Landes bewiesen. Doch die Reise wurde von einer unangenehmen Erpressung überschattet, die Victorias Bewunderung für ihren Sohn erheblich dämpfte.

Lord Randolph Churchill (der Vater des 1874 geborenen Winston) drohte, Alix und Bertie in aller Öffentlichkeit bloßzustellen. Denn Lady Aylesford, die mit dem Kronprinzen einmal einen kleinen Flirt gehabt hatte, war die Geliebte von Churchills Bruder geworden, als ihr Ehemann mit dem Kronprinzen Indien besuchte. Lord Randolph beschuldigte den Prince of Wales, Helfershelfer der Lady zu sein, weil er angeblich Lord Aylesford zu der Reise überredet hatte, um den Ehebruch zu ermöglichen. Die Geschichte löste sich schließlich in Wohlgefallen auf, und der Prinz und die Prinzessin von Wales waren danach populärer denn je. Die Königin stand allerdings wieder einmal große Ängste aus, solange die Unschuld ihres Sohnes nicht erwiesen war.

Doch bald hatte Bertie wieder neue Schwierigkeiten. Und als sich der Prinz zum erstenmal ganz offen eine Mätresse zulegte, sah sich Victoria in ihren Vorurteilen bestätigt. Die attraktive und ehrgeizige Lilly Langtry war eine unglücklich verheiratete Schauspielerin, die nicht sonderlich begabt war, jedoch über soviel Charme und weibliche Anziehungskraft verfügte, daß sie den Prince of Wales über zwölf Jahre an sich fesseln konnte. Bertie und Lilly gingen zusammen auf Reisen, verbrachten gemeinsam Wochenenden bei Freunden auf dem Land und dinierten ungeniert in feinen Restaurants. Alexandra ließ alles geduldig geschehen, denn sie wußte, daß Vorhaltungen doch nichts bewirkten, und sie wollte sich und ihren Gatten nicht erniedrigen. Offenbar noch immer durch eine tiefe Zuneigung an ihren Mann gebunden, verbat sich die Prinzessin von Wales jegliche Kritik an Bertie oder Lilly. Gegenüber ihren Kindern fand sie für Bertie nur liebevolle Worte, und in der ihr eigenen Großmütigkeit lud sie Lilly sogar zu einem Familien-Dinner nach Marlborough House ein.

In diesem Zusammenhang mag man sich vielleicht fragen, wie es um die Beziehung des Prinzen und der Prinzessin von Wales eigentlich stand. Obwohl ihre Ehe in erster Linie wegen dynastischer Erwägungen geschlossen worden war, hatten beide zunächst allem Anschein nach aufrichtige Zuneigung füreinander empfunden.

Doch ungeachtet all ihrer guten Eigenschaften war Prinzessin Alexandra wohl nicht die Art von Frau, die sich Bertie als ständige Gefährtin vorgestellt hatte. Er hätte wohl eher eine sinnlichere Partnerin gewählt, lebhaft und sicher auf dem gesellschaftlichen Parkett. Bei Alix kam noch hinzu, daß ihre Taubheit sie fast vollständig isoliert hatte, von einigen engen Freunden und den Kindern abgesehen. Trotzdem wurden die Wochenendgäste des Prinzenpaares in Sandringham stets gut unterhalten, sei es mit Gesellschaftsspielen oder mit deftigen Späßen, wie sie in der englischen Oberklasse Tradition haben. Mehr als einmal versteckte Bertie einen lebenden Hummer im Bett eines Gastes, oder er ersetzte die Füllung der Weihnachtspasteten mit scharfem Senf, oder es konnte einem der Besucher passieren, wenn er die Treppe hinaufging, daß ihm Alix und die Kinder in halsbrecherischem Tempo laut juchzend auf Silbertabletts entgegengerutscht kamen. Keiner dieser Späße galt als unköniglich. »Ich muß ehrlich sagen, daß ich nie unterhaltsamere Stunden verbracht habe«, schrieb der Parlamentsabgeordnete Henry Broadhurst nach einem Besuch in Sandringham.

In Wahrheit war Bertie auf Alix angewiesen, nicht nur in der Familie, sondern auch, weil ihre Beliebtheit seine meist schlechte Presse immer wieder ausglich. Alix wurde überall so sehr bewundert und verehrt, daß allein ihre eheliche Treue den heftigen Angriffen, denen der Prinz ständig ausgesetzt war, die Spitze nahm.

Niemand wußte das besser als Victoria, die – zumindest seit den achtziger Jahren – für ihre Schwiegertochter eine große Sympathie hegte. Auf der Silbernen Hochzeit des Prinzenpaares 1888 brachte die Königin einen Trinkspruch auf die Schönheit von Alix aus: »Sie erinnert eher an eine frisch verheiratete Braut als an eine Silber-Jubilarin«, sagte die Königin. Vor einer Abendgesellschaft in Marlborough House steckte sich die Prinzessin von Wales Orangenblüten ins Haar und ergänzte sie in einem Anflug von Selbstironie noch um eine Orange: »Ich bin jetzt nämlich keine Knospe mehr«, erklärte sie mit königlichem Lächeln, »sondern gereift.«

In mancher Hinsicht konnten der Hof und die Öffentlichkeit sich mit den Mätressen des Prince of Wales leichter abfinden als mit seinem sonstigen Umgang: Schauspielern, Amerikanern, jüdischen Kaufleuten und Neureichen. Es war klar, daß seine Freunde nicht aus der alteingesessenen feinen Gesellschaft stammten, und deshalb galten sie für die meisten Aristokraten und etliche Politiker als nicht gesellschaftsfähig. Aber der Prinz ließ sich in diesem Punkt nichts vorschreiben und fand es versnobt, seine Freunde nach ihrer Klassenzugehörigkeit auszuwählen. Für ihn zählte jemand mehr, der hart arbeitete und Charakter zeigte, als jemand, der seine Stellung in der Gesellschaft den traditionellen Privilegien seines Standes oder einem ererbten Vermögen verdankte.

Durch Berties Beziehungen zu Menschen verschiedenster Herkunft bekam er auch Einblick in die Lebensbedingungen der Armen. Am 22. Februar 1884 hielt der bereits weit über vierzig Jahre alte Prince of Wales seine erste Rede vor dem Oberhaus. Zuvor hatte er einige der schlimmsten Londoner Elendsviertel besucht und war entsetzt gewesen über die verwahrlosten, hungernden Kinder, die dort in Hauseingängen und unbeheizten Häusern ein menschenunwürdiges Dasein fristeten. Viele von ihnen waren von Unterernährung oder Kälte todkrank. »Die Lebensbedingungen der Armen«, so erklärte er deshalb vor dem Parlament, »sind eine Schande.« Natürlich hatte er kein Recht, Gesetze einzubringen, die diese Zustände änderten, aber er konnte ermahnen und Mut machen, und das wollte er fortan tun.

Unterdessen mußte seine Mutter, die sich so gern von der Öffentlichkeit fernhielt, feststellen, daß es »vor den Wechselfällen und Schicksalsschlägen des Lebens« keinen Schutz gibt, wie es in dem ihr wohlbekannten Gebetbuch der anglikanischen Kirche heißt. Als Vickys Tochter 1878 ein Kind zur Welt brachte, wurde Victoria erstmals Urgroßmutter. Doch in den folgenden Jahren sollte das Haus Sachsen-Coburg-Gotha mehr Unglück als Glück erleben. Prinzessin Alice, die zweite Tochter der Königin, die sich während Berties schwerer Erkrankung aufopferungsvoll um ihren Bruder gekümmert hatte, verlor ihren dreijährigen Sohn durch einen schrecklichen Unfall, und sie starb mit fünfunddreißig Jahren an Diphtherie. Weitere Schicksalsschläge mußte die Königin hinnehmen, als ihr bluterkranker Sohn Leopold und ihr großer Freund Disraeli starben. Schwächlich und wegen seiner Krankheit immer etwas abwesend, hatte sich Leopold 1884 zu einem Erholungsurlaub an die Riviera begeben. Dort stürzte er auf einer Hoteltreppe und starb an heftigen Blutungen; er wurde nur dreißig Jahre alt. Nach Alice war Leopold das zweite von Victorias Kindern, das vor ihr starb. Dann starb 1888 auch noch Vickys Ehemann, der deutsche Kaiser Friedrich III., an Kehlkopfkrebs.

Aber seit dem Hinscheiden ihres Ehemannes hat die Königin wohl nichts so tief getroffen wie der Tod von John Brown, ihres dreißig Jahre lang treuesten Dieners.

Im März 1883 brach Brown mit einer schweren Infektion zusammen und erwachte nicht mehr aus dem Koma. Sein Immunsystem war durch jahrelange Arbeitsüberlastung und übertriebenen Alkoholgenuß zu sehr geschwächt. »Mein guter, treuer Brown ist heute am frühen Morgen von uns gegangen«, schrieb Victoria am 29. März in ihr Tagebuch. »Ich bin tief betrübt über den Verlust dieses Menschen, der mir stets voll Hingabe gedient und soviel für mein persönliches Wohlergehen getan hat. Ich habe nicht nur einen Diener verloren, sondern einen wahren Freund.«

Gegenüber ihrem achtzehnjährigen Enkel Prinz George klagte Victoria, daß sie ihren »teuersten, besten Freund verloren [habe], den niemand in dieser Welt mir je ersetzen kann ... Vergiß niemals den besten und treuesten Freund deiner Großmama.« Brown hatte ihr soviel mehr bedeutet als ein Diener, daß die Königin seiner Schwägerin schrieb:

»Wir alle haben das beste, das treueste Herz verloren, das je geschlagen hat ... Was mich anbelangt, so ist mein Kummer grenzenlos, und ich weiß nicht, wie ich das alles ertragen soll ... Mein lieber, lieber John – mein teuerster, bester Freund, mit dem ich über alles reden konnte und der mich immer so freundlich beschützt und an alles gedacht hat – war vor drei oder vier Tagen noch gesund und stark und voller Energie.«

Auf der Schleife des Kranzes, den sie zu seinem Begräbnis schickte, stand: »Zum Zeichen herzlicher, dankbarer und immerwährender Freundschaft und Zuneigung von seiner aufrichtigsten, besten und treuesten Freundin Victoria R. & I.«[1]

Wie ein Victoria-Biograph beobachtet hat, »verführte [Brown] keine Frauen, war nicht bestechlich und lebte ausschließlich für die Königin«. Und in Anspielung darauf, wie eifersüchtig Victorias Kinder auf das enge Vertrauensverhältnis zwischen John Brown und ihrer Mutter waren, hat Berties Berater Sir William Knollys einmal geschrieben: »Ich glaube, die ganze Familie wird nicht sehr traurig

---

[1] Nachdem die Königin 1876 ihre Ernennung zur Kaiserin von Indien angenommen hatte, wurde dem R für Regina hinter ihrem Namen noch ein I für Imperator hinzugefügt, das heißt Königin und Kaiserin. Auch ihre männlichen Nachfolger trugen bis zur Unabhängigkeit Indiens 1947 den Titel Rex und Imperator (König und Kaiser). Queen Elizabeth II. unterzeichnet Schriftstücke daher immer mit Elizabeth R.

über seinen Tod sein, aber ich meine, daß das höchstwahrscheinlich ein sehr kurzsichtiger Standpunkt ist.« Freilich galt das nicht für die Königin. Gegen die Herablassung und den Spott ihrer Umgebung hatte sie sich eine tiefe und aufrichtige Freundschaft gestattet, und als sie die Todesanzeige für die *Times* verfaßte, wollte sie damit demonstrieren, daß auch eine Königin Zuneigung zeigen kann.

Als Victoria 1887 im Alter von 68 Jahren ihr Goldenes Thronjubiläum feierte, besaß sie die Achtung und Zuneigung ihrer Untertanen. Zehntausende von Zuschauern säumten die Paradestrecke, jubelten der Königin zu und schwenkten Fahnen, auf denen zu lesen stand: »Fünfzig Jahre sind nicht genug!« und: »Eine gute Herrscherin – wir wollen keinen Wechsel!« Die kleine, rundliche Königin verzichtete bei diesem Anlaß auf einen Hermelinumhang, eine Staatskarosse und auf ihre Kaiserkrone, statt dessen trug sie eine weiße Haube und ein schlichtes schwarzes Kleid und fuhr in einem offenen Landauer. Die Menschen sahen in ihr jetzt nicht mehr die trauernde, zurückgezogen lebende Witwe, die ihre öffentlichen Pflichten als Monarchin vernachlässigte, sondern für sie war Victoria gleichsam die Mutter des Landes. Die Königin hatte eine gütige Ausstrahlung, die Vertrauen erweckte, und sie verkörperte zugleich ein ganzes Land mit seinen Errungenschaften, seinem Ideal häuslicher Tugenden und seinem Wunsch nach imperialer Größe und privater Zufriedenheit. Victoria selbst war das Empire.

Obwohl die Marine eine entscheidende Stütze des britischen Empires darstellte, hielt Victoria den Dienst auf See als Vorbereitung für einen Thronfolger auf seine künftige Aufgabe nicht für geeignet. Ihr waren die Perspektiven, die das Leben bei der Marine bot, zu beschränkt, und sie fürchtete, der Thronfolger werde unter solchen Bedingungen nur zu einem engstirnigen Nationalisten erzogen. »Das äußerst rauhe Leben, das junge Männer an Bord eines solchen Schiffes führen, ist nicht das, was zur Ausbildung eines kultivierten, liebenswerten Prinzen geeignet ist«, schrieb sie hellsichtig.

> »Begünstigt eine nautische Ausbildung bei den jungen Männern nicht die Entwicklung nationaler Vorurteile, und bestärkt ein solcher Werdegang sie nicht in dem Glauben, ihr eigenes Land sei allen anderen überlegen? Bei aller aufrichtigen Vaterlandsliebe sollte ein Prinz und künftiger Herrscher nicht die gängigen Vorurteile des eigenen Landes übernehmen, wie es beispielsweise George III. und Wilhelm IV. getan haben.«

Victoria war deshalb gar nicht angetan, daß Bertie seine beiden Söhne zur Marine schickte. Als Eddy und George sechzehn beziehungsweise fünfzehn Jahre alt waren, gingen sie mit der H.M.S. *Bacchante* auf eine dreijährige Ausbildungsreise. Begleitet wurden sie von ihrem Privatlehrer, Reverend John Neale Dalton, dem man die ausdrückliche Anweisung gegeben hatte, die beiden Prinzen nicht allzusehr mit der Vermittlung von akademischem Wissen zu quälen. Denn der Prince of Wales wollte nicht, daß seine Kinder eine ähnlich strenge Erziehung erhielten, wie er sie bekommen hatte. So gestaltete sich die private Erziehung von Eddy und George höchst oberflächlich, und sie verfügten schließlich in den meisten Fächern nicht einmal über die einfachsten Grundkenntnisse.

Eddy blieb bei der Marine derartig erfolglos, daß ihn sein Vater 1883 auf das Trinity College in Cambridge schickte. Dort scheiterte er aber ebenso gründlich, wahrscheinlich auch, weil er kaum lesen konnte und partiell taub war. Dazu kamen seine mangelnde sprachliche Ausdrucksfähigkeit, seine schlechten Manieren und seine Faulheit. Er verbrachte zwei nutzlose Jahre auf dem College; am stärksten beeindruckten ihn während dieser Zeit offenbar einige junge Männer, mit denen ihn romantische Beziehungen verbanden. Und so mußte Eddys Vater eines Tages – Ironie des Schicksals – die Reise nach Cambridge antreten wie sein eigener Vater Jahrzehnte vorher. Und wie damals Albert Bertie zur Ordnung gerufen hatte, so tat dies jetzt ein aufgebrachter Bertie mit seinem Sohn.

Der glücklose, simple Eddy mußte dann ausgerechnet zur Armee, wo er nicht einmal die einfachsten Kommandos verstand und erst recht unfähig war, seine Kameraden zu führen. Er verließ das Militär wieder, und 1890, mit sechsundzwanzig Jahren, wurde er von seiner Großmutter zum Duke of Clarence and Avondale ernannt. Sein liebster Zeitvertreib waren amouröse Abenteuer und hin und wieder das Polo-Spiel. Eddy scheint eine gewisse verführerische Ausstrahlung auf junge Damen gehabt zu haben – allerdings nicht nur auf sie, denn er wurde mindestens einmal bei einer Razzia in einem berüchtigten Bordell für Homosexuelle in der Cleveland Street aufgegriffen.

Eddy hatte keine stabile Gesundheit, und sein Zustand verschlechterte sich etwa ab 1890. Dazu werden wohl auch der französische Cognac und die türkischen Zigaretten beigetragen haben. Immer wieder litt er unter schweren Gichtanfällen, und er schien sich mit Geschlechtskrankheiten angesteckt zu haben.

»Er zog ganz ungeniert das Vergnügen jeder Form von Arbeit vor«, hat ein Historiker geschrieben. In dieser Hinsicht war er ein echter Sohn seines Vaters – wie auch in seinem fehlenden Gespür für Diskretion. Seine Großmutter wollte ihn mit einer deutschen Prinzessin verheiraten, und so verliebte sich Eddy »pflichtgemäß« in Alix, eine Tochter von Prinzessin Alice, also eine Cousine. Diese Alix lehnte klugerweise seinen Antrag ab, heiratete den Kronprinzen von Rußland und späteren Zaren Nikolaus II. Gemeinsam mit ihrem Mann und den Kindern fand sie 1918 in Jekaterinburg dann ein schreckliches Ende.

Bereits Wochen nachdem Alix Eddys Antrag abgelehnt hatte, machte er Prinzessin Hélène von Orléans den Hof, einer Tochter des Grafen von Paris und französischen Thronprätendenten; Hélène war sogar bereit, Eddy zuliebe ihren römisch-katholischen Glauben abzulegen. Doch Hélènes Eltern und der Papst bereiteten dieser Romanze ein rasches Ende.

Währenddessen entwickelte sich George zu einer angenehmen Persönlichkeit. Er war nur etwa 1,65 Meter groß, hatte braunes Haar, kristallklare blaue Augen und lächelte immer scheu. Er hatte wenig Selbstbewußtsein, und er konnte auch nicht besonders überzeugend sprechen, aber er war aufrichtig und stets zu Späßen aufgelegt, was vor allem seine Kameraden zu spüren bekamen. Man muß allerdings sagen, daß er nicht nur austeilen, sondern auch einstecken konnte.

George war pünktlich, ordentlich, verläßlich und pflichtbewußt – Eigenschaften, die nur wenige der männlichen Nachkommen Victorias besaßen. Das verdankte George wohl vor allem seinem Privatlehrer, der ihm stets die Tugenden seiner Großmutter als Vorbild vor Augen gehalten hatte. Der Junge empfand für sie eine große Zuneigung und Ehrfurcht. Auch seinen Vater verehrte George sehr, den Mann, der eines Tages sein Lehnsherr und Souverän sein sollte.

Mit seiner Mutter verband ihn eine gegenseitige tiefe Zuneigung, was auch die gefühlvollen Briefe beweisen, die beide sich schrieben. Alix' Liebe zu ihrem Zweitgeborenen wurde von Jahr zu Jahr besitzergreifender. Die Prinzessin von Wales fühlte sich nämlich für ihre inzwischen erwachsenen Kinder emotional noch ebenso verantwortlich, wie sie das getan hatte, als sie noch klein waren. Im Mai 1890 – George war inzwischen fünfundzwanzig – schrieb sie ihm, daß sie sein »tränenüberströmtes kleines Gesicht« vermisse, und betonte ausdrücklich, daß sie ihn in Gedanken »niemals auch nur für einen Augenblick verlassen [habe und daß sie sich] so sehr« nach ihm sehne.

George lebte dennoch sein eigenes Leben, und wenn er auch nicht so viele Frauengeschichten hatte wie sein Bruder Eddy, läßt sich seinen Tagebucheinträgen aus dem Jahr 1892 entnehmen, daß er in Southsea eine Mätresse hatte. Und im Londoner Stadtteil St. John's Wood lebte eine andere Dame, die beide Brüder bei sich empfing. »Sie ist eine Prachtfrau«, schrieb George enthusiastisch in sein Tagebuch. Doch seine wahren – freilich stillen – Gefühle galten Julie Stonor, der Tochter einer Hofdame seiner Mutter, die ebenfalls in ihn verliebt war. Aber sie war bürgerlicher Herkunft und dazu noch katholisch, was eine Verbindung zwischen den beiden damals von vornherein ausschloß. »Ja, so ist das«, schrieb Alix ihrem Sohn mitfühlend, »und für Euch zwei ist das gewiß eine traurige Sache, meine beiden armen Kinder. Ich wünschte wirklich, Ihr könntet heiraten und glücklich sein, aber ach, ich befürchte, das darf nicht sein.«

Mit fünfundzwanzig Jahren war George nach fünfzehnjähriger Dienstzeit bei der Marine zu einem geradlinigen und ernsten Mann herangewachsen (zehn Jahre blieb er noch Seemann). »Sein Temperament, seine Abneigungen und Vorlieben, seine Denkweise und seine Gewohnheiten, seine ganze Lebenssicht«, schrieb sein Biograph Harold Nicolson, »wurden während seiner Jahre an Bord der *Britannia* und der *Bacchante* geprägt. Mit anderen Worten: Er war ein loyaler, nüchterner junger Mann königlicher Abstammung, freilich fehlte ihm der Intellekt seines Großvaters und der Charme seines Vaters. Aber genau wie sein Vater konnte er ausgesprochen jähzornig reagieren, und so geschah es bisweilen, daß er plötzlich wegen irgendeines nichtigen Anlasses explodierte.«

»Das Leben auf See«, so ein anderer Chronist, »hatte ihn mit unverrückbaren Überzeugungen ausgestattet, mit einer Manie für Ordnung und Pünktlichkeit – und sein steifes Auftreten sollte wohl über seine Schüchternheit und geistige Enge hinwegtäuschen. Seine Ausbildung hatte ihn aber auch mit einem tiefen Pflichtgefühl erfüllt und mit jener unerschütterlichen britischen Überheblichkeit, die Queen Victoria [an den Mitgliedern ihres Hauses] so gar nicht ausstehen konnte.«

Um es einfach auszudrücken: Georges Denken war äußerst beschränkt. Während seines ganzen Lebens kannte er keine andere Zerstreuung als Briefmarkensammeln und ein gelegentliches Spiel Polo oder Billard. Wie die meisten Angehörigen des Königshauses (die angeheirateten Mitglieder ausgenommen) las George niemals ein Buch. Noch 1891, er war immerhin schon sechsundzwanzig Jahre alt, findet sich in seinen Briefen und Tagebuchaufzeichnungen nicht ein einziger Hinweis auf die Politik. Aber das war eigentlich nicht verwunderlich, denn Ende des 19. Jahrhunderts hatte die Königliche Familie viel weniger Repräsentationspflichten als später. Ohnehin vermerkte es die Öffentlichkeit mit Wohlwollen, wenn ein nicht direkt für die Thronfolge in Frage kommendes Mitglied des Königshauses eine unspektakuläre berufliche Laufbahn einschlug. Nach dem Prince of Wales stand Eddy an zweiter Stelle in der Thronfolge, doch an einen Wechsel dachte niemand, denn Victoria war mit ihren zweiundsiebzig Jahren noch sehr rüstig, und auch der fünfzigjährige Bertie schien ausgesprochen robust zu sein.

Ende November 1891 erkrankte George an einem Fieber. Victoria und Alexandra reagierten darauf äußerst bestürzt, denn genau dreißig Jahre vorher war Prinz Albert an einem Fieber gestorben, und vor zwanzig Jahren hatte es Bertie beinahe das Leben gekostet. Erst als Prinz George um Weihnachten außer Lebensgefahr war, nahm man in Sandringham wieder das normale Leben auf.

Während der Weihnachtstage und zu Beginn des neuen Jahres kam es zu einer Serie dramatischer Ereignisse, die das innere Gleichgewicht der Königlichen Familie erschütterten. Es gab eine Verlobung, einen plötzlichen Todesfall und eine Veränderung in der Linie der Thronfolge.

Am 7. Dezember 1891 wurde in der *Times* die Verlobung des Duke of Clarence and Avondale, Seiner Königlichen Hoheit Prinz Albert Victor, ältester Sohn des Prince of Wales, mit Prinzessin Viktoria Mary von Teck bekanntgegeben, einem Mädchen, das Eddy schon von Kindesbeinen an kannte. Die von den Müttern des jungen Paares eingefädelte und von Queen Victoria begeistert befürwortete Verbindung kam aus freien Stücken zustande, denn Bertie und Alix hatten ihren Kindern von jeher das Recht eingeräumt, selbst über ihren künftigen Ehepartner zu entscheiden.

Ungeachtet seiner zahlreichen Schwächen konnte Eddy die Stärken anderer Menschen erkennen, und er hegte für Mary aufrichtige Empfindungen. Sie sah es als ihre Pflicht an, in die Verbindung einzuwilligen. »Zu meiner großen Überraschung hat Eddy mir gestern einen Antrag gemacht«, schrieb sie in ihr Tagebuch und fügte dann noch trocken hinzu: »Natürlich hab' ich ja gesagt. Wir sind beide sehr glücklich.« Und das waren auch die beiden Familien, denn das junge Mädchen war eine Nichte zweiten Grades von Queen Victoria.

Prinzessin Viktoria Mary galt als ideale Gattin des künftigen Thronerben. Sie war eine schlanke und elegante, attraktive, anmutige junge Frau mit wachen blauen Augen, ein Mädchen, dessen scheues

Lächeln einen feinen Humor, Bescheidenheit und Vornehmheit verriet, und sie hatte einen aufrichtigen Charakter.

Viktoria Mary war weder affektiert noch übertrieben auf ihre Würde bedacht, und sie lachte und amüsierte sich gern. Sie hatte ein erstaunlich gutes Gedächtnis und eine hervorragende Beobachtungsgabe. Mit zunehmendem Alter wollte sie immer recht haben, was man einem Menschen von königlichem Geblüt wohl eher nachsieht. Ihre aufrechte, würdevolle Haltung und ihr hochgestecktes goldbraunes Haar ließen sie größer erscheinen als ihre 1,63 Meter, was ihre Hüte, ihre Tiaren und die Schuhe mit hohen Absätzen, die sie häufig trug, noch verstärkten. Bereits in ihren zwanziger Jahren frisierte sie sich so, wie man es bis ins Alter an ihr kannte: das Haar an den Schläfen streng zurückgekämmt und im Nacken zu einem Zopf geflochten, auf der Stirn einen gelockten Pony.

In den folgenden Jahrzehnten stieg Prinzessin Viktoria Mary zunächst zur Herzogin von York, dann zur Prinzessin von Wales, Königin von England, Kaiserin von Indien auf, bis sie schließlich Königinwitwe wurde. Sie erlebte sechs Könige, und innerhalb der Familie, in die sie eingeheiratet hatte, übte sie jahrzehntelang großen Einfluß aus. Deshalb beschäftigen wir uns an dieser Stelle kurz mit dem Werdegang von Viktoria Mary Augusta Louise Olga Pauline Claudine Agnes von Teck, die in der Familie stets May genannt wurde.[2]

Geboren wurde May am 26. Mai 1867 in demselben Raum im Kensington-Palast, in dem auch die spätere Queen Victoria – Mays Tante zweiten Grades – das Licht der Welt erblickt hatte. Mays Urgroßvater war King George III., ihr Großvater der Bruder von Victorias Vater. May war die Tochter verarmter deutscher Adeliger. Ihr aus Wien stammender Vater war der zu Schwermut neigende, nervenschwache und stets mürrische Prinz Franz von Teck, Sohn des Herzogs von Württemberg. Er wurde, nachdem er um die Vierzig einen Schlaganfall erlitten hatte, emotional höchst labil und erinnerte an ein Gespenst. Mays in Hannover geborene Mutter war die fröhliche, extravagante, herrische und enorm korpulente, von der Familie dicke Mary genannte Prinzessin Mary Adelaide von Cambridge, eine Enkelin Georges III. Trotz der Belastung, die ihr gebrechlicher und

---

[2] Als sie Königin wurde, verzichtete Prinzessin Viktoria Mary auf ihren ersten Vornamen, denn eine Königin mit diesem Namen gab es ja bereits. Sie nannte sich jetzt Queen Mary. Um Verwechslungen zu vermeiden, wird die Prinzessin bis zu ihrer Thronbesteigung May genannt und danach Mary.

im Umgang schwieriger Mann und permanente finanzielle Sorgen darstellten, behielt Mary Adelaide ein sonniges Gemüt.

Die mit vier Brüdern aufgewachsene May lernte schon sehr früh, sich mit Takt und Diplomatie in einer von Männern dominierten Welt durchzusetzen. Ihre Mutter war das beste Beispiel dafür, daß eine starke, entschlossene Frau auch mit einem launischen, schwierigen Mann zurechtkommen konnte, und das Vorbild Mary Adelaides wird ihr wohl auch bei dem Entschluß geholfen haben, Eddy zu heiraten.

»Glaubst du wirklich, daß ich dem gewachsen bin, Mama?« fragte sie unsicher ihre Mutter, als sie nach der Verlobung mit Eddy Einzelheiten über sein ausschweifendes Leben erfuhr. Natürlich bist du das, wird ihre Mutter erwidert haben. Schau nur, wie ich mit deinem Vater zurechtgekommen bin. Die pflichtbewußte May nahm daher die Herausforderung dieser Ehe mit dem Vorsatz an, ihre Begabungen und Fähigkeiten ganz in den Dienst der königlichen Familie zu stellen. Schließlich hatte sie von klein auf gelernt, die Monarchie zu verehren und zu stützen. Zugleich war ihr bisheriges Leben dem des Aschenputtels aus dem Märchen vergleichbar. Sie war die zu vornehmer Armut bestimmte Tochter eines Edelmannes, deren Stellung sich plötzlich von Grund auf ändern sollte: denn eines Tages würde sie Königin sein. Die Ehe mit Eddy hatte sicherlich etwas Beängstigendes, aber wie ihre Mutter immer wieder sagte, eröffnete ihr die Heirat eine großartige Perspektive, und mit Eddy würde sie schon irgendwie fertig werden. Und so trat May über Nacht in das grelle Licht der Öffentlichkeit.

May war eine Frau, die sich zeitlebens intellektuell wie kulturell weiterbildete, obwohl sie nie eine systematische Erziehung und Ausbildung erhalten hatte. Mit vier Jahren kam sie zum erstenmal nach Europa und hatte begonnen, Deutsch zu lernen. Mit sechzehn sprach sie außerdem fließend Französisch, und als finanzielle Schwierigkeiten die Familie zwangen, sich eine Zeitlang nach Florenz zurückzuziehen, wo sie in einer Pension logierten, lernte May noch Italienisch. Während der Zeit in Italien entwickelte May ein lebenslang anhaltendes Interesse an Kunst und Antiquitäten. Sie las auch leidenschaftlich gern, bevorzugte allerdings gehobene Unterhaltungsliteratur. (Shakespeares *Hamlet* sah sie erst wenige Jahre vor ihrem Tod zum erstenmal, auch die großen russischen Romanciers lernte sie erst später kennen.)

»Ich habe in letzter Zeit meine Nachmittage fast immer im Museum verbracht«, schrieb sie einmal. »Wieviel man dort doch lernen und aufschnappen kann, und wieviel angenehmer es dort ist, als irgendwohin zum Tee zu gehen und Konversation zu machen.« Allerdings beschränkte sich Mays Kunstinteresse hauptsächlich auf Miniaturen, Porträts und Nippes aller Art mit Darstellungen englischer Königsfamilien aus dem 18. und 19. Jahrhundert. »Sie konnte in der Regel die bekannteren Markenzeichen auf englischem Porzellan identifizieren«, berichtet ihr Biograph, »und sie erkannte Hepplewhite- oder Chippendale-Möbel; aber sie hat in ihrem ganzen Leben kein einziges gutes Gemälde gekauft.«

May konnte mit ernsthaften Diskussionen nichts anfangen und war im großen und ganzen eine Frau ihrer Zeit. Das heißt, sie interessierte sich nicht für die wahren Ursachen des in England verbreiteten sozialen Elends, mit dem verglichen ihre Jugend in Armut geradezu luxuriös gewesen war. Aber mit dem Vorbild der aktiven Mitarbeit ihrer Mutter in Wohltätigkeitsvereinen (sie hatte diesen Charakterzug mit ihrer Freundin, Prinzessin Alexandra, gemeinsam) hielt May nichts von rein verbalen Mitleidsbekundungen für Benachteiligte. Und ihre spätere Fürsorge für die Armen macht deutlich, daß sie die bescheidenen Verhältnisse ihrer frühen Jugend nie vergessen hat. Schon als Kind half sie ihrer Mutter bei der Betreuung von Soldatenwitwen und ihren Kindern, die keine Rente bekamen und im Armenhaus dahinvegetierten. Diese Arbeit und ihre Sorge für heimatlose Straßenkinder waren gleichsam der Beginn ihres – gut dokumentierten – lebenslangen Kampfes für bessere Wohnungen, Krankenhäuser und Sozialeinrichtungen. Sie konnte rein mündliche Betroffenheitsbekenntnisse von echter Sorge mit sicherem Instinkt unterscheiden, wie sie auf anderem Gebiet wußte, wann es sich um einen Regency-Sessel und wann um einen Jakobinischen Lehnstuhl handelte.

Vernünftig, selbstbewußt und fleißig, war May bereits in früher Jugend die einsame Gefährtin ihrer extravaganten Mutter, einer liebenswerten, gutmütigen Exzentrikerin, von der May sich so deutlich wie möglich unterscheiden wollte. Weil Mary Adelaide unentwegt munter drauflosplauderte, entwickelte sich ihre Tochter zu einer meist schweigsamen jungen Dame. Weil Mary Adelaide sehr dick war und eine lärmende gute Laune verbreitete, bisweilen aber auch grob werden konnte, bemühte sich ihre Tochter, ganz anders zu sein. Sie aß wenig und sträubte sich anfangs sogar, Tanz- und Gesangsunterricht zu nehmen, denn sie hatte Angst, daß ihr Auftreten ebenso peinlich sein könnte wie das ihrer Mutter. Aber sie tanzte sehr gern und verlor schließlich ihre Hemmungen; und wenn bei familiären und gesellschaftlichen Anlässen gesungen wurde, hatte sie auch keine Scheu, fröhlich mitzusingen. In allem, was sie tat, war May ungemein gründlich, ordentlich und diszipliniert, führte sorgfältig Tagebuch und notierte sich alle ihre Termine und Pflichten; außerdem hatte sie alles, was ihr gehörte, katalogisiert.

Der Mode der Zeit gehorchend, trug May stets Kleider aus gestärkten Stoffen, versteift mit Korsettstangen und Fischbeinstäben. Diese Art von Selbstkasteiung machte sie öfter ungehalten, dabei war sie eigentlich scheu und liebenswert. Andererseits strahlte sie durch die steife Haltung, die ihr diese Kleidung gab, eine königliche Würde aus.

Ihre Zurückhaltung und Schweigsamkeit nannte May in späteren Jahren selbst eine Reaktion auf die übertriebene Redseligkeit ihrer Mutter,

»und außerdem wurde uns schon sehr früh klargemacht, daß Kinder sich zwar sehen, aber nicht hören lassen dürfen. Und für diesen Grundsatz spricht tatsächlich einiges: Wir haben nämlich eine ganze Menge gelernt, indem wir einfach den Erwachsenen zugehört haben. Waren wir dann aber in Gesellschaft, sollten wir allerdings plötzlich auf Befehl durch geistreiche Konversation glänzen.«

Als sie mit achtzehn Jahren von ihrem Aufenthalt auf dem Kontinent nach England zurückkehrte, wurde May von einer Dame aus dem Elsaß unterrichtet, bei der sie mit großem Erfolg Stunden in Literatur, Geschichte und Ökonomie bekam. Besonders interessierte sie die Geschichte der englischen Monarchie, und sie konnte den königlichen Stammbaum von Egbert bis in die letzten Nebenlinien der viktorianischen Zeit herunterbeten. Wie Queen Victoria einmal geschrieben hat, war sie »ein besonders nettes Mädchen, so ruhig und doch fröhlich und so gut erzogen und vernünftig. Sie ist außerdem sehr hübsch gewachsen.« Zudem hatte sie ein wahrhaft königliches Auftreten, vornehm und zurückhaltend.

Das also waren die Attribute der jungen Dame, die man in die königliche Familie aufnehmen wollte und die man mit Prinz Eddy im Dezember 1891 in der Hoffnung verlobt hatte, daß sie ihn positiv beeinflussen und auf den rechten Weg bringen werde. May selbst jedoch wurde immer unsicherer, ob ihre Entscheidung richtig war. Und als der für Februar 1892 festgesetzte Hochzeitstermin näherrückte, wuchs in ihr sogar der Verdacht, daß die Königliche Familie ihr längst nicht alles über Eddy erzählt hatte.

Doch es sollte alles ganz anders kommen. In der Weihnachtszeit wurde England von einer Grippeepidemie heimgesucht. May wurde von der Königlichen Familie für die Feiertage nach Sandringham eingeladen, wo sie bis zu Eddys Geburtstag am 8. Januar bleiben sollte. Aber an diesem Tag lag der Prinz, den immer wieder Wahnanfälle schüttelten, bereits sterbenskrank darnieder. Jahrzehntelang wurde diese Krankheit für die Öffentlichkeit immer als Grippe bezeichnet, doch deuten alle Symptome auf Syphilis hin. Am 12. Januar erkannte der unglückliche junge Mann niemanden mehr und redete im Delirium über seine Romanzen. Alexandra saß stundenlang an seinem Bett, hielt ihm die Hand, wischte ihm den Schweiß von der Stirn und sah mit Entsetzen, wie seine Lippen und Fingernägel aschgrau wurden. Ausgerechnet sie, von der alle geglaubt hatten, sie würde nicht damit fertig werden, wenn einer ihrer Lieben schwer krank würde, zeigte sich jetzt als die Stärkste von allen. Sie stand ihrem Sohn bei und sprach sogar noch den anderen Mut zu. Dann ging es mit Eddy zu Ende. Seine Nieren versagten, und am frühen Morgen des 14. Januar kam noch eine schwere Lungenentzündung hinzu. Verzweifelt nach Atem ringend, kam er noch einmal zu Bewußtsein, erkannte seine Angehörigen und versicherte sie, vielleicht zum erstenmal, seiner Liebe und Zuneigung. Als er dann nach seiner Mama rief und sie für alles, was er ihr angetan hatte, um Entschuldigung bat, umgab den Sterbenden eine Aura kindlicher Unschuld. Am 14. Januar um 9.45 Uhr starb der arme Prinz Albert Victor, Duke of Clarence and Avondale, nach siebenstündigem Todeskampf. Er wurde nur achtundzwanzig Jahre alt.

Im März desselben Jahres besuchten die Tecks – Franz, Mary Adelaide, May und die Jungen – Freunde in Cannes, wo sie sich von der Grippe, an der auch sie erkrankt waren, und vor allem von Eddys Tod und dem Begräbnis erholen wollten. Zufällig war auch die Familie des Prince of Wales im nahegelegenen Cap Martin, und am 29. März meldete Prinz George, der jetzt in der Thronfolge hinter seinem Vater an zweiter Stelle stand, sich und seinen Vater bei May schriftlich zu einem Besuch an. Die beiden jungen Leute sprachen sich gegenseitig höflich Trost zu, und als Queen Victoria von diesem Treffen erfuhr, hatte sie eine Idee. Sie hielt es für angeraten, daß sich der neue mögliche Thronfolger, der siebenundzwanzig Jahre alt war, nach einer geeigneten Braut umsehen sollte. Wenn eine angemessene Zeit der

Trauer verstrichen wäre, warum sollten dann George und May nicht jene Verbindung eingehen, die ursprünglich für Eddy und das junge Mädchen geplant war?

Und diese Idee der Königin nahm konkrete Gestalt an, als eine andere Kandidatin, nämlich Georges siebzehnjährige Cousine, Prinzessin Marie von Rumänien, Tochter seines Onkels Alfred und dessen Frau, einer Tochter des Zaren Nikolaus II., aus dem Rennen schied. Marie entschloß sich nämlich, den Hohenzollernprinzen Ferdinand zu heiraten, der später König von Rumänien wurde. Außerdem wäre aller Wahrscheinlichkeit nach eine Verbindung zwischen George und Marie wohl nicht glücklich verlaufen. »Missy«, wie sie genannt wurde, war eine üppige, sinnliche Blondine, von der sich viele Männer unwiderstehlich angezogen fühlten. Die junge Dame entwickelte sich jedoch bald zu einer melodramatischen Träumerin und war bis zur Lächerlichkeit von sich selbst eingenommen. So hatte sie beispielsweise neben anderen Grillen die Angewohnheit, in verschiedenen Räumen ihres Palastes von ihr selbst geschriebene Notizen zu hinterlegen, auf denen es hieß: »Marie von Rumänien, eine der wundervollsten Frauen der Welt. Eine Frau, wie sie nur einmal in einem Jahrhundert geboren wird.«

In der Geschichte der englischen Monarchie hatte schon einmal jemand die Verlobte seines verstorbenen Bruders geheiratet. Das war Heinrich VIII., der die nur kurz mit seinem Bruder Arthur verheiratete Katharina von Aragon zur Frau nahm. Der unglückliche Ausgang dieser Verbindung war für Victoria kein Grund, von einer Verbindung zwischen George und May abzusehen. Und so ernannte die darin inzwischen geübte Königin ihren Enkel George noch im Frühjahr zum Herzog von York, nachdem sie ihm ein paar Tage zuvor May als geeignete Braut anempfohlen hatte. Den Reizen des Mädchens durchaus zugetan, nahm er den Vorschlag bereitwillig an. Freilich einigte man sich darauf, sich Zeit zu lassen und diese neuen Pläne vorerst noch vor der Öffentlichkeit geheimzuhalten. Was May anbelangt, so fand sie dies zunächst geradezu beleidigend und peinlich, nicht zuletzt wohl auch deshalb, weil sie sich vorkam wie eine auf einer Auktion versteigerte Porzellanfigur. Aber im Lauf des Jahres 1892 freundete sie sich mit ihrem Cousin an und stand dem, was man ihr als ihre Pflicht erklärte, nicht mehr ablehnend gegenüber. Auch ihre Mutter wurde jetzt eingeweiht, besprach sich mit May, und schließlich erhielt die Königin eine positive Antwort. Die junge Dame, die erst ein paar Monate zuvor ihren königlichen Verlobten verloren hatte, erkannte recht bald, daß ein Leben mit George wohl weit angenehmer verlaufen werde als mit Eddy.

Wenn bei dem ganzen Unternehmen eher die Vernunft ausschlaggebend gewesen ist als Gefühle, dann nur deswegen, weil damals Ehen nach dynastischen Erwägungen und nicht aus Liebe geschlossen wurden. In den Jahren um 1890 galt in königlichen, aber auch in großbürgerlichen Kreisen die Liebe (geschweige denn Leidenschaft) bei der Wahl eines Ehegemahls als völlig untergeordnetes Kriterium. Wenn sich später zwischen einem so verheirateten Paar doch noch innige Gefühle entwickelten, war das reiner Zufall. Entscheidend für das Zustandekommen einer ehelichen Gemeinschaft aber war in erster Linie, ob dadurch die Familien an Vermögen und an Einfluß gewannen oder ob wenigstens gesunde Kinder aus der Verbindung entstehen könnten. Ende 1892 begann für George und May die offizielle Brautzeit.

Abgesehen von seinen unvermittelt auftretenden Wutanfällen gegenüber Dienern oder Beratern (eine Charaktereigenschaft, die ein Erbe der hannoveranischen Vorfahren war), neigte George überhaupt nicht zu Gefühlsausbrüchen. Was May anbelangt, so war sie durchaus nicht teilnahmslos, doch wegen ihrer Schüchternheit wirkte sie bisweilen distanziert. »Trotzdem war sie«, wie ihr Biograph schreibt, »von einer einzigen großen Leidenschaft erfüllt, die ihr ganzes Leben bestimmte … Und diese Leidenschaft galt allem, was die britische Monarchie betraf.« Die Tatsache, daß sie einen künftigen König heiraten würde, erfüllte sie weniger mit persönlichem Ehrgeiz als mit einem ehrfürchtigen Pflichtgefühl, und sie wußte, daß sie ein aufopferungsvolles Leben zu erwarten hatte. Für May bedeutete der Antrag etwas ganz Besonderes, und wenn sie sich auch auserwählt fühlte, blieb ihr Verhalten doch unspektakulär und diskret, und sie zeigte tadellose Manieren.

Trotzdem war sie sich der Gefahren einer übertriebenen Förmlichkeit bewußt: »Es tut mir sehr leid, daß ich mich dir gegenüber noch immer so schüchtern betrage«, schrieb sie Georg kurz vor der Hochzeit.

»Gerade neulich habe ich versucht, offener zu sein, aber – ach! – es ist mir nicht gelungen, und ich war deshalb so verärgert über mich! Es ist auch dumm, so steif miteinander umzugehen, aber es gibt wirklich nichts, was ich Dir nicht sagen würde, außer daß ich Dich mehr liebe als irgendwen sonst auf der Welt, doch das kann ich Dir nicht persönlich sagen, deshalb schreibe ich es hier.«

»Gott sei Dank«, antwortete ihr George noch am selben Tag in einem Brief, in dem es von Interpunktionsfehlern nur so wimmelte,

> »verstehen wir beide uns, und ich glaube, es ist wirklich überflüssig, daß ich Dir sage, wie sehr ich Dich liebe, mein Liebling, und daß mein Gefühl für Dich immer stärker wird, je öfter ich Dich sehe, obwohl ich vielleicht äußerlich scheu und kühl erscheine.«

Auch in Zukunft äußerten die beiden Gefühle nur in schriftlicher Form. Nach allem, was wir wissen, waren George und May einfach außerstande, einem anderen Menschen ihre wahren Gefühle von Angesicht zu Angesicht zu offenbaren. »Er verbarg seine Gefühle hinter seinem typischen Seemannsgepolter«, wie es ein Chronist beschreibt, »und sie ihre hinter einer fast unnatürlich wirkenden Gelassenheit.«

In der heutigen Zeit, in der die uneingeschränkte (und öffentliche) Offenbarung sogar der kleinsten Gefühlsregungen und der belanglosesten Meinungen eine derartige Bedeutung hat, würde dieses Paar vielleicht steif und langweilig wirken. Anders als ihre Eltern waren die beiden gewiß gehemmt, was ihnen dann später, als sie selbst Kinder hatten, noch Schwierigkeiten bereiten sollte. Ihre Zurückhaltung beruhte einerseits wohl auf der Etikette und den höflichen Umgangsformen, die in der viktorianischen Zeit gepflegt wurden, andererseits aber war das wohl auch das typisch Englische an ihnen. Schließlich konnten ja auch leidenschaftliche Worte oder lebhafte Gesten die Gefühle der anderen verletzen. In den höheren Gesellschaftschichten war der offene Gefühlsausdruck verpönt, denn er galt als gewöhnlich.

Wer glaubt, daß die Presse damals die Königliche Familie und besonders das junge Paar George und May einhellig geachtet und verehrt hätte, der irrt. Noch an dem Tag, als die Verlobung bekanntgegeben wurde, am 3. Mai 1893, veröffentlichte der *Star* schadenfroh eine an den Haaren herbeigezogene Behauptung, daß sich George vor drei Jahren auf Malta heimlich mit der Tochter eines britischen Marineoffiziers verheiratet hätte. »Ich muß dir gestehen«, sagte George an jenem Nachmittag, als er May die Zeitung reichte, »daß wir leider nicht heiraten können. Ich habe gerade erfahren, daß ich bereits eine Frau und drei Kinder habe.« Das junge Paar beschloß, die Meldung einfach zu ignorieren und wie geplant die Hochzeitsvorbereitungen fortzusetzen. Und schon bald verstummten auch die Gerüchte.

George und Mary sollten allerdings später mit dieser Behauptung noch einmal konfrontiert werden.

Obwohl Victorias Pressesekretäre um das Wohlwollen der Journalisten sehr bemüht waren, führte die Gründung von immer mehr Zeitungen dazu, daß der Kampf um Leser von Jahr zu Jahr härter wurde. Die Grenzen der Achtung vor der Privatsphäre und die des guten Geschmacks – von denen zwischen Wahrheit und Lüge ganz zu schweigen – wurden also schon damals immer wieder überschritten.

Georges und Mays Hochzeit fand unter großem Jubel am 6. Juli 1893, einem sehr heißen Tag, in der königlichen Kapelle des St.-James-Palastes statt. In London drängten sich die Menschen, um einen Blick auf das frisch getraute Paar zu erhaschen, das inzwischen zum Herzog und zur Herzogin von York ernannt worden war, und um Queen Victoria zuzujubeln, die lächelnd in ihrer Kutsche saß und den Menschen zuwinkte. Auch der Prinz und die Prinzessin von Wales wurden stürmisch beklatscht: Bertie mit ordengeschmückter Brust und Alexandra als melancholische Schönheit. Mit ihrer enormen Körperfülle verkörperte Mary Adelaide, die Brautmutter, in der königlichen Prozession eher das deftige Element, und ihr schwächlicher Mann wurde zwischen all den anwesenden Persönlichkeiten und inmitten des Prunks kaum wahrgenommen.

Auch George machte an diesem Tag in seiner blauen Marineuniform eine sehr gute Figur; sein Bart war frisch gestutzt, und er wagte es kaum, seine Braut anzuschauen. May trug ein weißes Seidenkleid mit einer Schleppe aus silberglänzendem Brokat. Zur Begleitung der Braut gehörte auch das Blumenmädchen Alice von Battenberg, eine achtjährige Cousine des Bräutigams. (Ihr Sohn Philip, den sie Jahrzehnte später zur Welt brachte, ist der heutige Ehemann von Queen Elizabeth II.)

Der Wert der Hochzeitsgeschenke wurde auf 300000 Pfund geschätzt, nach heutigem Kurs etwa neun Millionen Mark. Aber für George zählten die fünfzehnhundert kostbaren Briefmarken, die man ihm zur Ergänzung seiner geliebten Sammlung geschenkt hatte, am meisten. May, die ja in bescheidenen Verhältnissen aufgewachsen war, mußte sich nun an eine umfangreiche und extravagante Garderobe und kostbarste Juwelen gewöhnen. Wenn sich George und May in London aufhielten, wohnten sie in den kürzlich renovierten, aber nach wie vor düsteren Räumen des York House im St.-James-Palast. Doch George, der sein Leben lang alles mochte, was ihn an Schiffskabinen erinnerte, hatte daran nichts auszusetzen.

Zunächst verbrachten die beiden jedoch einen Großteil ihrer Zeit in Sandringham, wo sie in der bis heute als York Cottage bekannten, wenig anheimelnden Villa wohnten. Prinz George, der das Anwesen liebte, hatte dieses Haus ausgewählt, und die Einrichtung war von Prinzessin Alexandra besorgt worden. Sie war glücklich darüber, ihren Sohn auch künftig in ihrer Nähe zu haben. Für May war es eine große Enttäuschung, daß sie ihre erste eheliche Wohnung bereits ohne ihre Mitwirkung komplett eingerichtet vorfand, aber sie versuchte, sich mit Wohlwollen an die neue Situation zu gewöhnen. Die Zimmer waren mit dunklen, schweren Möbeln und Nippes überfüllt, von Alix persönlich ausgewählt. George interessierte sich überhaupt nicht dafür und war froh, daß er sich in seine Briefmarkensammlung vertiefen konnte.[3]

Sein Vater Bertie, der Prince of Wales, vertrieb sich währenddessen die Zeit mit einem intensiven Gesellschaftsleben, setzte viel Geld bei Glücksspielen und unterhielt etliche mehr oder weniger geheimgehaltene Liebesbeziehungen. George hingegen fand die amourösen Eskapaden seines Vaters geschmacklos und beschloß offenbar, in seiner Ehe treu zu sein. Seine einzigen Ablenkungen waren die Briefmarkensammlung und die Jagd auf Wasservögel. Man könnte also sagen, daß er das Leben eines ganz normalen Landedelmannes führte. Was Georges und Mays offizielle Auftritte in ihrer Funktion als Erben des Thronfolgers betraf, bekam ihr Sekretär kaum Anfragen. Eine königliche Vermählung in Kopenhagen, ein Auftritt in Liverpool, ein Staatsbesuch in Irland, das war eigentlich alles, woran sie während ihrer Zeit als Herzog und Herzogin von York teilnahmen. Sonst wurde May, die inzwischen drei Kindern das Leben geschenkt hatte, kaum gefordert. Erst als George zum Kronprinzen avancierte, nahmen ihre Aufgaben und Verpflichtungen zu; bis dahin fühlte sie sich zur Untätigkeit verdammt und häufig nutzlos.

Da sie viel mehr freie Zeit hatte, als sie es sich wünschte, stellte May die Möbel um und versuchte, die düstere Atmosphäre der Räume in York Cottage aufzuhellen, eine Aufgabe, die sie als Herausforderung betrachtete. Sie war stets darauf bedacht, ihren Horizont zu erweitern und ihre Umgebung angenehm zu gestalten, und May schrieb von sich: »Ich mag es, etwas anzupacken oder etwas Neues kennenzulernen, aber wenn ich sehe, wie die Leute ihre Zeit

---

[3] Bis zu seinem Tod hatte King George V. die weltweit vollständigste Sammlung britischer Briefmarken zusammengetragen. Es waren etwa 250 000 Stück, die in 325 Alben verwahrt wurden. Diese Sammlung von unschätzbarem Wert ging später in Staatsbesitz über.

und ihre Kraft verschwenden, um völlig nutzlose Dinge zu tun, dann packt mich die Wut.« Wenn sie einem Maler Modell saß, mußte jemand ihr vorlesen; wenn sie frisiert wurde, schrieb sie entweder selbst oder diktierte einen Brief; wenn sie nur ein wenig Zeit hatte, las sie Bücher über die britische Geschichte.

Die Einrichtung von York Cottage hatte Alix zweifellos nur mit den besten Absichten übernommen. »Ich bete zu Gott, daß er Euch beiden ein langes glückliches Leben schenkt«, schrieb sie an George, »daß ihr einander glücklich macht und uns zum Trost und dem Land zum Segen gereicht.« Es gab aber bereits die ersten Anzeichen einer Einmischung, wie sie vielen Schwiegermüttern eigen ist. Bei Alix lag dies wohl in erster Linie daran, daß sie befürchtete (allerdings, ohne sich dessen bewußt zu sein), ihren einzigen noch lebenden Sohn zu verlieren und, was durch ihre Taubheit noch verstärkt wurde, vollends isoliert zu sein. »Wir sind durch das Band der Liebe von Mutter und Kind aneinandergeknüpft«, fügte Alix hinzu, »und diese Bindung kann nichts schwächen oder vermindern, niemand kann sich je zwischen mich und meinen kleinen Liebling Georgie drängen.« Hätte ihre Schwiegertochter dies gelesen, wäre sie vermutlich erschüttert gewesen. »Die Prüfungen des Lebens beginnen erst mit der Ehe«, hatte Queen Victoria während Mays und Eddys Verlobungszeit geschrieben; vielleicht wollte sie mit dieser Feststellung May warnen.

»Manchmal glaube ich«, schrieb May nach dem ersten Ehejahr an George

»daß wir am Anfang unserer Ehe nicht genug Zeit hatten, uns richtig kennenzulernen. Und das hat zu vielen kleinen Reibereien geführt, die wir sonst vielleicht hätten vermeiden können. Du weißt ja, daß wir beide überempfindlich sind und daß wir das kleinste heftige Wort sofort als Kränkung verstanden haben, und ich befürchte, daß wir beide nicht schnell vergessen können.«

Bei der Einrichtung und Gestaltung ihrer ehelichen Wohnung ließ sich May durch die Einmischung ihrer Schwiegermutter nicht beeindrucken. So schrieb ihr George – die beiden korrespondierten fast täglich miteinander –: »Mami hat heute mit mir zu Mittag gegessen … und anschließend die Möbel im Salon umgestellt, und jetzt ist es dort viel geräumiger, und ich finde auch, daß es besser aussieht.« Darauf entgegnete May: »Ich bin ja so glücklich, daß ›Mami‹ sich die Mühe gemacht hat, unseren Salon zu verschönern, sie hat ja soviel

Geschmack …, [aber] sie hätte es sich sparen können, da dieser Raum demnächst ohnehin völlig umgestaltet wird.«

In dieser Zeit der selbstauferlegten Zurückhaltung wurden die Einzelheiten der »kleinen Reibereien« und »heftigen Worte«, auf die May sich bezog, nicht ausgeführt, aber es werden bestimmt nicht nur Meinungsverschiedenheiten darüber gewesen sein, wo Stühle und Tische stehen sollten. Vermutlich wird May eher an die ständige Einmischung ihrer Schwiegermutter gedacht haben. Oberflächlich und stets guter Dinge, wie sie war, konnte es Alix nicht lassen, immer wieder über Mays und Georges Leben zu bestimmen, was ihre Schwiegertochter furchtbar wütend machte. So fand Alix zum Beispiel nichts dabei, mit zahlreichen Verwandten oder mit ihren Töchtern samt Anhang unangemeldet bei May vorbeizuschauen. Wenn May sie dann nur distanziert begrüßte und mit nur mühsam unterdrückter Ungeduld reagierte, fanden manche, sie sei überheblich und besitze keine Manieren. Als May kurz vor Weihnachten 1893 erfuhr, daß sie schwanger war, stand Alix sofort mit einem Bataillon von Krankenschwestern vor der Tür und überhäufte ihre Schwiegertochter mit guten Ratschlägen. Wahrscheinlich hätte ein solcher Überfall, der sicher gut gemeint war, jeden zur Verzweiflung gebracht.

Die Königin dagegen hielt sich ganz zurück. »Wann immer ich Dich sehe«, schrieb sie an May, »liebe und achte ich Dich mehr, und ich bin aufrichtig dankbar, daß Georgie eine solche Partnerin gefunden hat, die in der Lage ist, ihm in seiner schwierigen Position zur Seite zu stehen.« Tatsächlich wurde die Beziehung der beiden Frauen immer enger, besonders als bei Victoria in ihren späten Siebzigerjahren rheumatische Beschwerden und die ersten Anzeichen des grauen Stars, an dem sie fast erblindete, einstellten. May fand stets tröstende Worte für Victoria, und die alte Dame betrachtete die junge Frau immer mehr als eine Art Tochter. »Sie war immer so lieb zu mir und stets eine gute Freundin und Ratgeberin«, schrieb die Herzogin von York später. Vielleicht war es die Fähigkeit Victorias, Freundschaft mit jemandem zu schließen, ohne von ihm Besitz zu ergreifen, was May so an ihr schätzte.

George erfuhr Ende 1893 von Mays Schwangerschaft und bemerkte, daß die Gefühle, die er für seine Frau hegte, tiefer waren, als er bisher angenommen hatte. Als er ihr seinen Heiratsantrag machte, schrieb er:

»Ich hatte dich zwar sogleich sehr gern, war jedoch nicht verliebt in Dich, aber ich habe in Dir den Menschen gesehen, dem ich meine tiefste Liebe schenken könnte, wenn Du diese Liebe erwidern würdest … Ich habe versucht, Dich zu verstehen und kennenzulernen, und ich weiß jetzt, daß ich Dich wirklich von ganzem Herzen liebe, meine Liebste, und daß ich Dir ganz gehöre … Ich bete Dich an, süße May.«

Solche Gefühle offenbarte er freilich meistens nur schriftlich, und so tat er es auch später bei seinen Kindern.

Das erste Kind wurde am 23. Juni 1894 in White Lodge, Richmond Park, geboren, einer königlichen Residenz, in der auch die Tecks zum Zeitpunkt von Mays Geburt logiert hatten. Später war dort die Königliche Ballettschule untergebracht. Das nur rund 15 Kilometer von Kensington entfernte und auch von Schloß Windsor aus bequem erreichbare Herrenhaus war allerdings ein viktorianischer Alptraum: Die Räume waren wahllos mit schweren Möbeln vollgestellt, verhüllt von Tüchern; in den einzelnen Geschossen standen mit türkischen Teppichen bedeckte Tische; an den Wänden hingen düstere Familienporträts und Landschaftsgemälde; die Gänge waren mit kostbaren Stühlen, Fußbänken und Lampen zugestellt. Und wenn noch irgendwo ein freier Platz war, stand dort eine Topfpflanze. Diese Umgebung beeinflußte vielleicht auch das erste Kind der Yorks, einen Jungen, denn vom Tag seiner Geburt an wirkte es nervös und depressiv.

In ihrem Glückwunschschreiben an die jungen Eltern äußerte Queen Victoria ihren Wunsch, man möge den Jungen nach ihrem verstorbenen Prinzgemahl benennen, denn ihr Erstgeborener und auch dessen erstes Kind seien auf den Namen Albert getauft worden. Bertie und Eddy hatten sich aber nie mit Albert anreden lassen, und so beschlossen George und May, ihren Sohn auf den Namen Edward, nach dem unlängst verstorbenen Eddy, taufen zu lassen. Als Victoria dies erfuhr, tat sie es mit »Unsinn« ab, denn der richtige Vorname von Georges Bruder Eddy sei auch Albert gewesen. Doch ihr Einspruch fruchtete nichts. Bei ihrem zweiten Kind hielten sich die Yorks dann an Victorias Namensvorschlag.

Und so gab es jetzt mit der Geburt des Prinzen Edward Albert Christian George Andrew Patrick David von York[4], dem ersten (im

---

[4] Den ersten Namen gaben ihm die Yorks in Erinnerung an einen Onkel des Kindes (vielleicht auch an seinen Ururgroßvater, Victorias Vater, den Herzog von Kent), der zweite und

Familienkreis stets David genannten) Urenkel von Queen Victoria, in Großbritannien drei lebende Mitglieder der königlichen Familie, die für die Thronfolge in Frage kamen: Bertie, George und Edward. »Um zehn Uhr heute abend hat May einen süßen kleinen Jungen zur Welt gebracht«, schrieb der Herzog von York am 23. Juni 1894 in sein Tagebuch. Edward, dem dieser Eintrag galt, sollte siebzig Jahre später lakonisch konstatieren: »Ich nehme an, daß mein Vater bei dieser Gelegenheit zum ersten und letzten Mal so von mir gedacht hat.« In seinem späteren Leben sollte Edward zunächst Duke of Cornwall, dann Prince of Wales, King Edward VIII. und schließlich Duke of Windsor werden.

Die Geburt des Prinzen wurde von der Presse und der Regierung freudig begrüßt – es gab allerdings auch andere Stimmen. So war es zum Beispiel Keir Hardie, der die Begeisterung dämpfte. Der erste Labour-Abgeordnete im Unterhaus setzte sich für Frieden, für Sozialreformen, die Gleichberechtigung der Frauen, für die Einführung einer staatlichen Sozialversicherung und Wohnungsbauprogramme zugunsten der Armen ein, und er lehnte die Privilegien des Königshauses ab. Er erhob sich im Parlament von seinem Sitz und beschrieb mit geradezu hellseherischer Genauigkeit das künftige Leben des Prinzen:

> »Es herrscht zwar die allgemeine Überzeugung, daß dieses neugeborene Kind eines Tages über das Empire herrschen wird. Aber gegenwärtig wissen wir noch gar nichts über die Eignung des kleinen Prinzen für diese Aufgabe. Von frühester Kindheit an wird er von zahllosen Kriechern und Schmeichlern umgeben sein, und man wird ihm beibringen, daß er ein Geschöpf höherer Ordnung ist. Zwischen ihm und den Menschen, über die er einmal herrschen soll, wird eine tiefe Kluft liegen. Später wird man ihn auf eine Reise um die Welt schicken, danach wird es dann womöglich Gerüchte über eine nicht standesgemäße Heirat geben, und am Ende wird es das Land sein, das die Rechnung für all das zu begleichen hat.«

Hardies Rede wurde immer wieder von empörten Zwischenrufen unterbrochen. Doch wer sich später an seine Worte erinnerte, pries seine prophetischen Gaben, und selbst der Betroffene, dessen

---

dritte Name waren von den Urgroßvätern des Knaben, der vierte stand für England, der fünfte für Schottland, der sechste für Irland und der siebte für das Herzogtum Wales.

Leben der Parlamentarier so exakt vorausgesagt hatte, mußte einräumen: »Keir Hardies Prophezeiungen haben sich leider bewahrheitet.«

Noch bevor Edward zwei Jahre alt war, wurde sein Bruder geboren: Am 14. Dezember 1895, dem Todestag des Prinzgemahls Albert, brachte May in York Cottage einen zweiten Sohn zur Welt. Diesmal erfüllten die Eltern Victorias Wunsch und nannten das Kind Albert Frederick Arthur George.[5] Er übernahm von seinem Vater dessen Titel eines Herzogs von York. Innerhalb von nur zwei Jahren hatte May der Königlichen Familie zwei Erben geschenkt, was allgemein mit Bewunderung zur Kenntnis genommen wurde.

Mit Prinz Alberts Geburt gab es jetzt neben der lebenden Monarchin vier künftige englische Könige, die den Thron bis 1952 ununterbrochen besetzt halten sollten: Im Jahr 1895 war Victoria noch Königin, auf sie folgte ihr Sohn Bertie (als Edward VII. von 1901 bis 1910), danach ihr Enkel George (als fünfter Träger dieses Namens, von 1910 bis 1936) und dann Victorias Urenkel Edward (als Edward VIII., 1936) und Albert (als George VI. von 1936 bis 1952). In den folgenden Jahren erhielt die Familie York noch weiteren Zuwachs: 1897 erblickte Prinzessin Mary das Licht der Welt, 1900 Prinz Henry, der spätere Herzog von Gloucester. Es folgten noch 1902 Prinz George, der spätere Herzog von Kent, und 1905 Prinz John, der schon 1919 starb.

Der Herzog von York war durch und durch von seiner Zeit bei der Marine geprägt. Er war ein einfacher Mann mit einfachen Vorlieben, diszipliniert, übergenau, und er trat bisweilen wie ein strenger Zuchtmeister auf. Trotz des guten Willens, den er im Umgang mit seinen Kindern zeigte, war er psychologisch und emotional seiner Rolle als Vater leider ebensowenig gewachsen wie May ihrer Rolle als Mutter. In dieser Einschätzung sind sich alle Aufzeichnungen einig, seien es die Erinnerungen der Kinder oder die Berichte autorisierter wie unautorisierter Biographen. Auch die Darstellungen verschiedener Verwandter und anderer Zeugen gehen übereinstimmend in diese Richtung. Der launische, jähzornige und mit den Fehlern und Schwächen anderer Menschen unduldsame George zeigte allen, daß er sich seiner Zugehörigkeit zu einer ganz besonderen Familie nur zu deutlich bewußt war. Ihm gegenüber durfte sich niemand, weder in Worten noch in Taten, irgendwelche Vertraulichkeiten herausnehmen, nicht

---

[5] Seinen zweiten und dritten Namen erhielt er nach zwei Großonkeln.

einmal seine Kinder. Wenn auch seine Frau ganz sicher einen festen Platz in seinem Herzen hatte, befand sie sich doch außerhalb des magischen Kreises seiner höheren Bestimmung.

May wiederum fühlte sich als erste Dienerin des künftigen Königs; sie empfand es als eine Gnade, seinen Wünschen zu entsprechen, und als ein Privileg, ihn glücklich zu machen. Er war der Mittelpunkt ihrer Welt, in der sogar die Kinder nur eine untergeordnete Rolle spielten. »Ich darf niemals vergessen«, hat May später einmal gesagt, »daß ihr Vater zugleich ihr König ist.« Mit ihrer Hochzeit hatte sie sich mit dem Gedanken an die künftige hohe Stellung ihres Mannes vertraut gemacht, und schon während ihrer ersten Schwangerschaft war sie gänzlich davon beseelt. Den Kindern wurde von Anfang an eine solche Ehrfurcht vor ihren Eltern eingeflößt, vor ihrem Vater hatten sie sogar Angst, daß sich herzliche Gefühle gar nicht erst entwickeln konnten.

Zunächst einmal mußten die Kinder lernen, stets Distanz zu halten. »Trotz seiner fraglosen Zuneigung für uns alle«, schrieb Edward viele Jahre später, »war mein Vater uns Kindern gegenüber auf Abstand bedacht ... [Für ihn galt der Grundsatz:] ›Kinder sollte man nur sehen, nicht hören.‹« Für George waren seine Kinder nur undisziplinierte Seeleute auf einem Schiff, dessen Kapitän er war. Und so zitierte er sie in seine Bibliothek, wo er sie, wie er das auch bei der Marine getan hätte, durch regelmäßige Bestrafungen zu erziehen versuchte. Wenn die Jungen zu spät zum Tee mit ihren Eltern kamen, wurden sie ausgeschimpft; wenn sie zu laut oder zu leise sprachen, mußten sie ohne Abendessen ins Bett gehen; wenn ihre Schuhe nicht anständig geputzt waren, wurde ihre Spielzeit gekürzt; wenn ein Privatlehrer oder eine Kinderfrau sich über ihr Betragen beklagte, wurden Vergünstigungen gestrichen, oder es setzte Stockschläge. Papas Bibliothek, in der mehr Gewehre standen als Bücher, galt bei den Kindern als ein »Ort der Ermahnung und des Tadels«, wie sich Edward später erinnerte.

Manchmal nahm der Herzog von York seine Söhne mit zum Fischen oder auf die Jagd und brachte ihnen bei, Cricket zu spielen. Doch bei all diesen gemeinsamen Unternehmungen war er stets der Vorgesetzte, der strenge Lehrmeister, der unbedingten Gehorsam erwartete und unerbittlich auf korrekte Kleidung, tadelloses Benehmen und absolute Ordnung hielt. Aber was für die Kinder vielleicht am allerschlimmsten war: Wenn ihr Vater ausnahmsweise einmal gut gelaunt war oder man einen lustigen Nachmittag zusammen verbracht hatte, konnte seine Fröhlichkeit aus dem nichtigsten Anlaß augenblicklich in wilden Zorn umschlagen, der aber auch kurz darauf wieder verflogen sein konnte. Wegen dieser Gefühlsumschwünge waren die Kinder stets auf der Hut und sich nie sicher, wie sie sich ihrem Papa gegenüber verhalten sollten.

Ihre Mutter ging dagegen ganz anders mit ihnen um. Von ihr wurden die Prinzen und die Prinzessin nicht ausgeschimpft, sondern May las ihnen vor, schaute mit ihnen Bilderbücher an, erzählte ihnen etwas über die englische Geschichte, und sie brachte ihnen das Häkeln oder Teppichsticken bei. Dabei stellte sich Edward sehr geschickt an, und er liebte diese Handarbeit auch noch als Erwachsener. Bei dieser beinahe spielerischen Form des Unterrichts lernten die Kinder viel für ihr späteres Leben.

Dieses Zusammensein mit ihrer Mutter war für die Kleinen sicher äußerst angenehm und unterhaltsam und auf eine bestimmte Weise auch intellektuell anregend. Allerdings hätte eine Kinderfrau diese Aufgabe genausogut übernehmen können, denn May begegnete ihren Kindern ohne jede persönliche Wärme, und sie zeigte auch kein Interesse an ihren Problemen. Sie verhielt sich dabei nicht viel anders als ihrem Mann gegenüber: Herzlichkeiten konnte sie nur schriftlich äußern. Wie George brachte sie ein Lob oder eine Herzlichkeit einfach nicht über die Lippen. Da sie ihre eigenen Emotionen stets zurückhielt, versuchte sie erst gar nicht, die Gefühle ihrer Kinder zu verstehen. Keines konnte sich später daran erinnern, daß ihre Mutter sie je umarmt oder gar geküßt hätte. Nach der Meinung von Vicky, der ältesten Tochter der Königin, ging May jene »leidenschaftliche Zärtlichkeit für ihre Kleinen ab, die mir so natürlich erscheint«. Während ihr Ehemann stur war und bald ungeduldig wurde, hielt May streng auf Distanz.

Allerdings war dieses Verhalten von Eltern ihren Kindern gegenüber für die damalige Oberklasse üblich. Das Leben von Eltern und Kindern war streng getrennt, man glaubte, das sei für alle Beteiligten gesünder. Die Kinder gab man ganz selbstverständlich in die Obhut von Dienern. Sie durften vielleicht am späteren Nachmittag mal für ein Stündchen mit ihren Eltern zusammensein, aber dann gab es Abendessen, und anschließend mußten sie ins Bett gehen. Doch die Kinder der Yorks hatten noch weniger von ihren Eltern, denn ihr Papa wurde stets von einem Diener begleitet und ihre Mama von einer Hofdame. So konnte sich eine Beziehung zwischen Eltern und Kindern gar nicht erst entwickeln. Die Eltern von George und May waren da ganz anders mit ihren Kindern umgegangen. Bertie und Alix hatten es geliebt, mit ihnen herumzutollen und ihnen hin und wieder Überraschungen zu bereiten, und auch Mary Adelaide (eher noch als der gebrechliche Franz) hatte mit ihrer ernsten Tochter viel gebalgt und herzlich gelacht. »Ich habe sie mal gefragt«, so eine von Mays Vertrauten, »ob sie sich nie [zu Edward] ans Bett setze und mit ihm wie eine Mutter mit ihrem Sohn spreche, und sie sagte, so etwas könne sie nicht.«

George und May bemerkten so wenig vom täglichen Leben ihrer Kinder, daß sie erst nach Jahren erfuhren, daß Edwards und Alberts Kinderfrau, eine Mrs. Green, eine regelrechte Sadistin war. Sie selbst konnte keine Kinder bekommen und war zusammengebrochen, als ihr Mann sie verließ. Diese Mrs. Green lehnte die Königskinder ab, wollte sie aber gleichzeitig allein für sich haben und war auf die Eltern krankhaft eifersüchtig. Deshalb wollte sie die beiden Jungen ihrer Mutter entfremden. Bevor sie Edward abends in Mays Boudoir schickte, drehte sie ihm den Arm um und kniff ihn kräftig. So kam er ständig weinend zu seinen Eltern, was weder sein Vater, der das Verhalten eines beherrschten kleinen Untergebenen erwartete, noch seine Mutter akzeptieren konnte, weil ihr jeder Gefühlsausbruch peinlich war. Das Kind wurde daher sofort wieder weggeschickt, zurück zu der schrecklichen Mrs. Green, die den armen Edward dann mit Willkommensküssen überhäufte. Er wußte daher während seiner Kindheit nie, wie er die Gefühle seiner Eltern oder des Personals einschätzen sollte. Der königliche Bibliothekar Owen Morshead hatte mit seiner Behauptung recht: »Wie bei den Enten gibt es im Haus Hannover nur schlechte Eltern. Sie behandeln ihre Kinder sehr häßlich.« Ähnlich äußerte sich auch Alec Hardinge, ein königlicher Sekretär, der sich darüber wunderte, »weshalb George …, der sonst ein so netter Mann war, sich gegenüber seinen Kindern so schäbig verhielt«.

Auch Edwards jüngerem Bruder Albert (der wie sein Großvater Bertie genannt wurde) ging es nicht besser. Während der intelligente, aktive Edward unter der übertriebenen Fürsorge der Diener litt, wurde vom überaus schüchternen und geistig nicht sehr regen Albert, als er ein kleiner Junge war, keinerlei Notiz genommen. Mrs. Green gab ihm nur unregelmäßig zu essen, und bereits vor der Pubertät litt Albert an chronischen Verdauungsstörungen und bekam später sogar Magengeschwüre. »Ich weiß nicht mehr, was ich noch machen soll«, schrieb die Kinderfrau Charlotte Bill in ihr Tagebuch, »heute hat mir Mrs. Green Alberts Mittagessen aus der Hand gerissen und erklärt: ›Der hat genug für heute!‹ Was jedoch ganz und gar falsch ist. Der arme kleine Kerl wird noch verhungern.« Schließlich brach Charlotte, die von den Kindern später Lala genannt wurde, ihr Schweigen und meldete den Yorks, wie ihre Vorgesetzte mit den Kindern umging. Mrs. Green wurde fristlos entlassen, und fortan kümmerte sich Lala Bill um die Kinder.

Unter diesen Umständen überrascht es nicht, daß beide Jungen, die seit frühester Kindheit ohne Spielkameraden aufwuchsen und unter ihren Eltern sowie unter einer unangenehmen Kinderfrau zu leiden gehabt hatten, unter ständiger psychischer Anspannung standen. Der arme Albert fing sogar so schlimm zu stottern an, daß er Schwierigkeiten hatte, auch nur eine einfache Unterhaltung zu führen. Aus panischer Angst, man könnte ihn zurückweisen, saß Albert noch als Jugendlicher lieber allein in einem dunklen Zimmer, als daß er einen Diener gebeten hätte, das Gaslicht anzuzünden. An ihm konnte niemand irgendwelche besonderen Begabungen entdecken.

Die schönste Zeit erlebten die beiden Jungen immer dann, wenn ihre Großeltern, der Prinz und die Prinzessin von Wales, zu Besuch kamen. »Bertie konnte ebenso übellaunig und fanatisch auf Etikette bedacht sein wie sein Sohn«, heißt es in Edwards Biographie, »aber mit seinen Enkeln war er fast so nachsichtig wie mit sich selbst.« Was Alexandra anbelangt, so sorgte sie für Spaß und Unterhaltung, umarmte und herzte die Kinder und gab ihnen die Zärtlichkeiten, die den beiden Kleinen so sehr fehlten. Die Jungen liebten sie und waren jedesmal todunglücklich, wenn ihre Großmama wieder abreiste.

Am Ende von Victorias Regentschaft führte der Prince of Wales ein ausschweifenderes Leben als je zuvor. Seine zahlreichen Affären, unter anderem die mit Lilly Langtry, waren inzwischen Geschichte, doch 1898 – er war jetzt fast sechsundfünfzig Jahr alt – zeigte Bertie noch immer großes Interesse am anderen Geschlecht. In diesem Jahr begann seine Romanze mit Alice Keppel, die bis zu seinem Tod dauern sollte. Die erst neunundzwanzigjährige Alice war von großer Schönheit und besaß vorbildliche Umgangsformen. Sie konnte Berties aufbrausendes Temperament beruhigen, verwöhnte und bewirtete ihn verschwenderisch (wobei ihr Ehemann häufig geduldig teilnahm, freilich hätte es sich seine Frau auch nicht verbieten lassen). Das Liebespaar unternahm kurze Reisen, und Alice wurde bei Galadiners neben wichtige Staatsmänner gesetzt, damit sie ihnen im Gespräch vielleicht sogar vertrauliche Informationen entlocken konnte.

Über die Einzelheiten der Affäre ist nichts bekannt, und selbst Edwards Biographen wissen darüber kaum etwas zu berichten, denn die beiden hielten auf absolute Diskretion, und auch die Presse wagte es nicht, darüber zu schreiben. Allerdings war in den aristokratischen Kreisen Londons das Verhältnis ein offenes Geheimnis. Zudem mußte man die charmante Alice Keppel einfach mögen, und selbst Alix räumte ein, wie wohltuend sie auf den Prinzen wirkte.

Wenn man von seinen Affären auch tunlichst keine Notiz nahm, so galt Bertie doch in seiner Funktion als englischer Thronerbe die ungeteilte Aufmerksamkeit. Der Prince of Wales, ein charmanter Lebemann, Theaterliebhaber und eifriger Besucher der Londoner und Pariser Nachtlokale, setzte auch in der Herrenmode weiterhin Maßstäbe. Die Männer versuchten, so gut sie konnten, es ihm nachzutun oder sich das eine oder andere seiner Kleidungsstücke nachschneidern zu lassen: eine schwarze Seidenjacke, helle oder karierte Hosen, silbergraue Gamaschen. Und man trug den Hut wie er, stets ein wenig schräg aufgesetzt, Wildlederhandschuhe und einen Spazierstock aus Elfenbein. Da er in der Männermode tonangebend war, wurde er auch immer wieder Zielscheibe weiblichen Spotts. Die damals bekannte Vesta Tilley (später Lady de Frece), die mit Vorliebe in Männerrollen auftrat, sang auf einer Londoner Bühne:

Ich bin der flotte Bertie,
Früh aufstehn tue ich nie,
Komm stets daher im dernier cri!

Dafür erntete sie beim Publikum zustimmendes Gelächter und heftigen Applaus, denn jeder wußte, wer gemeint war.

Dank der Fotografie hatte Berties Ruhm im Lauf der Jahre noch zugenommen. Die Presse druckte jetzt nicht mehr nur Fotos, sondern sie schrieb dazu kurze Kommentare mit näheren Erläuterungen. Wenn die königliche Familie einen Fototermin hatte, wurde eine pompöse, manchmal exotische Dekoration aufgebaut, und man posierte in kunstvollen Kostümen und melodramatischen Posen. Auch Partys am Wochenende auf dem Land wurden regelmäßig mit einem Gruppenfoto auf dem Rasen dokumentiert. Bei Berties Thronbesteigung stand ein Heer von Hoffotografen bereit, und Bertie beanspruchte das Copyright an sämtlichen Fotos wie auch das Recht für sich zu entscheiden, welche davon veröffentlicht werden durften. Er war schon immer sein bester PR-Berater gewesen.

In Berties Leben gab es noch eine wichtige Verbindung zu einem Menschen; es war Agnes Keyser, eine siebenundvierzigjährige Krankenschwester. Die beeindruckende Frau hatte ihr ererbtes Vermögen dazu verwendet, in ihrem Stadthaus am Grosvenor Crescent ein Pflegeheim für ältere Offiziere einzurichten, das sie selbst leitete. Der gutaussehenden, großzügigen und klugen unverheirateten Frau fühlte sich Bertie innerlich tief verbunden, und sie war für ihn »Kindermädchen, Mutter und vertraute Gesprächspartnerin in einem«, wie es sein letzter Biograph nannte. Bis zum Ende seines Lebens leistete Agnes Keyser, die den Prinzen in gesundheitlichen und persönlichen Angelegenheiten beriet, ihm großen Beistand. Aber auch ihr gelang es nicht, Bertie dazu zu bringen, seinen hohen Zigarettenkonsum zu reduzieren, den sie schon damals als größte Gefahr für seine Gesundheit ansah. Die rein platonische Freundschaft mit Agnes war wohl nicht nur die engste nichtromantische Beziehung Berties, sondern auch diejenige, die ihm am meisten nutzte.

Im Jahr 1897 gab es im gesamten Empire wohl keinen Menschen, der es mit der Beliebtheit von Queen Victoria hätte aufnehmen können. Sie herrschte inzwischen länger als je ein englischer König vor ihr, und sie befand sich auf dem Höhepunkt ihrer Popularität, was die Feiern zu ihrem sechzigsten Thronjubiläum der ganzen Welt bewiesen. Am 22. Juni fuhr sie in der Kutsche durch London, begeistert bejubelt von ihren Untertanen, die die Straßen säumten. Victorias Weg führte von Westminster zur St.-Paul's-Kathedrale und von dort durch die ärmeren Bezirke südlich der Themse. Überall wurde sie mit lauten Hochrufen empfangen, und die rundliche, dunkel gekleidete alte Dame winkte den Menschen scheu lächelnd zu. »Wie nett sie zu mir sind!« rief sie immer wieder aus. »Wie nett sie doch sind!«
Inmitten ihrer eigenen Kinder und Enkel war sie tatsächlich das Sinnbild einer Mutter des Königreichs, eine Überfigur, der das gesamte Empire huldigte. Wochenlang wurden auf der ganzen Welt zahllose Feuerwerke, Festveranstaltungen, Paraden und Gottesdienste abgehalten. »Ich danke meinem geliebten Volk von ganzem Herzen«, lautete der Text eines Telegramms, das Victoria in alle britischen Territorien der Welt kabeln ließ. »Gott segne Euch!«
Von der Welle der Zuneigung, die ihr entgegenschlug, überwältigt, schrieb die Königin am 22. Juni in ihr Tagebuch:

»Ein unvergeßlicher Tag! Niemand hat, glaube ich, je solche Ovationen erhalten, wie sie mir heute auf meinem sechs Meilen langen Weg durch die Straßen zuteil geworden sind. Die Menschenmenge war unbeschreiblich groß, und ihre Begeisterung wirklich wunderbar und tief anrührend. Der Jubel war ohrenbetäubend, und alle Gesichter erschienen von aufrichtiger Freude erfüllt zu sein.«

Die Ära, die den Namen Victorias trägt, brachte im Alltagsleben der Menschen mehr grundlegende Veränderungen mit sich, als das in jeder anderen Epoche zuvor der Fall gewesen war. Technische Neuerungen wie Fahrräder, die ersten Autos, Elektrizität, Grammophone, die Fotografie und das Kino verbreiteten sich. Das Maschinengewehr wurde erfunden, Eisenbahnlinien wurden gebaut, es war jetzt möglich, zu telefonieren und zu telegrafieren, ein Postwesen etablierte sich im Land, und in der Medizin konnte bei Operationen der Patient anästhesiert werden.

Im Mittelpunkt von Victorias Diamantenem Thronjubiläum stand freilich auch das britische Empire, das größte, wohlhabendste Reich, das es in der Welt jemals gegeben hatte und das noch immer expandierte. England beherrschte auch die Weltmeere, ein Umstand, der die Unangreifbarkeit des Empires zunächst einmal sicherzustellen schien. Denn 1897 konnte niemand voraussehen, daß das Empire bereits zwei Jahre später so riesengroß sein würde, daß es weder zu verwalten noch zu verteidigen war. Noch immer hatte Großbritannien mit den anderen europäischen Mächten Streit um die Vorherrschaft in Afrika und kämpfte, wie es ein deutscher Politiker (Fürst Bernhard von Bülow) einmal ausgedrückt hat, um »einen Platz an der Sonne«.[6]

Aber trotz der in der Jubiläumswoche kostenlos ausgegebenen Milchrationen, der zahllosen Paraden und des allgemeinen Stolzes auf das Empire war unter den Londonern kein großes Interesse an den Belangen des Empires festzustellen. Wie hätte es auch anders sein sollen? Mit fast sechs Millionen Einwohnern, von denen mehr als zwei Millionen in bitterster Armut lebten, war London die größte Stadt der Welt. Bettler bevölkerten die Straßen, in den verwahrlosten, schmutzigen Hütten gab es kein Brennmaterial, und die Bewohner hatten nicht ausreichend zu essen; die Kinder mußten sich nachts mit Lumpen und alten Zeitungen zudecken; Trinker ließen ihre Familie im Stich; eine halbe Million Männer hatte kein regelmäßiges Einkommen, und der Durchschnittsarbeiter verdiente (nach heutigem Geldwert) nicht einmal zehn Mark die Woche. Großbritannien

---

[6] Von England, Schottland, Irland und Wales abgesehen, gehörten zum britischen Empire Ende des 19. Jahrhunderts neunzehn Territorien in Afrika, ferner die Antarktis, das Arabische Meer, Australien und Neuseeland sowie Kanada, achtzehn Inseln oder Inselketten in der Karibik, der Golf von Aden, Indien und Ceylon, acht Inselgruppen im Indischen Ozean, zudem Zypern, Gibraltar, Malta und die Ionischen Inseln, Kuwait und Qatar, die Falkland-Inseln und weitere Inseln im Südatlantik, sechs Protektorate im Südchinesischen Meer und achtzehn Territorien und Inselgruppen im Südpazifik.

beherrschte zwar die Meere, aber daheim gingen zu viele Bürger zugrunde.

In den Jahren zwischen 1880 und 1890, also bis deutlich jenseits ihres siebzigsten Lebensjahres, fühlte sich Victoria noch immer stark genug, um Reisen zu unternehmen. Im Frühjahr besuchte sie regelmäßig Biarritz, verbrachte einen Teil des Sommers in der Schweiz oder in Spanien und empfing dann in Windsor, Balmoral, Cowes und Osborne Gäste. 1889 lud sie die beiden großen Schauspieler Henry Irving und Ellen Terry nach Sandringham ein, ihr Szenen aus William Shakespeares *Kaufmann von Venedig* vorzuspielen, und bat die beiden, zum Entsetzen ihrer Höflinge, zum Abendessen sogar an ihren Tisch. Seit Albert nicht mehr lebte, hatte sie sich zunehmend für das Theater interessiert, und sie amüsierte sich sogar köstlich über die deftigen Späße in George Grossmith' Kömödie *How Ladies of the Future Will Make Love*.

In der Tat war sie keine strenge, furchterregende alte Dame. Ihre Kinder, Enkel und Diener führten in Balmoral oder Osborne House vor der Königin häufig improvisierte Theaterstücke auf, und sie konnte sich so herzlich darüber amüsieren wie ein kleines Kind. »Es ist ganz außergewöhnlich«, schrieb einer ihrer Enkel, »wie sehr Großmama sich darüber freuen kann … Diese Darbietungen finden ihr ungeheucheltes Interesse und bereiten ihr viel Vergnügen.«

Während der sechzig Jahre ihrer Herrschaft und Macht, die immer mehr dahinschwand, war Victoria ein lebendes Sinnbild und eine Garantin für nationale Stabilität gewesen, wie es das wahrscheinlich in der gesamten Weltgeschichte noch nie gegeben hatte. Victoria beschäftigte und erfüllte die Phantasie ihres Volkes. Sie hatte der Monarchie in über sechs Jahrzehnten mit ihrer Loyalität und ihrem Anstand die Achtung der Menschen zurückgewonnen – wobei sie die Monarchie nicht als Machtfaktor repräsentierte, sondern als eine Familieninstitution. Sie hatte den Glanz der verblaßten Krone wiederhergestellt und für die königlichen Verhaltensregeln neue Maßstäbe gesetzt, an denen sich seitdem ihre Nachfolger messen lassen müssen.

Mit ihrer Ehrlichkeit und Aufrichtigkeit, ihrem Pflichtgefühl und ihrer Würde, alles Zeichen eines guten Charakters, hat Queen Victoria der Monarchie zu neuem Ansehen verholfen. Heute, fast hundert Jahre später, weist kaum einer ihrer Nachfahren diese Tugenden auf, und daher ist es auch leicht zu begreifen, daß die Monarchie immer mehr Befürworter verliert. Andere Länder wie Skandinavien, die

113

Niederlande, ja sogar Spanien haben ihre Monarchien in anderer, bescheidenerer Form beibehalten. Anders gesagt, in diesen demokratisch regierten Ländern verkörpert die Königliche Familie lediglich eine ungebrochene historische Tradition, und sie hält in der heutigen Gesellschaft die Verbindung zur Vergangenheit aufrecht. Aber in Großbritannien hat man in gewisser Hinsicht an einem Modell der Monarchie und an der Vorherrschaft einer privilegierten Klasse festgehalten, die sich eigentlich überlebt haben.

Aber Victoria war als Oberhaupt ihres riesigen Empires alles andere als eine passive Beobachterin: Sie besuchte Krankenhäuser, inspizierte im Mutterland während des Südafrikanischen Krieges Truppen und verteilte auf zahllosen Veranstaltungen Medaillen an verdiente Untertanen. Während sie sich früher von Melbourne hatte einreden lassen, daß abweichende Meinungen nichts als radikaler Unsinn seien, lieh sie ihr Ohr jetzt all jenen, die sich für Arme und Kranke einsetzten. Ähnlich hatte Disraeli sie durch Schmeicheleien für sich eingenommen und sie davon überzeugt, daß England »die Last des weißen Mannes« auf seine Schultern nehmen müsse. Seine Ansichten hatten mit ihren vollkommen übereingestimmt, und sie hatte jene nicht verstanden, die, anders als Disraeli, eine Abschaffung der Klassengesellschaft und eine neue Sozialpolitik gefordert hatten. Dennoch war sie von Natur aus mitfühlend, und sie hatte in ihren letzten Lebensjahren zu einer Menschlichkeit gefunden, wie sie der oberflächlichen jungen Königin und auch der später zurückgezogen lebenden Witwe noch ganz fremd gewesen war.
Wenn man eine Einschätzung wagt, so muß man feststellen, daß es in der Persönlichkeit von Victoria zwei Seiten gibt. Von tiefer Verehrung für die Monarchie geradezu besessen, aber persönlich bescheiden, zog sie eine Spitzenhaube als Kopfbedeckung der Krone vor und wäre lieber in einem Eselskarren gefahren als in der Staatskarosse. Bei Hofe auf die Anerkennung ihrer exponierten Stellung bedacht, verhielt sie sich bei ihren Besuchen in den Highlands und in Osborne ihren Mitarbeitern und Besuchern gegenüber wie eine gute alte Dame, die es jedem recht machen wollte. Sie belohnte die kleinste Freundlichkeit und vergaß nicht den Geburtstag auch des niedrigsten ihrer Bediensteten. In ihren letzten Jahren zeichnete sich die Königin und Kaiserin nach übereinstimmendem Zeugnis durch Großherzigkeit und ein mitfühlendes Wesen aus. Und je mehr persönlichen Schmerz sie erleben mußte, um so weicher wurde sie. In kurzer Zeit verlor sie fünf enge Angehörige: Am 30. Juli 1900 starb

ihr Sohn Alfred, der Herzog von Edinburgh und Sachsen-Coburg-Gotha, kurz vor seinem sechsundfünfzigsten Geburtstag an Kehlkopfkrebs. Bereits wenige Monate zuvor hatte sich sein Sohn das Leben genommen. Nach dem frühen Ableben von Alice und Leopold löste das unerwartete Hinscheiden ihres dritten Kindes bei Victoria tiefe Depressionen aus: »Das alles ist für mich ein so furchtbarer Schock«, schrieb sie in ihr Tagebuch. »Ich bete zu Gott, daß er mir hilft, geduldig zu sein und ihm zu vertrauen.«

Bis zum Ende die Schülerin ihres geliebten Albert, arbeitete Victoria täglich Staatspapiere und -akten gründlich durch und bestand auf ihren Rechten, zu Rate gezogen zu werden, zu ermutigen und zu warnen. Aber sie konnte es auch nicht lassen, ihre Minister öfter zu ärgern und ihnen die Arbeit zu erschweren. Gegenüber ihren Kindern und Enkeln aber war sie tolerant und weniger gebieterisch: »Scharfe Antworten und Bemerkungen irritieren und verletzen nur«, schrieb sie an Bertie, als er seinem Neffen, dem deutschen Kaiser Wilhelm II. (ihrem Enkel), eine kräftige Abreibung verpassen wollte. »Herrscher und Fürsten sollten vor solchen Ausfällen auf der Hut sein. Wilhelms Fehler entspringen seinem ungestümen Charakter (aber auch seiner Überheblichkeit). Ruhe und Unbeirrtheit erweisen sich in solchen Fällen stets als die wirksamsten Waffen.« Victorias Einschätzungen, so schrieb ihre Freundin Lady Lyttleton einmal, stimmten eigentlich immer,

> »sie konnte Gefühle oder Tatsachen beschreiben, ohne dabei zu übertreiben; [sie war] wie nur selten jemand, den ich kannte. Sie sprach alles aus und benannte es so, wie es war – nicht mehr und nicht weniger.«

Victoria war jetzt abgeklärter als früher und lebte viel ruhiger (freilich auch einsamer). An ihrem einundachtzigsten Geburtstag im Juni 1900 fühlte sie sich so schwach, daß sie sich einen Rollstuhl kommen ließ. Auch ihr grauer Star hatte sich inzwischen so verschlimmert, daß selbst eine Brille kaum half. Ihre Hofdamen lasen ihr bis zur Erschöpfung Berge von Staatspapieren und Briefen ihrer Verwandten vor, und die Sekretäre waren damit beschäftigt, die umfangreichen Antworten nach Diktat niederzuschreiben. Bis zum Schluß zeichnete sich Victoria durch Pflichtbewußtsein, Würde, Schlichtheit und Vitalität aus.

Jeden Abend wurden auf Schloß Windsor die gereinigten und gebügelten Kleidungsstücke ihres geliebten Prinzen Albert zurechtgelegt, fast so, als erwarte sie ihn jederzeit zurück und hoffe, ihm auf einem der Schloßgänge zu begegnen, um dann mit ihm gemeinsam in die Herrlichkeit Gottes einzugehen. Ein Wunsch, an dessen Erfüllung sie fest glaubte. Auch in Osborne war Albert überall gegenwärtig; in jedem Raum gab es Fotos oder Erinnerungsstücke. Wo sie schlief, hatte die Königin eine Fotografie ihres Mannes am Bett – ein Bild von Albert auf dem Totenbett, ruhig und gefaßt, und ihr schien es, als ob er liebevoll auf sie wartete.

Auch Victorias Lebenszeit neigte sich ihrem Ende zu. Seit Februar des Jahres 1900 wurde Victoria immer gebrechlicher, und im Sommer schrieb sie in ihr Tagebuch: »Ich muß jetzt täglich ruhen, was angeblich gut für mich ist, jedoch Zeit kostet.« Im Oktober beobachtete Lord James, der Kanzler des Herzogtums Lancaster, daß die Königin »viel an Gewicht verloren hat. Sie war so dünn geworden, daß sie um die Hälfte schmaler aussah als früher. Offensichtlich war sie auch geistig nicht mehr auf der Höhe.« Seine Lordschaft hatte richtig beobachtet, denn die früher sehr rundliche Königin wog jetzt kaum noch hundert Pfund und hatte die Figur eines kränkelnden Mädchens. Bei ihrer geliebten Tochter, Prinzessin Vicky, entschuldigte sie sich dafür, daß sie nun »ein altes Ding und fast nicht mehr ich selbst [bin]«.

Sie war erschöpft, und ihr Gedächtnis ließ sie bisweilen im Stich, und sie litt trotz ihrer Mattigkeit unter der für alte Menschen so typischen Schlaflosigkeit. Ende des Jahres 1900 nahm sie regelmäßig reichlich Chloral in Wasser aufgelöst zum Schlafen, doch schon nach kurzer Zeit wirkte das Mittel bei ihr nicht mehr. »Hatte eine schreckliche Nacht«, notierte sie am 11. November in ihr Tagebuch, »und kein Trunk brachte mir den ersehnten Schlaf, da Schmerzen mich wachhielten. Fühlte mich sehr müde und unwohl, als ich aufstand … Konnte den ganzen Vormittag nichts tun. Habe geruht und ein wenig geschlafen.«

»Hab' mich heute nicht wohl gefühlt«, schrieb sie am 9. Dezember, »obwohl man mir sagt, daß es mit mir bergauf geht.« Trotz schwerer Rheumaanfälle, ihres rasch schwindenden Sehvermögens und chronischer Verdauungsstörungen, die eine fast vollständige Appetitlosigkeit zur Folge hatten, zwang sie sich bis zur letzten Woche ihres Lebens dazu, ihre täglichen Pflichten zu erledigen. Seit Mitte Dezember wurden ihr diese Verpflichtungen zur Qual, denn sie konnte nichts mehr essen und wurde von Tag zu Tag schwächer, auch ihr Kreislauf machte ihr zu schaffen. Ferner sorgte sie sich wegen des Burenkrieges und der vielen Toten und Verwundeten, die er kostete.

Die Weihnachtstage in Osborne waren kalt, dunkel und freudlos, obwohl die Bediensteten sich alle Mühe gaben, die Privatgemächer der Königin festlich zu schmücken. »Ich war sehr melancholisch, weil ich so außerordentlich schlecht sehe«, schrieb die inzwischen fast erblindete Monarchin. Verstärkt wurde ihre Niedergeschlagenheit noch, als sie vom Tod ihrer engen Freundin Lady Jane Churchill erfuhr, die am Heiligen Abend einem Herzinfarkt erlegen war. Sie war auch betrübt über die Nachricht vom Tod ihres Enkels Prinz Christian Victor, der als Soldat in Südafrika an einem Fieber gestorben war. Und schließlich erfuhr sie noch, daß ihre geliebte Tochter Vicky, die Frau des verstorbenen deutschen Kaisers Friedrich, unter unheilbarem Knochenkrebs litt.

Silvester tobten auf der Insel Wight heftige Winterstürme, und Victoria konnte weder mit der Kutsche noch im Rollstuhl ins Freie. »Wieder ein neues Jahr«, schrieb sie am folgenden Tag in ihr Tagebuch, »und ich fühle mich so schwach und unwohl, daß ich den Dingen voll Trauer entgegensehe.« Am Samstag, dem 12. Januar, beeindruckte sie dann allerdings einen ihrer Minister, der fand, daß ihre Stimme »so klar wie immer« war, und nicht den geringsten Hinweis »auf ein Nachlassen ihrer Intelligenz bemerkte«. Am nächsten Tag diktierte sie den letzten Eintrag in ihr Tagebuch, das sie im Alter von dreizehn Jahren begonnen hatte. Am Dienstag, dem 15. Januar, stellte ihr Leibarzt Sir James Reid eine partielle Lähmung ihrer rechten Gesichtshälfte und Sprechstörungen fest, und es bestand für ihn kein Zweifel mehr, daß die Königin eine Reihe kleinerer Schlaganfälle erlitten hatte.

Kaiser Wilhelm II., Victorias ältester Enkel, traf aus Berlin ein, als sich alle ihre Kinder schon versammelt hatten – eine Zusammenkunft, die sie bei geistiger Klarheit rundheraus abgelehnt hätte. Der Gedanke, daß sich alle ihre Angehörigen um ihr Totenbett versammelten, war ihr immer schon »fürchterlich [erschienen] ... Ich werde darauf bestehen, [daß] es dazu unter gar keinen Umständen kommt, wenn ich einmal sterbe. Eine schreckliche Vorstellung.« Wenn sie als Königin sprach oder schrieb, nannte sie sich in der dritten Person, und so hatte sie schon ein Vierteljahrhundert zuvor kundgetan, daß die »Königin niemals über ihren wahren Zustand getäuscht werden möchte«, falls sie einmal zu krank sein sollte, um Anweisungen zu geben. Ihr Arzt hatte ihr damals versprochen, diesem Wunsch zu entsprechen, doch am Samstag, dem 19. Januar, ließ sie ihn wissen, daß sie noch »ein wenig zu leben« wünsche, da sie »noch einiges zu regeln« habe.

117

An jenem Wochenende fegten weitere heftige Stürme über die Insel, der Wind heulte um Osborne House, Regen prasselte gegen die großen Fenster, und auch das Feuer konnte die feuchtkalte Luft in Victorias kleinem Schlafzimmer nicht erwärmen. Am Sonntag, dem 20. Januar, war sie nur ab und zu bei Bewußtsein, aber am Montag schien es ihr wieder etwas besser zu gehen, und sie fragte nach ihrem geliebten Spitz Turi, den man ihr dann ans Bett brachte, damit sie ihn streicheln konnte. Kurz vor Mittag kamen der Prince of Wales und der Kaiser nach Osborne House, und als Victoria abends erwachte, führte sie mit Bertie ein herzliches Gespräch. Als er den Raum verlassen hatte, kam der Arzt zurück und war überrascht, als die Königin seine Hand nahm und mehrmals küßte. Dann merkte er aber, daß Victoria ihn mit ihrem Sohn verwechselt hatte.

Am Dienstag, dem 22. Januar, war klar, daß Victoria nicht mehr lange zu leben hatte, und Reid gab eine Erklärung heraus, in der es hieß: »Das Ende der Königin ist nahe.«

Die Angehörigen der großen Familie, auch die Großkinder, waren aus London und vom Kontinent gekommen und gingen jetzt in dem kleinen Zimmer aus und ein, in dem der Kaiser und Berties Frau Alexandra, die Prinzessin von Wales, sich am Bett der Königin abwechselten. Die kranke Vicky konnte nicht kommen und weinte im fernen Preußen um ihre Mutter.

Am Nachmittag hatte sich der Sturm gelegt, und graues Licht strömte durch die kleinen Fenster in den Raum. Der Königin fiel das Atmen immer schwerer, und als ihre Ankleidedamen versuchten, ihr etwas Erleichterung zu verschaffen, fuhr sie auf und sagte mit großer Zärtlichkeit: »Meine armen Mädchen.« Ihre Tochter Louise hörte, wie sie flüsterte: »Ich will noch nicht sterben. Da gibt es noch einiges, was ich vorher regeln möchte.«

Als ihr Ende nahe war, erschien Victorias Gesicht entspannt und auf eigentümliche Weise schön. Sie hatte kaum Schmerzen und wirkte gefaßt und ruhig. Sie mochte es, wenn ihr jemand die Hand hielt; während ihrer letzten Stunde taten dies abwechselnd Alexandra und Louise. Einige Minuten, bevor sie starb, erinnerte sich Reid später, wandte die Königin ihren Blick nach rechts und schaute auf ein Gemälde mit der Grablegung Christi, das über dem Kamin hing. Randall Davidson, der Bischof von Winchester (und spätere Erzbischof von Canterbury), trat herbei, um mit ihr Gebete zu sprechen und rezitierte Victorias Lieblingshymnus, Newmans *Lead Kindly Light*:

Leuchte mir, freundliches Licht in der Finsternis,
Leuchte mir.
Dunkel ist die Nacht, und mein Heim ist fern,
Leuchte mir.
Ich war nicht immer so, flehte dich nie,
mir zu leuchten.
Allein wollte ich finden den Weg, doch jetzt,
Leuchte mir …

Als dann Davidson die Worte sprach:

Und am Morgen werde Engel ich sehen,
Die ich schon immer geliebt habe und nur vergaß …

zeigte sich in Victorias Gesichtsausdruck, daß sie den Sinn verstand.

Ihre letzten Worte sprach die Königin zu ihrem Sohn. Sie streckte ihrem Erben die Arme entgegen. »Bertie«, flüsterte sie sanft, nahm seine Hand und küßte sie, als ob es alle Erbitterung und die Jahrzehnte voller Mißtrauen nie gegeben hätte – beinahe so, als wolle sie die erste sein, die dem neuen englischen König huldigte. Er küßte ihre Wange und legte seinen Kopf neben ihren auf das Kopfkissen.

Als um 18.20 Uhr das fahle Winterlicht immer schwächer wurde, entzündete man in dem fast dunklen Zimmer Kerzen und eine Lampe. Am Nachmittag war es draußen wärmer geworden, und in Prinz Alberts sorgfältig angelegten Gärten lagen die Rasenflächen in sattem Grün, und die Zedern ragten majestätisch empor. Die Düsternis des Winters schien auf einmal wie weggeblasen, und im Schlafzimmer hörte man das sanfte Plätschern des Brunnens unter dem Fenster. Um halb sieben entspannte sich das Gesicht der Königin und bekam einen Ausdruck der Ruhe und Ausgeglichenheit – Queen Victoria war tot.

King Edward VII. (sitzend) mit seinem Sohn George und
seinem Enkel David

VIERTES KAPITEL

Die Regentschaft Edwards VII. (1901–1910)

»Guter Mann, ich bin doch keine Erdbeere!«
Edward VII., als ihm ein Diener Sahne auf seine Hose schüttete

Queen Victorias Tochter Louise, die Herzogin von Argyll, besaß einen Humor, der auch ihrer Mutter gefallen hatte. Als sie am Todestag Victorias einmal mit ihren Schwestern Beatrice und Helena im Mausoleum zu Frogmore kniete, flog eine Taube in die Kapelle.

121

»Das ist bestimmt Mamas Seele«, murmelte Beatrice andächtig.

»Nein, das ist sie nicht«, sagte darauf Prinzessin Louise.

»Doch, es muß die Seele unserer lieben Mutter sein«, meinte auch Helena.

»Nein«, beendete Louise das Gespräch. »Die Seele unserer lieben Mama würde doch nicht den Hut von Beatrice ruinieren.«

Als man dem Prince of Wales von diesem Vorfall erzählte, amüsierte ihn das sehr. Er war selbst als schlagfertig bekannt und hatte Sinn für Humor. Den brauchte er auch, denn jetzt war seine Zeit gekommen: Mit neunundfünfzig Jahren gelangte Albert Edward als Edward VII. auf den Thron des Empires.

Seine Mutter hatte fast vierundsechzig Jahre lang geherrscht, und die Mehrzahl der einundvierzig Millionen britischen Bürger von 1901 hatte keinen anderen Monarchen erlebt. In einer konstitutionellen Monarchie hatte die Herrscherin weder exekutive noch judikative Gewalt und war nominell machtlos gewesen, aber ihr großer Einfluß war unbestritten. Und die Blüte des Empires, seine wirtschaftliche und militärische Macht, war nicht zuletzt seiner tugendhaften Königin und Kaiserin zu verdanken. Victoria stand für Beständigkeit und Durchsetzungsvermögen, und unter ihrer Regentschaft hatte sich das Empire ständig ausgedehnt. Victoria wiederum prägte eine Zeit, die nach ihr Viktorianische Ära genannt wurde. Und folgerichtig ging auch mit ihrem Tod diese Ära zu Ende.

Mit ihrem Sohn und Nachfolger begann eine neue Zeit. Zu Beginn seiner Regentschaft konnten sich viele das Land ohne die pflichtbewußte, eigensinnige, aber auch großzügige und freundliche alte Dame an der Spitze kaum vorstellen. Doch das Leben ging weiter. Die nüchterne Einfachheit, von der die viktorianische Zeit bestimmt gewesen war, geriet bereits wenige Wochen nach dem Tod der Königin in Vergessenheit, denn mit dem neuen Monarchen verbreitete sich am englischen Hof eine von Luxus und Fröhlichkeit bestimmte Atmosphäre. Daß viele Beobachter den Verdacht hegten, diese neue Lebensfreude werde nicht von Dauer sein, ließ die Veränderung zunächst um so pikanter erscheinen. Und da es in der edwardianischen Zeit bald zu einem großen Krieg mit Entbehrungen und Leid kommen sollte, macht das die damals aufkommende Lebensfreude, zumindest im Rückblick, verständlich.

Am Tag nach Victorias Tod erschien in der *Times* eine Reihe von langatmigen, scheinheiligen Artikeln, von denen nur einer die kritische Auseinandersetzung mit den neuen Verhältnissen spüren ließ. Der Verfasser räumte zwar ein, daß der neue König als Prince of

Wales »dem Thron und dem Land gegenüber stets seine Pflicht getan« habe, doch dann fuhr er fort: »Wir wollen nicht behaupten, daß es in seiner langen Laufbahn nichts gegeben hat, was jene, die ihn achten und bewundern, sich nicht auch anders hätten vorstellen können.« Die Anspielung war eindeutig. Der Autor meinte damit Berties Affären und seine Schwäche für das Glücksspiel.

Eines war in jenen Jahren zu beobachten: Wer es sich leisten konnte, tanzte in den Metropolen Paris und Wien auf Bällen oder ging anderen leichten Vergnügungen nach, die typisch waren für die *Belle Époque*, wie diese Zeit, ausgehend von Frankreich, genannt wurde.

Bertie, der dem Luxus und der auf dem Kontinent herrschenden Lebensart sehr zugetan war, brachte das Flair dieser »schönen Zeit« nach England. Und sie trat fast über Nacht an die Stelle der bis dahin bei Hof herrschenden gesetzten Ruhe und Einfachheit. Die Monarchie war fortan keine moralisch vorbildliche Institution mehr, sondern es zog gesellschaftlich die alte Pracht wieder ein und mit ihr ein Geist, der dem der Zeit unter Queen Victoria völlig entgegengesetzt war.

Die ehemalige Königin hatte die Öffentlichkeit und große Gesellschaften gemieden, Pferderennen als unwürdigen Zeitvertreib verurteilt, sie hatte ihrem früh verstorbenen Gatten die Treue gehalten und war allem Modernen gegenüber wenig aufgeschlossen gewesen. Dazu gehörte auch das Automobil, diese »ekelhaft riechenden, grauenvollen Maschinen«, wie sie die neuen Gefährte nannte. Dieses Urteil fällte sie nicht allein, denn viele ihrer Zeitgenossen hielten das neumodische Transportmittel bestenfalls geeignet für leichtsinnige Menschen.

Der neue König, der große Angst davor hatte, sich zu langweilen, ließ sofort nach dem Tod seiner Mutter verlauten, daß er einen weniger förmlichen Stil am Hof einführen werde. Bertie brauchte unablässig ablenkende Unterhaltung und anregende Gesellschaft, er liebte Pferderennen, betrog ungeniert seine Frau und war an allem Neuen interessiert. Natürlich auch am Auto. Edward und Alix ließen sich häufig in einem offenen Daimler umherfahren, dabei paffte Bertie eine dicke Zigarre, und es machte ihm großen Spaß, während der Fahrt das Signalhorn erklingen zu lassen und dabei erschrockenen Passanten mit seinem Homburg zuzuwinken. Und er liebte die Geschwindigkeit: »Schneller! Schneller!« rief er seinem Fahrer zu, während seine Frau ihr kleines Hündchen auf dem Schoß vor Angst umklammert hielt. Der König besaß schon 1903 neben dem Daimler einen Mercedes und einen Renault, beide burgunderrot lackiert und an einer Tür mit dem königlichen Wappen geschmückt.

Am 23. Januar 1901, einen Tag nach Victorias Tod, eilte Bertie zu seinem ersten Treffen mit dem Kronrat nach London. Es war inzwischen so viel Zeit vergangen, seitdem der Rat zum letztenmal zusammengetreten war, daß man auf alte Aufzeichnungen zurückgreifen mußte, weil es bei Hof niemanden mehr gab, der das Zeremoniell kannte. Die Krönung des neuen Königs sollte nach einer angemessenen Zeit der öffentlichen Trauer stattfinden, aber auf dieser Versammlung nahm der Erzbischof von Canterbury, Frederick Temple, Edward bereits den Herrschereid ab. Darauf verkündete der neue König zur allgemeinen Überraschung, er werde ungeachtet der Vorzüge seines verstorbenen Vaters sich nicht King Albert I. nennen, sondern fortan seinen zweiten Namen führen. Und so wurde der Stadt London und der Welt Seine Majestät, der Lehnsherr Edward präsentiert, siebter dieses Namens von Gottes Gnaden, König und Kaiser. Seinen deutschen Namen hielt er für den Träger der englischen Krone für ungeeignet, auch wollte er verhindern, daß die Vorstellung von einer strengen deutschen Dynastie aufkam.

»Das deutsche Element«, hatte Victoria einmal gesagt, »muß in unserem geliebten Heim in Ehren gehalten werden.« Deshalb hatten ihr auch die Verheiratung ihrer Tochter Vicky mit dem Kronprinzen von Preußen und die Heiraten ihrer zahlreichen Kinder und Enkel mit den Nachkommen aus deutschen Häusern sehr viel bedeutet (auch George und May gehörten dazu). Aber ungeachtet dessen, daß auch Edward VII. kaum englisches Blut in den Adern hatte – seine Eltern waren beide deutscher Herkunft –, etablierte er sich bald als der englischste aller Monarchen. Das Haus Hannover hatte offiziell zu bestehen aufgehört. Selten war eine einfache Namensänderung so folgenreich. Aber bei allem »Englisch-sein-Wollen«, das nun den Stil des Königshauses bestimmen sollte, blieb der Name der Dynastie, Sachsen-Coburg-Gotha, gleichwohl deutsch. Erst im Ersten Weltkrieg konnte sich die britische Monarchie auch dieses Etiketts entledigen.

Edward war nur 1,66 Meter groß, aber im übertragenen Sinn überragte er seine gesamte Umgebung.[1] Von vornehmer Haltung, stets gepflegt und tadellos gekleidet, strahlte er Autorität aus, ob er nun einen Straßenanzug, eine Militär- oder eine königliche Galauniform

---

[1] Fortan wird nicht mehr von Bertie die Rede sein, sondern von Edward. Sein Enkel, Prinz Albert von York, Georges zweiter Sohn, wurde in der Familie ebenfalls Bertie genannt.

trug. Überdies war er ein herzlicher Gastgeber, lachte gern und wußte eine gute Zigarre zu schätzen. Er sprach fließend Deutsch und Französisch und behandelte Fürsten sowie einfache Menschen mit der gleichen Zuvorkommenheit. Mit protokollarischen Abläufen und mit der Kleiderordnung wie mit den Verhaltensregeln nahm er es sehr genau. Er war ehrfurchtgebietend, und da er wegen seiner Korpulenz gemütlich wirkte, auch sympathisch. Ein Zeitgenosse meinte, sein Charme grenze fast schon

»an Genialität … Ja, dieser Charme prägte sein gesamtes Wesen. Durch sein würdevolles Auftreten, sein feines Profil und seine überaus höflichen Manieren für sich einnehmend, fand er selbst für den einfachsten Besucher, den geringsten Diener oder den unbedeutendsten Beamten stets ein freundliches Wort; er nahm von jedem Notiz. Seine stets treffenden Bemerkungen, seine gut formulierten Feststellungen, ebenso die pointenreichen Witze, die er mit glucksendem Lachen einem engen Freund erzählte, dies alles entzückte jeden, der bei solchen Gelegenheiten anwesend war.«

Diese Eigenschaften, die mit »aufrichtiger Herzensgüte … [und] Loyalität und Großzügigkeit gegenüber seinen Freunden« verbunden waren, wie ein Chronist bemerkt hat, gewannen Edward VII. viel Bewunderung und binnen kurzem auch die Liebe seines Volkes, das die Schwächen des Königs als allzumenschlich entschuldigte. Er war überdies mit den Schwächen anderer sehr duldsam. Als ein Diener ihm einmal beim Frühstück versehentlich Sahne auf die Hose schüttete, schaute Edward ihn nur an und sagte: »Guter Mann, ich bin doch keine Erdbeere.« Und wer das Glück hatte, ihm persönlich zu begegnen, verstand auch, warum seine Königin, die großartige Alexandra, ihn ihr Leben lang anbetete, obwohl er ihr allerhand zumutete. Daß er politischen Einfluß hatte, war hingegen eine Illusion, in der Edward noch vom Pressesprecher des Buckingham-Palasts bestärkt wurde. Zu dessen Aufgaben gehörte jetzt sowohl eine positive Darstellung des Königs als auch, die öffentliche Aufmerksamkeit von seinen Mätressen abzulenken.

Am 14. Februar 1901 unternahmen der König und die Königin ungeachtet der bitteren Kälte, die damals herrschte, eine ausgedehnte Fahrt durch London, denn Edward wollte als Monarch seine Präsenz demonstrieren. Victoria hatte in den letzten fünfzehn Jahren ihres Lebens bei der Parlamentseröffnung nicht mehr den Vorsitz geführt, und Edward meinte, jetzt sei der richtige Augenblick gekommen, um der Öffentlichkeit zu zeigen, wie er sich künftig den Stil des Königshauses vorstellte. Fortan wollte er die dem Status des Königs und des Landes entsprechende Pracht zeigen, und er ließ die seit dem Tod seines Vaters vor vierzig Jahren nicht mehr benutzte Staatskarosse herrichten und für sich und Alexandra luxuriöse Galaroben anfertigen. Die Lords, so befahl es King Edward, sollten beim Eröffnungszeremoniell ihre Adelskronen tragen und ihre kostbarsten Roben. In einem karmesinroten Gewand, die Brust über und über mit Orden und Bändern dekoriert, trat der König, eine wahrhaft majestätische Erscheinung, vor sein Volk. Die mit glitzernden Juwelen und Perlen geschmückte und in Seide gehüllte Alexandra an seiner Seite verstärkte den überwältigenden Eindruck noch. Während man ihm sein wahres Alter ansah, wirkte Alexandra neben ihm wie seine Tochter. Sie schien kaum gealtert: Selbst aus der Nähe sah ihre Haut weiß und glatt aus wie Alabaster, ihre Augen strahlten, und ihre würdige Haltung drückte zugleich Wohlwollen aus.

Genau zwei Wochen später reiste der König dann ohne großes Aufheben nach Berlin, um seiner Schwester Vicky, die im Sterben lag, beizustehen. Er bat die deutsche Regierung, auf einen Staatsempfang zu verzichten, denn nichts sollte ihn ablenken: Er kam als Bruder, der zufällig auch König war, um seine todkranke Schwester zu besuchen, die zufällig die Witwe eines Kaisers war. Er dachte bei seinem Besuch auch nicht daran, daß die Politiker in England und Deutschland einander mit wachsendem Mißtrauen und immer größerer Feindseligkeit begegneten. Seine Reise war für ihn eine reine Familienangelegenheit. Wir besitzen über den Besuch keine Aufzeichnungen, aber an der lebenslangen Zuneigung der beiden Geschwister besteht kein Zweifel. Später kehrte King Edward in aller Stille nach England zurück und verzichtete sogar auf ein fröhliches Wochenende in Paris oder Deauville.

Wie pompös seine öffentlichen Auftritte in London auch gerieten, Edward war sich offenbar stets bewußt, daß seine prachtvollen Selbstinszenierungen reiner Selbstzweck waren. Er neigte weder zu der fast mystischen Verehrung der Monarchie wie seine Mutter, noch stellte er die Krone über ihren Träger. Tatsächlich konnte er sich selbst genau einschätzen, unabhängig von der Verantwortung, die sein Amt mit sich brachte. Während Victorias Gesicht meist scheuen Ernst ausdrückte, spielte um Edwards Mund fast immer ein Lächeln, und in seinen blauen Augen blitzten Neugier, Fröhlichkeit, Aufmerksamkeit und verführerischer Charme. Er war tolerant, ohne

Vorurteile und offen gegenüber jedermann, natürlich speziell gegenüber Frauen. Ihn interessierten dabei weder Klassenunterschiede noch Lebensumstände, und er hatte für Heuchler nichts übrig. Als einmal jemand den König dafür lobte, daß er einem schwierigen Parlamentsabgeordneten der Radikalen ein paar freundliche Zeilen geschrieben hatte, bekam Edward einen Wutanfall: »Sie verstehen mich nicht! Ich bin der König aller Bürger!« Und das war er tatsächlich. Obwohl er es mehr genoß, daß er als Inbegriff eines englischen Landedelmannes galt, der sich nirgends wohler fühlte als in Sandringham bei seinen Gewehren und Hunden. Dort tollte er mit seinen Enkeln herum, die ihn an seinem Bart zupfen durften und die er auf seinem Rücken reiten ließ. Dort waren auch Mrs. Keppels Kinder willkommen und kamen ungestraft davon, wenn sie ihn »Mr. Kingy« nannten. Hier herrschte jetzt ein anderer Ton als zur Zeit Victorias. Die Königin war zwar stets freundlich mit ihrer Familie umgegangen; ihre angeborene Zurückhaltung und das Bewußtsein ihrer königlichen Stellung aber hatten es ihr unmöglich gemacht, ihre Kinder auch einmal herzlich zu umarmen.

Was seine königlichen Pflichten anbelangte, hatte Edward, den man von allem stets ferngehalten hatte, Schwierigkeiten, sich auf seine Arbeit am Schreibtisch zu konzentrieren. Dennoch erfüllte er seine königlichen Aufgaben – nur in seinem eigenen Stil. Er zog es vor, seine Minister entweder in größeren Gruppen zu empfangen oder aber sich mit einzelnen bei einem Drink oder auf einem Spaziergang durch die Palastgärten zu unterhalten. Lord Esher, einer von Edwards engsten Vertrauten, hat darüber geschrieben, daß

»sich die Verhältnisse in Marlborough House während der ersten Wochen von King Edwards Regentschaft, verglichen mit früher, radikal änderten. Er selbst war zugänglich, freundlich, fast vertraulich, offen, anregend, empfänglich, unzeremoniell, ohne deshalb an Würde zu verlieren, er war entschlußfreudig, aber weder starrköpfig noch herrisch … Er gestattete, daß man in seiner Anwesenheit rauchte … Man durfte sein Zimmer unangemeldet betreten, und wenn man wollte, konnte man den Raum ohne weiteres mit einer kurzen Verbeugung verlassen und nach Belieben auch zurückkehren. Er stellte unentwegt Fragen, diktierte Schriftstücke, traf Entscheidungen. Sein Gedächtnis ließ ihn offenbar nie im Stich … Auf mich machte er den Eindruck eines Mannes, der nach langen Jahren der erzwungenen Untätigkeit seine neugewonnene Freiheit nach Herzenslust genießt.«

Wie seine Premierminister (Salisbury, Balfour, Campbell-Bannerman und Asquith) bald erfahren mußten, hatte Edward in den Jahrzehnten, die er als scheinbar untätiger Thronfolger verbringen mußte, doch etwas gelernt. Zudem besaß er ein natürliches Talent für sein Amt. Auf seinen Reisen war er mit wichtigen Diplomaten zusammengetroffen, seine Sprachkenntnisse erleichterten ihm die Kommunikation mit ausländischen Politikern, und mit seinem Charme erreichte er mehr, als einem steifen, förmlichen Mitglied des Kabinetts je gelingen würde. (Anders als seine vier Nachfolger sprach Edward in der Öffentlichkeit ohne Manuskript, und seine Reden waren mitreißend.) Selbst Herbert Asquith, der kein Freund des Königs war und häufig Meinungsverschiedenheiten mit ihm hatte, räumte ein, daß für Edward

»stets seine Pflichten gegenüber dem Staat oberste Priorität hatten. Und niemand erledigte diese Geschäfte souveräner … Wo immer er sich auch aufhielt, was immer er gerade tat, wenn es um die Staatsgeschäfte ging, erfüllte er immer seine Pflicht, zeigte nie die geringste Unsicherheit und schob nie etwas auf.«

Vielleicht, weil Victoria ihm jede Teilnahme an den Staatsgeschäften verwehrt hatte, reagierte Edward sehr empfindlich, wenn er sich von seinen Ministern übergangen fühlte. Er war nicht gewillt, sich wie eine »Unterzeichnungsmaschine«, wie er es nannte, behandeln zu lassen. Er wußte sehr wohl, daß er in erster Linie zeremonielle Aufgaben wahrzunehmen hatte, wie etwa eine Grundsteinlegung vorzunehmen, Orden zu verleihen, bei städtischen Festlichkeiten zu reden und sich für wohltätige Zwecke einzusetzen. Aber diese Pflichten erledigte er so ernsthaft und mit solcher Nonchalance, daß man den Eindruck bekam, es handele sich dabei um wichtige Staatsakte und nicht um reine Repräsentationsaufgaben, die es ja eigentlich waren.

Was Englands Beziehungen zur übrigen Welt anbelangte, so zeigte sich, daß Großbritannien nicht mehr länger in seiner »splendid isolation« (»glänzende Absonderung«, dieses politische Schlagwort entstand, weil Großbritannien vor 1900 kein Bündnis mit einem anderen Staat einging) verharren konnte, besonders seit Abschluß jenes Vertrages, den London 1902 nach dem Ende des Burenkrieges Südafrika aufgezwungen hatte. In diesem dreijährigen Krieg waren die Sympathien des übrigen Europa auf der Seite der Buren gewesen, denn daß die Briten weiße Südafrikaner (meist holländischer Herkunft) in

Konzentrationslager gebracht hatten, zog die Kritik ebenso auf sich wie die Zurschaustellung ihrer imperialen Militärmacht: Sie entsandten 500 000 Soldaten nach Südafrika. »Es wird heutzutage viel zuviel über das Empire geredet«, sagte der König zu Richard Haldane, dem Kriegsminister, Worte, die unter Victoria nie hätten ausgesprochen werden dürfen. In seinem Temperament und seiner Anschauung wesentlich »katholischer« als seine Mutter, war Edward eigentlich das, was man einen Weltbürger nennt. Seine zweite Heimat war Paris, und der König hielt sich einiges darauf zugute, daß er sich überall in Europa zu Hause fühlte, und er verbrachte ja auch etwa drei Monate im Jahr auf dem Kontinent.

Während dieser Zeit machte er jedoch nicht nur Ferien, sondern er kümmerte sich auf Wunsch seines Kabinetts um die Förderung britischer Handelsinteressen, traf andere Herrscher und Minister. Dabei durfte er allerdings selbst nicht politisch aktiv werden, geschweige denn in der Öffentlichkeit seine eigenen Auffassungen vertreten. Seine Aufgabe war lediglich diplomatischer Natur, er durfte vorbereiten, was die verantwortlichen Politiker später entscheiden würden. Premierminister Balfour hat das so beschrieben: »Seine Majestät leistete etwas, was kein Minister, kein Kabinett, kein Botschafter ... zu bewerkstelligen vermochte. Durch seine Persönlichkeit und allein durch seine Persönlichkeit zeigte er Millionen Menschen auf dem Kontinent die positiven Seiten des Landes [Englands].«

William IV. hatte gezwungenermaßen 1832 die Parlamentsreform unterzeichnet, die unter anderem eine Veränderung des Wahlrechts und eine Stärkung des Unterhauses zur Folge hatte, was schließlich den Einfluß der Krone schwächte. Aber während Victoria bisweilen die Grenzen, die das konstitutionelle System dem Monarchen setzte, überschritten hatte, zeigte ihr Sohn wesentlich mehr Umsicht. Stets die Ratschläge und Wünsche seiner Minister befolgend, unterhielt er freundschaftliche Beziehungen zu den Repräsentanten aller Parteien und legte damit das Fundament für eine moderne konstitutionelle Monarchie. Mit anderen Worten: Mit seinem Verständnis der Funktion der Monarchie gelang es Edward, daß sie von weiten Kreisen der Gesellschaft akzeptiert wurde. Wenn auch der Begriff noch nicht bekannt war, so machte Edward damals die Monarchie zu einem wirkungsvollen Instrument der *Public Relations*. Überdies gelang es ihm vortrefflich, die Presse zu manipulieren, und er sorgte dafür, daß bei allen öffentlichen Zeremonien Zeitungsleute anwesend waren. Er lächelte unentwegt für Fotos, was äußerst anstrengend war, wenn man bedenkt, wie lange damals eine Fotositzung dauerte, und er ließ durch seine Mitarbeiter ausgewählte Presseleute einladen, denen er dann sein königliches Statement abgab.

Edwards konkrete politische Wirkung wird ganz sicher vielfach überschätzt, was wohl hauptsächlich darauf beruht, daß seine Reise nach Frankreich, die der König 1903 unternahm, von der Presse überbewertet wurde. Edward bereitete auf dieser Visite die Verhandlungen über ein historisches Bündnis zwischen beiden Ländern vor.

Aber nicht nur im Ausland, auch daheim wußte Edward seine politischen Fähigkeiten einzusetzen, wenn er etwa, besonders bei großen politischen und gesellschaftlichen Anlässen, als Zeremonienmeister auftreten konnte. Alix, die sich in der behaglichen Atmosphäre von Marlborough House am wohlsten fühlte, war es äußerst unangenehm, als sie in die riesigen düsteren Räume des Buckingham-Palastes umziehen mußte. Aber der König, der nach eigener Auffassung im Mittelpunkt des Gesellschaftslebens seines Landes stand, beharrte darauf, daß der Palast der einzig angemessene Wohnort der königlichen Familie sei. Er durchstreifte die Korridore, ließ die Wände frisch streichen, stöberte in nicht benutzten Räumen herum und stellte fest, daß es für sechshundert Personen nur drei Toiletten gab. Er wies seine Mitarbeiter an, neue Heizungsrohre, Elektroanschlüsse und Sanitäranlagen im Palast installieren zu lassen. Die Räume wurden mit neuen Vorhängen und Teppichen ausgestattet, man hängte Kandelaber auf und holte verstaubte Gemälde aus den Magazinen. Edwards Ziel war es, einen neuen monarchischen Stil einzuführen, und er wollte sich als Hauptdarsteller auch in einer frisch renovierten, farbenprächtigen Umgebung präsentieren. Als Alix begriff, daß sie daran nichts ändern konnte, beteiligte sie sich schließlich an den Umgestaltungen. Sie tat dies in der ihr eigenen zurückhaltenden Art, ließ Stoffe mit floralen Mustern anbringen, wo bisher dunkle Wollvorhänge dominiert hatten, und düstere Räume durch farbenfrohe Tapeten beleben.

Auch für die Ehe des Königspaares wurde jetzt ein neues Arrangement getroffen. Nach fast vierzig Jahren würde es wohl für Edward und Alix keine Neubelebung ihrer Beziehung mehr geben. Außerdem fühlte sich Alix durch Edwards fortgesetzte Untreue, an der sich auch nach seiner Thronbesteigung nichts geändert hatte, tief verletzt, und die Kluft zwischen den beiden vertiefte sich noch, denn seit 1901 hatte er sie fast völlig aus seinem Leben ausgeschlossen. Der König reiste bis zu zehnmal im Jahr, angeblich in diplomatischer Mission oder schlicht zum Vergnügen, mehrere Wochen in Begleitung eines kleinen Gefolges und seiner Geliebten Alice Keppel ins Ausland. Wenn der König nicht im Land war, zog Alix sich nach Sandringham zurück, oder sie besuchte ihre Familie in Dänemark.

Die Königin widmete sich hingebungsvoll ihren Enkeln und Haustieren, und sie setzte sich für wohltätige Zwecke ein. Um die Not der Arbeitslosen zu lindern, richtete sie einen Hilfsfonds ein, der die Bedürftigen finanziell unterstützen oder ihnen eine zusätzliche berufliche Qualifikation ermöglichen sollte. Doch auch im persönlichen Bereich zeigte sich ihre Menschlichkeit. Als sich das erste Weihnachtsfest seit ihrer Krönung näherte, bereitete sie wie üblich in Sandringham für die Dienerschaft eine Bescherung vor. In all der Hektik bemerkte sie einen Diener, der abseits stand und traurig aus dem Fenster starrte. Wie sie bald erfuhr, hatte er seine Eltern verloren, war unverheiratet und fühlte sich deshalb sehr einsam. »Ich kann es nicht ertragen, daß in meinem Haus an den Weihnachtstagen jemand einsam ist«, sagte Alix und verbrachte den Nachmittag mit dem Mann, trank mit ihm heißen Cidre und versuchte, ihn mit Geplauder ein wenig aufzuheitern. Später schenkte sie ihm ohne viel Aufhebens goldene Manschettenknöpfe in einem Lederetui. »Das hier möchte ich Ihnen ganz persönlich schenken«, sagte sie, »aber natürlich bekommen Sie unterm Weihnachtsbaum noch Ihr normales Geschenk wie alle anderen.«

In gewisser Hinsicht entsprach die Königin geradezu dem Ideal einer Ehefrau, wie es in der Edwardianischen Ära als Vorbild galt. Ihre Schönheit inspirierte die Phantasie der Künstler und Dichter, und sie bezauberte jeden, der ihr auf einem Empfang im Buckingham-Palast oder bei Staatszeremonien begegnete. Sie liebte zwar die Ruhe von Sandringham, aber wenn es galt, eine offizielle Verpflichtung wahrzunehmen, glänzte sie durch ihre Erscheinung und ihr souveränes Auftreten. Selbst der Neffe ihres Mannes, der arrogante und als Mensch problematische deutsche Kaiser, konnte sie nicht aus der Fassung bringen. »Lieber Willy«, sagte sie zu ihm, nachdem er wieder einmal eine seiner langatmigen Tiraden gegen England losgelassen hatte, »ich befürchte, ich habe kein Wort von dem verstanden, was du gerade gesagt hast.«

Allerdings hätte Alix niemals mit ihren Enkeln (bis 1901 hatte sie sieben) in diesem Ton gesprochen. Am häufigsten war sie mit den vier Kindern von May und George zusammen: dem siebenjährigen

Edward, dem sechsjährigen Albert, der vierjährigen Mary und dem einjährigen Henry.[2]

Wann immer König Edward seine geliebten Enkelkinder traf, konnte er sich nicht vorstellen, daß sie eines Tages die Krone und den königlichen Hermelinmantel tragen würden. Er war nämlich fest davon überzeugt, daß die Monarchie mit seinem Sohn George erlöschen werde – »dem künftigen letzten englischen König«, wie er resigniert zu sagen pflegte. Zu dieser Auffassung war er nicht etwa gelangt, weil er seinen Sohn für unfähig hielt, sondern er war überzeugt davon, daß sich die Monarchie überlebt habe und die Demokratie nicht aufzuhalten sei. Dabei unterschätzte er zweifellos die zutiefst konservative Prägung des englischen Volkes, vom Parlament ganz zu schweigen, dessen Mitglieder (genau wie ihre Wähler) in dem Monarchen nicht nur die Verkörperung nationaler Traditionen und altmodischer Bräuche sahen, sondern er stand für ihr imperiales Selbstwertgefühl.

Wie er aber die Aussichten für einen Fortbestand der Monarchie auch immer einschätzte, Edward bereitete seinen Sohn George auf seine königlichen Aufgaben vor. Er wollte nicht den gleichen Fehler begehen wie seine Mutter, Queen Victoria. Von der ersten Woche seiner Regentschaft an gab Edward deshalb seinem Sohn, der trotz seiner fünfunddreißig Jahre Unterstützung und Ermutigung brauchte, Einblick in seine Arbeit. George war einerseits von der Professionalität beeindruckt, mit der sein Vater den Staatsgeschäften nachging, andererseits hielt er aber auf Abstand, denn er verurteilte seinen Vater wegen dessen ständiger Untreue, die er Alix zumutete. Edward blieb dies natürlich nicht verborgen, und so ernannte er klugerweise Sir Arthur Bigge (den späteren Lord Stamfordham) zum Privatsekretär seines Sohnes, damit George alles Nötige von ihm lernen konnte.

Ein Bericht über das Leben, das George und May von ihrer Hochzeit bis zur Thronbesteigung Edwards führten, wäre gewiß keine sehr interessante Lektüre. George hatte sich entschieden, das Leben eines Landedelmannes zu führen, von Pflichten ungestört und in geordneten Verhältnissen. Und so lebte er mit seiner Frau und den Kindern – jedenfalls für Außenstehende – ohne Höhepunkte. »Er fühlte sich nach eigenem Bekunden in seiner Ehe sehr wohl«, wie ein früher

---

[2] Von Edwards und Alexandras drei Töchtern hatten die Prinzessinnen Louise und Maud zwei Töchter beziehungsweise einen Sohn. Prinzessin Viktoria blieb unverheiratet.

Biograph geschrieben hat, »und wollte nichts weiter, als mit der Familie die einfachen Freuden des häuslichen Lebens« in York Cottage, Sandringham, genießen. Morgens beschäftigte er sich mit Gartenarbeit, ging seinen sportlichen Neigungen nach oder kümmerte sich um seine Finanzen. Dann aß er mit seiner Frau zu Mittag, beschäftigte sich nachmittags mit seiner Briefmarkensammlung oder ging auf Fasanenjagd. Vor dem Abendessen brachte man seine Kinder zu ihm, nach dem Essen las er noch etwas und ging meist früh ins Bett; manchmal spielte er vor dem Schlafengehen mit einem Mitarbeiter noch eine Runde Billard.

Während George mit diesem Tagesablauf zufrieden war, langweilte May sich furchtbar. Sie fühlte sich intellektuell unterfordert, konnte ihre Energie nicht einsetzen, und von ihrer angeheirateten Verwandtschaft bekam sie weder Wärme noch Zuspruch. »Und bitte unterhalten Sie sich beim Abendessen mit May«, sagte Georges Schwester, Prinzessin Viktoria, einmal gehässig zu einem Gast, und fügte mit einem bösartigen Lächeln hinzu, »auch wenn sie todlangweilig ist.« Natürlich war das unrichtig, aber wie die übrigen Familienmitglieder auch fühlte sich Viktoria durch Mays Zurückhaltung, die ihr vielfach als Arroganz oder mangelnde Lebhaftigkeit ausgelegt wurde, irritiert. Selbst die sonst immer höfliche Alix ließ May oftmals links liegen, obwohl das sicher auch damit zu tun hatte, daß sie glaubte, keiner sei für ihren geliebten Georgie gut genug – außer ihr.

Nach dem Tod ihrer Eltern, 1897 und 1900, fühlte sich May gänzlich allein gelassen, und die Zurückhaltung, mit der ihr Mann sie lebenslang behandelte, führte dazu, daß sie sich immer stärker abschirmte und noch unnahbarer wurde, was viele als Überheblichkeit verstanden. »Schon als Mädchen war sie scheu und zurückhaltend gewesen«, schrieb ihre älteste Freundin, Mabell, Gräfin von Airlie,

»aber jetzt war ihre Scheu so ausgeprägt … [daß] sie allmählich zu einer Gehemmtheit wurde, in die sie sich mehr und mehr zurückzog, bis von ihrer eigentlichen Wärme und Zärtlichkeit kaum mehr etwas zu spüren war«.

May litt noch viel stärker als Alix unter dem Verhalten der königlichen Familie, die zu angeheirateten Verwandten größte Distanz hielt. Wer als Heiratskandidat für ein Mitglied der Königlichen Familie in Betracht kommt, muß nach dem Königlichen Vermählungsgesetz von 1772 zuerst vom Herrscher akzeptiert werden. Das ist gewöhnlich (freilich nicht immer) eine reine Formalität, doch drängt dieses Auswahlverfahren dem Kandidaten eine Unterwerfungshaltung auf, während sie der Königsfamilie ein Gefühl von Überlegenheit gibt, das einem späteren Zusammenleben nicht gerade dienlich ist. Zudem stellt der königliche Status die Familie weit über alle übrigen Sterblichen, und wer in diese Dynastie einheiratet, hat es sicher schwer, anerkannt zu werden. Das galt gewiß auch für Prinzessin May, obgleich George III. zu ihren Vorfahren zählte. Noch mehr aber sollte es für die Frauen gelten, die hundert Jahre später in den Clan einheirateten.

May war Mitte Dreißig und hatte keine sinnvolle Beschäftigung, sie langweilte sich und litt unter Depressionen. Während des Burenkriegs hatte sie zwar Hospitalschiffe besucht und einige von Alix' Pflichten übernommen, aber dann konnte sie wegen ihrer Schwangerschaft (mit Prinz Henry) keine öffentlichen Aufgaben mehr übernehmen.

Es war daher vielleicht ein Gefühl der Ablehnung, das sie sich selbst gar nicht eingestand, das die künstlerisch begabte und eigentlich sehr großzügige May so abweisend erscheinen ließ. »Sie hat etwas sehr Kaltes, Starres und Distanziertes an sich«, behauptete Vicky. »Immer, wenn man sie trifft, muß man das Eis aufs neue brechen.«

Es gibt unbestätigte Hinweise, daß May damals, wenn sie in London war, regelmäßig an Gebetsstunden und Gottesdiensten in römisch-katholischen Kirchen des West Ends teilnahm. Offenbar hat sie auch großzügig für Altarblumen gespendet, und manche wollten sogar wissen, sie sei insgeheim zum Katholizismus übergetreten. Doch das ist eher unwahrscheinlich, denn mit einem solchen Schritt hätte sie sich für immer die Sympathien ihrer Familie verscherzt, nach deren Liebe sie sich so verzweifelt sehnte. Überdies hätte ein Glaubenswechsel ihre Kinder von der Thronfolge ausgeschlossen, denn als Katholikin wäre sie verpflichtet gewesen, ihre Kinder in diesem Glauben zu erziehen. Da Mays Pflichtgefühl gegenüber der Krone sehr ausgeprägt war, spricht eigentlich alles gegen derartige Spekulationen.

Aber es besteht kein Zweifel, daß sie sich von der römisch-katholischen Kirche angezogen fühlte. Schließlich hatte sie Jahre ihrer Jugend in Florenz verbracht und war von der Großartigkeit gewaltiger Kathedralen ebenso beeindruckt wie von der meditativen Stille kleiner Kapellen.

Dem Mesner einer Kirche in London, die sie regelmäßig besuchte, gab May Geld für Blumen und wurde bald die »Rosendame« genannt. Die Tradition, die Liturgie, die Disziplin und Strenge, die der römische Katholizismus seinen Gläubigen abverlangt, das alles zog May wahrscheinlich stark an, und der Glaube an die erlösende Kraft des Leidens gab ihr vielleicht Trost, wenn sie sich von der Familie zurückgestoßen fühlte.

Angesichts der Schwierigkeiten, die May mit ihren königlichen Verwandten hatte, überrascht es nicht, daß sie froh war, als George und sie wenige Wochen nach Edwards Thronbesteigung auf eine Reise nach Übersee geschickt wurden. Ihre Begeisterung steckte schließlich auch ihren Ehemann an, der unsicher war, ob er als Stellvertreter seines Vaters eine gute Figur machen würde. Das Kabinett bestand aber auf dieser Reise, und so gingen der Thronfolger und seine Frau am 16. März 1901 als Repräsentanten der Krone und damit des vereinigten Empires auf ihre Goodwill-Tour.[3]

»Ihr Lächeln ist das Thema in allen Zeitungen«, schrieb Lady Mary Lygon, die zu ihrem Gefolge gehörte, »sie hat einen Bombenerfolg und nimmt jeden für sich ein.« Und das alles gelang May, obwohl sie unter Seekrankheit, großer Hitze und Kälte zu leiden hatte und allein an einem Nachmittag dreitausend Menschen die Hand schütteln mußte. Genau wie Alix spielte auch May an der Seite ihres Ehemannes die ihr bestimmte Rolle, und dabei setzte ihr Verantwortungsgefühl Energien frei, von denen sie wohl selbst nichts geahnt hatte. »Man muß mir nur die Chance geben«, sagte May, »dann kann ich auch meine Aufgaben gut erledigen.« Wenn man es genau betrachtet, waren May, ihre Schwiegermutter Alix und Queen Victoria viel mutiger und energischer als die Männer in der königlichen Familie. Doch man gestand ihnen viel weniger zu, daß sie persönliche Interessen entwickelten. Bei May war das die Sammelleidenschaft: Sie brachte Koffer voller Nippes, Bilderrahmen, Haushaltsgegenstände und Hunderte von Erinnerungsstücken mit, die sie auf der Reise geschenkt bekommen hatte. Und sie trennte sich später von kaum einem dieser Objekte.

Die achtmonatige Tour bot George reichlich Gelegenheit, sich auf seine Rolle als Vertreter des englischen Throns vorzubereiten. Während seiner zahllosen öffentlichen Auftritte machte er eine

---

[3] Ihre Reise führte sie unter anderem nach Gibraltar, Malta, Ceylon, Singapur, Melbourne, Brisbane, Sydney, Auckland, Adelaide, Perth, Mauritius, Durban, Kapstadt, Quebec, Montreal, Ottawa, Vancouver, Toronto, Niagara und Halifax.

glänzende Figur und gewann zunehmend an Selbstbewußtsein, und das alles nur, indem er Schulen und Krankenhäuser eröffnete, Grundsteine legte, an Empfängen teilnahm und Truppen inspizierte, also normale königliche Verpflichtungen wahrnahm, die auch noch heute zu den Aufgaben eines Vertreters der Krone gehören. Allerdings teilten nur wenige seiner Gastgeber das recht altmodische Verständnis, das er von seiner Rolle hatte. Denn George meinte, es sei seine Aufgabe, in den britischen Dominions eine »Loyalität gegenüber der Krone zu wecken, wie sie selbst vor wenigen Jahren noch nicht üblich war«. Doch seine Gastgeber auf dieser Reise, die sich weitgehend für unabhängig hielten und sich auf dem Weg in die Demokratie befanden, zeigten wenig Verständnis für Londons imperiales Auftreten. Aber wie sein Vater betrachtete auch George das Haus Sachsen-Coburg-Gotha als eine Art Familienunternehmen, das seine Arbeit vorwiegend für die Selbstdarstellung Großbritanniens tat.

Während der ausgedehnten Reise des jungen Paares York blieben die Kinder in Sandringham in der Obhut ihrer Großeltern zurück. Sie verwöhnten die Kleinen sehr, was für die Kinder nach den Erlebnissen mit der schrecklichen Mrs. Green vermutlich äußerst angenehm war. King Edward spielte unermüdlich mit ihnen, und Königin Alexandra ließ sie essen, worauf sie Appetit hatten, die Kinder durften so lange aufbleiben und herumtoben, bis sie (und auch die Diener) vor Erschöpfung einschliefen.

Edward, nach seinem Vater in der Thronfolge an zweiter Stelle, war ein lebendiges und sehr dominantes Kind. Bei den Armeespielen im Kinderzimmer tat er sich immer als Kommandant hervor. Es sind einige kurze Familienfilme erhalten geblieben, in denen er einen mit Spielzeuggewehren bewaffneten Kindertrupp anführt, während der überaus empfindliche Albert die Kamera meidet und die ebenfalls furchtsame Mary friedlich hinter ihm herläuft. Nur Prinz Henry war damals noch zu klein für diese Spiele. Freilich ist auf den Filmen von Alberts Stottern, das ihn und alle, die mit ihm zu tun hatten, immer wieder verlegen machte, nichts zu sehen und einer seiner häufigen Wutausbrüche auch nicht.

So ging der Sommer des Jahres 1901 vorbei. Es war für die Kinder und Alix eine wundervolle Zeit. King Edward allerdings erlitt in diesen Monaten einen schweren Verlust. Seine Schwester Vicky, die deutsche Kaiserinwitwe und ältestes Kind Queen Victorias, war am 5. August im Alter von sechzig Jahren an ihrer Krebserkrankung, die sie in den letzten Monaten völlig bewegungsunfähig gemacht hatte, gestorben. Vicky und ihr Bruder hatten sich in all den Jahren der Trennung stets nahegestanden. Auch waren Vicky Edwards liberale Ansichten viel sympathischer gewesen als die Großmannssucht und die autoritäre Haltung ihres Sohnes, des deutschen Kaisers. Sie selbst hatte in den führenden literarischen und wissenschaftlichen Kreisen Berlins verkehrt und zeitlebens für das Wahlrecht und bessere Bildungschancen der Frauen gekämpft. Wach und mutig bis zum Ende, hatte sich Vicky der Bildhauerei gewidmet und kurz vor ihrem Tod ihre letzte Arbeit vollendet: einen Christuskopf aus Terrakotta, der schon bald über den Gräbern ihrer Eltern in Frogmore aufgestellt werden sollte.

Doch dem König blieb nur wenig Zeit zu trauern. Als er von Vickys Begräbnis in Potsdam zurückkehrte, fand er einen Berg von Berichten aus den Kolonien vor, und er diktierte Briefe an alle Gouverneure und gratulierte seinem Sohn und seiner Schwiegertochter in einem ausführlichen Schreiben zu ihrer erfolgreichen Reise. Er traf auch Vorkehrungen, um Georges Lebensverhältnisse zu verbessern und dem Thronerben neue Aufgabenbereiche zuzuweisen. Zunächst einmal ließ der König drei Wohnsitze für George und Mary herrichten: Marlborough House in London, Abergeldie, ein kleines, düsteres Schloß nahe Balmoral, und Frogmore, ein wesentlich anmutigeres Haus unweit von Schloß Windsor.

Und an seinem sechzigsten Geburtstag (genau eine Woche nach dem 1. November, an dem die Yorks von ihrer Reise zurückgekehrt waren) ernannte er seinen sechsunddreißigjährigen Sohn zum Prince of Wales. »Indem ich dich heute zum Prince of Wales und Earl of Chester ernenne«, sagte Edward

»übertrage ich dir nicht nur von der Zeit geheiligte Titel, die ich selbst bis zu meinem neunundfünfzigsten Lebensjahr getragen habe, sondern möchte mich zugleich erkenntlich dafür zeigen, daß du die schwierige Aufgaben in den Kolonien, die ich dir übertragen habe, so bravourös erledigt hast … Gott segne dich, mein lieber Junge. Ich weiß, daß ich bei der Bewältigung der schwierigen Pflichten und Aufgaben, die meine neue Stellung mit sich bringen, stets auf deine Unterstützung rechnen kann. In unerschütterlicher Zuneigung, Dein Papa, Edward R. I.«

Mit der Ernennung zum Prince of Wales nahmen aber auch die Aufgaben zu, die George zu erledigen hatte. King Edward brach ein für allemal mit dem monarchischen Stil seiner Mutter und gab dem Prinzen umfassenden Einblick in die Staatspapiere. An langen Winternachmittagen sprachen Vater und Sohn über den aktuellen Stand der Debatte im Unterhaus, über den Klatsch aus dem Oberhaus, über die Berichte der Botschafter vom Kontinent, über den trotz des britischen Sieges im Burenkrieg wachsenden Nationalismus in Südafrika oder über einen zur Ratifizierung anstehenden Vertrag mit Japan, der die Interessen beider Länder in China und Korea regeln sollte. Auch der König selbst mußte jetzt die Versäumnisse der vielen Jahre der Untätigkeit aufholen, die ihm als Prince of Wales aufgezwungen worden waren. Und das wollte er seinem Sohn unter allen Umständen ersparen.

Die Krönung King Edwards VII. und Alexandras fand am 9. August 1902 statt, nachdem der König von einer Blinddarmoperation genesen war, weshalb die Feier um sechs Wochen verschoben worden war. Edward ließ den kleinen Edward und dessen Bruder Albert zu sich kommen, bevor er sich vom Buckingham-Palast zur Westminster Abbey begab. Als er in seinen prächtigen Gewändern vor seinen Enkeln stand, sahen sie ihn ehrfürchtig an, und er sagte lächelnd: »Guten Morgen, Kinder! Bin ich nicht ein lustig aussehender alter Mann?« Und darauf brachen alle in schallendes Gelächter aus.

Als dann die Lakaien den König und seine Gemahlin zu der goldenen Staatskarosse führen wollten, war Alix nicht da. Edward fand sie schließlich vor ihrer Frisierkommode sitzend, wo sie ihre Perlenketten noch einmal zurechtrückte und letzte Hand an ihr Haar legte. Er zog seine Taschenuhr hervor, zeigte auf sie und erklärte: »Meine liebe Alix, wenn du jetzt nicht sofort mitkommst, wirst du nicht zur Königin gekrönt!« Dann gingen beide rasch nach unten, und die Gesellschaft konnte endlich aufbrechen.

Diese erste Krönung nach dreiundsechzig Jahren hatte ein mittelalterliches Gepräge und war sehr feierlich. Die Herzogin von Marlborough, geborene Consuelo Vanderbilt, eine der Baldachinträgerinnen der Königin, hat später berichtet, wie in der Westminster-Abtei »die Trompeten schmetterten, die Orgel brauste und Jubelchöre erklangen ... [Da waren] die Höflinge mit ihren weißen Stäben, die kirchlichen Würdenträger mit ihren prachtvollen Gewändern, die Träger der königlichen Insignien ..., die schöne Königin, und dann der König, feierlich und majestätisch.«

Und dann trat feierliche Stille ein. Edward wurde zum König ausgerufen: »Zum Höchsten, Mächtigsten und Hervorragendsten Monarchen, zu Edward dem Siebten, von Gottes Gnaden König des Vereinigten Königreichs Großbritannien und Irland und der britischen Besitzungen jenseits des Meeres, Verteidiger des Glaubens, Kaiser von Indien.«

Das alles hörte sich natürlich großartig an. Edward verkörperte jetzt die Tradition und galt als Garant der gegenwärtigen Machtstellung Englands. Trotz des neuen Stils, der mit ihm Einzug in den Buckingham-Palast gehalten hatte, stand er für Kontinuität und Stabilität in der unsteten Tagespolitik. Niemand erwartete von ihm große Leistungen als militärischer Taktiker, als gerissener Diplomat oder mitreißender Führer der Gesellschaft, er war der König, er war der Erbe einer Familie, die nach allgemeiner (gleichwohl falscher) Auffassung seit tausend Jahren das Königreich England repräsentierte. Es war paradox, daß der an diesem Augusttag so feierlich bejubelte Mann, kurzgewachsen, rundlich, kahlköpfig, geehrt von Bischöfen, Peers, einer hinreißenden Frau und zahllosen loyalen Untertanen, in vielen wichtigen Bereichen eigentlich von seinem eigenen Parlament abhängig war.

So glänzend die Krönungsfeierlichkeiten auch waren, sie konnten nicht darüber hinwegtäuschen, daß die Viktorianische Ära zu Ende war. So waren nämlich auf Geheiß des Königs die Plätze in der Nähe des Hochaltars für Lillie Langtry, Sarah Bernhardt, Jennie Churchill (Winstons Mutter), Alice Keppel und andere Favoritinnen des Herrschers reserviert worden.

Von seiner Beziehung zu Alice Keppel einmal abgesehen, zeigte vielleicht kein Verhältnis des Königs zu einer Frau so sehr den Geist einer neuen Zeit wie seine Affäre mit der großen Sarah Bernhardt. Die Schauspielerin war bereits vor Queen Victoria aufgetreten und bei einer dieser Gelegenheiten auch dem damaligen Prince of Wales vorgestellt worden. Diese Begegnung war der Auftakt zu einer leidenschaftlichen Affäre gewesen. »Ich komme gerade von einem Besuch beim Prince of Wales«, schrieb Sarah Bernhardt dem Leiter einer Theatertruppe, mit der sie eigentlich hätte proben sollen. »Es ist jetzt 13.20 Uhr, und ich kann nicht zur Probe kommen. Der Prinz hat mich seit 11.00 Uhr in Beschlag genommen.« In der Londoner Gesellschaft war diese Affäre bekannt, und Lady Cavendish schrieb darüber in ihr Tagebuch: »Ein unerhörter Skandal.«

Regelmäßig tauschten der König und die Schauspielerin Geschenke aus (darunter kleine Hündchen), und wenn die Bernhardt

139

in England war, gab sie Sondervorstellungen in Windsor, Sandringham oder London, wo der König und sie auch intime Stunden miteinander verbrachten.

Aber Edward beschränkte sich nicht nur auf die Rolle des Zuschauers, er übernahm auch in den Stücken, in denen die Bernhardt auftrat, kleine Nebenrollen. Am liebsten war er dabei die Leiche im ersten Akt von Victorien Sardous *Fedora*, eine Szene, in der die Bernhardt ihren ermordeten Gatten entdecken muß. Sie trat auf die Bühne, schob einen schweren Brokatvorhang beiseite und rief: »Mein Wladimir, mein Mann!« Dann warf sie sich schluchzend auf ihn. 1883 hatte der Prince of Wales mehrmals in dieser Rolle brilliert und – frech wie er war – in jeder Vorstellung hinter seinem Vorhang eine andere Lage eingenommen, so daß Sarah Bernhardt zu ihrer Überraschung mehrmals seine Füße dort sah, wo eigentlich sein Kopf sein sollte, und umgekehrt. Einmal verbarg er sogar ein kleines Akkordeon unter seinem Kostüm, und als sie am Ende der Szene ihren Kopf auf seinen Leib legte, gab das Instrument laute Töne von sich.

Am Krönungstag Edwards VII. ruhte im gesamten Königreich die Arbeit, es gab Veranstaltungen in Parks, Milch wurde kostenlos ausgegeben und Feuerwerke wurden abgebrannt. Doch die Feiertagsstimmung war bald schon wieder verflogen, und der Alltag, der für viele Menschen damals in Großbritannien hoffnungslos war, hielt wieder Einzug. Inzwischen waren in England und Wales mehr als eine Million Menschen auf Armenhilfe angewiesen, und ein Drittel der Bevölkerung lebte unterhalb der Armutsgrenze. Für viele Menschen waren die Wohnbedingungen katastrophal, die sanitären Verhältnisse unzumutbar, und es konnten sich Krankheiten verbreiten, weil auch das öffentliche Gesundheitswesen der Lage nicht Herr wurde. Im Parlament hatte zu Beginn des Jahrhunderts niemand ein Konzept, wie sich diese Verhältnisse verbessern ließen.

Neben diesen Schwächen im Innern sah sich das Land auch internationalen Bedrohungen ausgesetzt. Die größte Gefahr stellte ausgerechnet ein Neffe Edwards dar, nämlich der deutsche Kaiser Wilhelm II. Die Beziehungen zu Deutschland waren noch nie einfach gewesen; selbst Vicky hatte den preußischen Militarismus abgelehnt und sich durch den chauvinistischen Pomp ihres Sohnes gedemütigt gefühlt. Im Deutschen Krieg von 1866 mußte die hannoveranische Armee kapitulieren, und anschließend hatten Edwards Sympathien für Frankreich während des Deutsch-Französischen Krieges (1870/71) die deutsch-englischen Beziehungen zusätzlich belastet. Zudem waren Neffe und Onkel grundverschiedene Persönlichkeiten. Während Edward sich stets durch Höflichkeit, Freundlichkeit, einen geselligen Charakter und Versöhnlichkeit in der internationalen Politik ausgezeichnet hatte, war Wilhelm für sein rüdes, blasiertes Auftreten, sein sprunghaftes Wesen und zudem als Kriegstreiber bekannt. Auch im sportlichen Bereich waren die beiden Rivalen, denn 1893 hatte Wilhelm dem englischen Prinzen George bei der Königlichen Segelregatta von Cowes den Cup abgejagt, was schlimm genug war, doch Wilhelm hatte diese Gelegenheit noch dazu benutzt, die Macht der deutschen Flotte zu zeigen.

In der Zeit von 1902 bis 1903 versuchten der König und der Prince of Wales mit Zustimmung des gesamten Kabinetts, den Beleidigungen und Einschüchterungen des Kaisers diplomatisch zu begegnen. In offiziellen Papieren aus Deutschland wurden britische Minister als »vollendete Trottel« bezeichnet; und auf einer Abendgesellschaft in Berlin erklärte der Kaiser, der englische König sei ein wahrer »Teufel – Sie können sich nicht vorstellen, was für ein Teufel er ist«. Das waren zwar rhetorische Sticheleien, doch sie vergifteten zunehmend das Verhältnis beider Staaten.

Die rasante Vergrößerung der deutschen Flotte wurde in allen Ländern Europas mit Sorge beobachtet, und der Versuch, das Flottenbauprogramm durch einen Vertrag zu begrenzen, mißlang. 1904 erklärte deshalb Admiral John Fisher, der Erste Seelord, dem König, daß Deutschland für Großbritannien die Hauptbedrohung darstelle. Für den Fall eines Konflikts baute man deshalb neue Schlachtschiffe, die mit Geschützen ausgerüstet wurden, deren Feuerkraft alles bisher Dagewesene in den Schatten stellte.

Zu den übrigen Mächten auf dem Kontinent unterhielt Edward freundschaftliche Beziehungen. Im April 1902 reiste er als erster englischer Monarch seit über tausend Jahren (genaugenommen seit Ethelwulf, dem Vater Alfreds des Großen) nach Rom und traf dort als erstes Oberhaupt der Anglikanischen Kirche mit dem dreiundneunzigjährigen Papst Leo XIII. zusammen, der sein Amt nur noch wenige Monate innehaben sollte. Premierminister Arthur Balfour hatte dem König von dem Treffen abgeraten, denn er wollte den Vorurteilen seiner protestantischen Mitbürger gegenüber den Katholiken keine neue Nahrung geben. Unsinn, erklärte ihm Edward. Als Prince of Wales war er bereits dreimal mit dem vorherigen Papst, Pius IX., zusammengekommen. Deshalb lehnte er es ab, einerseits wegen der Protestanten zu kapitulieren und andererseits seine katholischen

Untertanen zu brüskieren. Als Papst und König zusammentrafen, pries der schwache, aber wachsame Leo die Toleranz des Königs, die er gegenüber den Katholiken zeigte (die in England erst seit Victorias Regentschaft überhaupt die Bürgerrechte besaßen).

Der Besuch in Rom war die letzte verschiedener triumphaler Reisen, die Edward in jenem Jahr unternahm. Mit der gleichen Herzlichkeit hatte man ihn zuvor in Portugal, Italien und Frankreich empfangen. In Paris zog er sämtliche Register seines legendären Charmes, und einem Besuch 1903 folgte eine politische Zusammenarbeit beider Länder, die schließlich zur sogenannten *Entente cordiale* von 1904 führte.

Mit diesem Vertrag gelang es immerhin von den Problemen zwei besonders kritische zu lösen. Nicht zuletzt, weil Edward seine Regierung hartnäckig drängte, sich endlich zu einer Entscheidung durchzuringen. So erkannten die Briten die französischen Rechte in Marokko an, während die Franzosen die britische Herrschaft über Ägypten akzeptierten. Diese Vereinbarung verärgerte den deutschen Kaiser Wilhelm noch mehr, denn er machte ebenfalls Ansprüche in Marokko geltend. Als der König, der fließend Französisch sprach und in Frankreich Schriftstücke sogar mit Edouard unterzeichnete, wieder aus Paris abreiste, riefen die Menschen ihm »Vive le Roi!« und »Vive l'Angleterre!« zu. Zwischen März und September 1903 hatte der König in fünf europäischen Ländern über 12 000 Kilometer zurückgelegt. Und er avancierte zu einem der ersten Medien-Stars der Welt.

Edwards Ruhm ging um die ganze Welt, und als erstes Staatsoberhaupt erhielt er einen Funkspruch des Italieners Guglielmo Marconi, eines Erfinders, der die drahtlose Übertragung von Signalen entwickelt hatte. Er schickte dem König von South Wellfleet auf Cape Cod, Massachusetts, »im Namen des amerikanischen Volkes die herzlichsten Grüße und besten Wünsche«. Marconi erhielt unverzüglich Antwort: »Ich danke Ihnen aufrichtig«, schrieb Edward, »und erwidere die herzlichen Grüße und die freundlichen Wünsche, die Sie mir übermittelt haben …, und ich wünsche Ihnen und Ihrem Land von Herzen Wohlergehen.«

Aber auch im eigenen Land war der König ständig unterwegs. Sein Jahr war nach feststehenden Terminen eingeteilt: Weihnachten und Neujahr verbrachte er in Sandringham, im Januar und Februar hielt er sich zur Eröffnung des Parlaments im Buckingham-Palast auf und nahm gesellschaftliche Verpflichtungen wahr. Im März und April befand er sich in Frankreich, oder er war mit dem Schiff im

Mittelmeer unterwegs. Im Mai und Juni pendelte er zwischen London und Windsor, besuchte entweder eine Abendgesellschaft, einen Galaempfang oder ging zu einem offiziellen oder inoffiziellen Essen. Auch an den Wochenenden nahm er an Festlichkeiten der feinen Gesellschaft teil. Neben diesen vielen Verpflichtungen fand er trotzdem noch Zeit, in Goodwood oder Cowes die Regatten zu besuchen. Dann fuhr Edward zur Kur nach Marienbad und anschließend zur Jagd nach Balmoral, bevor der Rhythmus wieder begann. Abgesehen von den Aufenthalten auf dem Kontinent und den endlosen abendlichen Banketts haben auch die vier Nachfolger Edwards bis Ende des 20. Jahrhunderts diese Einteilung in etwa eingehalten.

Während der König das gesellschaftliche Leben genoß, lebten seine Enkel, Georges Söhne, vom öffentlichen Leben vollständig abgeschnitten. Im Alter von acht beziehungsweise sieben Jahren wurden Edward und Albert der Obhut ihrer Kinderfrauen entzogen und der Aufsicht eines Bediensteten unterstellt, der ihnen fortan als Diener und »Kindermädchen« zur Verfügung stand. Kurz darauf wurde noch ein Hauslehrer eingestellt, der die Prinzen unterrichten und sie während ihrer Jugend begleiten sollte. Es war der neununddreißigjährige Oxford-Absolvent Peter Hansell. Auf das Wohlergehen seiner zwei kleinen Zöglinge bedacht, war Hansell taktvoll und wohlwollend, allerdings fehlten ihm zwei Eigenschaften, die für einen Lehrer sehr wichtig sind: Humor und Phantasie. Er war, wie Edward viele Jahre später schrieb, »melancholisch und inkompetent«. Daß Edwards und Alberts geistige Fähigkeiten und Interessen nicht sehr ausgeprägt waren, ist ganz sicher auch auf den Einfluß Hansells zurückzuführen. Hätte ihre Mutter die Erziehung persönlich übernommen, hätten sich die Jungen vielleicht vorteilhafter entwickelt. Unter den gegebenen Umständen konnte ihre Erziehung nicht erfolgreich verlaufen: Erstens fehlte es ihnen an geistigen Anregungen und an Auseinandersetzungen und dem Wettbewerb mit Gleichaltrigen, zweitens lebten sie in einer hermetisch abgeschlossenen Welt mit großen Privilegien. Es gab für sie also keinerlei Anreiz, sich durch besondere Leistungen hervorzutun. Zweifellos hatte George den Hauslehrer deswegen angestellt, weil er ein begeisterter Segler war.

Zu Hansells Verteidigung muß jedoch gesagt werden, daß er selbst den Privatunterricht der Kinder ablehnte und George und May empfohlen hatte, die Kleinen auf eine private Vorschule zu schicken. Aber davon wollte George nichts wissen. Er und sein Bruder Eddy waren von Privatlehrern unterrichtet worden, und auch Edward und Albert sollten daheim erzogen werden. Unter Hansells Leitung machten die beiden Jungen jedoch so geringe Fortschritte, daß George – der sich natürlich nicht vorstellen konnte, daß er sich für den falschen Lehrer oder die falsche Erziehungsform entschieden hatte – schon bald davon überzeugt war, seine Söhne seien völlig unbegabt.

Die Unterrichtsatmosphäre war deprimierend. Im oberen Stock von York House wurde ein provisorisches Klassenzimmer eingerichtet, ein kleiner Raum mit unbequemen Holzbänken, einer freistehenden Tafel, ein paar Geschichts-, Latein- und Mathematikbüchern. Finch weckte die beiden Prinzen um sieben Uhr und führte sie in den Klassenraum, wo sie 45 Minuten lang schweigend lernen mußten. Erst dann wurden sie zum Frühstück nach unten gebracht. Danach mußten sie jedoch von neun bis eins wieder in den engen dunklen Raum gehen (nur bei schönem Wetter gab es manchmal eine Stunde Sport). Nach dem Mittagessen unternahmen die Kinder dann einen Spaziergang, oder sie konnten sich ausruhen, danach mußten sie wieder eine Stunde arbeiten. Zur Teezeit bekamen sie Marmeladenbrote und Milch, übrigens die letzte Mahlzeit des Tages, bevor sie gewaschen und neu angekleidet für eine Stunde zu ihren Eltern gebracht wurden; anschließend gingen sie ins Bett. Wohl selten ist eine Kindheit Privilegierter so freud- und lieblos und ohne jede Abwechslung verlaufen.

Allerdings ging es Edward und Albert nicht viel schlechter als den meisten ihrer Altersgenossen in den vornehmen Familien der viktorianischen und edwardianischen Zeit, nur waren sie zusätzlich noch von Gleichaltrigen fast völlig isoliert.

Nach Auskunft der Gräfin von Airlie verhielten sich der Prinz und die Prinzessin von Wales gegenüber ihren Kindern »gewissenhafter und liebevoller als die Mehrzahl der Eltern damals«, was um so mehr unser Mitleid mit den Millionen anderen Kindern, die in der Zeit lebten, hervorruft. »Das Tragische freilich war«, so Mabell Airlie weiter, »daß keiner von beiden sich in die kindliche Gefühlswelt hineinversetzen konnte …, und so gelang es ihnen nicht, ihre Kinder glücklich zu machen.« Hinzu kam noch Georges unberechenbarer Jähzorn, der durch seine chronischen Verdauungsstörungen noch verstärkt wurde. Dies versuchte man damals nur mit Geduld und reichlich Milch ein wenig zu lindern. Aber Geduld hatte der Prinz überhaupt nicht, und Milch konnte er nicht ausstehen.

»Mein Vater hatte einen schrecklichen Charakter«, gestand Edward Jahre später. »Meiner Mutter gegenüber verhielt er sich ungemein grob. Deshalb stand sie des öfteren vom Tisch auf, und wir Kinder verließen dann gemeinsam mit ihr den Raum; natürlich nur, wenn kein Personal anwesend war.« Waren Mutter und Kinder allein, beispielsweise wenn George in den Midlands jagen ging, dann verlief alles ganz anders. »Mit Mutter haben wir stets wundervolle Stunden verbracht, ständig gelacht und Spaß gehabt. Sie war ein ganz anderer Mensch, wenn unser Vater nicht dabei war.«

Für George war es ganz selbstverständlich, die Rolle des dominanten Mannes zu übernehmen. Und seine Frau hatte rasch begriffen, daß die Reise, die sie 1901 gemeinsam durch die Kolonien unternommen hatten, ihn noch in dieser Auffassung bestärkt hatte. Schon lange glaubte er daran, daß zwischen dem Souverän und seinen Untertanen eine Art mystischer Verbindung bestehen müsse, und so war für George der Status des Thronfolgers ähnlich mystisch. Loyalität bedeutete für ihn unbedingte Treue gegenüber der Krone, fast so als garantiere die Krone einen privilegierten Zugang zu Gott. Infolgedessen hielt er die Monarchie, wie einer seiner Biographen geschrieben hat, als »etwas vom Alltagsleben Abgehobenes, etwas, das durch seine über Jahrhunderte während Tradition allen sonstigen politischen oder familiären Institutionen überlegen war, eine mystische, geheiligte Einrichtung«.

Die Tochter des Thronfolgerpaares, Prinzessin Mary, die im Herbst 1902 fünf Jahre alt war, hatte eine eigene deutsche Kinderfrau und eine eigene Französischlehrerin, obwohl sie den Nachmittag und den frühen Abend gemeinsam mit ihren Brüdern verbrachte. Als einziges Mädchen unter den Kindern (ihr vierter Bruder, George, kam im Dezember 1902 zur Welt) wurde sie von ihrem Vater verwöhnt und verhätschelt und bekam – anders als Edward und Albert – niemals seine Zornausbrüche oder gar Ablehnung zu spüren. Der goldblonde künftige Thronerbe Edward war der Star in der Familie, und der neugeborene Sohn George wurde zum Liebling seiner Eltern; dazwischen war Albert, dürr und X-beinig und wegen seines Stotterns hochempfindlich. »Er flüchtete sich entweder in Schweigen – weshalb er als launisch galt – oder aber in Aufsässigkeit«, wie es die Gräfin Airlie beschrieb. Und sie fügte hinzu: »Er hatte größere Probleme mit den Vorschriften der Erwachsenen als seine Brüder.« Seit 1904 – er war acht Jahre alt – mußte Albert mehrere Stunden täglich und in der Nacht zur Korrektur seiner X-Beine Schienen tragen, die sehr schmerzhaft waren. Das machte ihn noch einsamer und unglücklicher.

»Meine ganze Arbeit mit Prinz Albert wird praktisch durch diese Beinschienen beeinträchtigt«, schrieb Hansell im Juni 1904 an den Prince of Wales. »Inzwischen glaube ich nicht mehr, daß sich damit gute Ergebnisse erzielen lassen.« Und der Lehrer sollte recht behalten, Alberts Leistungen im Unterricht verschlechterten sich, und aus Verzweiflung darüber brach er häufig in Wutanfälle und anschließend in Weinkrämpfe aus.

Allerdings brachten die Schienen schließlich doch den gewünschten Erfolg. Mit zwölf Jahren befreite man den Prinzen endlich von ihnen, und er wuchs zu einem schlanken, athletischen Jungen heran. Er lernte Reiten und war schon bald ein großer Pferdenarr. In dieser Leidenschaft übertraf ihn nur noch seine Schwester Mary. Diese Pferdeliebe der Geschwister fand die ungeteilte Zustimmung ihres Großvaters, King Edward, der selbst den Reitsport über alles liebte. Edward hatte mit seinem Pferd sogar einmal das Derby und das Grand National gewonnen. Dank der Königlichen Familie erlebte der Reitsport eine Blüte, und wer nicht selbst reiten wollte, ging zu Pferderennen und wagte dort hohe Einsätze.

Die unglückliche Kindheit der Kinder des Prinzenpaares von Wales und ihre Isolation blieb natürlich nicht ohne Folgen auf ihre Entwicklung. Schon als Teenager strahlte Mary eine Kälte aus, die ihre emotionale Entwicklung blockierte. Vielleicht heiratete sie deshalb einen wesentlich älteren Mann. Edward blieb zeitlebens ein »Zappelphilipp« und war später ein ängstlich besorgter, besitzergreifender Liebhaber. Albert konnte nur unter größten Anstrengungen eine Unterhaltung führen und ordnete sich später ganz seiner Frau unter, die ihn und seine Kinder unterdrückte. Henry heiratete die schweigsamste Frau, die es je in der Familie gegeben hatte, und äußerte sich entweder in einem bellenden Befehlston, oder er brach in unvermittelte Lachanfälle aus. George nahm eine Zeitlang Drogen und hatte neben seiner Ehe immer wieder homosexuelle Beziehungen. Es war also eine ganz normale Familie, wenn wir den Bekundungen der späteren Nachkommen Glauben schenken wollen.

Das sechste und letzte Kind von George und May, der am 12. Juli 1905 geborene Prinz John, war jedoch von allen das problematischste. Schon als Kleinkind blaß, nervenschwach und ungewöhnlich still, bekam er immer wieder Anfälle, die seine Eltern und Betreuer in Angst versetzten. Im Alter von vier Jahren diagnostizierten die Ärzte Epilepsie, und man brachte das kleine Kind heimlich aufs Land, wo fortan Charlotte Bill, die ehemalige Kinderfrau seiner älteren Brüder, für ihn sorgte. Epilepsie galt damals in vornehmen Familien als Makel, als ein Zeichen von Geistesgestörtheit und als Erbschwäche, und man wollte diese Krankheit einfach nicht wahrhaben.

Als John drei Monate alt war, gingen George und May als Repräsentanten des Königs und Kaisers auf eine ausgedehnte Südostasien- und Indienreise. Sie legten in sechs Monaten mehr als 16 000 Kilometer zurück und beeindruckten die Menschen, die sie trafen, durch ihr politisches Urteilsvermögen, ihr ungekünstelt würdiges Auftreten und ihre Vorurteilslosigkeit.

Natürlich bereitete sich die Prinzessin für diese Reise vor und las jedes Buch, das sich mit den Ländern beschäftigte, die sie besuchen wollten. »Sie können sich sicher vorstellen, welche Mühe es mich gekostet hat, mir die richtigen Bücher zu beschaffen«, schrieb sie an ihren alten Hauslehrer, und sie fügte noch stolz hinzu, daß Sir Walter Lawrence, der als Stabschef mitreiste, ihr damit geschmeichelt habe, daß sie »über die indischen Angelegenheiten sehr gut informiert« sei. Besonders vertiefte sie sich in die Geschichte der indischen Religion, denn sie meinte, »solche Kenntnisse helfen einem, was man sieht, mit mehr Interesse zu betrachten und besser zu verstehen«.

In seiner Funktion als Prince of Wales bemühte sich George auf dieser Reise unablässig, seine Pflicht zu erfüllen und in seiner öffentlichen Rolle perfekt aufzutreten. Ungeachtet der Feindseligkeiten zwischen der indischen Bevölkerung und dem britischen Militär fuhr er durch jede Stadt, die er besuchte, in einer offenen Kutsche. Als Repräsentant des Empires traf er britische und indische Offiziere, ging auf Tigerjagd, verlieh Orden und nahm Paraden ab. Obwohl er die Unabhängigkeitsbestrebungen der Inder nicht unterstützte, war George dennoch entrüstet, als er miterleben mußte, wie schlecht die meisten Briten die Inder behandelten. Gleichermaßen befremdet zeigte sich der Prinz darüber, wie die indischen Frauen im Land behandelt wurden: »Ich kann mir nicht vorstellen, wie sich in diesem Land eine echte Selbstachtung entwickeln soll, solange die Inder ihre Frauen so behandeln, wie sie es heute tun.«

Die Wirkung dieser Reise auf George war außerordentlich. Er war jetzt mehr denn je von der großen Bedeutung der Krone und der Rolle eines demokratischen Herrschers überzeugt und bei seiner Rückkehr nach England von seiner hohen Bestimmung ganz durchdrungen. »Er erkannte«, wie es bei John Gore heißt, der über seine persönlichen Erfahrungen mit George ein Buch geschrieben hat, »in welchem Ausmaß der Fortbestand des Empires vom persönlichen Vorbild des Throninhabers abhängt.« Und in dieser Auffassung, so hätte Gore noch hinzufügen können, fand der Prinz jetzt mehr denn je die volle Zustimmung seiner Frau.

Doch so ernst George und May ihre künftige monarchische Aufgabe auch nahmen, beide glaubten nicht daran, daß der Bestand des Empires vom Bestand der britischen Herrschaft in Indien abhängig sei. Nach seiner Heimkehr schrieb George an Lord Esher:

>Persönlich glaube ich, daß sich demnächst unsere Wege trennen werden … Wir müssen den Einheimischen entweder größeres Vertrauen entgegenbringen und sie stärker an der Regierung beteiligen oder ihnen wenigstens erlauben, ihre Auffassungen zum Ausdruck zu bringen. Andernfalls müssen wir unseren Beamtenapparat erheblich vergrößern, [weil er] wegen Arbeitsüberlastung den Kontakt zu den Dörfern verloren hat.<

Solange ihre Eltern auf Reisen waren, kamen die Kinder des Prinzen und der Prinzessin von Wales wieder einmal zu ihren Großeltern – dem König und der Königin. Wenn während dieser Zeit eine Gouvernante oder ein Lehrer die Kinder abends ins Bett bringen wollte, drückte Alix ihre Enkel Edward, Albert, Henry und die kleine Mary an sich, um sie noch ein wenig bei sich zu behalten. >Ist schon gut<, sagte King Edward bei solchen Gelegenheiten, >lassen Sie die Kinder noch ein bißchen bei uns. Wir schicken sie gleich hinauf.< Die Kleinen waren viel lieber bei ihren Großeltern als bei ihren Eltern. >Es tat sich<, schrieb Edward viele Jahre später, >jedesmal wie durch einen Zauber eine völlig neue Welt für uns auf.< Er erinnerte sich auch noch gut daran, wie er in Sandringham die große Treppe hinuntergeschaut und unten Großpapa und Großmama umringt von ihren Gästen gesehen hatte, >es war ein buntes Gemisch von bedeutenden Persönlichkeiten, Politikern, Diplomaten, Bankiers, den Großen aus Kunst und internationaler Gesellschaft, kurz gesagt, Bonvivants<.

Was der kleine Edward nicht wissen konnte, war, daß sein Großvater damals wirklich wichtigere Dinge zu tun hatte, als mit seinen Enkeln herumzutollen oder in Sandringham Gesellschaften zu geben. Während das Kronprinzenpaar sich in Indien aufhielt, war die Liberale Partei durch einen erdrutschartigen Sieg an die Macht gekommen. Das bedeutete nicht, daß im Unterhaus fortan die Sozialisten die Politik bestimmen würden. Viele Liberale waren Imperialisten, etwa Herbert Asquith, Edward Grey und R. B. Haldane. Der Sieg der Liberalen war hauptsächlich auf die Fehler der Balfour-Regierung in der Sozial-, Steuer- und Bildungspolitik zurückzuführen und auf die Bedingungen der chinesischen Arbeiter in Südafrika, die wie Sklaven behandelt wurden.

Zur Führungsmannschaft der Partei gehörten Asquith (der 1908 dem erkrankten Henry Campbell-Bannerman als Premierminister folgte), David Lloyd George (der Schatzkanzler und Zahlmeister mehrerer Sozialprogramme) und Winston Churchill, der sich genau wie Lloyd George offen für eine Erweiterung bestimmter Sozialleistungen ausgesprochen hatte. Doch so einfach ließen sich diese Pläne natürlich nicht umsetzen. Trotz des Mißtrauens, das er der »radikalen Welle«, wie er es nannte, entgegenbrachte, hielt King Edward sich pflichtgemäß aus den Streitigkeiten der Parteien heraus und versuchte sogar zwischen dem neuen Unterhaus und dem weiterhin konservativ dominierten Oberhaus zu vermitteln.

1906 gab der Gesundheitzustand des Königs Anlaß zu tiefer Sorge. Edward, der sich beim Essen noch nie zurückgehalten hatte, bevorzugte weiterhin schwere Speisen, die er nun in noch größeren Mengen und immer heißhungrig verschlang. Zum Frühstück aß er meist zwei Portionen Eier mit Speck, danach Räucherfisch, Brathühnchen und dazu einen halben Laib Brot. Das zweite Frühstück bestand aus einer Suppe, und schon wenige Stunden später folgte ein viergängiges Menü mit Fleisch, Fisch und Kartoffeln. Zum Tee servierte ein Diener Eier, Kuchen, Mürbeteiggebäck und mit Sahne und Früchten gefüllte Hörnchen. Zum Abendessen gab es dann noch ein zwölfgängiges Menü. Früher hatte er sich zum Abendessen nur ein Glas Champagner und hinterher vielleicht noch einen Cognac gegönnt, jetzt trank der König viel mehr Alkohol.

Zudem rauchte er stark: mehr als zwölf dicke Zigarren und die doppelte Menge an schweren Orientzigaretten am Tag. Alix, die wie Victoria davon überzeugt war, daß Rauchen nicht nur ungehörig, sondern auch gesundheitsgefährdend sei, versuchte, ihren Mann zu mäßigen, doch das half nichts. Edward litt häufig unter Bronchialbeschwerden, und es gab auch erste Hinweise auf ein Emphysem, ein Krankheitsbild, das schließlich zum Tod des Königs führte (die Öffentlichkeit wurde erst nach Edwards Tod darüber informiert).

Ebenso besorgt wie die Königin war auch Alice Keppel, die Geliebte des Königs. Alix war eigentlich nicht damit einverstanden, daß Edward diese Beziehung, die in Adelskreisen belächelt wurde und seinem Ansehen schadete, fortsetzte. Sie meinte, daß ein wenig öffentliche Kritik von seiten der Presse Edward vielleicht nicht unberührt lassen würde – aber die Medien hielten sich diskret zurück.

Anfang des Jahres 1907 aufgenommene Fotos des fünfundsechzig-jährigen Edward zeigen einen lächelnden Monarchen mit keck aufgesetztem Hut und der obligatorischen dicken Zigarre. Er wirkte wie ein wohlwollender Großvater oder ein vermögender Unternehmer. Doch sein unmäßiges Leben hatte seine Gesundheit so sehr angegriffen, daß er im Februar 1907 Alix gegenüber andeutete, er werde zu Gunsten von George abdanken, eine für ihn ganz untypische Überlegung.

Den Sommer verbrachte Edward in seinem bevorzugten böhmischen Kurort Marienbad, allerdings ohne Alix. Dort traf er mit dem russischen und dem französischen Ministerpräsidenten zusammen, nahm Verhandlungen über ein anglo-russisches Bündnis auf und bereitete die neue *Tripelentente* zwischen England, Frankreich und Rußland vor. Der deutsche Kaiser, dem diese englische Bündnispolitik überhaupt nicht gefiel, war ebenfalls in Marienbad und konstatierte, daß sein Onkel zwar reichlich Quellwasser zu sich nahm, jedoch seinen gewaltigen Appetit nach wie vor nicht unter Kontrolle hatte.

Im April 1908 – der König konnte den nicht enden wollenden Londoner Winter nicht mehr ertragen – fuhr er nach Biarritz, wo ihm der neue Premierminister Asquith seinen Antrittsbesuch abstattete. Zwei Monate später besuchte Edward den russischen Zaren Nikolaus II., um die neue Entente zu festigen und damit den deutschen Kaiser politisch weiter zu isolieren. Der Aufenthalt in Rußland war aber zugleich auch ein Familienbesuch; die Zarin war Edwards Nichte, die Tochter seiner Schwester Prinzessin Alice, und der Zar selbst war Königin Alexandras Neffe, der Sohn des Zaren Alexanders III., Ehemann von Alexandras Schwester Dagmar.

Dem deutschen Kaiser Wilhelm II. mißfiel die Beliebtheit seines Onkels in Frankreich und Rußland sehr. Außerdem wollte er die englische Flotte mit einem deutschen Flottenverband übertrumpfen, um dadurch die Weltgeltung seines Landes zu demonstrieren. In seinem Kampf um die Vormachtstellung konnte der Kaiser (wegen eines verkrüppelten Arms verunstaltet und dadurch psychisch belastet) auch nicht mehr vom Reichskanzler Otto von Bismarck gebremst werden. Bismarck hatte jedoch versäumt, den Machtbereich des Kaisers gesetzlich zu definieren, und als der deutsche Reichskanzler 1898 starb, agierte Wilhelm nahezu wie ein absoluter Herrscher.

Nach Edwards Rückkehr nach England gab Wilhelm dem Londoner *Daily Telegraph* ein Interview. Er liebe Großbritannien, ließ er wenig überzeugend verlauten, was er noch einmal wiederholte, als er im November 1907 von der Universität Oxford den Ehrendoktor verliehen bekam. Aber er fügte auch hinzu, daß er England während des Burenkriegs am liebsten »gedemütigt« hätte. Und dann zeigte er seine wahren Gefühle: »Ihr Engländer seid verrückt, verrückt wie die Hasen im März. Was ist in euch gefahren, daß ihr euch so sehr von Mißtrauen leiten laßt, wie es einer großen Nation unwürdig ist?« Das britische Mißtrauen hatte freilich gute Gründe. Ganz Europa beobachtete beunruhigt den unberechenbaren, militaristischen Kaiser und war zugleich davon überzeugt, daß Edward aufrichtig den Frieden bewahren wollte. Bald erklärte Lord Northcliffe, der Herausgeber der *Times*, in seinen Leitartikeln, jeder halbwegs urteilsfähige Bürger müsse zur Kenntnis nehmen, daß Deutschland einen Krieg vorbereite. Allerdings teilten nur wenige Bürger diese Auffassung.

Inzwischen blockierte das von den Konservativen beherrschte Oberhaus fortwährend die Sozialreformen und die Steuergesetze der von einem liberal dominierten Unterhaus getragenen Regierung. Der Hauptkonflikt entzündete sich an dem von Lloyd George, dem damaligen Schatzkanzler, vorgetragenen Entwurf zu einem sogenannten Volksbudgetgesetz, das die Privilegien der Aristokratie beschneiden sollte. Und so waren die Voraussetzungen für einen Kampf gegeben, in den auch die Krone hineingezogen zu werden drohte und aus dem sie wohl kaum unbeschädigt hervorgehen konnte. Als die regierende Liberale Partei Edward drängte, mehr liberale Peers in das Oberhaus zu entsenden, weil man so den Widerstand der Opposition zu brechen hoffte, weigerte sich der König, die politische Unabhängigkeit des Monarchen preiszugeben. Die allgemeinen Wahlen von 1910 entschärften die Krise.

Zu diesem Zeitpunkt war die Krankheit des Königs bereits weit fortgeschritten.

Was Georges Kinder Edward und Albert anbelangt, so erhielten sie jetzt, wie einst ihr Vater, ihre weitere Ausbildung bei der Marine. Im Alter von dreizehn Jahren trat Edward als Kadett in die Marineakademie in Osborne ein. Die königliche Residenz war von Victoria der Nation übertragen worden, Edward hatte sie später der Marine übergeben. Der König selbst hatte viele Jahre zuvor eine ähnliche Ausbildung genossen, und für den jungen Prinzen Edward fand der

Unterricht in Geschichte, Verfassungstheorie und Sprachen mit seinem Wechsel nach Osborne ein abruptes Ende.

Edward sah jünger aus als dreizehn, war ein hübscher und leicht verletzlicher Junge, seine Größe betrug etwa 1,58 Meter; drei Jahre später hatte er mit 1,65 Metern seine endgültige Größe erreicht. Weil er nicht gerade dem Typus eines sportlichen Jugendlichen entsprach, und weil er der Sohn des Prince of Wales war, erhielt Edward, auch wegen seiner schmächtigen Gestalt, von seinen Kameraden schon bald den Beinamen »Kleine Sardine« (in Anspielung auf den Namen Wales von Wal); so wurde später auch sein Bruder Albert genannt. Edward war schon in diesem Alter Raucher; vielleicht wollte er erwachsener erscheinen, sicher aber, weil er es von der Familie so kannte.[4]

»Sobald wir wußten, wer der Neue war«, erinnert sich ein ehemaliger Kamerad, »sorgten wir Älteren dafür, daß er einiges auszustehen hatte. Im Rückblick weiß ich wohl, daß wir uns dabei wie eine Meute verrückter Hunde aufgeführt haben. Aber es war Tradition, jeden neuen Kadetten erst einmal zu drangsalieren, um ihm seinen Platz zu zeigen.«

Die Quälereien begannen damit, daß man Edward ein Faß roter Tinte über dem Kopf entleerte. Wie er heiße, wollten seine Kameraden wissen. »Einfach Edward«, erwiderte er, weil er fürchtete, sich zu isolieren, wenn er sich als Prinz Edward zu erkennen gäbe.

»Am Anfang war es besonders hart«, schrieb Edward später, »weil ich dort hingekommen bin, ohne vorher in einer Schule mit anderen Jungen zusammengewesen zu sein, und weil ich vorher keinerlei Erfahrungen im Zusammenleben mit anderen machen konnte. Bis dahin hatte ich ja Finch [den Diener], der sich um meine Kleider kümmerte und hinter mir Ordnung schaffte. Jetzt war ich selbst für mich verantwortlich. Und die komfortablen

---

[4] Edwards Großvater sollte kurz darauf an den Folgen des Rauchens sterben, wie später auch Vater und Bruder des Prinzen; er starb schließlich auch daran. Unter den Folgen ihres starken Tabakgenusses hatten schon Edwards Onkel, Prinz Alfred, und möglicherweise seine Tante Vicky zu leiden. Die Gefahren des Rauchens waren zur damaligen Zeit bereits allgemein bekannt. Schon Queen Victoria führte eine leidenschaftliche Kampagne dagegen. In der Folgezeit warnten die Hofärzte (vor allem diejenigen, die homöopathisch behandelten) ihre königlichen Patienten immer wieder vor übermäßigem Zigarren- oder Zigarettenkonsum – aber vergeblich.

Räume in unseren verschiedenen Residenzen mußte ich unversehens gegen einen langen, nackten Schlafsaal tauschen, in dem mit mir noch dreißig andere Jungen schliefen. Meine Umgebung verengte sich auf ein hartes Eisenbett und einen schwarzweißen Seemannskasten ...«

Manches an dieser harten Ausbildung war harmlos und für einen künftigen Monarchen vielleicht sogar nützlich. Doch gefährlich war das kategorische Verbot, das Verhalten von Vorgesetzten zu hinterfragen. »Man hat uns damals beigebracht, daß es nur zwei Möglichkeiten gibt, etwas zu tun«, erinnert sich ein Klassenkamerad, der später Admiral wurde,

»nach den Vorschriften der Marine, die stets richtig waren, oder gegen die Vorschriften der Marine, was unausweichlich falsch war. Eine Abweichung von diesen Regeln wurde nicht geduldet. Wie denen, die vor uns auf der Marineschule waren, wurde uns stereotypes Handeln beigebracht und das Denken abgewöhnt. Experimentieren war verpönt ... Mathematik, Naturwissenschaften, Navigation und Ingenieurwissenschaft war alles, was wir lernten. Kein Latein, keine Logik, nicht Geographie und nicht Geschichte, nicht einmal Marinegeschichte.«

Als der inzwischen dreizehnjährige Albert Anfang 1909 ebenfalls Kadett in Osborne wurde, sah er sich ähnlichen Problemen gegenüber wie ein Jahr vorher sein Bruder. Albert hatte allerdings das Handicap seines Sprachfehlers. »Er sieht viel zu jung und zart aus, um schon in die harte Welt gestoßen zu werden«, schrieb die Kinderfrau Lala Bill in ihr Tagebuch. »Aber trotzdem glaube ich, daß Bertie seine Probleme leichter überwinden wird als sein älterer Bruder.«

Auch Albert war nie in eine Schule gegangen, hatte nie mit gleichaltrigen Jungen Umgang gehabt, er hatte sein bisheriges Leben abgeschieden und behütet verbracht. Die Eingewöhnung in Osborne wurde dem blassen, unsicheren Jungen auch noch dadurch schwergemacht, daß er keinerlei Kontakt mit seinem älteren Bruder haben durfte. Doch Albert kam sein heftiges Temperament, das er von seinem Vater geerbt hatte, zugute. Hauptsächlich richteten sich seine Wutausbrüche gegen sich selbst, und er war verzweifelt wegen seines Stotterns, das ihn nur zu oft wie einen Idioten dastehen ließ. Das war er jedoch nicht, obwohl er niemals durch gute Leistungen glänzte. Doch hielt er mit seinen unvermittelten Wutausbrüchen seine Kameraden auf Abstand, und bald sagte man allgemein, daß mit dem kleinen Prinzen Albert nicht zu spaßen sei. Am Ende des zweiten Jahres in Osborne erreichten seine Leistungen ihren Tiefpunkt: Von den achtundsechzig Jungen seiner Klasse hatte Albert den schlechtesten Notendurchschnitt.

Osborne war eine typische Militärakademie. Morgens um sechs wurden die Jungen von einem Hornisten geweckt. Kurz darauf erklang ein Gong, und sie mußten neben ihren Betten ihr Morgengebet sprechen, ein weiterer Gong bedeutete Zähneputzen und ein dritter war das Signal für ein Bad in einem Becken mit kaltem Wasser. Der Alltag war strikt reglementiert. Die Jungen wurden ständig beschäftigt. War der Tag zu Ende, hatten sie drei Minuten Zeit, um sich auszuziehen, die Kleider für den nächsten Tag zurechtzulegen, sich zu waschen und ins Bett zu gehen. Auch das Essen, das es an der Marineschule gab, war schlecht.

Während die beiden Prinzen eine harte Ausbildung durchliefen, mußte sich ihr Großvater mit Problemen, die ihm die Marine eines anderen Landes bereitete, auseinandersetzen. Und zwar ging es um die rasante Verstärkung der deutschen Flotte. Die zahlreichen Besuche des Königs beim deutschen Kaiser in dieser Angelegenheit endeten regelmäßig mit öffentlichen Freundschaftsbekundungen, obwohl privat zwischen den beiden ein eher eisiges Klima herrschte.

Auf der letzten dieser Reisen wurde Edward häufig von Hustenanfällen und chronischer Bronchitis geschüttelt, und Ende 1909 bemerkten Königin Alexandra wie auch Alice Keppel, wie bedenklich sein Zustand war, und rieten ihm zur Ruhe. Doch der König ließ sich von seinen Pflichten nicht abhalten, denn er spürte, daß eine Verfassungskrise bevorstand. Seit dem Sieg der Liberalen 1906 hatte das Oberhaus, in dem die Konservativen über eine beträchtliche Mehrheit verfügten, die Sozialgesetzgebung des Unterhauses systematisch blockiert. In dieser Situation schlug sich die stärker gewordene Labour Party auf die Seite der Liberalen und bemängelte, daß die Erbaristokratie (nämlich die Lords im Oberhaus) die Durchsetzung der Beschlüsse des gewählten Parlaments (des Unterhauses) vereiteln würde.

Auch die Diskussion um das von Lloyd George verfochtene »Volksbudgetgesetz« spitzte sich immer mehr zu. Der Schatzkanzler wollte einen geringfügigen Einkommensteuerzuschlag auf Jahreseinkommen über 5000 Pfund (damals 24 000 Dollar) erheben und nicht selbst erwirtschaftete Vermögen (das heißt durch Erbschaft erworbene) stärker besteuern als die Löhne. Die Tories blockierten diesen Entwurf als sozialistisches Teufelszeug, und Premierminister Asquith löste schließlich im Dezember 1909 das Parlament auf und stellte bei den allgemeinen Wahlen die Frage: »Sollen die Peers oder das Volk regieren?« Auch King Edward geriet nun zunehmend unter Druck. »Die Monarchie«, erklärte er grimmig, »hat keine Zukunft mehr. Ich glaube, daß mein Sohn sich noch auf dem Thron halten können wird, weil die Menschen ihn mögen, aber meinem Enkel wird das gewiß nicht mehr gelingen.« Diese Vorhersage sollte sich als zutreffend erweisen, allerdings aus Gründen, die mit den Motiven seiner Prophezeiung nichts zu tun hatten.

Edward drängte die Tories und die Lords, den Haushalt anzunehmen, um eine Krise zu vermeiden. Außerdem fürchtete er, der Premierminister könnte das Recht des Oberhauses, Gesetze zu verwerfen, abschaffen. Die Alternative wäre wahrscheinlich gewesen, daß Asquith vom König die Ernennung zusätzlicher liberaler Peers verlangte, und damit hätten sich die Mehrheitsverhältnisse im Oberhaus verändert. Damit aber wäre auch das für einen Sitz im Oberhaus geltende Erbprinzip aufgehoben gewesen, und das wäre einem Angriff auf die Monarchie selbst gleichgekommen. Hätte Asquith den König aufgefordert, liberale Peers zu ernennen, hätte er sich wohl fügen müssen. Doch dann wurde das Volksbudgetgesetz vom Oberhaus angenommen, und die allgemeine Aufmerksamkeit richtete sich nun auf eine Gesetzesvorlage des Parlaments, die vorsah, die Zuständigkeiten des Oberhauses zu beschneiden.

In jenem Winter verschlechterte sich Edwards Gesundheitszustand erneut, seine Krankheit hatte sich inzwischen zu einem schweren chronischen Leiden entwickelt. Er war zwar eigentlich noch kein alter Mann (am 9. November 1909 hatte er seinen achtundsechzigsten Geburtstag gefeiert), doch er wirkte so. Ungeachtet des noch schwelenden Streits über den Haushalt und die Rechte des Oberhauses eröffnete der König am 22. Februar 1910 das Parlament. Anders als seine Mutter war er dieser Pflicht stets nachgekommen. Obwohl Edward selbst den Luxus liebte, zeigte er doch dank Alix ein Herz für die Armen. Diese Empfindungen setzte er jedoch nie in konkrete Vorschläge an die Regierungen um. Auch hegte er nie Sympathien für Sozialisten oder Radikale oder gar für die Suffragetten.

Im Jahr 1910 lebten innerhalb der Grenzen des britischen Empires auf einer Fläche von knapp dreißig Millionen Quadratkilometern –

mehr als einem Fünftel der Landmasse der Erde – über vierhundert Millionen Menschen. Und so konnte man zu Recht sagen, daß die Sonne im britischen Empire nie unterging – vielleicht auch, wie bisweilen zu hören war, weil Gott einem Engländer im Dunkeln nicht über den Weg traut.

Die Reisen Edwards VII. und seines ältesten Sohnes George, Prince of Wales, trugen viel zur Popularität der Krone bei. Aber den Monarchen liebten und bewunderten die Menschen wegen seiner persönlichen Eigenschaften, wegen seiner Umgänglichkeit, seiner Geselligkeit, seines stets freundlichen Auftretens in der Öffentlichkeit, seiner allzumenschlichen Schwächen, die man ihm verzieh und die niemanden verletzten (außer seine Ehefrau, die sich aber nie beklagte), wegen seines Charmes und seiner tadellosen Manieren und der Liebe, die er seinen Enkeln und seiner (stets loyalen) Alix entgegenbrachte. Nie mehr seit der Zeit von Victoria und Albert war das Königshaus so sehr als Familie in Erscheinung getreten.

Überdies erledigte Edward VII. seine Verpflichtungen mit Würde und Tatkraft und vermittelte den Eindruck eines um sein Volk besorgten, wohlwollenden Monarchen. In nur neun Jahren hatte Edward die Monarchie zu einer Stütze der zivilisierten Gesellschaft gemacht. Just in dem Augenblick, da eine aufblühende Massenpresse und das noch junge Kino die große Öffentlichkeit in ihren Bann schlugen, stand dieser joviale, moderne König als Repräsentant der neuen Zeit bereit. Auch kam ihm seine Fähigkeit zugute, seinem königlichen Status den zeitgemäßen menschlichen Anstrich zu geben. Er hofierte die Presse, engagierte Fotografen, ließ seinen Charme spielen und bewegte sich völlig unverstellt. In der Rolle, die ihm durch seine Herkunft zugefallen war, hatte er zwar nur wenig Handlungsmöglichkeiten, aber er meisterte alles mit Bravour. Durch seine Herzlichkeit und Aufrichtigkeit, seine Generosität und Schlichtheit sorgte Edward VII. dafür, daß die Monarchie in Großbritannien wieder zu Ansehen gelangte. Und seine Nachfolger im 20. Jahrhundert hatten allen Grund, ihm dafür dankbar zu sein.

Nach der Parlamentseröffnung konnten die Ärzte den kranken König bewegen, wenigstens zu einem Erholungsaufenthalt nach Biarritz zu reisen. Niemand ahnte damals, daß Edwards Krankheit schon weit fortgeschritten war. Der König, den Kurzatmigkeit und heftige Schmerzen in der Brust plagten, besuchte bei einem Zwischenstopp in Paris am 7. März 1910 ein Theater, wo er sich auch noch erkältete. Auf dem Weg nach Biarritz am nächsten Tag hatte er bereits eine schwere Grippe und eine Bronchitis. In seiner Begleitung reisten Alice Keppel und ihre Töchter, die dem kranken Monarchen zur Seite standen und ihn pflegten. »Ich fahre gar nicht gern von Biarritz weg«, sagte er am Abend seiner Abreise mit heiserer Stimme, »vielleicht komme ich nie mehr hierher.« Bei seiner Abreise wurden Feuerwerke entzündet, Musikkapellen marschierten auf, und die Bürger der Stadt jubelten dem König zu, der dem mondänen Badeort zu so viel Popularität verholfen hatte. »Ich hoffe, wir haben uns überall bedankt«, sagte Edward zu seinem Sekretär und fügte als gewiefter Medienexperte noch hinzu: »Vor allem bei der Presse.«

Am 27. April kehrte der König nach London zurück und besuchte noch am selben Tag Covent Garden, um sich Verdis *Rigoletto*, eine seiner Lieblingsopern, anzuschauen. Lord Redesdale, der den König abends im Theater sah, fand ihn »sehr müde und erschöpft mit einem sehr traurigen Gesichtsausdruck«.

Am Samstag, dem 30. April, begab sich der König nach Sandringham. Seinen Bediensteten, die ihn normalerweise nur als jemanden kannten, der »es stets eilig hatte, alles sofort erledigt haben wollte, zwar freundlich war, jedoch Gehorsam erwartete«, fiel jetzt auf, daß er »ganz ruhig und sanft war und daß von seiner üblichen Impulsivität kam etwas zu spüren war«. Am 2. Mai kehrte er, ständig hustend und mit beängstigend grauer Gesichtsfarbe, in den Buckingham-Palast zurück. Aber er wollte sich nicht schonen. »Nein, ich lasse mich nicht kleinkriegen. Ich werde bis zum Ende arbeiten«, sagte er und zündete sich eine Zigarre an. »Welchen Sinn hat denn das Leben, wenn man nicht arbeiten kann?« Am Abend jenes Tages nahm er alle seine Kräfte noch einmal zusammen und dinierte mit Agnes Keyser, seiner alten Freundin.

Am nächsten Tag traf Edward dann ungeachtet der Warnungen seiner Ärzte mit dem amerikanischen Botschafter Whitelaw Reid zusammen, der später berichtet hat, wie das Gespräch immer wieder von

»Hustenanfällen [unterbrochen wurde]. Mir schien es, als ob er unter etlichen für Bronchialasthma typischen Symptomen litt. Ich hatte den Eindruck, daß diese Anfälle jetzt immer häufiger wurden … und daß er sie nicht mehr so leicht verkraftete wie früher. Trotzdem war er damals noch immer ein äußerst vitaler und von Energie sprühender Mann.«

An diesem Abend dinierte Alice Keppel mit dem König und spielte anschließend mit ihm Karten. Diese Nacht schlief er schlecht und fühlte sich am nächsten Morgen sehr unwohl.

Am 4. Mai traf dann Alix, die George benachrichtigt hatte, wieder in London ein. Sie hatte Verwandte auf Korfu besucht. Alix traf den König in einem miserablen Zustand an, er war aschgrau, sein Gesicht eingefallen, und er atmete so mühsam, daß man dachte, er müßte jeden Moment ersticken. Alix sprach ihrem Mann Trost zu, traf dann mit George und May zusammen, wobei sie in Tränen ausbrach. Während der folgenden zwei Tage hielt die Familie abwechselnd Wache bei dem Kranken.

Am Morgen des 6. Mai wurde deutlich, daß sich das Leben des Königs dem Ende zuneigte.

Und nun tat Königin Alexandra ihrem sterbenden Mann einen letzten und wirklich bemerkenswerten Liebesdienst, der als Ausdruck außergewöhnlicher Großmut und Selbstlosigkeit in die Geschichtsbücher eingegangen ist. Wissend, daß die Anwesenheit von Alice Keppel dem König sicher guttun werde, ließ sie seine Geliebte in den Palast bringen, wo Alix sie selbst an Edwards Bett führte. »Ich weiß, daß Sie stets einen guten Einfluß auf ihn gehabt haben«, sagte Alix und ließ die beiden mehrere Minuten allein.

Am frühen Nachmittag stand der König noch einmal unter übermenschlichen Anstrengungen aus dem Bett auf und ging zu dem Käfig mit den beiden Kanarienvögeln. Er begrüßte die Vögel freundlich und forderte sie auf, mit ihm zu zwitschern. Dann stürzte er ohnmächtig zu Boden. Kurz darauf erlitt er eine Reihe leichter Herzinfarkte, worauf ihm die Ärzte gegen die Schmerzen Morphium gaben und ihm eine Sauerstoffmaske aufsetzten, um ihm das Atmen zu erleichtern. Später an diesem Nachmittag wachte er kurz wieder auf und sah George, der neben seinem Bett stand. Sein Sohn berichtete ihm, daß *Witch of the Air*, das Pferd des Königs, ein Rennen gewonnen habe. »Ja, ich habe davon gehört«, entgegnete Edward, »ich bin sehr froh darüber.«

Um elf Uhr am Abend traf der Erzbischof von Canterbury ein und betete mit den Angehörigen am Bett des Königs. Gerade als die Glocken von Westminster ein Viertel vor Mitternacht schlugen, schloß König Edward VII. ruhig und ohne Todeskampf für immer die Augen.

»Ich habe meinen besten Freund und den besten Vater verloren«, notierte der schon bald zum neuen König proklamierte George in jener Nacht in sein Tagebuch. »In meinem ganzen Leben ist zwischen uns nie ein hartes Wort gefallen. Ich bin tieftraurig und von Kummer überwältigt, aber Gott wird mir meine große Verantwortung erträglich machen, und die liebe May wird mir auch weiterhin Trost und Stütze sein.«

Edwards Witwe Alix war nach seinem Tod wie von Sinnen. Sicher war ihre Ehe kompliziert gewesen, und sie hatte jahrelang Kränkungen ertragen müssen, dennoch hatte sie immer große Zuneigung für ihren königlichen Gemahl empfunden. Seine Feinde mochten ihn einen Schurken nennen, aber wenn Alix von jemandem nur die geringste Kritik an ihrem Bertie hörte, durfte der Betreffende ihr nie mehr unter die Augen treten. Edward hatte ihrem Leben einen Sinn gegeben, er war der Mittelpunkt, um den alles kreiste, und dank seines Standes hatte Alix die Möglichkeit gehabt, sich für die Armen und Schwachen einzusetzen. Er hatte sie von allen Menschen am meisten geschätzt, und nicht zuletzt war er der Vater ihrer heißgeliebten Kinder.

»Die Königin«, notierte Sir Arthur Ponsonby, nachdem Alix ihn an das Totenbett ihres Mannes gerufen hatte, »sprach ganz natürlich und sagte, wie friedlich er doch daliege und daß sie Trost bei dem Gedanken empfinde, daß er keine Schmerzen gelitten habe.« Doch dann wurde sie sich klar, daß sein Verlust für sie eine Isolation bedeutete: »Sie sagte, sie fühle sich wie in Stein verwandelt, unfähig zu weinen, unfähig zu begreifen, was passiert war, und außerstande, irgend etwas zu tun.« In solcher Verzweiflung befand sie sich oft während der elftägigen Totenwache. »Sie wollen ihn wegbringen«, sagte sie mit zitternder Stimme, »aber ich kann mich einfach nicht von ihm trennen. Sobald sie sein Gesicht vor mir verbergen, ist alles für immer vorbei.« Schließlich nahm sie endgültig Abschied von ihm, legte eine Rose in die gefalteten Hände ihres Mannes und gestattete, daß man seinen Leichnam am 17. März wegbrachte. Die letzten drei Tage vor dem offiziellen Begräbnis lag Edward VII. feierlich aufgebahrt in der Westminster Hall, und Zehntausende kamen, um ihrem König die letzte Ehre zu erweisen.

Prinz George (der später König wurde) mit seiner Frau Mary ihren Kindern

FÜNFTES KAPITEL

Eine Krankheit mit weitreichenden Folgen (1910–1917)

»Ich denke nicht daran, vor irgendwelchen Bomben zu weichen!«
King George V. an der Front im Ersten Weltkrieg

Am frühen Nachmittag des 7. Mai 1910, einem Samstag, genau zwölf Stunden nach dem Tod King Edwards VII., versammelten sich zahllose Londoner in den Straßen um den St.-James-Palast und den

Friar Court, denn der älteste Sohn des verstorbenen Monarchen – er folgte seinem Vater automatisch nach dessen Ableben auf den Thron – wurde zum König ausgerufen. Genau um vier Uhr traf der Thronerbe von Marlborough House aus ein und wurde vor den Kronrat im St.-James-Palast geführt. Dort verlas Sir Alfred Scott-Gatty seine Proklamation.

Die Mitglieder des Rates, angeführt vom Erzbischof von Canterbury und dem Lordkanzler, traten dann der Reihe nach auf King George V. zu, verbeugten sich vor ihm und küßten dem neuen Herrscher die Hand. Nach dem Ende dieser Formalitäten verlas der neue Monarch, dessen Abneigung gegen Zeremonien bekannt war, eine von seinem Sekretär Sir Arthur Bigge vorbereitete Rede, die er selbst überarbeitet hatte. Manchem unter den Versammelten mag das Auftreten des Königs etwas unsicher erschienen sein, aber seine Worte hatten bereits jenen schlichten, persönlichen und aufrichtigen Ton, der seine Regentschaft charakterisieren sollte.

Nach seiner Rede vor dem Thronrat verließ der König den Raum und kehrte zu seiner Frau zurück, die ihn in Marlborough House erwartete. Sie machte sich Gedanken darüber, wie sie sich als Königin nennen sollte. May war nur ein Kosename und deshalb ungeeignet. Ihr erster offizieller Vorname lautete Victoria, und der schied von vornherein aus; überdies mochte George keine Doppelnamen, so daß auch Victoria Mary nicht in Frage kam. An diesem Abend traf man daher die Entscheidung, daß May sich künftig Queen Mary nennen sollte. »Es erscheint mir ein wenig seltsam, mit dreiundvierzig Jahren umgetauft zu werden«, schrieb May am 15. August an ihre Tante Augusta.

Der König übernahm seine neue Aufgabe einen Monat vor seinem fünfundvierzigsten Geburtstag – fünfzehn Jahre früher als sein Vater und auch deutlich besser auf das Amt vorbereitet. Sein Vater hatte ihn in seine künftigen zeremoniellen Pflichten eingeweiht, ihm Einsicht in die Staatspapiere gewährt, ihn über alle das Parlament betreffenden Fragen unterrichtet, und George hatte bereits erfolgreich offizielle Besuche in Australien und Indien absolviert.

Da King Edward seinen Sohn weniger streng erziehen wollte, als es ihm selbst widerfahren war, hatte er ihm auch vieles durchgehen lassen, und Königin Alexandra hatte den Prinzen mit bisweilen übertriebener Mutterliebe überhäuft. Zudem hatte es Georgies Privatlehrer Reverend Dalton mit der Vermittlung des Unterrichtsstoffes nicht sehr genau genommen und seinen Schüler statt dessen mit Sport und Spiel beschäftigt. Es verwundert deshalb nicht, daß der König zeitlebens die Schrift eines Schuljungen hatte. Auch seine intellektuellen Interessen waren gering, und er hat in seinem Leben kein einziges Werk von literarischem Rang zu Ende gelesen. »Leute, die Bücher schreiben, sollte man einsperren«, sagte der König und meinte es ernst. Kam das Gespräch auf Literatur, war er verärgert.

In Georges Leben gab es nur einen Menschen, von dem er etwas annahm, seine Frau May. Doch selbst ihre Ausführungen waren ihm häufig unangenehm. »Jetzt geht das schon wieder los, May«, pflegte er unwillig zu sagen, wenn seine Frau von ihren neuesten Erwerbungen sprach. »Immer nur Möbel, Möbel, nichts als Möbel!« Ein Stück in der Sammlung der Königin freilich fand auch sein Interesse: eine vergoldete Statue von Lady Godiva. Der Grund dafür war die Bemerkung der kurzsichtigen griechischen Königin Olga gewesen, die einmal vor der Figur gestanden und zufrieden festgestellt hatte: »Ah, die gute Queen Victoria.«

Was seine konservative Einstellung betraf, seinen nicht sehr hohen Bildungsstand und seine Ordnungsliebe, seine Sauberkeit und Pünktlichkeit, war der König beinahe so etwas wie der Inbegriff eines Bürgers der Mittelklasse, denn er verkörperte dessen schlichte Werte und hatte dessen häusliche Tugenden, und er vertrat dies alles mit einem gewissen Fanatismus. Als beim Saubermachen einmal versehentlich einige Gegenstände verstellt wurden, brachte George diese Störung seiner gewohnten Ordnung so auf, daß er seine Räume fotografieren ließ, um für die Zukunft so etwas auszuschließen. Hochgestellte Höflinge wie einfache Diener wurden wegen des geringsten Verstoßes gegen das Protokoll (wenn sie etwa bei einem offiziellen Essen statt der Kniebundhose eine lange Hose trugen oder ein Kuvert schlecht versiegelt hatten) laut und zornig vom König gemaßregelt. Die Säle auf Schloß Windsor und in York Cottage hallten regelmäßig vom Gebrüll des Königs wider, das dem Personal ebenso galt wie seinen Söhnen. Doch kein Diener wurde wegen eines Fehlers entlassen, es konnte sogar bereits fünf Minuten nach einer Maßregelung passieren, daß der König den betreffenden Lakaien zu sich kommen ließ und ihm die neueste anstößige Geschichte erzählte, die im Palast umging. »Ich fürchte, ich war ein wenig überreizt«, war seine typische Entschuldigung für derartige Ausbrüche, »aber Sie wissen ja, das bedeutet gar nichts.«

In der Regel aber war George ein freundlicher, rücksichtsvoller

Mann, der darauf achtete, daß die Edelleute in seiner Begleitung (entgegen der bisherigen Gepflogenheit bei Hof) nicht zu lange von ihren Familien getrennt waren; denn er war auch ungern länger von seiner Familie getrennt. Wenn er erfuhr, daß jemand aus seinem Personal krank war oder familiäre Schwierigkeiten hatte, ließ er ihm unauffällig Geld zukommen. Als Sir Edward Grigg nach einer schwierigen Mission als Gouverneur in Kenia nach Hause zurückkehrte, sagte der König zu ihm: »Ich weiß, wie Sie sich fühlen. Sie sind lange fort gewesen und haben sich sehr bemüht, etwas zu bewirken. Dabei ist Ihnen nicht der Erfolg beschieden gewesen, den Sie sich erhofft hatten, aber offenbar macht sich niemand darüber Gedanken, daß Sie eine schwere Zeit hinter sich haben, und niemand hält es offenbar für nötig, sich bei Ihnen zu bedanken. Ich jedenfalls möchte Ihnen danken.«

Zwar verfügte er, auch wegen seiner Ausbildung bei der Marine, über ausreichend Energie und Mut, er war leutselig und unaffektiert, bisweilen jedoch zeigte er eine seltsame Engstirnigkeit: So behauptete er beispielsweise, daß er bei der Marine alles Lebensnotwendige gelernt habe, und beharrte deswegen darauf, daß Edward und Albert seine Seemannslaufbahn fortsetzen mußten. Über nichts redete er so gern wie über das Leben auf See, und in der Schiffsmannschaft hatte er offenbar auch seine zweideutigen, oft zotigen Sprüche gelernt, die Queen Mary geflissentlich überhörte. Auch als Sir Samuel Hoare als Außenminister zurücktrat, konnte der König sich einen anzüglichen Witz nicht verkneifen: »Keine Eulen mehr nach Athen, und keine Hoares [engl. whore = Hure] mehr nach Paris.« Die erste Frage, die er an Charles Lindbergh, der als erster im Alleinflug den Atlantik überquert hatte, richtete, war nicht minder freimütig: »Und was machen Sie, wenn Sie pinkeln müssen?« Aber schließlich war er der König, und mancher hat vielleicht gedacht, daß er lediglich aussprach, was viele gern gewußt hätten. Freilich hatte er auch Sinn für Humor und brüllte vor Lachen, als ihm seine Schwester von einem Gespräch berichtete, das sie über das Palasttelefon geführt hatte. »Bist du's, alter Narr?« hatte Prinzessin Viktoria gefragt, weil sie glaubte, daß die Vermittlung sie schon mit dem König verbunden hatte. »Nein, Ihre Königliche Hoheit«, erwiderte eine Stimme am anderen Ende der Leitung, »Seine Majestät ist noch nicht am Apparat.«

Aber George war weder besonders scharfsinnig, noch hatte er politischen Instinkt, und trotz seiner besten Absichten entwickelte sich das

Verhältnis zwischen dem Thron, der Regierung und dem Volk Großbritanniens nicht sehr harmonisch. Da ihn die Intrigen der Parteien untereinander nicht interessierten und er auch nicht in der Lage war, schlichtend einzugreifen, konnte er die Anforderungen, die an ihn als König gestellt wurden, eigentlich kaum erfüllen. »Der König ist ein lustiger Bursche«, schrieb David Lloyd George ein paar Monate nach der Thronbesteigung an seine Frau, »aber Gott sei Dank hat er nicht allzuviel Grips.« Diese Worte sollten nicht beleidigend sein; der Schatzkanzler brachte damit nur die allgemein verbreitete Ansicht zum Ausdruck, daß ein König mit kritischem Verstand einer rechtmäßig gewählten Regierung nur Probleme bereiten würde.

Doch George V. war unfähig, Vorgänge zu reflektieren. Anders als sein Vater orientierte er sich an Maßstäben, die sich in der Vergangenheit bewährt hatten, und wollte von den Errungenschaften des modernen Lebens nichts wissen. Edward VII. war wenigstens ein ausgezeichneter Diplomat gewesen, er hatte das deutsche Element in der britischen Krone zurückgedrängt und ihr weltweit große Anerkennung verschafft. Doch George interessierten nur die britischen Belange; tatsächlich hatte er an dem, was außerhalb des Landes vorging, keinerlei Interesse. Überdies mochte der neue König keine Geselligkeiten, wie sie sein Vater bevorzugt hatte. George war eher ein häuslicher Mensch, was natürlich auch auf seine Hofhaltung Einfluß hatte. Bei ihm gab es weder Mätressen noch Eheintrigen oder pikante Wochenenden in Paris oder Biarritz. Für den neuen König war ein Wochenende in York Cottage in Sandringham unterhaltsamer als ein Abend in der Oper oder ein Dinner in geistreicher Gesellschaft. In Sandringham, wo die Familie noch immer ihren Hauptwohnsitz hatte, waren, wie ein Chronist geschrieben hat,

»der König und die Königin, ihre sechs Kinder, ihre Diener und Sekretärinnen, der Hauslehrer der Kinder und die Gouvernante mit dem zugehörigen Personal auf dem Raum einer Vorstadtvilla zusammengedrängt … Da der König sich aber in einem prachtvollen Ambiente nicht wohl fühlte und Gesellschaften haßte, war er mit den winzigen, nicht sehr bequemen Räumlichkeiten in York Cottage zufrieden.«

In gewisser Hinsicht hatte die dortige Haushaltsführung Symbolcharakter, denn George verkörperte geradezu perfekt den die Behaglichkeit liebenden Hausvater.

Prinz Albert hatte zwar Victoria die Bedeutung der Rolle des Monarchen deutlich gemacht, doch sein Tod und ihre lange Witwenschaft hatten die Macht des Herrschers vermindert, die in dieser Zeit immer mehr auf die Premierminister überging. So war denn Victoria am Ende ihrer langen Regentschaft kaum mehr als eine symbolische Gestalt gewesen, eine Entwicklung, die durch die kurze Herrschaft ihres Sohnes noch begünstigt worden war.

Nun übernahm der neue King George den englischen Thron in der für ihn typischen direkten, anständigen, unkomplizierten Art. Er war ein Mann, der, wie sein Biograph schreibt, bis dahin fast »nichts anderes getan hatte, als Tiere zu töten und Briefmarken in Alben zu stecken«. Zwar ging George auch weiterhin auf die Jagd und sammelte Briefmarken, doch diente er über ein Vierteljahrhundert seinem Land, erteilte Rat und zeichnete sich in schwierigen Situationen durch vorbildliches Verhalten aus. Wie seine Großmutter besaß auch er ein ausgeprägtes Pflichtgefühl.

Was Queen Mary anbelangt, so war George ihr Lebensinhalt, und ihre Verehrung der britischen Monarchie fand fortan ihren Mittelpunkt in ihm. Während Alexandra einen klaren Blick für die menschlichen Schwächen ihres Mannes gehabt und das Geschick besessen hatte, sich ein Stück Eigenständigkeit zu bewahren, drehte sich für die neue Königin alles nur um den König. Sie war immer für ihn da und diente ihm hingebungsvoll. Sie widersprach ihm niemals, weder öffentlich noch vor anderen Familienmitgliedern, und nur unter vier Augen oder in Briefen kritisierte sie ihn, wenn er wieder einmal einen Wutanfall gehabt oder einen seiner Söhne ungerecht behandelt hatte. Mabell Airlie, eine Hofdame der Königin und zugleich ihre beste Freundin, hat einmal gesagt, daß Mary wegen ihres Taktgefühls und ihrer stillen Häuslichkeit »bisweilen im Ruf einer Langweilerin stand – was sie jedoch ganz und gar nicht war«. In Anwesenheit Dritter ordnete sie sich völlig ihrem Mann unter.

Mary bewunderte den König und war ihm völlig ergeben. »Sie war der Meinung«, so ihr Biograph James Pope-Hennessy, »daß sich alles dem geringsten Wunsch des Königs zu fügen habe, und sie selbst lebte es in eigener Person vor. Gewiß war dies keine spektakuläre Rolle, für sie jedoch erforderte sie eine beständige Übung der Vorstellungskraft, der Voraussicht und der Selbstbeherrschung.«

Und, so muß man hinzufügen, die völlige Zurückstellung ihrer eigenen Person. Was ihre Kleidung betraf, hielt Queen Mary, die bis 1953 lebte, am modischen Standard der Jahrhundertwende fest. Das tat sie auf ausdrücklichen Wunsch des Königs, der nichts so sehr

haßte wie Veränderungen. Sie überlebte ihren Mann zwar um siebzehn Jahre, aber da war sie, wie sie ihrem ältesten Sohn einmal
geschrieben hat, zu alt, um sich noch zu verändern. Pastellfarbene,
knöchellange Kleider mit passendem Mantel, ein kleiner Hut und ein
Sonnenschirm, das trug die Königin bei öffentlichen Auftritten.
Genau wie ihr Mann war Mary bewußt schlicht, und beide lehnten
ab, was auch nur entfernt an die modebewußte Zeit unter Edward
hätte erinnern können, die ihnen zu vulgär und extravagant gewesen
war. Das galt besonders für die damals prachtvolle Hofhaltung, die in
ihren Augen nichts weiter war als »ein Übermaß an Goldtellern und
Orchideen«. Mit anderen Worten: Die Königin verbreitete um sich
eine majestätische Schlichtheit. Sie war die Gemahlin des Königs,
die ihm und seinem Volk zu dienen hatte. Sie brauchte keine
pompöse Kulisse, keine teuren Kleider oder eine luxuriöse Umgebung, um diese Aufgabe zu erfüllen.

In der Gestaltung des häuslichen Bereichs ließ der König seiner
Frau gewisse Freiheiten. Aber Mary achtete immer darauf, seinen
Geschmack und seine Vorlieben zu treffen. Als die Königin 1911 die
Umgestaltung der Privatgemächer im Buckingham-Palast veran-
laßte, ließ sie aus Sandringham einen Läufer aus Tigerfell, Schwer-
ter, Speere, Elefantenzähne, Barometer, See- und Landkarten und
einen Schreibtisch bringen. Mit diesen wenigen Stücken war auch
George einverstanden.

Es wäre jedoch falsch anzunehmen, daß George seine Frau nicht
ernst genommen hätte. Alle wichtigen Staatsangelegenheiten diskutierte er mit seiner Frau; überdies sprach er mit ihr regelmäßig über
den Inhalt der Papiere, die ihm in den berühmten Koffern zugestellt
wurden.

Nach dem Urteil von Mabell Airlie und anderen Zeitzeugen hatte
Mary eine wesentlich bessere Auffassungsgabe als ihr Mann, und
ihre Ansichten zu bestimmten Problemen wichen oft erheblich von-
einander ab. George verließ sich auf Marys gesunden Menschenver-
stand und auf ihre Einschätzung der Persönlichkeit einzelner Minister, doch die Königin beharrte nie auf ihrer Meinung, ebensowenig
wie sie es gewagt hätte, ein Kleid zu tragen, dessen Farbe dem König
nicht gefiel.

Seinen Söhnen dagegen brachte George kein solches Vertrauen entgegen. Selbst ein Pflichtmensch, verlangte er von ihnen von Geburt
an in erster Linie Selbstdisziplin und war ständig besorgt, daß die
Schwächen seines Vaters in seinen Söhnen wiederaufleben könnten.

Deshalb waren laute Beschimpfungen die Regel, wo ein milder Tadel ausreichend gewesen wäre. Als Prinz Edward einmal, wie es damals Mode war, mit aufgerollten Hosenbeinen vor seinem Vater erschien, fuhr der König ihn an: »Regnet es etwa hier drinnen?« Ähnlich barsch rügte der Monarch die belanglosesten Fehler und Ungeschicklichkeiten seiner Söhne und verlangte von ihnen, was Kleidung, Sprache und Umgangsformen anbetraf, eine Perfektion, die nicht zu erfüllen war. Die Gräfin Airlie hat es einmal so ausgedrückt: Der König »mochte zwar seine Söhne, aber er zeigte ihnen gegenüber entweder eine linkische Kumpelhaftigkeit, die einem sensiblen Kind unangenehm sein mußte, oder aber er behandelte sie mit unerbittlicher Strenge«. Eine solche Behandlung galt freilich nicht für seinen geliebten Papagei Charlotte, der in Sandringham nach Lust und Laune auf dem Frühstückstisch herumlaufen und dabei in den gekochten Eiern picken durfte. Wenn der Vogel das Tischtuch beschmutzte, verdeckte George das diskret mit einem Teller oder einem Marmeladentopf. Die Langmut, die er Charlotte gegenüber an den Tag legte, beispielsweise wenn der Vogel die väterliche Beschimpfung eines Sohnes nachplapperte, führte dazu, daß die übrigen Familienmitglieder den Papagei nicht besonders mochten.

Aber auch die Königin hatte mit ihrer Rolle als Mutter Probleme. Sie liebte ihre Kinder, zeigte ihnen das aber nie. Das war typisch für die Frauen ihrer Zeit und ihres Standes, Sie war »sehr zugeknöpft und steif«, wie der Earl of Harewood, ihr Enkel, Jahre später über sie gesagt hat. »Es fiel ihr schwer, über Persönliches zu sprechen oder sich gegenüber anderen herzlich zu zeigen.« Aber offenbar war sich die Königin dessen bewußt: »David hat heute mit mir zu Abend gegessen«, schrieb sie etwa nach einem Zusammensein mit ihrem ältesten Sohn. »Wir haben viel geredet, aber kaum etwas Persönliches.«

Der älteste Sohn war eigentlich sein ganzes Leben das unglücklichste der Königskinder. Nach dem Tod King Edwards ging der Titel eines Duke of Cornwall automatisch auf seinen Enkel Edward über, und verbunden damit waren Millioneneinkünfte aus seinen Gütern in Cornwall und aus Londoner Grund- und Immobilienbesitz. An seinem sechzehnten Geburtstag im Juni 1910 ernannte sein Vater ihn zum Prince of Wales, ein Titel, der Edward als Thronerbe zustand. Der Prinz war damals noch an der Königlichen Marineakademie in Dartmouth (er blieb dort bis zum Mai 1911), wo er außer in Mathematik und den naturwissenschaftlichen Fächern ganz gute Leistungen erbrachte. Der Kronprinz bemühte sich zwar darum, keinen Anlaß für Beschwerden zu geben, aber seine geistige Disziplin und seine Konzentrationsfähigkeit ließen zu wünschen übrig. Überdies zeigte er kaum Interessen, woran wahrscheinlich seine wenig kontinuierliche Erziehung und seine privilegierte Stellung nicht schuldlos waren. Außerdem litt er darunter, daß seine Kameraden ihn wegen seiner Herkunft nie ganz akzeptierten. Zudem bereitete es Edward Probleme, daß er eines Tages die Krone Großbritanniens würde tragen müssen. Jahre später schrieb seine Kinderfrau Lara Bill in einem Brief an Queen Mary, daß der Prinz bereits als Teenager »niemals [habe] König werden« wollen.

Ebensowenig Interesse daran, die Königswürde zu übernehmen, hatte sein Bruder Albert, der glaubte, daß er auf keinen Fall für eine Thronfolge in Frage käme. 1911, während Edwards letztem Semester in Dartmouth, war Albert ebenfalls auf der Akademie. Schon wie in Osborne fielen auch hier seine Leistungen im Vergleich zu seinem Bruder deutlich ab. Sein Stottern war sogar noch schlimmer geworden, und seine Neigung zu cholerischen Ausbrüchen hatte sich ebenfalls verstärkt. Im Gegensatz zu seinen Brüdern kam Prinz Henry, der seit 1910 die St.-Peter's-Court-Vorschule in Kent besuchte, anfangs ganz gut zurecht. Er war der erste Sohn eines britischen Herrschers, der eine Schule absolvierte, also nicht nur von Hauslehrern unterrichtet und anschließend auf eine Militär- oder Marineakademie geschickt wurde. 1912 wurde sein Bruder Prinz George ebenfalls in derselben Vorschule eingeschult. Prinzessin Mary erzogen indessen daheim Hauslehrer, und den armen Prinzen John hatte man mit einigen Betreuern nach Sandringham geschickt.

Was Alexandra, die Witwe King Edwards, betrifft, so mußte sie sich kurz nach dem Ableben ihres Mannes an völlig neue Lebensumstände gewöhnen. Nach dem Testament, das Edward VII. hinterlassen hatte, stand ihr Sandringham auf Lebenszeit als Landsitz zu Verfügung, und als ihr Wohnsitz in London war Marlborough House vorgesehen. Es fiel Alexandra schwer, sich vom Buckingham-Palast zu trennen, was den Einzug von Queen Mary verzögerte, denn als sie im Sommer 1910 die Überführung ihres Haushalts von York Cottage veranlaßte, bewohnte Alix noch immer eine Reihe von Gemächern, in die eigentlich ihre Nachfolger einziehen wollten.

Dieses Verhalten war nicht nur von der Angst vor Veränderung bestimmt, sondern es resultierte daraus, daß Alix »sich nie dazu durchringen konnte, ihren Sohn und ihre Schwiegertochter als König und Königin anzusehen«, wie auch Lady Cynthia Colville[1] und andere wußten. Zudem war sie rund zehn Jahre Königin gewesen, warum sollte sie den Part der Hausherrin in ihrem Heim jemand anders überlassen – und ausgerechnet der Frau ihres geliebten Georgieboy?

Ende des Jahres 1910 schließlich wich Alix dem höflichen Druck und zog aus dem Palast aus. Ein Zeitgenosse schrieb darüber:

>»Die gesamte Dienerschaft bis zum kleinsten Küchenmädchen stand in der Halle, als Ihre Majestät, die in ihrer Trauerkleidung wundervoll anzuschauen war, langsam die große Treppe herunterkam … Das einzige, was man hörte, war das Schluchzen der Diener, aber auch sie weinte. Dann gab sie jedem die Hand. Sie wollte einigen noch ein paar freundliche Worte zum Abschied sagen, doch Tränen erstickten ihre Stimme. Als sie allen die Hände geschüttelt hatte, öffnete sich langsam die Eingangstür, und während Alexandra den Kopf neigte, machte [sie] noch eine liebenswürdige Geste des Abschieds, die sehr anmutig wirkte und so ganz ihrem Wesen entsprach.«

Alix fühlte sich in Marlborough House »traurig und verlassen ohne meinen geliebten Mann«, wie sie einer Nichte schrieb. »Ich vermisse ihn sehr.« In den folgenden Jahren lebte Alix zurückgezogen; bisweilen besuchte sie ihre Tochter Maud, die Königin von Norwegen war, aber das Leben erschien ihr ziellos und leer. »Es ist sehr traurig zu sehen, wie hoffnungslos und einsam sie jetzt ist, und sie tut einem wirklich leid«, schrieb Mary im Mai 1911 einer Tante.

Im Jahr 1912 trafen Alix noch weitere Schicksalsschläge, als ihr Schwiegersohn und ihr Bruder starben; im Jahr darauf wurde ihr geliebter Bruder, König Georg von Griechenland, ermordet. In ihrem Schmerz stützte sie sich mehr auf ihre Schwiegertochter. »Immer, wenn ich gerade meine Tagesplanung abgeschlossen habe«, schrieb Queen Mary im Buckingham-Palast in ihr Tagebuch, »kündigt sich plötzlich die liebe Mama zum Mittagessen oder zum Tee an, und ich muß meine ganze Planung über den Haufen werfen.« Durch den Verlust ihrer Lieben vereinsamt und wegen ihrer Taubheit zusätzlich isoliert, schien Alix von Tag zu Tag trauriger zu werden. Mary begegnete ihr stets freundlich, wofür ihr Alix dankbar war. Besonders froh aber war sie darüber, daß sie auch weiterhin als Babysitter für ihre Enkelkinder erwünscht war.

---

[1] Sie war später eine von Queen Marys Hofdamen.

Noch bevor das Jahr 1910 zu Ende ging, hatte King George eine langwierige, brisante politische Krise zu bewältigen, deren Verlauf, wie ihn seine Berater überzeugten, über den Fortbestand der Monarchie entscheiden konnte.

Das Oberhaus hatte inzwischen den von Asquith vorgelegten Haushalt passieren lassen, aber noch immer stand die Verabschiedung der sogenannten Parlamentsakte an, mit der die Rechte der Lords ein für allemal eingeschränkt werden sollten. Asquith, der mit Rücktritt und der Auflösung des Parlaments drohte, konnte dem König das vertrauliche Versprechen entlocken, reformwillige Mitglieder des Parlaments in den Adelsstand zu erheben, falls die Parlamentsakte im Oberhaus scheitern sollte. Der König gab diesem Drängen nur widerwillig nach, denn er spürte, daß Asquith sich einerseits seine Unerfahrenheit zunutze machte, andererseits sich auf seine Verpflichtung, Ratschläge der Regierung anzunehmen, stützte. »Ich habe noch nie in meinem Leben etwas getan, was ich aus Scham hätte verschweigen müssen«, beklagte sich George, »und es ist auch nie meine Art gewesen, Dinge zu verheimlichen.« Da er jedoch gezwungen war, die Anweisung seines Premierministers zu befolgen, mußte der König gegen sein Gewissen handeln; zudem war er nicht sicher, ob das, was man von ihm verlangte, auch die Bürger des Landes wünschten. Sein Versprechen verstieß gegen wichtige verfassungsrechtliche Bestimmungen, denn er hatte es im Interesse einer Partei abgegeben.

George empfand die Situation auch deshalb als besonders belastend, weil er und Mary von Anfang an bemüht gewesen waren, monarchische Entscheidungen entsprechend den Bedürfnissen der Menschen in ihrem Land zu treffen. In den ersten drei Jahren ihrer Regentschaft reisten die beiden immer wieder in die Industriegebiete des Landes, wo die größte Armut herrschte. Sie besuchten Sportveranstaltungen, kümmerten sich um die Bedürftigen in London, und, was als symbolischer Ausdruck ihrer Einstellung gewertet werden kann, sie ließen sich in Kleidern fotografieren, wie sie in jeder ehrbaren (und solventen) Familie damals getragen wurden. King Edward hatte sich bemüht, die Königliche Familie zum Zentrum der feinen Gesellschaft zu machen, was man wohl als eine Reaktion auf die Zeit unter Victoria verstehen muß. King George bemühte sich nun um die Vermittlung des idealisierten Bildes einer würdevollen Häuslichkeit, wie sie der Mittelklasse entsprach.

Dieses Bild wurde nur einmal kurz im November 1910 durch einen Artikel in Frage gestellt, der in der in Paris gedruckten und an alle Parlamentsmitglieder versandten Zeitung *The Liberator* erschien. Der Verfasser des Beitrags, ein gewisser E. F. Mylius, griff darin das haltlose alte Gerücht wieder auf, George habe früher auf Malta heimlich die Tochter eines Marineoffiziers geheiratet und sie verstoßen, als er nach Eddys Tod zum König proklamiert wurde. Als sich dann beweisen ließ, daß der Artikel jeglicher Grundlage entbehrte und George während der fraglichen Zeit überhaupt nicht auf Malta gewesen war, wurde Mylius wegen Verleumdung des Königs zu einem Jahr Gefängnis verurteilt.

Nach dem Ende der Mylius-Affäre schlug George und Mary eine Welle von Sympathie und Zuneigung entgegen.

Doch kurz darauf spitzte sich die Auseinandersetzung um die Parlamentsakte zu, und George mußte im Sommer 1911 seinen guten Ruf erneut verteidigen. Eine offene Verfassungskrise konnte nur vermieden werden, weil nach einem zweiten Wahlgang die Gesetzesvorlage im Oberhaus angenommen wurde. Dazu kam es, weil die Wahl den Liberalen im Oberhaus eine geringfügige Mehrheit beschert hatte, denn es waren ausreichend nichtliberale Peers der Debatte des Gesetzes ferngeblieben.

Natürlich war der König erleichtert, daß die Auseinandersetzung so glimpflich verlief. »Ich fürchte, es gibt keinen Grund, der Opposition auf die Schulter zu klopfen«, schrieb George an Sir Arthur Bigge (einen seiner beiden Privatsekretäre, den er damals schon zum Lord Stamfordham erhoben hatte), »aber ich bin in der Tat dankbar dafür, daß sie [die Konservativen] sich so verhalten und mich dadurch vor einer Erniedrigung bewahrt haben, die ich niemals überlebt hätte. Wenn es zu der Ernennung [neuer liberaler Peers] gekommen wäre, wäre ich hinterher nie mehr derselbe gewesen.« Aber auch das Parlament wäre dann nicht mehr dasselbe gewesen. Das Ergebnis war, daß die Macht des Oberhauses dauerhaft erheblich eingeschränkt wurde. Und so trug die peinliche Situation, in der sich King George befunden hatte und die er nie richtig begriff, dazu bei, die demokratische Bewegung in Großbritannien voranzutreiben und die Macht der Aristokratie zu vermindern. Dies geschah jedoch nicht, weil der König eine liberale Überzeugung hatte, was wirklich nicht der Fall war (geschweige denn war er ein Radikaler), sondern er fühlte sich verpflichtet, für die Ehre des britischen Vaterlandes geradezustehen. Geheime Absprachen, Intrigen, Verlogenheit und Egoismus waren in den Augen King Georges Todsünden.

Während die notwendigen Vorbereitungen für zwei große Ereignisse getroffen wurden – die Krönung des Königspaares im Juni 1911 und die offizielle Ernennung Edwards zum Prince of Wales im folgenden Monat –, konnte niemand außerhalb der Königlichen Familie ahnen, daß eine Kinderkrankheit das Leben des Prinzen Edward grundlegend verändern und sogar letztendlich die Thronfolge berühren sollte.

Im Februar 1911 befanden sich Edward und Albert noch immer in ihrer Marineausbildung in Dartmouth. Als sich dort eine Mumps- und Masernepidemie ausbreitete – zwei junge Männer starben sogar daran –, steckten sich auch Edward und Albert an. Die Lage war so ernst, daß *The Lancet*, die führende medizinische Zeitschrift Großbritanniens, um Hysterie zu vermeiden, berichtete: »Die Prinzen sind in einem relativ ungefährlichen Alter, man hat ihnen aber vorsichtshalber absolute Bettruhe verordnet, um Komplikationen und Folgeerscheinungen zu verhindern.«

Tatsächlich aber befanden sich die Prinzen durchaus in einem kritischen Alter für die Krankheit: Mit ihren sechzehn und fünfzehn Jahren waren beide sehr klein, dünn und körperlich noch nicht ausgereift; sie hatten den Stimmbruch noch vor sich, brauchten sich noch nicht zu rasieren und hatten noch keine Körperbehaarung – was alles darauf hindeutet, daß sie sich noch nicht in der Pubertät befanden. Das Fieber und der mit den Masern einhergehende Hautausschlag hatten ihr Immunsystem geschwächt, und als dann noch Mumps hinzukam, wurde die Erkrankung bei Edward so schwer, daß er zwei Wochen das Bett hüten mußte. Im Jahr 1911 gab es noch keinen Impfstoff gegen diese Infektionskrankheiten.

Mumps ist eine ansteckende Viruserkrankung, die eine schmerzliche Vergrößerung der Speicheldrüsen verursacht, meistens der Ohrspeicheldrüsen (Parotiden), weshalb die Infektion auch als Parotitis bezeichnet wird. Sie tritt im allgemeinen bei Kindern im Alter zwischen fünf und fünfzehn Jahren auf und breitet sich rasch aus, wenn die Kinder auf engem Raum mit bereits Infizierten zusammenleben; aus bis heute ungeklärten Gründen erreicht sie im Spätwinter ihre höchste Verbreitung. Kinder, die von dem Virus befallen werden, haben normalerweise keine Beeinträchtigung ihrer künftigen Fruchtbarkeit zu befürchten, ebensowenig erwachsene Männer. Aber die Mehrzahl der erkrankten männlichen Heranwachsenden hat später unter einer ein- oder beidseitigen Hodenatrophie zu leiden, was zur Aufhebung der Samenzellenbildung führt und unausweichlich eine zeitweilige oder andauernde Unfruchtbarkeit zur Folge hat.

Eine beträchtliche Anzahl von Patienten (besonders wenn die

sanitären Verhältnisse und die Nahrung schlecht sind, wie es 1911 in Großbritannien der Fall war) wird von Formen der Erkrankung befallen, die chronische neurologische Folgen haben könnten. So kann der Patient etwa zu plötzlichen Wutausbrüchen, depressiven Schüben und Affektverlust neigen.

Wenn man diese Einzelheiten kennt, kann man besser verstehen, was im Leben der beiden Prinzen, besonders in dem von Edward, später geschah. An dieser Stelle genügt vielleicht der Hinweis, daß 1911 eine schicksalhafte Veränderung mit Edward vor sich ging, genauer gesagt, daß ihm in jenem Jahr etwas widerfuhr, was seine weitere Entwicklung grundlegend beeinflußte. Fotos und Filme, die von ihm im Juli 1911 anläßlich seiner Investitur als Prince of Wales gemacht wurden, zeigen keinen typischen Siebzehnjährigen, sondern Edward hat das Gesicht und die Figur eines neun- oder zehnjährigen Knaben, dessen körperliche Entwicklung im vorpubertären Stadium steckengeblieben ist, nichts an ihm erinnert an einen normal gereiften jungen Mann.

Prinz Edward zeigte, medizinisch ausgedrückt, typische Symptome von Hypogonadismus (die Unterentwicklung der männlichen Geschlechtsdrüsen sowie der primären und sekundären Geschlechtsmerkmale). Das erklärt auch, warum der Prinz noch an seinem zwanzigsten Geburtstag so unnatürlich jungenhaft erschien. Alan Lascelles, der neun Jahre lang als Edwards zweiter Privatsekretär tätig war, hat einmal festgestellt, daß »aus irgendeinem genetischen oder physiologischen Grund seine geistige und spirituelle Entwicklung in der Phase des Heranwachsenden steckengeblieben ist, was sein ganzes späteres Verhalten geprägt hat«. Premierminister Stanley Baldwin stimmte dieser Beurteilung zu: »Er ist ein abnormales Wesen, ein halbes Kind … Es ist fast, als wären zwei oder drei Zellen in seinem Kopf total unentwickelt geblieben.« Edwards kritischer Biograph Philip Ziegler hat es folgendermaßen dargestellt:

»Eine gewisse Kindlichkeit ist in vielerlei Hinsicht anziehend, denn der Prinz verlor nie seine Offenheit und seine Begeisterungsfähigkeit. Aber auch ein unstetes Wesen, mangelndes Verantwortungsgefühl, allzu große Nachgiebigkeit gegenüber sich selbst oder das Unvermögen, eine stabile, reife Beziehung mit einem anderen Erwachsenen einzugehen – das alles trifft auf den Prinzen durchaus zu.«

Was Edwards sexuelle Reife betrifft, hat Sir Harold Nicolson, der Biograph Georges V., einmal seinem Tagebuch die beschönigende Feststellung anvertraut, daß »in seiner Pubertät etwas mit seiner Drüse schiefgelaufen« sein müsse. Was das bedeutet, ist klar: Der Prinz war als Heranwachsender unfruchtbar geworden.[2] Zwar könnten Edwards Probleme mit seinen Drüsen auch auf andere Ursachen zurückzuführen sein, doch es spricht alles dafür, daß Mumps orchitis (also eine durch Mumps ausgelöste Hodenentzündung) der Grund seiner Schwierigkeiten gewesen ist. Tatsächlich hat niemand in Prinz Edwards Fall dafür eine andere Ursache plausibel machen können. Bezeichnend ist aber auch der Bericht, den wir Frank Giles verdanken, der 1940 Adjutant des Gouverneurs von Bermuda und später Herausgeber der *Sunday Times* war. Er erinnerte sich, wie er einmal nach einem Golfspiel den nackten Edward aus einer Dusche treten sah und entdeckte, daß dieser »kein einziges Haar an seinem Körper hatte, nicht einmal dort, wo man es erwartet hätte«.

Am Morgen des 22. Juni 1911, einem Donnerstag, begaben sich King George und Queen Mary zu ihrer Krönung in die Westminster-Abtei. George wurde zuerst gesalbt und stieg in einem karmesinroten Krönungsmantel die Stufen zum Hochaltar hinauf, während acht Pagen seine Schleppe trugen. Dann schritt der Erzbischof die vier Seiten des Gotteshauses entlang und erklärte den Versammelten feierlich: »Edle Herren, ich präsentiere Euch King George, den König dieses Reiches: Seid Ihr alle, die Ihr heute hier erschienen seid, um zu huldigen und Dienstbereitschaft zu geloben, willens, dieses jetzt zu tun?« Daraufhin erschollen Trompeten, ein Chor sang »Vivat Rex!«, und die Versammlung rief: »Gott schütze den König!«

George kniete nieder, legte seine Hand auf die Bibel und sprach den Krönungseid, in dem er unter anderem gelobte, »Recht und Gesetz mit Milde walten zu lassen«, das protestantische Bekenntnis und die Staatskirche zu schützen, »die Menschen dieses Vereinigten Königreichs von Großbritannien und Irland und den zugehörigen Besitzungen nach den vom Parlament beschlossenen Statuten und den entsprechenden Gesetzen und Gepflogenheiten zu regieren«.

Das Versprechen, den Protestantismus zu schützen, war eine neue Formulierung, die der König selbst gewählt hatte. Es war eine deut-

---

[2] Später berichtete seine Frau gegenüber Dritten unverblümt, daß ihr Gatte nicht zeugungsfähig sei.

liche Abschwächung der alten Formel, in der der Katholizismus herabgesetzt wurde. Die Änderung hatte der König vorgenommen, weil er befürchtete, sonst die Katholiken in Großbritannien zu verletzen, und das ganz besonders zu einem Zeitpunkt, da die Forderung der Iren nach Selbstverwaltung derartig laut im Land geworden war. Seit dem 17. Jahrhundert hatte die sogenannte Protestantische Deklaration den Monarchen verpflichtet, das Parlament zu eröffnen und mit seinem Krönungseid bestimmte Eigenheiten der katholischen Lehre als »abergläubisch und götzendienerisch« zu verdammen.

Selbst bevor er im Februar desselben Jahres erstmals das Parlament eröffnet hatte, war George dieser pauschalen Verurteilung entgegengetreten. Als es dann deswegen erhebliche Aufregung gegeben und man bereits von einer »papistischen Infiltration« gesprochen hatte, war schließlich eine vom Premierminister Asquith aufgesetzte neue Formel von beiden Häusern und vom König gebilligt und von George im Februar und dann noch einmal im Juni verwendet worden. »Ich erkläre, daß ich ein gläubiger Protestant bin und eine protestantische Thronfolge gewährleisten werde«, sagte er nur, das war alles.

Der König hatte freilich gute Gründe, sich in diesem Punkt tolerant und vernünftig zu verhalten. Denn selbst die Bischöfe der Kirche von England, sogar der Erzbischof von Canterbury höchstpersönlich, wußten sehr wohl, daß sich Tendenzen in ihrer Kirche zeigten, die sich den Gepflogenheiten, die früher als »römisch« verdammt wurden, eher annäherten, als daß sie sich davon entfernt hätten. Überall im Land glichen sich die für die Liturgie und die Lehre ausschlaggebenden Grundsätze immer mehr dem alten apostolischen römischen Glauben an, freilich ohne dessen (nachmittelalterliche) Ausschmückungen in Ritus und Lehre. Während die liturgischen Formen auf diese Weise in England wiederbelebt wurden, gab es etliche Gemeinden – wie All Saints oder Margaret Street –, die sich offen als anglo-katholisch und ihre Geistlichen als »Vater« bezeichneten und nicht als »Mister« oder »Reverend«. Überdies erfreuten sich gesungene Liturgien zunehmender Beliebtheit, ebenso die Verwendung von Weihrauch, Meßgewändern aus Goldbrokat, das Tragen einer schwarzen Soutane in der Öffentlichkeit und das Abhalten frommer Andachten auch an Wochentagen.

All diese Praktiken, die in der alten Kirche von England verhaßt und geächtet gewesen waren, galten seit den Aktivitäten der Oxford-Bewegung im 19. Jahrhundert wieder als akzeptabel. Diese Bewegung, von John Henry Newman, John Keble und Edward Pusey angeführt, hatte die Übernahme wichtiger Bestandteile des römischen Zeremoniells wie der entsprechenden Lehre empfohlen und sich zum Ziel gesetzt, die Lehre der englischen Staatskirche so wiederzubeleben, wie sie Heinrich VIII. und seine Tochter Elizabeth praktiziert hatten. Die Gelehrten aus Oxford hatten sich für eine erneuerte anglo-katholische Kirche stark gemacht, die sich von den protestantischen »Low-church«-Tendenzen deutlich abheben sollte. (Einige dieser Theologen, darunter auch Newman, traten schließlich zum Katholizismus über.) Als King George V. sich weigerte, die katholische Glaubenslehre und -praxis zu verunglimpfen, um die Anhänger der Römischen Kirche nicht zu beleidigen, verhielt er sich vernünftig und tolerant: Wie hätte er denn die Praktiken verdammen können, die in der Staatskirche inzwischen ein solches Gewicht gewonnen hatten?

Nachdem George seinen Krönungseid gesprochen hatte, stimmte der Chor in Händels Hymnus »Zadok der Priester« ein, und der Erzbischof salbte Stirn, Brust und Hände Georges, der dann auf King Edwards Krönungssessel über dem Krönungsstein Platz nahm. Edward I. hatte ihn 1296 aus Schottland mit nach Westminster gebracht, und seitdem sind alle englischen Herrscher über diesem Stein, der sich im Krönungssessel befindet, gekrönt worden. (Selbst der alte Rebell Oliver Cromwell hat sich über dem »Stone of Scone« zum Lord-Protektor einsetzen lassen.)

George nahm den Rubinring und zwei Zepter entgegen, und dann wurde ihm Edwards Krone aufs Haupt gesetzt. Die Peers setzten jetzt ebenfalls ihre Adelskronen auf, Trompeten erklangen, begleitet von Trommelwirbeln, die Kanonen im Tower und in den Parks der Stadt wurden abgefeuert, und alle in Westminster Anwesenden riefen abermals: »Gott schütze den König!«

Nur Augenblicke später kniete der Prince of Wales bereits vor seinem Vater, dem die Tränen in die Augen traten, als der Junge mit seiner hohen, dünnen Stimme den Eid sprach:

»Ich, Edward Prince of Wales, gelobe Euch Lehnstreue und irdische Anbetung. Und treu und wahrhaftig werde ich Euch dienen und für Euch leben und sterben im Kampf gegen all Eure Feinde. So wahr mir Gott helfe.«

Dann erhob sich der Prinz, berührte die Krone seines Vaters und küßte ihn auf die linke Wange. Ihm folgten die höheren Peers nach Rang, und erst danach wurde Queen Mary gesalbt, gekrönt und zu ihrem Thron geführt. Mit einem kurzen Gottesdienst, einem Abendmahl und einigen Gebeten, ging die Krönungsfeier zu Ende.

Nach allen Berichten sowohl seiner Zeitgenossen als auch späterer Biographen war George ein religiöser Mann, der den Akt seiner Krönung nicht nur als besonders feierliches Ereignis, sondern auch als eine heilige Handlung empfand. Er sah sich durch einen Vertrag mit Gott gleichsam geweiht und fühlte sich an das Gelübde gebunden, seinem Volk zu dienen. Aber da ihm überschwengliche Gefühlsbekundungen fremd waren, fiel auch sein Tagebucheintrag für diesen Tag, den er mit den üblichen meteorologischen Beobachtungen eröffnete, recht nüchtern aus. Gleichwohl blitzen in seinen eher sachlichen Ausführungen immer wieder einzelne Momente der Rührung auf:

»Es war heute bedeckt und wolkig mit einzelnen Regenschauern und einer kräftigen, kühlen Brise, aber das ist immer noch besser als zu große Hitze. Heute war wirklich ein wichtiger, denkwürdiger Tag in unser aller Leben, ein Tag, den wir nie vergessen werden, der mich aber auch voller Trauer an den Tag vor neun Jahren denken ließ, an dem meine geliebten Eltern gekrönt wurden. May und ich verließen den B. P. [Buckingham-Palast] in der Krönungskutsche … Die Straßen säumten über 50 000 Soldaten, die von Lord Kitchener befehligt wurden. Ferner waren Hunderttausende auf den Beinen, die uns einen wundervollen Empfang bereiteten. Der Gottesdienst in der Abtei war erhebend, aber auch überaus anstrengend. Die Feier war großartig und doch einfach und würdig und verlief reibungslos. Ich war gerührt, als der liebe David herantrat, um mir zu huldigen, denn ich dachte daran, wie ich das einst bei meinem geliebten Vater tat … Die liebe May sah sehr schön aus, und es war mir ein großer Trost, sie an meiner Seite zu wissen, wie es das für mich schon die letzten achtzehn Jahre gewesen ist. Wir fuhren um 14.15 Uhr von der Westminster Abbey ab (wo wir um 11.00 Uhr eingetroffen waren), mit den Kronen auf den Häuptern und den Zeptern in der Hand. Diesmal fuhren wir die Strecke Mall – St.-James-Street – Piccadilly; überall riesige Menschenmengen und sehr hübsche Dekorationen. Nach unserer Ankunft im B. P. kurz vor 15.00 Uhr traten wir auf den Balkon hinaus, um uns den Menschen zu zeigen. Aß dann hinterher mit unseren Gästen hier zu Mittag. Anschließend habe ich mit Bigge und anderen den ganzen Nachmittag Telegramme und Briefe beantwortet, von denen ich Hunderte erhalten habe. Die Men-

schenmenge vor dem Palast war so groß, daß ich abermals auf den
Balkon hinaustrat. Um 20.30 Uhr haben wir dann mit unseren
Gästen zu Abend gegessen. Später haben May und ich uns noch
einmal auf dem Balkon gezeigt. Anschließend geschrieben und
gelesen. Ziemlich müde. 23.45 Uhr zu Bett gegangen. Sehr schöne
Beleuchtung in der ganzen Stadt.«

Ein nicht weniger farbenprächtiges Zeremoniell folgte drei Wochen
später, als Edward mit seinen Angehörigen nach Schloß Caernarvon
reiste, wo er offiziell als Prince of Wales eingeführt wurde. Diese
Investitur war freilich in erster Linie eine pompöse Inszenierung
ohne historisches Vorbild. Obwohl die ältesten Söhne vergangener
Herrscher diesen Titel ebenfalls getragen hatten, war ihre Ernennung
früher nie von einem offiziellen Festakt begleitet gewesen. Und so
war es schon über dreihundert Jahre her, seit ein Monarch seinen
ältesten Sohn den Walisern als ihren Prinzen präsentiert hatte. Aber
Schatzkanzler David Lloyd George, selbst Waliser und zudem noch
Schloßvogt von Caernarvon, wollte sich diese günstige Gelegenheit,
die Gunst der Waliser zu gewinnen, nicht entgehen lassen, und daher
beschloß man, die jahrhundertealten Rituale »wiederzubeleben«.
Dies kam King George sehr entgegen, denn nach seiner Auffassung hatten solche festlichen Inszenierungen ihre Berechtigung,
wenn sie der Nation dienten. Das höfische Zeremoniell hatte auch
seine Ehrfurcht vor seinem Vater verstärkt, und inzwischen selbst
König, glaubte er, daß es Pflicht der Königlichen Familie sei, alte
Traditionen wiederzubeleben und mit neuem Inhalt zu füllen. Der
König erwartete dafür von seinen Kindern, den Erben der entsprechenden Titel und Bewahrern der Tradition, gehorsame Verehrung.
Und so kam es denn zu einem häßlichen Streit in der Familie wegen
der Vorbereitungen Edwards auf das Zeremoniell am 13. Juli. Er sah
nicht aus wie ein Siebzehnjähriger, was ihm auch selbst bewußt war.
Er erinnerte vielmehr an einen nervösen, schwächlichen, unterentwickelten Schuljungen, und er kam sich lächerlich vor, als er sein aus
einer weißen Kniebundhose, einem Hermelincape und einer Gold-
krone bestehendes Phantasiekostüm anprobierte. »Was würden wohl
meine Freunde bei der Marine sagen, wenn sie mich in dieser absur-
den Takelage sehen könnten?« sagte er. Diese Bemerkung zog natürlich sofort eine Rüge des Königs nach sich und eine Reihe von Krit-
teleien, wie sie Edward ständig über sich ergehen lassen mußte. Nur
der sanfte Zuspruch und die Überredungskunst seiner Mutter konnten ihn wieder einigermaßen versöhnlich stimmen. Edward haßte

alles, was ihn von seinen Klassenkameraden isolierte, denn er gab sich große Mühe, wie einer von ihnen zu sein. Deshalb befürchtete er, daß seine bevorstehende Investitur ihn noch mehr von seinen Mitschülern entfremden und es ihm unmöglich machen werde, in der »normalen« Welt seiner Kameraden akzeptiert zu werden.

»Als die ganze Aufregung vorüber war«, schrieb Edward später,

»machte ich eine schmerzliche Entdeckung. Ich bemerkte nämlich, während ich noch darauf vorbereitet wurde, in all diesem Pomp meine zeremonielle Rolle zu übernehmen, daß ich im Grunde genommen vor allem zurückschreckte, was mir den Status eines Menschen gab, dem andere huldigen. Selbst wenn mein Vater mich jetzt immer häufiger an die mit meiner Stellung verbundenen Pflichten erinnerte, war er doch bis dahin immer darauf bedacht gewesen, mir eine strenge Erziehung ohne jegliche Privilegien angedeihen zu lassen. Und wenn mein Umgang mit den Dorfjungen in Sandringham und den Kadetten an der Marine-Akademie überhaupt etwas bewirkt hatte, dann den sehnlichsten Wunsch, so behandelt zu werden wie jeder andere Junge meines Alters auch.«

Mit anderen Worten: Der junge Prinz sah sich einer verwirrenden Anzahl von widersprüchlichen Forderungen ausgesetzt. Zu seinen Eltern auf Distanz gehalten, hatte er seine Kindheit in Abgeschiedenheit und unter der Obhut zuerst einer bösartigen und später einer liebevollen Kinderfrau verbracht. Danach bekam er einen zwar nachsichtigen, aber auch unfähigen Hauslehrer, bevor man Edward unvermittelt nach Osborne geschickt hatte, wo man ihm beibrachte, bescheiden aufzutreten, die Heizkessel in Schiffen anzuheizen und sich wie jeder neue Rekrut von seinen Kameraden ärgern und schikanieren zu lassen. Zugleich jedoch wurde von ihm verlangt, sich entsprechend seiner königlichen Bestimmung zu verhalten, und mit sechzehn war er dann ganz plötzlich Thronfolger geworden. Man schickte ihn auf die Marine-Akademie, damit er sich wie ein normaler Junge entwickelte – obwohl er das natürlich gerade nicht war.

Am meisten quälte Edward jedoch, daß er es seinem Vater nie recht machen konnte, dessen Absicht es zwar war, seinen Sohn angemessen auf den Thron vorzubereiten, dessen Methoden jedoch die eines Feldwebels waren.

»Du mußt Dir die Zeit nehmen, mir einmal wöchentlich zu schreiben«, schimpfte der König, als Edward einmal zwei Wochen lang nichts von sich hatte hören lassen.

»Ich bin sehr enttäuscht«, war ein Standardsatz, der in zahllosen seiner Briefe auftauchte.

»Rauch nicht soviel«, drängte der König seinen Sohn. Gewiß ein guter Rat, der freilich um die in diesem Zusammenhang eher unpassende Empfehlung ergänzt wurde: »Und treibe weniger Sport. Iß mehr und ruh dich häufiger aus … [sonst wirst du] ein schwächlicher, kleingewachsener Junge bleiben.« Zu lesen, daß der eigene Vater ihn mit seinen achtzehn Jahren für einen »schwächlichen, kleingewachsenen Jungen« hielt, trug sicher nicht zur Stärkung von Edwards ohnehin schwachem Selbstwertgefühl bei. Nur selten war sein Vater mit ihm zufrieden: »Keinen Fehler entdeckt«, schrieb Edward 1913 einmal triumphierend in sein Tagebuch.

Queen Mary mischte sich niemals in die Angelegenheiten zwischen Vater und Sohn ein; zudem vergrößerte die ungeheure Hochachtung, die sie dem König zollte, ihre Distanz zu ihren Kindern noch zusätzlich.

Fünf Monate nach ihrer Krönung reisten der König und die Königin nach Indien, um sich dort auf einem Fürstenempfang als Kaiser und Kaiserin huldigen zu lassen. Davon überzeugt, daß seine Anwesenheit die Loyalität der Inder gegenüber dem Mutterland neu stärken werde, befürwortete George eine für den 12. Dezember 1911 in Delhi anberaumte Investiturfeier, ein Zeremoniell, das der Krönung in Westminster an Glanz nicht nachstand. Hunderttausend Inder waren anwesend, fünfzigtausend Soldaten säumten die Straßen, und die Instrumente der Musikkapellen und die rot-goldenen Gewänder der Lakaien strahlten im Licht der Morgensonne. Mit den eigens für diesen Anlaß gefertigten Kaiserkronen auf den Häuptern wurden George und Mary unter einer Goldkuppel inthronisiert. Sie wirkten dabei unnahbar, waren prächtig anzuschauen und entsprachen ganz der gängigen Vorstellung von prunkvollen orientalischen Potentaten. Der Ablauf der Feier war so organisiert, daß mehrere Filmkameras die Zeremonie filmen konnten. Auch andere europäische Königshäuser der damaligen Zeit stellten sich derartig zur Schau, ihre öffentlichen Auftritte glichen Theatervorstellungen. In allen großen Monarchien hatte man die Rituale so gestaltet, daß der Herrscher durch die fast kulthafte Hervorhebung seiner Person der Anbetung und Ehrfurcht der Menschen sicher sein konnte. Bereits in den antiken Gesellschaften bediente man sich derartiger Mittel, um das Volk zu beeindrucken.

Der Auftritt des Königspaares in Delhi war in zweierlei Hinsicht von Bedeutung. Er bestätigte erstens aus englischer Sicht den Zusammenhalt des Empires und die ungebrochene Loyalität der Millionen Asiaten. Britannien, so schien es, beherrschte nicht nur die Meere der Welt, sondern auch ihre Wüsten, und niemand hätte sich damals vorstellen können, daß weniger als vierzig Jahre später Georges Sohn Albert die Unabhängigkeit Indiens erleben würde.

Das exotisch-prachtvolle Zeremoniell, bei dem man sie in das Zentrum einer fremden Kultur gestellt hatte, hinterließ bei George und Mary einen tiefen Eindruck. Dieses Erlebnis bestärkte sie in dem Glauben, sie seien nicht nur die Erben des Thrones eines kleinen Inselstaates, sondern Kaiser und Kaiserin eines universalen Volkes. Daß keine andere Monarchie in der Welt soviel Prestige genoß wie die englische, verstärkte zudem noch ihr Überlegenheitsgefühl. Unter diesen Umständen ist es bemerkenswert, daß ihre Mitglieder überhaupt noch in der Lage waren, für Menschen, die weniger privilegiert waren, so etwas wie Einfühlungsvermögen aufzubringen.

Andererseits ist es wohl auch nicht verwunderlich, daß diese Selbsteinschätzung mit Arroganz gepaart war. So interessierte es George nicht, daß seine Jagdleidenschaft oft als unpassend empfunden wurde, und er schoß, dessenungeachtet, auf seiner Reise durch Indien neununddreißig Tiger, achtzehn Flußpferde und vier Bären. »Tatsächlich«, schrieb der damalige Indien-Minister Lord Crewe mit kaum verhüllter Verachtung, »ist es mißlich, wenn sich eine Persönlichkeit des öffentlichen Lebens von einer Passion so hinreißen läßt wie unser geliebter Herrscher von seiner Schießleidenschaft. Sein Empfinden für das Schickliche ist offenbar etwas aus den Fugen geraten.« Lord Durham (Mitglied des Hochadels, Rennstallbesitzer und Träger des Hosenbandordens) war derselben Meinung und beklagte, daß der König die schon damals relativ selten vorkommenden Tiger, die man ihm direkt vor das Gewehr trieb, wie am Fließband abgeknallt habe.

Als das Königspaar im Februar 1912 aus Indien nach London zurückkehrte, wurde es dort sogleich mit der äußerst schwierigen sozialen Situation des Landes konfrontiert. Die Eisenbahner, die Hafen- und die Bergarbeiter streikten, auf den Straßen gab es Tumulte, weil die Arbeiter die Einführung von Mindestlöhnen forderten, und in Irland hatte sich die Forderung nach einer eigenen Regierung krisenhaft zugespitzt. In jenem Jahr gingen wegen der zahlreichen Streiks der Wirtschaft insgesamt vierzig Millionen Arbeitstage verloren. Die Ökonomen rechneten aus, daß das Pfund

Sterling seit 1901 fünfundzwanzig Prozent an Kaufkraft verloren hatte, während die Wochenlöhne in der gleichen Zeit nur um einige Pence gestiegen waren.

Die wirtschaftliche Misere im Land und die lauten Klagen weiter Kreise ließen George und Mary nicht unberührt. Wie schon früher besuchten sie die Arbeiter in den Docks, in Eisen- und Stahlhütten und in Bergwerken. Edward und Alexandra hatten sich bei öffentlichen Auftritten und auch, wenn sie durch die Straßen Londons fuhren, gern bejubeln lassen, aber mit ihrem Wunsch, anderen wirklich zu helfen, war Alix weithin auf sich selbst gestellt geblieben. George und Mary hingegen waren sich bewußt, daß ihre Präsenz trotz ihrer politischen Machtlosigkeit durchaus Wirkung hatte. Sie gaben aus ihrer Privatschatulle etliche tausend Pfund, die besonders armen Familien, Arbeitslosen und vom Streik Betroffenen zugute kommen sollten, und sie bestanden darauf, daß ihre finanziellen Hilfeleistungen geheim blieben.

Einen größeren Handlungsspielraum ließ ihnen die Verfassung auch nicht, und auf die Sozialgesetzgebung hatte das königliche Paar tatsächlich keinerlei Einfluß. Doch sie konnten wohltätige Einrichtungen unterstützen oder ins Leben rufen. Die politische oder rechtliche Einflußnahme des Monarchen war nach den Bestimmungen der Parlamentsakte nicht nur unerwünscht, sondern schlicht untersagt. Doch die Möglichkeit einer moralischen Einflußnahme stand den englischen Königen immer frei, und diese Option nutzten die besten Vertreter der Dynastie – von Alexandra bis Diana – immer wieder.

Natürlich fühlten sich George und Mary in den einfachen Behausungen eines Bergarbeiters oder Hafenarbeiters eher unbehaglich. Sie fuhren zu solchen Besuchen in einem eleganten Wagen mit großem Gefolge vor, und während ihre Gastgeber in bitterster Armut weiterleben mußten, konnten sie wieder in ihren Palast zurückkehren. Trotzdem beachteten sie die Einwände all jener Aristokraten nicht, die ihre Besuche bei den Armen für deplaziert hielten oder gar für herablassend.

Diese Besuche waren nach Auskunft eines begeisterten Zeitgenossen »viel mehr als ein bloßes Besichtigungsprogramm. Sie brachten ihr herzliches Wohlwollen für die einfachen Leute zum Ausdruck, deren tägliche Arbeit die industrielle Entwicklung überhaupt erst ermöglicht hatte. Da schon die Politiker von dem, worauf es wirklich ankam, keine Ahnung hatten – waren es da nicht wenigstens der König und die Königin, die alles in ihrer Macht Stehende unternahmen, den sozialen Frieden zu sichern?« Und so trank Queen Mary Tee mit den Frauen von Eisenbahnern und Bergarbeitern, und King George erfragte die Namen von Kindern, die er fröhlich aufforderte, näher zu kommen und ihm die Hand zu schütteln. Mehr als einmal mußte Mary eine weinende Mutter trösten, die für ihre Familie nicht genug zu essen hatte. Und wann immer dies möglich war, sorgte sie dafür, daß der betreffende Haushalt noch am selben Tag eine Lebensmittelsendung erhielt.

Bei diesen Besuchen gab es aber auch erheiternde Momente. »Ist der Vater ein dunkler Typ?« fragte Mary einmal eine blonde Frau, deren dunkelhaariges Baby sie eines Tages in einem Mütterheim bewunderte. »Sicher, Ma'am, das heißt, ich weiß nicht so genau«, entgegnete die Mutter ohne Hemmungen, »ich glaub', er hat den Hut gar nicht abgenommen.«

Aber diese Stippvisiten bei den Armen, so ehrlich sie auch gemeint gewesen sein mögen, hatten eher Seltenheitswert und stets einen Hauch von aristokratischer Herablassung, nahe waren der König und die Königin ihrem Volk eigentlich selten. Vielleicht hat ihr mystisches Bild von sich und die fast religiöse Verehrung, die George und Mary für ihre königliche Berufung hegten, dies von vorneherein verhindert. Andererseits war es wiederum gerade ihr Verständnis von der Berufung, das es ihnen möglich machte, Fremden mit einer Herzlichkeit zu begegnen, die sie ihren eigenen Kindern stets versagten. Zudem war das Königspaar gefangen in seiner Rolle, denn die Ehrfurcht, die nicht abreißen wollenden Verbeugungen und sonstigen Höflichkeiten aller Personen, mit denen sie zusammentrafen, bestärkten George und Mary natürlich in dem Gefühl ihrer Einzigartigkeit.

Aber dennoch wurde Marys praktische Veranlagung immer wieder deutlich. »Wenn man doch nur etwas tun könnte«, schrieb sie während des Bergarbeiterstreiks 1912 an eine Tante, »aber man fühlt sich so ohnmächtig, und währenddessen befindet sich unser gesegnetes und geliebtes Land ständig in einem Zustand des Elends und der Stagnation. Die meisten Leute machen offenbar einfach so weiter, als ob alles in Ordnung wäre, doch uns geht das zu nahe, als daß wir es auf die leichte Schulter nehmen könnten.« Trotzdem hatte sie keine Handlungsmöglichkeit, weil auch der Status der Angehörigen der Königlichen Familie weit über dem der »normalen« Mitglieder der Gesellschaft lag.

Auch die Kinder des Königspaares besaßen selbstverständlich diesen Status der Einzigartigkeit. Als George im Herbst 1912 seinen Sohn Edward im Magdalen-College in Oxford einschrieb, mögen manche gedacht haben, das Königshaus sei bestrebt, zu leben wie alle anderen, denn Edward war das erste Mitglied der englischen Dynastie, das je auf einem Campus einzog. Aber das war natürlich nicht der Fall. Edward hatte einen Privatlehrer, einen Sekretär und zwei persönliche Diener; seine Wohnräume wurden von seiner Mutter mit Antiquitäten eingerichtet; er bekam das erste private Badezimmer, das je für einen Studenten installiert wurde; er konnte seinen täglichen und wöchentlichen Stundenplan selbst bestimmen, und er brauchte keine Prüfungen abzulegen. Natürlich waren das Bedingungen, die sich auf einen Jungen, dessen körperliche und geistige Entwicklung nicht seinem Alter entsprechend verlief, geradezu katastrophal auswirken mußten.

Edward, der offiziell Sprachen, Geschichte, Wirtschaft und Politische Wissenschaft in Oxford studierte, interessierte sich weder für Bücher noch für die Vorlesungen. Als er 1914 (ohne Abschluß) die Universität verließ, hatte er kaum etwas dazugelernt, und Sir Herbert Warren, der Präsident des Magdalen-Colleges, charakterisierte den Bildungsstand des Prinzen vorsichtig mit den Worten: »Ein Bücherwurm wird aus ihm wohl nie werden.«

Edwards Eltern wollten, daß er Französisch lernte, was er jedoch nie schaffte, außerdem hatte er viel mehr Interesse an der deutschen Sprache, besonders nachdem er in den Semesterferien einmal Verwandte in Preußen besucht hatte. Er brachte Deutschland viel Sympathie entgegen, und diese Vorliebe kultivierte er in seinem späteren Leben noch.

In Oxford zeigte sich Edward seinen Kommilitonen gegenüber aufgeschlossen und freundlich, und er gab sich große Mühe, nicht herablassend zu wirken. So nahm er, wie die anderen auch, an berittenen Fuchsjagden teil, spielte Polo und sprach auf Festen dem Alkohol reichlich zu. Daneben entwickelte er wie sein Großvater Edward Interesse an der Mode. Er bevorzugte weite Flanellhosen mit Aufschlag, trug einen karierten Sportmantel und widmete den Details seiner Kleidung große Aufmerksamkeit. Das tat er wohl auch in der Hoffnung, daß seine Aufmachung ihn reifer und attraktiver erscheinen lassen würde. Er besaß einen jungenhaften Charme, und mit seinem offenen, freundlichen Umgangston machte er sich viele Freunde. Edward gab sich leutselig, und obwohl die meisten seiner Kommilitonen ihn weiterhin mit »Sir« anredeten, hinderte sie das nicht, ein Bier mit ihm trinken und ihm zweideutige Geschichten zu erzählen. Dennoch erschien er Lord Esher, der schon König Edward nahegestanden hatte und den Prinzen häufig besuchte, »irgendwie seltsam, voller Trauer, als hätte er die Last der ganzen Welt auf seinen Schultern zu tragen«.

Zum Teil beruhte diese gedrückte Stimmung des Prinzen wohl auf seinem Status, den er haßte und der ihn unter den anderen Studenten gesellschaftlich absonderte. Das wurde ihm immer dann besonders bewußt, wenn er wieder einen Auftritt bei Hof hatte: »Was für eine Verschwendung an Zeit, Geld und Energie diese Staatsbesuche doch sind«, vertraute er seinem Tagebuch nach einem solcher offiziellen Empfänge an und beklagte sich über »dieses unechte Getue und das leere Zeremoniell«. Solche republikanischen Neigungen, die seine Eltern auch in seiner Kleidung, seinem Benehmen, ja seiner ganzen Einstellung festzustellen meinten, gefielen ihnen ganz und gar nicht. Seine Kommilitonen in Oxford allerdings fanden dieses Verhalten bei seiner Herkunft besonders attraktiv.

George und Mary waren dagegen äußerst zufrieden mit den Berichten seiner Aufpasser, die nach London berichteten, daß Edward, der fast zwanzig Jahre alt war, noch immer unschuldig sei. Tatsächlich hatte er offenbar kein Interesse, junge Damen kennenzulernen.

Der siebzehnjährige Albert machte unterdessen im Dezember 1912 in Dartmouth (als einer der schlechtesten Schüler seines Jahrgangs) seinen Abschluß und trat einen Monat später den Dienst auf dem Kreuzer *Cumberland* an, auf dem er den letzten Teil seiner Marine-Ausbildung absolvierte. Er war längst nicht so gesellig wie Edward, war aber ein mitfühlender junger Mann und hatte keinerlei Dünkel im Umgang mit seinen bürgerlichen Kameraden. Obwohl er sich körperlich normal entwickelte, litt er weiterhin sehr unter seinem Sprachfehler. Wann immer er öffentlich sprechen sollte, ließ er sich durch einen anderen Kadetten vertreten. War er zu einer Party oder auf einen Ball eingeladen, brach ihm nur bei dem Gedanken, ein Mädchen zum Tanzen auffordern zu müssen, schon der Schweiß aus. Dazu hatte er, wahrscheinlich von seinem Großvater und Vater, die Neigung zu unvermittelt auftretenden Zornausbrüchen geerbt. Und was für einen Seekadetten sicher fürchterlich war: Albert litt unter Seekrankheit.

Im Herbst 1913 trat Albert, aus praktischen Gründen unter dem Namen Mr. Johnson, auf dem Schlachtschiff *Collingwood* seinen Dienst als Seeoffizier an. Er konnte dem Seemannsleben nie etwas abgewinnen und wäre viel lieber bei Edward in Oxford gewesen, doch fügte er sich den Wünschen seines Vaters. Bei Seemanövern im Mittelmeer vor Ägypten und Griechenland fiel er sogar durch seine guten Leistungen auf. Stets verläßlich, ehrlich und bescheiden, ertrug Albert seine (durch die Seekrankheit noch verstärkten) chronischen Magenbeschwerden, ohne je zu klagen. Später diagnostizierten die Ärzte ein Magengeschwür, das sich durch die schweren türkischen Zigaretten, die er rauchte, noch verschlimmerte. Im Sommer des Jahres 1914 kam dann noch eine akute Blinddarmentzündung hinzu, und man brachte Albert zur Operation nach Aberdeen. Seine Genesung verzögerte sich jedoch wegen einer schweren Gastritis und der Schmerzen, die ihm sein Magengeschwür bereitete. Edward war zu diesem Zeitpunkt bereits in der Grenadiergarde und wurde im November nach Frankreich in das Büro der britischen Expeditionsstreitkräfte versetzt.

Die meisten Briten jubelten, als im Sommer 1914 der Erste Weltkrieg ausbrach. Im ganzen Land herrschte ein völlig unbegründeter Optimismus, und im nationalistischen Überschwang war überall die Rede von einem raschen, sicheren Sieg. Einen Monat nachdem der österreichisch-ungarische Thronfolger Franz Ferdinand (am 28. Juni) in Sarajewo von einem serbischen Nationalisten ermordet worden war, ließ die österreichisch-ungarische Regierung Serbien ein unannehmbares Ultimatum zustellen. Rußland schlug sich unverzüglich auf die Seite der slawischen Brüder, so daß der Zar jetzt seinem Cousin, dem deutschen Kaiser, als Feind gegenüberstand. Deutschland unterstützte Österreich, und Frankreich wollte der deutschen Mobilisierung nicht tatenlos zusehen. Am 4. August erklärte Großbritannien Deutschland wegen Verletzung der belgischen Neutralität den Krieg, und so wurden auch seine Verwandten auf dem englischen Thron Feinde des Kaisers. »Ich habe um 10.45 Uhr den Kronrat zusammengerufen, um Deutschland den Krieg zu erklären«, schrieb George an jenem Augusttag in sein Tagebuch.

»Das alles ist eine furchtbare Katastrophe, aber es ist nicht unser Fehler. Eine riesige Menschenmenge hatte sich vor dem Palast versammelt, und wir sind vor und nach dem Essen auf den Balkon hinausgetreten. Als die Leute hörten, daß wir den Krieg erklärt haben, wurden sie immer erregter, und May und ich gingen gemeinsam mit David auf den Balkon. Der Jubel war gewaltig. So Gott will, ist alles bald vorüber, und möge er das Leben unseres lieben Bertie schützen.«

Bis Ende September hatten sich über eine Million Engländer als Freiwillige gemeldet und waren auf den Kontinent gebracht worden. Man ging allgemein davon aus, daß es zu einer Schlacht kommen werde, die glorreich zu gewinnen sei. Zuerst sollte die königliche Marine die deutsche Flotte zerstören, und anschließend mußte die britische Expeditionsstreitmacht nur noch in Frankreich für Ordnung sorgen. Mit Hilfe der Franzosen und der Russen würde man innerhalb weniger Monate den Sieg erringen. Die jungen Männer, die auf dem Piccadilly und dem Leicester Square Abschied von ihren Angehörigen nahmen, waren zuversichtlich, Weihnachten schon wieder daheim sein zu können und dem Empire dann einen weiteren Triumph bereitet zu haben.

Als die Briten so begeistert in den Krieg zogen, überschwemmte eine gewaltige antideutsche Welle das Land. Was sich auch nur entfernt »teutonisch« anhörte, wurde Zielscheibe wildester Haßausbrüche. Die deutsche Literatur verschwand aus den Lehrplänen der Schulen, die Werke Beethovens und Mozarts wurden nicht mehr aufgeführt, und die Geschäfte von Schuhmachern mit deutschen Namen wurden von Fanatikern zerstört, die sich Patrioten nannten und in einer Gruppe auftraten, die sich Antideutsche Liga nannte. Verschlimmert wurde die Situation noch dadurch, daß in der Bevölkerung kaum Protest laut wurde, da alle Angst hatten, der Kollaboration mit dem Feind oder gar des Verrats bezichtigt zu werden. »Die Leute beleidigten selbst deutsche Gouvernanten«, erinnerte sich Jahre später Lord Louis Mountbatten (Victorias Urenkel). »Sie attackierten auf der Straße sogar deutsche Dackel. Und unter jedem Bett vermuteten sie einen Spion. In der Presse wurde diese Hysterie gezielt geschürt, was alles noch schlimmer machte. Auch mein Vater wurde wegen seines deutschen Namens vehement angegriffen.«

Der Vater von Lord Mountbatten, eines der ersten Opfer dieser fanatisch nationalistischen Auswüchse, war ein der englischen Krone treu ergebener Mann, der in Österreich zur Welt gekommen war. Prinz Ludwig von Battenberg war der älteste Sohn Prinz Alexanders von Hessen-Darmstadt. Nachdem er britischer Bürger geworden und schon mit vierzehn Jahren als Rekrut in die Königliche Marine eingetreten war, heiratete Ludwig oder Louis Prinzessin Viktoria, eine Enkelin von Queen Victoria und Tochter von deren Tochter Alice; er war damit ein angeheirateter Cousin King Georges. Dank seiner überragenden seemännischen Fähigkeiten machte er eine bemerkenswerte Karriere. Ludwig stieg vom Direktor des Geheimdienstes der Marine zunächst zum Konteradmiral, dann zum

Oberbefehlshaber der Atlantikflotte und schließlich zum Vizeadmiral des Ersten Seelords auf, so daß zu Beginn des Krieges die gesamte britische Flotte dem Kommando des damals Sechzigjährigen unterstand. Doch wegen seines deutschen Namens und seines Akzents forderte man in der Öffentlichkeit lautstark seinen Rücktritt. »Ich bin unlängst zu der schmerzlichen Erkenntnis gelangt«, schrieb er am 28. Oktober an Winston Churchill, damals Marine-Minister,

> »daß meine Geburt und meine Herkunft zum jetzigen Zeitpunkt meine Verwendbarkeit für die Admiralität in mancherlei Hinsicht beeinträchtigen. Unter solchen Umständen empfinde ich es als loyaler Untertan Seiner Majestät als meine Pflicht, vom Amt des Ersten Seelords zurückzutreten. Auf diese Weise hoffe ich, der Waffengattung, in deren Dienst ich mein bisheriges Leben gestellt habe, die Durchführung ihrer Aufgaben zu erleichtern und die Last zu schmälern, die auf den Schultern der Minister Seiner Majestät ruht.«

Den König bekümmerte dieser Rücktritt sehr, aber er konnte sich gegen seine Minister nicht durchsetzen und mußte einen Nachfolger bestellen. In der offiziellen Annahme des Rücktritts räumte Churchill ein, daß der Krieg zwischen Menschen »die schrecklichsten Leidenschaften« entfache. Diese Worte werden Prinz Ludwig wohl kaum getröstet haben. Er starb 1921, drei Monate nach der Geburt seines auf den Namen Philip getauften Enkels, der später Ehemann von Queen Elizabeth II. werden sollte.

Aber die Entlassung des Prinzen Ludwig war nur der Anfang. In den nächsten Monaten zwangen den König sein Premierminister und der Druck, den die Presse ausübte, die Banner von acht Rittern des Hosenbandordens aus der St.-Georgs-Kapelle in Windsor entfernen zu lassen. Darunter befanden sich auch diejenigen, die zu Ehren vieler Familienmitglieder Queen Victoria dort hatte anbringen lassen. Einige der einst Geehrten und jetzt Geächteten waren: der deutsche Kaiser, sein Sohn und bezeichnenderweise auch der Herzog von Sachsen-Coburg-Gotha, Victorias Enkel und Namensträger der Dynastie. Nach Meinung des Königs griff man mit dieser übertriebenen Geste in die Geschichte ein, und außerdem fiel diese Entscheidung gar nicht in die Kompetenz der Regierung. Logischerweise hätte man dabei auch gleich die Ehrenzeichen unehrenhafter Briten königlicher Herkunft beseitigen müssen.

»Der *Daily Express* hat sich an die Spitze all jener gestellt, die eine Entfernung dieser Banner verlangen«, tönte die Zeitung am 14. Mai 1915 auf ihrer Titelseite. »Die Banner sind von all jenen beschmutzt worden, die für die Ermordung von Frauen und Kindern die Verantwortung tragen.« Ein völlig überdrehter Geistlicher forderte sogar die Verbrennung einer Flagge, die an die Vermählung der allseits beliebten Prinzessin Vicky, Mutter des deutschen Kaisers, erinnerte, was King George dazu brachte, in einem Wutanfall das Ansinnen rundweg abzulehnen. Selbst einer deutschen Familie entstammend, teilte der König keineswegs die während des Krieges vorherrschende Ablehnung alles Deutschen und weigerte sich auch, die Messingschilder mit den Namen der geächteten Hosenbandritter demontieren zu lassen. »Es handelt sich dabei um historische Zeugnisse«, schrieb Stamfordham auf Wunsch des Königs, »und Seine Majestät hat nicht die Absicht, einzelne davon [aus dem Chorgestühl der Kapelle] entfernen zu lassen.«

Überdies, meinte der König, gebe es wahrlich wichtigere Zeichen, seinen Patriotismus zu beweisen, und er lieferte dafür selbst den Beweis, indem er der Front mehrere Besuche abstattete.

Wenngleich er auch ein passionierter Seemann war, verabscheute George den Krieg und brachte den kämpfenden Männern auf beiden Seiten viel Mitgefühl entgegen. Einmal besuchte er ein Lazarett in der Nähe von Le Havre, wo Hunderte verletzter Soldaten nach einem Giftgasangriff lagen. Der König blieb an den Betten von Engländern wie Deutschen stehen und wies Frederick Ponsonby (ein Mitglied des Kronrats und enger Berater) zurecht, der meinte, Mitleid mit einem verwundeten Deutschen sei unpassend. »Aber der König sagte, daß es sich doch nur um einen armen sterbenden Menschen handle, der keinerlei Verantwortung für die deutschen Schreckenstaten trage.«

Deprimiert über die 400 000 britischen Kriegsopfer schon in den ersten Monaten und entschlossen, die Truppe in Zukunft so häufig wie möglich zu besuchen, kehrte George im Spätherbst 1914 aus Frankreich zurück. Auf einem seiner späteren Besuche passierte dem König dann selbst ein Unglück. Als er am 18. Oktober 1915 eine Abteilung des Königlichen Fliegercorps in Frankreich inspizierte, scheute sein Pferd vor den jubelnden Soldaten, warf ihn ab und stürzte auf ihn. Als man den König schließlich in Sicherheit bringen konnte, hatte er einen doppelten Becken- und mehrere Rippenbrüche erlitten, die ihm fürchterliche Schmerzen bereiteten.

Edward, der im Ersten Armeecorps diente und seinen Vater auf dieser Reise begleitete, kam ihm sofort zu Hilfe und fuhr mit ihm im Rettungswagen zu einem nahegelegenen Schloß, dem provisorischen Hauptquartier. Dort wurde dem König erst einmal Bettruhe verordnet. In der Nacht schlug General Sir Douglas Haig eine Verlegung des Königs vor, weil er eine Beschießung des Schlosses durch die Deutschen befürchtete. Diesen Vorschlag überbrachte ein Arzt dem König, worauf George ihm antwortete: »Sagen Sie dem General, er soll zur Hölle fahren und dort bleiben. Ich denke nicht daran, vor irgendwelchen Bomben zu weichen.« Schon kurz darauf schlug er freilich bereits wieder einen ganz anderen Ton an, als er sich nämlich erkundigte, was aus dem Pferd geworden sei, das ihn abgeworfen habe. Als man ihm erzählte, es galoppiere bereits wieder, lächelte der König und entspannte sich.

Eine Woche später vertraute George seinem Tagebuch an, daß er am »29., 30. und 31. Oktober heftige Schmerzen zu leiden [gehabt] und kaum geschlafen« habe. Er war inzwischen fünfzig Jahre alt, nicht besonders robust, und seit Jahrzehnten ein starker Raucher, was seine Genesung erschwerte. Allmählich wuchs zwar sein gebrochenes Becken wieder zusammen, doch sollte er in seinem Leben keinen völlig schmerzfreien Tag mehr erleben. Auch hatte er jetzt häufiger als vorher seine alten Jähzornausbrüche, und seine Sekretäre, Berater und Begleiter mußten unter der Ungeduld leiden, mit der er sich und andere plagte. Aber der König verlangte sich selbst auch viel ab und reiste während des Krieges noch mehrmals nach Frankreich, im Juli 1917 gemeinsam mit der Königin, die in den zwei Wochen Lazarette, Verwundetentransporte, Munitionslager, Flugplätze und Schwesternunterkünfte besuchte.

Auch die beiden ältesten Söhne waren im Krieg, obwohl der Thronerbe und Prince of Wales aus der Gefahrenzone ferngehalten wurde. »Ich hasse es, ein Prinz zu sein und nicht kämpfen zu dürfen!« schrieb er 1915 wütend darüber, daß er nur Lazarette besuchen durfte. Sein Vater erlaubte ihm mehrmals, die Schützengräben zu besichtigen, wobei ein Augenzeuge bemerkte, daß Edward »die Gefahr liebe«, und ein anderer stellte fest, daß der Thronfolger »Risiken einging«. Nach der Schlacht an der Somme, in der in sechs Monaten 500 000 britische Soldaten den Tod fanden, beklagte sich Edward, daß es ihm seine Stellung verwehrt habe, an den Kämpfen teilzunehmen. »Was macht es denn aus, wenn ich umkomme?« fragte er den Kriegsminister Lord Kitchener. »Ich habe doch noch vier Brüder.« Aber außer Edward selbst war offenbar allen viel an seinem Leben gelegen, und so mußte er sich damit begnügen, im Gefolge des Oberbefehlshabers des Heeres in Frankreich zu dienen, bevor er als Stabsoffizier ins Mittelmeer versetzt wurde.

Während dieser Monate und Jahre erwarb er sich viel Sympathien wegen seiner Freundlichkeit, seiner Bescheidenheit und seines Diensteifers und auch, weil er sich weigerte, Privilegien in Anspruch zu nehmen. Als ihm der französische Präsident das *Croix de Guerre* anheftete, machte ihn das sehr verlegen. »Zunächst weigerte er sich [es zu tragen], weil er es nicht verdient hätte, wie er sagte«, hat Frederick Ponsonby später berichtet, »aber dann habe ich ihn darauf hingewiesen, daß er die Franzosen beleidige, wenn er es nicht trage, und so hat er es sich widerwillig angeheftet.«

Im Jahr 1915, mit einundzwanzig Jahren, unterwarf Edward sich mehrere Monate einer asketischen Lebensweise, die seine Gesundheit gefährdete. Niedergeschlagen wegen der Rolle, die ihm durch seine Geburt zugefallen war, glaubte er, daß er zu dick werde. Obwohl er nie mehr als 140 Pfund gewogen hat und eigentlich sogar etwas zu mager war, gönnte sich der Prinz jetzt nur ein Minimum an Nahrung und Schlaf. Er unternahm lange Spaziergänge und kasteite sich selbst, was auf eine Verachtung des eigenen Körpers hindeutete. Die Ursache hierfür war vielleicht das Gefühl der körperlichen Unzulänglichkeit, denn noch immer sah er nicht älter aus als fünfzehn. Vielleicht schämte er sich aber auch, daß er völlig unerfahren war, was Frauen anbetrifft. Das änderte sich, als Kameraden den Zweiundzwanzigjährigen eines Abends zu einer französischen Prostituierten brachten. Nach diesem Erlebnis erzählte er, er habe endlich das größte Vergnügen kennengelernt, das das Leben zu bieten habe.

Als er Ende 1917 vom Kontinent zurückbeordert wurde, um in England Rüstungsfabriken zu inspizieren, hatte der Prince of Wales nichts mehr von einem Mauerblümchen an sich. Schon bald war er der Mittelpunkt des Londoner Gesellschaftslebens. Er tanzte bis zum Morgengrauen, spielte Squash und flirtete mit jungen Damen auf Empfängen. Edward war jetzt dreiundzwanzig Jahre alt, und nichts erinnerte mehr an den unreifen Jungen, der er noch mit neunzehn Jahren gewesen war.

Um diese Zeit tauchten auch die ersten Gerüchte über eine romantische Affäre auf. Es handelte sich dabei um eine Beziehung zu einer Tanzpartnerin, der zwölf Jahre älteren Lady Marion Coke, verheiratet mit einem Vicomte. Sie war klein, dunkelhaarig und temperamentvoll, trank gern Champagner und kicherte ständig wie ein

Schulmädchen. Edward hatte noch eine Affäre mit der leidenschaftlichen Lady Sybil Cadogan, einem ganz anderen Typ als Marion. Lady Sybil war in Edwards Alter und eine starke Persönlichkeit. Sie bereitete dem Prinzen (wie er in seinem Tagebuch notierte) »die besten Nächte, die ich je erlebt habe. Ich bin wahnsinnig verliebt in sie!« Doch wahrscheinlich hatte es Lady Sybil bald satt, den Prinzen Edward mit Lady Marion und anderen zu teilen, vielleicht gingen ihr auch seine Kapriolen und Launen auf die Nerven, oder aber ihr gefiel einfach Edward Stanley, ein Schulkamerad des Prince of Wales, besser. Im Juni 1917 verkündete sie jedenfalls aus heiterem Himmel ihre Verlobung mit ihm und schickte ein Telegramm an ihre Eltern, in dem es hieß: »Mit Edward verlobt«, was ihre Eltern kurz glauben ließ, daß es sich dabei um den englischen Thronfolger handele.

Albert verbrachte die meiste Zeit des Krieges entweder im Schiffslazarett oder in der Kabine für Seekranke, oder aber er mußte an Land einfache Aufgaben übernehmen. Jedenfalls war ihm das alles lieber, als im Buckingham-Palast sein zu müssen, den er, ebenso wie Edward, als »ein schreckliches Gefängnis« empfand, »einen Ort, wo unsere Eltern leben und sich seltsame Vorstellungen über uns machen, weil sie glauben, daß wir noch Schuljungen sind, jedenfalls wissen sie nicht, wie wir wirklich sind.« (Prinzessin Mary fühlte sich im Palast ebenfalls sehr unwohl. Sie meldete sich im Krieg als Krankenpflegerin an der Heimatfront.)

Obwohl Albert – er war inzwischen wieder an Bord der *Collingwood* gegangen – noch kurz vor der Schlacht im Skagerrak im Mai 1916 mit Magenproblemen und schweren Depressionen im Lazarett lag, zeigte er doch eine erstaunliche Zähigkeit.

In dem Bericht eines Offiziers heißt es:

»Plötzlich ertönte das Signal, daß die deutsche Hochseeflotte bereits unseren Schlachtkreuzer etwa 40 Meilen entfernt angegriffen habe und sich das Kampfgeschehen in unsere Richtung verlagere. Helle Aufregung. Endlich ging es los. Volle Fahrt voraus. Jetzt mußte es zum Kampf kommen – können Sie sich die Situation vorstellen? Und wer stürmt da aus seiner Koje? – unser guter »Johnson«. Krank? Hab' mich nie besser gefühlt! Kräftig genug, um mitzukämpfen? Natürlich sei er das, warum denn wohl nicht?«

Albert erzählte später seinem Bruder Edward, von der Schlacht: »Ich habe keinen Augenblick Angst vor Granaten oder sonst etwas gehabt. Es ist eigenartig, aber man vergißt einfach die Gefahr und hat nur noch einen Wunsch, dem Feind so große Verluste wie möglich beizubringen.« Albert mußte seinen Dienst bei der Marine jedoch bald darauf wegen seiner Krankheit quittieren und unterzog sich 1917 einer Magenoperation. Später wurde er dann zur Königlichen Luftwaffe versetzt, die sich damals im Aufbau befand.

Über das Leben der jüngeren Königskinder gibt es eigentlich nichts Besonderes zu berichten. Beim Ausbruch des Krieges war Prinzessin Mary siebzehn, ein blondes, blauäugiges Mädchen, das gern Sport trieb und angeln ging. Sie war von Georges Kindern das intelligenteste, sie besaß eine schnelle Auffassungsgabe und zeigte eine natürliche Begabung für Sprachen, Geschichte und Geographie, wie es eine tüchtige Gouvernante erkannt hatte. »Wie schade, daß Mary für königliche Aufgaben nicht in Frage kommt«, sagte Edward eines Tages, »sie ist doch viel klüger als ich.« Außerdem wird es Edward nicht entgangen sein, daß sein Vater Mary allen seinen Kindern deutlich vorzog und er sie ihren Brüdern ständig als Vorbild nannte.

Nach einem recht erfolgreichen Start an der St.-Peter's-Court-Vorschule wurde Prinz Henry mit vierzehn Jahren in Eton angemeldet, wo er sich fast nur für Sport interessierte. »Wach um Gottes willen endlich auf, und benutze das Gehirn, das Gott Dir gegeben hat«, schimpfte Queen Mary. »Immer schreibst Du nur vom Fußball, so daß ich es inzwischen nicht mehr hören kann.«

Was Prinz George betrifft, war er das mit Abstand vielversprechendste der Kinder. Er war ein dunkler Typ, gutaussehend, hatte wache blaue Augen, lachte gern und konnte sich bereits mit zwölf Jahren geistreich unterhalten und interessierte sich sehr für Kultur, was seinen Vater und seine Brüder langweilte. George glänzte in seinen Leistungen an der St.-Peter's-Court-Schule und teilte die Begeisterung seiner Mutter für Antiquitäten und Nippes. Gern war er mit Edward zusammen. »Wir waren uns damals viel näher als Brüder«, hat der Prince of Wales einmal geschrieben, »wir waren die engsten Freunde.« Beide neigten sie zum Widerspruch, wenn nicht gar zur Rebellion – eine Eigenschaft, die sie später noch stärker aneinanderbinden sollte.

Den kleinen Prinzen John versorgte Lala Bill in einem der Häuser auf Gut Sandringham, und er litt immer häufiger unter epileptischen Anfällen. Von seinen Angehörigen besuchte ihn nur seine Großmutter Alexandra regelmäßig. Sie kümmerte sich liebevoll um ihn, brachte ihm Spielsachen mit, las ihm vor und entlastete Lala Bill hin und wieder von ihren Pflichten. Offenbar sah die Königinwitwe in dem unglücklichen Kind einen Leidensgenossen.

Auch die Schrecken des Krieges ließen die alte Königin nicht unberührt, und sie kümmerte sich hingebungsvoll um die Opfer. Als sie einmal ein überfülltes Lazarett besuchte, fiel ihr ein junger Mann auf, der stark hinkte und sehr depressiv wirkte. Kein Grund zur Sorge, sagte die Königinmutter, sie selbst hinke schon seit über vierzig Jahren, genaugenommen seit einem Rheumaanfall, der auch zur Taubheit ihres linken Ohres geführt habe. »Aber schauen Sie nur, was ich mit meinem Bein noch alles anstellen kann«, erklärte sie, und schwang ihr lahmes Bein fröhlich über einen Stuhl. Der Soldat lächelte zum erstenmal seit Monaten.

Alix' Sohn, der König, dagegen konnte während des Krieges nicht viel mehr tun, als die Moral seiner Landsleute stärken, was er in den langatmigen, häufig auch anregenden Erwiderungen auf die zahlreichen Dokumente tat, die täglich auf seinem Schreibtisch landeten. Natürlich konnte George nicht direkt Einfluß auf militärische Entscheidungen nehmen, da ihn die Verfassung daran hinderte, sich wie seine Cousins, der russische Zar und der deutsche Kaiser, in das Geschehen einzumischen. So besuchte George dafür während des Krieges sieben britische Marinebasen und dreihundert Lazarette und Krankenhäuser, nahm fast fünfhundert Truppeninspektionen vor, begutachtete mehrmals Schäden, die von den Bomben der Deutschen verursacht worden waren. Er traf unzählige Bürger und fuhr fünfmal zu den britischen Soldaten in Frankreich. Der 1916 zum Premierminister aufgestiegene David Lloyd George, der sich wiederholt über die mangelnde Intelligenz des Königs geäußert hatte, wies darauf hin, daß »die unerschütterliche Loyalität und das patriotische Engagement, das die Menschen in diesem Land bewiesen haben, [nicht zuletzt auf die] Haltung und das Auftreten von King George ... [und auf] die Zuneigung zurückzuführen waren, die ihm entgegenschlug.«

Aber der König wollte auch durch Taten ein gutes Beispiel geben, und so wurde das Leben im Buckingham-Palast den einfachen Lebensverhältnissen angepaßt, die bei den arbeitenden Menschen üblich waren. Die Lebensmittel wurden rationiert, die Mahlzeiten vereinfacht und Delikatessen von der Tafel verbannt. Laut Ponsonby war das Frühstück im Palast in diesen Jahren so karg, daß Höflinge, die zu spät kamen, nichts mehr abbekamen. Als einer von ihnen einmal um ein gekochtes Ei bat, verursachte er »einen solchen Aufruhr ..., als hätte er ein Dutzend Truthähne bestellt«. Der König nannte den Mann einen Sklaven seines Appetits und beschuldigte ihn, kein Patriot zu sein.

Aber damit nicht genug. Auf Betreiben von Lloyd George untersagte der König, widerstrebend zwar, in allen königlichen Residenzen und am Hof jeden Alkoholkonsum. »Ich tat es, um ein gutes Beispiel zu geben, da in diesem Land reichlich getrunken wird«, schrieb er in sein Tagebuch. »Das Verbot ist mir zwar schwergefallen, aber ich hoffe, daß es von Nutzen ist.« Natürlich hatte dieses Verbot keinerlei Auswirkungen auf die Trinkgewohnheiten im Land, und es ließ den König und die Königin sogar ein wenig lächerlich erscheinen.

Der König stellte Pferde aus dem königlichen Marstall zur Verfügung, sie zogen Sanitätswagen, und in den Kutschen brachte man Verwundete von den Bahnhöfen zu den Lazaretten.

Der König wollte sogar einen Teil des Palastes in ein Rehabilitationszentrum umwandeln, aber Ärzte und Offiziere lehnten nach einer Inspektion die schlecht beheizten und beleuchteten Räumlichkeiten als ungeeignet ab.

George bestand außerdem darauf, daß die Palastgärten bei schönem Wetter für Kriegsinvaliden geöffnet wurden. Er stattete ihnen dort sogar manchmal einen Besuch ab. Diese Begegnungen waren jedoch meistens nur kurz, denn es fiel dem König schwer, den Soldaten mit jener Herzlichkeit und Lockerheit gegenüberzutreten, die er privat zeigte. »Wir Seeleute lächeln im Dienst niemals«, beschied er Stamfordham, seinen Privatsekretär, knapp, als dieser ihm nahelegte, etwas entspannter aufzutreten. Als Edward einmal erklärte, daß sein Vater »gute Propagandaarbeit geleistet« habe, erwiderte George steif: »Ich tue etwas, weil ich es als meine Pflicht ansehe und nicht aus Gründen der guten Propaganda.« Diese Bemerkung könnte man als Motto über sein Leben stellen.

Auch Queen Mary besuchte seit Ausbruch des Krieges regelmäßig Krankenstationen, und sie organisierte Hilfsprogramme für Kriegsopfer. Sie inspizierte Operationssäle, sprach mit Ärzten und Krankenschwestern, unterhielt sich mit Blinden und Amputierten und probierte selbst das Krankenhausessen. »Wenn sie bemerkt, daß etwas fehlt oder verbessert werden könnte, tut sie das auch kund«, schrieb ein Augenzeuge. »Jeder weiß, daß Ihre Majestät inzwischen ein beträchtliches Wissen über medizinische Geräte und die Bedürfnisse von Krankenhäusern hat.«

Doch begnügte sich die Königin nicht allein mit Worten, sie sorgte auch dafür, daß die Mitglieder der Handarbeitsgilde Decken für Invaliden bereitstellten, sie organisierte eine Kleiderausgabe im St.-James-Palast, und sie konnte einige ihrer Freundinnen aus der höheren Gesellschaft dazu überreden, kostenlos für das Rote Kreuz zu arbeiten. Aber die guten Absichten dieser Damen aus der höchsten Gesellschaft brachten das Parlament in eine unangenehme Lage, denn sie nahmen den bedürftigen Frauen die Arbeit weg. Die Königin rief aber auch ein Programm ins Leben, das Unternehmen Zuschüsse gab, wenn sie Frauen beschäftigten.

Ganz sicher ist die Behauptung, die einige erhoben, Queen Mary habe sich für diese sozialen Programme nur pro forma und ohne echtes Engagement eingesetzt, Unsinn. Hier muß man nur an die Hilfsaktion erinnern, die sie dreißig Jahre vorher zugunsten der Frauen und Kinder von Veteranen durchgesetzt hatte.

Tatsächlich war Marys Entschlossenheit, das Leiden zu lindern, das der Krieg ihrem Volk gebracht hatte, sogar Anlaß ihrer Freundschaft zu Mary Macarthur. Die damals vierunddreißigjährige Mary Macarthur stand politisch auf seiten der Radikalen und setzte sich für die arbeitenden Frauen in Großbritannien ein. Sie gehörte zur Führung der damals wohl fortschrittlichsten politisch-sozialen Bewegung des Landes. »Sie hat die Lebensbedingungen von Hunderttausenden hilflosen und bedauernswerten Frauen in diesem Land verbessert, und das nicht nur in materieller Hinsicht«, wie einmal ein Sozialhistoriker geschrieben hat. »Ihre Aktivitäten, ihr Vorbild und ihre Leistungen haben den Status der Frauen insgesamt erheblich verbessert. Die Welt blickte sie jetzt mit anderen Augen an, und auch sie selbst [die Frauen] sahen sich plötzlich neu.« Macarthur organisierte insbesondere Streiks gegen Unternehmen, die Frauen für zwölf Stunden Arbeit am Tag an der Nähmaschine oder in der Metallverarbeitung mit ein paar Pence abspeisten. Sie sorgte dafür, daß Frauen eine bessere Ausbildung erhielten, um ihnen den Aufstieg in höher bezahlte Bürojobs zu ermöglichen; und sie setzte sich auch dafür ein, die unwürdigen Arbeitsbedingungen abzuschaffen, denen die Frauen überall in England ausgesetzt waren.

Auf den ersten Blick erscheint es seltsam, daß es zu einer Zusammenarbeit (ja sogar Freundschaft) zwischen der begabten und unerschütterlichen Revolutionärin Mary Macarthur und Queen Mary – die eigentlich mit solchen Frauen normalerweise keinen Kontakt pflegte – kam. Doch die Königin beurteilte Menschen primär nach ihren Verdiensten, und dank ihrer Fairneß war sie bescheiden und tolerant. Hinzu kam, daß sie wegen ihrer tiefen religiösen Empfindungen sich für Menschen und Ideen einsetzte, wozu sie als Frau des Königs nicht unbedingt verpflichtet gewesen wäre. Mary wußte genau, was sie von Mary Macarthur lernen konnte, und in diesem Punkt hatte sie durchaus einen eigenen Willen.

Und so lud die Königin die umstrittene Feministin zum Tee in den Buckingham-Palast ein, was hier mit Stirnrunzeln zur Kenntnis genommen wurde. Keine Befürworterin der Dynastie, brachte Macarthur dem Interesse der Königin an ihrer Person anfangs Mißtrauen entgegen. Handelte es sich bei der Einladung vielleicht nur um einen leeren symbolischen Akt? Wollte man sie durch ein königliches Lächeln milde stimmen? Bevor der Tag vorüber war, hatte sie die Antworten auf diese Fragen, und teilte sie sofort ihren Mitstreiterinnen mit. »Die Königin ist durchaus in der Lage, die Situation von einem gewerkschaftlichen Standpunkt aus zu sehen«, sagte sie. »Ich habe die Königin deutlich über die Ungleichheit der Klassen und die dadurch verursachte Ungerechtigkeit aufgeklärt. Mit ihr haben wir jemanden, der helfen kann und das vor allem auch will!« Und das tat Mary tatsächlich. Sie informierte sich – von Macarthur mit der entsprechenden Literatur versorgt – über die sozialen Probleme ihrer Zeit, und sie besuchte Weiterbildungszentren im ganzen Land. »Bei diesen Besuchen hatte ich Gelegenheit, Arbeiter kennenzulernen, mit denen ich sonst nicht zusammengekommen wäre«, schrieb die Königin an eine Freundin, »und ich bin froh, daß das so ist.«

Mary Macarthur starb 1921, nur einundvierzigjährig. Nach ihrem Tod trat die Königin als aktive Schirmherrin der Ferienheime für arbeitende Frauen auf, die den Namen Mary Macarthurs trugen.

Im Jahr 1917 schließlich, der Krieg war noch immer nicht zu Ende, sah sich die britische Krone schwerwiegenden Bedrohungen ausgesetzt. In Südafrika rebellierten burische Generäle gegen die Vorherrschaft der Engländer, in Irland kam es immer wieder zu blutigen Aufständen, und in Indien und Ägypten drohte der Widerstand ebenfalls gewaltsam auszubrechen. In Westminster und am Hyde Park fanden immer wieder Massenversammlungen statt, auf denen Tausende das Loblied Lenins und Trotzkis sangen und Sprecher zur bolschewistischen Revolution und zum Klassenkampf aufriefen. Die bis dahin herrschende soziale Ordnung drohte sich aufzulösen, und das riesige Empire der viktorianisch-edwardianischen Zeit selbst fing an zu bröckeln, und auch das Vertrauen des Königs auf eine bessere Zukunft schwand. »Er macht sich viele Gedanken darüber«, so der

Earl von Crawford, »was die Königliche Familie von der Zukunft zu erwarten hat.« Und diese Gedanken waren nur allzu berechtigt. Die Macht der Republikaner und der linken Antimonarchisten erstarkte so sehr, daß sich King George veranlaßt sah, eine Entscheidung zu fällen, mit der er dokumentierte, daß ihm die Erhaltung des Throns wichtiger war als die Loyalität zu seiner Familie oder seinen Freunden.

Wahrscheinlich mehr als jeder andere englische Monarch vor ihm stellte King George V. seine persönlichen Vorlieben – und, wie sich zeigen sollte, auch verwandtschaftliche Verpflichtungen – hintan, um die Krone vor Ungemach zu schützen. Im März 1917 wurden sein Vetter Zar Nikolaus und dessen Frau Alexandra von den russischen Revolutionären zur Abdankung gezwungen. Als sie in England Zuflucht suchten, war die Regierung Seiner Majestät bereit, sie aufzunehmen. Doch George sprach sich gegen diesen Akt der Humanität aus und wies darauf hin, daß die Zarenfamilie in der britischen Öffentlichkeit »gewiß auf starke Ablehnung stoßen und zweifelsohne die Stellung des Königs und der Königin selbst kompromittieren würde«, wie Georges Sekretär dem Außenministerium auf Anweisung mitteilte. Deshalb drängte George die Regierung, Nicky und Alix, wie das Zarenpaar im Familienkreis genannt wurde, kein Asyl zu gewähren, um sein eigenes Haus vor unpopulären Anschuldigungen zu schützen.

Er wollte sich nicht zum Anwalt eines abgesetzten Monarchen machen, zumal zu einem Zeitpunkt, wo seine eigene Stellung auf dem Spiel stand. Wenn er dem Zaren Asyl gewährte, glaubte der König, würde das unweigerlich auf Unverständnis im sozialistischen Flügel des Unterhauses stoßen, den Patriotismus des Königs in Frage stellen, republikanische Extremisten zum Widerstand aufstacheln und vielleicht sogar eine gewalttätige Revolution in London zur Folge haben. Freilich konnte er bei seiner Entscheidung das weitere Schicksal der Romanows nicht vorhersehen, andererseits kann George nicht verborgen geblieben sein, in welcher Gefahr sich die Zarenfamilie unter den damals in Rußland herrschenden Verhältnissen befand. Den Ernst der Lage hätte er schon an den in den Kensington-Gärten versammelten Menschenmassen erkennen müssen. Man kann vielleicht die absolute Treue bewundern, mit der George die Sache seines Hauses verfocht, und sein Eintreten für den Bestand der Stabilität der Krone, trotzdem muß man den engstirnigen Idealismus kritisieren, der es ihm offenbar unmöglich machte, die Gefahr für das Leben naher Angehöriger einzuschätzen. Das unumstößliche Pflichtgefühl, mit dem King George V. am Ideal der Monarchie festhielt, erklärt seine folgenreiche Entscheidung vielleicht, entschuldigen tut es sie nicht. Und so hat sein Wissen von politischen Schachzügen und Intrigen tragischerweise dazu geführt, daß der König sich schließlich mitschuldig gemacht hat an der Ermordung der Romanows, nahen Verwandten, die er stets seiner Liebe versichert hatte.

In dieser internationalen Krise und Familientragödie erreichte die anti-royalistische Bewegung einen kritischen Punkt. »Wir können von Glück sagen«, erklärte der eigentlich nicht so leicht zu erschütternde Lord Esher, »wenn wir von einer Revolution verschont werden, denn dann würden unsere Monarchie, die Kirche und sämtliche viktorianischen Institutionen hinweggefegt werden. Ich bin in letzter Zeit keinem begegnet, der nicht auch dieser Meinung gewesen wäre.« Nach dem Zusammenbruch des Zarenreiches befürchteten die Nationen Europas, daß sich nun die Arbeiter ermutigt fühlen würden, aus ihrer verhaßten Knechtschaft auszubrechen, und daß dramatische Umwälzungen unmittelbar bevorstünden. Mächtige Sozialistenführer luden Delegierte aus dem ganzen Land im Juni 1917 zu einer großen Gewerkschaftsversammlung ein und kündigten an, daß dieses Treffen »in unserem Land das gleiche bewirken wird, was die russische Revolution in Rußland ausgelöst hat«. Kein Geringerer als der Schriftsteller H. G. Wells erhob in jenen Monaten seine Stimme und forderte die Briten unter Anspielung auf den »ausländischen langweiligen Hof« dazu auf, sich von den »alten Fesseln des Throns und des Zepters« zu befreien und ihre Unterstützung denen zu geben, die die Monarchie durch eine Republik ersetzen wollen. »Ich mag ja langweilig sein«, reagierte der König auf die Behauptung einem Besucher gegenüber, »aber ich will verdammt sein, wenn ich ein Ausländer bin.«

Die noch immer vorhandenen antideutschen Ressentiments im Volk zeigten immer schlimmere Auswirkungen. Viele glaubten jetzt, daß der dynastische Name des Königshauses von Sachsen-Coburg-Gotha, der ja deutschen Ursprungs war, notwendig mit prodeutschen Empfindungen bei seinen Trägern einhergehen müsse. Selbst Lloyd George ließ sich davon beeinflussen. »Ich frage mich, was mein kleiner deutscher Freund mir zu sagen hat«, flüsterte er einmal vor sich hin, als ihn der König in den Buckingham-Palast bestellte. In Downing Street Nr. 10 gingen immer häufiger Briefe ein, deren Absender von Lloyd George wissen wollten, wie er wohl den Krieg gewinnen wollte, wenn ausgerechnet der König selbst ein Deutscher sei. Als der Premierminister George diese Klagen pflichtgemäß meldete, »sprang dieser auf und wurde ganz blaß«.

Im Mai 1917 diskutierte der König die Namensangelegenheit mit Lord Stamfordham, der einräumte, daß von deutschen Territorien abgeleitete Namen in allen Zweigen der königlichen Familie üblich seien, obwohl eigentlich niemand den genauen Familiennamen wisse. Daraufhin wurde der Direktor des Königlichen Wappenkollegs befragt, wie eigentlich Georges Familienname laute. Der Mann antwortete, um die Wahrheit zu sagen, er wisse das auch nicht so genau. Sachsen-Coburg-Gotha jedenfalls sei lediglich eine geographische Bezeichnung. Der Name laute auch nicht Stewart oder Welf wie das Geschlecht der Hannoveraner, der (nach englischem Gewohnheitsrecht) bei Victorias Heirat verlorengegangen sei. Wenn man sich am Stammbaum des Prinzgemahls Albert orientiere, dann wäre der Name vielleicht Wipper oder Wettin. Mit anderen Worten, es herrschte Ratlosigkeit.

Während die Gelehrten weiterforschten, erklärte George, daß er eine große öffentliche Geste zur Anerkennung der englischen Geschichte plane, um dem Volk zu zeigen, daß seine Erste Familie tatsächlich britisch sei. Der Herzog von Connaught sagte, die Familie solle sich Tudor-Stewart nennen, denn britischer ginge es wirklich nicht. Lord Rosebery und Herbert Asquith entgegneten, das sei aus bekannten Gründen keine gute Idee. Wie es denn mit Plantagenet sei, wollten andere Kabinettsmitglieder und Persönlichkeiten bei Hof wissen, oder mit York oder Lancaster? Nein, meldete sich dazu wieder eine andere Stimme, warum dann nicht gleich: »George England«.

Die Diskussionen um den Namen nahmen immer mehr den Charakter eines Gesellschaftsspiels an, bis der kluge Lord Stamfordham sie eines Tages mit einem Vorschlag beendete. King Edward III., der im 14. Jahrhundert gelebt hatte, sagte er, sei auch als Edward von Windsor bekannt gewesen. Darauf verstummten alle Spekulationen. Der König zeigte sich einverstanden, denn es gab ein Schloß und eine Stadt mit diesem Namen, warum nicht eine Dynastie? Windsor sollte fortan der Familienname des englischen Königshauses lauten.

Und so kam es zu diesem traditonsreichen Namen. Am 17. Juli 1917 billigte der Kronrat die Erklärung, die am nächsten Tag von allen Zeitungen publiziert wurde:

>>Da Wir den Namen und den Titel Unseres Königlichen Hauses und Unserer Familie einer Prüfung unterzogen haben, sind Wir zu dem Entschluß gelangt, daß Unser Haus und Unsere Familie fortan als das Haus und die Familie von Windsor betitelt und bekannt sein soll.

Ferner haben wir für Uns selbst und für Unsere und auch alle Nachkommen Unserer Großmutter Queen Victoria seligen und ruhmreichen Andenkens beschlossen, auf die Verwendung aller deutschen Titel und Würden künftighin zu verzichten.

Wir haben diesen Unseren Entschluß vor dem Kronrat kundgetan: Und Wir erklären kraft Unseres Königlichen Willens und Amtes, daß vom Datum dieser Unserer Königlichen Proklamation an Unser Haus und Unsere Familie als das Haus und die Familie von Windsor bezeichnet werden sollen und daß alle Nachkommen Unserer genannten Großmutter Queen Victoria in der männlichen Linie, die Untertanen dieses Reiches sind, ebenfalls den Namen Windsor tragen sollen.

Weiterhin erklären wir hiermit, daß Wir für Uns selbst und für und betreffs Unserer Nachkommen und aller übrigen Nachkommen unserer genannten Großmutter Queen Victoria, die Untertanen dieses Reiches sind, auf sämtliche Würden, Titel und Ehren der Herzöge und Herzoginnen von Sachsen und Prinzen und Prinzessinnen von Sachsen-Coburg-Gotha und auf alle sonstigen deutschen Würden, Titel, Ehren und Namen verzichten.«

Auch andere Angehörige des Hochadels legten sich jetzt neue Namen zu, darunter die Brüder von Queen Mary, der Herzog von Teck und Prinz Alexander von Teck, die sich fortan Marquis von Cambridge und Earl von Athlone nannten, ihr Familienname lautete jetzt Cambridge. Ludwig von Battenberg übersetzte seinen Nachnamen ins Englische und hieß jetzt Louis Mountbatten, erster Marquis von Milford Haven.

Großmutter Victoria, die einstmals ihre Familie ermahnt hatte, »das deutsche Element in unserem Haus« zu pflegen und zu ehren, hätte diesen willkürlichen Namensänderungen, die öffentlicher Druck und Propagandaerwägungen bestimmten, gewiß skeptisch gegenübergestanden. Vielleicht hätte sie auch den Zynismus des deutschen Kaisers verstanden, der die neuen Namen seiner englischen Verwandtschaft mit der Bemerkung quittierte: Er gehe jetzt ins Theater und schaue sich das Stück von William Shakespeare *Die lustigen Weiber von Sachsen-Coburg-Gotha* an.

King George V. und Queen Mary mit den Prinzen Edward, Henry, Albert und George und mit Prinzessin Mary (sitzend)

SECHSTES KAPITEL

Das Puppenhaus (1918–1925)

»Im 20. Jahrhundert ist die Presse eine mächtige Waffe!«
Clive Wigram, Pressesekretär King Georges V.

Auf dem Höhepunkt des Ersten Weltkriegs reichte allerdings ein einfacher Namenswechsel nicht aus, um den Bestand der britischen Monarchie zu erhalten, während überall in der Welt die Throne umgestürzt, die Kronen eingeschmolzen und ihre Träger ins Exil geschickt wurden. Es war schön und gut, die Familie »Windsor« zu nennen und die Öffentlichkeit wissen zu lassen, daß die Königliche Familie durch und durch englisch sei (wenn das auch nicht stimmte), zugleich aber war es – so der Haushofmeister – »unerläßlich, daß in den kritischen Zeiten, die das Land jetzt durchlebt, kein Stein auf dem anderen bleiben kann, wenn es darum geht, die Stellung der Krone zu festigen«.

Der schlaue Höfling Lord Esher, der sich schon unter Victoria und Edward VII. ausgezeichnet hatte, bis ihn George und Mary zu einem besseren Laufburschen degradierten, stimmte dem zu. Im Buckingham-Palast, so beklagte er sich, »verändert sich einfach nichts. Immer die gleiche Routine. Ein geschäftiges, aber aus Nichtigkeiten bestehendes Leben. Ständige Telefonate und nur wegen Trivialitäten.« In einem Brief an Stamfordham ging Esher sogar noch weiter und wies darauf hin, daß ein »vom Krieg erschöpftes und hungriges Proletariat, das die Mehrheit der Wählerstimmen auf sich vereinigt«, gewiß gern wissen möchte, warum es für die enormen Kosten der Monarchie mit seinen Steuergeldern aufkommen soll. Es sei an der Zeit, so Esher, sich einmal gründlich Gedanken zu machen, Risiken einzugehen und selbst die »alten Theorien des konstitutionellen Königtums« aufzugeben. Dabei dachte Esher wohl an die Verhältnisse in den Vereinigten Staaten, deren Stärke in den letzten zwei Kriegsjahren deutlich geworden war und durch deren Präsidenten Woodrow Wilson die Demokratie in den Augen zahlreicher Politiker in aller Welt als eine ideale Staatsform erschien. »Die Stärke der republikanischen Prinzipien«, sagte Esher, »liegt in der Persönlichkeit Wilsons … Durch ihn ist die Republik in Mode gekommen. Aber wir können es noch besser, wenn wir uns nur anstrengen.«

Einer der ersten, der sich Gedanken darüber machte, wie man die alte Institution der Monarchie weiterhin beibehalten könnte, war Clive Wigram, den George V. bei seiner Thronbesteigung als stellvertretenden Privatsekretär angestellt hatte. Dieser exzentrische Höfling, ein passionierter Moorhuhnjäger und begeisterter Cricketspieler, war 1918 fünfundvierzig Jahre alt. Er bezeichnete allgemeine Wahlen als »Testspiele«, nannte den Premierminister ironisch »Steuermann«, betrachtete politische Konflikte primär unter sportlichen Gesichtspunkten und bekundete (nach Auskunft des zweiten stellvertretenden Privatsekretärs, Sir Frederick Ponsonby) »eine typisch britische Verachtung für alle Ausländer«. Wer im Ersten Weltkrieg den Kriegsdienst verweigert oder sich als Pazifist gezeigt hatte, war nach seiner Meinung ein Feigling, und Gewerkschaftsführer betrachtete er als Verräter. Wigram konnte wegen kleinster

Details im Protokoll in Rage geraten. So beschäftigte er sich beispielsweise intensiv mit der Frage, ob die Frauen, die in den Munitionsfabriken arbeiteten, ihre Arbeitshandschuhe ausziehen sollten, wenn sie Queen Mary vorgestellt wurden. Wegen seiner zutiefst konservativen Ansichten und Schrullen erfreute er sich bei King George großer Beliebtheit. Wigram erklärte, die Throne in Österreich, Deutschland und Rußland seien bereits gestürzt, Konstantin von Griechenland ins Exil geschickt worden, und sämtliche deutschen Aristokraten hätten inzwischen alle Titel und Würden ablegen müssen. Er wies auf die immer stärker werdenden republikanischen Tendenzen in England hin, und er schlug eine Taktik vor, wie man dem gegensteuern könne, die man unter den damaligen Umständen als revolutionär bezeichnen muß.

Wigram gehörte zu den eindrucksvollsten Persönlichkeiten, die je am englischen Hof als Pressesekretär tätig gewesen sind. In den Tagen Georges I. und Queen Victorias hatte es fest für den Hof arbeitende Journalisten gegeben, die der Presse kleine Berichte zugeleitet und von drohenden Skandalen durch erbauliche Details aus dem königlichen Tagesablauf abgelenkt hatten. Die Fotografen, die 1918 diesen Job innehatten, kamen nur unregelmäßig in den Palast, und ihre Arbeit entsprach keineswegs den Anforderungen der kritischer und anspruchsvoller gewordenen Presse und Öffentlichkeit.

Trotz seiner erzkonservativen Einstellung war die Königliche Familie für Wigram so etwas wie eine große PR-Organisation für Großbritannien. Nur verfügte das Unternehmen leider nicht über Gönner und Sprecher, die öffentlichkeitswirksam auftreten konnten. Deshalb drängte Wigram darauf, die Presse geschickt für die Interessen des Königs einzusetzen und auf diesem Weg der Öffentlichkeit die Bedeutung der Monarchie klarzumachen. Für diese Aufgabe, so schlug Wigram vor, sollte der Palast »einen gutbezahlten Pressepräsentanten engagieren mit eigenem Büro und einem ausreichend hohen Etat für seine Propagandaarbeit«.

Noch ein paar Jahre vorher hätte der König Wigram wegen dieses Vorschlags wahrscheinlich mit einem Fußtritt die große Treppe hinunterbefördert, denn George V. hielt die Zeitungen für »Schmierblätter«. Aber jetzt glaubte der König, daß Wigram recht hatte. Für sein Überleben mußte das Königshaus sich vermehrt selbst einsetzen, sich der Öffentlichkeit besser präsentieren und zugleich zugänglicher erscheinen. Und die Presse sollte Gelegenheit bekommen, diese Bemühungen der Familie Windsor ausführlicher als je zuvor zu dokumentieren.

Aber dann zeigte sich, daß der 1918 auf den Posten des Pressesekretärs beförderte Samuel Pryor für diese Arbeit ziemlich ungeeignet war. Er hatte weder die nötige Geschicklichkeit noch ausreichend Phantasie und Taktgefühl. Und so übernahm Wigram selbst diese Aufgabe. Er schickte beispielsweise der Presse Meldungen darüber, wann der König in einem Krankenhaus oder einer Fabrik zu erwarten war, ferner wies er die Journalisten darauf hin, daß Invaliden auf Anweisung des Königs in den Palastgärten spazierengehen durften und Queen Mary mit ihnen hin und wieder ein Schwätzchen hielt. Er sorgte auch dafür, daß eine eindrucksvolle Anzahl Zeitungsleute im Juli 1918 beim Gottesdienst, der anläßlich der Silbernen Hochzeit des Königspaares in der St.-Paul's-Kathedrale gefeiert wurde, anwesend war.

Wigram schrieb an einen Freund;

»Ich glaube, daß in der Vergangenheit die Haltung vorherrschte, die Presse, die im 20. Jahrhundert zu einer mächtigen Waffe geworden ist, zu verachten und zu ignorieren und sogar zu beleidigen. Ich habe mir alle Mühe gegeben, Ihren Majestäten eine gute Presse zu verschaffen, und habe das Pressebüro und andere maßgebliche Stellen aufgesucht. Ich hoffe, es ist Ihnen nicht entgangen, daß die Aktivitäten des Königs in letzter Zeit von der Presse viel positiver und ausführlicher dokumentiert worden sind als früher.«

Wigram erfüllte seine Aufgabe mit bemerkenswerter Kompetenz und sorgte dafür, daß die Königliche Familie nur im besten Licht erschien. Er sorgte dafür, daß Reporter anwesend waren, als George und Mary im Dezember 1918 an einer Friedensfeier teilnahmen, und ein Offizier der Gardebrigade hat später berichtet, die Presseleute hätten sich zu dem Ereignis in solchen Mengen gedrängt, daß sie beinahe ein Unglück verursacht hätten. Gegen das Podium, von dem aus der König und die Königin den Menschen zuwinkten, hätten sie mit solchem Ungestüm gedrängt, daß beinahe die Plattform zusammengebrochen wäre. Die Polizei war hilflos, und auch der König versuchte mehrmals vergeblich, die Menge mit Gesten zu bewegen zurückzugehen.

Währenddessen gab Wigram, der die Szene aufmerksam beobachtete, der Königin ein Zeichen. Sie erhob sich darauf unerschrocken zu voller Größe, verzog ihr Gesicht königlich-mißbilligend und hob die Hand, als wollte sie eine Klasse ungezogener Schulkinder zur

Ordnung rufen. »Das wirkte wie ein Zauber«, erinnerte sich später ein Augenzeuge. Auch die Reporter wichen ehrfürchtig zurück. Darauf stimmte Wigram das Lied »God Save the King« an, und die Fotografen dokumentierten diesen Auftritt für alle Zeiten. Fortan waren bei jedem Auftritt des Königspaares Zeitungsleute anwesend, und die danach erscheinenden Fotoreportagen zeigten der Öffentlichkeit eine hart arbeitende Königsfamilie.

Wigram schlug weiter vor, daß die Empfänge im Buckingham-Palast möglichst mit den Veranstaltungen im Weißen Haus in Washington identisch sein sollten. Das hatte zur Folge, daß zu den Gesellschaften bei Hof und den königlichen Gartenpartys Gäste aus den unterschiedlichsten Berufen eingeladen wurden. Unter die Aristokraten mischten sich nun Lehrer und Staatsbeamte, Gewerkschaftsführer und politische Kommentatoren, die alle zutiefst beeindruckt waren, vom König eingeladen worden zu sein. Wigrams Idee erwies sich als ein brillanter Schachzug. Die Monarchie stellte sich jetzt mit allen Tricks der Public Relations genau den Menschen positiv dar, die mit ihren Steuern diese Institution, die ihr Land repräsentierte, finanziell unterstützten. Bis zum Tod Georges V. betätigte sich Clive Wigram (der dafür in den Adelsstand erhoben wurde) als unermüdlicher Kämpfer für die neue Medienpolitik des Königshauses. Hätte er das Ende des 20. Jahrhunderts noch erlebt, so hätte er gewiß die unersättliche Sensationslust von Presse und Öffentlichkeit auf alles, was aus dem königlichen Privatleben nach außen drang, zutiefst verabscheut.

Die Allgegenwart der Fotografen führte dazu, daß es unzählige Fotos der Königlichen Familie gab, die überall in der Welt erschienen. Queen Mary war nun nicht mehr nur die Gemahlin Seiner Majestät des Königs, sondern sie avancierte zu einer weltbekannten Berühmtheit. Diese Entwicklung gefiel ihr allerdings nicht sehr, denn »das Gefühl, ständig beobachtet zu werden, verfolgte sie«, hat ihr Biograph einmal geschrieben, »und sie fühlte sich deshalb in der Öffentlichkeit wieder unsicher und war so scheu wie in ihrer Kindheit«. Nur im Privatbereich war sie noch wirklich sie selbst, »lachte herzlich über die im *Punch* (einem satirischen Magazin) abgedruckten Witze«, wie Mabell Airlie später berichtet hat. Und sie fuhr fort, daß die Königin sehr viel Sinn für Humor hatte und auch albern sein konnte:

»Eines Abends hüpfte sie nach dem Essen bei einem pantomimischen Ratespiel sogar als Grashüpfer in einem der Salons in Windsor in einem grün-weißen Brokatkleid umher. Sie trat nicht immer nur als die würdevolle Gemahlin des Königs auf, als die sie die Öffentlichkeit kannte.«

Aber solche ausgelassenen Momente gab es nur privat, wenn Mary mit einigen wenigen Vertrauten oder mit der Familie beisammen war.

Ihre Zurückhaltung und ihre Besorgnis bezogen sich eigentlich weniger auf sie selbst, sondern sie galten allein dem König, um dessen Wohlergehen Mary ständig bemüht war. Sie war aber oft unsicher, ob sie ihm auch alles recht machte, denn der König äußerte seine Gefühle nur schriftlich. »Irgendwie finde ich es immer schwierig, das auszudrücken, was ich fühle, außer in schriftlicher Form«, schrieb der König, »besonders gegenüber dem Menschen, den ich so liebe wie Dich. Ich fühle mich verloren, wenn Du nicht da bist, und alles scheint dann aus den Fugen zu geraten.« Mit solchen schriftlichen Bekenntnissen mußte sich Mary begnügen. »Wie schade ist es, daß Du mir, was Du schreibst, nicht sagen kannst, denn das würde mir eine große Freude bereiten.«

Gewiß hätte Mary gern etwas Zerstreuung nach den anstrengenden täglichen Terminen gehabt, doch auch daran dachte der König nicht. Nach allem, was wir wissen, liebte es George, abgeschieden und einfach zu leben. Abends aßen die Eheleute allein, danach las der König die Zeitung, und Mary nahm ihr Strickzeug. Vielleicht fünf- oder sechsmal während der Saison wurde jemand zum Abendessen eingeladen. Ansonsten waren ihre Abende so gar nicht gesellig. Deshalb vermieden es die Prinzen Edward, Albert, Henry und George tunlichst, einen Abend mit ihren Eltern zu verbringen, denn sie wurden entweder ins Kreuzverhör genommen oder ausgeschimpft, oder sie langweilten sich furchtbar. Das galt aber auch für ihre Mutter, Queen Mary: »Für einen Sixpence hätte ich ein Rad geschlagen«, murmelte sie einmal vor sich hin, denn sie konnte sich nie an die von ihrem Mann bevorzugten ruhigen Abende gewöhnen.

Die Königin, unter deren Sammlungen Miniaturen einen bevorzugten Platz einnahmen, war von dem Plan, ein ganz besonderes Puppenhaus bauen zu lassen, ganz eingenommen. Es sollte späteren Generationen einen Eindruck davon vermitteln, »wie ein König und eine Königin von England im 20. Jahrhundert lebten und welche namhaften Autoren, Künstler und Kunsthandwerker während ihrer Regentschaft tätig waren«. Mary beauftragte den damals berühmten Architekten Sir Edward Lutyens mit der Planung und dem Bau eines vierstöckigen Puppenhauses, in dem winzige Gemälde und Möbelstücke untergebracht sein sollten, die sechzig bekannte Künstler und dreihundert Handwerker maßstabgetreu anfertigen mußten.

Das nach drei Jahren fertiggestellte Puppenhaus war drei Meter lang und bot einer sechsköpfigen Familie, deren Mitglieder allerdings nicht größer als 15 Zentimeter waren, ausreichend Platz. Dieser Miniaturfamilie stand eine Flotte von sechs kostspieligen Reproduktionen der Automobile der Königsfamilie zur Verfügung. Das Dinner wurde in winzigen Portionen auf kleinen Gold- oder Royal-Doulton-Tellern serviert, Wein stand in kleinen kostbaren Karaffen bereit. Nach dem Essen konnten winzige Platten auf einem Grammophon abgespielt werden, oder die Familie hätte in der Bibliothek, an deren Wänden winzige Aquarelle und Zeichnungen hingen, eines der zweihundert briefmarkengroßen Bücher lesen können. Kleine mechanische Aufzüge fuhren zu den Miniatur-Schlafzimmern hinauf, und aus den Wasserhähnen sprudelte Wasser hervor. Die Betten waren mit feinster Seidenwäsche bezogen. Bei den Kopfkissen hatte sich der Gestalter einen kleinen Scherz erlaubt. Er ließ sie mit den Initialen MG und GM besticken und vertraute Freunden an, daß es sich dabei um die Anfangsbuchstaben der Namen des Königs und der Königin handelte, die aber auch noch etwas anderes bedeuten konnten. Auf seinem Kissen stand: »May George?« (englisch »Darf George?«) und auf ihrem: »George May.« (»George darf.«). Es ist nicht sicher, ob das Königspaar diese Doppeldeutigkeit verstanden hat.

Aber trotz dieser Genauigkeit in jedem Detail und einer erstaunlichen Lebensechtheit fehlte in dem kunstvoll errichteten Puppenhaus doch etwas – es gab keine Puppen. Das Haus war sehr geräumig, alles war bis ins letzte ausgetüftelt und von erlesenem Geschmack, aber es war kalt und leer – es war nur ein Ausstellungsstück. Und so war dieses Projekt, das Mary außerordentlich am Herzen lag, ein vollkommenes Spiegelbild en miniature ihrer eigenen Existenz.

Als das Puppenhaus fertig war, hatte Mary gerade ihren siebenundfünfzigsten Geburtstag gefeiert, aber noch immer fehlte ihrem Leben die emotionale Erfüllung, und ihr Puppenhaus zeigte ihre Isolation nur allzu deutlich. Ausgerechnet auf diese Miniatur-Welt konzentrierte sich ihre liebevolle Aufmerksamkeit, die sie eigentlich auch ihrer eigenen Familie hätte widmen können, was sie sicher gern getan hätte. Doch das Leben in der Königlichen Familie war durch Pflichterfüllung gekennzeichnet, und es herrschte eine große Gefühlskälte. Marys Beziehung zu ihrem Mann war durch eine Förmlichkeit und Loyalität bestimmt, die an Verehrung grenzte. Auch zu ihren Kindern konnte die Königin niemals ein herzliches Verhältnis herstellen. Vielleicht mehr isoliert durch ihre selbstgewählte Rolle als jede andere königliche Persönlichkeit ihrer Zeit, investierte Mary ihre ganze Liebe, die sie ihrer Familie nicht schenken konnte, in ihr Puppenhaus. Aber dort war niemand zu Hause, dort gab es keine Menschen.

Queen Mary wurde für ihr Puppenhaus überall Bewunderung gezollt, und Wigram machte das kunsthandwerkliche Stück sogar zum Bestandteil einer PR-Kampagne: Er lud wichtige Damen aus dem ganzen Land gemeinsam mit Pressevertretern zur Besichtigung ein.

Zur gleichen Zeit übernahm auch der Prince of Wales immer häufiger wichtige öffentliche Aufgaben. Daß die antimonarchistische Bewegung im England der Nachkriegszeit letzten Endes ohne Erfolg blieb, ist nicht zuletzt Prinz Edwards Popularität zuzuschreiben, der zudem der von ihm begeisterten Presse reichlich Gelegenheiten für Fotos und Geschichten lieferte. Hinzu kam, daß er Verständnis zeigte für die Sorge und Unzufriedenheit in der Bevölkerung wegen der hohen Zahl von Arbeitslosen (1921 waren es zwei Millionen), wegen des rapiden Rückgangs der Industrieproduktion nach dem Boom der Kriegsjahre und wegen des gesunkenen Lebensstandards. »Ich werde ebenfalls hart arbeiten müssen, um meinen Job zu behalten«, sagte der Prinz einmal zu Mabell Airlie. »Das macht mir zwar nichts aus, aber das Ärgerliche dabei ist, daß man mir keine freie Hand läßt.« Mit »man« meinte der Prinz natürlich den König.

Als der Thronfolger Anfang Zwanzig war, vergrößerte sich die Kluft zwischen Vater und Sohn noch mehr. Unverändert hart und fordernd seinem Sohn gegenüber, hatte George an allem, was sein Ältester tat, etwas auszusetzen. Der Prinz sei »der am schlechtesten angezogene Mann in ganz London«, klagte King George. »Ich habe gehört, daß du auf dem Ball gestern abend keine Handschuhe getragen hast«, mäkelte George, »sorge bitte dafür, daß das nicht noch einmal vorkommt.« Edwards Benehmen war dem König zu lässig (»Warum kann mein Sohn nicht wie ein Gentleman reiten?«). Und auch wie er öffentlich auftrat, gefiel ihm nicht. Als der Prinz fünfundzwanzig Jahre alt war, schien er allein sein Image als Playboy zu kultivieren. Er hatte es nicht eilig zu heiraten, während der König der Meinung war, daß eine Heirat dem lockeren Lebenswandel Prinz

Edwards vielleicht Einhalt geboten hätte. »Wenn du eines Tages rechtmäßiger König sein möchtest, mußt du dich zunächst einmal wie ein rechtmäßiger Prince of Wales benehmen«, belehrte der König seinen Sohn einmal. Daß die beiden niemals Freunde waren, ist klar. »Ich beneide dich darum, daß du um deinen Vater trauern kannst«, sagte Prinz Edward zu seinem Cousin Louis Mountbatten, als dessen Vater gestorben war. »Wenn mein Vater stürbe, wäre ich nur froh.«

Prinz Eddy, nach dessen Tod George Thronfolger geworden war, hatte der skandalöse Lebenswandel seines Vaters – des späteren Edward VII. – sichtlich negativ beeinflußt: George hatte seinen Vater zwar geliebt und bewundert, dessen lockeres Privatleben aber abgelehnt. Jetzt befürchtete der König ein Wiederaufleben der Freiheiten, die in der ewardianischen Zeit geherrscht hatten, und beobachtete mißtrauisch die zunehmende Popularität seines Sohnes, dessen »moderner« Lebensstil ihm gänzlich mißfiel. Er fand es auch nicht standesgemäß, daß Prinz Edward sich über seine mangelnde Bildung beklagte. Zur Schule gingen Bürgerliche, die später einen Beruf ausüben mußten, meinte George mit dem typischen Vorurteil des Aristokraten. Für königliche Hoheiten galt diese Regel nicht, außerdem begegnete der König Intellektuellen mit äußerstem Mißtrauen. Eine Ausbildung bei der Marine sei für jeden Mann gut genug, so lautete sein Credo.

Aber es gab noch mehr, worüber der König sich ärgerte. Warum hatte Prinz Edward ausgerechnet an dem Tag, an dem George den neuen Namen der Dynastie bekanntgegeben hatte, in einem Doppeldecker einen Alleinflug unternommen? Der Junge mochte Jazz, er besuchte Privatpartys, dinierte mit Frauen, die nach der neuesten Mode ihre Haare kurz geschnitten hatten, die kurze Röcke trugen und auffällig geschminkt waren! Das alles gehörte sich nicht für einen Prinzen, und George brachte sein Mißfallen deutlich zum Ausdruck. Edwards jüngerer Bruder George stimmte dem Thronfolger zu, daß ihr Vater »unmöglich [sei]. Ich werde mich in Zukunft nicht mehr ohne Widerworte von ihm zurechtweisen lassen. Ich bin ganz sicher, daß es bei ihm nicht anders geht.«

Prinz Edward wollte sich vom Zwang seiner vornehmen Erziehung frei machen und unabhängig leben und zog deshalb 1919 aus dem Buckingham-Palast aus in eigene Räume in York House. Wenn das auch unmöglich war, wollte er sich von seinen Freunden und Bekannten trotz seiner hohen Geburt nicht unterscheiden – diese Haltung legte er dann später jedoch ab. Zu diesem Zeitpunkt allerdings entsprach sein Verhalten genau der Feststellung von Queen Victoria, die einmal gesagt hatte: »Die Gefahr liegt nicht in der Macht der unteren Stände, die heute wesentlich gebildeter und intelligenter sind als früher und die sich dank ihrer eigenen Leistung, ihrer Arbeit und ihres guten Benehmens verdientermaßen nach oben arbeiten werden, sondern in dem Betragen der höheren Stände und der Aristokratie.«

Wie nicht anders zu erwarten, waren einige ranghohe Höflinge ebensowenig von Edwards Umgang mit Bürgerlichen angetan wie sein Vater. »Wenn ich mir erlauben darf, das zu sagen, Sir«, antwortete Frederick Ponsonby, als der Prince of Wales ihn um eine ehrliche Einschätzung seines Verhaltens bat, »ich persönlich glaube, daß es nicht ganz ungefährlich ist, wenn Sie zuwenig Wert auf Distanz legen.«

»Was meinen Sie damit?« wollte der Prinz wissen.

»Die Monarchie muß etwas Geheimnisvolles behalten. Deshalb sollte ein Prinz sich nicht allzuhäufig zeigen. Die Monarchie sollte nicht von ihrer erhabenen Position herabsteigen.« Besser hätte es auch Walter Bagehot nicht ausdrücken können.

Der Prinz war natürlich anderer Meinung und hielt Ponsonby entgegen, daß es nach den Entbehrungen des Krieges und dem Einsatz der Menschen für ihr Land seine Aufgabe sei, den Abstand zwischen Königshaus und Bevölkerung eher zu verringern als noch zu vergrößern.

»Wenn Sie sich mit dem Volk gleichmacht«, fuhr Ponsonby fort, »wird die Monarchie ihr Geheimnis und damit schließlich auch ihren Einfluß verlieren.«

»Das glaube ich nicht«, meinte Edward, »die Zeiten ändern sich.«

»Ich bin älter als Sie, Sir«, entgegnete Ponsonby knapp, »ich habe schon Ihrem Vater, Ihrem Großvater und Ihrer Urgroßmutter gedient. Sie alle wußten das. Sie täuschen sich, Prinz.«

Das war auch die Meinung des Königs, der mit seinen anderen Söhnen bisweilen viel nachsichtiger umging als mit seinem ältesten. Warum konnte Edward nur nicht sein wie seine Brüder? »Mit Dir konnte man immer so vernünftig und problemlos arbeiten«, schrieb der König ein paar Jahre später an Albert. »Du hast stets jeden Rat akzeptiert und teiltest meine Auffassungen« – schließlich sei der beste Beweis echter Zuneigung der Gehorsam –, »so daß ich meine, wir sind immer sehr gut miteinander ausgekommen. Ganz im Gegensatz zu unserem lieben David.«

Wenn David in einer der königlichen Residenzen zu spät zum

Essen erschien, wurde er entweder streng zurechtgewiesen oder ganz vom Tisch verbannt. Denn für den König war Pünktlichkeit die Höflichkeit der Prinzen und Könige. Bei Henry dagegen fiel beim gleichen Vergehen nur eine scherzhafte Bemerkung. Nach einem mehrmonatigen Auslandsaufenthalt kehrte er einmal genau in dem Augenblick nach Hause zurück, als sein Vater sich gerade zum Abendessen gesetzt hatte. Der König blickte kurz auf. »Wie immer zu spät, Harry«, sagte er nur, das war alles.

Mit fremden Kindern dagegen ging King George ganz entspannt um, wahrscheinlich weil er sich für sie nicht verantwortlich fühlte. »Und wie heißt du?« fragte er einmal die kleine Enkelin eines Nachbarn in Balmoral.

»Ich heiße Ann Peace Arabella Mackintosh von Mackintosh«, entgegnete ihm das Kind.

»Aha«, sagte der König mit einem Lächeln und strich der Kleinen über den Kopf. »Ich heiße einfach nur George.«

Sein freundliches Auftreten in der Öffentlichkeit war aber keineswegs Pose, auch wenn George im privaten Kreis nie so locker war wie seine Gemahlin, die sich nicht scheute, frei und offen zu reden. Als ihr einmal von einer Frau erzählt wurde, die bei ihren sieben Eheschließungen jedesmal den Namen gewechselt hatte, kommentierte Mary dies so: »Also, ich mußte meinen Namen auch ziemlich oft wechseln: Prinzessin May, Herzogin von York, Herzogin von Cornwall, Prinzessin von Wales, Queen Mary. Aber während ich das alles nur dem Zufall verdanke, hat sich diese Dame für ihre vielen Namenswechsel immerhin anstrengen müssen.«

Im Februar 1918 verärgerte ein ganz anderes Ereignis den König und die Königin: Der Prince of Wales erlebte die erste große Leidenschaft seines Lebens.

Edward war gerade von Frankreich nach England zurückgekehrt, als ihn Maud Kerr-Smiley, die Frau eines Offiziers des Irischen Schützenregiments, zu einem Ball einlud.[1] Auf dem Fest heulten kurz vor Mitternacht die Luftschutzsirenen, und die Gäste beeilten sich, um in Mauds Keller Schutz zu suchen. Die Gastgeberin holte eine junge Frau, die mit ihrer Begleitung im Hauseingang stand, zu den anderen Gästen in den Keller. Als der Bombenangriff schließlich

---

[1] Mauds Bruder war ein anglo-amerikanischer Geschäftsmann namens Ernest Simpson, der im weiteren Verlauf der Geschichte der Windsors noch eine wichtige Rolle spielen wird.

nach zwei Stunden beendet war, hatte sich diese Dame die ganze Zeit mit dem Prince of Wales angeregt unterhalten, und er hatte sich dabei in sie verliebt.

Die junge Dame hieß Winifred Dudley Ward, von ihren Freunden Freda genannt. Prinz Edward sagte Fredie zu ihr. Die Tochter eines wohlhabenden Nottinghamer Textilfabrikanten war so alt wie der Prinz und bereits seit fünf Jahren mit dem sechzehn Jahre älteren Parlamentsabgeordneten William Dudley Ward verheiratet. Doch gingen die Eheleute getrennte Wege, jeder hatte seine eigenen Interessen und Freunde. Was die Eheleute noch verband war ihre Zuneigung zu ihren beiden Töchtern Angela und Penelope.

Als Freda den Prince of Wales kennenlernte, hatte sie noch einen anderen Bewunderer, den sie trotz der Eifersucht ihres königlichen Verehrers nicht gleich aufgab.

Freda war etwas über 1,50 Meter groß (damit eine gute Tanzpartnerin für den nicht sehr großgewachsenen Prinzen), sie sah gut aus, hatte eine hohe aristokratische Stirn und bezauberte mit einem offenen, herzlichen Lächeln. Freda war sehr kultiviert, humorvoll und überhaupt nicht überheblich. Sie war sportlich und auf dem Golf- und Tennisplatz ebenso zu Hause wie im Ballsaal. Bei häuslichen Empfängen dirigierte sie das Personal ohne jede Überheblichkeit und so freundlich, daß ihre Bediensteten sich eher wie Freunde behandelt fühlten.

Freda hatte keine Feinde, und es gab niemanden, auf den sie neidisch war. »Sie war wirklich eine bemerkenswerte Frau«, hat Angela Fox einmal gesagt (deren Sohn, der Schauspieler Edward Fox, später die Enkelin Fredas heiratete). »Freda war äußerst elegant, weder egozentrisch noch aufdringlich, sondern großzügig und stets an ihren Mitmenschen interessiert.« Alle diese Eigenschaften, gepaart mit einer starken Persönlichkeit und einem ungewöhnlichen Taktgefühl, hatten die Leidenschaft des Prinzen geweckt. Edwards und Fredas – über ein Jahr lang heftige – Affäre dauerte fünfzehn Jahre. Diese Zeit war nicht ohne Komplikationen, und sie ging zu Ende, als die Schwägerin von Maud Kerr-Smiley in Edwards Leben trat.

Weshalb der Prinz sich von Freda angezogen fühlte, ist verständlich. Sie liebte seine Verspieltheit, seinen respektvollen Charme, der ihr schmeichelte, und ihr gefielen seine großzügigen Geschenke. Seine Herkunft wird diese Vorzüge sicher noch verstärkt haben. Aber Freda war weder berechnend, noch war sie eine Abenteurerin. »Ich war wirklich nicht darauf aus, [ihn] zu heiraten«, hat sie Jahre später einmal gesagt,

»Er hat mich oft genug inbrünstig darum gebeten. Aber ich habe jedesmal nein gesagt. Überhaupt war das eine völlig unmögliche Idee, denn ich war ja bereits verheiratet, hätte mich also scheiden lassen müssen. Einer Heirat hätten seine Eltern und Freunde und die Kirche niemals zugestimmt. Immer wieder habe ich zu ihm gesagt: ›Ich lasse nicht zu, daß du eine solche Dummheit begehst, bis ich ihn schließlich überzeugt hatte. Er war leicht zu beeinflussen.‹ Irgend jemand hat einmal über ihn gesagt: ›Er stellt seine Armbanduhr jedesmal neu, wenn er an einer Uhr vorbeikommt.‹ Und so war es tatsächlich.«

Aus den beiden ersten Jahren dieser Beziehung sind keine Briefe erhalten geblieben. Aber auch die spätere Korrespondenz zeigt ganz deutlich, daß der Thronfolger Freda nicht nur liebte, sondern völlig abhängig von ihrem ständigen Zuspruch, ihrem Trost und ihren Ermutigungen war. Damit gab ihm seine Geliebte das, was er bei seiner Mutter so sehr vermißt hatte. Sein jungenhaftes Gesicht und seine knabenhafte Figur, seine traurigen Augen und sein kaum sichtbares scheues Lächeln zogen Freda an – wie auch viele andere Frauen, die den traurigen kleinen Prinzen gern trösten und liebhaben wollten. Freda war die erste Frau, die in Edward den ewigen »Prince Charming« entdeckte, der nie zu altern schien und auch leider nie richtig erwachsen wurde.
Anfangs hat wahrscheinlich Edwards völlige Angewiesenheit auf ihre Stärke und ihre Umsicht Fredas Eitelkeit geschmeichelt, aber bald reichte ihr das nicht mehr aus. Mit seinen vierundzwanzig Jahren hielt sich Edward offenbar noch immer für einen bedauernswerten Menschen und war voller Selbstmitleid. In seinen Briefen an Freda schrieb er immer wieder von sich als einem nutzlosen und unfähigen »kleinen Jungen«. Diese Briefe sind aber auch deswegen bemerkenswert, weil sie in einem Stil verfaßt sind, der romantisch sein sollte, aber ziemlich oberflächlich und wenig einfallsreich ist. So verwendete Edward beispielsweise ständig das französische *moi* und *toi*. Er schreibt in einer Art, die einem Prinzen wenig angemessen erscheint:
18. November 1920: »Fredie, Liebling, Geliebte *à moi*, ich fühle mich so unendlich viel besser seit unserem kurzen Telefongespräch heute abend, Süße. Du kannst Dir gar nicht vorstellen, was für eine riesige Freude es Deinem kleinen David bereitet hat, Dein himmlisches kleines Stimmchen wieder einmal zu hören … Ich bin schrecklich einsam heute abend, mein Fredie-Liebling, und es macht mich ganz krank, daß ich fern bin von *TOI* …«

215

3. Februar 1921: »Ich liebe Dich, ich liebe Dich unendlich, und ich kann Dir nur sagen: Gott segne Dich, Gott segne Dich, weil Du gestern abend zu Deinem David so süß und himmlisch und zärtlich und *sympathique* gewesen bist und ihn gerettet hast, *mon amour ...*«

7. Mai 1922 aus Kyoto, Japan: »Ich habe Sehnsucht nach *TOI*, mein kostbarer Liebling, und ich will immer nur *TOI*.«

Ob sie ihn wohl geliebt hat? »Oh, nein«, hat Freda später einmal offen gestanden, »dazu war er viel zu bedauernswert.« Ihre im Rückblick gewonnene Erkenntnis von seinem Charakter war zutreffend, denn der Prince of Wales wollte beherrscht werden wie ein unartiges Kind, das einen Tadel oder eine Zurechtweisung braucht. Freda besaß zwar ein gesundes Selbstvertrauen, wußte, was sich schickte, tröstete den Prinzen in seinen depressiven Phasen, aber sie war nicht herrschsüchtig. Wenn er wieder einmal klagte, daß ihn das Schicksal lebenslänglich in einen goldenen Käfig verbannt habe, erinnerte sie ihn an seine Pflichten, selbst auf die Gefahr hin, sich ihm dadurch zu entfremden (oder wollte sie das vielleicht sogar?). Sie ermahnte ihn, das Rauchen und das Trinken einzuschränken, womit sie mitunter sogar Erfolg hatte – allerdings gelang es ihr nicht, sein Interesse an intellektuellen und kulturellen Dingen zu wecken. So fragte David unwillig: »Wer ist diese Frau Bront?«, als ihm Freda ein Exemplar von Emily Brontës *Sturmhöhe* überreichte.

Freda nahm den Prince of Wales in die Geborgenheit ihres Heimes auf, wenn ihr Ehemann abwesend war, und das kam sehr häufig vor. Auch ihre beiden kleinen Töchter liebten den »kleinen Prinzen«, wie sie ihn nannten, und behandelten ihn wie einen gutmütigen Onkel. Edwards Schwester Mary (wie auch sein Bruder Albert) war Freda ebenfalls sehr zugetan, und sie förderte die Verbindung sogar. Aber Edward konnte immer nur kurze Zeit mit Freda verbringen, denn 1919 schickte ihn sein Vater (der die Affäre unziemlich fand und Freda als leichtes Mädchen bezeichnete) auf die erste einer Reihe von Weltreisen. Es waren Touren, wie George sie früher mit Mary unternommen hatte und deren Zweck es war, nach dem Ende des Ersten Weltkriegs das Prestige des Mutterlandes in den Kolonien und Besitzungen des Empires zu steigern und die Loyalität zu festigen.

Es wird nicht weiter überraschen, daß der Widerstand des Königs gegen diese Liebesbeziehung Edward nur in seiner Leidenschaft für Fredie bestärkte. »Papa denkt offenbar, daß alles, was Du aus seiner Sicht falsch machst, auf Fredies Einfluß beruht«, schrieb Albert an Edward. »Doch dieser Meinung ist er nur, weil Du so beliebt bist und

216

Papa darauf eifersüchtig ist.« Damit traf Albert den Nagel wahrscheinlich auf den Kopf. Und die vier Reisen, die Edward zwischen 1919 und 1924 unternahm (und auf denen er fünfundfünfzig Länder besuchte und rund 230 000 Kilometer zurücklegte), stärkten nur noch seinen Freiheitsdrang, was sein Vater wahrlich nicht beabsichtigt hatte.

In den Vereinigten Staaten und Kanada, in der Karibik, auf den Fidschi-Inseln und in Indien liefen die Empfänge ohne die am englischen Hof üblichen Formalitäten ab. Der Prinz kehrte viel lockerer und freigeistiger als vorher in die Heimat zurück – obwohl seine offiziellen Pflichten ihn ziemlich in Anspruch genommen hatten. Bei den Stony-Creek-Indianern in Kanada trug er den Kopfschmuck des Stammes und rauchte mit seinen Gastgebern eine Friedenspfeife, in den USA schüttelte er dreihunderttausend Menschen persönlich die Hand (und hatte hinterher eine geschwollene rechte Hand), in Australien jagte er Känguruhs und trank mit den dortigen Bergleuten Ale. Doch diese Unternehmungen waren keine Urlaubsreisen, sondern sehr anstrengend. Monatelang mußte sich der Prinz über die Maßnahmen der Kolonialverwaltungen und über jeden besonderen Einfall des Protokolls begeistert zeigen, er mußte von jedem Gespräch höchst beeindruckt sein, mußte so tun, als ob jeder Baum, den man ihm in den Kolonien zeigte, für ihn völlig neu sei, jede Textilfabrik ein Wunder des Fortschritts. Es sei oft qualvoll langweilig, schrieb er an Freda, doch nur seine Begleiter merkten, wie niedergeschlagen und erschöpft er war.

Darüber gibt besonders ein Brief Auskunft, den der Prinz am Weihnachtstag 1919 an seinen Privatsekretär Godfrey Thomas schrieb und in dem er eingestand, daß er von einem Gefühl der Hoffnungslosigkeit erfüllt sei,

»und ich glaube, ich werde noch verrückt! Ich fühle mich schon ganz schwach, wenn ich an die Reise im nächsten Jahr denke – Jesus, wie ich meinen Job inzwischen hasse und all diese von der Presse hochgespielten sinnlosen Erfolge. Ich glaube, ich habe genug von alledem und möchte nur noch sterben, sterben. Das sage ich Dir als meinem größten Freund und dem einzigen Mann, dem ich vertrauen kann und der mich wirklich versteht. Ich fühle mich wie ein jämmerlicher kleiner Scheißer.«

Die überschwenglichen Presseberichte über den glücklich reisenden Prinzen hatten mit der Wirklichkeit kaum etwas zu tun.

»Er hat wirklich phänomenale Auftritte trotz seiner sonderbaren Eigenarten«, schrieb Mary an King George nach dem stürmischen Empfang des Prince of Wales in New York 1919, »und ich gestehe, daß ich sehr stolz auf ihn bin, du nicht?« Und ihr Ehemann mußte einräumen, daß der Prinz in der Öffentlichkeit wahrlich eine glänzende Figur machte.

Eine der sonderbaren Eigenarten, die Mary an ihrem Sohn am meisten störten, war seine ruhelose Suche nach ständiger Geselligkeit, häufig auch in unpassender Gesellschaft. Nach Auskunft seines offiziellen Biographen Philip Ziegler »nahm er schon am frühen Abend erhebliche Mengen [Alkohol] zu sich. Er konnte zwar einiges vertragen, aber er trank offenbar zuviel. Denn immer wieder traf man ihn in der Öffentlichkeit stark betrunken an.« Tatsächlich mußte Edward mehrmals von einem seiner Mitarbeiter nach Hause gebracht werden, und ein im Ausland lebender Engländer hat berichtet, daß Edward den Eindruck »eines schrecklich unglücklichen, eigensinnigen, ausschweifend lebenden Burschen ohne viel Verstand [machte], der sehr charmant sein konnte, wenn er wollte, der sich jedoch um die mit seiner Stellung verbundenen Verpflichtungen wenig kümmerte«.

Derartige Berichte und dazu die Meldung, der Prinz sei ein ausgezeichneter Tangotänzer, reichten aus, um den König erneut zu verärgern. »Ich höre, daß David jeden Abend tanzen geht«, schrieb er an seine Frau, »wie schade, daß täglich solche Nachrichten eintreffen. Wahrscheinlich glauben die Leute inzwischen, daß er entweder verrückt geworden oder der größte Lebemann Europas ist!«

Mary stand den wechselnden Moden des modernen Lebens weit aufgeschlossener gegenüber als ihr Ehemann, und so bat sie manchmal einen ihrer Höflinge, ihr einen der neuen Tänze beizubringen. Als der König einmal zufällig in eine solche Tanzstunde hineinplatzte, tat er seine Mißbilligung so lautstark kund, daß sie sich fortan auch dieses harmlose Vergnügen versagte.

Während der Prince of Wales als Repräsentant des Königshauses die Welt bereiste, nahm seine Zuneigung zu Freda sogar noch zu, während sie nach seiner Rückkehr von der zweiten Reise 1922 versuchte, ihn mehr auf Abstand zu halten. Als er dies bemerkte, war er tief getroffen, trank reichlich und machte hemmungslos allen Frauen in seiner Nähe den Hof. Mit diesem Verhalten erzielte er bei Freda allerdings nicht die gewünschte Wirkung – sie wurde nicht eifersüchtig. Auch war Freda nicht bereit, die von Prinz Edward gewünschte enge Beziehung einzugehen. Und so befand er sich in den fünfzehn Jahren, die das Verhältnis andauerte, in einem Zustand, der von romantischer Anbetung und von Verzweiflung gekennzeichnet war. Das bedeutet allerdings nicht, daß er Freda auch treu gewesen wäre, er hatte vielmehr während dieser Zeit zahllose kurze Liebschaften. Aber Freda spielte dennoch nicht die eifersüchtige Geliebte.

Allerdings gab es für die düstere, bedrückte Stimmung und die beständigen Klagen des Prinzen über sein Leben und seine Zukunft einen Grund: seine Unfruchtbarkeit. Damit wird auch verständlich, weshalb er sich immer Geliebte suchte, die für eine Heirat nicht in Frage kamen. In dieser Hinsicht war auch Freda Dudley Ward für ihn die ideale Partnerin, denn eine offizielle Beziehung mit ihr war nicht möglich. Das galt auch für alle anderen Frauen, mit denen er sich einließ. Geradezu zwanghaft wählte er Frauen aus, die er niemals hätte heiraten können. Wenn er nämlich ein Mädchen gewählt hätte, das als Prinzessin von Wales und Königin geeignet gewesen wäre, hätte er seine Sterilität nicht länger verheimlichen können. Seit er Anfang Zwanzig war, tat der Prince of Wales alles, um diesen schwerwiegenden Mangel zu verbergen, der schließlich doch bekannt wurde. Warum seine Wahl immer wieder auf bestimmte Damen fiel, läßt sich auch mit seiner Sterilität erklären. Es war also nicht nur die ruhelose, kindliche Suche nach Mutterliebe, die ihm in der Jugend vorenthalten worden war, was den Prince of Wales in die Arme verheirateter Frauen und Mütter trieb, sondern diese Frauen schieden von vornehrein für eine Heirat aus.

Für die meisten Engländer brachte das Kriegsende keinen Wohlstand. 1919 gab es fast jeden Tag irgendwo Streik, und nachdem die während des Krieges durchgeführten Kontrollen eingestellt worden waren, stiegen die Preise steil an. In Cardiff und Liverpool kamen bei Rassenkrawallen Dutzende von Menschen ums Leben, über den Rathäusern von Glasgow und Edinburgh wehten kurzfristig kommunistische Flaggen, und als George und Edward im Hyde Park eine Truppeninspektion vornahmen, wurden sie von Veteranen ausgebuht. Die weltweit grassierende Spanische Grippe forderte mehr Menschenleben als der Krieg, allein in England und Wales starben 150 000 Menschen daran.

Für den Tod des kleinen Prinzen John war diese Epidemie allerdings nicht verantwortlich. Er erlitt am 18. Januar 1919 im Alter von dreizehn Jahren einen tödlichen epileptischen Anfall. »Um 5.30 Uhr«, so schrieb seine Mutter, die Königin, in ihr Tagebuch:

»rief mich Lala Bill von der Wood Farm in Wolferton [auf Gut Sandringham] aus an und berichtete mir, daß unser armer kleiner, süßer Johnnie nach einem seiner Anfälle verschieden sei. Die Nachricht war für mich ein schwerer Schock, obwohl der Tod für die ruhelose Seele des armen kleinen Jungen gewiß eine große Erlösung war. Ich habe George gleich die Nachricht überbracht, und wir sind dann zur Wood Farm gefahren. Die arme Lala war völlig verzweifelt. Unser kleiner Johnnie sah sehr friedlich aus, wie er so dalag.«

Und einer Freundin schrieb sie:

»Für ihn war es eine große Erlösung, da seine Krankheit mit den Jahren immer schlimmer geworden wäre und ihm auf diese Weise viel Leid erspart geblieben ist. Ich kann nicht sagen, wie sehr wir Gott danken, daß er ihn so friedlich zu sich genommen hat, er ist ganz ruhig in sein himmlisches Reich hinübergeschlafen, hatte keine Schmerzen. Jetzt ruht er in Frieden, der arme kleine gequälte Junge, um den wir uns seit seinem vierten Lebensjahr große Sorgen gemacht haben.«

Am 21. Januar wurde Prinz John in Sandringham beigesetzt, neben dem kleinen Prinzen Alexander John, dem letzten Kind von King Edward und Alexandra, der 1871 nur einen Tag gelebt hatte. »Jetzt liegen unsere beiden Johnnies Seite an Seite«, schrieb Alexandra der Königin.

Außer Lala Bill hatte sich niemand so liebevoll um Prinz John gekümmert wie Alexandra. Wegen ihrer eigenen Gebrechen, ihrer Taubheit und ihrer Gehbehinderung hatte sie ein ganz besonderes Einfühlungsvermögen für Kranke und Schwache, und sie zeigte für ihren Enkel große Geduld und Zärtlichkeit. Alix bereitete John den Tee, sie backte ihm kleine Kuchen, spielte mit ihm, erfand eigene Puzzles, hielt ihn während seiner Anfälle in den Armen und tröstete ihn. Die Sorge um das bedauernswerte Kind war jahrelang ihr Lebensinhalt gewesen, und als der Junge so plötzlich starb, fühlte sich die inzwischen fünfundsiebzigjährige Alix einsam und überflüssig. »Sie hat aber noch immer ihre alte Anmut und ihren Charme«, schrieb ein Besucher, »und ihr wundervolles Lächeln. Sie achtet darauf, ihre schlanke, hübsche Figur zu behalten und klagt niemals.«

Auch wenn sie sich bei den zahlreichen offiziellen Anlässen ihrem Volk zeigten, führten die Windsors doch ein zurückgezogenes Leben.

Im März 1919 nahm Albert seinem Vater zuliebe erstmals Flugstunden (was ihm genausowenig Spaß machte wie die Seefahrt). Obwohl ihm am Ende des Lehrgangs die Ausbilder erklärten, daß er als Pilot körperlich zu schwach und psychisch zu anfällig sei, wurde er dennoch zum Fliegermajor ernannt. Da Albert für die fliegerische Praxis ungeeignet war, befreite ihn der König vom aktiven Dienst und schickte ihn gemeinsam mit Henry im Oktober des Jahres 1919 zu einem einjährigen Studienaufenthalt auf das Trinity College in Cambridge.[2]

Ohne Interessen und zudem schüchtern, hatte Henry auf der Universität nur wenig Erfolg. Er verbrachte dort gemeinsam mit Albert einige Semester ohne Höhepunkte, und die beiden gaben sich redlich Mühe, Wirtschaftswissenschaften, Geschichte und Verfassungstheorie zu studieren. Aus Angst, seine Söhne könnten in schlechte Gesellschaft geraten, untersagte ihnen der König, privat auf dem Campus zu wohnen, und stellte ihnen ein Gefolge von Beschützern und Aufpassern zur Seite. Albert beschäftigte sich mit Bagehots *English Constitution* und tat sich besonders beim Golfspielen und beim Tennis hervor. Und Harry fing Feldmäuse, wenn er nicht gerade in einem Vorlesungssaal vor sich hinträumte. Über den »armen Harry«, wie seine Mutter ihn nannte, ist ansonsten während dieser ersten Nachkriegsjahre nicht viel zu berichten. Sicher ist, daß er nicht annähernd so geistreich, elegant im Auftreten und intelligent war wie der jüngste der Brüder, Prinz George, 1920 zu einem attraktiven Achtzehnjährigen herangewachsen, der sich für Kulturelles interessierte und dem eine glänzende gesellschaftliche Laufbahn bevorstand.

Am 3. Juni 1920, das Semester war gerade zu Ende, ernannte King George Prinz Albert zum Herzog von York, nach dem ältesten Herzogtum des Königreichs. »Ich glaube, daß dieser glänzende alte Titel bei dir gut aufgehoben ist«, schrieb George – einem in Würde ergrauten Geschäftsmann nicht unähnlich – seinem Sohn Albert, dem neuen Herzog von York, »und daß Du nie etwas tun wirst, was ihn in irgendeiner Weise in Mißkredit könnte. Ich hoffe, Du wirst in mir stets Deinen besten Freund sehen und mir alles erzählen, was Dich bewegt, und auch ich werde Dir stets mit meinem Rat zur Seite stehen.«

Schon während seiner Zeit in Cambridge hatte Albert die Königliche Familie einmal als »Firma« bezeichnet. Er hatte rasch begriffen,

---

[2] Prinz Albert war der erste der Windsors, der sich zum Piloten ausbilden ließ, eine Tradition, an die dann der nächste Herzog von York, sein Enkel Prinz Andrew, anknüpfen sollte.

daß es in der Nachkriegszeit für den Hof in erster Linie darauf ankam, die eigene Existenz zu rechtfertigen und zu sichern, und daß man das nur erreichen konnte, wenn man nach der Praxis des modernen Geschäftslebens vorging. Das bedeutete unter anderem eine systematische Werbung und positive Selbstdarstellung. Diesen Begriff prägte Albert, als ihm der Leiter des Studentenhauses in Cambridge, in dem er wohnte, verboten hatte, im Studententalar zu rauchen. Als der Mann sagte, gerade Albert als Prinz und aus einer hohen Familie müsse ein gutes Beispiel geben, murmelte der: »Wir sind keine Familie, wir sind eine Firma.« Damit wollte er wohl ausdrücken, daß sich die Angehörigen der Königlichen Familie am ehesten mit den Mitgliedern eines Aufsichtsrats vergleichen ließen. Der König sei der Vorsitzende dieses Gremiums, und seine Kinder seien für die verschiedenen Ressorts zuständig. Die Mitglieder des Königshauses übten also einen ganz speziellen Beruf aus, in dem sie sich durch ausgezeichnete Leistungen zu bewähren hätten.

Dieser Aufgabe widmete sich Albert dann auch mit einem Engagement, das seinem Namensvetter und Urgroßvater, Prinz Albert, dem Ehemann der Queen Victoria, alle Ehre gemacht hätte. Der neue Herzog von York trat schon bald als Schirmherr des Industriellen Wohlfahrtsvereins in Erscheinung. Diese Organisation hatte es sich zum Ziel gesetzt, die Bedingungen der Arbeiter zu verbessern. In den zwanziger Jahren dieses Jahrhunderts war das eine schier unlösbare Aufgabe, denn es hatte sich seit Dickens' Zeiten eigentlich kaum etwas geändert: Die Arbeiter in den Fabriken und Bergwerken besaßen weder einen ausreichenden Versicherungsschutz noch erhielten sie eine Rente. Für Hunderte von Männern und Frauen stand nur eine Toilette zur Verfügung, die damaligen Arbeitsbedingungen begünstigten die Entstehung körperlicher und seelischer Krankheiten, und niemand kümmerte sich um eine Ausbildung der kleinen Jungen, die bereits mit fünf oder sechs Jahren zusammen mit ihren Eltern arbeiten mußten. Für die Verbesserung dieser Zustände galt es, die öffentliche Meinung zu mobilisieren, und dafür versprachen sich die Repräsentanten des Vereins durch die Auftritte des Herzogs von York eine große Wirkung.

Und sie sollten nicht enttäuscht werden. Ohne offizielles Gefolge und unter Verzicht auf jedes Zeremoniell besuchte Albert Fabriken, sprach mit Arbeitern, fuhr in Kohlenschächte ein, unterstützte Wohltätigkeitskampagnen und wurde schon bald in vielen Problemgebieten als Industrie-Prinz oder als Vorarbeiter bezeichnet. Es gelang ihm, in seinen Gesprächen eine persönliche Beziehung zu den Arbeitern herzustellen, er prägte sich Namen ein, und er erschien ihnen wegen seines Einfühlungsvermögens (nicht zuletzt auch wegen seines Sprachfehlers) fast wie einer von ihnen.

Dank der großzügigen Unterstützung eines engagierten Geldgebers wurde zudem das Herzog-von-York-Camp eingerichtet, ein Sommerlager, in dem alljährlich Kinder aus privilegierten Kreisen mit Kindern aus Arbeiterfamilien für einige Wochen gemeinsam Ferien machten. Die Erfahrung sollte jedoch zeigen, daß die Idee eines solchen Sommerlagers ungeachtet der guten Absichten naiv und überheblich war. Jedenfalls erfüllte diese Einrichtung die in sie gesetzten Hoffnungen nicht. Immerhin handelte es sich dabei um den ersten nach dem Krieg unternommenen Versuch, soziale Unterschiede von Jugendlichen auszugleichen. Das Prestige des Herzogs und sein Interesse an den Problemen der Arbeiter und Jugendlichen aus allen Klassen verliehen dieser Idee äußerste Seriosität.

King George hatte schon Prinz Edwards Popularität mit Neid zur Kenntnis genommen, und auch die Erfolge des Herzogs gefielen ihm nicht. Noch immer aufgebracht über den Zusammenbruch der europäischen Monarchien und mißtrauisch allem Neuen gegenüber, zeigte er sich nach dem Krieg als ein übellauniger Tyrann, der sich, ewig nörgelnd, durch seine gnadenlose Kritik seiner Familie immer mehr entfremdete. Inzwischen war niemand mehr vor seinem Zorn sicher, und keiner seiner Söhne blieb von seiner Mißbilligung verschont. Harry sei ein Faulpelz, klagte der Monarch (obwohl der junge Mann nach seinem Abschied von Cambridge eine durchaus achtbare militärische Karriere machte). Alberts Stottern und seine Schüchternheit seien schauderhaft, und Edward sei ein unmoralischer Wüstling. Nur Prinzessin Mary hatte sein Wohlwollen – und manchmal auch George, obwohl die Freundlichkeit des Königs ihm gegenüber schon bald ebenfalls in Griesgrämigkeit umschlagen sollte. In keinem Punkt duldete der König Widerspruch. Zwar konnte er Schmeicheleien und Unaufrichtigkeit nicht ausstehen, aber inzwischen war er (laut Frederick Ponsonby, der sehr viel Zeit bei ihm verbrachte) »derart daran gewöhnt, daß ihm jeder zustimmte, daß er einen offenen Meinungsaustausch von vornherein ablehnte«.

Eines der Hauptprobleme der Windsors war, daß sie in den ihnen ebenbürtigen Kreisen des Hochadels keine Freunde hatten. Wie ihren Vater umgab auch die Prinzen eine mystische Aura, und sie wurden stets mit großer Ehrfurcht behandelt. Der Prince of Wales hatte nur einen einzigen Freund, Captain Edward (»Fruity«) Metcalfe, einen charmanten, stets gutgelaunten irischen Kavallerieoffizier, der 1921 in seine Dienste trat und die Sympathie des Prinzen dadurch gewann, daß er steife Förmlichkeit ablehnte: »Er nannte mich stets nur ›den kleinen Mann‹. Und die Leute waren manchmal regelrecht schockiert, wenn sie sahen, wie familiär er mit mir umging.« Was Prinz Albert anbelangt, so war sein älterer Bruder auch sein bester Freund.

Mätressen zu haben war den Prinzen allerdings erlaubt. Im Jahr 1919, im Alter von dreiundzwanzig Jahren, hatte der Herzog von York offenbar seine erste kurze romantische Affäre mit der Tänzerin und Schauspielerin Phyllis Monkman, die vier Jahre älter war als er. Auf Einladung von Alberts Adjutanten verbrachte die Monkman einen Abend mit dem Prinzen in einer Privatwohnung in Mayfair. Einzelheiten dieser Beziehung, wie leidenschaftlich, wie eng sie war und wie lange sie gedauert hat, sind nicht bekannt, denn ungeachtet der in Künstlerkreisen kursierenden Gerüchte über Geschenke und heimliche Begegnungen haben offenbar weder der Prinz noch die Tänzerin gegenüber Dritten auch nur ein Wort über ihre Affäre ausgeplaudert. Ähnlich geheimnisumwittert ist der kurze Flirt, den Albert ebenfalls 1919 bis Anfang 1920 mit Lady Maureen Vane-Tempest-Stewart hatte, der hübschen, energischen Tochter eines schwerreichen Aristokraten. Jedenfalls scheint Prinz Albert nicht von so leidenschaftlicher Natur gewesen zu sein wie sein Bruder, auch verliebte er sich nicht so schnell und war beständiger.

So entwickelten die beiden Prinzen zunehmend eine charakterliche Übereinstimmung mit ihren beiden Namensvettern: Albert Herzog von York erinnerte mit seiner Gewissenhaftigkeit (allerdings fehlte ihm die wache Intelligenz des ersten Trägers dieses Namens) immer mehr an seinen Urgroßvater Prinz Albert. Edward Prince of Wales dagegen übernahm den Lebensstil seines genußsüchtigen Großvaters Edward VII. – sogar dessen Vorliebe zu Affären mit verheirateten Frauen.

Aber es gab da noch einige Schwierigkeiten, mit denen ihre Vorfahren nicht zu kämpfen hatten. Während die neurotischen Ängste und Verkrampfungen des jungen Albert in seinem Stottern deutlich wurden, durchlebte Edward zeitweise Perioden lähmender Depressionen. Dies war bei beiden Prinzen teilweise darauf zurückzuführen, daß sie zwar zahlreiche offizielle Pflichten wahrzunehmen hatten, jedoch keinerlei emotionale Unterstützung erhielten. Im Juli 1920 war Edward einem Zusammenbruch nahe, nachdem er über zweihundert Orte besucht und fast 80 000 Kilometer zurückgelegt hatte: Der Prinz redete unzusammenhängend und sprang selbst in beiläufigen Gesprächen unvermittelt von einem Thema zum nächsten, war überdies blaß und zittrig. Wie Auslandskorrespondenten berichteten, konnte man an ihm wieder einmal »Zeichen einer irritierenden nervlichen Überlastung« beobachten, und »sein Zustand wurde immer schlimmer«.

Zu jener Zeit sah die Öffentlichkeit in Edward nur den jungenhaften Erben des prestigereichsten Thrones der Welt, den legitimen »Prince Charming«, der die zusammenkommenden Menschenmassen durch seine bloße Anwesenheit ebenso blendete wie die internationale Presse. Er war der erste große Star der Gesellschaft am Anfang des 20. Jahrhunderts, der in seiner Person Königliches und Bürgerliches miteinander verband. Eigentlich gab es kaum überzeugende Charaktereigenschaften, die seine ungemeine Popularität erklärt hätten. Es fehlte ihm beispielsweise völlig an intellektueller wie ästhetischer Sensibilität. Er war launisch, leichtfertig und oft genug nicht sehr taktvoll. Daß er eine übertriebene Verehrung seiner Person nicht mochte, hatte mehr mit einer gewissen Selbstverachtung und seiner Abneigung gegen seinen Vater zu tun als mit einem modernen Verständnis seiner Rolle als Prince of Wales.

Obwohl Prinz Edward den Verpflichtungen, die er bei seinen Reisen zu erfüllen hatte, im allgemeinen nachkam, genoß er auf seinen Touren natürlich auch Vorrechte. So wurden ihm etwa Frauen zugeführt, wann immer er es wünschte, und ein Stab von Mitarbeitern sorgte dafür, daß alle seine Bedürfnisse erfüllt wurden. Mit anderen Worten, er verdankte seine Beliebtheit vornehmlich seinem Stand und seinem jungenhaften Charme. Zudem lebte Edward zu Beginn des Medienzeitalters, in dem die Presse über Aufstieg und Fall einer Persönlichkeit entscheiden konnte.

Doch zeugte der ausschweifende Lebenswandel des Prince of Wales von der tiefen Kluft, die zwischen der jüngeren Nachkriegsgeneration und der älteren, konservativen lag. Selbst der Liebling des Königs, der Herzog von York, hatte vom Protokoll häufig genug – von diesen ewig gleichen Gesellschaftsereignissen, wie etwa die Eröffnung der Rennsaison in Ascot. Über dieses alljährlich im Frühjahr stattfindende Ritual klagte Albert einmal gegenüber Mabell Airlie: »Nie sieht man neue Gesichter …, und den Gesprächen fehlt jede Originalität, es ist alles nur ein ermüdendes Sich-Einfügen in den Tagesablauf. Traditionsbewußtsein mag ja durchaus schön und gut sein, aber zuviel davon tötet jedes Leben.«

Der König haßte jegliche Veränderung, und es fiel ihm auch schwer, die neuen bebilderten Zeitschriften und Journale, die Presse und den Rundfunk zu akzeptieren. Er hielt diese neuen Medien für vulgär, sie waren von Amerika beeinflußte Erfindungen, die für alle Zeiten die würdevolle Atmosphäre der Viktorianischen Ära zerstören mußten. »Zeit seines Lebens«, so ein offizieller Chronist, »galt ihm das von seinen Eltern in seiner Kindheit vorgelebte exklusive Familienleben als das Ideal, an dem auch alle künftigen Generationen sich zu orientieren hätten.«

Aber George besaß weder die Leichtlebigkeit noch die Toleranz seines Vaters. Er war viel unbeweglicher in seiner konservativen Denkweise und auch viel weniger weltgewandt als Edward VII. Noch 1921 trug er einen Kragenknopf aus seinen Tagen als Seeoffizier, und als schließlich die Spuren der Zeit an dem Schmuckstück sichtbar wurden, ließ er den Knopf mit Gold verstärken. Auch seine Haarbürsten ließ er regelmäßig mit neuen Borsten ausstatten, weil er sie weder austauschen noch neue als Geschenk annehmen wollte. Genau wie er von Mary verlangte, der Mode aus der viktorianischen Zeit treu zu bleiben, behielt auch er stur seine eigene aus Handschuhen, Gehrock, Hosen mit seitlichen Bügelfalten und Bowlerhüten bestehende Garderobe bei. Der König habe von der jungen Generation absolut gar nichts zu lernen, ließ er immer wieder verlauten. »Es war unendlich schade«, so sein offizieller Chronist, »daß er ungeachtet seiner Verehrung für Queen Mary und seines Respekts vor ihrem Charakter und ihren außerordentlichen Fähigkeiten niemals offen mit ihr über seine eigenen Probleme und Ängste gesprochen hat.« Sein ältester Sohn hat einmal über ihn gesagt: »Mein Vater wollte von Veränderungen nichts wissen, und bis zu seinem Tode blickte er auf die Tage vor dem Ersten Weltkrieg zurück und sagte gern: ›Oh, die guten alten Zeiten, die guten alten Zeiten.‹«

Der König hoffte, daß seine Sorgen, die er sich um die Zukunft seiner Kinder (und der Monarchie) machte, mit ihrer Verheiratung und Familiengründung beendet sein würden. 1920 war sein ältester Sohn sechsundzwanzig und der jüngste achtzehn Jahre alt, aber keiner von beiden hatte bis dahin je von Heirat gesprochen oder gar eine passende Kandidatin im Buckingham-Palast vorgestellt. Der König hatte drei Jahre zuvor auf Anraten des Parlaments die bis dahin geltenden ungeschriebenen Heiratsregeln »liberalisiert«: Die Kinder der britischen Monarchen waren von jetzt an nicht mehr gehalten, nur Partner königlichen Geblüts zu heiraten. Schließlich existierten kaum noch Monarchien in Europa, und überdies hatte bisher nur Prinz Edward Mitglieder der kontinentalen Hocharistokratie kennengelernt. Tatsächlich lastete auf den Kindern ein erheblicher Druck, sich nach britischen Ehepartnern umzusehen. »Wenn unsere Monarchie Bestand haben soll«, so der Essayist Cecil Battine (der hier für die Mehrzahl der Briten sprach), »müssen sich unsere Prinzen im eigenen Land eine Gemahlin suchen ..., müssen also britische Staatsangehörige heiraten, oder aber sie werden ihrer Rechte verlustig gehen.«[3]

Früher hatten die englischen Könige ausländische Prinzessinnen geheiratet, um neue Territorien zu erwerben. Queen Victoria und ihre gleichnamige Tochter hatten die Ehe mit ausländischen Fürsten geschlossen, aber die Zeiten »haben sich inzwischen geändert«, wie Victoria selbst 1869 eingeräumt hatte, »und große ausländische Allianzen gelten heute eher als Anlaß zur Beunruhigung und sind nicht von Vorteil ... Ich bin sicher, daß frisches Blut dem Thron nicht nur moralisch, sondern auch physisch zugute kommen wird.« Nach dem Ersten Weltkrieg und der Distanzierung der Königlichen Familie von ihrer deutschen Herkunft kam eine Ehe mit Deutschen ohnehin nicht mehr in Frage, und obwohl das griechische und das dänische Königshaus die Wirren der Zeit überstanden hatten, waren George und Mary jetzt bereit, eine englische oder schottische Aristokratin als standesgemäß gelten zu lassen.

Der König war sogar mit Battine und anderen der Meinung, daß selbst weibliche und männliche Mitglieder der britischen Aristokratie, die aufgrund des Erbrechts nicht mehr dem Hochadel angehörten, als Partner für seine Kinder in Frage kämen. Und tatsächlich sollten bereits während der folgenden drei Jahre zwei derartige Verbindungen zustande kommen.

Genau eine Woche nach seiner Ernennung zum Herzog von York lernte Albert eine nicht dem Hochadel zugehörige Aristokratin kennen, in die er sich augenblicklich verliebte. Am 10. Juni 1920 begleiteten er, seine Schwester Mary und sein Bruder Henry die Königin zu

---

[3] In diesem Essay setzte sich Battine auch dafür ein, daß »in der Thronfolge oben stehende Prinzen, besonders aber der Thronerbe, mit Pflichten betraut werden müssen, die eine Prüfung ihrer Fähigkeiten darstellen und ihr Urteilsvermögen schulen. Er [der Thronfolger] muß ferner wie andere Persönlichkeiten des öffentlichen Lebens auch die Möglichkeit haben, von sich aus aktiv zu werden und auch Fehler zu machen. Der König muß bisweilen auch einmal etwas falsch machen dürfen, oder er hört auf, König zu sein, und ist dann nur fünftes Rad an der Staatskarosse.

einer Soiree in dem am Grosvenor Square gelegenen Haus der Lady Farquhar, deren Ehemann an jenem Abend mit dem König dinierte. Unter den Gästen befand sich auch ein neunzehnjähriges Mädchen. Sie war 1,60 Meter groß, hatte einen Alabasterteint, strahlend blaue Augen und dunkelbraunes Haar. Wie die mit ihr bekannte Mabell Airlie einmal geschrieben hat, war sie »ganz anders als die Cocktails schlürfenden, kettenrauchenden Mädchen, die später zum Inbegriff der zwanziger Jahre wurden«. Sie strahlte einen selbstbewußten Charme aus, hatte (so eine andere Freundin) »Humor und einen schelmischen Zug«, und sie genoß die Aufmerksamkeit, die ihr trotz ihrer wenig eleganten Kleidung und ihrer eher nachlässigen Frisur von den Männern entgegengebracht wurde.

Dieses Mädchen war in vielem ein ähnlicher Typ wie Queen Mary, die das junge Ding aus unbekannten Gründen nicht besonders mochte. Diese Zurückhaltung seiner Mutter störte Albert nicht, und er bat die junge Dame um ein Wiedersehen. Sie hieß Lady Elizabeth Bowes-Lyon, und wie Mary sollte sie später auch als Herzogin von York, Königin und schließlich Königinwitwe bekannt werden. Auch sollte ihre Meinung in späteren Jahren wie die keines anderen Mitglieds des Königshauses Gehör finden. Und selbst heute, wo sie bereits die Neunzig weit überschritten hat, ist ihr Einfluß noch beträchtlich.

Am 4. August 1900 in der Londoner Residenz ihres Großvaters zur Welt gekommen, war Elizabeth Angela Marguerite Bowes-Lyon das neunte von zehn Kindern des Earl of Strathmore and Kinghorne, eines schottischen Aristokraten, der seinen Reichtum Kohlebergwerken und Eisenfabriken verdankte.[4] Sitz der Familie Bowes-Lyon war bereits seit dem 14. Jahrhundert Burg Glamis in Schottland. Zu diesem Besitz konnte die Familie im Laufe der Jahrhunderte noch eine weitere Burg in Nordost-England hinzuerwerben, ein Herrenhaus in Hertfordshire und ein Haus am St. James's Square in London.

Elizabeths Mutter, Lady Strathmore, die Tochter eines anglikanischen Geistlichen, war gottesfürchtig, aber nicht bigott, eine treusorgende Mutter und amüsante Gastgeberin und eine Frau, die ihrem materiellen Besitz keinen übermäßigen Wert beimaß. Als sie einmal ein weiblicher Gast darauf hinwies, daß in einem der Salons Re-

---

[4] Was den tatsächlichen Geburtsort von Elizabeth Bowes-Lyon betrifft, herrschen bis heute Zweifel, und auch sie selbst hat diese Frage nie beantworten können. Die aktuellste Auseinandersetzung mit diesem Thema findet sich in: Michael De-la-Noy, *The Queen Behind the Throne* (London 1994), S. 49 f.

genwasser durch die Wand eindringe, erwiderte sie nur: »Oh, meine Liebe, dann müssen wir das Sofa mal wieder umstellen.«

Die kleine Elizabeth, alles andere als ein scheues Kind und bisweilen voll seltsamer Einfälle, wußte ganz genau, was sie ihrer Mutter zumuten konnte. Als ihre Kinderfrau sie mit den Worten: »Was wird deine Mutter nur dazu sagen« zurechtwies, weil Elizabeth sich mit einer nagelneuen Schere an einigen Bettüchern zu schaffen machte, entgegnete das Kind unbekümmert: »Sie wird sagen: ›Oh, Elizabeth.‹«

Lady Strathmore liebte außer Gärten, Musik und Malerei besonders die englische Geschichte, und sie übte nach übereinstimmender Auskunft auf die Entwicklung ihrer Tochter stärkeren Einfluß aus als ihr Ehemann, ein gutaussehender, gewissenhafter, ein wenig langweiliger und oft melancholischer Edelmann, dessen Charakter ein wenig dem des Königs ähnelte.

Fröhlich und amüsant, am Tagesgeschehen lebhaft interessiert, gab Lady Strathmore diese Eigenschaften an ihre kleine Elizabeth weiter, die bereits in frühester Kindheit Gleichmut und Intelligenz zeigte. Die übrigen Familienmitglieder waren so vernarrt in das Kind, daß sie es »kleine Prinzessin« nannten. Und das Mädchen nahm diesen Kosenamen im Alter von sechs Jahren schon so ernst, daß es selbstbewußt verkündete: »Ich nenne mich jetzt Prinzessin Elizabeth.« Damit erwies sie sich, wie es eine Hauslehrerin formulierte, als »ein Kind, das für sein Alter ungemein verständig und reif, ja sogar mit prophetischen Gaben ausgestattet war«. Und sie wußte gewiß genau, was sie wollte, und war damit den meisten ihrer Altersgenossen weit voraus. »Manche Gouvernanten sind nett, andere nicht«, stellte Elizabeth fest, und natürlich widersprach ihr niemand. Die netteste dieser Erzieherinnen war für sie Clara Knight, die das Mädchen Alah nannte (und die auch ihre Tochter Elizabeth viele Jahre später noch unter diesem Namen kennenlernen sollte).

Die Kinder des Ehepaars Bowes-Lyon wurden in mehreren Residenzen in beträchtlichem Wohlstand groß. Sie besaßen Haustiere und Pferde, Diener, sie hatten alle nur denkbaren Annehmlichkeiten sowie Spielzeug im Überfluß und erhielten eine elterliche Wärme und Zuwendung, die Albert nie kennengelernt hatte. Genau wie im Königshaus und in den meisten adeligen Familien legte man auch im Hause Bowes-Lyon auf die Schulbildung der Kinder, die nebenbei von Gouvernanten daheim übernommen wurde, keinen besonderen Wert. Tanzen, Musizieren und das Erlernen verschiedener Handarbeiten, das war es, worauf es ankam. Bücher gehörten ins Regal, und in der Freizeit ging man angeln oder reiten. Die Strathmores hatten Menschen um sich, »deren einziger Lebenszweck darin bestand, der Familie zu Diensten zu sein«, wie Lady Frances Donaldson einmal geschrieben hat. Daß sie darüber hinaus von höherem Stand waren als alle anderen Familien, war eine Selbstverständlichkeit, der sich die Kinder bereits von klein auf bewußt waren.

Doch die Umstände verhinderten es, daß aus Elizabeth nur ein verwöhntes reiches Mädchen wurde. An ihrem vierzehnten Geburtstag brach der Erste Weltkrieg aus, und von ihren vier Brüdern, die sich als Freiwillige meldeten, kam einer ums Leben und einer wurde schwer verwundet. Glamis Castle wurde in ein Lazarett für heimkehrende Soldaten umfunktioniert, und Elizabeth übernahm für die Dauer des Krieges praktische Haushaltspflichten und Pflegedienste – und so konnte das jüngste Mädchen unter neun Geschwistern zeigen, was in ihm steckte. »Während der ersten paar Monate waren wir unentwegt damit beschäftigt zu stricken, stricken, stricken und Hemden für das örtliche Bataillon zu schneidern«, erinnerte sie sich später. »Meine Hauptbeschäftigung war es, Seidenpapier für die Fütterung von [Soldaten-]Schlafsäcken zusammenzuknüllen.« Sie kümmerte sich aber auch um die heimkehrenden Verwundeten, plauderte oder spielte Karten oder Klavier mit ihnen oder schrieb Briefe für sie. Als ihre Mutter 1918 erkrankte, übernahm Elizabeth die Leitung des Haushalts. Ein junger Mann erklärte 1915: »Sie hatte die hübschesten Augen, ausdrucksvolle, beredte Augen, [eine] süße, ruhige Stimme und eine etwas zögerliche, offene Art zu sprechen. Trotz ihrer fünfzehn Jahre war sie sehr fraulich, warmherzig und mitfühlend.« Schon als Heranwachsende machte sich Lady Elizabeth zugleich unentbehrlich und beliebt, und sie genoß die Aufmerksamkeit, die Achtung und die Dankbarkeit der verwundeten jungen Männer – eine Lebenssituation, um die sie gewiß manche Frau beneidet hätte.

Es überrascht daher nicht, daß sich Albert, der selbst unter beträchtlichen körperlichen und emotionalen Handikaps litt, zu einer so ausgeglichenen, charmanten, großzügigen und offenen jungen Dame hingezogen fühlte, und genausowenig verwunderlich ist es, daß er sich im Sommer des Jahres 1920 nach Glamis Castle einladen ließ und es arrangierte, daß Elizabeth dem König und der Königin offiziell vorgestellt wurde. Elizabeth fühlte sich sehr geschmeichelt, daß sie dem Herzog aufgefallen war. Sie flirtete wohl auch ein wenig mit ihm, war aber damals nicht daran interessiert, daß er ihr ernstlich den Hof machte. »Ihre strahlende Vitalität und die ihr eigene Mischung aus Fröhlichkeit, Freundlichkeit und Aufrichtigkeit machten sie für die Männer unwiderstehlich«, hat Mabell Airlie später einmal geschrieben. Zu den zahlreichen Verehrern von Elizabeth gehörten Lord Gorell (»Ich habe mich wahnsinnig in sie verliebt – wie übrigens alle anderen auch.«), der Millionär Christopher Glenconner, der Diplomat Archie Clark-Kerr sowie James Stewart, der Adjutant des Herzogs von York. Doch Albert, dessen Sprachfehler und dessen Auftreten oft sehr peinlich waren, machte, am Anfang ihrer Bekanntschaft wenigstens, keinen besonderen Eindruck auf sie, worüber er sehr enttäuscht war. »Ich habe entdeckt, daß er sich sehr zu Lady Elizabeth Lyon hingezogen fühlt«, vertraute die Königin ihrer Freundin Lady Airlie an, »denn er spricht unentwegt von ihr.«

Anfang 1921 war Albert so sehr in Elizabeth verliebt, daß er ihr einen Heiratsantrag machte; sie wies ihn aber sanft zurück. Er ließ sich jedoch nicht beirren, auch nicht, als er 1922 auf drei weitere Anträge Absagen erhielt. »Der Herzog wirkte so untröstlich«, schrieb Mabell Airlie an Lady Strathmore, daß »ich hoffe, er wird eine nette Frau finden, die ihn glücklich macht.« Die Antwort war sehr scharfsichtig: »Ich mag ihn sehr gern und schätze ihn als einen Mann, dessen Geschick im Guten wie im Schlechten von seiner Ehefrau abhängt.« Und so zog sich Prinz Albert erst einmal zurück, um auf einen günstigeren Zeitpunkt zu warten. Seine Eltern schwiegen zu der Angelegenheit, denn obwohl Queen Mary eine Verbindung der beiden nicht unbedingt befürwortete, mußte sie sich doch eingestehen, daß eine Heirat des Herzogs mit Elizabeth für die Dynastie vorteilhaft sein konnte. Außerdem war der Prince of Wales an Freda Dudley Ward gebunden und zeigte keinerlei Interesse an einer Heirat. Deshalb richteten sich die Hoffnungen des Königshauses auf Albert, der im Dezember 1921 sechsundzwanzig Jahre alt wurde, und dieser hoffte auf eine Zusage von Elizabeth. Sogar Mary räumte ein, daß dieses Mädchen Albert »glücklich machen« könnte, und sie beschloß in kluger Zurückhaltung, »keinem der beiden etwas zu sagen. Mütter sollten sich nie in die Liebesgeschichten ihrer Kinder einmischen.«

Die Leidenschaftlichkeit des Herzogs wie auch sein linkisches Auftreten weckten Elizabeths mütterlichen Instinkt, ein Gefühl, das sie auch veranlaßt hatte, sich im Krieg um verwundete Soldaten zu kümmern. Allmählich wuchs ihre Zuneigung zu Albert, denn sie fühlte, daß er sie dringend brauchte. Trotz seines Anstandes und seines Verantwortungsgefühls war der Prinz ein von seinen Gefühlen abhängiger und nervöser Mann, der bis dahin Geborgenheit und weibliche Wärme nur bei seinen Kinderfrauen kennengelernt hatte.

Da die beiden jungen Leute in den Jahren 1921 und 1922 nur selten zusammentrafen, übernahm Lady Airlie die Rolle der Ehestifterin und brachte Elizabeth und Albert häufiger zusammen. Und so kam es zwischen den beiden zu einem weiteren Rendezvous in dem neuen Londoner Heim der Strathmores in der Bruton Street 17 in Mayfair. Inzwischen sah Elizabeth in Prinz Albert jemanden, den sie erfreuen und den sie unterstützen konnte. Er sah gut aus, war freundlich und unterschied sich deutlich von den draufgängerischen Kavalieren.

Vielleicht war ihr aber auch klargeworden, daß ihre Ausgeglichenheit und ihr Selbstvertrauen die richtigen Gegenpole für Alberts Zurückhaltung waren und daß sie Albert helfen konnte, seine Mängel auszugleichen oder gar abzulegen. Und schließlich läßt das Entgegenkommen und die Liebe anderer nur wenige Menschen völlig unberührt. Trotzdem war Elizabeth nach Auskunft ihrer Mutter »zwischen ihrem Wunsch, Albert glücklich zu machen« und dem Bestreben, sich einer derartigen Verantwortung zu entziehen, hin und her gerissen. Insbesondere, so hätte sie noch hinzufügen können, weil Elizabeth weder Alberts Leidenschaft teilte noch unter Einsamkeit zu leiden hatte wie er. »Er hatte nur wenige Freunde und war völlig von Elizabeth abhängig, die er anbetete«, hat der Tagebuchautor und Freund der Königsfamilie, Henry Channon (der wegen seiner Freundschaft mit einem auch »Fish« genannten Mann häufig als »Chips« bezeichnet wurde), geschrieben.[5] »Sie war sein Wille, sein alles.« Und wie Frances Donaldson einmal klug bemerkt hat, wird Lady Elizabeth Bowes-Lyon »die sich ihr bietende Gelegenheit wohl kaum unterschätzt haben«.

Das erste Kind Georges V., das vor den Traualtar trat, war dann Prinzessin Mary, die am 28. Februar 1922 in der Westminster Abbey Henry Viscount Lascelles heiratete. Es war die erste königliche Hochzeit seit 1352 an diesem Ort. Zur Zeit Queen Victorias wurden

---

[5] Channon stammte aus Chicago und ließ sich nach seinem Studium in Oxford in London nieder, wo sich der naturalisierte britische Staatsbürger als einer der glühendsten amerikanischen Anglophilen seit Henry James hervortat. Er kultivierte königliche und aristokratische Bekanntschaften mit derselben Leidenschaft, wie George V. seine Briefmarken sammelte. Channon nahm sich Prinz Paul von Serbien als Geliebten und heiratete die Tochter eines Earls. Er wurde Parlamentsabgeordneter und später zum Ritter geschlagen, und er hat über Jahrzehnte bemerkenswerte Tagebücher geschrieben, die erst nach seinem Tod veröffentlicht wurden. Sie enthalten wichtige und erläuternde Bermerkungen über die englische Gesellschaft des 20. Jahrhunderts.

solche Eheschließungen noch im privaten Kreis begangen. Später wurden sie immer mehr zu großen gesellschaftlichen Ereignissen. Diese Hochzeit war auch der erste große Staatsakt seit dem Waffenstillstand. Prinz Edward konnte Hochzeiten nicht ausstehen (sie erinnerten ihn wohl zu sehr an seine eigenen Probleme) und war froh, daß er gerade auf eine Reise nach Indien geschickt wurde und deshalb an der Hochzeit nicht teilnehmen konnte.

Lascelles, Kriegsveteran und wohlhabender Erbe des Earl of Harewood[6], war schon vierzig Jahre alt und damit fünfzehn Jahre älter als Mary, wirkte jedoch noch viel älter, als er war. Er sah weder gut aus, noch hatte er Charme, aber das Paar verband seine Liebe zu Pferden und zum Rennsport. Der vielleicht denkwürdigste Augenblick der großen Hochzeit war gekommen, als sich der kurzsichtige Romancier E. M. Forster über die Torte beugte, in der Annahme, es sei Queen Mary.

In den Jahren 1923 und 1924 kamen George und Gerald, die beiden Kinder der Harewoods, zur Welt. Sie waren die ersten Enkel des Königspaares.

Als Mary heiratete, war ihr Bruder Albert – wie ein Vertrauter nach dessen Tod berichtet hat – zwar noch immer in Elizabeth Bowes-Lyon »verzweifelt verliebt«, fürchtete aber, sie endgültig verloren zu haben. Doch dann faßte er wieder Mut und machte ihr im Laufe des Jahres 1922 wieder und wieder seine Aufwartung – in Glamis, Hertfordshire, in London, Ascot und Henley. Doch erst im Januar 1923 sagte sie endlich ja.

Lady Elizabeth hatte zunächst erhebliche Zweifel, ob sie eine Ehe mit Prinz Albert eingehen sollte, denn auch als Herzogin von York würde es ihr materiell nicht bessergehen als bisher. Außerdem würde ihr gewohntes angenehmes Leben durch Zwänge und eine für sie ungewohnte Isolation eingeschränkt werden, und ihr würde die ständige Aufmerksamkeit der Öffentlichkeit gelten. Aber sie hatte den Prinzen inzwischen liebgewonnen, und sie fühlte wohl den Wunsch, seine verborgenen Eigenschaften zu wecken, von denen sie (wie sein Biograph geschrieben hat) »ganz zu Recht glaubte, sie könnte sie zum Vorschein bringen«.

Da sorgte die Londoner *Daily News* am 5. Januar mit einem Arti-

---

[6] Der Earl of Harewood war ein Cousin von Alan »Tommy« Lascelles, des stellvertretenden Privatsekretärs des Prinzen Edward (und späteren Privatsekretärs King Georges V.).
[7] Ma'am ist die korrekte Anrede der Königin, nachdem man sie zuerst mit Eure Majestät begrüßt hat.

kel für Aufregung, in dem stand, daß Elizabeth nicht den Herzog von York, sondern seinen älteren Bruder heiraten werde: »Schottische Braut für den Prince of Wales: Thronerbe heiratet Tochter eines Peers: Offizielle Bekanntgabe steht unmittelbar bevor.« Auf einer Party an dem Wochenende »dienerten und knicksten« ihre Freunde vor Elizabeth »und zogen sie mit der Anrede Ma'am[7] auf«, wie Chips Cannon später berichtet hat. »Ich bin nicht sicher, ob sie sich darüber gefreut hat.« Die peinliche Lage, in die Elizabeth diese Meldung brachte, war dadurch entstanden, so wollten es hartnäckige Gerüchte wissen, daß Lady Elizabeth angeblich auf den Heiratsantrag des älteren Bruders hoffte, während ihr der jüngere den Hof machte. Doch dafür gibt es keine Beweise.

Elizabeth war sich jetzt darüber im klaren, daß sie eine Entscheidung treffen mußte, wenn sie weitere Spekulationen und Schnüffeleien der Presse verhindern wollte. »Es war meine Pflicht, ihn zu heiraten«, sagte sie Jahre später, »und verliebt habe ich mich in Bertie erst hinterher.« Hier ergaben sich Parallelen zur Situation von Queen Mary, die zuerst mit Eddy und dann mit George verlobt gewesen war.

Am 13. Januar 1923 nahm Lady Elizabeth den Antrag des Herzogs an. »Wir haben herzlich zugestimmt«, schrieb der König zwei Tage später in sein Tagebuch. »Ich bin überzeugt, daß sie glücklich sein werden.« Und Mary notierte: »Wir sind entzückt, und er strahlt vor Glück.« An Mabell Airlie, die auch am Zustandekommen der Verbindung beteiligt war, schrieb Prinz Albert:

»Wie kann ich Ihnen nur für den charmanten Brief danken, den Sie mir anläßlich jenes wundervollen Ereignisses in meinem Leben geschrieben haben. Mein Traum ist zu guter Letzt doch noch wahr geworden.

Es erscheint mir so wunderbar, daß mein Liebling Elizabeth eines Tages meine Frau sein wird. Wir sind beide sehr, sehr glücklich, und ich bin sicher, das wird auch so bleiben. Ich schulde Ihnen so viel und kann Sie nur segnen für das, was Sie getan haben.«

Die Hochzeit fand am 26. April 1923 in der Westminster Abbey statt. Zunächst war das Paar damit einverstanden, das Zeremoniell im Rundfunk übertragen zu lassen, und daher waren die beiden enttäuscht, als der Dekan der Abtei die Übertragung mit der Begründung untersagte, dann könnten sich die Leute den Gottesdienst ja auch im Pub anhören oder auch ohne den Hut abzunehmen. Und so fand keine Rundfunkübertragung von der Trauung statt.

Am Hochzeitsmorgen war die Sonne nicht zu sehen, denn ein Frühlingsregen ging über der Stadt nieder, und es schien, als sollte es den ganzen Tag bewölkt bleiben. Aber als hätte sich die Natur entschlossen, zu dem großen Ereignis beizutragen, brach die Sonne genau dann durch die Wolken, als Lady Elizabeth die Abtei betrat. Und als die Brautleute schließlich das Gelübde ablegten und die neue Herzogin von York am Arm des Herzogs aus der Abtei schritt, strahlte die Sonne.

Bevor sie sich nach Glamis Castle begaben, fuhren die Yorks für einige Tage zum Golfspielen nach Polesden Lacey in Surrey, einem Anwesen, das ihnen die neureiche Mrs. Ronald Greville, eine kleine, rundliche Dame, überlassen hatte. Die Möbel, mit denen Mrs. Greville das Haus ausgestattet hatte, waren nicht sehr geschmackvoll und sie selbst unerträglich versnobt, aber das junge Paar wußte offenbar diese großzügige Geste, mit der man ihnen eine Unterkunft kostenlos zur Verfügung stellte, zu würdigen. Auf den Gästelisten der von Mrs. Greville ausgerichteten Soireen, an denen die Yorks im Laufe der nächsten Jahre teilnahmen, standen Namen von Mitgliedern europäischer Königshäuser ebenso wie die von Scheichs, Maharadschas, Baronen, wohlhabenden Repräsentanten alter Grafengeschlechter und (sofern überhaupt Amerikaner geladen waren) von Angehörigen der besten amerikanischen Familien, darunter die Vanderbilts oder die Astors. Der Biograph des Herzogs schrieb dazu: »Es war genau das Umfeld, in dem Prinz Albert sich zu Hause fühlte. Und hier begegnete er den Persönlichkeiten, mit denen er auch bei Hof oder in den großen Londoner Häusern zusammentraf.«

Prinz Albert war siebenundzwanzig Jahre alt und der erste der vier Königssöhne, der die Ehe schloß. Es sollten noch über zehn Jahre vergehen, bevor ein weiterer seiner Brüder es ihm gleichtat. Alberts Vermählung war auch seit über fünfhundert Jahren die erste Eheschließung eines englischen Prinzen, die in der Westminster Abbey stattfand, und Lady Elizabeth war die erste Frau, die nicht dem Hochadel entstammte und legitim in die Königliche Familie einheiratete. So konnte der feierliche Anlaß auch als Zeichen demokratischen Fortschritts gelten. Für das Prestige des Königshauses war die Heirat ohnehin ein glücklicher Umstand, denn hier fand ein junges Paar von Geblüt zusammen, dessen Namen durch keinen Skandal beschädigt waren und dessen Verbindung den Status der Monarchie als Sinnbild traditioneller Familienwerte stärkte. Die Hochzeit war ein glanzvolles Ereignis, und Elizabeth wurde von der Öffentlichkeit und der Presse begeistert gefeiert. Der ernste, pflichtbewußte Herzog sollte schon bald wieder für den Industriellen Wohlfahrtsverein arbeiten und sich abermals der Durchführung der bereits erwähnten Sommerlager für Jugendliche widmen.

Das Verhalten der Yorks bestätigte also den von King George gewünschten Eindruck, daß das Königshaus über jeden Zweifel erhaben sei und daß die Königliche Familie dem ganzen Volk gehöre. »Je besser ich Deine liebe kleine Frau kennenlerne und je häufiger ich sie sehe«, schrieb er bereits kurz nach der Hochzeit an Prinz Albert, »um so charmanter finde ich sie.« Sogar Elizabeths chronische Unpünktlichkeit tolerierte er: »Du bist nicht etwa zu spät dran, meine Liebe«, sagte er einmal nachsichtig, als sie in Windsor verspätet zum Essen erschien, »ich glaube, wir haben uns zwei Minuten zu früh zu Tisch gesetzt.« Jeder andere hätte dafür einen Tadel oder einen eisigen Blick erhalten. George verlangte von Elizabeth nur, keinem Journalisten ein Interview mehr zu geben, und sie hielt sich auch daran. »Im Gegensatz zu seinen eigenen Kindern«, hat Elizabeth einmal nach seinem Tod gesagt, »hatte ich keine Angst vor ihm, und während der zwölf Jahre, die ich seine Schwiegertochter war, hat er kein unfreundliches oder hartes Wort an mich gerichtet.«

Weil der König sofort für sie eingenommen war, unternahm Elizabeth vielleicht gar nicht erst den Versuch, die Zuneigung der Königin zu gewinnen. Die beiden Frauen mochten sich nicht besonders, und die Königin sprach von Elizabeth niemals mit Sympathie. Sie hielten stets Distanz, und die Herzogin von York war auch nicht auf Protektion durch die Königin angewiesen.

Die beiden Frauen waren sehr unterschiedlich, und auch in Herkunft und Lebenserfahrung hatten sie wenig gemeinsam: Mary stammte aus einer armen anglo-deutschen Adelsfamilie, Elizabeth aus der begüterten britischen Aristokratie. Das Verhältnis der Herzogin zu ihrer Schwiegermutter war von Anfang an kühl, und auch die Königin hielt stets auf Abstand. Sie repräsentierte in jeder Hinsicht eine andere Epoche.

Elizabeth hatte in jungen Jahren niemals in so unsicheren Verhältnissen gelebt wie Mary, sie war der Mittelpunkt jeder Gesellschaft, denn sie verströmte Herzlichkeit und besaß Humor. Und vor allem zeigte sie ihre Gefühle offen. Später waren sie und Prinz Albert ihren Kindern gegenüber unverkrampft und liebevoll, ganz im Gegensatz zum König und der Königin, die niemals ein solches Verhältnis zu ihrer Familie hatten. Die dreiunddreißig Jahre, die zwischen den Frauen lagen, standen zugleich für die kulturellen Differenzen zweier Jahrhunderte, und das haben Schwiegermutter und Schwiegertochter offenbar auch gespürt. Elizabeth mußte vor der Königin stets einen Hofknicks machen, und das erinnerte sie ständig daran, daß ihre Schwiegermutter über ihr stand.

Es gab aber im Jahr 1923 noch andere Disharmonien in der königlichen Familie. Durch die Heiraten von Mary und Albert rückte das fortgesetzte Junggesellendasein des Prince of Wales um so deutlicher in den Mittelpunkt. »Es gibt nur eine Hochzeit, für die sich [die Öffentlichkeit] noch mehr interessiert, und das ist die Vermählung des Thronerben«, hieß es am Tag nach der Hochzeit des Herzogspaares in einem freimütigen Artikel der *Times.*

Doch dem lag nicht nur Kritik an der Affäre des Kronprinzen mit Freda zugrunde, sondern die Tatsache, daß der Prinz immer unausstehlicher und schwieriger wurde. Wenn ihn eine offizielle Veranstaltung oder ein gesellschaftliches Ereignis langweilte, tat er das unverhohlen kund, auch ließen seine Pünktlichkeit und seine Manieren zu wünschen übrig. »Ich fühlte mich damals wie ein Mann, der in einer Drehtür gefangen ist«, hat er später über diese Zeit geschrieben. Seine Traurigkeit schlug häufig in (eine in seiner Familie nicht unbekannte) Wut um, und nur allzuoft bestätigte sich das Gerücht, daß der Prinz wieder einmal verkatert oder sogar angetrunken in der Öffentlichkeit erschienen sei. Trotzdem jubelten Edward, wo immer er auftrat, die Menschen begeistert zu. Für sie waren seine Berühmtheit und seine Ausstrahlung wichtig, das andere interessierte sie nicht. Aber für seine engen Mitarbeiter wie Fruity Metcalfe und Alexander Hardinge (stellvertretender Privatsekretär Georges V. und später Sekretär Edwards) wurde der Umgang mit dem Prince of Wales und der Ausgleich seiner Fauxpas immer schwieriger. Auch seine Eltern wußten keinen Rat mehr, was sie tun sollten. Dennoch bereitete der König seinen Sohn weiterhin auf die Herrscherwürde vor, wenngleich er Edwards Eignung für diesen »Job« täglich mehr bezweifelte. »Der Prince of Wales«, notierte Chips Channon, »würde nicht einen Finger rühren, um das ihm bestimmte Zepter in Empfang zu nehmen. In Wahrheit sind seine vertrautesten Freunde der Auffassung, daß er darauf nur zu gern verzichten würde.«

Wie der älteste der Söhne der Windsors sollte auch der jüngste dem Königspaar zunehmend Sorgen bereiten. Prinz George, einundzwanzig Jahre alt, war das am besten aussehende, kultivierteste und gesellschaftlich perfekteste der Königskinder. Er kleidete sich noch eleganter als Edward, sein dunkles Haar war tadellos frisiert, er lächelte stets freundlich, war geistreich und schlagfertig. Bis 1929 tat er Dienst in der königlichen Marine, und obwohl er sich häufig von seinen Pflichten beurlauben ließ, belohnte sein Vater ihn mit dem Hosenbandorden. George hatte überdies eine entwaffnende Art, die Zornesausbrüche seines Vaters zu besänftigen, und schreckte auch vor scharfen Widerworten nicht zurück. George war schon immer der Liebling der Königin gewesen, ihm vertraute sie sich häufig an, er teilte ihre Sammelleidenschaft und ihr Interesse an historischen Gemälden und Antiquitäten. Der Druck von den Eltern, unter dem seine älteren Brüder zu leiden gehabt hatten, blieb George erspart; auch stand er in der Thronfolge so weit hinten, daß an derartige Pflichten überhaupt nicht zu denken war.

Doch müssen seine Eltern entsetzt gewesen sein, als man sie über Details aus Georges Privatleben informierte, auch wenn wir über ihre Reaktionen nichts Näheres wissen. Wenn auch manche Chroniken das Gegenteil behaupten, ist es doch unwahrscheinlich, daß sie vorher nichts von Georges Liebesaffäre mit dem Schauspieler und Dramatiker Noël Coward gewußt haben (er war nicht der letzte und vielleicht auch nicht der erste seiner männlichen Liebhaber), der nur drei Jahre älter war als der Prinz. George kannte sicher die Ansicht des Königs, der meinte, daß »solche Männer sich erschießen sollten«, doch das scheint dem Prinzen egal gewesen zu sein.

Die Affäre zwischen George und Noël war 1923 in der Londoner Gesellschaft ein offenes Geheimnis, obwohl die Beziehung »vor der großen Öffentlichkeit und vor Georges Vertrauten geheimgehalten wurde, damit sein Ruf keinen Schaden nahm«, wie ein Biograph schrieb. George wurde häufig gesehen, wie er Cowards Haus in der Gerald Road in Belgravia betrat; man sah die beiden stark geschminkten Männer gemeinsam in Nachtklubs, wo sich Homosexuelle trafen. Die »kleine Tändelei« (wie Coward die Beziehung geschickt verharmloste) dauerte zwei Jahre. Da eine derartige Liaison für die Presse absolut tabu war, konnten die beiden attraktiven Junggesellen ohne Angst vor Bloßstellung Partys besuchen, ins Theater und in Konzerte gehen. Mit Diskretion überging man auch die gelegentlichen Abstecher des Prinzen in den Embassy Club in der Bond Street. Dort hielt er nach hübschen blonden Jungen Ausschau, für die er eine besondere Schwäche hatte.[8]

---

[8] Noël Coward hat sogar behauptet, auch der Prince of Wales, der manchmal mit George Treffpunkte von Schwulen aufsuchte, habe homosexuelle Neigungen gehabt: »Er gibt zwar nicht zu, daß er mich nicht leiden kann«, sagte Coward, »aber natürlich mag er mich nicht, und das liegt daran, daß ich schwul bin und daß er schwul ist, aber im Gegensatz zu ihm gebe ich nicht vor, es nicht zu sein.« Cowards Bemerkung ist gewiß provokant, und es dürfte schwierig sein, sie zu beweisen.

Durch die Mesalliancen der Prinzen zu Freda Dudley Ward und Noël Coward bekam die Ehe des Herzogs und der Herzogin von York für Ihre Majestäten nur einen um so höheren Stellenwert. Das erste Haus, das George und Mary den Yorks als Wohnsitz zur Verfügung stellten, war White Lodge im Richmond Park (wo Mary als junges Mädchen gelebt hatte und wo Prinz Edward zur Welt gekommen war). Aber die Frischvermählten fanden dieses einfache Herrenhaus, das nicht einmal eine Zentralheizung besaß, alte Installationen hatte und aus einer Ansammlung von unbequemen Nebengebäuden bestand, sehr ungastlich. Es war dort so ungemütllch, daß die Yorks ständig an Erkältungen und Rheumaanfällen litten. Und die Herzogin wurde während der zwei Jahre, die das Paar in White Lodge wohnte, auch nicht schwanger.

Ihre Tage verliefen ruhig, die Yorks waren weder in Nachtklubs anzutreffen noch in Tanzpalästen, nicht in modischen Restaurants oder in Wintersportorten, sie besuchten weder die Riviera, noch gingen sie in Spielkasinos. Sie pflegten Umgang mit ehrenwerten Landedelleuten, mit denen sie Karten und Tennis spielten, auf die Jagd oder zum Angeln gingen.

King George hatte allen Grund, mit seinem Sohn zufrieden zu sein, denn seine Lebensweise fügte sich bestens in die Tradition der Windsors. Die Herzogin sorgte für ihren Mann und war ihm eine charmante Gefährtin. Bei den unvermeidlichen gesellschaftlichen Auftritten, die ihm wegen seines Stotterns verhaßt waren, unterstützte sie ihn mit mütterlicher Wärme. Wenn ihm sein Stottern vollends die Sprache verschlug, flüsterte die Herzogin nur: »Winken, Bertie, winken!«, und schon wenig später konnte er seine Rede fast ohne Störungen beenden. Die ersten Reisen, die sie unternahmen – sie machten dabei meist Ferien, in denen sie aber einige offizielle Auftritte absolvierten –, führten sie im Sommer 1923 auf den Balkan, im Jahr darauf nach Nordirland und vom Dezember 1924 bis zum April 1925 nach Afrika. »Elizabeth war wundervoll wie gewöhnlich«, schrieb Albert an seinen Vater, »und die Leute hier liegen ihr zu Füßen. Ich habe in der Tat sehr viel Glück gehabt, daß sie mir zur Seite steht, denn sie weiß genau, wie sie jeden, mit dem wir zusammentreffen, behandeln und ansprechen muß.«

Für die Prinzen George und Edward wäre allerdings ein derart geregeltes Gesellschaftsleben, wie es die Yorks führten, höchst langweilig gewesen. George bevorzugte exotisch-pikante private Feiern, und Edward war oft in der glitzernden Gesellschaft um Lady Cunard anzutreffen. Diese Dame der Gesellschaft, einem Vogel nicht unähnlich, mit einer piepsigen Stimme und gelbem Haar, setzte ihre Gäste durch ihre Ungeniertheit immer wieder in Erstaunen.

Als Maud Burke in San Francisco geboren, hatte sie den Reeder Sir Bache Cunard geheiratet und sich bald den Dirigenten Sir Thomas Beecham zum Geliebten genommen. Weil ihr der Name Maud nicht gefiel, nannte sie sich Emerald und dominierte schon bald (laut Chips Channon) die Londoner Gesellschaft durch ihre »überaus beliebte, faszinierende und strahlende« Erscheinung. Sie war geltungssüchtig, dabei aber ungewöhnlich geistreich und witzig. Als Somerset Maugham, der eine Vorliebe für junge Männer vom Land hatte, einmal eine Einladung Lady Cunards mit dem Vorwand ablehnte: »Ich habe Angst um meinen jugendlichen Teint«, entgegnete sie knapp: »Dann bringen Sie ihn doch einfach mit!«

Lady Cunard blieb während der nächsten Jahre, die für Edward schwierig werden sollten, stets seine loyale Verbündete. Sie kümmerte sich jedesmal um ihn, wenn er beim Polo vom Pferd stürzte. Das geschah in den zwanziger Jahren häufig, Edward fiel »mit beängstigender Regelmäßigkeit« (wie sein Biograph schrieb) vom Pferd, brach sich das Schlüsselbein, verstauchte sich Gelenke und zog sich Blutergüsse zu. Doch sobald er konnte, nahm er wieder am Polospiel teil, um seinen Mut zu beweisen, um wenigstens auf einem Gebiet anerkannt zu sein. Denn er war ziemlich ungebildet und zeigte auch keinerlei Bereitschaft, etwas dazuzulernen.

»Ich möchte nicht König werden«, erklärte Edward mehr als einmal, »und ich wäre auch ganz sicher kein guter Monarch.« Dies war bestimmt richtig, und auch sein Vater hätte ihm zugestimmt. Auch der gesellschaftliche Umgang des Prinzen, sein (aus Sicht des Königs) leichtfertiger Lebenswandel, seine ständigen Verstöße gegen das Protokoll, die Kleiderordnung und das Hofritual sorgten dafür, daß George V. überzeugt war, daß er jemanden auf die Thronfolge vorbereite, der dieser hohen Stellung keinesfalls gewachsen war.

Und dies war nicht allein Meinung des Königs. Am Abend der Rückkehr Edwards von einer Reise durch Südamerika übte der *Spectator* in beispielloser Weise Kritik an seiner Person. Nachdem in dem Beitrag vom »Charme, der Bescheidenheit und der Freundlichkeit« des Prinzen die Rede gewesen war, endete der Artikel damit, daß man sich allenthalben »Sorgen um die Zukunft des Prince of Wales« mache, da er auf seiner Reise einen schlimmen Fauxpas begangen habe, was in der argentinischen Presse ausführlich behandelt worden war:

»Eines Tages sollte der Prinz eine Schule besuchen. Das Gebäude war geschmückt worden, und die Kinder hatten auf englisch »God Bless the Prince of Wales« und ein anderes englisches Lied einstudiert. Eines der Kinder sollte dann in englisch eine kleine Ansprache halten. Das alles war natürlich lange vorher geprobt worden ... Die Gesellschaft wartete einige Zeit, aber die Gäste kamen nicht, bis es schließlich hieß, der Termin sei abgesagt worden ... Und dann berichtet unser Korrespondent weiter, daß man sehr erstaunt gewesen sei, daß der Prince of Wales zwar bis zum frühen Morgen tanzen und Gesellschaften besuchen, aber einige Stunden später offenbar offizielle Termine nicht einhalten kann.«

Der Ton des Artikels nahm an Schärfe sogar noch zu, und es hieß:

»Wir schlagen dem Prince of Wales vor, sich die Ruhe zu gönnen, die er verdient hat, und sich dann einer öffentlichen Aufgabe zu widmen. Wenn er sich für etwas engagieren würde, lenkte das seine Energie in geregelte Bahnen, wodurch ein für allemal der Eindruck widerlegt würde, er führe ein Leben wie ein Schmetterling ...
Die Monarchie ist heute sicherer als selbst zur Zeit Queen Victorias. Bis auf unser Königshaus sind die Monarchien Europas zusammengebrochen, es steht heute wie ein Fels in der Brandung ... Die Nation möchte endlich Zeuge werden, wie der Prince of Wales zu einer angemessenen Haltung findet und sich für seine hohe Stellung qualifiziert.«

Nach Meinung des Königs war Edwards zunehmende Nachlässigkeit nicht auf seine Erlebnisse während der Südamerikareise zurückzuführen, sondern ihn hatten der Stil der Amerikaner und das Leben in New York beeinflußt; er sei völlig amerikanisiert und mit demokratischen Ideen zurückgekehrt. Das Ergebnis davon sei, daß er nicht das geringste Interesse habe, eine ehrbare britische Aristokratin zu heiraten.
Typische Vertreterinnen des amerikanischen Lebensstils waren Persönlichkeiten wie Emerald Cunard, Elsa Maxwell, Laura Corrigan, Chips Channon und Nancy Astor. Auf ihren Partys trank man amerikanische Cocktails und sprach amerikanischen Slang. Neben der amerikanischen Mode war auch ein breites Vokabular amerikanischer Freizügigkeiten nach Großbritannien importiert worden. Es war ein Lebensstil, den King George zutiefst verachtete. Die Aristo-

241

kratie, wie er und seine Vertrauten meinten, war durch den Krieg und ihren sozialen Verfall ohnehin erheblich geschwächt. Da fehlten gerade noch die Mätzchen des Prinzen und seiner amerikanischen Freunde, um das Werk der Zerstörung zu vollenden. Ausländische Emporkömmlinge bildeten inzwischen eine starke Gruppe, die in der Londoner Gesellschaft bereits den Ton angab. Für die alten Aristokraten waren diese Leute nichts weiter als Snobs, was nicht einer gewissen Ironie entbehrt, denn es war schwer zu entscheiden, für welche der beiden Gruppen nun der Vorwurf des Snobismus zutraf.

Akzente gegen die Amerikanisierung zu setzen war eine Absicht der Ausstellung des britischen Empires, die 1924 und 1925 im Wembley-Stadion stattfand, der größten Arena des Landes. Wie die Weltausstellung von 1851 sollte sie den imperialen Status Großbritanniens unterstreichen und die Leistungen des Commonwealth in den Bereichen Industrie, Kunst und Technologie in den Vordergrund stellen. Dazu standen zahlreiche Pavillons zur Verfügung. Am 23. April 1924 wurde die Ausstellung vom König persönlich eröffnet, der auf Drängen der Königin zugestimmt hatte, eine kurze Begrüßungsrede für den Rundfunk zu halten. Es war der erste offizielle Akt von nationalem Interesse, der von der BBC übertragen wurde, und Millionen hörten der Rede zu. Allerdings war der König nicht das erste Mitglied der Königlichen Familie, das sich über den Rundfunk an die Öffentlichkeit wandte. Sein ältester Sohn hatte bereits am 7. Oktober 1922 in einer vom St.-James-Palast aus übertragenen Grußbotschaft zu den Pfadfindern des Landes gesprochen.

Für alle aber, die das Königshaus unbeirrbar auf den Weg der Public Relations führten, wie Clive Wigram und seine Mitarbeiter, war die Rundfunkrede des Königs ein großer Moment. Denn als die volle, warme Baritonstimme des Königs über den Äther ging und in vornehmen Salons ebenso wie in einfachen Pubs gehört wurde, war die Königliche Hoheit ihren Untertanen nicht mehr ganz so fern wie bisher. Freilich war es weniger der Inhalt seiner Rede (er sprach einige Worte über die großen Leistungen seines Volkes) als seine Stimme, was die Menschen am meisten beeindruckte.

So erfolgreich die Rundfunkansprache des Königs auch war, im zweiten Jahr der Ausstellung mußte sich der unglückliche Herzog von York vor das Mikrophon stellen. Diesmal saßen weltweit mehr als zehn Millionen Hörer vor den Rundfunkgeräten. Allerdings war die Wahl des Redners ein katastrophaler Fehler, denn Prinz Albert stotterte schlimmer als sonst. Zeitweise stieß er nur ein paar gepreßte

Worte hervor, und bei seinen Zuhörern im In- und Ausland blieb der Eindruck zurück, daß der Herzog von York für eine Funktion im öffentlichen Leben völlig ungeeignet sei, während man den Prince of Wales ja schon als unzuverlässig kannte. Zuvor hatte man die beiden weithin bewundert, doch jetzt wurde diese Illusion durch das Mikrophon gnadenlos zerstört.

Eine derartige Bloßstellung brauchten die älteren Mitglieder der Königlichen Familie, die sich längst aus der Öffentlichkeit zurückgezogen hatten, nicht zu befürchten. Dazu gehörte auch die alte Königin Alexandra, die im Jahr 1925 ihren Mann bereits um fünfzehn Jahre überlebt hatte. Seit dem Tod des Prinzen John 1919 lebte sie noch zurückgezogener. Zu ihrer Taubheit kam jetzt noch eine rapide Abnahme ihrer Sehkraft hinzu. »Es ist fast unerträglich, diese schöne Frau in einem solchen Zustand zu sehen«, bemerkte Queen Mary mitfühlend.

Seit 1921 lebte Alexandra zurückgezogen in Sandringham, betreut von ihrer unverheirateten Tochter Viktoria und zwei ergebenen Dienern. So gut sie konnte, verfolgte sie die neuesten Entwicklungen in ihrer Familie und suchte immer häufiger Trost im Gebet. Nach übereinstimmenden Auskünften nahm ihre heitere Abgeklärtheit zu, je älter und schwächer sie wurde, als ob all die Anmut und Geduld, die sie früher besessen hatte, zurückgekehrt seien. Der König, ihr einziger noch lebender Sohn, kümmerte sich rührend um sie, und auch ihre Enkel kamen regelmäßig zu Besuch und begleiteten sie häufig zum Gebet in die Kirche. Sie war im wahrsten Sinne des Wortes die erste moderne Mutter in der britischen Monarchie, und sie hat ihren Kindern so viel Nähe und Fürsorge gegeben, wie dies nur wenige Mütter ihrer Zeit taten. Daher war King George V. auch ein unkomplizierter Mensch geworden ohne psychische Störungen.

Als Alexandra im Dezember 1924 ihren achtzigsten Geburtstag feierte, schrieb ein Reporter, der sie besuchte:

»Ich habe mir nie zuvor viel unter der Schönheit des Alters vorstellen können, bis ich Queen Alexandra im Spätherbst ihres Lebens gesehen habe. Sie bot einen wundervollen Anblick, und ihr Gesicht ist noch immer jenes vollkommene Oval, das ganz London vor langer Zeit entzückt hat, überdies ist sie noch von gertenschlanker Gestalt ... Aber es war ihr Begrüßungslächeln, das ich nie vergessen werde, jenes wundervolle Lächeln, das schon damals alle hingerissen hat, als sie als junge Braut hier eingetroffen ist, und das ihr in seiner Einmaligkeit bis heute erhalten geblieben ist.«

Im Herbst 1925 erlitt Alexandra in Sandringham einen Herzinfarkt. Während Prinzessin Viktoria, der König und die Königin an ihrem Bett wachten, dämmerte sie noch einen Tag lang dahin, bis sie am 20. November starb. Nach einem Gottesdienst in der Ortskirche wurde der Leichnam der Mutter des Königs fünf Tage später – bei leichtem Schneefall – zum Bahnhof von Wolferton und von dort aus zunächst in die Westminster Abbey und dann an ihren Bestimmungsort in der Gedächtniskapelle in Windsor überführt. Die dunklen, kalten Straßen Londons, durch die der Begräbniszug führte, waren voller Menschen, die von der Königin Abschied nehmen wollten. Die Männer standen mit gezogenem Hut stundenlang in der Kälte, und viele Frauen weinten, als wäre es ihre eigene Mutter, die zu Grabe getragen wurde.

Kaum ein Mitglied der Königlichen Familie ist vielleicht mehr geliebt worden als die »Tochter des Meerkönigs von jenseits der See«, wie Tennyson sie genannt hat. Und es war nicht allein Alexandras Schönheit oder ihre Ausstrahlung königlicher Würde dafür ausschlaggebend, daß Millionen sie liebten, sondern es waren ihre Milde, ihr Mitgefühl mit den Benachteiligten, ihre spontanen, natürlichen Ermutigungsgesten für alle, die zu leiden hatten. »Schauen Sie, was ich mit meinem Bein noch alles anstellen kann!« hatte sie dem deprimierten verwundeten Soldaten fröhlich zugerufen, ihr lahmes Bein über einen Stuhl geschwungen und damit etwas Zuversicht verbreitet, wo vorher nur Verzweiflung geherrscht hatte. Diese Worte hätten auch als Motto über Alexandras langem Leben stehen können.

Vier Brüder: Prinz George, King Edward VIII., Prinz Albert (der spätere King George VI.) und Prinz Henry

SIEBTES KAPITEL

Von Vätern, Söhnen und Geliebten (1926–1932)

»Alles, nur nicht diese verdammte Maus!«
King George V. auf die Frage, welchen Film er gern sehen möchte

Am Abend des 20. April 1926 liefen die Telefonleitungen heiß zwischen Mayfair 5250, der Nummer des Londoner Stadthauses von Earl Strathmore, und Western 0823, dem Privatanschluß des Innenministers Sir William Joynson-Hicks.

Am frühen Morgen des 21. April, einem Mittwoch, schließlich kam der letzte und wichtigste Anruf. Sir William fuhr zur Residenz der Strathmores in der Bruton Street 17, wurde dort in die oberen Gemächer geführt, wo die Herzogin von York nach langen Wehen und einem operativen Noteingriff ein Mädchen zur Welt gebracht hatte.[1] Prinz Albert stand stolz am Bett seiner Frau und strahlte den Säugling an, der Sir William ebenso begrüßte, wie er es von den Unterhausabgeordneten gewohnt war: Das kleine Mädchen gähnte. Der Innenminister verbeugte sich daraufhin, verabschiedete sich und setzte den Bürgermeister von London und die Gouverneure sämtlicher britischer Besitzungen und Kolonien von dem Ereignis telegraphisch in Kenntnis. Im Morgengrauen erklangen die Glocken der St.-Paul's-Kathedrale, und im Hyde Park und auf dem Tower von London wurde Salut geschossen. Auch der König und die Königin auf Schloß Windsor wurden informiert, und noch vor Ablauf des Tages eilten sie mit Geschenken in die Bruton Street. Aber bevor sie ihrer Enkelin den ersten Besuch abstattete, mußte Queen Mary noch eine Verabredung zum Essen wahrnehmen, wo sie Prinzessin Alice (die Frau des Prinzen Andreas von Griechenland) und deren Schwiegermutter, die verwitwete Marquise von Milford Haven, willkommen hieß. Wie es der Zufall wollte, waren die beiden Frauen Mutter und Großmutter eines fünfjährigen Jungen namens Prinz Philip von Griechenland. Viele Jahre später würde er das an diesem Tag geborene Mädchen heiraten.

Das Kind war allerdings nicht der erste Enkel des Königspaares. Prinzessin Mary und der Earl of Harewood hatten inzwischen zwei Jungen. Aber da die Tochter der Yorks, Elizabeth, das Kind eines männlichen Erben des Königs war, hatte es Vorrang und stand in der Thronfolge an dritter Stelle. Nicht allein aus diesem Grund, sondern weil sie ein hübsches, waches, charmantes kleines Ding war und weil die Kameras, Mikrophone und Notizblöcke der Presse allgegenwärtig waren, wenn sich ein Mitglied des Königshauses auch nur von ferne zeigte, wurde die Kindheit der kleinen Elizabeth in allen Phasen dokumentiert.

Den ersten Massenandrang der Presse gab es vor dem Buckingham-Palast, wo das Baby am 29. Mai nach seiner Mutter, seiner Urgroßmutter und seiner Großmutter auf den Namen Elizabeth Alex-

---

[1] Die Wahrscheinlichkeit einer komplizierten Entbindung und der benötigte medizinische Beistand hatten die Herzogin von York veranlaßt, die Geburt nicht in White Lodge, dem unkomfortablen Wohnsitz des Herzogspaares, abzuwarten.

andra Mary getauft wurde. Ihr Taufkleid, der erste Zahn, ihr erster Schritt und ihr erstes Wort – die Öffentlichkeit wurde über alle Einzelheiten informiert. Trotzdem dachte zu diesem Zeitpunkt wohl kaum jemand daran, daß die kleine Prinzessin Elizabeth eines Tages Königin würde. Außerdem hatte das Land schwerwiegende soziale Probleme, vor denen das Interesse an der Geburt der kleinen Prinzessin zurücktrat.

England befand sich damals in einer miserablen wirtschaftlichen und politischen Lage. Nur eine Woche nach der Geburt der Prinzessin wurde der Generalstreik ausgerufen. Es war der schlimmste von insgesamt dreihundert Arbeitskämpfen, die Großbritannien 1926 heimsuchten. Um der Weigerung der Bergleute, sich mit Lohnkürzungen und längeren Arbeitszeiten abzufinden, Nachdruck zu verleihen, legten die Mitglieder sämtlicher Gewerkschaften am 4. Mai die Arbeit nieder. Der Straßenbahn- und Busverkehr, die Gas- und die Stromversorgung, die U-Bahn und andere öffentliche Dienste wurden durch den Streik lahmgelegt, so daß die Regierung den nationalen Notstand ausrufen mußte. Doch gab es kaum Zwischenfälle, und es meldeten sich Tausende von freiwilligen Hilfskräften, so daß der Arbeitskampf, an dem vier Millionen Arbeiter beteiligt waren, eine Woche später zusammenbrach. Nur die Bergleute lehnten eine Wiederaufnahme der Arbeit ab, bis sie doch – halb verhungert – sechs Monate später einlenken mußten.

Die Lebensverhältnisse der Arbeiter freilich verbesserten sich nicht, was auch dem König klar war. Er drängte seinen Premierminister, den zurückhaltenden, jovialen Stanley Baldwin, den Arbeitern gegenüber einen versöhnlichen Ton anzuschlagen und den Banken die Gewährung von Darlehen an die Gewerkschaften zu gestatten. Als der wohlhabende Lord Durham seine Bergleute einmal als »einen verdammten Haufen von Revolutionären« beschimpfte, brachte der König die Sache auf den Punkt und erklärte ihm: »Versuchen Sie doch einmal, von den Löhnen Ihrer Leute zu leben, bevor Sie sich ein Urteil erlauben.« Zudem spendete der König aus seiner Privatschatulle für den Arbeiter-Hilfsfond. In diesen schwersten wirtschaftlichen Schwierigkeiten, die Großbritannien nach dem Ersten Weltkrieg erfaßt hatten und die schließlich in die Weltwirtschaftskrise mündeten, wurde dem Monarchen seine weitgehende Handlungsunfähigkeit nur zu schmerzlich bewußt.

Tatsächlich fühlte sich George durch die Unfähigkeit der Politiker und die Untätigkeit des Parlaments irritiert. Nie zuvor wurde ihm seine Pflicht, König aller britischen Bürger zu sein, so schwer gemacht wie in diesen Jahren, wie Queen Mary ihrem Tagebuch anvertraute. Immerhin war King George, wie John Gore geschrieben hat,

> »ein Mann mit einem ausgeprägt nüchternen Verstand ... Was immer er auch als Privatperson für politisch geboten halten mochte, niemand wußte besser als er, daß ein an konstitutionelle Regeln gebundener König politische Überlegungen hintanzustellen hat, und keiner seiner Minister, welcher Parteizugehörigkeit auch immer, hatte auch nur den geringsten Grund, Georges Überparteilichkeit anzuzweifeln oder zu leugnen, daß der König sich stets höflich, bedachtsam und ermutigend zeigte.«

Als der König im Jahr 1926 unangemeldet den ärmlichen Regionen des Londoner East Ends, in Liverpool, Manchester und Cardiff Besuche abstattete, konnten sich Tausende von seiner Redlichkeit überzeugen. Allerdings konnte er nichts tun, außer seine Sympathie zu bekunden, aber das tat er voll Mitgefühl und menschlicher Wärme.

Als sich das alte Empire im November desselben Jahres nach einer Konferenz als Commonwealth der Nationen neu konstituierte, erhielten Kanada, Australien, Neuseeland und Südafrika den Status eigenständiger, demokratischer Staatsgebilde, die Großbritannien gleichgestellt und mit dem Mutterland nur durch die Oberhoheit der Krone verbunden waren. George konnte 1927 der Empfehlung seiner Minister nicht nachkommen, eine ausgedehnte Reise durch das Commonwealth zu unternehmen, denn er litt an einer chronischen Entzündung der Atemwege, die durch seinen langjährigen starken Tabakkonsum noch gefördert wurde. An seiner Stelle mußten deshalb der Herzog und die Herzogin von York eine sechsmonatige Tour unternehmen, da der überarbeitete und unzuverlässige Prince of Wales für diese Aufgabe nicht in Frage kam.

Als das junge Paar seine Reisevorbereitungen traf, wurde Clara »Alah« Knight, die ehemalige Kinderfrau der Herzogin, gebeten, sich während der Abwesenheit der Eltern um die kleine Prinzessin Elizabeth zu kümmern. Die gradlinige und freundliche, aber selten lächelnde, oft auch sture Frau war also nach der Mutter des Kindes der erste Mensch, der einen nachhaltigen Einfluß auf Elizabeth ausübte.

Dem König und der Herzogin von York war klar, daß diese Reise ein Fiasko werden würde, wenn man nicht vorher etwas gegen das Stottern des Prinzen unternehmen würde. Nach Konsultation der Gesellschaft für Sprachtherapie war Elizabeth überzeugt, daß das Problem ihres Mannes auf die ständige Einschüchterung durch seinen Vater zurückzuführen sei und deshalb am besten auch von einem Mann behandelt werden sollte. Man empfahl ihr dafür den Sprachtherapeuten Lionel Logue, der aus Australien eingewandert war und schon zahlreiche Patienten mit Erfolg behandelt hatte. Obwohl Prinz Albert an eine Heilung seines Sprachfehlers nicht so recht glauben wollte, war er doch zu einem Gespräch mit Logue bereit, allerdings nur unter der Bedingung, daß ihn seine Frau zur ersten Therapiestunde am 19. Oktober begleitete.

Zufällig war Logue im Vorjahr bei der Abschlußfeier der Ausstellung im Wembley-Stadion Zeuge der verunglückten Rede des Herzogs gewesen. Damals hatte der Therapeut zu seinem Sohn gesagt: »Für eine vollständige Heilung ist er wohl bereits zu alt, aber ich könnte versuchen, ihm zu helfen, das hätte sicher Erfolg.« Als er jetzt die Behandlung des Prinzen übernahm, erzielte er bald eine bemerkenswerte Besserung.

»Er betrat mein Sprechzimmer um drei Uhr nachmittags«, erinnerte sich Logue später, »ein schlanker Mann, ruhig, mit müden Augen und allen äußeren Symptomen eines Menschen, dessen Sprachfehler bereits Spuren hinterlassen hat. Als er dann um fünf Uhr wieder ging, konnte man sehen, daß er neue Hoffnung geschöpft hatte.« In wöchentlichen Therapiestunden lernte Prinz Albert durch besondere Atem- und Entspannungstechniken sein Stottern besser zu beherrschen, wenngleich er es nie ganz los wurde. Außerdem riet Logue dem Prinzen, in seinen Reden lange Schachtelsätze zu vermeiden. Seine Angst vor öffentlichen Ansprachen blieb ihm allerdings zeitlebens. Und wann immer der Herzog im Redefluß innehalten mußte, schaute er zu seiner Frau, die ihm zunickte und lächelte, dann konnte er seine Rede fortsetzen. »Er war der mutigste und entschlossenste Patient, den ich je gehabt habe«, hat Logue später über Albert gesagt. Diese Eigenschaften besaß aber auch die Herzogin. »Augenzeugen haben des öfteren beobachtet«, so Lady Donaldson,

>»wie sich [der Herzog] mitunter umwandte und [die Herzogin] ansah und wie sie dann sofort zu ihm ging. Erst danach konnte er offenbar fortfahren … Wenn sie auf einem Podium neben ihm saß, zeigte die lächelnde Heiterkeit ihrer Haltung niemals den gering-

sten Anflug von Angst oder Zweifel. Und wenn er zögerte oder gar stolperte, bewahrte sie immer die Haltung.«

Für Albert und seine Brüder war die moralische Unterstützung einer starken, selbstbewußten Frau privat wie im öffentlichen Leben offenbar unverzichtbar.

Am 6. Januar 1927 brachen der Prinz und seine resolute Frau mit dem Schiff *Renown* zu ihrer ersten Reise durch das Empire auf. Sie führte das Paar durch die Karibik und den Pazifik nach Australien und Neuseeland. Als sie am 27. Juni nach England zurückkehrten, trat Albert spürbar selbstbewußter auf. Der König und die Königin begrüßten die jungen Leute an der Victoria Station und fuhren anschließend mit ihnen zum Buckingham-Palast, wo Prinzessin Elizabeth in Alahs Armen auf sie wartete. Ihren ersten Geburtstag hatte sie ohne ihre Eltern feiern müssen, außerdem mußte sich das Kind nach der langen Trennung erst einmal wieder an seine Eltern gewöhnen. Doch die Herzogin zeigte – völlig anders, als Queen Mary es mit ihren Kindern getan hatte – ihrer Tochter offen ihre Zuneigung und behandelte sie mit echter Zärtlichkeit.

Als die Yorks in den folgenden Monaten aus dem White-Lodge-Herrenhaus in ein Stadthaus an der vornehmen Straße Piccadilly 145 zogen, drehte sich alles um die kleine Prinzessin. Nach übereinstimmenden Berichten waren die Yorks eine glückliche, liebevolle Familie, und die Eltern der berühmtesten kleinen Prinzessin der Welt taten alles, um ihrem Kind ein relativ normales Leben zu ermöglichen. Deshalb gab es zwischen den Zimmern der Prinzessin und den offiziellen Räumen auch keinerlei Trennung. Im ganzen Haus konnte man ihr Spielzeug finden, und die kleine Elizabeth – wie später auch ihre Schwester – konnten sich auf dem Anwesen frei bewegen. »Mein Gott, waren wir damals schüchtern!« rief der Herzog bisweilen aus, denn er war völlig erstaunt, wie entspannt und angstfrei sich seine Kinder Erwachsenen gegenüber verhielten. Schließlich wollte man, und darauf bestand die Herzogin, leben wie eine ganz normale englische Familie.

Diese Auffassung war gut gemeint, aber sehr naiv, denn natürlich hatte das Leben der Prinzessin Elizabeth mit dem eines typischen jungen Mädchens so gut wie gar nichts gemeinsam. Erstens war sie immer wieder zu Besuch im Buckingham-Palast und auf Schloß Windsor, wo sie von allen geliebt und verwöhnt wurde. Zweitens besuchte die Prinzessin nie eine normale Schule und hatte so gut wie keinen Kontakt mit gleichaltrigen Kindern. Ihre wichtigsten Bezugspersonen waren ihre (häufig abwesenden) königlichen Eltern, ihre Großeltern Queen Mary und der König von England, eigentlich keine typische britische Familie. Das Essen wurde Elizabeth von Dienern serviert, die auch ihre Kleider in Ordnung hielten und sich um das große, komfortable Heim ihrer Eltern kümmerten. Sie war also ein privilegiertes Kind, in eine eigene Welt hineingeboren, und sie hatte keine Vorstellung vom Leben der »normalen« Menschen.

Das Stadthaus am Piccadilly lag am Green Park und in Sichtweite des Buckingham-Palastes, Elizabeths zweiter Heimat. Von den Fenstern ihrer Zimmerflucht winkte Prinzessin Elizabeth majestätisch ihren imaginären Untertanen zu, wie sie es immer wieder gesehen hatte, wenn der König und die Königin der unter ihrem Balkon versammelten Menge zuwinkten. Winston Churchill stellte fest: »Sie ist ein Charakter. Sie strahlt schon jetzt eine Autorität und eine Nachdenklichkeit aus, die für ein Kind ganz erstaunlich sind.«

Im Sommer des Jahres 1927 begann der Prince of Wales eine weitere einmonatige Auslandsreise, die ihn auch nach Kanada führte, wo er unter anderem in Niagara Falls eine Brücke einweihte, die das Land mit den USA verband. Gemeinsam mit Prinz Edward reisten sein Bruder George (dem seine Eltern dadurch Distanz zu seinen Londoner Freunden verschaffen wollten) sowie Premierminister Stanley Baldwin und seine Frau. »Mir kommt es immer so vor, als wären die Leute außerhalb Englands viel natürlicher«, schrieb Edward am 12. August an Freda Dudley. Dieses Gefühl sollte sich in den folgenden Jahren noch verstärken, denn England war für Edward mit so vielen schmerzlichen Erfahrungen verbunden, hier lebten seine Eltern, hier hatte er Pflichten zu erfüllen, die ihm angst machten.

Daß der Prinz gern mit Ausländern (besonders mit Amerikanern, deren Lässigkeit er mochte) zusammentraf, war nach Auskunft seines Adjutanten John Aird »schon immer der Fall« gewesen. »Er fühlt sich in ihrer Gesellschaft offenbar wesentlich wohler als in der Gegenwart von Briten.« Aber die Unbekümmertheit, mit der Edward ungeniert auftrat, war für seinen prinzipientreuen zweiten Privatsekretär Alan Lascelles auf Dauer einfach nicht mehr tragbar. Nachdem der Prinz wieder einmal mit einheimischen Schönheiten einige seiner berüchtigten nächtlichen Touren unternommen hatte, schrieb Lascelles an Godfrey Thomas (den Privatsekretär des Prinzen und damit Lascelles unmittelbaren Vorgesetzten), daß es »ein großes

Unglück wäre, wenn er infolge eines tragischen Geschicks jetzt den Thron besteigen müßte«. Dies sollte zwar noch einige Jahre auf sich warten lassen, aber Lascelles zögerte nicht länger und ersuchte um seinen Abschied. Unmittelbarer Anlaß waren eine Reihe königlicher Zechtouren, die weitreichende Konsequenzen zur Folge hatten.

1928 ernannte der König Prinz Henry zum Duke of Gloucester, Earl of Ulster und Baron Culluden, und man kam überein, daß er den Prince of Wales auf der nächsten Reise, die nach Afrika führte, begleiten sollte. Henry war achtundzwanzig Jahre alt, ein schlaksiger, hochnäsiger junger Mann, der zwar mit seinen Kameraden beim Militär recht gut auskam, ansonsten aber mit einer eleganten Gleichgültigkeit auftrat und bei allen möglichen Gelegenheiten sein Lachen hören ließ, das dem Wiehern eines Pferdes glich. Erst in jüngster Zeit hatte er, ohne ein besonderes Engagement dabei zu zeigen, königliche Pflichten übernommen. Jahre später sagte er: »Ich denke daran, meine Memoiren zu schreiben, und wissen Sie, wie ich sie nennen werde? *Vierzig Jahre Langeweile.*« Mit dieser Zustandsbeschreibung hätte man auch die Empfindungen all derer (mit Ausnahme seiner engsten Familienangehörigen) treffend beschreiben können, die gezwungen waren, eine Stunde in Henrys Gesellschaft zu verbringen. Selbst die Frau, die er schließlich heiratete und die ihm vierzig Jahre lang treu ergeben war, hat ihn einmal als »undefinierbare Persönlichkeit« bezeichnet. Auch hatte er den für die Hannoveraner so typischen Hang zum Spießer geerbt. Als er einmal eine Vorstellung der Oper *Tosca* besuchte, kommentierte er das Geschehen auf der Bühne, als sich die Heldin im Schlußakt vom Castel Sant'Angelo stürzt, das Orchester übertönend: »Also gut, wenn sie jetzt wirklich tot ist, dann können wir ja nach Hause gehen!«

Edward und Henry besuchten also im Sommer 1928 Ostafrika, wo sie vor allem auf Großwildjagd gehen wollten. Vor Ort verliebten sich die beiden dann aber Hals über Kopf in die berüchtigte Beryl Markham, eine bekannte Pferdezüchterin und eine der ersten Frauen, die eine offizielle Fluglizenz erworben hatten. 1936 überquerte sie als erster Mensch den Atlantik von Ost nach West im Alleinflug, eine Leistung, die sie in ihren Memoiren *West with the Night* ausführlich geschildert hat.

Sie wurde 1902 in England als Beryl Clutterbuck geboren und wuchs mit afrikanischen Eingeborenen auf der Farm ihres Vaters in Kenia auf. Diese mutige, amüsante, aber kaltherzige Pionierin schleuderte bereits Speere und jagte Großwild, bevor sie lesen und schreiben konnte. Beryl war beängstigend aggressiv, und in ihrem Drang nach erotischen Erlebnissen hatte sie einen geradezu legendären Verschleiß an Männern. Bei dem Versuch, ihre zahllosen Liebesaffären aufzulisten, mußten ihre Biographen lange Namenslisten ihrer Liebhaber anlegen. In den zwanziger Jahren galt Beryls Leidenschaft in erster Linie dem Pionier und Flieger Denys Finch Hatton, um dessen Gunst sie mit der Schriftstellerin Karen Blixen konkurrierte. Er leitete die Safari des Prince of Wales.

Großgewachsen, mit einem geschmeidigen Körper, goldbrauner Haut, Mandelaugen, schönen, ausdrucksvollen Händen und dichtem blondem, schulterlangem Haar war Beryl eine Mischung aus Greta Garbo und Vanessa Redgrave; doch ihr fehlte die Melancholie der Schwedin und die Intensität der britischen Schauspielerin. Im Sommer 1928 war sie gerade seit einem Jahr in zweiter Ehe mit dem Industriemagnaten Mansfield Markham verheiratet und im fünften Monat schwanger. Aber das konnte sie nicht daran hindern, mit beiden Prinzen eine Affäre anzufangen.

Henry war der erste, der ihren Reizen erlag. Er lernte sie am 2. Oktober auf einem Ball kennen, mit dem in Kenia die königliche Saison eröffnet wurde. Am nächsten Morgen sahen sie sich bereits auf der Rennbahn wieder, wo die unkonventionelle Beryl statt des traditionellen Hofknickses ihre Hände nach afrikanischer Sitte über den Kopf hielt und den Herzog mit: »Hallo!« begrüßte. Nach Auskunft eines ihrer Freunde war Henry seit diesem Augenblick vernarrt in sie, und ihre Affäre dauerte fast vier Jahre. Im Jahr 1929 trafen sich die beiden über Monate regelmäßig in einer Suite des Londoner Grosvenor Hotels.[2]

Während ihres Verhältnisses mit Henry zeigte Beryl aber auch großes Interesse an Edward. »Beryl wußte genau, wie man mit Männern umgeht«, hat einmal eine ihrer Bekannten gesagt. »Sie hat sie aber eher schlecht behandelt.« Das hätte den Prince of Wales allerdings wenig gestört, denn er stürzte sich häufig in kurze, heftige Liebesabenteuer mit dominanten Frauen, gerade so, als ob er seine unglückliche Beziehung zu seiner Mutter immer wieder erleben wollte, um sie dadurch zu überwinden. Nach Auskunft von Errol Trzebinski,

---

[2] Jahrelang wurde hinter vorgehaltener Hand geflüstert, daß Beryls Sohn Gervase ein Abkömmling des Prinzen Henry sei. Sie machte sich nicht einmal die Mühe. dieses Gerücht aus der Welt zu schaffen, vielleicht weil ihre Ehe mit Mansfield Markham bald in die Brüche ging und geschieden wurde. Aber da Gervase nach einer neunmonatigen Schwangerschaft am 25. Februar 1929 zur Welt kam, muß er bereits Monate vor dem ersten Zusammentreffen von Beryl und dem Prinzen gezeugt worden sein.

dem Markham-Biographen (und anderer Bekannten Beryls, etwa Sir Derek Erskine), wurden noch während Edwards Aufenthalt in Afrika Bungalows in Kenia und Uganda gemietet, wo sich der Prinz mit Beryl treffen konnte. Im folgenden Jahr sahen sie sich häufig im Königlichen Aero-Club am Piccadilly. Ob die beiden Brüder wußten, daß Beryl eine Beziehung zu ihnen beiden hatte, ist unklar, aber angesichts ihrer Offenheit und des engen Verhältnisses der beiden Prinzen zueinander wird es wohl zwischen den Beteiligten keine Geheimnisse gegeben haben. Doch auch wenn Edward und Henry niemals über diese Dreiecksgeschichte, die vom Herbst 1928 bis Ende 1929 dauerte, gesprochen haben, ändert das nichts an der Pikanterie dieser Angelegenheit.

Wie sich erst später zeigen sollte, hatte Henrys Liaison mit Beryl noch peinliche und unangenehme Folgen. In London zeigte er sich immer häufiger ungeniert mit Beryl in der Öffentlichkeit. Inzwischen hatte ihr Ehemann, Mansfield Markham, die Liebesbriefe der beiden gefunden. Er und sein Bruder Charles drohten daraufhin, Henry als Ehebrecher vor das Scheidungsgericht laden zu lassen, »es sei denn, der Herzog ist bereit, für Beryl zu sorgen«, wie sich Sir Charles Markham Jahre später ausdrückte.

Kurz nach Entdeckung der Briefe erschien ein Scheidungsanwalt im Buckingham-Palast und tat der Königlichen Familie kund, daß ihr eine Bedenkfrist von zwei Tagen eingeräumt würde. Man handelte jedoch eine Übereinkunft aus, nach der Henry für Beryl 15 000 Pfund auf ein Treuhandkonto einzahlen mußte. Ferner garantierte ihr seine Unterschrift auf dem Dokument vom Dezember 1929 bis zu ihrem Lebensende (sie starb im August 1986) ein jährliches Einkommen von weiteren 500 Pfund. Die Affäre überdauerte auch diesen Schachzug Mansfields, bis Prinz Henry nach Japan entsandt wurde, um dort dem jungen Kaiser Hirohito den Hosenbandorden zu verleihen.

Unterdessen bereitete Prinz George seinen Eltern große Sorgen. Nach seinem Aufenthalt in Kanada war es ihm dank seines »ungewöhnlichen Charmes«, wie es Edward einmal bezeichnete, gelungen, von seinem Vater die Erlaubnis zu bekommen, die ihm verhaßte Laufbahn bei der Marine aufzugeben. Danach übernahm er verschiedene Verwaltungsfunktionen und arbeitete als Fabrikinspektor. Tätigkeiten, die der Prinz zwar mit gutem Willen aber nur mit geringem Erfolg ausübte. »Der Prinz hat nicht die Zeit gefunden, uns regelmäßig aufzusuchen«, klagte einer seiner Vorgesetzten im Innenministerium, »seine gesellschaftlichen und sonstigen Verpflichtungen haben seine Inspektionsaufgaben in den Hintergrund gedrängt, mit dem Ergebnis, daß sich [die unerledigten Fälle] auf seinem Schreibtisch innerhalb weniger Wochen zu einem Berg angehäuft haben.«

Der Grund für diese mangelhafte Pflichterfüllung ist leicht erklärt. George hatte, wie der Prince of Wales, »viele Züge eines Bohemiens an sich«. Er flüchtete sich häufig an die Riviera, wo er sich tagsüber am Strand und abends in Kasinos und Klubs amüsierte. Da er ein hervorragender Tänzer war, nahm er in Cannes unter falschem Namen an einem Tango-Wettbewerb teil und gewann sogar den ersten Preis. Diesen Tanz mochte auch Edward besonders gern.

Nach Beendigung seiner Liaison mit Noël Coward hatte George eine Reihe stürmischer Affären mit Ausländern männlichen und weiblichen Geschlechts, darunter war auch die amerikanische Entertainerin Florence Mills. Sein dauerhaftestes Liebesverhältnis und auch eines der heikelsten, was die internationalen politischen Beziehungen betraf, war seine Beziehung zu José Evaristo Uriburu, dem Sohn des argentinischen Botschafters in Großbritannien. Der junge Uriburu war mit seinen Eltern und seinen Schwestern nach London gekommen und studierte in Cambridge, als er George auf einem Diplomatenempfang kennenlernte. Bald tauchten der Prinz und der Diplomatensohn gemeinsam auf den elegantesten Abendgesellschaften in Mayfair und Belgravia auf und verbrachten viele Wochenenden in Landhäusern, die ihnen Freunde zur Verfügung stellten.

Mit seinen scharfgeschnittenen Zügen, seinem dunklen Haar, dem provozierenden Lächeln und einem verführerischen Augenaufschlag erschien Uriburu als Inbegriff des *Latin Lover*. Er war hochintelligent, sprach drei Sprachen und sollte einmal die Laufbahn seines Vaters einschlagen. Señor Uriburu war sehr besorgt um das Wohl seines Sohnes, und obwohl Prinz George an der Tafel des Gesandten ein willkommener Gast war, sah es der Botschafter nicht gern, wenn der Prinz erst im Morgengrauen aus Josés Schlafzimmer schlich. So kam es zwischen dem älteren und dem jüngeren Uriburu zu einer lautstarken Auseinandersetzung, bei der zwei Lampen zu Bruch gingen, eine Beziehung ihr Ende fand und die väterliche Autorität wiederhergestellt wurde.

José, der versuchte, sein Verhältnis zu George zu retten, war untröstlich, als der ihm den Laufpaß gab mit der Begründung, daß ihre Liebesaffäre politisch immer brisanter werde. Der unglückliche Uriburu wurde dann zwei Monate zu seiner Großmutter nach Argentinien geschickt. Aber auch diese melodramatische Geschichte ging spurlos an dem Prinzen vorüber, und so tröstete er sich zunächst mit einem Aristokraten aus dem italienischen Königsgeschlecht von Urbino und danach mit einem Pariser Architekten. (An Uriburu und den Franzosen schrieb George leidenschaftliche Liebesbriefe, die aus naheliegenden Gründen Jahre später von der Königlichen Familie zurückgekauft wurden.) Als ob dies alles noch nicht ausreichte, um im Buckingham-Palast einen Aufruhr zu verursachen, wurde George auch noch festgenommen, als er im Nut House, einem Nachtklub für Homosexuelle, mit einem Mann eng umschlungen tanzte. Erst als seine Identität bestätigt wurde, öffnete sich am nächsten Morgen die Zellentür in der Bow Street, und George verließ das Gefängnis völlig ungeniert, sein Gesicht noch in voller Kriegsbemalung.

Der jüngste Prinz des Hauses Windsor hatte Ende 1928 die attraktive amerikanische Lebedame Kiki Whitney Preston kennengelernt, die ihm Kokain und Morphium gegeben hatte. Schon kurz darauf war er von diesen Drogen abhängig. In bestimmten Kreisen war das zwar nicht selten, aber für den Betroffenen »eine schreckliche und beängstigende Gewohnheit«, wie der Prince of Wales seinem Vater schrieb. In einem Brief an seine Mutter fügte er noch hinzu, daß George, »scheinbar jegliches Gefühl dafür verloren zu haben scheint, was falsch und was richtig ist«. Dazu muß gesagt werden, daß Edward George 1929 während einer langwierigen, schmerzlichen Entziehungskur hilfreich zur Seite stand und dafür sogar die Anerkennung des Königs fand, der ihm schrieb: »Daß Du Dich während all dieser Monate um ihn gekümmert hast, muß für Dich eine große Belastung gewesen sein, und ich finde es großartig, was Du alles für ihn getan hast.«

Der Herzog von York, anständig und langweilig wie sein Vater, war wenigstens gut verheiratet, doch hatte das Königspaar reichlich Anlaß, sich um die Zukunft seiner Söhne Sorgen zu machen. Prinz Albert (1928 dreiunddreißig Jahre alt) war beängstigend unreif für sein Alter und schien für keine Aufgabe geeignet zu sein, während sich der vierunddreißigjährige Edward, der achtundzwanzigjährige Henry und der sechsundzwanzigjährige George nach wie vor durch ihre pubertären Eskapaden hervortaten.

Die Ursache für die Entwicklung der Prinzen lag sicher in den Versäumnissen während ihrer Jugendzeit. Pädagogisch und emotional seit frühester Kindheit vernachlässigt, besaß keiner der jungen Männer die nötige Kraft und Disziplin, um aus sich heraus besondere Fähigkeiten und Talente zu entwickeln. Zudem brauchten sie keiner ernsthaften Arbeit nachzugehen oder für irgend etwas oder irgend jemanden Verantwortung zu übernehmen.

Wie zerrüttet die Beziehungen innerhalb der Königsfamilie wirklich waren, sollte sich auch zeigen, als King George Ende 1928 schwer erkrankte. Am 21. November – Edward und Henry waren noch immer auf Safari in Afrika – bekam der König eine Infektion, die ernsthafter verlief als seine Bronchitis drei Jahre zuvor. Wie bei seinem Vater zeigten sich jetzt auch bei ihm die Folgen seines übertriebenen Tabakkonsums. Hinzu kam eine Rippenfellentzündung, und als sich der Zustand des Königs dramatisch verschlechterte, befürchteten die Ärzte das Schlimmste. Premierminister Baldwin, der von der gestörten Beziehung zwischen Vater und Sohn wußte, schickte ein Telegramm an den Prince of Wales in Afrika: »Wir hoffen, daß sich alles noch zum Guten wendet, aber sollte das nicht der Fall sein und Sie sind vorher nicht heimgekehrt, würde das die Öffentlichkeit zutiefst schockieren.« Prinz Edward aber schob das Telegramm nur beiseite und sagte: »Ich glaube ihm kein Wort. Das ist doch nur wieder einer dieser Wahlkampftricks des alten Baldwin.«

Der Privatsekretär des Prinzen, Lascelles, war über diese Reaktion so empört, daß er seinen Dienst quittierte.

Schließlich ließ sich der Prince of Wales doch überreden und traf am 11. Dezember in London ein, voller Furcht, daß er nun bald von seinem Vater den Thron übernehmen müßte. Der König war zu diesem Zeitpunkt immer wieder ohne Bewußtsein, und die lebensbedrohliche Infektion stellte zudem eine große Belastung für sein Herz dar. Lord Dawson, der schon der Leibarzt Edwards VII. gewesen war, leitete ein Ärzteteam, das fieberhaft versuchte, einen Abszeß in der Brusthöhle des Königs zu lokalisieren. Als der Monarch immer schwächer wurde, entschloß sich Dawson am 12. Dezember, mit Hilfe einer Injektionsnadel aus dem Infektionsherd Flüssigkeit abzusaugen, und rettete so das Leben des Königs. Es sollten jedoch noch zwei Wochen vergehen, bevor die Öffentlichkeit über die Besserung des Gesundheitszustands des Monarchen informiert wurde, und im März 1929 empfing der König Baldwin erstmals wieder in offizieller Audienz. Am 9. Februar erlaubten die Ärzte dem König wieder zu rauchen, und im Mai und Juni kam es zu zwei schweren Rückfällen, die abermals eine komplizierte Behandlung erforderlich machten.

George war jetzt fünfundsechzig, sah aber zehn Jahre älter aus. In der Zeit, die ihm noch zu leben verblieb, wurde der König zunehmend schwächer, er alterte rasch und geriet nach nur wenigen Schritten außer Atem. Als am 7. Juli ein Dankgottesdienst anläßlich seiner Genesung abgehalten wurde, gab sich King George fröhlich und guter Laune. Deshalb hätte wohl kaum jemand glauben können, daß er an einer schmerzhaften Wunde an der Brust litt und bereits zwei Tage später einen Rückfall erleiden sollte.

Während der König sich 1929 überwiegend in Bognor an der Südküste von seiner Krankheit erholte, schöpfte er neue Kraft aus der Zuwendung seiner Frau Mary. Sie hatte ihren Kindern weder von ihren Befürchtungen noch von den Berichten der Ärzte etwas gesagt. Und so mußten sie sich über eventuelle Genesungsfortschritte ihres Vaters bei den Ärzten, Krankenschwestern oder Ministern erkundigen. »Trotz all ihrer Angst«, schrieb der Herzog von York einmal über Queen Mary an den Prince of Wales, »hat sie keinem von uns je ihre Gefühle offenbart. Sie ist wirklich übertrieben zurückhaltend und verschließt zuviel in ihrem Innern.«

Die Besuche seiner Enkelin, die er abgöttisch liebte, gaben dem König großen Auftrieb. Die dreijährige Prinzessin Elizabeth (die am 21. April 1929 auf dem Titelbild des *Time*-Magazins abgebildet war) konnte damals ihren Namen noch nicht richtig aussprechen, und sie nannte sich deshalb Lilibet. Dieser Name ist ihr bis heute innerhalb der Familie erhalten geblieben.

Der König (so Queen Mary in ihrem Tagebuch) war »hoch erfreut, sie zu sehen … Ich habe mit Lilibet im Garten gespielt und mit ihr Sandkuchen gebacken!« Das war ganz außergewöhnlich für die zweiundsechzigjährige Königin, und es ist amüsant, sich vorzustellen, wie sie mit ihrem tadellos sitzenden kleinen Hut auf dem Kopf und ihren mehrreihigen Perlenketten in einem Sandkasten kniete und mit ihren weißbehandschuhten Händen Kuchen formte. Einen derartig vertrauten Umgang hatte Mary mit ihren eigenen Kindern nie gehabt.

Lilibet gelang es aber auch, ihren Großvater völlig zu verwandeln. Als der Erzbischof von Canterbury dem König einen Besuch abstattete, fand er ihn auf allen vieren kriechend. Die Prinzessin saß auf seinem Rücken, schrie »Hüh!« und zupfte an seinem Bart wie an Zügeln. Kurz darauf schenkte der Großvater seiner Enkelin ein Shetland-Pony und legte damit den Grundstein für Elizabeths lebenslange Liebe zu Pferden. Schon mit vier Jahren saß sie sicher im Sattel, und Henry Owen, der Stallmeister des Herzogs von York, brachte ihr das Reiten bei. Wenn er zu ihr sagte: »Gerade sitzen!« oder »Achtung!«, antwortete die Prinzessin: »Ja, natürlich, Owen.« Während ihrer gesamten Kindheit war er für sie eine Autorität, und immer wieder konnte man von ihr hören: »Owen sagt das« oder »Owen möchte es so haben«. Das ärgerte ihren Vater, und wenn sich seine Tochter bei ihm einmal Rat holen wollte, erklärte er meistens leicht pikiert (oder gar eifersüchtig?): »Da mußt du mich nicht fragen. Frag doch lieber Owen. Wie könnte ich mich da einmischen.«

Laut Mabell Airlie war King George auch Gerald und George, seinen beiden Enkeln aus der Ehe seiner Tochter Mary, sehr zugetan, »aber Lilibet mochte er am liebsten. Er spielte sogar mit ihr – was ich ihn nie mit seinen eigenen Kindern habe tun sehen – und hatte sie gern um sich ... Sogar in der Zeit, als er sich in Bognor von seiner Krankheit erholte, war sie bei ihm.« Sie durfte sich ihm gegenüber auch beispiellose Freiheiten herausnehmen. Auch wenn er stets nachsichtig und locker mit Elizabeth umging, blieb der König sich doch treu. Er betete seine Enkelin zwar an, teilte aber nicht ihre Vorliebe für moderne Unterhaltung. Als er Jahre später – Elizabeth war gerade einige Tage zu Besuch im Palast gewesen – gefragt wurde, welchen Film er gern sehen wolle, murmelte George: »Alles, nur nicht diese verdammte Maus!«

Aber auch sonst konnten die Kommentare des Königs in einer deftigen Sprache ausfallen. Von Sir Owen Morshead, dem königlichen Bibliothekar, wissen wir, daß die Bewohner von Bognor den Monarchen fragten, ob sie ihrem Städtenamen den Zusatz »Regis« (zu Ehren des dort zur Erholung weilenden Königs) anfügen dürften. »Scheiß-Bognor«, sagte darauf der alte Seemann unwirsch, »dieses elende Nest«. Natürlich sei der König mit dem Vorschlag einverstanden, meldete daraufhin Georges Sekretär der Delegation; mit Vergnügen stimme Seine Majestät dem Gesuch zu.

Während seiner ausgedehnten Genesungszeit im Sommer 1929 hielt man nach Möglichkeit sämtliche Informationen über das Treiben seiner Kinder vom König fern.

Der Prince of Wales hatte inzwischen genug von seiner Geliebten Freda Dudley Ward, die er ohnehin schon seit Jahren immer wieder betrogen hatte. Seiner Vorliebe für alles Amerikanische entsprechend, interessierte er sich inzwischen für die vierundzwanzigjährige Thelma Furness. Sie sollte in seinem Leben eine noch wichtigere Rolle spielen als Freda.

Die schöne Thelma war eine der drei Töchter des amerikanischen Diplomaten Harry Hays Morgan und seiner Frau Laura Kilpatrick. Thelma war die Zwillingsschwester von Gloria (Mrs. Reginald) Vanderbilt, und ihre ältere Schwester, Consuelo, war mit Benjamin Thaw jr., dem Ersten Sekretär der amerikanischen Botschaft in London, verheiratet. Klein und schlank, mit durchdringenden Augen und heller Haut, trug Thelma ihr dunkles, gewelltes Haar der Mode der Zeit entsprechend streng zurückgekämmt. Wegen ihres scharfgeschnittenen Gesichts und der Angewohnheit, die Lippen hochzuziehen, erschien sie recht streng. Tatsächlich war sie aber, wie der Prinz bald erfahren sollte, eine muntere Person, amüsant und frivol, allerdings nicht sehr gescheit und ein wenig herrschsüchtig. Thelma war eine Frau, die für ihr Alter schon einiges erlebt hatte.

Sie wurde am 23. August 1905 geboren. Als sie sechzehn war, verheiratete man sie mit einem doppelt so alten Mann, von dem sie sich bereits drei Jahre später wieder scheiden ließ. Anschließend lebte sie für kurze Zeit in Kalifornien, wo sie eine Romanze mit dem wesentlich älteren Schauspieler Richard Bennett hatte. Noch während dieser Affäre verschwand sie eines Tages nach Paris, wo sie den Reeder Marmaduke »Duke« Vicomte Furness kennenlernte, einen Zigarre rauchenden Tolpatsch, den sie 1926 heiratete. Furness war zweiundzwanzig Jahre älter als sie. Und auch diese Ehe hielt nicht lange, bald war Lady Furness wieder für eine neue Romanze frei. Das war die Gelegenheit für Edward Prince of Wales, der nur elf Jahre älter war als sie. Sie lernten sich, kurz nachdem die Lady einen Sohn zur Welt gebracht hatte, auf dem Sommerball der Marquise von Londonderry kennen.

»Der Prinz machte auf mich einen einnehmenden und attraktiven Eindruck«, berichtete Thelma Jahre später.

»Er war der Inbegriff des Charmeurs. Und nach Dukes großspuriger Grobheit übten die natürliche Scheu und Zurückhaltung des Prinzen eine starke Anziehungskraft auf mich aus. Wir saßen vor dem Kamin und tranken Cocktails, während der Prinz vergnüglich und locker plauderte. Dann fragte er mich, wo ich gern zu Abend essen würde, und wir entschieden uns für das Hotel Splendide, das damals für seine Küche und sein Wiener Orchester berühmt war.«

Hätte Lady Furness etwas nachgedacht, wäre ihr vielleicht aufgefallen, was viele andere am Prince of Wales längst bemerkt hatten, daß sein Charme alles andere als natürlich war, sondern daß er ihn bewußt einsetzte, wenn er jemandem gefallen wollte. Auch entstand dieser Charme aus plötzlichen Stimmungsimpulsen, denn Edward war ein Mann des Augenblicks, und seine Launen schwankten oft im Sekundenwechsel von Verdrossenheit zu Freundlichkeit, von ernstlichem Interesse zu Frivolität.

Edward und Thelma trafen sich in der folgenden Woche noch dreimal und gingen auch in den Embassy- und den Kit-Kat-Club zum Tanzen. Lord und Lady Furness luden den Prinzen sogar zu Abendgesellschaften in ihr Haus ein. So hatte der Prinz wieder einmal eine mütterliche und dominante verheiratete Frau gefunden. Und wieder nahm ihn eine Familie in ihrem Schoß auf. Genau wie er früher mit Fredas kleinen Töchtern herumgetollt hatte, spielte er jetzt mit Thelmas kleinem Sohn. Auch ihr gegenüber verhielt sich Edward manchmal wie ein kleiner Junge. Er besorgte für sich und Thelma Teddybären, die beide Liebenden bei sich hatten, wenn sie nicht zusammensein konnten. Er nannte sie Toodles, und sie ihn ihren kleinen Mann.

Im Frühjahr 1930 gingen Lord und Lady Furness auf Safari nach Afrika, wo sich zufällig auch Prinz Edward aufhielt. Er verbrachte natürlich viel Zeit mit Thelma, die damals nach eigenem Bekunden »die selbstverständlichsten Vorsichtsmaßnahmen völlig außer acht [ließ]. Jede Nacht ergriff unsere Liebe von mir stärker Besitz und trug mich immer rascher in das unerforschliche Meer der Gefühle hinaus. Ich war damit zufrieden, daß der Prinz den Kurs bestimmte, und habe mich nicht darum gekümmert, wohin uns die Reise führte.« Allerdings scheint sie diese Zeit im Rückblick zu sehr verklärt gesehen zu haben, denn damals litt der Prinz unter schweren Malariaanfällen.

King George wußte von der Romanze bereits, hieß sie aber nicht gut. Trotzdem versuchte er auf Edward einzugehen und erfüllte ihm seinen Wunsch, in ein Fort Belvedere genanntes vernachlässigtes Gebäude aus dem 18. Jahrhundert im Park von Schloß Windsor einzuziehen. »Was willst du bloß mit dem seltsamen alten Kasten anfangen?« fragte der König. »Für die verdammten Wochenenden, nehme ich an. Also gut, wenn du das Haus unbedingt willst, dann kannst du es haben.« So konnten Toodles und der kleine Mann im Sommer 1930 ihre Wochenenden in dem düsteren alten Haus verbringen.

Das Gebäude war indes alles andere als ein angemessenes Zuhause. Es war klein, und die wenigen Gästezimmer waren unwohnlich. Prinz Edward war auf seinem neuen Anwesen unermüdlich mit Reparaturen und Verbesserungen beschäftigt, er legte den Garten neu

an, räumte das Unterholz aus und plante und pflanzte ständig. Er ließ
ein Schwimmbad und Tennisplätze anlegen und das Gebäude umgestalten und modernisieren, um ihm den Charakter eines Sommerhau-
ses zu geben. In den folgenden sechs Jahren war Fort Belvedere
Edwards bevorzugter Wohnsitz. Er liebte das Haus, »wie ich bisher
noch nichts Materielles geliebt habe, vielleicht weil es so sehr mein
eigenes Werk war. Es entwickelte sich für mich immer mehr zu einer
Klause des Friedens und der Verzauberung.«

Was Thelma anbelangt, so belebte sie das Haus als fröhliche Gastgeberin und war dem Prinzen eine aufmerksame Gefährtin. Sie ließ
sein Dudelsackspiel ebenso geduldig über sich ergehen wie seine
kindischen Spiele (wenn er etwa haarscharf an Lampen und Statuen
vorbei Grammophonplatten durchs Zimmer segeln ließ). Sie achtete
darauf, daß er seinen hohen abendlichen Alkoholkonsum reduzierte
und brachte ihm das Stricken bei – Sticken hatte er schon von seiner
Mutter gelernt – nach der Devise: »Die Hand, die eine Nadel führt,
kann nicht zugleich einen Cognacschwenker halten!« Thelmas Vater
kam oft zu Besuch und las ihnen dann mit Vorliebe Texte von Charles Dickens und Sir Walter Scott vor. Auch der Herzog und die Herzogin von York gehörten zu den regelmäßigen Gästen, die je nach
Jahreszeit zum Schlittschuhlaufen oder Schwimmen kamen oder
gemeinsam mit dem Paar Ausflüge unternahmen.

Der König mußte während dieser Zeit mehrere Schicksalsschläge
hinnehmen. Im Januar 1931 starb seine älteste Schwester, Prinzessin
Louise, worüber er großen Schmerz empfand, und bereits zwei
Wochen später erreichte ihn die Nachricht vom Tod Sir Charles
Custs, eines Freundes aus den Tagen bei der Marine. Cust gehörte
überdies zu den wenigen Menschen, die dem König gegenüber offen
sprechen durften. Kurz nach der Thronbesteigung Georges V. hatte
sich Cust einmal in Balmoral im Billardsalon in einige Bücher ver-
tieft, die er aus den Regalen genommen und dann auf dem Boden
gestapelt hatte.

»Mein lieber Charles«, sagte der König zu seinem Freund, »so
gehst du also mit meinen Büchern um.«

»Deinen Büchern!« entgegnete Cust lachend. »Du hast in deinem
ganzen Haus kein einziges Buch, das zu lesen sich lohnte. Deine
sogenannte Bibliothek besteht doch bloß aus schön gebundenem
Schund!« Diese Bemerkung war zutreffend. Auch wenn der König
versuchte, die Sammlung um bessere Bücher zu ergänzen und
schlechte daraus zu entfernen, blieb diese Idee nur ein Projekt.

Nach Custs Tod starb im März 1931 noch Lord Stamfordham, der enge Vertraute und Privatsekretär des Königs. »Ich werde ihn schrecklich vermissen«, gestand George. »Es ist ein unersetzlicher Verlust für mich ... Er war der loyalste Freund, den ich je hatte ... Er hat mich gelehrt, ein König zu sein.« Und seinem Tagebuch vertraute er an, daß das neue Jahr »schlecht begonnen« habe. »Ich bin sehr niedergeschlagen.«

Aber er erfuhr bald Trost in seiner Trauer, denn am 21. August 1930 brachte die Herzogin von York während eines heftigen Gewitters auf Glamis Castle, dem Stammsitz ihrer Familie, ein kleines Mädchen zur Welt, das im folgenden Oktober auf den Namen Margaret Rose getauft wurde. »Ich werde sie Bud [Knospe] nennen«, meinte Lilibet, »sie ist doch noch gar keine richtige Rose.« Als Margaret laufen konnte, unternahmen die beiden kleinen Mädchen unter Mrs. Knights Leitung vom Haus am Piccadilly aus zwar Spaziergänge in den Green und den Hyde Park, aber sie trafen nur selten mit Gleichaltrigen zusammen. »Andere Kinder hatten für sie immer eine enorme Faszination«, hat die Kinderfrau später berichtet, »und die beiden kleinen Mädchen beobachteten andere Kinder scheu. Sie hätten zu gern mit anderen Kindern gesprochen und sich mit ihnen angefreundet, aber das war nicht erwünscht. Ich habe das oft bedauert.«

Das war in der Tat bedauerlich, denn die kleinen Prinzessinnen führten ein zwar angenehmes, aber unnatürlich isoliertes Leben. Sie besaßen Spielzeug im Überfluß, aber sie lernten niemals Kinder in ihrem Alter kennen und wie man mit Gleichaltrigen umgeht. Sie lernten nicht, mit anderen geduldig und rücksichtsvoll zu sein, nicht das Vergnügen, neue Freunde zu gewinnen, die Notwendigkeit, Opfer zu bringen und Herausforderungen anzunehmen oder aber sich mit den Gefühlen und der Ablehnung Gleichaltriger auseinanderzusetzen. So gesehen unterschied sich ihre Kindheit nicht von der früherer Königskinder.

Aber bald sollte Prinzessin Elizabeth eine entscheidende Lebenserfahrung machen. 1930, ihre kleine Schwester lag noch in der Wiege, stellte die Herzogin von York ein Kindermädchen für Elizabeth ein, Miss Margaret MacDonald, Bobo genannt. Die unverheiratete Tochter eines schottischen Eisenbahners war einundzwanzig Jahre alt, rothaarig und trug eine Brille. Bobo empfahl auch gleich ihre verheiratete Schwester Ruby für die gleiche Stellung bei Prinzessin Margaret. Aus dem Kinderzimmer wurden diese beiden Schwestern später ins Boudoir versetzt, wo sie als Ankleidedamen und Vertraute des Königspaares fungierten. Ruby sollte einunddreißig

Jahre, Bobo sogar dreiundsechzig Jahre für das Königshaus tätig sein. »Bringen Sie dem Kind bei, nicht ständig herumzuzappeln!« befahl Queen Mary dem Kindermädchen Bobo. Und so lernte Elizabeth seit ihrem vierten Lebensjahr, vor ihren Großeltern, dem König und der Königin, zu knicksen, in der Kirche oder in Gegenwart Erwachsener stillzusitzen, würdevoll zu winken, auf Kommando für die Kameras zu lächeln und sogar ein gewisses menschliches Bedürfnis zu unterdrücken.

Bei anderer Gelegenheit erteilte die Königin Lilibet eine scharfe Rüge, als sie verlangte, von einem gleichaltrigen Gast wie eine königliche Hoheit behandelt zu werden (»Mach gefälligst einen Hofknicks, Mädchen!«). Einen weiteren Anlaß zur Kritik bot Lilibet, als sie, weil sie sich vernachlässigt fühlte, einen Erwachsenen am Ärmel zupfte und zu ihm sagte: »Königliche Hoheit möchten sprechen!« Ihre Großmutter rief sie auf der Stelle zur Ordnung und erklärte ihr: »Eine königliche Herkunft ist noch nie eine Entschuldigung für schlechtes Benehmen gewesen.« Derartige kindliche Selbstüberschätzung duldete Queen Mary nicht, und sie teilte auch der Herzogin das Verhalten ihrer Tochter mit. Damit wollte sie der Gefahr vorbeugen, daß die immer schlagfertige, selbstbewußte kleine Elizabeth allzu überheblich wurde.

Doch da sollte schon bald die intelligente und scharfsichtige Schottin Marion Crawford eingreifen. Die junge Frau wurde im Mai 1932 (nachdem sie bereits im Vorjahr eine einmonatige Probezeit bestanden hatte) als Gouvernante für die Prinzessinnen Elizabeth und Margaret engagiert. Das bedeutete, daß allein für Elizabeth drei Bedienstete tätig waren, eine Kinderfrau, eine Ankleidedame und eine Privatlehrerin.

Die damals zweiundzwanzigjährige Marion Crawford hatte bereits kurze Zeit als Privatlehrerin eine Nichte der Herzogin von York unterrichtet, und dabei war die Familie so beeindruckt von ihr gewesen, daß man sie bat, nach London zu kommen – zunächst nur für einen Monat. Eigentlich hatte Marion Crawford beabsichtigt, nach Edinburgh zurückzukehren, um sich dort der Erziehung armer, unterprivilegierter Kinder zu widmen. Diese Absicht gab sie nun auf, und sie blieb während der folgenden siebzehn Jahre im Dienst der Prinzessinnen Elizabeth und Margaret.

Bei ihrer Ankunft in Royal Lodge, einer der Residenzen der Yorks, bemerkte Marion Crawford gleich, daß es sich um einen sehr gut geführten Haushalt handelte. Zunächst unterhielt sich die Herzogin in ihrem gelb-weißen Boudoir mit ihr, danach der Herzog in seinem holzvertäfelten Schlafzimmer, das eingerichtet war wie eine Schiffskabine. Prinzessin Elizabeth, so erfuhr Marion Crawford, müsse einen strikten Tagesplan einhalten. Diese Gepflogenheit hatte der Herzog von seinem Vater übernommen. Die Prinzessin wurde um 7.30 Uhr geweckt, frühstückte in dem eigens für die Kinder hergerichteten Teil des Hauses und war anschließend eine Viertelstunde lang mit ihren Eltern zusammen, bevor sie der Kinderfrau Knight übergeben wurde, die den Vormittag über mit ihr spielte oder ihr vorlas. Um elf bekam die Prinzessin ein Glas Orangeade und ein Plätzchen. Um 13.15 Uhr gab es Mittagessen, an dem manchmal auch ihre Eltern teilnahmen. Die Nachmittage verbrachte die Kleine bei schönem Wetter im Freien; man ging entweder im Park spazieren (wo Lilibet unter Alahs Anleitung anmutig zu winken übte), oder man verbrachte die Zeit mit Rasenspielen im Garten. Bei unfreundlichem Wetter erhielt die Prinzessin während dieser Stunden Mal- oder Tanzunterricht. Um 17.30 Uhr traf die Herzogin ein und spielte eine Stunde lang mit ihren beiden Töchtern, darauf folgte das Abendessen, und genau um 19.15 Uhr wurde die Prinzessin ins Bett gebracht. Dieser feste Tagesplan wurde sowohl in Royal Lodge als auch in dem Haus am Piccadilly 145 strikt eingehalten.

Marion Crawford war erst am späten Nachmittag eingetroffen, und als sie schließlich mit Alah bekannt gemacht wurde, war für die Kinder bereits Zeit zum Schlafen. Alah spürte, daß sie sich fortan mit Marion Crawford die Zuneigung der Kinder würde teilen müssen. Der neuen Gouvernante entgingen nicht die Reserviertheit und die Verunsicherung der alten Kinderfrau, und sie gab sich nach eigenem Bekunden große Mühe, »ihr nicht zu nahe zu treten«.

Dann wurde Marion Crawford Prinzessin Elizabeth vorgestellt. »Eine kleine Gestalt mit einem Lockenkopf setzte sich im Bett auf«, erinnerte sie sich später an diese erste Begegnung. »Sie hatte die beiden Enden der Kordel ihres Bademantels oben an den Knöpfen des altmodischen Bettgestells festgebunden und tat so, als würde sie ein Gespann Pferde lenken.«

»Das hier ist Miss Crawford«, sagte Alah kalt.

»Wie geht es Ihnen?« fragte die Prinzessin mit einer für ihr Alter übertriebenen Förmlichkeit. »Dann«, so berichtete Marion Crawford später, »sah sie mich mit einem langen, durchdringenden Blick an, wie es bereits auch der Herzog getan hatte, und fuhr fort: ›Warum haben Sie denn keine Haare?‹« Daraufhin nahm Miss Crawford ihren Hut ab, und ihr kurzgeschnittenes rotes Haar kam zum Vorschein. »Das ist eigentlich ein Herrenschnitt«, erklärte sie. Und da

Lilibet wieder ihre Zügel nahm, fragte sie: »Fährst du jeden Abend im Bett Kutsche?«

»Ich kutschiere meist noch ein oder zwei Runden im Park herum, bevor ich einschlafe. Das tut den Pferden gut. Bleiben Sie bei uns?«

»Ja, einige Zeit bestimmt.«

Alah entfernte die Kordel vom Bettgestell und deckte die Kleine zu. »Wenn ich Königin bin«, sagte Lilibet, als könne daran kein Zweifel bestehen, »werde ich das Reiten am Sonntag verbieten. Pferde müssen sich doch auch einmal ausruhen.« Es trat eine kurze Pause ein, dann wünschte das Kind »gute Nacht«. Marion Crawfords erste Audienz war beendet. Am nächsten Morgen lernte sie dann Margaret kennen, die noch keine zwei Jahre alt war.

Zur ersten kleinen Meinungsverschiedenheit kam es bereits wenige Tage nach Marion Crawfords Einstellung. Elizabeth nannte ihre Bediensteten normalerweise beim Vornamen und sagte folglich zu ihrer Gouvernante Marion. Aber das hielt die Lehrerin aus disziplinarischen Gründen nicht für gut und korrigierte das Kind immer wieder. Es kam erst zu einer Einigung, als die beiden zusammen Ball spielten und es der Prinzessin nicht gelang, den Ball zu fangen. »Oh, Crawfie!« schrie sie wütend und blickte dann vergnügt auf. »Ja, das ist es. So werde ich Sie in Zukunft nennen.«

Bereits zwei Wochen nach Marions Ankunft kamen die Großeltern zu Besuch, um die neue Angestellte zu begutachten. King George stocherte mit seinem Stock auf dem Boden herum und murmelte: »Bringen Sie Margaret und Lilibet um Gottes willen bei, vernünftig zu schreiben. Keines meiner Kinder kann anständig schreiben. Dabei mag ich charaktervolle Handschriften.« Und so wurde der Schönschrift in Zukunft große Bedeutung beigemessen.

Obwohl die königlichen Großeltern die beiden kleinen Prinzessinnen gern mochten und sie häufig besuchten, hatte Margaret doch nie ein so herzliches Verhältnis zu ihnen wie Elizabeth. Vielleicht weil sie viel lebhafter und nicht so fügsam war wie Lilibet. Als sie Jahre später einmal auf das Gerücht angesprochen wurde, die Prinzessinnen hätten George V. häufig als »Großpapa England« angeredet, stellte Prinzessin Margaret klar, daß das völliger Unsinn sei: »Wir hatten viel zuviel Angst vor ihm, um ihn anders zu nennen als Großvater.« Was Queen Mary anbelangt, hat Margaret später einmal gestanden, daß sie stets »ein flaues Gefühl im Magen gehabt« habe, wenn sie zu ihrer Großmutter gehen mußte. Diese Abneigung läßt sich leicht erklären, denn Großmutter Mary hat zu Margaret als Kind häu-

266

fig gesagt: »Wie klein du doch bist! Warum wirst du nur nicht größer?«

Was immer Prinzessin Elizabeth tat, bereits seit frühester Jugend erledigte sie alles mit der größten Ernsthaftigkeit. Als Crawfie sie bat, ihre Kleider und Schuhe für den nächsten Tag neben dem Bett zurechtzulegen, tat das Kind dies mit geradezu militärischer Präzision. Sie ordnete ihre Spielsachen, als ob sie ständig eine Inspektion erwartete, legte ihre Haarbänder sorgfältig zusammen und räumte ihre Bücher und Unterrichtshefte an den dafür vorgesehenen Platz. Außerdem benahm sie sich stets vorbildlich, was Crawfie manchmal etwas übertrieben fand. Wie sie es bei der Königin gesehen hatte, saß auch Prinzessin Elizabeth kerzengerade, wenn sie in einer offenen Kutsche fuhr.

Ganz anders dagegen Margaret, die sich sorglos, locker und vielfach »charmant ungezogen« verhielt, wie Crawfie später schrieb. Beide Kinder waren sehr hübsch, sie hatten blaue Augen, einen völlig klaren Teint und rotblond gesprenkeltes braunes Haar. Die jüngere der beiden Schwestern war von einer Lebhaftigkeit und Verschmitztheit, die Lilibet ganz fremd waren. Es verwundert daher nicht, daß sie auch viel mehr Unsinn machte, was Lilibet manchmal ganz schön ärgerte. »Beide konnten durchaus Schläge austeilen, wenn sie wütend waren«, so Crawford, »und Lilibet schlug einen schnellen linken Haken! Margaret dagegen war mehr auf den ›Nahkampf‹ spezialisiert und konnte sogar kräftig zubeißen. Mehr als einmal habe ich eine von den Spuren königlicher Zähne gezeichnete Hand gesehen.« Einmal wegen einer Unartigkeit in ihr Zimmer verbannt, wurde Margaret von ihrer Mutter mit den Worten herausgerufen: »Komm, Liebes, du brauchst jetzt nicht mehr da drinnen zu bleiben. Ich bin sicher, daß du jetzt ganz brav bist.« Worauf das Kind erwiderte: »Nein, ich bin immer noch unartig. Und ich werde auch noch länger unartig sein.« Dieses Versprechen hat sie, wie manche meinen, jahrzehntelang gehalten.

Als Margaret zum Teenager herangewachsen war, zeigte sie eine deutliche Vorliebe für farbenfrohe, modische Kleider. Bis dahin war sie stets so gekleidet gewesen wie ihre Schwester: Die Yorks hatten ihre Töchter wie Zwillinge angezogen, vielleicht um eine Art Gleichberechtigung zwischen ihnen herzustellen. »Auf Lilibet war der Herzog sehr stolz«, berichtete Crawfie, »aber an Margaret hatte er große Freude.« Er war von dieser kleinen Elfe wie »verzaubert« (so Lady Donaldson), von ihrem Talent zur Nachahmung und davon, daß sie ohne Hemmungen auf Kommando tanzte und sang. Dieses Wohlgefallen konnte der Herzog aber nur schwer zeigen, während die Herzogin als liebevolle Mutter auftrat und ihre Gefühle offen zeigte. Wenn Margaret ihren Vater umarmen wollte oder ihn bat, sie in den Arm zu nehmen, wirkte er recht unbeholfen. Er hatte als Kind kaum Zuneigung erfahren, und daher war Prinz Albert eher ein verschlossener Mann, der seine Gefühle nicht zeigen konnte.

Die Privatlehrerin, die sich alle Mühe gab, den Kindern wirklich etwas beizubringen, erhielt in diesem Punkt allerdings von ihren Arbeitgebern kaum Unterstützung. »Ich hatte das Gefühl, daß das Herzogspaar sich um die Erziehung seiner Töchter nicht sehr viel Gedanken machte. Die beiden Prinzessinnen sollten in erster Linie eine glückliche Kindheit erleben, an die sie sich später gern zurückerinnern würden, und sie sollten später natürlich glücklich verheiratet werden.« Ansonsten fand man wohl, daß Kenntnisse im Tanzen und Zeichnen, eine gewisse musikalische Bildung und die Beherrschung der Etikette für eine Prinzessin durchaus ausreichend seien. Dennoch ließen die Yorks der Gouvernante freie Hand. Sechs Tage in der Woche vermittelte sie den Mädchen den üblichen Grundschulstoff, für den Unterricht in Französisch und Verfassungsgeschichte waren andere Lehrer zuständig. An den Nachmittagen beschäftigten sich die Prinzessinnen mit Musik oder Kunst. Auf Betreiben von Queen Mary wurde das Programm später noch um Geschichtsunterricht, Bibelstunden und die Genealogie des Königshauses erweitert.

Crawfie war überdies der Auffassung, die Mädchen müßten mehr von »der Außenwelt [kennenlernen], von der sie so wenig wußten«, der Herzog und die Herzogin aber legten besonderen Wert darauf, daß ihre Töchter behütet aufwuchsen. Der Prince of Wales besuchte seine Nichten gern, und er tauchte oft mit zahlreichen Geschenken auf, die er bei Woolworth, dem Lieblingswarenhaus der beiden Mädchen, hatte besorgen lassen. Elizabeth und Margaret wurden zwar häufig in den Palast gebracht, nach York House kamen sie dagegen nur selten. Vielleicht befürchteten ihre Eltern, sie könnten dort allzu fröhlichen Gästen begegnen. Das war berechtigt, denn die Onkel der Mädchen waren ja bekannt für ihre freizügigen Gesellschaften.

Eine dieser Festlichkeiten fand sogar in die Geschichtsbücher Eingang. Für das Wochenende vom 10./11. Januar 1931 hatte Thelma Furness einige Freunde, darunter ihre Schwester und ihr Schwager, Consuelo und Benjamin Thaw, und der Prince of Wales, zur Jagd in ihr Landhaus Burrough Court in Melton Mowbray in Leicestershire eingeladen. Doch als Anfang der Woche Consuelos Schwiegermutter erkrankte, mußte die junge Frau nach Paris, um die Kranke zu pflegen. Thelma lud deshalb noch das amerikanische Ehepaar Simpson, das sie kurz zuvor kennengelernt hatte, ein.

Ernest Simpson, dessen Mutter Amerikanerin und dessen Vater Engländer war, wurde in Chicago geboren. Er hatte in dem Transportunternehmen seiner Familie gearbeitet, später die britische Staatsangehörigkeit angenommen und war mit seiner Frau Wallis, die er 1928 geheiratet hatte, nach London gezogen. Er war ein überaus korrekter, eher langweiliger Mann und längst nicht so locker wie seine Schwester Maud Kerr-Smiley. Sie war es, die Freda Dudley Ward in jener schrecklichen Londoner Kriegsnacht Unterschlupf gewährt hatte, als der Prince of Wales zufällig auch dort gewesen war. Bei den meisten Menschen hinterließ Ernest Simpson keinen nachhaltigen Eindruck. Seine Bekannten beschrieben ihn ausnahmslos als »sehr höflichen, sehr korrekten Dummkopf …, einen schwächlichen, unbeholfenen Mann, [der] keinerlei Eindruck hinterließ …, einen Hampelmann«, der ständig fürchtete, seine Beziehungen zum Königshaus könnten abreißen. So das Urteil seiner Frau.

Mrs. Simpsons Mutter war in ihrer Jugend eine Schönheit gewesen. Alice Montague stammte aus einer prominenten und vornehmen alten Familie in Virginia. Doch als die Montagues 1895 ihr Vermögen verloren, blieb ihnen kaum etwas außer einem guten Stammbaum, einer kultivierten Ausdrucksweise, geschliffenen Umgangsformen und ein paar Stücken des alten Familiensilbers. Im Juni desselben Jahres heiratete Alice Teackle Warfield. Er war ebenfalls mittellos und der Sprößling einer angesehenen Familie aus Baltimore, wo die soziale Rangordnung und die richtigen Beziehungen einen ähnlich hohen Stellenwert hatten wie in New York.

Bessiewallis Warfield, die seit früher Kindheit Wallis genannt wurde, kam am 19. Juni 1896 in den Blue-Ridge-Bergen in Pennsylvania zur Welt. Ihre Eltern hatten sich wegen Teackles schlechter Gesundheit dorthin begeben. Doch das half ihm nicht mehr, und er starb fünf Monate später an Tuberkulose.

Der Witwe Warfield ging es nach dem Tod ihres Mannes sehr schlecht, und sie arbeitete hart, um sich und ihre Tochter zu erhalten. Während der folgenden zehn Jahre mußten die beiden unter großen Entbehrungen leben und sogar in dem bescheidenen Haus der Familie Teackle Unterschlupf suchen. Auch wenn sie nicht über die Mittel verfügten, um in vornehmen Kreisen zu verkehren, denen sie sich

269

nach Herkunft und Erziehung zugehörig fühlten, wurde Wallis von ihrer Mutter trotz der bescheidenen Verhältnisse wie eine junge Dame der Gesellschaft erzogen. Verwandte unterstützten die beiden hin und wieder. Wallis' Mitschülerinnen kamen alle aus vermögenderen Häusern als sie, aber was die Manieren anbetraf, konnte es keine mit ihr aufnehmen. Ihre Freunde waren besser gekleidet als sie, wohnten in größeren Häusern und hatten sogar Bedienstete. In diesen Gegensätzen müssen wir wohl das Motiv dafür suchen, warum Wallis zeitlebens bemüht war, ihren Status zu verbessern. Seit ihrer Kindheit mußte sie immer wieder unter Beweis stellen, daß auch sie ein Anrecht auf die Privilegien der Oberschicht hatte, daß sie eigentlich auch dieser Klasse angehörte, aus der sie nur ein hartes Schicksal vertrieben hatte.

1908 heiratete ihre Mutter wieder, zog um und schickte mit Unterstützung ihrer Großeltern Wallis in ein Internat. Sechs Jahre später, sie war achtzehn Jahre alt, hatte sich Wallis zu einer beeindruckenden Persönlichkeit entwickelt und wurde von Lehrern und Mitschülerinnen bewundert. Wallis zeichnete sich durch eine beeindruckende Schlagfertigkeit aus, sie besaß ein ausgezeichnetes Gedächtnis, war von erstaunlicher Vitalität und innerer Stabilität. Auf dem Abschlußball, der im letzten Jahr ihrer Schulzeit stattfand, fiel sie durch ihre Garderobe, das richtige Make-up und den passenden Schmuck angenehm auf. Im übrigen war sie eine glänzende Gesellschafterin und verstand es gut, die Aufmerksamkeit der jungen Männer auf sich zu ziehen.

Nach Abschluß der Schule war Wallis entschlossen, ihre Lebensumstände zu verbessern. So ergriff sie die erste sich bietende Gelegenheit und heiratete im November 1916 im Alter von zwanzig Jahren den gutaussehenden Marineoffizier Earl Winfield Spencer jr. Aber schon bald begann »Win« Spencer zu trinken, und als er 1921 nach Hongkong versetzt wurde, war die Ehe bereits völlig zerrüttet. Wallis blieb in Washington zurück, wo sie ein enges freundschaftliches Verhältnis (vielleicht auch mehr) mit Felipe Espil einging, dem Ersten Sekretär der Argentinischen Botschaft, zufällig ein Freund der Familie Uriburu. Wallis und Felipe sprachen sogar von Heirat, aber er erklärte ihr frei, daß er eine Frau mit Geld suche, da er unbedingt argentinischer Botschafter in Washington werden wolle. Espil fand die passende Frau, die er 1924 heiratete.

Einem Nervenzusammenbruch nahe, reiste Wallis nach Hongkong und hoffte, daß es zwischen ihr und Win zu einer Versöhnung kommen werde. Das erwies sich jedoch als Irrtum, denn Wins Alkoholabhängigkeit hatte sich noch verstärkt. Trotzdem blieb Wallis in der Stadt, wohnte bei ihren neuen Freunden Herman und Katharine Rogers, mit denen sie mehrere Reisen unternahm. Sie führte jetzt ein unstetes Leben und verbrachte ihre Abende auf Partys oder Festen amerikanischer und englischer Geschäftsleute und Diplomaten. Als sie 1926 nach Washington zurückkehrte, ließ sie sich von Spencer scheiden. Sie lernte bald den angesehenen Ernest Aldridge Simpson kennen, der damals noch verheiratet war und gerade die britische Staatsangehörigkeit annehmen wollte. Nach Auskunft der damaligen Mrs. Simpson war Wallis eine ungemein »einnehmende Frau. Zuerst nahm sie meine Kleider und meine Wohnung und dann meinen Ehemann.« Die Simpsons wurden 1927 geschieden, und im Frühjahr 1928 turtelten Ernest und Wallis in New York und London, wo er geschäftlich zu tun hatte.

Daß sich Wallis zu Ernest hingezogen fühlte, ist leicht zu verstehen, denn er war ein charakterstarker gutaussehender Mann, der ihr finanzielle Unabhängigkeit, Ansehen und Sicherheit bieten konnte, alles Voraussetzungen, die für ihren Aufstieg in die internationale Gesellschaft notwendig waren. »Ich kann nicht während meines restlichen Lebens immer nur in der Welt umherziehen«, schrieb sie ihrer Mutter, nachdem Ernest ihr einen Heiratsantrag gemacht hatte, »und ich habe genug davon, allein und ohne Geld zu sein. Außerdem ist man mit zweiunddreißig nicht mehr besonders jung, noch dazu, wenn man sich die jungen Gesichter anschaut, mit denen man konkurrieren muß. Und so werde ich mich jetzt auf ein einigermaßen bequemes Alter einrichten.«

Die Hochzeit fand im Juli 1928 in London statt.

Wallis war die ideale Gefährtin für den ehrgeizigen Simpson. Sie wußte, was sie wollte, war eine perfekte Gastgeberin, konnte exzellent Konversation machen und unterhielt die reichen, einflußreichen Geschäftsleute bestens, von denen Ernest sich einiges versprach. Sie hielt sich stets auf dem laufenden, las die Schlagzeilen der Zeitungen, überflog die neuesten Bestseller, war über den letzten Gesellschaftsklatsch informiert und konnte immer mitreden. Sie bemühte sich auch nicht, mit britischem Akzent zu sprechen, und behielt ihr seltsam aristokratisches Baltimore-Idiom ihr Leben lang bei.

Sie war jederzeit bereit, ihre Meinung zu sagen, aber sie ließ sich ebenso bereitwillig belehren. Ihr Auftreten war selbstbewußt und stets charmant. Chips Channon, der in seinen Aufzeichnungen mit Begeisterung über hochnäsige Menschen herzog, fand diese Eigenschaft nicht an Wallis, die er bei Emerald Cunard kennenlernte. Channon nannte Mrs. Simpson »fröhlich, direkt, intelligent, ruhig, unprätentiös und ohne jede Überheblichkeit«, was aus seinem Mund ein großes Lob war.

Doch neben ihren angenehmen Eigenschaften sollte ihr Ehemann schon bald Negatives an ihr entdecken: »Sie konnte furchtbar jähzornig sein«, sagte er Jahre später, nachdem er zum drittenmal geheiratet hatte. Er glaubte, daß alle ihre Ehemänner Angst vor ihr gehabt hätten, und fügte hinzu: »Ich jedenfalls hatte meistens Angst vor ihr.«

Es spricht alles dafür, daß sich Ernest und Wallis sehr gern hatten, was sich auch darin zeigte, wie sie schwierige Zeiten, die noch folgen sollten, gemeinsam überstanden. Wallis mag zwar jähzornig gewesen sein, doch gibt es keinerlei Hinweise darauf, daß sie etwa gewalttätig oder neurotisch gewesen wäre. Aber laut Herman Rogers gibt es vielleicht eine Erklärung für ihren Jähzorn wie auch für den Verlauf ihrer beiden ersten Ehen und auch ihrer dritten, wie sich noch zeigen wird. Als Wallis 1955 den amerikanischen Schriftsteller Cleveland Amory beauftragte, ihr bei der Abfassung ihrer Memoiren zu helfen, beschloß er, ihre eigenen Erinnerungen durch die ihrer langjährigen Freunde zu ergänzen. Deshalb verbrachte er einige Wochen mit Herman Rogers, ihrem ältesten Vertrauten, an seinen Wohnsitzen in London und Cannes.

Obwohl Rogers und Amory wußten, daß die folgenden Auskünfte nicht für die Öffentlichkeit bestimmt waren, vertraute Rogers seinem Gesprächspartner an, daß Wallis einmal zu ihm gesagt habe: »Ich habe es keinem Mann je gestattet, mich unterhalb der Mason-Dixon-Linie [Grenze zwischen den amerikanischen Nord- und Südstaaten] zu berühren«, womit sie offenbar einen bestimmten Bereich ihres Körpers meinte. Und bei anderer Gelegenheit erzählte sie Rogers: »Weißt du, Herman, ich war zweimal verheiratet, bevor ich den Prince of Wales kennenlernte, aber ich habe nie mit einem meiner Ehemänner geschlafen.«

Diese Geständnisse klingen ziemlich unglaubwürdig, aber warum hätte Wallis derart intime, provozierende, wenn nicht gar kompromittierende Details über sich erfinden sollen? Im Laufe der Jahre hat es immer wieder Spekulationen gegeben, Wallis sei ein Hermaphrodit gewesen, das heißt, sie sei teils Frau, teils Mann gewesen – eine seltene und rätselhafte, aber nicht unbekannte Laune der Natur, die bisweilen schon kurz nach der Geburt, häufig aber auch erst später, korrigiert werden kann. Falls diese Vermutung stimmt, wird auch verständlich, warum Wallis heterosexuellen Geschlechtsverkehr ablehnte und warum man an ihr maskuline Züge beobachten konnte, wie es Außenstehende an ihr immer wieder wahrgenommen haben. James Pope-Hennessy, der Biograph Queen Marys, war nicht der einzige, der in Wallis Simpson »eine Amerikanerin *par excellence*« sah, die allerdings den »Verdacht [erregt], gar keine Frau zu sein«. Aber vielleicht ging er damit zu weit, denn es gibt zahlreiche psychologische und hormonelle Einflüsse, die »männliche« Eigenschaften einer Frau erklären können. Es gibt aber keinerlei Beweise, um die provozierende These zu stützen, Wallis sei ein Zwitter gewesen. Aber dessenungeachtet gibt es ihre persönlichen Auskünfte über ihr eher ungewöhnliches Sexual- und Eheleben.

Was Spencer und Simpson anbelangt, so stellt sich die Frage, wieso beide Männer eine Frau geheiratet haben sollen, die nicht in der Lage war, ihre ehelichen Pflichten zu erfüllen. Bei Earl Spencer könnte diese Erkenntnis allerdings wie ein Schock gewirkt haben, und es ließen sich damit das Scheitern der Ehe wie auch sein Alkoholismus erklären.

Bei Ernest Simpson freilich ist die Angelegenheit schon komplizierter. Wallis war gesellschaftlich überaus geschickt, außerordentlich charmant und eine vollkommene Gastgeberin, was für Simpson sehr wichtig war. Aber Ehen werden ja nicht nur unter sexuellen Voraussetzungen geschlossen, zudem besteht auch die Möglichkeit, daß sich die Wünsche und Vorlieben eines Partners im Laufe einer Ehe ändern können. Und man muß berücksichtigen, daß bis in die späteren Jahrzehnte des 20. Jahrhunderts mit dem Thema Sexualität weit weniger frei umgegangen wurde, als das heute der Fall ist.

Wie es der Zufall wollte, kam für Wallis Simpson die Einladung von Lady Furness für den 10./11. Januar 1931 ziemlich ungelegen. Sie litt nämlich an einer schrecklichen Erkältung und hatte wenig Lust, sich von ihrer Schwägerin Maud Kerr-Smiley herablassend darüber belehren zu lassen, wie man sich einem Prinzen gegenüber benimmt. Aber Ernest ließ diese Einwände nicht gelten, und die Simpsons fuhren am Wochenende aufs Land. In einem Brief an ihre Tante Bessie Merryman eine Woche später erwähnte Wallis ihre Begegnung mit dem Prinzen nur beiläufig, und zwar zwischen einem Hinweis auf ihre schlechte körperliche Verfassung und der Klage, daß es so schwierig sei, in London geeignetes Personal zu finden.

Daß sie von Edward nicht übermäßig beeindruckt war, zeigt auch die Antwort, die sie ihm gab, als er wissen wollte, ob es wahr sei, daß es in jedem amerikanischen Haus eine Zentralheizung gebe. »Tut mir

leid, Sir«, entgegnete sie, »aber Sie enttäuschen mich. Jeder Amerikanerin, die nach Großbritannien kommt, wird diese Frage gestellt.
Ich hatte mir vom Prince of Wales eigentlich etwas Originelleres
erhofft.« Einige Sekunden herrschte betretenes Schweigen, dann
errötete Edward kurz und lächelte. Er war es von seinem Vater
gewohnt, belehrt zu werden, außerdem mochte er starke, resolute
und originelle Frauen, und eine solche Frau war Wallis.[3]

Thelma Furness schrieb Jahre später, »Wallis und ich wurden
dicke Freundinnen«. Sie hat Wallis so charakterisiert, wie sie sich ihr
im Jahr 1931 darstellte:

> »Sie war keine schöne Frau, aber sie hatte einen ganz eigenen
> Charme und sehr viel Humor. Ihr dunkles Haar trug sie in der
> Mitte gescheitelt, und das Schönste an ihr waren ihre wachen, aus-
> drucksstarken Augen … Sie hatte große Hände, und sie bewegte
> sich auch nicht besonders anmutig.«

Thelma und Wallis, die sich schon auf den Partys anderer Amerikaner, die in London lebten, getroffen hatten, besaßen eine Menge
Gemeinsamkeiten (sie waren sich äußerlich sogar so ähnlich, daß
man sie für Schwestern hätte halten können). Während der folgenden
drei Jahre – Thelmas und Edwards Verhältnis dauerte noch an, und
der Prinz unterhielt zu Wallis Simpson nur eine herzliche, unkomplizierte Beziehung – waren die beiden Frauen eng befreundet.
Während des Jahres 1931 trafen sich der Prince of Wales und die
Simpsons dreimal auf Gesellschaften und redeten nur beiläufig miteinander. Wegen ihrer begrenzten Mittel luden die Simpsons äußerst
selten zu Partys in ihre Wohnung in Bryanston Court ein. Prinz
Edward war dort zum erstenmal im Januar 1932 zu Gast; er revan-
chierte sich mit einer Einladung zum Wochenende nach Fort Belvedere.

Von Mitte Januar bis Ende April 1931 befand sich der Prinz auf
einer Reise durch Südamerika, die der Belebung des britischen Handels dienen sollte und auf der ihn sein Bruder George begleitete. Er
besuchte auch seinen alten Freund José Uriburu in Buenos Aires.

---

[3] Bereits Jahre zuvor waren Wallis und ihr erster Mann dem Prince of Wales vorgestellt worden. Auf dem Rückweg von seiner Australienreise war Edward am 7. April 1920 in San
Diego Ehrengast auf einem amerikanischen Marineempfang gewesen. Leutnant Spencer und
seine Frau hatten damals in einer langen Reihe gestanden, die der Prinz händeschüttelnd
abgeschritten hatte.

Am 10. Juni desselben Jahres wurde Wallis auf einer Gartenparty im Buckingham-Palast dem König und der Königin vorgestellt. Diese kurze, unpersönliche Audienz, bei der sie in einer langen Schlange mit anderen Amerikanern stand, hatte sie dem Einfluß von Thelma Furness zu verdanken.

Die Affäre des Prinzen mit Thelma führte im März 1932 zu einer Konfrontation von Vater und Sohn. Der König erklärte Edward, daß diese Beziehung Tagesgespräch von »ganz London« sei und »das Gewissen Englands« einen solch skandalösen Lebenswandel nie gutheißen werde. Auch seine Beliebtheit werde dem Prince of Wales nicht mehr helfen. Als Edward erwiderte, daß die Menschen 1932 toleranter seien als die Generation vor ihnen, bestritt dies der König und behauptete, wie es in den Aufzeichnungen seines Privatsekretärs Lord Wigram heißt, daß

> »die Zeiten, als Fürsten sich ganz offiziell Mätressen hielten und mit ihnen sogar Kinder gezeugt hätten, ein für allemal vorbei seien und daß das englische Volk von seinem Königshaus ein anständiges Familienleben erwarte. Es sei zwar nichts Ungewöhnliches, daß junge Männer über die Stränge schlügen, aber sei der Prinz mit seinen achtunddreißig Jahren nicht allmählich über dieses Alter hinaus? Seine Liaison mit Lady Furness sei allgemein bekannt. Und der Prinz versuchte auch gar nicht zu leugnen, daß Lady Furness seine Mätresse sei.«

Der König war um den Prince of Wales auch deshalb so besorgt, weil er glaubte, daß das englische Volk einen verheirateten Mann auf dem Thron zu sehen wünschte. Darauf entgegnete Edward, die einzige Frau, die er je habe heiraten wollen, sei Freda Dudley Ward gewesen, »aber der König hat gesagt, daß er das nicht für praktikabel hält«, wie Wigram notierte. Das war also der damalige Stand der Dinge. King George erreichte nichts bei seinem Sohn.

Als er sich wieder den Staatsgeschäften zuwandte, sah er sich einer überaus schwierigen Aufgabe gegenüber. Auch in Großbritannien waren seit 1931 die Auswirkungen der Weltwirtschaftskrise zu spüren, und keine Stadt des Landes schien davon verschont geblieben zu sein.

Die britischen Exporte waren dramatisch zurückgegangen, und das Pfund verlor ständig an Wert. Fast drei Millionen Menschen (fünfundzwanzig Prozent der arbeitsfähigen Bevölkerung) waren

ohne Arbeit, und in London wurden viele der großen Privatresidenzen verkauft und manche von ihnen zu Hotels umgebaut. Doch das
Klassensystem geriet nicht ins Wanken. Ein Prozent der Bevölkerung hielt zweiundsechzig Prozent des Nationalvermögens und zehn
Prozent der Bevölkerung sogar einundneunzig Prozent. In Parks und
auf öffentlichen Plätzen fanden kommunistische und faschistische
Kundgebungen statt. Fünftausend beschäftigungslose Arbeiter hielten südlich der Themse vor dem Rathaus von Battersea eine Demonstration ab, und wütende Postarbeiter legten den Verkehr im West
End lahm, sogar die Staatsbediensteten nahmen an Protestmärschen
teil. Das Staatswesen und die öffentliche Ordnung schienen aus den
Fugen geraten zu sein.

Am 31. August 1932 gab die Labour-Regierung unter Premierminister Ramsay MacDonald auf, nachdem einige seiner Minister sich
für Steuererhöhungen, eine Verringerung des Arbeitslosengeldes
und Gehaltskürzungen bei den Mitarbeitern des öffentlichen Dien-
stes und der Polizei, bei den Lehrern und beim Militär ausgesprochen
hatten. Zweimal ersuchte MacDonald im Buckingham-Palast um
seinen Rücktritt, aber der König konnte ihn – mit Zustimmung der
konservativen und der liberalen Parteiführer Stanley Baldwin und
Herbert Samuel – überreden, die Führung einer Nationalen Koaliti-
onsregierung zu übernehmen (ihr gehörten fast ausschließlich Konservative an). Im September wurde die Stützung der Währung durch
Gold zugunsten von Sterlingsilber aufgegeben, und der Wert des
Pfunds fiel um fünfundzwanzig Prozent.

In diesem allgemeinen Aufruhr wurde der König von allen Seiten,
allerdings zu Unrecht, der Parteilichkeit beschuldigt. Warum, klag-
ten viele, befragte er nicht die Mehrheit der Labour Party, sondern
stellte sich hinter MacDonald und unterstützte den Plan zur Bildung
einer Koalition? Doch der König handelte durchaus im Rahmen seiner verfassungsrechtlichen Pflichten, denn solange MacDonald
rechtmäßig gewählter Premierminister war, konnte der König ohne
den ausdrücklichen Auftrag MacDonalds, der inzwischen beschlossen hatte, im Amt zu bleiben, gar keine anderen ranghohen Politiker
konsultieren.

Wie Georges Biographen ausgeführt haben, war die Krise
hauptsächlich durch den Zwang zu schnellem Handeln ausgelöst
worden. Die Geldreserven des Landes schmolzen mit beängstigen-
dem Tempo dahin, ausländische Investoren zogen sich daraufhin
zurück, und der Gouverneur der Bank von England sprach bereits
öffentlich von einem drohenden Staatsbankrott. Der König war des-

halb zu sofortigem Handeln genötigt und konnte sich nicht an das vorgeschriebene Procedere halten, das heißt, er hätte zunächst Mac-Donalds Rücktrittsgesuch annehmen und dann Neuwahlen ausschreiben müssen. Wie sich im weiteren Verlauf zeigte, gehörten der Nationalen Regierung etliche äußerst begabte Politiker an, und die Bürger des Landes, die noch immer unter den Folgen der Depression litten, sorgten dafür, daß die öffentliche Ruhe und Ordnung erhalten blieben. Bereits seit langem war jedoch deutlich, daß sich das britische Empire in einem raschen Niedergang befand.

Im Oktober 1932 wurde Mahatma Gandhi, barfüßig und nur mit seinem berühmten Lendentuch und einem schlichten Umhang bekleidet, durch die mit kostbaren Teppichen ausgelegten Korridore des Buckingham-Palastes geführt, um mit dem König und Kaiser von Indien Tee zu trinken. Ebenso höflich wie bestimmt setzte Gandhi King George davon in Kenntnis, daß Indien unabhängig werden müsse und daß die Mitgliedschaft in einem Commonwealth zwar akzeptabel sei, jedoch nicht die Zugehörigkeit zu einem Imperium. »Denken Sie daran, Mr. Gandhi«, sagte der König aufgebracht, »daß ich Angriffe auf mein Empire nicht dulden werde!« Gandhi erwiderte lächelnd: »Ich möchte mich nicht im Palast Eurer Majestät und angesichts Eurer Gastfreundschaft in einen politischen Streit verwickeln lassen.« Gleichwohl waren der König und Gandhi sich in einem Punkt völlig einig, der Verurteilung des Rassismus der Briten in Indien.

Genau dreißig Jahre nach dem Tod von Queen Victoria befand sich das Empire, das einst in allen Teilen der Welt präsent gewesen war, in Auflösung. Im Dezember des Jahres 1932 beendete das Statut von Westminster den alten imperialen Auftrag, was eine Reihe von Gesetzen nach sich zog, die vom Geist der Imperialen Konferenz von 1926 inspiriert waren. Bis dahin waren Entscheidungen, die für die Kolonien politisch ausschlaggebend waren, in der Downing Street gefallen; auf Vorschlag seiner Minister hatte der König Vizekönige und Generalgouverneure ernannt. Fortan sollten die Parlamente in den überseeischen Besitzungen ihre eigenen politischen Führer wählen und ohne Bezugnahme auf das Vereinigte Königreich ihre Gesetze selbst beschließen dürfen. Auf der anderen Seite konnte das britische Parlament keine Gesetze mehr für eine der überseeischen Besitzungen ohne deren Zustimmung beschließen. Wie nachdrücklich einzelne Ministerpräsidenten in den Kolonien ihre Verbundenheit mit der Krone auch weiterhin unterstrichen, war die Krone doch nur noch das vage Symbol eines freien Commonwealth, dessen Mitglieder jetzt vornehmlich aus wirtschaftlichen und weniger aus politischen Gründen miteinander verbunden waren.

Doch gab es wenigstens einen Augenblick des nationalen Hochgefühls in dem chaotischen Jahr 1932. Auslöser war eine Ansprache, die der König an die Öffentlichkeit richtete.

Von der Bedeutung des Rundfunks überzeugt, drängte Sir Clive Wigram (der nach dem Tod Lord Stamfordhams Privatsekretär des Königs geworden war) George, dem Ersuchen der BBC, eine Weihnachtsansprache zu halten, nachzukommen. Seit er bei der Britischen Ausstellung im Wembley-Stadion vor einem Mikrophon gestanden hatte, war der König dazu nicht mehr zu bewegen gewesen. Er nehme schon von der Existenz der Tagespresse kaum Notiz, erklärte George 1932, als man ihn bat, eine Festansprache zu halten, warum sollte er sich das Weihnachtsessen in Sandringham wegen des Rundfunks verderben lassen?[4]

Aber Wigram konnte dem unwilligen König ein ganz besonderes Angebot machen. Der Schriftsteller Rudyard Kipling hatte nämlich für Seine Majestät ein weihnachtliches Grußwort geschrieben. Ob der König den Text nicht wenigstens einmal lesen wolle, fragte Wigram. Die Grußadresse bezog sich nämlich auf das Statut von Westminster und auf den aktuellen Stand des Empires oder Commonwealth. Das Weihnachtsfest biete dem König doch eine hervorragende Gelegenheit, meinte der Privatsekretär, seine Vorrangstellung wieder einmal öffentlich in Erinnerung zu rufen.

Während der letzten Tage vor dem Fest las King George die Rede immer wieder laut vor, bis Queen Mary und der Prince of Wales, die sich das anhören mußten, genervt die Augen verdrehten und die Rede, die sie inzwischen auswendig konnten, auch herunterleierten.

Um 15.30 Uhr am Heiligen Abend war es dann endlich soweit, bescheiden und deutlich ging die Stimme des Königs von Sandringham aus über den Äther:

»Dank der Wunder der modernen Wissenschaft kann ich an diesem Weihnachtstag das Wort an meine Völker überall im Empire richten. Ich verstehe es als ein gutes Omen, daß der Rundfunk dies ausgerechnet in einer Zeit ermöglicht, in der das Empire zu einer noch engeren Einheit als je zusammengewachsen ist, und die neue

---

[4] 1932 war es technisch nur unter hohen Qualitätsverlusten möglich, Radiobeiträge aufzuzeichnen. Allein Direktübertragungen gingen einigermaßen störungsfrei über den Äther.

Technik eröffnet uns immense Möglichkeiten, diese Einheit sogar noch zu vertiefen.

Wahrscheinlich wird uns die Zukunft mehr als eine schwere Prüfung auferlegen, doch die Vergangenheit hat uns gelehrt, solche Belastungen unerschütterlich zu ertragen. Im Augenblick indessen besteht für uns alle die vordringliche Aufgabe darin, innerhalb unserer Grenzen für Frieden und Ausgleich zu sorgen, den Wohlstand ohne Eigennutz wiederzubeleben und all die zu ermutigen und ihnen zu helfen, die durch die schweren Schicksalsschläge der vergangenen Jahre mut- und kraftlos geworden sind.

Diesen Zielen nach Kräften zu dienen ist stets mein Hauptanliegen gewesen. Die Loyalität und das Vertrauen meines Volkes sind mir dafür ein überreicher Lohn gewesen. Ich spreche von ganzem Herzen zu Ihnen allen: zu den Männern und Frauen, die fern von uns sind, durch Eis und Schnee, Wüsten oder Meere von uns getrennt, und die nur die Stimmen aus dem Äther erreichen können; ich spreche zu allen, die durch Blindheit, Krankheit oder Gebrechlichkeit vom aktiven Leben ausgeschlossen sind, und schließlich spreche ich auch zu denen, die diesen Tag mit ihren Kindern und Enkeln feiern – Ihnen allen, jedem einzelnen wünsche ich ein frohes und gesegnetes Weihnachtsfest. Gott segne Sie.«

Zwanzig Millionen Briten hörten damals den von King George verlesenen Text von Kipling. Und vielleicht noch zehnmal so viele Menschen hörten die Rede, als sie die BBC später weltweit übertrug. Innerhalb der folgenden drei Tage wurde Georges Weihnachtsansprache in über zweitausend Zeitungen gedruckt, und 25 000 Kommentatoren beschäftigten sich mit dieser Grußbotschaft des britischen Monarchen.

Die Schlagzeile – Größtes Rundfunkereignis der Welt – des *Daily Express* war sicher etwas übertrieben, aber der König bekam zweifellos einen ungeheuren Popularitätsschub und überrundete dadurch den Prince of Wales auf der Beliebtheitsskala. Der König war mit seiner Rede den Menschen im Land so präsent geworden wie nie zuvor, er war jetzt nicht mehr die ferne Person, die man nur hier und da auf einem Foto oder noch seltener in einem Wochenschaubeitrag zu sehen bekam.

Erst im Rückblick wird deutlich, daß der König mit seiner Auffassung recht hatte, die »Wunder der modernen Wissenschaft« seien nicht nur ein Grund zur Freude. Und wohl auch Walter Bagehot wäre seiner Meinung gewesen. Vielleicht hätte er sogar erkannt, daß die Öffentlichkeit nach derartigen Medienereignissen wie der Ansprache des Königs immer häufiger verlangen würde. Und daß die Medien – ein Begriff, den es damals noch gar nicht gab – diesem Bedürfnis des Publikums nur zu gern nachkommen würden. Das Fernsehen befand sich damals zwar noch im Planungsstadium, aber nur fünf Jahre später, 1932, gab es in London bereits einen sogenannten visuellen Rundfunk, und zu einer Verbreitung der entsprechenden Geräte kam es nur deshalb nicht, weil der Zweite Weltkrieg dies verhinderte.

King George verließ an jenem Nachmittag das improvisierte Studio in Sandringham und nahm dann mit Queen Mary das traditionelle Weihnachtsmahl ein. Er fragte auch nach Prinz Edward, der während der Rede den Raum verlassen hatte und in den Garten gegangen war, um so seine Unabhängigkeit von seinem Vater zu demonstrieren. Vier Jahre später trat dann Edward ebenfalls vor ein Rundfunkmikrophon und verkündete seinen Untertanen, daß er ein für allemal auf die Königswürde verzichte.

King Edward VIII. und Mrs. Simpson im Urlaub

ACHTES KAPITEL

Wallis Simpson (Januar 1933 – April 1936)

»Mein Gott! Was wird wohl als nächstes passieren?«
King Edward VIII. beim Begräbnis seines Vaters, King George V.

In den ersten drei Monaten des Jahres 1933 nahm Wallis Simpson
vier Einladungen an, gemeinsam mit anderen Gästen dem Prince of
Wales und Thelma Furness in Fort Belvedere die Ehre zu erweisen.
Nachdem sie im Jahr vorher unter Magengeschwüren gelitten hatte,

war sie froh, sich in exklusiver Gesellschaft zerstreuen zu können. Ihr Ehemann Ernest war während dieser Wochenenden selten dabei, denn er versuchte, sein von der Weltwirtschaftskrise schwer getroffenes Transportunternehmen zu sanieren.

Das Verhältnis zwischen Lady Furness und dem Prinzen war nicht mehr ungetrübt. Zum einen war er jetzt häufig verschlossen und melancholisch, und zum anderen drängten der König, die Königin und der Hof ihn und seinen Bruder George immer nachdrücklicher, endlich eine standesgemäße Frau zu wählen. Von den vier Söhnen des Königs war bis dahin nur Prinz Albert verheiratet und hatte zwei Töchter. Die Londoner Gesellschaft fragte sich auch, ob Prinz Edward je eine unverheiratete Frau finden werde und ob Prinz George sich für eine Frau entscheiden könnte. Es wurde sogar überlegt, den beiden Prinzen geeignete Bräute zuzuführen, falls sie nicht bald eine Entscheidung treffen würden.

An den Wochenenden, die sie in Fort Belvedere verbrachte, lernten sich Wallis und der Prinz näher kennen. Sie unterhielten sich angeregt, sie brachte ihn häufig zum Lachen, stellte ihm Fragen und tadelte ihn sogar, wenn er gegen die Etikette verstieß, oder sie verbesserte ihn, wenn er ein falsches Wort benutzte. Diese Behandlung mag Edward an seine Kinderfrau Green erinnert haben, denn er fühlte sich durch Wallis' Zurechtweisungen nicht entmündigt, sondern er genoß sie sogar. Wallis' Umgang mit ihm ließ ihn vergessen, daß er der Thronerbe war. In ihrer Gesellschaft fühlte er sich wie ein junger Mann, wenn nicht gar wie ein kleiner Junge. Ihm gefiel die amerikanische Lockerheit von Wallis, ihre Lebhaftigkeit und ihr echtes Interesse an dem, was er sagte. Ihr Selbstbewußtsein faszinierte ihn, und ihre freundliche Führung berührte ihn tief. Zunächst jedoch hatte das Verhältnis der beiden noch nicht den Charakter einer Romanze: »Sollte sich der Prinz damals besonders zu mir hingezogen gefühlt haben«, hat sie später geschrieben, »so habe ich von einem solchen Interesse jedenfalls nichts gespürt.«

Doch das alles sollte sich im Sommer 1933 deutlich ändern. Am 19. Juni hatte Prinz Edward zu Wallis' siebenunddreißigstem Geburtstag zum Dinner ins Quaglino's eingeladen (ein Nobelrestaurant im West End nahe seiner Residenz York House). Er schenkte ihr eine große Orchidee, und als mit Champagner auf das Geburtstagskind angestoßen wurde, sagte er zu Ernest, wie glücklich er sich schätzen müsse, eine solche Frau zu haben. Der quittierte dieses Kompliment seines königlichen Gastgebers mit einem Lächeln.

Ernest ging im Herbst wieder auf Reisen, und Wallis gehörte inzwischen zum festen Freundeskreis des Prinzen. Edward stellte sie einer griechisch-dänisch-deutschen Prinzessin vor, die mit Prinz George verlobt werden sollte. Diese Dame hatte schon als Teenager an der Hochzeit von Prinzessin Mary 1922 teilgenommen, wo sie von allen Männern still verehrt und von den Frauen bewundert, aber auch eifersüchtig beobachtet worden war.

Prinzessin Marina, die Tochter des Prinzen Nikolaus von Griechenland und der Großherzogin Helene Wladimirowna von Rußland, hätte ohne weiteres die Figur in einem romantischen Roman sein können. Die dunkelhaarige, blasse Prinzessin war siebenundzwanzig Jahre alt und galt als eine der großen Schönheiten Europas. Ihr Großvater war ein Bruder von Königin Alexandra (der dänische Prinz, der später als George I. den Königsthron Griechenlands bestieg); ihr anderer Großvater war Großherzog Wladimir, ein Bruder des Zaren Nikolaus II.

Marina, die früher mit Freda Dudley Ward befreundet gewesen war, hatte im Sommer 1927 während eines längeren Englandaufenthaltes auch eine Affäre mit Prinz Edward gehabt. Nach Auskunft ihres Schwagers, des Prinzen Paul von Jugoslawien, war sie damals »völlig hingerissen [von Edwards] außerordentlichem Interesse an ihr [und von] seiner Aufmerksamkeit für sie, die das durch Pflicht und Höflichkeit Gebotene bei weitem überstieg«. Marinas Mutter und Schwester hatten damals im stillen auf eine Heirat gehofft, denn die Affäre zwischen Marina und dem Prince of Wales (so Chips Channon) »hätte durchaus zu einer Heirat führen können und machte gute Fortschritte. Doch im letzten Augenblick griff Freda Dudley Ward ein und sorgte für ein Ende der Beziehung«, so wurden schließlich alle enttäuscht.

Die strahlende, unbezähmbare Marina war mit einem verkrüppelten linken Fuß zur Welt gekommen, der schwächer und kleiner blieb als ihr rechter, und sie mußte deshalb zeitlebens Spezialschuhe tragen, die diese Behinderung ausglichen. Ihren Gesichtsausdruck bestimmte stets ein leichtes Lächeln, das sie mysteriös erscheinen ließ, als eine Frau mit Geheimnissen, und sie verwirrte jeden, dem sie begegnete. Die attraktive Marina strahlte eine vollkommene und natürliche Eleganz aus. Sie war gesellschaftlich gewandt, gebildet und sprach mehrere Sprachen, so daß Queen Mary sie für die richtige Ehefrau für George hielt. »Eine alltägliche Frau würde für meinen Sohn keine Hilfe sein«, erklärte sie Mabell Airlie, »aber dieses Mädchen hat Stil und ist gleichzeitig charmant.« Unter solchen

Umständen sah die Königin darüber hinweg, daß Marina mittellos war.

George war anfangs von Marina nicht besonders angetan, was aber niemanden überraschte, der ihn näher kannte; auch fand er sie »herrschsüchtig«. Die Familie mußte ein Jahr lang mit Zartgefühl auf den Prinzen einwirken, bis er einsah, welche Vorteile ihm die Heirat mit dieser selbstbewußten Schönheit bringen würde. Marina hatte alle Voraussetzungen dafür – so wird es wohl auch die Königin gesehen haben –, den launischen George zu zähmen, wenn dieser auch nur um die Familie zu beruhigen einer Heirat zustimmte und gedachte, später sein unabhängiges Leben fortzusetzen.

»Sie ist die einzige Frau, mit der ich für den Rest meines Lebens glücklich sein könnte«, erklärte George denn auch und gab dem Druck allmählich nach. »Wir lachen über dieselben Dinge. Sie schlägt mich bei den meisten Spielen, und es ist ihr ganz gleich, wie schnell ich fahre, wenn wir mit dem Auto unterwegs sind.«

Für Wallis Simpson und für viele andere, die Marina kannten, war sie der Inbegriff dessen, was eine Frau mit angeborener Energie und Zielstrebigkeit – trotz beschränkter Mittel und unsteter Lebensverhältnisse – aus sich machen kann. Nach der Abendgesellschaft, die Emerald Cunard im September 1933 für Marina gab, waren Wallis und vermutlich alle anderen Anwesenden auch hingerissen von dem weiblichen Ehrengast.

Während das Jahr 1933 für die Königliche Familie noch in ruhigen Bahnen verlief, überschlugen sich 1934 dann die Ereignisse.

Im Januar reiste Thelma Furness nach Amerika, um ihre Schwester Gloria Vanderbilt zu besuchen, die sich gerade das Sorgerecht für ihre ebenfalls Gloria getaufte Tochter erkämpfen mußte.

»Drei oder vier Tage vor meiner Abreise traf ich mich mit Wallis zum Mittagessen im Ritz. Ich berichtete ihr von meinen Plänen …, und sie sagte plötzlich: ›Oh, Thelma, dann wird der kleine Mann aber sehr einsam sein.‹

›Meine Liebe‹, sagte ich zu ihr, ›dann mußt du dich eben in meiner Abwesenheit um ihn kümmern. Paß auf, daß ihm nichts Schlimmes widerfährt.‹

Später erst wurde mir klar, daß sie meinen Rat allzu gut befolgt hat. Ob sie ihn allerdings vor Schlimmem bewahrt hat, hängt davon ab, wie man die weiteren Ereignisse beurteilt.«

Wallis dagegen schildert den Verlauf dieses Gesprächs etwas anders: »Am Tag vor ihrer Abreise habe ich mich mit ihr auf einen Cocktail getroffen«, schrieb sie in ihren Memoiren. »Wir redeten wie üblich einfach drauflos, und als wir uns verabschiedeten, sagte Thelma lachend: ›Ich fürchte, der Prinz wird sich sehr einsam fühlen, Wallis. Willst du dich nicht ein wenig um ihn kümmern?‹ Und das habe ich ihr dann versprochen.«

Am darauffolgenden Wochenende jedenfalls kamen die Simpsons bereits zu Besuch nach Fort Belvedere, und beide scheinen sich zu diesem Zeitpunkt als privilegierte Mitglieder der Gesellschaft gefühlt zu haben.

Vier Tage später kam der Prinz zum Abendessen nach Bryanston Court und sprach (wie Wallis später berichtete) über »die kreative Rolle der Monarchie in unserer neuen Zeit« und deutete auch die Schwierigkeiten an, mit denen er selbst zu kämpfen hatte. Dabei hatte sie das Gefühl, einen »zutiefst einsamen, geistig isolierten« Mann vor sich zu haben. Sie lauschte aufmerksam und respektvoll seinen Worten, und Edward spürte, daß sie ihn ernst nahm, was seine stets kühlen und kritischen Eltern nie getan hatten.

Eine Woche später tanzten Edward und Wallis im Dorchester, während Ernest sich um Geschäfte mit einflußreichen Amerikanern bemühte. »Sie sind die einzige Frau, Wallis, die sich jemals für meinen Job interessiert hat«, sagte der Prinz. Eine Woche später war er bereits wieder in Bryanston Court, wohin er jetzt auch häufig unangemeldet kam.

»Sie war wirklich die perfekte Gastgeberin«, erinnerte sich Angela Fox[1]. »Wallis Simpson war eine Dame, umsichtig und großzügig, das muß einmal gesagt werden. Sie gab nie an, war sehr freigebig, obwohl die Simpsons, wie wir alle wußten, mit ihrem Geld haushalten mußten.« Dieser Auffassung stimmte auch Lady Dudley zu: Mrs. Simpson war »eine Südstaatlerin mit sehr guten Manieren«, alles andere als eine vulgäre Frau oder gar eine billige Abenteurerin. Und Walter Monckton, Edwards Freund und Anwalt, war nur einer von vielen, der erklärte, daß Wallis, sei es als Gast oder als Gastgeberin, »sofort herausfand, welche Interessen jemand hatte und sich diese für die nächsten zehn Minuten zu eigen machte«. Wenn man Philip Ziegler, dem Biographen des Prince of Wales, glaubt, hatte Edward »keinerlei Geschmack, sie hingegen hatte einen hochent-

---

[1] Mutter des bekannten Agenten Robin Fox und der Schauspieler James, Edward und Robert.

wickelten Geschmackssinn, in dem ihre ungemein beeindruckende Persönlichkeit zum Ausdruck kam«.

Zudem übte Wallis einen positiven Einfluß auf Edward aus. Ihr gelang es, sein manchmal recht flegelhaftes, rücksichtsloses Benehmen auszugleichen, sie ermahnte ihn, die Gefühle anderer zu achten, und da sie ihm nicht schmeichelte, nahm sie ihm seine Arroganz. Dank ihrer Hilfe reduzierte er auch seinen Alkoholkonsum. Harold Nicolson beschreibt, daß Wallis sich auszeichnete

»durch Rechtschaffenheit und Klugheit. Ich war beeindruckt, als sie dem Prinzen untersagte, während der Pausen im Theater zu rauchen. Sie möchte ihm helfen, das ist ganz eindeutig …, [aber] ich habe das unangenehme Gefühl, daß Mrs. Simpson ungeachtet ihrer besten Absichten ihn von den Menschen fernhält, mit denen er eigentlich Umgang pflegen sollte.«

Damit meinte Nicolson vermutlich seriöse Leute, die sich nicht nur ihre Zeit auf den Gesellschaften der gehobenen Kreise vertrieben. Jedenfalls war Wallis nach seinem Urteil »eine nette Frau, die in die seltsame Situation geraten war«, die Vertraute eines Mannes geworden zu sein, der eigentlich hochqualifizierte Berater gebraucht hätte. Wer behauptete, daß Wallis Edward wie eine Mutter an die Hand nahm und führte, dem hätte man vielleicht erwidern können, daß Edward dies wünschte und sogar genoß.

Anfang des Frühjahrs kursierten in der Londoner Gesellschaft die ersten Gerüchte, Mrs. Simpson habe ihre Freundin Lady Furness in der Gunst des Prinzen verdrängt. Wallis schrieb ihrer Tante Bessie, das stimme nicht, und sie gehöre nicht zu den Frauen, die einer Freundin den Geliebten ausspannen. Außerdem sei es ihre Aufgabe, den Prinzen zu unterhalten, und schließlich sei da noch Ernest. »Es gibt also keinen Grund zur Sorge.«

Neben Emerald Cunard, Prinzessin Marina und den übrigen Bekannten im Umkreis des Prinzen, mit denen Wallis jetzt ständig zusammentraf, dürften sich Ernest und seine Geschäftsfreunde allerdings wie Langweiler ausgenommen haben. Es gab damals tatsächlich noch keinen Grund zu der Annahme, daß mehr als Freundschaft zwischen Edward und Wallis bestand.

Allerdings glaubten Beobachter leichte Veränderungen im Verhalten des Prinzen bemerkt zu haben, je länger die Abwesenheit von Thelma dauerte. George Kilensky, ein Freund der Simpsons aus Amerika, beobachtete, daß Edwards Blick, »nachdem sie zu sprechen aufgehört hatte und jemand anders die Konversation fortsetzte, noch einen Moment auf ihrem Gesicht verweilte«. Und Edward fühlte sich gar nicht wohl bei dem Gedanken, daß »Ernest und Wallis, zwei meiner besten Freunde, demnächst wohl Schwierigkeiten bevorstanden«. Die beiden gingen mit einer neuen Vertraulichkeit miteinander um, und auch die Blicke, die der Prinz Mrs. Simpson zuwarf, waren anders als früher.

Kilensky konnte freilich nicht wissen, daß Edward Wallis ein signiertes Foto von sich gab und er ihr Juwelen, Broschen, Armbänder und Ohrringe schenkte, von denen die meisten Stücke seiner Großmutter, Queen Alexandra, gehört hatten und die er teilweise von Cartier neu hatte fassen lassen. Etliche Male hob der Prinz auch Geld von seinem Privatkonto ab und kaufte für über 10 000 Pfund (50 000 Dollar nach damaligem Kurs) Schmuck. Queen Mary war natürlich schockiert, als sie erfuhr, daß Erbstücke von Queen Alexandra jetzt im Besitz einer Frau waren, die nicht zur Familie gehörte.

Während manche bemerkten, wie fasziniert Edward von Wallis war und manche auch um die Herkunft des kostbaren Schmuckes wußten, gibt es kaum jemanden, der beobachtet hätte, daß Edwards verliebte Blicke von Wallis erwidert worden seien. Ihr Verhalten war stets kontrolliert und diskret, und, soviel muß man einräumen, sie war vernünftig genug, sich einzugestehen, daß diese Beziehung wohl kaum ein glückliches Ende nehmen würde.

Am 22. März kehrte Lady Furness aus Amerika zurück und fuhr am folgenden Wochenende nach Fort Belvedere. Dort mußte sie feststellen, daß Seine Königliche Hoheit ihr mit großer Distanz begegnete. Einige Tage später erklärte Wallis ihrer Freundin Thelma, daß der »kleine Mann« ohne sie verloren sei. Dann verließ sie den Raum, um ein Telefongespräch des Prinzen anzunehmen. Laut Thelma blieb die Tür währenddessen offen.

»Ich hörte, wie Wallis zu dem Prinzen sagte: ›Thelma ist hier‹, und ich stand schon auf, weil ich dachte, ich würde ans Telefon gerufen, doch das wurde ich nicht. Und als Wallis zurückkam, erwähnte sie das Telefonat mit keinem Wort. Ein solches Verhalten an sich war schon seltsam, besonders aber in diesem Fall, weil wir doch gerade noch über den Prinzen gesprochen hatten.«

Weitere Überraschungen gab es aber auch im folgenden Monat, als Wallis sich ständig bei Thelma und Edward in Fort Belvedere aufhielt. Als er beim Mittagessen ein Salatblatt mit den Fingern nahm, gab ihm Wallis einen Klaps auf die Hand. Die übrigen Gäste waren über diese besitzergreifende Geste äußerst befremdet. Er aber reagierte darauf nur mit leichtem Erröten, als schäme er sich, seine Mutter enttäuscht zu haben.

Thelma hatte eine schwere Erkältung und zog sich deshalb bald in ihr Zimmer zurück. Dort suchte der Prinz sie auf, um zu fragen, ob sie eine Arznei brauche. »Die Erkältung war nicht wichtig«, hat Thelma später geschrieben, »ich wollte nur eine Antwort auf die entscheidende Frage haben.«

»Liebling«, sagte sie geradeheraus, »ist es Wallis?« »Red keinen Unsinn«, entgegnete der Prinz kurz angebunden und verließ das Zimmer. »Ich wußte es aber besser«, fuhr Thelma fort, »und am nächsten Morgen habe ich das Haus verlassen.«

Etwa Ende April war die Liaison zwischen dem Prinzen und Thelma endgültig vorbei. Sie sprachen nie mehr miteinander. Ebenso abrupt endete der Kontakt zwischen Edward und Freda Dudley Ward, die bei einem Anruf im Fort erfuhr, daß der Prinz Anweisung gegeben hatte, ihre Anrufe nicht mehr durchzustellen. Jetzt war klar, daß Wallis an erster Stelle in der Gunst des Prinzen stand.

Es gab allerdings noch ein Nachspiel. Als Thelma Wallis später wiedertraf, fragte sie, ob der Prinz sie liebe. Mrs. Simpson erwiderte darauf: »Thelma, ich glaube, er mag mich. Vielleicht mag er mich sogar sehr. Aber wenn du meinst, daß er in mich verliebt ist, dann lautet die Antwort eindeutig nein.« Das scheint Wallis tatsächlich geglaubt zu haben. »Wenn ich alles überdenke«, hat sie später mit bewundernswerter Offenheit geschrieben,

»konnte ich keinen Grund finden, weshalb dieser strahlendste aller Männer sich ernstlich zu mir hingezogen fühlen sollte. Ich war bestimmt keine Schönheit, und er hatte die freie Wahl unter den schönsten Frauen der Welt. Auch war ich damals nicht mehr jung. In meinem Land hätte ich sogar bereits zum alten Eisen gezählt.«

Und darüber, was sie von seiner Attraktivität hielt, hat sie folgendes geschrieben:

Er war der Schlüssel zu einer neuen, glitzernden Welt, die mich stärker faszinierte als irgend etwas anderes zuvor … Züge wurden [seinetwegen] angehalten; Yachten tauchten aus dem Nichts auf;

die vornehmsten Suiten in den feinsten Hotels standen jederzeit für ihn bereit; Flugzeuge warteten auf ihn ... Es war für mich einfach unglaublich, daß ich, Wallis Warfield aus Baltimore, Maryland, zu dieser Zauberwelt gehören könnte ... Ich fühlte mich wie Wallis im Wunderland.«

Für den Prince of Wales machten Wallis' Souveränität, ihre sichere Führung und die Unterstützung seiner Person einen großen Teil ihrer Attraktivität aus; Wallis dagegen fühlte sich von seinem Charme, seiner Zärtlichkeit und seinem Vertrauen in sie angezogen. Bei Wallis fand der Prinz die Liebe, die er suchte. Sie war bereit, einen Mann zu umsorgen, ihn zu schützen und wenn nötig sogar zu strafen. »Manchmal«, schrieb sie einmal sehr treffend an den Prinzen, »glaube ich, daß Du, was die Liebe anbelangt, noch gar nicht erwachsen bist. Vielleicht ist das alles nur eine jugendliche Leidenschaft ... Du mußt im Leben auch auf die Gefühle anderer Menschen Rücksicht nehmen. Ich weiß, daß Du im Grunde Deines Herzens ein selbstloser und rücksichtsvoller Mensch bist, aber in Deinem bisherigen Leben hat sich alles immer nur um Dich gedreht ... Vielleicht bleibst [Du] den Rest deines Lebens eine Art Peter Pan.« Später hat er gesagt, sie sei stets seine »strengste Kritikerin gewesen, und sie hat immer das letzte Wort«.

In jenem Frühjahr konnte kein Zweifel mehr daran bestehen, wer Fredas und Thelmas Nachfolgerin war. Man konnte den Prince of Wales in aller Öffentlichkeit für Mrs. Simpson Türen öffnen, ihr bei Tisch den Stuhl zurechtrücken und ihr Feuer geben sehen – und das sogar in Gegenwart ihres Mannes. Sie dagegen unterbrach oder korrigierte ihn vor anderen und nahm eine dominierende Rolle ein, die er ganz selbstverständlich hinnahm. Nach Auskunft seines Adjutanten John Aird hatte der Prinz »jedes Vertrauen in sich verloren und lief wie ein Hündchen hinter W[allis] her«. Gleichwohl hielt Aird ihren Einfluß für positiv und glaubte, daß sie sich »über die Situation keine Illusionen macht und ganz sicher ihre Ehe nicht aufs Spiel setzen wird«.

Genau das aber tat sie: Denn selbst die Geduld des entgegenkommenden Ernest Simpson hatte Grenzen, und obwohl Wallis an ihre Tante Bessie schrieb, das »Leben mit Ernest geht friedlich weiter wie bisher, trotz der ständigen Anwesenheit SKH«, läßt sich die Tatsache kaum bestreiten, daß sich der Zustand ihrer Ehe rasch verschlechterte. Simpson beklagte sich immer häufiger Freunden gegenüber, daß er seine Frau fast nie mehr für sich habe und mit dem Thronerben natürlich auch nicht so umgehen könne, wie er es sonst mit einem Nebenbuhler tun würde. Manchmal schützte er daher Arbeit vor, wenn der Prinz zum Abendessen kam, oder er erfand Geschäftsreisen, um peinlichen Situationen aus dem Weg zu gehen.

Der Prinz, schreibt Chips Channon in seinem Tagebuch, sei »offenbar wahnsinnig verliebt …, und sie hat ihn sich völlig unterworfen«. Einmal beobachtete Channon den Prinzen in der Royal Opera. Aus seiner Brusttasche ragten einige große, aromatische Zigarren hervor. »Das sieht nicht sehr gut aus«, flüsterte Wallis Edward zu, und sofort verschwanden die Zigarren.

Andere beschrieben das Verhalten des Prinzen noch treffender. »Er lebte auf in ihrer Gesellschaft«, schrieb Winston Churchill über Edward und Wallis,

»und er entdeckte an ihr Eigenschaften, die für sein Glück so bedeutsam waren wie die Luft, die er atmete. Allen, die ihn gut kannten, entging nicht, daß er längst nicht mehr so viele Mätzchen machte wie früher und seine nervösen Zuckungen nicht mehr so häufig auftraten. Er war jetzt gereifter und kein kranker und gequälter Mensch mehr. Diese Erfahrungen, die sehr viele Menschen bereits in ihrer Jugend haben, machte er erst sehr spät in seinem Leben, und deswegen war Wallis so wichtig für ihn.«

Nach der Meinung von Chips Channon hat Wallis

»dem Prinzen sehr geholfen …, und sie [ist] eine fröhliche Amerikanerin, zwar nicht besonders attraktiv, aber geistreich, eine glänzende Gesellschafterin und exzellente Köchin. Noch nie ist [Edward] so verliebt gewesen. Sie setzt alles daran, sich einen Platz in der Gesellschaft zu erobern, solange sie noch seine Favoritin ist, damit sie, wenn er sie eines Tages verläßt (wie er es zu guter Letzt mit jeder bisher getan hat), diesen Status sicher hat.«

Was der Tagebuchautor bemerkte, war, wenigstens teilweise, richtig. So schrieb Wallis am 25. April 1934 an ihre Tante Bessie, daß sie bemüht sei, durch Prinz Edward »Engländer kennenzulernen, und davon hatte ich in letzter Zeit auch an jedem Wochenende neue zu Besuch. Ich befürchte aber, ich kann nicht mehr lange mithalten, weil es natürlich sehr viel Geld verschlingt, sich in Gesellschaft des Prinzen zu bewegen.« Sie würde, wie sie schrieb, »alles dafür geben, nach Ascot eingeladen zu werden«. Aber sie ging davon aus, daß Edward »ein anderes Mädchen finden oder zu Thelma zurückkehren« würde und daß sie sich schließlich »ohne zu murren« an Ernest würde halten müssen, der ihrem Leben noch immer die nötige Sicherheit gab.

Channon und andere wiederholten nur die Überzeugung des Herzogs von York – die wohl auch Wallis teilte –, daß die Romanze nur von kurzer Dauer sein werde. Sie wußten offenbar nicht, wie Helen Hardinge (die Frau von King Georges V. Sekretär Alec Hardinge) später geschrieben hat, daß Edward »beschlossen hatte, sie noch vor seiner Thronbesteigung zu heiraten«. Daß dies völlig unrealistisch war, scheint den Prinzen nicht gestört zu haben. Wie Wallis am 15. April an ihre Tante Bessie schrieb, wollte sie eine ausgeglichene Beziehung und den Prinzen möglichst selten allein treffen, obwohl sie sich durch seine unablässigen Aufmerksamkeiten sehr geschmeichelt fühlte.

In seiner Gegenwart erlebte sie aber auch ein Gefühl, das sie weder bei Spencer noch bei Simpson je gehabt hatte. Zwischen 1932 und 1936 war »ihre Fröhlichkeit« nach Auskunft des Fotografen und Designers Cecil Beaton »geradezu ansteckend …, sie ist der Inbegriff der Eleganz … Ich glaube, daß sie mehr Ausstrahlung besitzt und mehr Interesse auf sich zieht als jede andere öffentliche Person.« Auch fand Beaton sie »durchaus intelligent. Politisch ist sie vielleicht wenig interessiert, aber vom Leben versteht sie eine ganze Menge.«

Im August lud Edward Wallis ein, gemeinsam mit Freunden als sein Ehrengast einige Tage in einer Villa in Biarritz zu verbringen. Tante Bessie begleitete ihre Nichte als Anstandsdame, denn Ernest war wieder einmal geschäftlich unterwegs. Auch Angela Fox mit Ehemann und Schwiegervater war dabei. »Ich habe damals viel Zeit mit Wallis verbracht, während die Männer auf dem Golfplatz waren«, hat Angela hinterher berichtet.

»Sie hat mir Rommé und Backgammon beigebracht, und es war immer angenehm, mit ihr zusammenzusein. Man merkte sofort, daß sie gut erzogen war und daß sie aus einer guten Familie stammte. Sie war wie Freda und Thelma keine Angeberin. Manche von uns haben sie darum beneidet, was sie mit ihrer Garderobe und Kosmetik aus sich machen konnte. Und sie hat uns auch in diesen Fragen immer bereitwillig und ohne Herablassung beraten. Ich war nicht die einzige, die Wallis wirklich sehr gern mochte. Sie hatte diese wundervoll entspannte amerikanische Art – ein ausgezeichneter Gegenpol zum steifen Gehabe des königlichen Gefolges.«

Von Biarritz aus reiste man nach Cannes. Dort zog der Prinz eines Abends nach dem Essen ein kleines Samtetui aus der Tasche und drückte es Wallis in die Hand. Als sie es öffnete, lag darin ein Talisman aus einem Diamanten für ihr Armband, das er immer wieder um kleine Kostbarkeiten bereicherte.

Bei der Königsfamilie allerdings vermochte Wallis keine »Wunder zu wirken«. Auf einem Hofball einige Tage vor Georges und Marinas Hochzeit im Herbst 1934 stellte der Prince of Wales Mrs. Simpson offiziell seinen Eltern vor. Dies war von wesentlich größerer Bedeutung als das erste beiläufige Bekanntmachen auf der Gartenparty 1932. Der König und die Königin, die natürlich von der Affäre wußten, starrten Wallis nur an, ohne ihr zuzulächeln, als Edward sie (ohne Ernest, der auf dem Tanzparkett zurückblieb) zu ihnen führte. Wallis machte einen Hofknicks, Queen Mary nickte kaum merklich, und der Prinz führte Wallis zum nächsten Walzer zurück auf das Parkett. »Diese Frau in meinem Haus!« tobte der König später. Es war das einzige Mal, daß Mrs. Simpson mit dem König und seiner Gemahlin zusammentraf.

An jenem Abend stellte Edward sie noch anderen ranghohen Persönlichkeiten vor, darunter Prinz Christoph von Griechenland, der später berichtete, Edward habe »auf seine impulsive Weise eine Hand auf meinen Arm gelegt: ›Christo, komm bitte mal mit. Ich möchte dich mit Mrs. Simpson bekannt machen.‹«

»Mrs. Simpson, wer ist das?«

»Eine Amerikanerin. Sie ist wundervoll.«

»Das sagte mir alles«, so Prinz Christoph, »es war, als hätte er gesagt: ›Sie ist die einzige Frau auf der Welt.‹«

Der Einschätzung, daß die Dame »wundervoll« sei, konnte sich die Familie des Prince of Wales nicht anschließen. Der Herzog von York glaubte, Edward werde seiner neuen Eroberung bald wieder überdrüssig sein – wie es bisher bei allen anderen auch der Fall gewesen war. Die Herzogin von York mochte Wallis nicht, weder ihren Mut noch ihre demokratische Einstellung, noch ihr violettes Lamékleid mit einer grünen Schärpe. Laut Helen Hardinge war Wallis der Herzogin zutiefst unangenehm. Sie war zwar niemals unhöflich zu ihr, gab aber »sehr deutlich zu erkennen, daß Mrs. Simpson sie nicht im geringsten interessiere«. Das überrascht nicht weiter, denn die beiden Damen waren zu unterschiedlich. Die Herzogin ging gern angeln und verbrachte die Wochenenden am liebsten mit ihren Töchtern, Mrs. Simpson interessierte sich brennend für den neuesten Gesellschaftsklatsch und die aktuelle Mode.

Die Abneigung zwischen den beiden sollte sich im folgenden Jahr noch vertiefen. Im Februar 1935 reiste der Prince of Wales mit Wallis (ohne Ernest, der angeblich geschäftliche Termine hatte) und kleinem Gefolge zum Skifahren nach Kitzbühel und anschließend zum Einkaufen nach Wien und Budapest. Nach seiner Rückkehr ließ Edward zwei Räume in seinem Haus für Mr. und Mrs. Simpson herrichten. Da aber auch ein Raum für eine weibliche Bedienstete eingerichtet wurde, sprach alles dafür, daß es sich bei den beiden Räumen um eine Suite für eine Dame handelte, denn für einen Gentleman und seinen Diener wurde ganz offensichtlich nichts geplant.

Als die Yorks bei einem Besuch im Fort bemerkten, was dort vorging, erklärte die Herzogin, sie wolle in Zukunft mit Mrs. Simpson keinen Umgang mehr pflegen. Als Albert und Elizabeth Zeuge wurden, wie Edward Wallis zu einem gemeinsamen Dinner im Dorchester mitbrachte, verabschiedete sich die Herzogin nach wenigen Minuten, und sie konnte den Herzog und eine Reihe anderer Gäste ebenfalls zum Gehen bewegen. (Der Herzog von Kent tat seine Mißbilligung nie offen kund, und Prinz Henry nahm in der für ihn typischen Art überhaupt nicht zur Kenntnis, was vor sich ging.) Derartige Feindseligkeiten kommen in den besten Familien vor, und auch bei den Windsors und ihren angeheirateten Verwandten fanden solche Ereignisse statt.

Im Oktober 1934 verlieh der König einen Titel, den seit über hundert Jahren niemand mehr getragen hatte: Er ernannte seinen jüngsten Sohn, Prinz George, zum Herzog von Kent, als er am 29. November in der Westminster Abbey Prinzessin Marina (fortan Herzogin von Kent) heiratete. Die beiden bezogen ein Haus in London am Belgravia Square 3 und darauf noch einen Landsitz in Buckinghamshire, wo George die Gestaltung der Räume beaufsichtigte und auch die Menüs für Gäste zusammenstellte. Als Lady Airlie Marina einmal wegen eines gelungenen Dinners ein Kompliment machen wollte, entgegnete die Herzogin:

»Ich muß gestehen, daß ich nicht wußte, was es zu essen geben würde, bis die einzelnen Gänge serviert wurden. Mein Mann hat das Menü zusammengestellt und den Wein ausgewählt, die Blumen und alles andere. Das macht ihm große Freude, und deshalb überlasse ich diese Dinge immer ihm. Er entscheidet auch allein, wie die Räume möbliert und eingerichtet werden.«

Dafür war Marina aber in anderen Bereichen tonangebend. Immer mehr Damen der Gesellschaft rauchten jetzt, weil die Herzogin von Kent dies tat. Ihre Frisuren wurden kopiert, und sie setzte die Mode der Turbane und Pillbox-Hüte durch. Ferner machte sie das Hosentragen für Damen in England populär, und sie trug als erste Kleidung aus Baumwollstoffen. Darauf sah man alle modebewußten Damen Baumwollkleider tragen, die bis dahin verpönt gewesen waren. Ihr Mann hatte ihr berichtet, daß die Textilindustrie in Lancashire wegen der Weltwirtschaftkrise vor dem Ruin stehe. Darauf beauftragte sie ihren Schneider, Baumwollkleider zu entwerfen, die sich bald weithin durchsetzten.

Wie Queen Mary bald erfahren sollte, trat Marina auch im Buckingham-Palast sehr selbstbewußt auf. Als die Königin ihre Schwiegertochter einmal mit leuchtend rot lackierten Fingernägeln sah, sagte sie: »Ich fürchte, der König mag keine lackierten Fingernägel. Kannst du das nicht abändern?« Marina ließ diese Bemerkung völlig kalt. »Dein George mag vielleicht keine lackierten Nägel«, antwortete sie darauf, ohne mit der Wimper zu zucken, »aber meinem George gefallen sie.« So mußte auch die Königin erfahren, daß Marina in der Tat eine »besondere Frau« war. Einen so direkten Ton hatte Marina auch im Umgang mit den übrigen Angehörigen der Königlichen Familie zeitlebens. Sie betrachtete sich als Sproß eines kaiserlichen Hauses, das blaublütiger war und eine viel längere Tradition hatte als die teutonischen Windsors. Ihre Schwägerinnen beispielsweise, die Herzogin von York und die Herzogin von Gloucester, nannte sie gern »diese bürgerlichen schottischen Mädchen«. Und sogar des Wohlwollens Gottes war sich Marina gewiß. Sie berichtete ihrer Schwester Olga einmal, daß sie jetzt auf englisch statt auf griechisch bete: »Ich habe zu Gott gesagt, daß ich gern mit Ihm englisch sprechen möchte, und Er hat gesagt: ›Ganz wie du wünschst, Marina.‹«

Queen Mary, die Marina stets wie eine Fremde und mit Mißtrauen betrachtete, war sehr ungehalten darüber, daß die neue Herzogin von Kent sie weitgehend ignorierte. Dafür konnte sich Mary im Herbst über eine Ehre freuen, die ihr persönlich zuteil wurde. Die Cunard-Reederei hatte beschlossen, einen neuen Ozeanriesen der ursprünglich *Queen Victoria* hatte heißen sollen, auf den Namen »der größten aller englischen Königinnen« zu taufen. Auf diese Nachricht rief der König begeistert aus: »Oh, da wird meine Frau aber glücklich sein!« Und so lief am 26. September 1934 die *Queen Mary* vom Stapel.

Ende 1934 zog sich der inzwischen neunundsechzigjährige King George eine schwere Erkältung zu. Er hatte schon vielfach unter Entzündungen der Atmungsorgane gelitten und rauchte nach wie vor stark. Als noch ein grippaler Infekt hinzukam, befolgte der König den Rat seines Arztes, dem Winternebel in London und der Kälte in Sandringham zu entfliehen. Anfang des neuen Jahres nahm er die Einladung des Herzogs von Devonshire an, auf dessen am Kanal gelegenen Landsitz Eastbourne die nächsten Monate zu verbringen. Zur Unterhaltung des Königs wurde in dem Haus ein Kino eingerichtet, wo er sich mit Vorliebe *Das Leben eines bengalischen Soldaten* anschaute und auch die Diener des öfteren zu einer Vorführung und auf ein Glas Sherry einlud.

Der Genesungsprozeß des Königs zog sich das ganze Jahr 1935 hin. Von Eastbourne ging er mit Queen Mary nach Windsor, doch erholte er sich bis zu seinem Tod im folgenden Jahr nicht mehr von seinem Leiden. Durch die Verringerung seiner Lungenkapazität war auch sein Herz immer schwächer geworden, was wiederum sein Gefäßsystem in Mitleidenschaft zog. Der ernste Zustand des Königs veranlaßte Lord Wigram, den Prince of Wales am 11. April in Fort Belvedere aufzusuchen. Der König, so teilte Wigram dem Prinzen mit, sei ein gebrechlicher Mann, so daß man mit seiner vorzeitigen Inthronisation rechnen konnte. Allerdings werde die Presse die Beziehung des Prinzen zu Mrs. Simpson »kaum schweigend« hinnehmen, und auch das Land werde »keinen Herrscher [tolerieren], der mit der Frau eines anderen Mannes zusammenlebt, egal wie harmlos die Beziehung auch sein mag«. Der Prinz erwiderte, sein Privatleben gehe niemanden etwas an und gab sich überrascht, wie man an seiner Freundschaft mit einer so charmanten Frau Anstoß nehmen könne. Als der König von dieser Reaktion erfuhr, bekam er einen schrecklichen Wutanfall.

Während sich der König um die ungelöste Nachfolgefrage große Sorgen machte, nahte sein Silbernes Thronjubiläum, für das am 6. Mai 1935 eine pompöse Feier vorbereitet wurde, ungeachtet (oder vielleicht sogar wegen) der gravierenden wirtschaftlichen Schwierigkeiten, in denen sich das Land befand. Die Gebäude in London wurden festlich geschmückt, und Hunderttausende von Gästen strömten am Festtag in die Stadt. Alle Mitglieder der engeren und weiteren Königlichen Familie fuhren in einem Zug von Prachtkarossen Richtung St.-Paul's-Kathedrale, wo ein feierlicher Dankgottesdienst zelebriert wurde. Als sie wieder zurück im Buckingham-Palast waren, mußten der König und die Königin am Nachmittag und noch am Abend wieder und wieder den jubelnden Massen zuwinken. Um acht Uhr abends setzte sich George vor ein eilends installiertes Mikrophon, um sein Volk mit einer Ansprache zu ehren, die diesmal weder von Rudyard Kipling noch von Cosmo Lang, dem Erzbischof von Canterbury (der die folgenden Weihnachtsbotschaften geschrieben hatte), stammte, sondern von George selbst:

»Am Ende dieses denkwürdigen Tages möchte ich mich an mein Volk überall in der Welt wenden. Wie soll ich ausdrücken, was mich im Herzen bewegt? … Ich kann Ihnen – meine lieben, lieben Landsleute – nur sagen, daß die Königin und ich Ihnen von ganzem Herzen für all die Loyalität – und darf ich es sagen? – Liebe danken möchten, die Sie uns stets und ganz besonders an diesem Tag entgegengebracht haben. Ferner möchte ich Ihnen sagen, daß ich mich während der mir verbleibenden Jahre auch weiterhin dem Dienst an meinem Volk widmen möchte …

Mein Volk und ich mußten gemeinsam schwere Prüfungen und Zeiten der Not durchmachen. Und diese Zeiten sind noch nicht vorüber. Trotz der Freude dieses Tages bin ich bekümmert, wenn ich an die zahllosen Menschen in unserem Land denke, die noch immer ohne Arbeit sind. Wir schulden ihnen wie auch all jenen, die Not leiden, jedes Mitgefühl und jede Hilfe, die wir ihnen geben können, damit sich ihre Lebenssituation wieder bessert und sie neue Hoffnung schöpfen …«

Spät am Abend mußte das Königspaar abermals auf den Balkon treten, um sich den unten wartenden Hunderttausenden zu zeigen, die ihnen zuriefen: »Wir wollen King George!« Er winkte mit beiden Armen, und die Königin ließ sich zu einer für sie ungewöhnlichen Geste hinreißen. Sie streckte beide Arme aus, als wolle sie all die Menschen dort unten umarmen. Eine solche Gebärde hätte man eher von Queen Alexandra erwartet, doch an diesem Tag war es Queen Mary, die sich zu einem derartigen Gefühlsausdruck hinreißen ließ.

Im Hyde Park sangen Tausende die ganze Nacht hindurch. Vom

Piccadilly Circus bis zur Park Lane tanzten und feierten 80 000 Menschen, und der Figur des Eros auf dem Piccadilly Circus hatte jemand einen Union Jack in die Hand gedrückt. Die Straßen waren hoch mit Konfetti bedeckt, und tagelang herrschte ein Verkehrschaos, doch alles verlief friedlich. Vor den Restaurants im West End machten die hauseigenen Kapellen Musik; auf den Bahnhöfen drängelten sich die Menschen, und die Eckkneipen konnten Sandwiches und Ale gar nicht so schnell nachliefern, wie sie bestellt wurden.

Für den König war der Jubel, der ihm an diesem Tag entgegenschlug, »ungemein anrührend«, wie er seinem Tagebuch anvertraute. Eine Woche lang versammelten sich allnächtlich Menschenmassen vor dem Palast, ließen den König hochleben und sangen »For he's a jolly good fellow«, und als George und Mary durch das arme East End fuhren, brandete ihnen soviel ungestüme Begeisterung entgegen, daß sie fast zu Tränen gerührt waren. Von der Welle der allgemeinen Zuneigung schier überwältigt, sagte der Monarch zum Erzbischof von Canterbury: »Ich verstehe das nicht! Ich bin doch nur ein ganz normaler Zeitgenosse.« Woraufhin Seine Exzellenz zweideutig erwiderte: »Genau das ist es ja, Sir.« Als die Festtagsstimmung in der Stadt auch am Geburtstag von Queen Mary am 26. Mai und am siebzigsten Geburtstag des Königs am 3. Juni noch immer nicht nachgelassen hatte, sagte der König: »Ich wußte gar nicht, daß die Menschen so für mich empfinden. Allmählich glaube ich, daß sie mich tatsächlich um meiner selbst willen lieben.«

Aber war das wirklich so? Brachte das Volk dem König die herzliche Zuneigung entgegen, die nicht einmal seine Söhne für ihn empfanden? Oder wurde er nur bejubelt, weil so viele Menschen nie einen anderen Monarchen erlebt hatten? Applaudierten ihm die Menschen, weil er durch seine Worte und sein Verhalten die Herzen seiner zahllosen Untertanen erobert hatte oder weil sein Bild ständig in den Zeitungen und Wochenschauen zu sehen und seine Stimme alljährlich zu Weihnachten im Rundfunk zu hören war? War es dem Geschick der Regierung zu verdanken, daß diese Jubiläumsfeier ein so großer Erfolg wurde? Oder war der Jubel lediglich inszeniert?

Vielleicht galt der Applaus wirklich einem gutaussehenden und würdevollen Landesvater, einem Mann, an den die Leute glauben wollten, einem Ehemann, einem Vater und Großvater, der den Menschen im Land ein Gefühl von Stabilität vermittelte. Vielleicht leitete sich ein Teil der Verehrung aber auch daher, daß die Monarchie in

England überlebt hatte, während die Königshäuser in anderen Ländern vertrieben worden waren. So gesehen war George (wie vor ihm Victoria) eine Art Repräsentant einer Firma, ein Symbol für unkomplizierte Schlichtheit, was die Engländer für die Stärke ihrer Nation hielten. Das kam zum Ausdruck in der Meinung: Wir haben den Ersten Weltkrieg überstanden, und wir werden auch die Weltwirtschaftskrise durchstehen. Schließlich sind wir Engländer, und die lassen sich nicht unterkriegen.

Und als Garanten für diese Kontinuität galten den Menschen der verläßliche King George und die standhafte Mary, die würdevoll und ohne Geziertheit ihr Land repräsentierten. Sie verkörperten genau das, was die Engländer zu sein glaubten.

Dies erklärt vielleicht die Popularität von King George. Er war frei von falschem Getue und niemals überheblich. So wünschen sich wahrscheinlich die Menschen einen Herrscher. Auch an Victoria hatte ihr Volk die Schlichtheit besonders geschätzt. Bei Edward VII. waren es gerade seine Schwächen, die ihn zu einem humanen Monarchen machten. Und im Fall Georges V. schienen dessen ruhige, direkte Art und sein außerordentliches Pflichtbewußtsein Ursache für seine große Beliebtheit gewesen zu sein.

King George stand Veränderungen stets widerwillig gegenüber, er verteidigte in allem die Tradition, was ja auch dem Wesen der Monarchie entspricht. Gleichzeitig war er sich aber bewußt, daß man den Lauf der Dinge nicht aufhalten kann. Er war stets korrekt, ohne selbstgerecht zu sein. Er verabscheute zwar die dramatischen Veränderungen der modernen Welt, ließ sich aber dennoch nicht dazu hinreißen, die nationale Politik nach seinen Vorstellungen zu beeinflussen. Andererseits rief er jedoch Minister zur Ordnung, die sich der Not der Armen verschlossen. George kannte keine Vorurteile gegen Rassen oder gesellschaftliche Klassen, und er verachtete die Blasiertheit der Oberschicht und die leeren Ehrbezeugungen eilfertiger Schmeichler. »Was stehen mir nur all diese Pfaffen im Weg?« murmelte er unwillig, als ihm eine Schar Geistlicher den Weg zum Trafalgar Square versperrte. »Ich wußte gar nicht, daß es in England so viele gottverdammte Pfaffen gibt!«

Der König stand auf seiten der streikenden Arbeiter und der sozial Benachteiligten, redete mit einfachen Leuten niemals von oben herab, und auch durch diese unkomplizierte Art gewann er der Krone Respekt und stärkte das Ansehen der Monarchie.

Diese Einstellung, daß der Monarch und das einfache Volk ein Bündnis gegen die oberen Klassen bilden, stand für eine Idee, die so alt ist wie die englische Geschichte. Die Vorstellung: »Arm, aber loyal« konnte man während der Jubiläumswoche in den Londoner Elendsvierteln auf Plakaten lesen. Und: »Lang lebe der König, nieder mit den Grund- und Hausbesitzern!« Als der König diese Schlagworte las, applaudierte er, lächelte den Leuten zu und versicherte sie seines Wohlwollens, wie sie ihn zuvor ihrer Zuneigung versichert hatten. Sie wußten, daß er keine Macht hatte, politisch einzugreifen, und in gewisser Hinsicht fühlten sie sich mit ihm dadurch vielleicht sogar verbunden. Schließlich hatten alle Angst vor der Zukunft, beobachteten die bestehenden Verhältnisse voller nervöser Anspannung und fühlten sich von den Politikern hinters Licht geführt. In dieser Situation gab der König den Menschen das Gefühl der moralischen Unterstützung, und er war mehr als eine Medien-Berühmtheit. Die Königliche Familie war für Millionen Menschen so etwas wie das Ideal einer Familie.

Queen Mary wandte im Jubiläumsjahr ihre Aufmerksamkeit wieder Familienangelegenheiten zu. Dabei stand die Verheiratung ihrer noch ledigen Söhne an erster Stelle. »Ich hoffe sehr, mein lieber Junge wird jetzt bald ans Heiraten denken«, schrieb sie im September 1934 an Prinz Henry, den Herzog von Gloucester, und nannte auch gleich zwei standesgemäße ausländische Prinzessinnen, die dafür in Frage kamen. Sie schloß ihren Brief mit der Bemerkung: »Heirat liegt in der Luft!«

Henry, fünfunddreißig Jahre alt, gab schließlich dem Drängen nach und heiratete am 6. November 1935 Lady Alice Montagu-Douglas-Scott, die Tochter des Herzogs von Buccleuch. Der Heiratsantrag den Henry Alice machte, war typisch für ihn, ohne jede Förmlichkeit, mit leiser Stimme und etwas ungeschickt. »Er hat sich nicht offiziell erklärt«, erinnerte sich Alice später, »ich glaube, er hat auf einem unserer Spaziergänge etwas diesbezügliches gemurmelt; es gab auch keinen Zweifel, daß ich einwilligen würde. Ich war glücklich, in den Stand der Ehe zu treten, und es war auch an der Zeit, mit meinem Leben etwas Sinnvolles anzufangen.«

Das eher schlichte, praktisch denkende Paar pflegte viele Jahre lang seine gemeinsame Vorliebe für Reisen nach Afrika und für den Gartenbau. Wie Henry hatte auch Alice kein Interesse an Kunst oder an Gesprächen mit Intellektuellen, und sie fühlte sich am wohlsten auf dem Rücken eines Pferdes.

Ähnlich, wie es ihm schon mit der Herzogin von York ging, bekam der König auch zu seiner neuen Schwiegertochter ein besseres Verhältnis als zu seinen Söhnen. Alices Vater war kurz vor ihrer Hochzeit gestorben, und sie schrieb aus diesem Anlaß an den König und versicherte ihn ihrer Loyalität. Seine Antwort lautete: »Danke für Deinen charmanten Brief.

Wie sehr mich Deine freundlichen Worte gerührt haben, besonders die Passage, in der Du von der Suche nach einem neuen Vater sprichst, der bei Dir die Stelle des Verstorbenen einnehmen soll. Liebend gerne würde ich diesen Platz einnehmen, und ich werde stets alles tun, Dir zu helfen. Mit den allerherzlichsten Grüßen

Stets Dein ergebener Schwiegervater
G. R. I.«[2]

Prinz Henry und Prinzessin Alice, Herzog und Herzogin von Gloucester, kommen in dieser Chronik der englischen Monarchie deshalb sehr selten vor, weil sie an den dramatischen Begebenheiten nicht beteiligt waren.

»Inzwischen sind alle Kinder verheiratet, außer David«, notierte der König im Herbst des Jahres 1935 in seinem Tagebuch. Der Thronerbe war seine größte Sorge und natürlich auch dessen folgenschweres Verhältnis zu Mrs. Simpson, das George gar nicht guthieß. Es war zwar nur einem kleinen Kreis der Londoner Gesellschaft bekannt, aber es würde sich gewiß nicht mehr lange geheimhalten lassen, wie der König fürchtete. Prinz Edward hatte seinem Vater auf dem Jubiläumsball versichert, Wallis sei nicht seine Mätresse. Tatsächlich waren viele, auch Emerald Cunard, fest davon überzeugt, daß die beiden vor ihrer Heirat keine sexuelle Beziehung hatten.
Der Prince of Wales bereitete seiner Familie aber auch noch aus anderen Gründen Sorgen. Wie viele seiner Zeitgenossen machte Edward keinen Hehl aus seiner Bewunderung für die Verbesserungen, die der Nationalsozialismus für Deutschland gebracht hatte, etwa die Verringerung der Arbeitslosigkeit und die Verbesserung der Wohnungssituation. Wiederholt gab er seine Sympathien für Hitler zu erkennen. Eine »große Gefahr« allerdings stellten für Prinz

---

[2] In persönlichen Briefen an Familienangehörige und Freunde wurde der volle Titel des Monarchen abgekürzt. Es heißt: G[eorgius] R[ex] I[mperator] – George, König und Kaiser.

Edward die Kommunisten dar, die den Westen nach seiner Auffassung weit mehr bedrohten als die Faschisten. Trotz der von Hitler verfügten Besetzung des entmilitarisierten Rheinlandes durch deutsche Truppen (was der Versailler Vertrag ausdrücklich untersagte) empfahl Edward in einer Rede vor der Britischen Legion im Juni 1935 den britischen Kriegsveteranen, Deutschland zu besuchen, »die Hand der Freundschaft auszustrecken« und ihre geistige Verbundenheit mit dem Land kundzutun. Der Inhalt dieser Rede brachte die Regierung in Verlegenheit, denn sie befürchtete, daß dadurch der französische Verbündete brüskiert würde. Der König reagierte mit einem Wutanfall und verbot seinem Sohn, sich je wieder ohne vorherige Absprache mit dem Außenministerium zu solch umstrittenen Fragen zu äußern.

Ohnehin hatte George V. zu diesem Zeitpunkt jegliches Vertrauen in seinen Sohn verloren. »Er ging sogar soweit zu erklären, daß er es fast für besser halte, wenn der [Prince of Wales] abdanke«, wie Edwards Stabschef Sir Lionel Halsey später berichtet hat, »aber natürlich hätte eine solche Entscheidung weiteres Ungemach verursacht.« Das gleiche galt auch für einen anderen Plan: Seit Oktober 1935 hatte Prinz Edward nur noch einen Gedanken, die Heirat mit Mrs. Simpson. Je nachdrücklicher sie diese Idee als völlig undurchführbar abtat, um so hartnäckiger drang er darauf.

»Er hat kaum Umgang mit respektablen Leuten und ist inzwischen auch schon einundvierzig«, klagte der König gegenüber seinem Cousin, dem Grafen Albert Mensdorff, der einmal österreichischer Botschafter gewesen war. Aber Prinz Edward habe doch viele ausgesprochen angenehme Eigenschaften, darunter auch seinen einnehmenden Charme, entgegnete der Graf. »Gewiß«, sagte der König, »aber das ist ja gerade das Bedauerliche. Wenn er ein Narr wäre, würden wir uns sicher nicht so viele Gedanken machen.«

Von seiner Krankheit beeinträchtigt, äußerte der König Ende 1934 seine schlimmsten Befürchtungen. »Mein ältester Sohn wird nie meine Nachfolge antreten. Er wird abdanken«, sagte er zu einem Höfling. Und dem ruhigen, stets diplomatischen Premierminister Stanley Baldwin, der mit Prinz Edward befreundet war, vertraute er wahrhaft prophetisch an: »Nach meinem Tod wird der Junge sich innerhalb von zwölf Monaten ruinieren.« Als der Erzbischof von Canterbury einmal das hohe Ansehen der Monarchie hervorhob, wurde Georges Blick traurig, und er meinte: »Was nützt das alles, wenn ich doch weiß, daß mein Sohn alles verspielen wird.« Der wohl berühmteste Ausspruch des Königs, in dem seine tiefe Resignation zum Ausdruck kommt, war: »Ich hoffe, mein ältester Sohn wird nie heiraten und Kinder haben, dann kann nichts zwischen Bertie, Lilibet und den Thron treten.«[3]

Am 3. Dezember 1935 erfuhr der König, daß seine Schwester Victoria in ihrem Haus in Buckinghamshire verstorben sei. Sie hatte ihrer Mutter treusorgend als Gesellschafterin, Sekretärin und Pflegerin beigestanden. Victoria war eine konturlose, seltsame Frau gewesen, die niemals geheiratet und nach Alexandras Tod 1925 ein ruhiges Leben geführt, ihren Garten gepflegt hatte und regelmäßig durch die kleine Stadt gebummelt war und sich mit den Bürgern unterhalten hatte.

Zwischen Victoria und George, die nur drei Jahre auseinander waren, hatte stets ein herzliches, humorvolles Einvernehmen geherrscht. »Wie sehr ich sie vermissen werde«, schrieb er in sein Tagebuch, »und unsere täglichen Telefongespräche.« Am Morgen ihres Todes ordnete der König die offizielle Trauer an und sagte auch am Nachmittag die geplante Eröffnung des Parlaments ab. Bei der Beisetzung Victorias ein paar Tage später fand der letzte öffentliche Auftritt des Königs statt.

Obwohl er krank und fiebernd war, wollte King George nicht auf die traditionelle Weihnachtsfeier in Sandringham verzichten. Da seine Familienangehörigen sich inzwischen wegen seiner Krankheit große Sorgen machten, kamen sie alle, um dem König und der Königin ihre Ehre zu erweisen: die Yorks mit ihren beiden kleinen Mädchen, die frisch vermählten Gloucesters und die Kents mit ihrem im Oktober geborenen Sohn Edward; auch der Prince of Wales war anwesend, und es wurde ein fröhliches Weihnachtsessen.

Für seine sonst üblichen Jagdgesellschaften und für die Silvesterfeier, die das Jahr 1936 einläuten sollte, war der König allerdings zu schwach. Er konnte zwar ruhig schlafen, aber seine Atemnot wurde immer beängstigender. Am Montag, den 13. Januar, fühlte sich der König furchtbar schlecht. Er wollte der Königin bei der Katalogisierung der Fabergé-Eier helfen, die seine Schwester hinterlassen hatte, aber er war zu schwach dazu und mußte in sein Zimmer ge-

---

[3] King George V. hätte natürlich niemals außerhalb der Königlichen Familie verlauten lassen, daß er über Edwards Sterilität informiert war.

führt werden. Er sollte es nicht mehr verlassen. Am Freitag, dem 17. Januar, machte der König seinen letzten Tagebucheintrag. Die Gewohnheit, ein Tagebuch zu führen, hatte er seit 1880 ununterbrochen beibehalten: »Dawson [sein Leibarzt] kam heute abend. Er war bei mir, und ich fühle mich sehr elend.«

Da sein Herz immer schwächer wurde, ließ Queen Mary den Prince of Wales benachrichtigen, der auf einer Jagdgesellschaft in Windsor weilte. Sie sandte auch nach Lord Wigram und teilte den beiden Männern gefaßt mit, daß der König wahrscheinlich nicht mehr lange zu leben habe. Als sie dann nach dem Abendessen den König aufsuchten, entschuldigte er sich, daß er so müde sei und sich auf kein Gespräch konzentrieren könne. Später am Abend gab Lord Dawson in Sandringham das erste Bulletin zum Zustand Georges heraus. Da es nie einen schriftlichen Bericht über die Todesursache des Königs gab, ist diese äußerst zurückhaltende Erklärung der einzige klinische Bericht, auf den wir uns heute stützen können:

»Die Bronchitis, an der Seine Majestät der König leidet, ist relativ unbedenklich, aber es gibt Anzeichen einer Herzschwäche, die zu einer gewissen Beunruhigung Anlaß gibt.«

Während es dem König am Samstag morgen wieder ein wenig besser ging, sprachen die Königin, der Herzog von York und der Prince of Wales über die Zukunft der königlichen Residenzen. Wie es viele Menschen in einer vergleichbaren Situation tun würden, versuchten sie ihre Sorgen durch ein anderes Thema beiseite zu schieben. Als Prinz Edward erklärte, Sandringham sei für ihn nicht von Interesse und als König werde er kaum über die zum Erhalt des Anwesens nötigen Mittel verfügen, war seine Mutter »entsetzt«. Das berichtete Wigram, der vorschlug, die Prinzen Albert und Edward sollten doch Sandringham gemeinsam unterhalten. Das sei eine Möglichkeit, räumte Queen Mary ein. Sie berichtete Wigram ferner, daß sie einen Großteil des Schmucks von Prinzessin Victoria an Prinzessin Mary und die Herzoginnen von York, Gloucester und Kent weitergeben werde. Der Prince of Wales dagegen solle davon nichts bekommen, denn er würde das nur »an Mrs. Simpson« weiterverschenken. Und Chips Channon schrieb in sein Tagebuch:

»Heute abend muß ich voll Wehmut an den Prince of Wales denken, der vermutlich schrecklich darunter leidet, daß er nun bald König sein wird. Seine Einsamkeit und seine Isolation werden

den nervösen, phantasielosen Mann bis an die Grenzen des Erträglichen belasten. Noch nie habe ich einen Mann so verliebt gesehen ... Wie sollen [er und Wallis] nur ihr Leben einrichten?«

Am Morgen des 20. Januar verschlechterte sich der Zustand des Königs dramatisch. Wigram traf King George mit einem auf dem Bett ausgebreiteten Exemplar der *Times* an. »George murmelte irgend etwas über das Empire«, notierte Wigram kurz darauf,

> »und ich entgegnete, daß mit dem Empire alles in Ordnung ist, Sir. S. M. verlor das Bewußtsein. Als er dann wieder zu sich kam, sagte der König: ›Ich fühle mich sehr müde. Gehen Sie und fahren Sie mit Ihrer Arbeit fort. Wir sehen uns später.‹«

Das Kabinett hatte den Kronrat einberufen, da es verfassungsrechtlich geboten schien, mit Zustimmung des Königs einen Staatsrat einzurichten, der während seiner Krankheit stellvertretend für ihn agieren sollte. Für mittags hatte man eine Besprechung angesetzt. Der König begrüßte seine Minister und setzte mit sichtlicher Mühe seine Initialen unter das entsprechende Dokument. »Als sie sich zum Gehen wandten«, so Wigram, »lächelte und nickte S. M. den Mitgliedern des Rates noch einmal freundlich zu«.

Der Prince of Wales und der Herzog von York, die nach London gefahren waren, wo sie über die Einsetzung eines Rates diskutierten, der die Abwicklung der Nachfolge übernehmen sollte, kehrten nachmittags nach Sandringham zurück. Unterdessen schrieb Lord Dawson, den die Presse um einen weiteren Bericht gebeten hatte, auf eine leere Speisekarte eine Erklärung, die schon bald legendär war: »Das Leben des Königs neigt sich friedlich seinem Ende zu.« Dieses Bulletin wurde mit Zustimmung der Königlichen Familie dann telefonisch an die BBC weitergegeben, die es in den Abendnachrichten sendete.

Stanley Hewett, einer der Ärzte des Königs, gab dem Monarchen eine Morphiuminjektion, um ihm in der letzten Phase die Schmerzen zu lindern. Darauf murmelte der alte Seemann einen Fluch und schlief ein.

Als der König etwa gegen zehn Uhr ins Koma fiel, hatten sich alle seine Kinder mit Ausnahme des Herzogs von Gloucester (der mit einer Erkältung darniederlag) mit ihrer Mutter am Bett des Sterbenden versammelt.

(Zur gleichen Zeit lag die Nachbarin und Freundin der Königin,

304

Lady Ruth Fermoy, in den Wehen. Sie brachte in jener Nacht ihre Tochter Frances zur Welt, die später Mutter von Lady Diana Spencer werden sollte.)

Prinz Edward hatte Lord Dawson von dem Wunsch der Königin, mit dem auch er einverstanden war, in Kenntnis gesetzt, das Leben des Königs auf keinen Fall künstlich zu verlängern. Mehr ließ der Prinz nicht verlauten, fügte aber bezeichnenderweise hinzu, man werde jede von Dawson getroffene Entscheidung mittragen. Und so kam es, daß König Georges Leben tatsächlich friedlich zu Ende ging – allerdings mit etwas Hilfe seines Arztes.

Ein vollständiger Bericht über den Tod des Königs wurde fünfzig Jahre lang zurückgehalten, bis Dawsons gesammelte Notizbücher der Forschung zur Verfügung standen. Die Sterbehilfe gewährten ihm die Ärzte nicht, um die Schmerzen des – ohnehin bewußtlosen – Königs zu lindern, sondern vielmehr wegen seiner Familie, weil man es für wichtig hielt (so Dawson), daß der Tod »in den Morgenzeitungen und nicht erst in den Abendblättern gemeldet« würde. Dawson telefonierte auch mit seiner Frau in London und bat sie, bei der *Times* zu erwirken, mit dem Druck der Frühausgabe zu warten, weil in Kürze eine wichtige Meldung zu erwarten sei.

Wigram, der an allen diesen Überlegungen und Entscheidungen keinen Anteil hatte, mußte sich dennoch in seiner Ansicht bestätigt fühlen: Er kannte die Macht von Presse und Rundfunk und wird vielleicht angenehm überrascht gewesen sein, als er erfuhr, daß man die Einflußnahme auf die wichtigste Zeitung des Landes, um die Meldung günstig zu plazieren, für nötig befunden hatte.

»Etwa gegen elf Uhr«, schrieb Dawson später,

»wurde klar, daß sich das Endstadium noch viele Stunden hinziehen konnte. Zwar spürte der Patient von alledem nichts mehr, aber die Umstände entsprachen sowenig der Würde und der Heiterkeit, die er zeit seines Lebens besessen hatte, daß eine kurzes Ende unerläßlich schien. Ich entschloß mich deshalb, das Ende zu beschleunigen, und injizierte (persönlich) Morphia gr. 3/4 und kurz darauf Kokain gr. 1 in die Jugularvene: »persönlich«, weil [die Krankenschwester] durch dieses Vorgehen irritiert war. Nach etwa einer Viertelstunde: Die Atmung wurde ruhiger, der Gesamtzustand friedlicher, der Abwehrkampf des Organismus ließ nach … Dann kehrten die Königin und die Familie zurück und kamen ans Bett, die Königin würdig und gefaßt, andere mit Tränen, leise schluchzend … Die Intervalle zwischen seinen Atemzügen wurden immer länger, und das Leben schwand so friedlich dahin, daß es schwer war, den genauen Todeszeitpunkt festzustellen.«

Die offizielle Todeszeit, die man Zeitungen und Rundfunk mitteilte, war der 20. Januar 1936, 23.55 Uhr. Als Dawson den Tod festgestellt hatte, nickte er der Königin zu. Sie küßte die Stirn ihres Mannes und ging dann in vollendet königlicher Haltung zu ihrem ältesten Sohn, verneigte sich vor ihm, nahm seine Hand und küßte sie. Der König, der ihr Gatte gewesen war, war tot: Der König, der ihr Sohn war, lebte. In diesem Moment brach King Edward VIII. vor Kummer zusammen, schluchzte laut und umarmte seine Mutter ganz fest.

Dieser Gefühlsausbruch läßt sich nicht mit der Trauer um den Tod seines Vaters erklären, denn die beiden hatten keine Zuneigung füreinander empfunden. Als seine Mutter sich vor ihm verneigte, ist Edward offenbar schlagartig bewußt geworden, daß die von ihm so sehr gefürchtete Zeit angebrochen war. Und es gab noch einen weiteren Grund: Sein Plan, mit Wallis das Land zu verlassen, war jetzt auch zunichte geworden. Daß es einen solchen Plan tatsächlich gegeben hatte, vertraute Alan Lascelles wenig später Harold Nicolson an: »Edward und Mrs. Simpson hatten Pläne gemacht, im Februar gemeinsam wegzulaufen, und nur King Georges Tod hat das verhindert.« Daß Edward wirklich diese Absicht hatte, wird auch durch ein Schreiben belegt, das er nur drei Wochen vorher, nämlich am Neujahrstag, an Wallis gerichtet hatte: »Oh, meine Wallis, ich weiß, daß wir *Viel Glück* [deutsch] haben und noch dieses Jahr eins werden.« Schon seit Jahren besaß er eine Ranch in Kanada, die er, wie er Alan Lascelles erklärte, als Zufluchtsort unterhielt. »Sie meinen, um dort Ferien zu machen, Sir?« fragte Lascelles. »Nein, ich meine, um dort auf Dauer zu leben«, entgegnete Edward.

»Von außen betrachtet«, so Helen Hardinge, »übertraf [sein Kummer] bei weitem den seiner Mutter und seiner drei Brüder … Während er verlangte, daß man seinen eigenen Gefühlen absolute Aufmerksamkeit zollte, hatte er für die Empfindungen anderer offenbar keinerlei Interesse.« Als sich der neue König allmählich wieder faßte, ging Queen Mary voll Würde zu jedem im Raum. Zuerst zu ihren Kindern, dann zu den Ärzten, Krankenschwestern und Dienern, tröstete sie und bedankte sich.

Dann wurde eine Telefonverbindung mit London hergestellt, und fünfzehn Minuten später sandte die BBC die Meldung in alle Welt. Edward hatte sich soweit erholt, daß er befehlen konnte, die Uhren in

Sandringham um eine halbe Stunde – auf Normalzeit – zurück-
zustellen. Der erste Akt des neuen Königs war es, mit einer geheilig-
ten Tradition seines Vaters zu brechen, der im Winter die Uhr hatte
vorstellen lassen, um an den kurzen Tagen mehr Zeit für die Jagd zu
haben. »Ich frage mich, welche Gepflogenheiten als nächstes fallen
werden«, murmelte Erzbischof Lang; und er brauchte sich das nicht
lange zu fragen. Manchen Beobachtern erschien diese Anweisung
gefühllos und beleidigend, andere sahen darin einen Akt kindlichen
Aufbegehrens. Aber derart impulsives Handeln war typisch für
Edward, der oft nicht überlegte, ob der Zeitpunkt passend war. Die
versammelten Höflinge, treue Anhänger Georges, und alle, die
bereits zu der Ansicht gelangt waren, daß sie den neuen König nicht
ausstehen konnten, deuteten die Anweisung der Uhrenumstellung als
schlechtes Omen: Sie sahen Ärger voraus, und sie sollten recht
bekommen.

Der Herzog von York und sein älterer Bruder statteten am Morgen
des 21., einem Dienstag, dem mit der Regelung der Nachfolge befaß-
ten Komitee in London einen Besuch ab. Sie reisten mit dem Flugzeug an, und damit war Edward der erste englische König, der flog.
Er war auch das erste Mitglied des Königshauses gewesen, das im
Rundfunk gesprochen hatte. Im Bankettsaal des St.-James-Palastes
hielt der einundvierzigjährige Monarch – er war übrigens der erste
unverheiratete Thronfolger seit der Thronbesteigung Georges III.
1760 – vor den über hundert Mitgliedern des Rates eine kurze Rede
und sicherte zu, die verfassungsmäßige Regierung zu unterstützen
und seine Arbeit in den Dienst der Wohlfahrt und des Glücks seiner
Untertanen zu stellen.

Am gleichen Tag berichteten die Londoner Zeitungen auf den
Titelseiten fast ausschließlich über Details der anstehenden Thronfolge. Seine Königliche Hoheit Edward Albert Christian George
Andrew Patrick David, Prince of Wales und Earl of Chester, so lau-
teten Namen und Titel des Mannes, der als Edward VIII. fortan
König sein sollte. Ohne den Herzog von York auch nur zu erwähnen,
veröffentlichten die Blätter Fotos der neunjährigen Prinzessin Elizabeth über die ganze Spaltenbreite und dazu Schlagzeilen wie »Die
kleine Prinzessin steht jetzt in der Thronfolge an zweiter Stelle«.

Am nächsten Tag, einem Mittwoch, wurde King Edward VIII.
vom Balkon des St.-James-Palastes offiziell zum König proklamiert.
Er hatte ein paar Freunde eingeladen, die ihn von einem nahegelegenen Raum im Palast beobachten konnten. Als die Trompeten erklangen, mißachtete Edward abermals die Tradition und stellte sich ans

307

Fenster, um seiner eigenen Proklamation zuzuschauen, und wie in alten Wochenschaufilmen und auf Fotos deutlich zu erkennen ist, steht Wallis Simpson an seiner Seite. Später an diesem Tag legte auch das Parlament seinen Treueeid ab und huldigte offiziell dem neuen König. Mrs. Simpson war dabei nicht anwesend, aber auch wenn sie dabeigewesen wäre, hätte wohl keiner ihre Gegenwart registriert. Denn außerhalb ihres und des Freundes- und Bekanntenkreises des neuen Königs war sie damals kaum jemandem bekannt. Auch die Presse und die breite Öffentlichkeit kannten sie nicht, geschweige denn, daß sie von ihrer Beziehung zu Edward wußten.

Der Leichnam Georges V. blieb bis zum Donnerstag, dem 23. Januar, in der kühlen kleinen Kirche in Sandringham, und wurde dann mit der Eisenbahn nach London überführt. Dort brachte man den Sarg von der Kings Cross Station über Euston Road, Southampton Road, Kingsway, The Strand und Whitehall in die Westminster Hall. Auf dem Deckel des Sarges war die Kaiserkrone befestigt, aber durch das heftige Schütteln des Wagens löste sich die Befestigung, und das Malteserkreuz auf der Krone, von einem Saphir und zweihundert Diamanten eingefaßt, löste sich und fiel aufs Pflaster. »Jesus!« murmelte King Edward VIII. »Was wohl als nächstes passiert?« Und diese Worte, so der Parlamentsabgeordnete Walter Elliott, der sie zufällig gehört hatte, standen fast »wie ein Motto« über der neuen Regentschaft. Godfrey Thomas verstand dieses Mißgeschick sinnbildlich: »Ich bin ja nicht abergläubisch, sagte er, aber [der Vorfall] bestärkt mich in meiner Überzeugung, daß er [Edward] für die Stellung des Königs ungeeignet ist und daß seine Regentschaft mit einer Katastrophe enden wird ... Ich glaube nicht, daß er sich als König lange halten kann.«

Entlang der Route, die der Sarg nahm, standen die Menschen dicht gedrängt. Vier Tage zogen fast 800 000 in Westminster an dem Sarg vorbei, und vor dem Gebäude bildeten sich kilometerlange Schlangen. Am letzten Abend, an dem George aufgebahrt lag, hielten seine vier Söhne, an den Ecken des Katafalks stehend, eine fünfzehnminütige Ehrenwache. Am 28. Januar wurde der König dann in der St.-George's-Kapelle in Windsor beigesetzt.

Während all der Staatsakte und Familienangelegenheiten hob sich ein Mitglied der Königlichen Familie durch besondere Charakterstärke und würdevolles Verhalten hervor. »Die Söhne des Königs hatten völlig die Fassung verloren«, schrieb Cosmo Lang, der Erzbischof von Canterbury, »so daß der noch immer bewundernswürdig gefaßten Königin die Aufgabe zufiel, sie zu ermutigen und zu unterstützen … Ich hatte ein langes Gespräch mit ihr [und fand] ihre Tapferkeit ungebrochen. Man sollte jedoch nicht etwa annehmen, daß diese vollkommene Selbstbeherrschung auf Gefühlskälte beruht hätte. Im Gegenteil: Durch ihre Tapferkeit hielt sie ihre Gefühle im Zaum.«

Während die Glocken läuteten und das Ritual der Totenfeier vollzogen wurde, waren die Windsors wie eine ganz normale Familie durch einen schweren Verlust vereint und voller Angst vor der Zukunft.

Der neue König kehrte am Mittwoch, dem 22. Januar, zur Eröffnung des Testaments nach Sandringham zurück. Hier bekam er seinen ersten Schock, als er erfuhr, daß ihm sein Vater kein Geld hinterlassen hatte. Nachdem verlesen worden war, was George den übrigen Kindern zugedacht hatte, rief Edward mit weinerlicher Stimme aus: »Und was ist mit mir?« Der Notar Sir Halsey Bircham erklärte ihm darauf, King George V. habe geglaubt, daß sein Sohn in seinen fünfundzwanzig Jahren als Prince of Wales dank seiner Einkünfte aus dem Herzogtum Cornwall ein großes Vermögen angehäuft habe und daß er deshalb auf Finanzmittel nicht angewiesen sein werde. Dies war die gleiche Begründung, mit der auch King Edward VII. seinem Sohn George kein Geld hinterlassen hatte. »Aber meine Brüder und meine Schwester haben große Summen bekommen, und mich hat man einfach übergangen!« sagte Edward VIII. und ging jammernd und wehklagend im Raum umher.

Man einigte sich bei diesem Zusammentreffen, daß die Krönung erst nach einer angemessenen Zeit der Trauer und an einem Tag mit schönem Wetter stattfinden sollte. Und da bis dahin noch umfangreiche Vorbereitungen zu treffen waren, wurde der 12. Mai 1937 für die Krönung festgesetzt.

Was die Finanzen betraf, so verhielt sich der neue König laut Lord Wigram »höchst irrational«. Der Lord erfuhr als erster, daß Edward bereits über eine Million Pfund Sterling ausgegeben hatte. »Ich versuchte Seine Majestät davon zu überzeugen, daß er finanziell sehr gut dastehe, aber in diesem Punkt ließ er nicht mit sich reden.« Das ganze Jahre über bemühte sich Edward, an den Verfügungen seines Vaters nachträglich noch Korrekturen vorzunehmen. Im Dezember 1936 ersuchte er darum, das Testament Georges V. zu seinen Gunsten zu ändern. »King George würde sich im Grab umdrehen«, sagte Wigram King Edward ins Gesicht, »wenn er wüßte, daß sein ältester Sohn nicht willens ist, seine Wünsche zu respektieren.« Zu dieser Zeit war Wigram schon auf eigenen Wunsch aus dem Dienst ausgeschieden und hatte nur noch die Vollstreckung des Testaments seines verstorbenen Herrn übernommen. Die Arbeit als Sekretär hatte inzwischen Alec Hardinge übernommen.

Die wachsende Mißbilligung, auf die King Edward gleich zu Beginn seiner Regentschaft 1936 stieß, wurde ihm nicht nur wegen seines Verhältnisses zu Mrs. Simpson entgegengebracht. Letztlich lieferte Wallis den Verantwortlichen nur den besten Vorwand, Edward als inkompetent und für seine Stellung ungeeignet zu erklären.

Bereits als Prince of Wales hatte Edward deutlich gezeigt, daß für ihn das Protokoll nur untergeordnete Bedeutung besaß. Er hatte sich damals schon über die traditionelle Kleiderordnung ebenso hinweggesetzt wie über die Regeln des Hoflebens.

Am meisten lehnte Edward ab, was er »die gnadenlose Förmlichkeit bei Hof« nannte, denn er glaubte, daß sich der Hof dadurch selbst beschränke und so den Ideen und Errungenschaften der modernen Welt verschließe. Hierin erkannte der König zu Recht das Problem der Monarchie, die nach wie vor unverrückbar an der Tradition festhielt. »Ich mußte schon bald feststellen«, schrieb er später, »daß es eine Menge Ärger einbringt, wenn man die Tradition auch nur ein bißchen in Frage stellt.«

Wegen seiner Unbekümmertheit und seines offenen Auftretens und weil er als meistfotografierte Persönlichkeit der englischen Geschichte ein Medienstar geworden war, erfreute sich der Prince of Wales bei seiner Thronbesteigung einer beispiellosen Popularität. Von den Orkney-Inseln bis Australien, von Kanada bis zu den Fidschi-Inseln, überall im Commonwealth kannte man ihn. Und in Amerika, wo der Wunsch, selbst eine königliche Familie zu besitzen oder wenigstens zu »adoptieren« oder selbst hervorzubringen, von jeher eine unausgesprochene nationale Sehnsucht war, stellte man den König als einen Mann vor, den selbst Demokraten akzeptieren könnten.

Aber hinter dieser Filmstar-Popularität war, wie das oft der Fall ist, nur wenig Substanz. King Edward unternahm nichts, um seine mangelhafte Bildung zu verbessern oder sich in irgendeiner Weise den neuen Erfordernissen anzupassen. Er war nur daran interessiert, was ihm guttat, traf sich weiterhin mit seinen Playboy-Freunden und fühlte sich in anspruchsloser Gesellschaft am wohlsten. Einsam und verwöhnt, von seinen Stimmungen abhängig (»Was habe ich denn davon, daß ich ein Prinz bin, wenn ich nicht einmal tun kann, was ich will?«), war er nur an dem interessiert, was seine Person betraf. Er war häufig gereizt, leicht zu kränken und stets aufsässig. Überdies vernachlässigte er vom ersten Tag an seine königlichen Schreibarbeiten (»Ich habe nie viel für Papierkram übrig gehabt«) und verließ sich ganz darauf, daß er mit Hilfe von Wallis diese erste Periode seiner Regentschaft schon einigermaßen überstehen werde.

Alec Hardinge, der dem Prince of Wales früher sehr viel Sympathie entgegengebracht hatte, fand das Verhalten des neuen Königs skandalös, denn Edward las nach wenigen Monaten keine Staatspapiere mehr. Der Grund dafür war klar: »Jede kleine oder große Entscheidung war ohnehin von ihrer [Wallis Simpson] Meinung abhängig. Sie füllte seine Gedanken ganz aus, sie allein war wichtig. Hinter ihr verblaßten die Staatsangelegenheiten zu reinen Nichtigkeiten.« Aber es gab noch einen anderen Grund für die Besorgnis des Privatsekretärs: »Der König nahm fast nie ohne seinen Bruder, den Herzog von York, an Zusammenkünften teil …, [dessen] Anwesenheit schien stets unabdingbar.«

Hardinge glaubte deshalb, es müsse noch ein anderes Motiv dafür geben, daß Edward hartnäckig darauf bestand, daß sein Bruder ihn bei solchen Gelegenheiten stets begleitete, nämlich die Absicht, Prinz Albert auf seine Nachfolge vorzubereiten. Auch Edwards ausdrücklicher Wunsch, daß Albert über alle Details der Krönungszeremonie informiert werde, legt nahe, wie es der Erzbischof von Canterbury sah, daß der Herzog von York Mittelpunkt dieser Feier sein werde. Dieser Eindruck verstärkte sich noch, als der Bischof erfuhr, daß der König, gegen jede Tradition und ohne Zustimmung einer liturgischen Kommission, Anweisung gegeben hatte, daß die Namen des Herzogs und der Herzogin von York in den Kreis der Personen aufgenommen werden sollten, für die jeden Sonntag in den Kirchen gebetet wurde. »Ich glaube, er wollte ganz einfach nicht König sein, sondern diese Würde an jemand anders abgeben«, hat Edwards Biograph Frances Donaldson Jahre später gesagt. »Deshalb hat er [Wallis] auch glauben gemacht, daß es für sie eine Möglichkeit des Zusammenlebens gebe. Das Unglaubliche ist, daß sie ihm die Kraft gegeben hat, auf seine königliche Stellung zu verzichten.«

Was seine Pflichten, aber auch was die Folgen seiner Beziehung mit Mrs. Simpson für seine Familie betraf, zeichnete sich der König nicht gerade als jemand aus, der mit Überlegung handelt. Premierminister Stanley Baldwin hat einmal gesagt: »Er bezieht seine Ideen aus der Tagespresse, statt selbst über die Dinge nachzudenken. Auch liest er kaum etwas Seriöses, eigentlich liest er gar nichts.« Die Konsequenzen daraus waren schwerwiegend. Denn es war jetzt

Baldwin, der die Schriftstücke, die eigentlich über den Schreibtisch des Königs hätten gehen müssen, zensierte, und er gab Anweisung, brisante Dokumente zurückzuhalten, weil Edward solche Papiere achtlos herumliegen ließ, so daß jeder, der wollte, Einblick in sie nehmen konnte. Als der Premierminister erfuhr, daß der König Staatspapiere und vertrauliche Telegramme regelmäßig an den Herzog von York weitergab, achtete er noch genauer auf einen korrekten Ablauf.

Neben Baldwin wußten aber auch viele Mitarbeiter der Regierung in Westminster, daß King Edwards Persönlichkeit derart ungefestigt war und er so wenig Erfahrung hatte, daß man ihm keine verantwortungsvollen Aufgaben übertragen konnte. Aber natürlich sprach dies niemand offen aus, genausowenig wie öffentlich von der Unreife des Königs geredet wurde. »Er benahm sich wie ein kleiner Schuljunge«, sagte Edwards alter, enger Freund Lord Brownlow später. »Um sein Bett herum hatte er Stühle aufgestellt, und auf jedem stand ein Bild seiner geliebten Wallis. Es war wie eine fixe Idee.« Und derart exzentrisch verlief auch das Leben des Königs in Fort Belvedere, das er zu seinem Hauptwohnsitz gemacht hatte, da er sich weigerte, regelmäßig im Buckingham-Palast zu arbeiten.

Nur wenige bei Hof wollten es glauben, aber es war eine Tatsache, daß Wallis bei weitem klüger, stärker und mutiger war als Edward. Außerdem war sie eine Frau, die offenkundig bereit war, ihre Fähigkeiten allein zur Unterstützung eines Mannes einzusetzen, dessen charakterliche Schwächen und offene Abhängigkeit für sie allem Anschein nach höchst anziehend waren. »Ich liebe Dich immer mehr und brauche Dich so sehr bei mir«, schrieb Edward zwei Tage vor dem Tod seines Vaters an Wallis. »Ich sehne, sehne mich danach, Dich nur für ein paar Minuten zu sehen, meine Wallis, das würde mir so guttun. Du bist einfach alles, was ich im Leben habe.« Sie antwortete darauf: »Gott segne Dich, und er möge Dir vor allem dort Kraft geben, wo Du schwach bist.«

Hat Wallis ihn eigentlich geliebt? In ihren Briefen taucht das Wort Liebe nur selten auf, obwohl das auch auf eine gewisse Zurückhaltung hindeuten könnte. Aber Cecil Beaton, der berühmte Fotograf, der Charaktere gut beurteilen konnte, glaubte, Wallis sei »entschlossen [gewesen], ihn zu lieben, obwohl ich den Eindruck habe, daß sie nicht verliebt in ihn ist. Sie fühlt sich offenbar verantwortlich für jemanden, der – [von ihr] grundverschieden – sich ganz und gar auf sie verläßt.«

Wallis Simpson kannte sich sicher nicht in der britischen Geschichte aus (geschweige denn in Verfassungstheorie und -praxis), dafür besaß sie mehr Lebenserfahrung und Gewandtheit als Edward, das räumten Harold Nicolson und andere ein. Wie Edward hatte auch sie verschiedene Beziehungen gehabt, hatte in fremden Kulturkreisen gelebt und viel von ihren zahlreichen Bekanntschaften gelernt. Anders als Edward lebte sie aber im Einklang mit ihrer Familie und ihrem sozialen Umfeld. Sie war niemals unnachgiebig, auch brauchte sie niemanden, der sie in ihrem Selbstwertgefühl bestärkte. Mit ihrem Selbstbewußtsein und ihrer inneren Stärke stützte Wallis den schwachen King Edward VIII., der ohne sie nicht mehr leben konnte. Auch wenn er sein ganzes Leben lang behauptete, seine Regentschaft sei deshalb gescheitert, weil er nicht sein eigener Herr habe sein dürfen, ist die Wahrheit, daß eine Herrschaft seine Möglichkeiten bei weitem überstiegen hätte.

Nach seiner Thronbesteigung beschäftigten sich die Minister des Königs und die breite Öffentlichkeit in den 325 Tagen seiner Regentschaft eigentlich nur mit dem Privatleben Edwards VIII. Das hatte es bis dahin nie gegeben.

Für die Presse war es noch immer absolut tabu, kompromittierende Details aus dem Leben des Herrschers zu veröffentlichen. Aber im Jahr 1936 sollte sich das ändern. Zeitungen aus vielen Ländern, hauptsächlich aus Amerika, schickten ihre Journalisten nach England und lieferten auch dort ihre Zeitungen aus. Und die amerikanische Presse sah keine Veranlassung, Meldungen über das englische Königshaus zu zensieren. Als Prince of Wales war Edward weltweit ebenso berühmt wie die Filmstars Douglas Fairbanks und Charles Chaplin, wie Ramon Navarro oder Rudolph Valentino. Und nach seiner Thronbesteigung würde »Prince Charming« in der Rolle des Königs glänzen. Allerdings war diese Rolle noch nicht perfekt, denn Edward war trotz seiner einundvierzig Jahre noch immer Junggeselle, und mit einem König ohne Familie wollten sich die Briten nicht abfinden.

Ganz sicher sind andere Faktoren für das Scheitern der Regentschaft von Edward VIII. bedeutsam gewesen, aber zum erstenmal in der Geschichte trug die britische Presse entscheidend dazu bei. Nachdem Ende 1936 die amerikanischen Zeitungen immer freizügiger berichteten, hielt sich die britische Presse auch nicht mehr zurück. Die Geschichte wurde damals insbesondere dadurch beeinflußt, daß Nachrichten durch die modernen Kommunikationsmittel schnellere Verbreitung fanden und daß die Öffentlichkeit ein immer größeres Verlangen nach intimen Informationen über die Berühmt-heiten zeigte. Vielleicht weckte auch das Kino den Wunsch, noch vertrauter mit seinen Helden und natürlich deren Privatleben zu sein. Die neuen Medien beherrschten zunehmend das Leben der Men-schen – demnächst in diesem Theater sehen Sie: Robert Donat und Madeleine Carroll …, Marlene Dietrich und Gary Cooper …, Edward VIII. und Wallis Simpson. Sie alle waren Göttern gleich, erschienen sie nun auf der Leinwand oder auf den Bildseiten der Journale und Magazine. Und sie lächelten und winkten und beglück-ten die Menge allein mit ihrer Schönheit und Präsenz.

Die britische Presse hielt sich ja anfangs noch an das Tabu, nichts über das Privatleben des Königs zu melden, aber bei allen Treffen der gehobenen Gesellschaft fiel der Name Wallis Simpson immer häufi-ger, und er tauchte regelmäßig in der amerikanischen Presse auf, die täglich in England ausgeliefert wurde. Zuerst wurden die betreffen-den Seiten noch aus den ausländischen Journalen herausgetrennt, aber das erwies sich schon bald als undurchführbar.

In der Londoner Gesellschaft war es bekannt, daß der König Wal-lis jeden Abend in ihrer Wohnung in Bryanston Court besuchte und daß die beiden jedes Wochenende in Fort Belvedere verbrachten, immer häufiger ohne Ernest. »Der König und seine Geliebte luden uns bisweilen zum Abendessen ein«, erinnerte sich Prinzessin Alice, Herzogin von Gloucester:

»Das war peinlich, denn wir waren ebenso unglücklich über die Liaison wie die übrige Familie, aber als Bruder fühlte sich Prinz Henry verpflichtet, die Einladungen anzunehmen. Mrs. Simpson war stets charmant und freundlich und als typische Amerikanerin eine vollendete Gastgeberin. Nach dem Essen spielten wir dann Siebzehnundvier oder Rommé, oder wir sahen uns einen Film an.«

Die Beziehung des Königs zu den Yorks war seit seiner Inthronisa-tion belastet. Prinz Albert war jetzt präsumtiver (wahrscheinlicher) Thronerbe, Prinzessin Elizabeth stand an zweiter Stelle in der Thron-folge, und die Herzogin war noch vor Prinzessin Mary zweite Dame des Landes.[4] Marion Crawford verdanken wir einen Bericht über den

---

[4] Der Herzog von York war präsumtiver (nicht designierter) Thronfolger, weil sein Anrecht auf die Nachfolge seines Bruders noch durch die Geburt eines Kindes mit höheren Rechten zunichte gemacht werden konnte – in diesem Fall von einem Sohn Edwards VIII. (was man hoffte).

314

Besuch, den Edward und Wallis den Yorks in deren Landhaus Royal Lodge abstatteten. Mrs. Simpson sei bei der Gelegenheit, so erinnerte sie sich, »mit dem König entschieden besitzergreifend umgegangen. Ich weiß noch, wie sie ihn zum Fenster gezogen und ihm erklärt hat, wie bestimmte Bäume umgesetzt und ein Teil eines Hügels abgetragen werden müßten, um die Aussicht zu verbessern.« Das sei doch sehr erstaunlich gewesen, meinte Marion Crawford, daß Mrs. Simpson dem König sogar habe vorschreiben dürfen, wie der Garten der Yorks eigentlich aussehen müßte.

Bei zwei weiteren Gelegenheiten, als der König und Wallis mit den Yorks und anderen zusammentrafen, verhielt sich die Herzogin (wie die Schauspielerin Diana Cooper, eine Vertraute der Königlichen Familie und Frau des Kabinettsmitglieds Duff Cooper, beobachtete) »von Anfang bis Ende ausgesprochen distanziert«.

Aber es gab noch andere erstaunliche Begleitumstände. Denn bei den ranghöchsten Damen der Londoner Gesellschaft (etwa Sibyl Colefax, Margot Oxford, Diana Cooper und Emerald Cunard) war Wallis anfangs durchaus angesehen, denn sie hatte Stil, und man begrüßte ihren positiven Einfluß auf Prinz Edward, und das trotz der Abneigung dieser Kreise gegen alles, was amerikanisch war. Eine der einflußreichen Damen teilte diese Auffassung ganz und gar nicht. Es war die Amerikanerin Nancy Astor, die mit einem britischen Aristokraten verheiratet war. »In London blühen die Gerüchte über den neuen König und seine Mätresse Mrs. Ernest Simpson und ihren achtklassigen Ehemann, den sie im Schlepptau hat«, schrieb sie am 22. März 1936 in ihr Tagebuch.

> »Alle scheinen unter der neuen Krankheit ›Simpsonitis‹ zu leiden, und es ist Mode, vor der lieben Wally ›auf allen vieren herumzukriechen‹ … Das erscheint mir derartig lächerlich, all dies Herumscharwenzeln ist doch nur von kurzer Dauer, und man weiß nie, wann Mrs. S. wieder ›out‹ und die nächste Schrecklichkeit an der Reihe ist. Der König ist egozentrisch und hat keinen Stil …«

Im Laufe des Jahres 1936 schlossen sich immer mehr Nancy Astors Meinung an. Ob Wallis tatsächlich die Mätresse des Königs war oder ob ihre Beziehung (wie die beiden und ihre Freunde immer behauptet haben) bis zur Heirat einen rein platonischen Charakter hatte, ist dabei völlig belanglos (und geht auch niemanden etwas an). Freilich trat sie in der Öffentlichkeit ständig an seiner Seite auf. Sie trug gewöhnlich reichlich Schmuck, den er ihr geschenkt hatte, und dadurch gab sie sich vor aller Welt als seine rechtmäßige Mätresse zu erkennen. Deshalb störte sich die vornehme Gesellschaft eher an den unfeinen Auftritten des Paares als an seinem Privatleben.

Aber was alles noch komplizierter machte, waren die Bemühungen des Königs, Mittel und Wege zu finden, um Wallis doch noch heiraten zu können. Sie hielt diese Bemühungen für aussichtslos (vielleicht hoffte sie das sogar), aber nicht nur weil sie wußte, wie schwierig es ist, einen König zu heiraten, sondern weil er ihr zu fordernd und besitzergreifend war, wie Wallis ihrer Tante Anfang des Jahres schrieb. »Der kleine König will unbedingt, daß ich [aus Paris] zurückkehre. Ich kann eigentlich gleich heimfahren, denn er ruft mich ohnehin etwa viermal am Tag an. Er läßt mir kaum Ruhe.« Zugleich versuchte sie die Erwartungshaltung des Königs zu dämpfen, um so ein Ende der Beziehung zu erleichtern: »Vielleicht werden wir beide uns einmal nicht mehr das wünschen, was am schwersten zu erfüllen ist, und uns mit dem zufriedengeben, was möglich ist«, schrieb sie ihm im Februar 1936, und eine Liebesaffäre, so deutete sie an, sei sicherlich klüger und realistischer als eine Heirat.

Aber mit vernünftigen Argumenten vermochte sie bei Edward und auch bei ihrem Ehemann, die beide mit der Situation nicht einverstanden waren, nur wenig auszurichten. Im März bat Ernest Simpson seinen engen Freund Bernard Rickatson-Hatt, ihn zu einem Treffen mit dem König zu begleiten. Edward residierte noch in York House und zögerte den unvermeidlichen Umzug in den Buckingham-Palast immer wieder hinaus. »Ich mochte den Buckingham-Palast nicht, weil es dort sehr zugig war«, sagte Edward später einmal. »Irgendwie hatte ich das Gefühl, daß ich ohnehin nicht sehr lange dort sein würde. Ich glaubte immer, daß ich dort eigentlich nicht hingehöre. Ich fühlte mich in den königlichen Weiten des Palastes ganz einfach verloren.«

Rickatson-Hatt berichtete, daß Wallis hoffte, ihr werde es gelingen,

»weiterhin mit beiden Männern zu leben. Sie fühlte sich durch die Aufmerksamkeit, die ihr der Prince of Wales und spätere König entgegenbrachte, geschmeichelt und genoß seine großzügigen Geschenke. Sie glaubte wohl, daß sie trotz allem ihre Ehe mit Simpson weiterführen könnte …, sie genoß die Aufmerksamkeit, die sie [vom König] erhielt, und konnte darin nichts Schlimmes sehen. Und wäre der König nicht so hartnäckig und eifersüchtig

316

gewesen, wäre die Ehe der Simpsons nicht an dieser Affäre zerbrochen«.

Die Aussprache des Königs mit Simpson erreichte eine krisenhafte Zuspitzung. Ernest fragte den König rundheraus, ob er beabsichtige, Wallis zu heiraten. »Glauben Sie wirklich«, erwiderte Edward, als ob die Sache bereits entschieden wäre, »daß ich mich ohne Wallis an meiner Seite krönen lassen würde?« Dies war das erstemal, daß der entscheidende Punkt ausgesprochen wurde. Aus der Korrespondenz von Wallis und Edward und den später veröffentlichten Memoiren der beiden geht jedenfalls nicht hervor, ob sie diese Frage bis dahin je erörtert hatten. Aber in der Unterredung der beiden Männer – Wallis war währenddessen zum Einkaufen in Paris – erklärte sich Ernest mit der Beendigung seiner Ehe einverstanden, und der König versprach, künftig für Wallis zu sorgen. Laut Rickatson-Hatt wurde Simpsons Privatleben mit keinem Wort erwähnt, so daß Ernest sich in der moralisch stärkeren Position befand, und unter diesen Umständen konnte er die Rolle des Opfers spielen, obwohl er bekam, was er wollte: seine Freiheit.

Was die Freiheit des Königs betrifft, so hat man jahrzehntelang angenommen, daß er erst wenige Tage vor seiner Abdankung überhaupt an diese Möglichkeit gedacht habe – sie sei ihm im Grunde genommen von der Regierung nahegelegt worden. Aber abgesehen davon, daß der Prince of Wales (zahlreiche ausdrückliche Erklärungen eingeschlossen) nie ein Hehl daraus gemacht hat, daß ihm die Vorstellung, König zu sein, zutiefst unangenehm war, gibt es genug Belege dafür, daß er dies auch seinen Angehörigen gegenüber ganz offen ausgesprochen hat. David Lindsey, der Earl of Crawford, ein Mann, der zum inneren Kreis der Londoner Gesellschaft zählte, schrieb beispielsweise am 2. Februar 1936 in sein Tagebuch: »Womöglich wird die Kritik [am König und an Mrs. Simpson] jetzt noch zunehmen; und vielleicht ist er dann so töricht und spricht von Abdankung, wie er es *en famille* auch schon früher getan hat.«

Etwa zur gleichen Zeit sprach Edwards Mutter (jetzt zwar offiziell Königinwitwe, wurde sie bis zu ihrem Lebensende als Queen Mary bezeichnet) mit ihrer ältesten Freundin und Hofdame Gräfin Airlie erstmals von den Befürchtungen, die sie den König betreffend hatte: »Deine Söhne sind doch fast im selben Alter wie meine, Mabell«, sagte sie eines Nachmittags, »haben sie dich eigentlich je enttäuscht?«

Lady Airlie sagte, sie glaube, daß alle Söhne und Töchter ihre

Eltern irgendwann einmal enttäuschen. Als ihr dies widerfahren sei, habe sie versucht, nicht zu besitzergreifend zu sein und daran zu denken, daß ihre Kinder ihr eigenes Leben führen müßten.

»Das mag für normale Menschen zutreffen«, entgegnete die Königin, »aber nicht für einen Souverän. Ein König ist nicht nur für sich selbst verantwortlich.« Dann folgte eine lange Pause, und Mary wandte sich wieder ihrer Stickarbeit zu. »Ich habe mich bisher nicht getraut, mit David über seine Affäre mit Mrs. Simpson zu sprechen«, fuhr sie dann ruhig fort und sprach in einem erstaunlich vertraulichen Ton zu ihrer Freundin,

> »erstens, weil ich nicht den Eindruck erwecken möchte, daß ich mich in sein Privatleben einmische, aber auch weil er der dickköpfigste von meinen Söhnen ist. Wenn man ihn an etwas hindern möchte, erreicht man damit nur, daß er es erst recht tut. Im Augenblick hat sie ihm offenbar den Kopf total verdreht, aber meine große Hoffnung ist, daß sich das mit der Zeit legt.«

Natürlich sei es ganz unmöglich, sagte Queen Mary dann weiter, daß sie Mrs. Simpson je kennenlerne. Ihre Majestät war (selbst für ihren Sohn) nicht bereit, mit einer königlichen Gepflogenheit zu brechen. Eine geschiedene (und erst recht eine wiederverheiratete) Frau konnte zu einem Gespräch mit der Königin niemals zugelassen werden.

King Edward VIII. vor Mikrophonen

NEUNTES KAPITEL

Die Abdankung (Mai–Dezember 1936)

»Herr Premierminister, das ist ja eine schöne Bescherung!«
Queen Mary während der Abdankungskrise zu Premierminister Stanley Baldwin

In einer konstitutionellen Monarchie sollte es sich ein Monarch genau überlegen, ob er sich mit der Aristokratie anlegt; außerdem wird die Oberklasse kompromißlos sein, wenn sie mit dem Lebenswandel des Herrschers nicht einverstanden ist. Im Frühjahr 1936 sollte sich zeigen, daß King Edward VIII. zum einen die Lage falsch eingeschätzt hatte und zum anderen entschlossen war, den Widerstand, den man ihm entgegensetzte, dadurch zu brechen, daß er stur auf seinem Willen beharrte. Daraus folgte, daß die Familie Windsor im Jahr 1936 mit Spannungen und Verdächtigungen zu kämpfen hatte. Inzwischen war nämlich klar, daß Edwards Beziehung zu Mrs. Simpson das Prestige des Thrones selbst bedrohte.

In der Tat war es das Liebesleben aller drei Princes of Wales, das den Windsors im 20. Jahrhundert so viele Probleme bereitete. Das rasante Leben von Queen Victorias ältestem Sohn, dem späteren King Edward VII., bereitete der Königin immer wieder Kopfzerbrechen. Aber wenigstens war nicht zu befürchten, daß er sich von Prinzessin Alexandra scheiden lassen würde – nicht einmal wegen seiner großen Liebe Alice Keppel.

Sein Enkel, King Edward VIII., dagegen war von dem Wunsch beseelt, daß die Öffentlichkeit die nicht standesgemäße, zweimal geschiedene Amerikanerin Mrs. Simpson als die große Liebe seines Lebens anerkannte. Die Durchsetzung einer Heirat mit ihr verfolgte ihn zwanghaft während seiner kurzen Regentschaft. »Der König«, notierte Chips Channon, knapp und treffend wie gewohnt, »hat wegen Wallis den Verstand verloren, ja, den Verstand verloren.«

Doch Wallis selbst nahm alles wesentlich ruhiger und gelassener als der verliebte Edward. Über ihren Mann und den König schrieb Wallis an ihre Tante: »Es ist nicht leicht, zwei Männern zu gefallen, sie zu amüsieren und zu beschwichtigen … Ernest und SM [Seine Majestät] haben alles oft genug besprochen und einvernehmlich geregelt, aber vielleicht läuft es trotzdem immer so weiter.« In England, fügte sie dann hinzu, »hält man mich für wichtig, und im Augenblick habe ich einen durchaus angenehmen, würdigen Status …, [aber] sollte sich SM in eine andere verlieben, würde ich rasch an Macht einbüßen und auch nicht mehr all das haben, was ich jetzt habe … Ich erwarte gar nichts.« In der Frage ihrer Scheidung und Wiederverheiratung sah Wallis ganz klar: »Ob ich einen so drastischen Schritt unternehmen würde, hängt von vielen Umständen ab«, aber in jedem Fall war sie bemüht, »einen ziemlich starrköpfigen Charakter von [einem Schritt] abzuhalten, der dem Land Schaden zufügen und den Sozialisten helfen könnte« – damit meinte sie eindeutig eine Abdankung.

Was ihre Zukunft anbelangte, wußte Wallis materielle Sicherheit durchaus zu schätzen, denn sie war aus der Mittellosigkeit ihrer Jugend in den höchsten Gesellschaftskreis aufgestiegen, und sie wurde sogar von Edward, der inzwischen König von England geworden war, mit Geld- und Juwelengeschenken verwöhnt. Edward habe, so berichtete sie ihrer Tante, »die finanzielle Seite meiner Existenz auf Lebenszeit geregelt … Ich bin jetzt vierzig, und … ich weiß, daß ich nur den finanziellen Aspekt meiner Zukunft kontrollieren kann …, aber falls es zum Schlimmsten kommen sollte, werde ich einfach meine Zelte hier abbrechen und mich unauffällig davonstehlen … Ich kann nur hoffen, daß die Zuneigung SM für mich noch einige Zeit anhält – aber was meine Zukunft anbelangt, so verlasse ich mich nicht allein darauf.«

Wallis' ganzes Verhalten im Jahr 1936 deutet darauf hin, daß sie sich von ihrer Affäre mit dem König kaum mehr versprach als eine Zeit mit schmeichelhaften Aufmerksamkeiten. Die Vorstellung, sie sei berechnend gewesen und habe danach getrachtet, den König zu heiraten und dann mit ihm den Thron zu besteigen, ist völlig absurd. Sie wollte ihr Vergnügen haben, sich selbst und ihren Freunden das Leben angenehm gestalten. Darüber hinaus scheint sie sich über die Folgen ihres Handelns nicht allzu viele Gedanken gemacht zu haben. Sie war wie die Karte in einem Spiel, vielleicht die Kreuzkönigin oder sogar der Kreuzbube. Auf die Moral bedachte englische Royalisten haben ihr Unrecht getan, denn sie war eigentlich eine Frau der Mittelklasse. Ihre Reserviertheit (darin war sie Marlene Dietrich oder Greta Garbo vergleichbar) gefiel vielen nicht, andere wieder fühlten sich gerade davon angezogen, aber alle waren von dieser mysteriösen Frau fasziniert. Man könnte sie als eine Figur aus einem Roman von Henry James sehen, eine Amerikanerin, die es nach England verschlagen hat.

Seit dem Gespräch mit Ernest unternahm Edward alles, um die Scheidung zu erwirken, damit er Wallis heiraten konnte. Der König drängte sie beispielsweise, sich einen Anwalt zu nehmen und auch seinen eigenen Rechtsbeistand zu konsultieren, weil er wollte, daß die Scheidung möglichst reibungslos ablief. Bis zum Frühherbst versuchte Wallis, diese Entwicklung zu verhindern, aber der König ließ nicht locker. Sie war ja der Vorwand, den er brauchte, um seinen Thronverzicht zu begründen.

»Ich glaube, der König hat stets eine Art hysterischer Abneigung gegen den Thron gehegt«, hat Sir Donald Somervell, der sich als

Justizminister 1936 mit der Krise intensiv befaßt hat, einmal gesagt.

»Er ist ein Mann, so denke ich, der weder aus der Religion noch aus seiner eigenen Vorstellungskraft Trost ziehen kann. Er ist glücklich, wenn ihm der jeweilige Augenblick angenehm ist, und gerade deswegen ist er meistens unglücklich. Ein solcher Charakter ist natürlich anfälliger als andere für eine solche Vernarrtheit, wie er sie für Mrs. Simpson zeigte … Ein Königreich aufzugeben, weil es einen langweilt, König zu sein, ist nicht sonderlich beeindruckend, aber aus Liebe darauf zu verzichten, das ist natürlich eine große Sache.«

Den Verwandten des Königs erschien die Situation im Frühjahr und Sommer 1936 immer auswegloser, so daß sie versuchten, Edward ihre ernste Besorgnis dadurch deutlich zu machen, daß sie Wallis mieden. Die Herzogin von York weigerte sich, Fort Belvedere überhaupt noch zu besuchen, weil man den König nur mit Mrs. Simpson treffen konnte. (Familientreffen fanden dort regelmäßig statt, weil Edward sich weigerte, nach Schloß Windsor zu kommen.) Elizabeths Unnachgiebigkeit in diesem Punkt belastete Albert ebenso, wie er sich durch seine stille Duldung der Affäre seines Bruders erniedrigt fühlte. Die einst enge Beziehung zwischen den Brüdern war nicht nur ernstlich bedroht, sie war bereits fast zerbrochen.

Die Gloucesters, die nicht ganz so entschieden auftraten wie die Yorks, statteten zwei- oder dreimal einen Besuch im Fort ab. Aber diese Zusammenkünfte erwiesen sich als sehr schwierig, obwohl die Gäste kaum etwas anderes taten, als Tee oder Cocktails zu trinken und mit dem König zu plaudern, während er in seinem Rosengarten arbeitete oder mit einer Hacke die Erde zwischen den Ginsterbüschen auflockerte. Wallis mochte Henrys derben Humor und seine gezwungene Fröhlichkeit nicht, und Alice lächelte nur höflich und suchte nach einem unverfänglichen Gesprächsthema.

Zu dieser Zeit hielt sich ausgerechnet Beryl Markham wieder in London auf. Ihre Affäre mit dem Herzog von Gloucester gehörte zwar der Vergangenheit an, aber er zahlte ihr noch immer eine ansehnliche Jahresrente. Mit ihrer bekannten Dreistigkeit fragte sie telefonisch bei Henry an, ob sie nicht während ihres Aufenthaltes im Kensington-Palast (seinem und Alices Londoner Wohnsitz) logieren könne. Gewiß bereitete Alice ihre Ehe mehr Kopfzerbrechen als der Umstand, daß die Unterbringung dieser Frau gegen die Schicklichkeit verstoßen hätte. Aber sie war erleichtert, als sie von offizieller Seite erfuhr, daß sie – gerade wegen Mrs. Simpson – Beryl nicht als Gast aufnehmen dürfe, denn man befürchtete, daß dann das Gerede über Markham und den Herzog wieder neue Nahrung bekommen werde.

Die Kents nahmen auch verschiedene Einladungen an, und mit Taktgefühl gelang es ihnen, mit der Peinlichkeit der Situation besser umzugehen als die Yorks. Edward, der nur darum bemüht war, Mrs. Simpson alles recht zu machen, erschien seinem Bruder George distanziert. Marina (die auch in dieser Situation ihre Würde wahrte) lud sogar den König und Wallis zum Tee zu sich ein. Das bedeutete jedoch nicht, wie viele meinten, daß die Herzogin von Kent das Verhältnis des Königs billigte. Sie wollte damit vielmehr ihre Unabhängigkeit von der Familie ihres Ehemannes demonstrieren und nicht zuletzt auch, daß sie sich über Queen Marys Vorhaltungen hinwegsetzte.

Aber die Kälte, die dem König überall entgegengebracht wurde, hatte nicht nur mit seiner Beziehung zu Wallis zu tun. Man war auch weithin besorgt wegen seiner deutschfreundlichen Einstellung, durch die man die nationale Sicherheit bedroht sah. Leopold von Hoesch, Botschafter des Dritten Reiches in London, war fest davon überzeugt, daß Edward willens sei, Hitler im Kreis der großen Staatschefs herzlich willkommen zu heißen. »Die freundliche Einstellung [des Königs] gegenüber Deutschland«, schrieb von Hoesch bereits am 21. Januar 1936 in einer Depesche nach Berlin, »könnte im Laufe der Zeit einen gewissen Einfluß auf die Ausrichtung der britischen Außenpolitik bekommen.« Edward sei, so fuhr er fort »ein Herrscher, dem es an Verständnis für Deutschland nicht fehlt und der gute Beziehungen zwischen Deutschland und Großbritannien wünscht«. Als Hitler den Versailler Vertrag aufkündigte und 1936 in die entmilitarisierten linksrheinischen Gebiete einmarschierte, sah der König in diesem Vorgehen nur einen »Rechtsbruch«, mit dem man sich abfinden müsse, damit England »in die praktische Diskussion über die Vorschläge des Führers und Kanzlers« eintreten könne. In meisterhafter Untertreibung ließ Joachim von Ribbentrop, der seit August 1936 deutscher Botschafter in London war, Hitler wissen, daß nach Ablauf der Regentschaft Edwards VIII. eine deutsche Vormachtstellung in England nur sehr schwer zu erreichen sein würde, weil der König allein »sich einer antideutschen Politik widersetzen würde«.[1] Die Öffentlichkeit freilich sollte erst viele Jahre später über die unbedachte politische Meinung des Königs informiert werden.

Am 28. Mai 1936 lud Edward zu seinem ersten offiziellen Dinner ein, das er veranstaltete, um Wallis Simpson mit Stanley Baldwin bekannt zu machen. »Früher oder später«, so der König, »muß der Premierminister ohnehin meine künftige Frau kennenlernen.« Wallis allerdings fand dies »lächerlich und unmöglich, [weil] sie dir das [eine Heirat mit ihr] niemals gestatten werden«. Doch Baldwin und die übrigen Gäste nahmen die Einführung der Geliebten des Königs in die führenden Kreise gelassen hin, weil sie davon überzeugt waren, daß sich die Affäre von selbst erledigen werde. Und schließlich trat Wallis an diesem Abend auch nicht allein auf, sondern sie wurde von ihrem Ehemann Ernest begleitet.

Aber Anfang Juli verfolgte der König seine Pläne mit mehr Nachdruck und holte sich seinen alten Freund aus Collegezeiten, den Juristen Walter Monckton, als Anwalt und Berater. Danach überschlugen sich die Ereignisse. Zuerst traf Monckton insgeheim mit Winston Churchill zusammen. Obwohl er damals kein öffentliches Amt bekleidete, hatte er bei Hof und in Kabinettskreisen einen einzigartigen Einfluß.[2]

Monckton wollte von Churchill wissen, wie wohl die britische Öffentlichkeit auf eine Scheidung Ernest Simpsons von seiner Frau reagieren würde. Dazu schrieb Churchill später

»Ich habe ihm geantwortet, daß eine solche Scheidung höchst gefährlich sei und daß es den Leute freistehe, Gerüchte zu glauben oder zu ignorieren, daß aber juristische Schritte etwas anderes seien. Wenn nämlich ein Gericht die Scheidung der Simpsons ausspreche, könne danach jeder Geistliche von der Kanzel predigen, daß ein unschuldiger Mann wegen der Intimitäten des Königs mit

---

[1] Was seine offensichtliche Gleichgültigkeit gegenüber den Verbrechen des Dritten Reiches anbelangt, stand der König in Großbritannien nicht allein da. Wenn man ihn aber mit dem fanatischen Nazi Sir Oswald Mosley vergleicht, der in England eine faschistische Diktatur errichten wollte, nahm der König eine gemäßigte (ja fast liberale) Haltung ein.
[2] 1936 war Churchill zweiundsechzig Jahre alt und bereits Parlamentsabgeordneter, Handels- und Innenminister, Erster Lord der Admiralität, Rüstungsminister und Schatzkanzler gewesen.

seiner Ehefrau um eine Scheidung ersucht habe. Ich habe daher nachdrücklich abgeraten, es zu einer solchen gerichtlichen Auseinandersetzung kommen zu lassen.«

Doch Churchills Rat ließ den König unbeeindruckt, und er unternahm weiterhin alles, um seinen Willen durchzusetzen. Zwei Tage nach Moncktons Unterredung mit Churchill lud Edward Mrs. Simpson abermals zu einem Abendessen im kleinen Kreis ein, diesmal ohne ihren Ehemann. Wallis' Name erschien ohne den Namen eines Begleiters in den Hofnachrichten, und von diesem Tag an (dem 9. Juli) wurde das Verhalten des Königs in der vornehmen Londoner Gesellschaft nicht mehr nur flüsternd kritisiert, sondern es brach ein Sturm der Entrüstung los. »Die Menschen in diesem Land scheren sich nicht darum, wenn jemand ein lockeres Leben führt«, sagte Ramsay MacDonald, der vormalige Premierminister, der inzwischen wieder Parlamentsabgeordneter war, »aber Ehebruch lehnen sie zutiefst ab.«

Churchill hat sich weder damals noch später abfällig über Edwards Wahl von Mrs. Simpson geäußert. Denn worauf es ihm (wie auch Baldwin und anderen führenden Persönlichkeiten) vor allem ankam, war, die Stabilität des Thrones zu erhalten. Hätte sich der König während der offiziellen Trauerzeit für seinen Vater, was Wallis betraf, diskreter verhalten, so Churchill und andere, dann hätte er sich bestimmt nicht so viele Feinde gemacht. Hätte der König nicht so ungeduldig auf die Scheidung gedrängt und damit vielleicht ein oder zwei Jahre gewartet, hätte Wallis sich im stillen scheiden lassen können und wäre von der Gesellschaft akzeptiert worden. Vielleicht hätte der König sie dann später sogar heiraten können. Aber wegen des überhasteten Vorgehens des Königs konnte diese Angelegenheit nie richtig durchdacht werden, und so spitzte sich die Situation rasch zu.[3]

Die Details eines peinlichen Gesprächs zwischen Churchill und der Herzogin von York bekamen freilich nur die wenigen von

---

[3] Die Kirche von England gestattete einem unschuldig geschiedenen Ehepartner die Wiederverheiratung. Andere Fälle wurden individuell geregelt. Aber die Kirche konnte unter keinen Umständen eine zivilrechtlich zulässige (wenn auch unerwünschte) Scheidung und Wiederverheiratung unterbinden. Bis 1937 freilich waren die Scheidungsgesetze höchst verworren, wie auch das spätere Verhalten von Ernest Simpson zeigt. Im übrigen ist es interessant, sich daran zu erinnern, daß die Kirche von England ihre Entstehung dem Wunsch eines Monarchen (Heinrichs VIII.) verdankt, der sich scheiden lassen wollte, um eine andere Frau zu heiraten.

Edward zum Abendessen geladenen Gäste mit. Churchill kam auf King George IV. und seine heimliche, illegitime Frau, die charmante katholische Witwe Mrs. Fitzherbert, zu sprechen. »Na ja, das war schließlich vor langer Zeit«, entgegnete die Herzogin und versuchte das Thema zu beenden. Das gelang ihr zwar, doch jetzt brachte Churchill das Gespräch auf die Bürgerkriege, in denen sich die Häuser York und Lancaster im 15. Jahrhundert erbitterte Kämpfe geliefert hatten. Das wurde sogleich als Anspielung auf das abgekühlte Verhältnis zwischen dem Herzog von York und dem König gedeutet, der auch Herzog von Lancaster war (diesen Namen führte er auf Reisen). »Das«, erwiderte die Herzogin mit noch mehr Nachdruck, »liegt schon sehr, sehr lange zurück!« Und damit war das Gespräch beendet.

Teile der Presse wie der Öffentlichkeit waren wochenlang der Meinung, daß es einen Zusammenhang gebe zwischen den Gerüchten über das Fehlverhalten des Königs und einem unangenehmen Zwischenfall, den der König am 16. Juli erlebte. Nachdem er den drei Gardebataillonen im Hyde Park die Ehre erwiesen hatte und Richtung Constitution Hill davonritt, sah er plötzlich ein Metallobjekt in seine Richtung geflogen kommen. Ein über den Innenminister erboster verwirrter irischer Journalist hatte eine geladene Waffe auf den Monarchen geworfen. Der nicht abgefeuerte Revolver landete schließlich neben dem Pferd des Königs, der ohne das geringste Zeichen der Betroffenheit seinen Weg fortsetzte.

Doch diese Ungerührtheit, von der die Menschenmenge an diesem Tag so beeindruckt war, bewirkte ein paar Tage später genau das Gegenteil, als der zerstreute, übellaunige König sich weigerte, eine Gruppe junger Debütantinnen bei einer Gartenparty im Buckingham-Palast persönlich zu begrüßen. Er wolle nur schnell zu einem Treffen mit Wallis. Dieser Fauxpas traf unglücklicherweise auch noch mit der Verhandlung eines königlichen Ersuchens vor dem Oberhaus zusammen. King Edward hatte dort um die Gewährung einer jährlichen Apanage von 50 000 Pfund für seine (nicht namentlich genannte) künftige Frau gebeten. Aber die Peers des Königreiches, von denen viele wußten, welcher Frau diese Summe möglicherweise zugute kommen werde, lehnten Edwards Gesuch ab.

Was Ernest Simpson anbelangt, so verhielt er sich, wie es sein Souverän von ihm verlangt hatte und was zudem seinen eigenen Wünschen entsprach. Nach einem weiteren geheimen Treffen mit dem König buchte Simpson am 21. Juli im Hotel de Paris in Bray unweit von London ein Zimmer für sich und Mary Raffay. Dort arrangierte er es so, daß ihn die Mitarbeiter des Hauses mit seiner Freundin (die er dann später auch heiratete) im Bett erwischte. Nach britischem Gesetz war dies nötig, um den Vorwurf des Ehebruchs zu begründen, der es Mrs. Simpson möglich machen sollte, unschuldig geschieden zu werden.

Wallis hatte inzwischen – verständlicherweise – wieder unter erheblichen Magenbeschwerden zu leiden. Sie war verwirrt und konnte sich einfach nicht vorstellen, daß ihre Beziehung zum König jemals legitimiert werden würde. Eigentlich hoffte sie sogar, daß es nie dazu kommen und sich die ganze Angelegenheit in Wohlgefallen auflösen werde.

Wenn dem König wirklich daran gelegen gewesen wäre, die Gunst der maßgeblichen Kreise für sich und seine Geliebte zu gewinnen, wäre er wohl nicht im Sommer mit Wallis und ein paar Freunden auf eine Kreuzfahrt gegangen. Vom 10. August bis zum 14. September reiste die kleine Gesellschaft mit der Yacht *Nahlin* an der jugoslawischen, der türkischen und der griechischen Küste entlang. Anstelle einer Bibliothek wurde gleich neben der Kabine des Königs ein weiterer Schlafraum eingerichtet. »Wir alle wußten, daß es sich um eine Liebesaffäre handelt«, sagte Lady Diana Cooper, die ebenfalls an Bord der *Nahlin* war, später. »Aber keiner von uns hat mit einer Scheidung oder einer Heirat oder gar einer Abdankung gerechnet. Wallis war ja noch immer mit Ernest Simpson verheiratet, und sie erhielt oft Briefe von ihm. Gelegentlich schob sie ein Kuvert über den Tisch und sagte [zum König]: ›Ernest hat dir diese Briefmarken geschickt.‹ – ›Oh, wie nett von Ernest‹, erwiderte er dann. Er war doch Briefmarkensammler.«

»Die amerikanische Presse stellte die Affäre eindeutig romantisch dar, während die englische Berichterstattung vornehmlich die wahren Umstände vertuschte. Wenn es etwas über den König zu melden gab, durfte unter gar keinen Umständen Mrs. Simpson erwähnt werden. Diese inzwischen in reifere Jahre gekommene Schönheit aus Baltimore befindet sich zur Zeit mit dem König auf einer Kreuzfahrt.«

Das war am 26. September 1936 in der amerikanischen Zeitschrift *The Literary Digest* zu lesen. In dem Artikel war jedoch keine Rede davon, daß der König den Zeitungsmagnaten Lord Beaverbrook, der die in London weitverbreiteten Blätter *Daily Express* und *Evening Standard* herausbrachte, sowie Esmond Harmsworth von der *Daily Mail* um höfliches Stillschweigen gebeten hatte. Das amerikanische *Time*-Magazin dagegen hatte keinen Grund, Loyalität zu üben. Das Magazin erwarb in jenem Sommer von den *London Illustrated News* ein Foto vom König und Wallis und nannte in der Bildunterschrift die Geliebte des Königs beim Namen.

Anfang Oktober standen Wallis und Edward im Mittelpunkt des Interesses. Ausgelöst hatte das ein provokativer Artikel in der *New York Times* vom 4. Oktober, »Edwards Freunde sind ein Thema für ganz Großbritannien« überschrieben. »Alle Scheinwerfer sind auf Mrs. Simpson gerichtet, während ihr Ehemann, der ebenfalls zu den persönlichen Freunden King Edwards zählt, meist nur am Rande erwähnt wird.« Die Freundschaft, so der Artikel weiter, »hat bei den älteren Mitgliedern von King Georges Hofzirkel bereits so manches Stirnrunzeln verursacht ... Aber Edward ist der Meinung, sein Privatleben habe mit seiner königlichen Stellung nichts zu tun. Eine solche Haltung [ist] für einen König ungewöhnlich.«

Wie Baldwin später erklärte,

»erhielt er zu jener Zeit zahlreiche Zuschriften hauptsächlich von britischen und amerikanischen Bürgern britischer Herkunft und solchen aus den britischen Besitzungen, die alle ihr Befremden über das kundtaten, was damals in der amerikanischen Presse zu lesen war.«

Internationale Zeitungen schockierten die Öffentlichkeit mit Fotos, auf denen der König beim Wandern, Baden, Rauchen oder Trinken und in lässiger Kleidung zu sehen war. Vielfach trug er kein Hemd, nur eine Badehose oder Shorts; und immer war die stets tadellos frisierte und gekleidete Wallis in seiner Nähe. Verglichen mit ihm verhielt sich Wallis wahrhaft königlich. Sie war nur beim Schwimmen im Badeanzug zu sehen und achtete stets sorgfältig auf ihr Erscheinungsbild und drängte sich nie vor eine Kamera. Das von dem königlichen Paar (denn so traten die beiden jetzt auf) angeführte Gefolge war zu sehen, wie es durch Gassen kleiner Dörfer bummelte oder von Bord der Yacht ins Wasser der Adria sprang.

John Aird, der Adjutant des Königs, fand das Betragen des Monarchen während der Kreuzfahrt zunehmend würdelos und peinlich, und er sagte ihm das auch mit einer Schärfe, die ihn Jahrhunderte zuvor den Kopf gekostet hätten. »Ich erklärte [dem König], daß ich

ihn als Menschen so sehr schätze, wie ich ihn als König verachte.«
Daraufhin ließ Edward Wallis kommen, die Aird – zur Überraschung
beider Männer – zustimmte, daß das Betragen des Königs sehr zu
wünschen übriglasse. War sie vielleicht doch, wie vielfach behauptet
wurde, eine Sadistin, die es darauf abgesehen hatte, ihren Partner zu
erniedrigen? Oder wollte Wallis Simpson, was wahrscheinlicher ist,
ihre Beziehung zu Edward beenden, indem sie sich von ihm distanzierte? Das jedenfalls glaubte Diana Cooper: »In Wahrheit langweilte sich Wallis mit dem König zu Tode.« Herman und Katherine
Rogers, die im Sommer ebenfalls mit an Bord der *Nahlin* waren, teilten diese Auffassung.

Der Eindruck, den alle diese Zeitzeugen hatten, ist offenbar nicht
zufällig entstanden, denn am 16. September schrieb Wallis an den
König, der zwei Tage zuvor nach London zurückgekehrt war,
während sie nach Paris weiterreiste: »Ich muß wirklich aus den ver-
schiedensten Gründen zu Ernest zurückkehren«, wohl hauptsächlich,
weil sie mit Ernest harmoniere und mit ihm besser leben könne »als
mit Dir«. Sie liebe schöne Dinge, räumte Wallis ein, und ein glanzvolles Leben, »dennoch gebe ich einem ruhigen Dasein den Vorzug,
denn ich weiß … Ich werde [unter solchen Umständen] glücklicher
und ruhiger alt werden können.«

»Ich bin sicher, lieber David«, fuhr sie fort,

»daß Dein Leben bereits in wenigen Monaten wieder genauso sein
wird wie zuvor, und zwar ohne mein ewiges Genörgel. Außerdem
bist Du Dein Leben lang ohne Zuneigung ausgekommen. Wir
haben schöne Zeiten miteinander verbracht, und ich danke Gott
dafür und weiß, daß Du Jahr für Jahr mehr in Deine Rolle hinein-
wachsen wirst … Ich bin sicher, Du und ich, wir würden zusammen nur eine Katastrophe heraufbeschwören … Ich möchte, daß
Du glücklich bist, und ich bin auch sicher, daß ich Dir dieses Glück
nicht geben kann, und ich glaube aufrichtig, daß dies umgekehrt
genauso gilt. Ich werde [mit Hilfe von Edwards Anwalt George
Allan, der Wallis' finanzielle Versorgung mit dem König geregelt
hatte] dafür sorgen, daß alles zurückgegeben wird. Ich bin sicher,
daß Du nach der Lektüre dieses Briefes begreifen wirst, daß kein
Mensch eine solche Verantwortung übernehmen kann und daß es
sehr unfair wäre, wenn Du mir alles noch erschwerst, indem Du
mich persönlich aufsuchst.«

Alan Lascelles berichtete, daß der König Wallis einmal angerufen und ihr gedroht hatte, sich umzubringen. Diese melodramatische Drohung wirkte tatsächlich (vielleicht weil Wallis aus persönlicher Erfahrung wußte, wie nervenschwach und unberechenbar der König sein konnte), und am 24. September hieß es auf Edwards Betreiben in den Hofnachrichten, daß Mrs. Simpson allein zu einem Besuch Seiner Majestät in Balmoral eingetroffen sei. Als Edward und Wallis die Yorks zwei Abende später zum Essen einluden, rauschte Elizabeth wortlos an der Gastgeberin vorbei. »Ich bin gekommen, um mit dem König zu dinieren«, sagte sie, ohne jemanden direkt anzusprechen.[4]

Doch auf einem Familientreffen sagte sie ihrer Schwiegermutter, daß sie »wegen einer gewissen Person« so »traurig und niedergeschlagen« sei, und Queen Mary wußte genau, wovon die Herzogin sprach.

Zwei Wochen vor ihrem gerichtlichen Scheidungstermin schrieb Wallis an den König, daß es am besten »für mich wäre, wenn ich mich ohne weiteres Aufsehen davonstehle«. Aber der König wollte davon nichts hören und drängte sie, das Verfahren auf keinen Fall platzen zu lassen. Und so erhielt Wallis Simpson am 27. Oktober 1936 einen vorläufigen Scheidungsbescheid, was in der *New York Times*, die ohnehin fast täglich über den Stand der Dinge zwischen Mrs. Simpson und Edward berichtete, in aller Ausführlichkeit kommentiert wurde. Der gesetzlich vorgeschriebene sogenannte *Nisi* (falls nicht)-Bescheid beinhaltete, daß nach sechs Monaten die Auflösung der Ehe endgültig rechtskräftig wird, falls sich das Paar bis dahin nicht wieder versöhnt oder sich herausgestellt haben sollte, daß dem ganzen Verfahren (von dem verheirateten Paar absichtlich in die Welt gesetzte) falsche Angaben zugrunde lagen. Am selben Abend aß Wallis mit dem König in dem möblierten Haus, das sie jetzt an der Cumberland Terrace im Regent's Park bewohnte. Edward schenkte ihr bei dieser Gelegenheit einen großen Smaragdring (dessen Wert später auf 500 000 Dollar geschätzt wurde) mit der Inschrift: »Wir WE [Wallis und Edward] gehören jetzt uns, 27. X. 36.« Sie nahm das Geschenk an.[5]

---

[4] Die Herzogin hatte allen Grund, verärgert zu sein, denn sie und der Herzog mußten den König bei einer offiziellen Veranstaltung vertreten, weil Edward ihr unter dem Vorwand der Hoftrauer für seinen Vater ferngeblieben war. Während also die Yorks ein neues Krankenhaus in Aberdeen eröffneten, wurde der König – der Wallis vom Zug abgeholt hatte – sechzig Meilen von Balmoral entfernt in seinem Auto fotografiert.
[5] Das Privatvermögen King Edwards betrug damals Schätzungen zufolge über eine Million Pfund – zur damaligen Zeit etwa fünf Millionen Dollar, nach dem Wert der US-Devise von

Ob sie wirklich daran geglaubt hat, daß sie eines Tages vielleicht sogar Königin würde, werden wir wohl nie wissen. »Ich glaube nicht, daß sie von Anfang an darauf aus war«, hat Diana Cooper einmal gesagt (die weder Wallis' Freundin war noch sie bewunderte). »Sie hat natürlich die enorme Aufmerksamkeit [des Königs] genossen, aber dann ist ihr alles aus der Hand geglitten.«

Sie glaubte inzwischen fest, daß Edward sie als treusorgender Ehemann für den Rest ihres Lebens aller materiellen Sorgen entbinden würde. Anfang November war sie sich auch darüber klar, daß sie angesichts der bei Hof und in Regierungskreisen herrschenden Stimmung keine Chance hatte, zur Königin von England gekrönt zu werden. Sie hatte auch nie etwas unternommen, um Edward in diesem Sinn zu beeinflussen. Jetzt ermutigte sie auf Anregung von Esmond Harmsworth den König sogar, dem Parlament eine morganatische Ehe vorzuschlagen, das ist die eheliche Verbindung eines hochrangigen Mannes und einer nicht standesgemäßen Frau, die (wie eventuelle gemeinsame Kinder) trotz ihrer Heirat von den Würden, Titeln und der königlichen Stellung ausgeschlossen ist. Anders als in anderen europäischen Monarchien gab es im englischen Königshaus keinen Präzedenzfall einer morganatischen Ehe, so daß dazu die Gesetzgebung hätte geändert werden müssen: Denn nach britischem Gesetz war es bis dahin üblich gewesen, daß eine Frau automatisch »Würden und Titel« ihres Mannes erhält.

Der König stand diesem Vorschlag jedoch eher skeptisch gegenüber, denn er war fest entschlossen abzudanken, wenn er Wallis Simpson nicht zur Königin machen könnte.

Wallis befand sich in einer unangenehmen Lage. Von Freunden aus der Gesellschaft und von Politikern bedrängt, das Land zu verlassen, wußte sie jedoch genau, daß dies keine Lösung sein würde: »Die Leute verstehen nichts«, sagte sie zu Sibyl Colefax, »der König würde mir nachreisen, und dann wäre der Skandal noch schlimmer, als er ohnehin schon ist.«

Wallis suchte jetzt verzweifelt nach einem Weg, um eine Trennung vom König herbeizuführen. Aber sie war inzwischen eine weltbekannte Persönlichkeit geworden, und was immer sie auch tat, die unerbittliche öffentliche Mißbilligung war ihr sicher. Sollte sie sich gegen den König entscheiden, lief sie Gefahr, sich gerade durch ihre aufrichtige, ehrenhafte Suche nach einem Ausweg die Verachtung

---

1994 sogar eine Milliarde. Den Großteil dieses riesigen Vermögens verdankte er seinen jährlichen Einkünften als Herzog von Cornwall und Lancaster.

weitester Kreise zuzuziehen. Wenn sie den König verließ, würde man sie für sein Elend verantwortlich machen – das wurde in der internationalen Presse ebenso deutlich wie in den Ratschlägen ihrer Londoner Freunde und Bekannten. Auch Emerald Cunard, Harold Nicolson, Chips Channon und sogar Winston Churchill befürchteten (so Channon), daß die Presse und die Öffentlichkeit so über sie urteilen würden, gerade weil die Engländer nicht zu schätzen »wissen, wie charmant und klug und mitfühlend sie ist [und] welch wohltuenden Einfluß sie [auf den König] ausübt«.

Als am 27. Oktober 1936 der *Nisi*-Bescheid erging, sagten Beaverbrook und Harmsworth dem König zu, daß in ihren Zeitungen nur eine Meldung über Mrs. Simpsons Scheidung erscheinen werde ohne Hinweis auf deren Bedeutung für die Zukunft des Königs. Dieses Stillhalteabkommen entsprach durchaus den damals geltenden Gepflogenheiten der Presse. Es hatte seinen Ursprung in einer alten Tradition, nach der die Institution der Monarchie respektiert werden mußte. Aber die amerikanische Presse hielt sich nicht an dieses Abkommen, und am 25. Oktober war in der *New York Times* die Schlagzeile zu lesen: »Kein Gesetz hindert Edward VIII. daran, Mrs. Simpson im Fall ihrer Scheidung zu heiraten.« Vier Tage später hieß es in demselben Blatt: »In den britischen Zeitungen wird die Scheidung der Simpsons mit keinem Wort mehr erwähnt, was jedoch nichts daran ändern kann, daß dieses Thema Mittelpunkt aller Gespräche der Londoner Gesellschaft ist.«

Der *New York Mirror* ging sogar noch weiter: »König heiratet Wally«, verkündete eine fünf Zentimeter hohe Schlagzeile des Blattes: »Hochzeit nächstes Jahr im Juni.« Darunter war ein Bericht des Londoner Korrespondenten der Zeitung abgedruckt:

»In den nächsten Tagen wird Mrs. Ernest Simpson aus Baltimore, Maryland, USA, in England ihren Scheidungsbescheid erhalten und rund acht Monate später Edward VIII., König von England, heiraten.

Die engsten Freunde King Edwards vertreten einhellig die Auffassung, daß er tief und aufrichtig in Mrs. Simpson verliebt ist, daß seine Liebe eine legitime Empfindung ist und daß er Mrs. Simpson unmittelbar nach seiner Krönung zu seiner Königingemahlin machen wird.

Sein Bruder, der Herzog von York, führt schon eine äußerst glückliche Ehe mit einer Dame aus dem Volk, einer sogenannten Bürgerlichen.

King Edward glaubt, daß die von ihm ins Auge gefaßte Ehe gleichermaßen glücklich sein und es ihm gestatten werde, sein Ziel, die Herrschaft im Interesse des Volkes auszuüben zu erreichen.

Schließlich glaubt er, daß eine enge Beziehung zwischen England und Amerika für den Frieden und die Wohlfahrt der Welt von überragender Bedeutung ist und daß seine Vermählung mit dieser überaus talentierten Dame dazu beitragen könnte, eine segensreiche Zusammenarbeit zwischen den beiden englischsprachigen Ländern herbeizuführen.

Der wichtigste Grund freilich, warum der König Mrs. Simpson heiraten möchte, ist seine leidenschaftliche Liebe für sie; auch ist er nicht bereit einzusehen, warum einem König nicht das Privileg gewährt werden sollte, die Dame seines Herzens zum Traualtar zu führen.«

Aber für das englische Parlament und die Regierungen der überseeischen Dominions waren – nach über hundert Jahren mit so sittsamen Königinnen wie Victoria, Alexandra und Mary – weder eine zweimal geschiedene Amerikanerin als Königin noch eine morganatische Ehe akzeptabel. Und es hieß mit warnendem Unterton, falls der König in diesem Punkt nicht den Rat seiner Minister befolge, werde das eine Verfassungskrise auslösen.

»Ihre Verbindung mit Mrs. Simpson sollte umgehend beendet werden«, stand in einem für den König bestimmten Schreiben der Regierung. »Sollten Eure Majestät diesen Rat nicht beherzigen, gibt es nach den Erfordernissen der konstitutionellen Monarchie nur eine Konsequenz«, und die hieß Rücktritt der Regierung. Baldwin erkannte jedoch scharfsinnig, daß ein solches Ultimatum bei seiner Veröffentlichung nur die öffentliche Meinung zugunsten des unter Druck geratenen Königs mobilisieren werde, denn unter diesen Umständen könnte der Eindruck entstehen, daß Edward von seiner eigenen Regierung erpreßt werde. Der Brief kam nie im Palast an und gelangte folglich auch nicht in die Hände des Königs.

Aber Chips Channon berichtet, Leslie Hore-Belisha, der Kriegsminister, habe auf einer Abendgesellschaft im Haus von Emerald Cunard einmal dem Whisky allzu reichlich zugesprochen und bei dieser Gelegenheit behauptet, Baldwin habe wegen Mrs. Simpson direkt beim König protestiert und »erklärt, daß seine Regierung zurücktreten werde, falls der König nicht verspreche, Mrs. Simpson niemals zu heiraten«. Ein solcher Schritt hätte allerdings große

Schwierigkeiten nach sich gezogen, denn die Führer der Labour Party und der Liberalen hatten Baldwin wissen lassen, daß sie unter solchen Bedingungen keine alternative Regierung bilden würden. Sollte diese Unterredung zwischen Baldwin und dem König tatsächlich stattgefunden haben (und es gibt keinen Grund, daran zu zweifeln), dann hat sich Baldwin schlauer aus der Affäre gezogen, als dem König bewußt gewesen sein mag. Denn ein solches Ultimatum versprach nur Aussicht auf Erfolg, wenn es mündlich vorgetragen wurde.

Am 10. November des Jahres 1936 hörte man den Namen Wallis Simpson zum erstenmal im Parlament. Während einer Debatte über die bevorstehende Krönung erhob sich ein Glasgower Abgeordneter und wendete ein, daß es möglicherweise überhaupt keine Krönung geben werde. »Eine Schande!« schrien zahlreiche Parlamentarier im Saal. Und der Sprecher übertönte mit seiner Stimme den allgemeinen Tumult: »Ja, es ist eine Schande, Mrs. Simpson!« Diese Meinung teilten aber nicht alle wichtigen Persönlichkeiten: Winston Churchill, der Baldwin nicht ausstehen konnte, drängte den König, dem Druck des Premiers standzuhalten und sein privates und sein öffentliches Leben nicht trennen zu lassen. Churchill war sogar kurzfristig bereit, an der Gründung einer royalistischen Partei mitzuwirken, die eine (immer unausweichlicher erscheinende) Thronfolge des Herzogs von York verhindern sollte. Aber das war das letzte, was Edward wünschte: Schließlich war Wallis gewissermaßen sein Billett in die Freiheit.

»Vielleicht wollte er ja wirklich nie König werden«, hatte Freda Dudley Ward bereits einige Monate zuvor gesagt. Und gegenüber Walter Monckton bekundete Edward einmal: »Ich frage mich allmählich, ob ich der König sein kann, den die Leute wollen. Bin ich vielleicht dazu nicht zu unabhängig? Wie Sie wissen, bin ich vom Typ her ganz anders als mein Vater. Ich glaube, mein Volk hätte lieber jemanden wie ihn.« Mit seinem Bruder George sprach er sogar noch offener. »Der König hat zu ihm gesagt«, schrieb Channon nach einem Besuch bei den Kents, »daß er zwar ein ausgezeichneter Prince of Wales gewesen sei, er habe aber auch bereits vor mehr als zwei Jahren gewußt, daß er auf Dauer nicht König sein könne. Er könne die [mit der Funktion verbundenen] Einschränkungen, die Vorschriften der Etikette und die Einsamkeit einfach nicht ertragen; wenn also diese Geschichte mit Wallis nicht passiert wäre, hätte es früher oder später einen anderen Anlaß gegeben.«

Am Montag, dem 16. November, trafen Edward und Baldwin

abermals zusammen. Wieder weigerte sich der König, Wallis zu bitten, ihre endgültige Ehescheidung noch einmal zu verschieben oder neu zu überdenken. Mit belustigender Unaufrichtigkeit (schließlich betrieb niemand die Scheidung so nachdrücklich wie er) erklärte Edward dem Premier, er dürfe sich nicht in das Privatleben seiner Untertanen einmischen. »Das war das einzige Mal«, schrieb Baldwin später, daß der König ihn belogen habe. Was nun die unvermeidbar erscheinende Heirat anbelangte, erinnerte Baldwin den König daran, daß »sich die Gattin des Königs durch ihre Stellung von der Ehefrau eines normalen Bürgers unterscheidet; das gehört auch zu dem Preis, den der König zu entrichten hat. Seine Frau steigt zur Königin auf, sie ist dann die Königin des ganzen Landes, und deshalb hat das Volk bei der Wahl seiner Königin eine Art Mitspracherecht.«

Als Baldwin zu Ende war, sprach der König erstmals offen aus, was er wohl schon längere Zeit geplant hatte. »Ich möchte, daß Sie es als erster erfahren«, sagte er flüsternd zu Baldwin, »daß ich – nach reiflicher Überlegung – den unabänderlichen Entschluß gefaßt habe abzudanken, um Mrs. Simpson zu heiraten.«

Um die Welt aber glauben zu machen, daß er seinen Abschied nur gezwungenermaßen und gegen seinen Willen nehme, kam der König auf die Idee, Baldwin solle die in den überseeischen Besitzungen des Empires herrschende Meinung erforschen. Verfassungsrechtlich sei der König natürlich befugt, die Generalgouverneure persönlich zu konsultieren, betonte Baldwin. Aber Edward verzichtete bewußt darauf, seinen Fall persönlich darzulegen. »Ich begriff rasch«, schrieb er später, »daß ich mit diesem schlichten Ersuchen mein Schicksal schon selbst besiegelt hatte. Denn indem ich den Premierminister bat, die vorherrschende Meinung zu erkunden, hatte ich mich automatisch verpflichtet, dem ›Rat‹ dieser Regierungen dann auch Folge zu leisten« – und was man dem König raten würde, ließ sich leicht voraussehen.

Den Premiers des Empires wurden folgende Fragen vorgelegt: Soll Seine Majestät Mrs. Simpson heiraten und sie zur Königin machen? Soll das Parlament ein Gesetz verabschieden, das einen bis dahin beispiellosen morganatischen Ehebund erlaubt, damit der König Mrs. Simpson zwar heiraten, sie aber nicht zur Königin machen kann? Oder soll der König abdanken? Bei den Antworten herrschte Einhelligkeit. Entweder gebe der König Mrs. Simpson auf, so hieß es, oder aber der König müsse abdanken. Für Kanada, Südafrika, Neuseeland und die restlichen überseeischen Gebiete kam eine andere Lösung »überhaupt nicht in Frage«.

Als diese Antwort bekannt wurde, herrschte allenthalben der Eindruck vor, daß man Edward zum Verzicht auf den Thron gezwungen habe. Tatsächlich war es das, was der König gewollt hatte. »Er war vernünftigen Argumenten einfach nicht zugänglich«, hat Baldwin später über das Verhalten des Königs in dieser Krise gesagt.

»Er hatte weder den geringsten moralischen Konflikt auszustehen, noch mußte er um eine Entscheidung kämpfen. Er ist ein außergewöhnlicher Mensch, weil er keinen Sinn für Höheres hat, keine Vorstellung davon, daß man sich für seine Pflicht aufopfern könnte. Dieser Gedanke ist ihm überhaupt nicht in den Sinn gekommen … Es war, als wenn man mit einem zehnjährigen Kind spricht. Er hat auch keinerlei religiöses Empfinden. Ich bin in meinem ganzen Leben nie jemandem begegnet, der sich so wenig verantwortlich gefühlt hat. Er hatte keinerlei moralische Bedenken bei seiner Entscheidung. Es war erschreckend.«

Baldwins Beschreibung (die sich mit dem deckt, was Lascelles, Thomas und andere über ihren Herrscher gesagt haben), wie der König diesen schwerwiegenden Schritt getan hat, zeigt nur allzu deutlich seinen Charakter. Die Tragik Edwards lag letzten Endes nicht darin begründet, daß er eine geschiedene Frau heiraten wollte, entscheidend ist vielmehr, daß er von Anfang an keinen »moralischen Konflikt durchlitten hat. Er war wie ein egoistisches, launisches Kind, für das nur die eigenen Probleme zählen. Hätte er sich zu seiner Entscheidung unter Zweifeln durchgerungen, hätte er auch nur einen Augenblick den Eindruck vermittelt, sein Entschluß, auf den Thron zu verzichten, sei nach einem mühseligen Prozeß der Selbstprüfung zustande gekommen, dann würde er der Kritik nicht so viele Angriffspunkte bieten. Tatsächlich jedoch zog er nur sein eigenes Glück in Betracht, er dachte noch nicht einmal darüber nach, was der Skandal für Wallis bedeutete. Wenn man bedenkt, daß der König seine Entscheidung bereits getroffen hatte, waren die folgenden drei Wochen ein schlechtes Theater, also alles andere als die qualvolle Tragödie eines verliebten Königs, dem man die Verbindung mit der Geliebten verbieten will.«

Am Abend des 16. November 1936 dinierte der König mit seiner Mutter und seiner Schwester.
»Ich werde Mrs. Simpson heiraten«, sagte er, »und wenn das geschehen ist, werdet ihr sie empfangen müssen.«

»Oh, tatsächlich?« entgegnete Queen Mary, die natürlich die vorherrschende Ansicht teilte, daß geschiedene Leute gesellschaftlich erledigt seien. »Na ja, das werden wir ja sehen.« Sie war entsetzt darüber, daß ihr Sohn sein persönliches Glück über seine öffentlichen Pflichten stellte; als Edward sie bat, Wallis zu empfangen, sagte sie, das sei ganz unmöglich. »Sie ist eine Abenteurerin«, erklärte Queen Mary. Diese knappe Bemerkung vertiefte noch die Kluft zwischen Mutter und Sohn. »Ich glaube nicht, daß wir uns eine schrecklichere Tragödie hätten vorstellen können«, schrieb sie später, »und die damit verbundenen Qualen waren unerträglich.« Ironischerweise ermöglichte ausgerechnet die Dickköpfigkeit der alten Königin die Entwicklung, die sie unbedingt verhindern wollte. Hätte sich Mary nämlich bereitgefunden, Mrs. Simpson zu empfangen, hätte sie höchstwahrscheinlich von ihr erfahren, daß auch Wallis nicht wünschte, daß der König seinen Thron aufgab. Zweifellos hätte Queen Mary den Premierminister Baldwin dann auch dazu bewegen können, eine politische Lösung für diese Angelegenheit zu finden.

Man sollte aber auch nicht übersehen, daß weder Mary noch Wallis, die beide einen starken Einfluß auf Edward ausübten, ihn zu einem Gesinnungswandel bewegen konnten. Entgegen verschiedenen Darstellungen war der König nämlich kein schwaches, passives Instrument in den Händen seiner politischen und persönlichen Gegner. Er wußte genau, wie er vorgehen mußte, um Wallis weiterhin von sich abhängig zu machen: So spielte er ihr Sicherheitsbedürfnis, ihre Angst vor Armut, vor gesellschaftlicher Ächtung und weltweiter Verachtung aus, um sie schließlich zur Heirat zu bewegen. »Man kann leicht sagen, sie hätte ihn dazu bringen sollen, sie aufzugeben«, hat Walter Monckton einmal gesagt, »aber ich habe nie einen Mann gekannt, der so wenig zum Aufgeben bereit war ... Die Krise [wegen der Abdankung] hätte sich vielleicht vermeiden lassen, wenn Queen Mary Mrs. Simpson empfangen hätte.« Am Tag nachdem der König mit seiner Mutter diniert hatte, traf sie Baldwin. »Nun ja, Herr Premierminister«, sagte Queen Mary und drückte fest seine Hand, »da haben wir aber eine schöne Bescherung!«

Seit seiner Abdankung war die Beziehung zwischen Queen Mary und ihrem ältesten Sohn nie mehr so wie früher. »Das monarchische Prinzip ist durch eine gnadenlose Härte und Unmenschlichkeit gekennzeichnet«, schrieb Wallis Jahre später.

»Keine Institution verlangt eine stärkere Unterdrückung der einfachen Gefühle des Herzens so sehr wie die Monarchie ... Selbst

Queen Mary konnte trotz ihrer Liebe für ihren ältesten Sohn in ihrem Herzen keinen Raum für etwas schaffen, was die natürliche Ordnung der Monarchie verändert hätte. David negierte, was er seit seiner Geburt bis zu seinem Tod verpflichtet war zu tun. Deshalb war er seiner Mutter plötzlich fremd geworden. Ihre Liebe für ihn blieb, aber mit seinem Platz auf dem Thron ging zugleich sein Platz in der Familie verloren. Was mich betrifft, so war ich einfach nicht existent.«

Und Mary schrieb im Juli 1938, zwei Jahre nach seinem Thronverzicht, an Edward:

»Du wirst Dich erinnern, wie elend ich mich gefühlt habe, als Du mich über Deine Heiratsabsichten und Deine Abdankung informiert hast, und wie ich Dich angefleht habe, uns und dem Land zuliebe auf diesen Schritt zu verzichten. Du konntest offenbar keinen anderen als Deinen eigenen Standpunkt gelten lassen … Ich glaube nicht, daß Du je begriffen hast, welchen Schock Deine damalige Haltung der Familie und dem ganzen Land versetzt hat. Daß Du als König zur Hinnahme eines relativ geringen Opfers nicht bereit warst, erschien besonders jenen unbegreiflich, die während des Krieges große Opfer gebracht hatten … Als Deine Mutter bleiben meine Gefühle für Dich unverändert, und unsere Trennung und deren Ursache bekümmern mich unaussprechlich. Schließlich habe ich mein ganzes Leben lang mein Land über alles andere gestellt, und ich kann mich jetzt nicht mehr ändern.«

Darin bestand wirklich der Unterschied zwischen Mutter und Sohn: Für Mary stand England an erster Stelle. Ihr Verantwortungsgefühl für das Reich war Antriebsfeder für alles, was sie tat. Aber für ihren Sohn – den König – hatte das Privatleben Vorrang. Er fühlte sich nur für sich selbst verantwortlich. »Er, um den wir Qualen gelitten haben«, hat Queen Mary einmal gesagt, »ist der einzige Mensch, den die Tragödie überhaupt nicht berührt hat.«

Edward besuchte noch als König arme Gegenden des Herzogtums Wales. »Sie können sicher sein, daß ich alles in meiner Macht Stehende für Sie tun werde«, versicherte er Hunderten von Bergleuten, die schon jahrelang arbeitslos waren und ihre Familien nicht mehr ernähren konnten. Sie glaubten ihm und standen zitternd in der frühwinterlichen Kälte vor ihren baufälligen, ungeheizten Häusern und brachten ihrem Herrscher eine alte walisische Hymne als Willkommensgruß dar. »Es muß etwas geschehen«, sagte Edward den Verzweifelten. Doch nur wenige Wochen später hatte er sein Versprechen bereits vergessen und heiratete. Die Menschen fühlten sich von ihm im Stich gelassen und dachten nur mit Bitterkeit an Edward VIII. Und das taten nicht nur die Bergleute in Süd-Wales.

Pflichtvernachlässigung lautete das Urteil, das seine Familie über den König sprach. Für den Herzog von York war die Lage deshalb besonders kompliziert, weil er furchtbare Angst vor der Thronfolge hatte. »Wenn es zum Schlimmsten kommen sollte und ich tatsächlich den Thron übernehmen muß«, schrieb er Godfrey Thomas, »können Sie versichert sein, daß ich mein Bestes tun werde, um das unvermeidliche Chaos wieder in Ordnung zu bringen, falls nicht schon alles unter den Belastungen der Affäre zusammengebrochen ist.« Wenn er mit seiner Frau oder seiner Mutter allein war, hielt er seine Nervosität nicht zurück. »David hat mir erst erzählt, was er getan hat, als alles schon vorüber war. Das hat mich wirklich schwer getroffen«, schrieb der Herzog von York an seine Mutter. »Er hat alles mit den zuständigen Politikern geregelt und ich habe ihn nicht eine Sekunde allein gesehen.« Prinz Albert hatte das Gefühl, einen lebenslangen Freund verloren zu haben und dazu auch noch seinen Bruder. Aber was noch schlimmer war, es schien, daß Albert nur noch wenige Wochen blieben, um sich auf seine Rolle als König vorzubereiten.

Unterdessen bestand für Edward die Gefahr, Wallis doch noch zu verlieren. Von der Presse gejagt, konnte sie nicht einen Schritt vor die Tür tun, ohne von sie anstarrenden Menschen, Reportern und Fotografen aus der ganzen Welt umlagert zu werden; außerdem bekam sie täglich Berge haßerfüllter Briefe. Am 27. November wurde ihr Name erstmals auf der Titelseite einer Londoner Zeitung erwähnt: »Amerikanische Zeitungen haben gestern abend berichtet, daß die jetzt in London wohnhafte ehemalige Dame der amerikanischen Gesellschaft Mrs. Simpson an Leib und Leben bedroht wird«, hieß es im *Daily Mirror*. »Angeblich hat man inzwischen Wachleute für sie engagiert sowie Detektive, die alle an sie adressierten Postpakete öffnen.«

Einem vollständigen körperlichen und nervlichen Zusammenbruch nahe, fuhren Wallis und ihre Tante Bessie (die zur moralischen Unterstützung ihrer Nichte aus Amerika angereist war) nach Fort Belvedere. Dort verordnete der Arzt Wallis eine Woche Bettruhe. Zu diesem Zeitpunkt beschloß sie, den König endgültig zu verlassen.

»Ich bin so erschöpft und habe das alles satt«, schrieb Wallis am 30. November an eine enge Freundin. »Ich habe mir schon einen Fluchtplan zurechtgelegt. Nach einiger Zeit wird dann auch mein Name vergessen sein.« Sie wollte »ihre Zelte [in England] abbrechen« und heimlich mit unbekanntem Ziel abreisen. Einer anderen Vertrauten gegenüber äußerte sie, daß sie erst nach Edwards Krönung nach England zurückkehren werde. Aber ihre Erkrankung hielt sie noch bis zum Donnerstag, dem 3. Dezember, im Fort fest.

Nachdem das Kabinett des Königs offiziell den Vorschlag einer morganatischen Ehe verworfen hatte, brach die Londoner Presse am nächsten Morgen schließlich ihr Schweigen. Queen Mary sah die Schlagzeilen auf dem Weg zum Crystal Palace, dessen Überreste sie nach einem Brand vom 30. November in Augenschein nehmen wollte.

Auslöser der Ende 1936 von der Presse geführten Debatte war ein Kommentar des Bischofs von Bradford, Reverend Blunt. Auf einer Diözesankonferenz am 1. Dezember, sprach er von der religiösen Bedeutung der bevorstehenden Krönungsfeierlichkeiten und empfahl den König »der Gnade Gottes, die er so reichlich brauchen wird …, wenn er seine Pflicht treulich erfüllen möchte. Wir hoffen, daß er sich dessen bewußt ist. Manche von uns würden gern mehr positive Anzeichen für dieses Bewußtsein sehen.«

Mit diesen Worten löste der Bischof eine Lawine aus. Die *Yorkshire Post* war am 2. Dezember die erste Zeitung, die den Kommentar des Bischofs mit dem Privatleben des Königs in Verbindung brachte: »Wir können bestimmte Kommentare, die in angesehenen US-Journalen erschienen sind, nicht länger ignorieren … Der König hat womöglich noch nicht begriffen, wie in unseren Tagen die Opferbereitschaft sein muß, von der Dr. Blunt gesprochen hat.« In dem Leitartikel war ferner von einer »Verfassungskrise ersten Ranges« die Rede. Außerdem erhielt der Premierminister am selben Tag von der letzten der überseeischen Regierungen, die er um Auskunft gebeten hatte, Antwort, daß der König entweder auf Mrs. Simpson verzichten oder abdanken solle.

Zuerst griff die Londoner Presse – was viele nicht erwartet hatten – den König nicht persönlich an. Man sprach vielmehr von der Würde der Krone und dem Prestige des Reiches. Die *Times* hielt sich zurück und erinnerte nur daran, daß »die hohe Stellung Seiner Majestät nicht persönlicher Besitz eines Menschen ist, sondern eine heilige Treuhänderschaft, die von Generation zu Generation weitergegeben wird und während des letzten Jahrhunderts immer stärker geworden ist. Zu danken ist das der bereitwilligen Loyalität des ganzen Volkes gegenüber den Herrschern, die unangefochten waren, weil sie geachtet wurden.« Die britische Monarchie müsse deshalb »gegenüber der Außenwelt wie ein Fels dastehen, [und] die Öffentlichkeit braucht die eindeutige Gewißheit, daß dieser Fels nicht ins Wanken gerät«. Auf diese Weise, so hoffte man inbrünstig, werde Britannia auf ewig die Meere beherrschen. Die Zeitung *News Chronicle* dagegen argumentierte, Seine Majestät allein müsse entscheiden, wen er zu seiner Lebenspartnerin erwähle, deshalb hielt der Verfasser des Leitartikels eine morganatische Regelung für vernünftig. Der *Daily Telegraph* übte vorsichtig Kritik: Der König, hieß es dort, »entscheidet nicht für sich allein«, aber man sei zuversichtlich, daß er nichts tun werde, »was seine würdevolle Stellung oder das Reich beschädigt«. Die *Catholic Times* dagegen schrieb zur allgemeinen Überraschung, der König habe das Recht, die Frau seiner Wahl zu heiraten.

Vor dem Buckingham-Palast versammelten sich die Menschen, um den König zu unterstützen, und sangen »For He's a Jolly Good Fellow«. Doch Edward war bestenfalls ein »prima Kerl« im Vergleich zu Baldwin. Und so unterstützte die von der Weltwirtschaftskrise schwer getroffene Londoner Bevölkerung einen König, der ihrer Meinung nach von einem Premierminister drangsaliert wurde, der sich zuwenig für die Interessen der Massen einsetzte.

Bald schon wurden die Stimmen derer immer lauter, die vor bürgerkriegsähnlichen Zuständen warnten. Sie fragten, wie der König nur etwas mehr lieben könne als England. War nicht die Monarchie selbst in Gefahr, wenn der unerfahrene Herzog von York auf den Thron gelangen sollte? Dieser nervöse Mann führte unterdessen eine Reihe von Besprechungen mit seiner Mutter, seinen Brüdern, dem Premierminister und anderen Kabinettsmitgliedern. Das alles mußte Albert jetzt allein durchstehen, denn die Herzogin von York, die ihm sonst bei allem half, lag mit einer fiebrigen Erkältung zu Bett. Das war »eine für sie während ihres ganzen Lebens typische Reaktion auf besondere Streßsituationen«, wie einer ihrer Biographen geschrieben hat.

Während der folgenden Tage wurden die kritischen Äußerungen immer lauter: Die Aristokratie und die Angehörigen der Oberklasse fanden mehr daran auszusetzen, daß Mrs. Simpson Amerikanerin war, als an ihren beiden Scheidungen. Die einfache Bevölkerung wiederum störte es nicht, daß Wallis Amerikanerin war, sondern vielmehr, daß sie bereits zwei Ehen hinter sich hatte. Derart dem

Kreuzfeuer der Kritik ausgesetzt, wurden für Edward und Wallis die Chancen auf die Bewilligung einer Heirat immer geringer. Der uralte Konflikt zwischen Krone und Parlament kam jetzt auf seltsame Art zum Ausdruck: Das Parlament und die Presse erinnerten den König an seine Verantworung als Monarch, und der König ersuchte um die Gewährung derselben Rechte, wie sie jeder einfache Bürger genoß.

Und so wurden die Attacken der Zeitungen gegen den König von Tag zu Tag schärfer. Auch die *Times* bezog jetzt eine neue Stellung: Ohne ihren Namen zu erwähnen, schrieb die Zeitung, daß »die Dame, die der König zu heiraten begehrt, als Königin ungeeignet ist«. Und noch direkter wurde es, als man lesen konnte, daß »die Institutionen unvergleichlich wichtiger sind als das Glück eines einzelnen Menschen« und daß der König ein »charakterliches Defizit« aufweise. Unter Verweis auf die Beschwerde, die der Earl of Clarendon gegenüber Karl I. vorgebracht hatte, besaß die *Times* die Kühnheit, dem König »den reißenden Strom seiner ungestümen Leidenschaften« vorzuhalten. Und der *Daily Telegraph* schrieb: »Es gibt einige wenige Zugeständnisse, die wir auch dem geliebtesten Menschen nicht machen können, einige wenige Regeln, die wir nicht brechen dürfen, einige wenige Konventionen, die wir aufrechterhalten müssen.«

Die Öffentlichkeit, die dem König noch kurz zuvor wohlgesonnen gewesen war, ging jetzt ebenfalls auf Distanz zu ihm.

»Ich höre selten, daß die Leute auf Mrs. Simpson böse sind«, schrieb Harold Nicolson in sein Tagebuch. »Aber ich erlebe allenthalben einen heftigen Zorn auf den König. Innerhalb von acht Monaten hat er seine Popularität zunichte gemacht.« Nach Auskunft der namhaften amerikanischen Korrespondentin Janet Flanner ließ sich die im Lande herrschende Grundstimmung in dem Satz zusammenfassen: »Er hat uns im Stich gelassen.« Jahre später erklärte Prinzessin Margaret einem Freund: »Wissen Sie, wir hatten nichts gegen Wallis – wirklich gehaßt haben wir nur ihn.«

Am 3. Dezember schlug Edward Wallis vor, sie solle am besten das Land verlassen, um sich der Presse zu entziehen. Und so reiste sie zu ihren alten Freunden Herman und Katherine Rogers nach Cannes. Noch vor ihrer Abfahrt drängte Wallis den König, er solle dem Land über Rundfunk mitteilen, daß sie für immer weggegangen sei: »Verkünde morgen dem ganzen Land, daß du mich verloren hast.« Vier Tage später gab sie selbst eine Erklärung an die britische Presse: »Mrs. Simpson ist schon seit Wochen stets bestrebt gewesen, jede

Handlung oder jeden Vorschlag zu unterlassen, der Seiner Majestät oder dem Thron schaden könnte. Ihre Haltung ist noch unverändert, und sie ist bereit, falls ein solcher Schritt das Problem lösen könnte, sich aus einem Verhältnis zurückzuziehen, das für beide nur unglücklich und unhaltbar geworden ist.« In einem privaten Schreiben an Edward erklärte Wallis: »Denke nur an Deine eigene Stellung und an Deine Pflichten, und laß mich ganz außer Betracht.« Es gibt keinen Grund, die Aufrichtigkeit dieses Wunsches anzuzweifeln, in dem sich wohl kaum der Wille einer macht- und statusbesessenen Frau kundtut. Dies war der letzte Versuch von Wallis, sich aus der Umklammerung des Königs ein für allemal zu befreien.

Aber der König blieb unnachgiebig: »Er war fest entschlossen«, sagte Baldwin ein paar Tage später, »und wer Seine Majestät kennt, weiß, was das zu bedeuten hat.« Edward wollte Wallis nicht freigeben, er wollte nicht einen in Mißkredit geratenen Thron besteigen und sich am Krönungstag beim Ablegen seines Eides nicht von einer Öffentlichkeit beobachten lassen, die ihm zutiefst mißtraute. »Du mußt auf mich warten, egal wie lange es dauert«, beschwor er Wallis vor ihrer Abreise. »Ich werde dich niemals aufgeben.«

Bereits seit seinem zwanzigsten Lebensjahr hatte Edward sich nicht um die Tradition der Krone gekümmert und alles getan, um die allgemeine Aufmerksamkeit auf sich zu ziehen. Die Frauen (Thelma, Freda, vor allem aber Wallis), mit denen er sich liiert hatte, waren nicht nur Mutterersatz für ihn, sondern sie waren alle verheiratet, wurden von seinen Eltern nicht akzeptiert und stellten Hindernisse auf seinem Weg zum Thron dar. Die geschiedene Ausländerin Wallis Simpson, ohne Titel, Mittel und Stammbaum, war in der Reihe der Geliebten Edwards das größte Extrem.

»Ich wollte gar nicht, daß er den Thron aufgibt«, hat Wallis nach Edwards Tod einmal gesagt. »Aber niemand konnte David dazu bewegen, etwas zu tun, was er nicht wollte, oder ihn daran hindern, das zu tun, was er unbedingt wünschte. Ich habe David angefleht, nicht abzudanken, ihn angefleht, es nicht zu tun. Ich wäre dann zurück nach Amerika gegangen. Aber er hat mich geliebt. Er hat mich wirklich geliebt.« Was Wallis betrifft, stand sie nach Ernests Weggang völlig hilflos und verlassen da. Alle hielten sie für den bevorstehenden Thronverzicht des Königs für verantwortlich. Was konnte sie anderes tun, als seinen Heiratsantrag anzunehmen?

Aber was wollten King Edward VIII. und Wallis Simpson eigentlich? Alles spricht dafür, daß er tatsächlich wahnsinnig – oder wie Chips Channon es ausgedrückt hat »fast pathologisch« – in Wallis verliebt war und daß dies von ihrer Seite wahrscheinlich nicht der Fall gewesen ist. Tatsächlich hat sie sich alle Mühe gegeben, sowohl die Abdankung als auch die Heirat zu verhindern. Sicher mochte sie ihn sehr gern und genoß es, von einem der reichsten und berühmtesten Männer der Welt angebetet zu werden. Aber trotzdem versuchte sie damals verzweifelt, die inzwischen fast unvermeidlich erscheinende eheliche Verbindung, vor der sie entsetzliche Angst hatte, doch noch abzuwenden. An ihre Freundin Sibyl Colefax schrieb sie noch im Dezember, daß sie Edward und (durch ihren Anwalt) die Regierung gedrängt habe, die Ehedebatte für ein Jahr zu unterbrechen, und dann »wäre ich längst über alle Berge gewesen«.

Am Montag, dem 7. Dezember 1936, wußten die Regierung und die Königliche Familie, daß die Sache entschieden war. »Die schreckliche Zeit des Wartens war endlich vorüber«, wie der Herzog von York, der mit seinem Bruder auf dessen Wunsch in Fort Belvedere zusammengetroffen war, in sein Tagebuch schrieb. »Als ich eintraf, ging er im Zimmer auf und ab und erklärte mir, daß er zum Gehen entschlossen sei.« Diese Entscheidung hatte die Stimmung des Königs deutlich verändert. »Mein Bruder glänzte auf der Party durch seinen Witz und seinen Charme«, sagte Prinz Albert über ein Familientreffen, das am nächsten Abend stattfand. Edward sei bei der Gelegenheit völlig entspannt und von einer fast unnatürlichen Fröhlichkeit gewesen, notierte sein Bruder.

Am Samstag früh hatte die erschreckende Gewißheit seines unentrinnbaren Schicksals von Albert ganz Besitz ergriffen. Er fühlte sich für die Aufgabe denkbar schlecht gerüstet und eilte, weil seine Frau noch immer bettlägerig war, trostsuchend zu seiner Mutter. »Ich brach zusammen und schluchzte wie ein Kind«, schrieb er in sein Tagebuch, und er war über seine bevorstehende Ernennung zum König (so Queen Mary) »zutiefst entsetzt«, eine Reaktion, wie sie einige Monate früher auch Edward gezeigt hatte. »Ich bin doch nur Marineoffizier«, klagte er gegenüber Louis Mountbatten, seinem Vetter zweiten Grades, »das ist das einzige, wovon ich etwas verstehe.«

Am Donnerstag, dem 10. Dezember 1936, zehn Uhr morgens, vollzog Edward VIII. seine vorletzte Amtshandlung als König. In Gegenwart seiner drei Brüder, zweier Anwälte und zweier Höflinge setzte er seine Unterschrift unter die sieben Kopien der offiziellen Abdankungsurkunde:

»Ich, Edward der Achte von Großbritannien, Irland und den britischen Besitzungen jenseits der See, König, Kaiser von Indien, tue hiermit meinen unwiderruflichen Entschluß kund, für mich selbst und für meine Nachkommen auf den Thron zu verzichten, und meinen Wunsch, daß dieses Abdankungsdokument sofort in Kraft treten möge.«

Und mit der Unterzeichnung dieser Urkunde endete die 325tägige Regentschaft des einzigen Monarchen der englischen Geschichte, der freiwillig abgedankt hat.[7] Albert, Henry und George unterzeichneten das Dokument als Zeugen, und dann verschwanden die Papiere in den berühmten roten Aktenkoffern. Wenige Minuten vor Mittag trafen die Koffer in der Downing Street 10 ein, und noch am Nachmittag desselben Tages gab Premierminister Baldwin vor dem Unterhaus eine Erklärung ab. (Genau neun Jahre vorher, am 10. Dezember 1927, war Wallis von Earl Spencer geschieden worden.) Schon am Abend war die Krise vorüber, und bereits kurz darauf hatte Großbritannien einen neuen König.

Am 11. Dezember, einem Freitag, um 13.52 Uhr gab Edward seine offizielle königliche Zustimmung zu dem am Vortag vom Unterhaus beschlossenen Abdankungsgesetz, dessen schriftliche Fassung ihm in Fort Belvedere vorgelegt wurde. Das war seine letzte Amtshandlung als König, und es folgte ihm automatisch Prinz Albert Frederick Arthur George Herzog von York als George VI. auf den Thron. Er legte seinen eigenen Namen aus Achtung vor seinem Vater ab, denn er wollte damit den Geist von dessen ehrenhafter Regentschaft neu aufleben lassen. »Und bedeutet das, daß du die nächste Königin sein wirst?« fragte die sechsjährige Prinzessin Margaret ihre Schwester an diesem Nachmittag. »Ja, eines Tages«, erwiderte die künftige Monarchin, nachdem sie sich kurz mit ihrer Mutter beraten hatte. Margaret legte eine kurze Pause ein und sagte dann mit einem Seufzer: »Ach, du Ärmste.«

Die erste Amtshandlung King Georges VI. war die Ankündigung, daß der ehemalige König fortan den Namen Königliche Hoheit Her-

---

[7] Nach seinem Übertritt zum Katholizismus wurde King Jacob II. während der sogenannten Glorreichen Revolution (der unblutigen Veränderung der innenpolitischen Verhältnisse in Großbritannien) abgesetzt und floh 1688 nach Frankreich. Das Parlament erklärte anschließend, er habe freiwillig abgedankt, was nicht der Wahrheit entsprach. Es sei noch erwähnt, daß Jacob wie sein Nachkomme Edward England an einem 11. Dezember verlassen hat.

zog von Windsor trage, einen Titel, den der scharfsinnige alte Höfling Clive Wigram vorgeschlagen hatte. Seine Abdankung änderte natürlich nichts daran, daß Edward von königlichem Geblüt war. Aber die Herzogswürde war nicht etwa eine Art Belohnung oder Ausdruck brüderlicher Liebe zwischen Edward und George VI. Vielmehr hatten etliche Repräsentanten des Hofes und der Regierung die Befürchtung geäußert, daß Edwards Popularität ihn eines Tages veranlassen könnte, nach England zurückzukehren. Ein Mr. Edward Windsor hätte sich sogar als Kandidat für das Unterhaus aufstellen lassen können, und ein Lord Edward Windsor hätte ein Anrecht auf Sitz und Stimme im Oberhaus gehabt. Diese beiden Möglichkeiten der politischen Einflußnahme erschienen eher bedrohlich, und daher sei es offenkundig, was zu tun sei, erklärte Wigram ganz ruhig. Als Königlicher Herzog, also mit einem Titel, den er ausschließlich seiner Geburt verdankte, dürfe Edward im Oberhaus weder reden noch an Abstimmungen teilnehmen.

Nachdem er am Abend seiner Abdankung mit seiner Mutter, seiner Schwester, seinen Brüdern, seiner Tante und seinem Onkel in Royal Lodge zu Abend gegessen hatte, wurde Edward nach Schloß Windsor chauffiert. Hier stand schon die für eine Rundfunkübertragung notwendige Technik bereit. Nachdem er den Hörern als Seine Königliche Hoheit Prinz Edward vorgestellt worden war, hielt er eine Rede, die von Menschen in aller Welt voller Spannung verfolgt wurde:

»Zu guter Letzt bin ich imstande, selbst ein paar Worte zu sagen.

Es war nie meine Absicht, Informationen zurückzuhalten, aber bis jetzt ist es mir aus verfassungsrechtlichen Gründen nicht möglich gewesen zu sprechen.

Vor ein paar Stunden habe ich meine letzte Amtshandlung als König und Kaiser vollzogen, und jetzt, da mir mein Bruder, der Herzog von York, nachgefolgt ist, möchte ich ihn als erstes hiermit von ganzem Herzen meiner absoluten Loyalität versichern.

Sie alle kennen die Gründe, die mich gezungen haben, auf den Thron zu verzichten. Aber ich möchte, daß Sie wissen, daß ich bei meinem Entschluß weder das Land noch das Empire vergessen habe, denen ich zuerst als Prince of Wales und zuletzt als König insgesamt fünfundzwanzig Jahre lang zu dienen versucht habe. Sie müssen mir glauben, wenn ich Ihnen versichere, daß es mir unmöglich ist, die schwere Last der Verantwortung zu tragen und meinen königlichen Pflichten angemessen nachzukommen, wenn ich dabei nicht auf die Hilfe und Unterstützung der Frau zurückgreifen kann, die ich liebe.

Und ich versichere Ihnen ferner, daß die Entscheidung, die ich getroffen habe, einzig und allein meine eigene ist. Dieses Problem habe ich ganz allein mit mir ausfechten müssen. Die andere Person, die von diesen Vorgängen betroffen ist, hat bis zuletzt versucht, mich zu einer anderen Lösung zu überreden. Ich habe dieser ernstesten Entscheidung meines Lebens stets die Überlegung zugrunde gelegt, was am Ende für alle Betroffenen das beste sein würde.

Meine Entscheidung ist mir nicht ganz so schwer gefallen, weil ich sicher bin, daß mein Bruder mit seiner langjährigen Erfahrung in den öffentlichen Belangen dieses Landes und mit seinen guten Charaktereigenschaften imstande sein wird, fortan meinen Platz einzunehmen, ohne daß das tägliche Leben und der Fortschritt des Empires dadurch Schaden nähmen. Und mein Bruder hat einen einzigartigen Vorzug, den viele von Ihnen mit ihm teilen, der mir jedoch versagt geblieben ist – er führt mit seiner Frau und seinen Kindern ein glückliches Familienleben.

Während dieser schweren Tage habe ich bei meiner Mutter und bei meiner Familie Trost gefunden. Die Minister der Krone, insbesondere Mr. Baldwin, der Premierminister, haben mich stets mit großer Rücksichtnahme behandelt, und es gab zu keinem Zeitpunkt zwischen mir und ihnen oder zwischen mir und dem Parlament die geringsten verfassungsrechtlichen Differenzen. Von meinem Vater in der konstitutionellen Tradition erzogen, hätte ich es mir auch niemals erlaubt, einen solchen Konflikt heraufzubeschwören.

Bereits als ich noch Prince of Wales war wie auch später, als ich den Thron innehatte, bin ich stets und überall von den Menschen mit größter Freundlichkeit behandelt worden. Dafür bin ich sehr dankbar.

Jetzt ziehe ich mich ganz aus dem öffentlichen Leben zurück und lege die Last der Krone nieder. Es mag einige Zeit vergehen, bis ich in das Land meiner Geburt zurückkehren werde, aber ich werde das Geschick des britischen Volkes und des Empires stets mit tiefem Interesse verfolgen, und sollte ich in der Zukunft Seiner Majestät als Privatmann zu Diensten sein können, werde ich gern zur Verfügung stehen.

Und jetzt haben wir einen neuen König. Ich wünsche ihm und Ihnen, seinem Volk, von ganzem Herzen Glück und Wohlergehen. Gott segne Sie – Gott schütze den König!«

Als er noch einmal nach Royal Lodge zurückfuhr, um von seiner Familie Abschied zu nehmen, sah Edward, wie über dem Themsetal der kalte Dezembernebel aufzog. Er reiste noch in derselben Nacht mit dem Schiff von Portsmouth über den Kanal und weiter nach Österreich, wo er sich bis zur endgültigen Auflösung der Ehe von Wallis auf Schloß Enzesfeld, einem Besitz des Barons von Rothschild, aufhalten wollte. Denn während der sechsmonatigen Wartezeit durften die beiden keinen Kontakt miteinander haben.

»Dann kam der furchtbare Abschied«, schrieb Queen Mary in ihr Tagebuch. »Die ganze Situation war unaussprechlich traurig.« Das empfand auch der Herzog von Kent. Zum zweitenmal an jenem Abend brach er schluchzend zusammen. »Es ist nicht wahr!« rief er weinend. »Es ist einfach unmöglich!«

Aber es war wahr. Edward umarmte seine Mutter, seine Schwester und seine Brüder, die Herzöge von Kent und Gloucester, und verbeugte sich dann vor dem neuen König. Noch vor Mitternacht saß der vormalige Monarch und jetzige Herzog von Windsor ruhig im Fond eines schwarzen Daimler, der ihn durch den Nebel zur Küste brachte, wo er das Kriegsschiff mit dem Namen *Fury* (Wut) bestieg und seinem, wie er es selbst einmal gesagt hatte, »Leben in der richtigen Welt« entgegenfuhr.

Prinzessin Margaret, King George VI., Queen Elizabeth
und Prinzessin Elizabeth

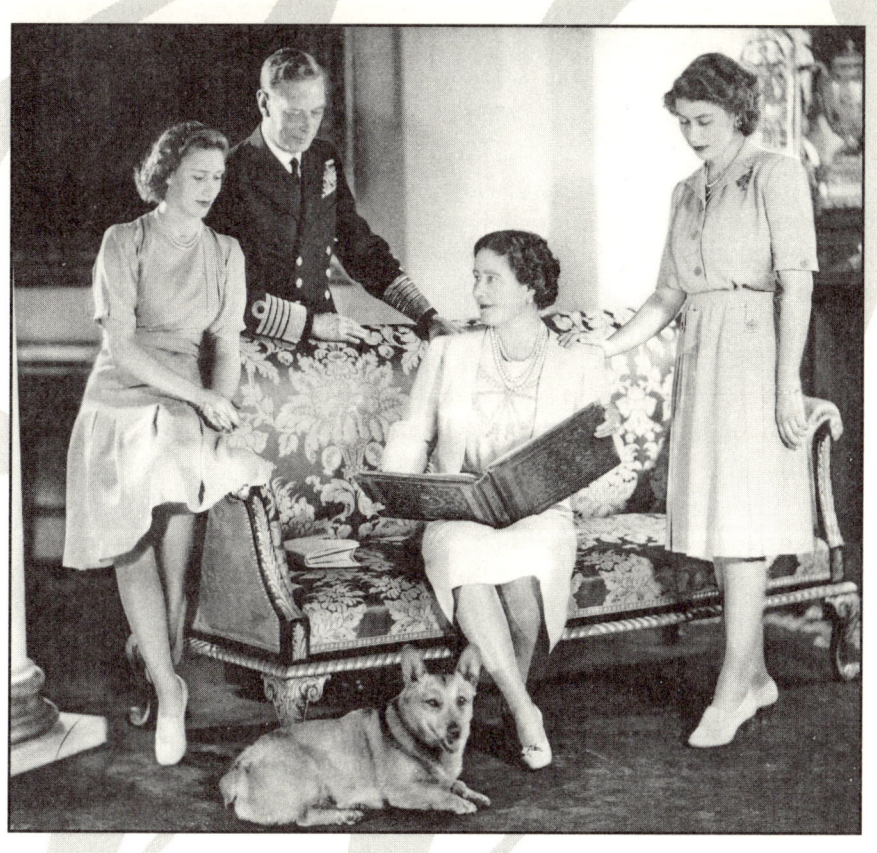

ZEHNTES KAPITEL

Efeuranken (1937–1947)

»Können Sie hinterher daran noch etwas verändern?«
Queen Elizabeth zu dem Fotografen Cecil Beaton über
Retuschierarbeiten an einem Foto

Genau ein Jahrhundert lang, von 1837 bis 1936, hatte es in der britischen Monarchie keine gravierenden Vorfälle gegeben. Von Generation zu Generation waren Herrscher auf dem Thron gewesen, die sich von ihrem Vorgänger deutlich unterschieden hatten. Auf die pflichtbewußte Victoria, die den genußsüchtigen William IV. abgelöst hatte, war der trinkfeste Edward VII. gefolgt, Vater des strengen und bourgeoisen George V., dessen Sohn, der Lebemann, King Edward VIII. wurde, und nach seiner Abdankung war sein Bruder als George VI. auf den Thron gelangt.

Während George und seine Gemahlin Elizabeth sich auf die eigentlich für Edward geplante Krönungsfeier vorbereiteten, gaben sie sich alle Mühe, sich dem Land und der Welt völlig anders zu präsentieren, als ihr Vorgänger dies getan hatte. Und während der folgenden fünfzehn Jahre sollte ihnen das auch gelingen.

Georges Anstand und Mut sollten sich während des Zweiten Weltkrieges erweisen, und während seiner fünfzehnjährigen Herrschaft waren nicht etwa die PR-Experten des Hofes seine besten Verbündeten, sondern seine Frau und seine Töchter. Der entscheidende Auslöser der Abdankungskrise war der Umstand gewesen, daß Edward freimütig Werte in Frage gestellt hatte, die den Engländern am heiligsten sind: die Vormachtstellung von Familie, Heim und Pflichterfüllung, und gerade diese Tugenden besaßen der Herzog und die Herzogin von York. Tatsächlich waren sie und ihre Töchter die ersten Königlichen Hoheiten, die der Welt eine Familienromanze präsentierten.

Der neue König erweckte den Eindruck von einfacher, charaktervoll-vornehmer Seriosität. Er erschien wie ein Familienoberhaupt, das sich ganz der Aufgabe verschrieben hatte, dem Land das Gefühl der eigenen Ehrenhaftigkeit und seine Bestimmung zurückzugeben. Aber dies war nur die eine Seite des Charakters von King George. Er hatte durchaus seine Schwächen. Er war nervös, konnte die Sätze, die er sprach, nicht sonderlich gut formulieren, war sprunghaft und intellektuell erstaunlich mittelmäßig. Er war Kettenraucher und trank viel Alkohol. Und schließlich mußte er gänzlich unvorbereitet die schwere Königswürde ausgerechnet in der schlimmsten Periode der britischen Geschichte des 20. Jahrhunderts übernehmen.

Vor der Krönung im Mai 1937 erfreuten sich der neue König und die neue Königin sowie die Prinzessinnen Elizabeth und Margaret bereits großer Beliebtheit in der Öffentlichkeit. Vor allem wohl auch deshalb, weil sich die Menschen eine intakte, repräsentative Familie auf dem Thron wünschten, ein nationales Symbol, an dem sie sich aufrichten konnten. Entsprechend verhielten sich auch die Medien, um dieses Bedürfnis der Öffentlichkeit zu erfüllen. »Hier ist die Gelegenheit, auf die Sie gewartet haben«, sagte Geoffrey Dawson, der Herausgeber der *Times*, zu einem Mitarbeiter. »Versuchen Sie die Loyalität unserer Leser für die Königsfamilie noch zu vertiefen.« Und so geschah es: Von den 101 Wochenschaubeiträgen, die *Movietone News* 1937 produzierte, zeigten neunundachtzig das Leben der neuen Bewohner des Buckingham-Palastes und nur zwei den Ex-König und seine Frau.

Die Royals waren in allen Medien zu sehen: mal, wie sie der Menge zuwinkten, mal beim Tee im Garten, mal beim Füttern der Enten im St.-James-Park oder beim Picknick in Windsor. Und es wurden rührend-anheimelnde kleine Geschichten in Umlauf gebracht. »Da mußt du aber zuerst Mami fragen«, hatte King George angeblich zu Prinzessin Elizabeth gesagt, als sie ihn wegen etwas um Erlaubnis gebeten hatte. Ein Foto zeigte Prinzessin Margaret, die schmollte, als ihre Mutter sie ins Haus zurückschickte, damit sie sich einen Wintermantel holte. Von Anfang an erschienen die Windsors als die Verkörperung sämtlicher Tugenden der britischen Mittelklasse, und die nach dem Tumult vom Dezember 1936 Ruhe suchende Öffentlichkeit unterstützte gern den neuen Monarchen. Wie die Cheerybles in Charles Dickens' Roman *Nicholas Nickleby* »schlichte, herzliche und freundliche Leute« sind, wurden die Windsors schon bald überall bewundert und galten (wie auch Dickens' Figuren) deshalb als Helden, weil sie einen Mann abgelöst hatten, der sich oft danebenbenommen hatte.

Aber nicht nur der neue Monarch und seine Familie entsprachen den allgemeinen Erwartungen, sondern auch seine Geschwister mit ihren Familien. Darunter die Kents, deren Familie sich gerade vergrößert hatte, denn am Heiligen Abend brachte Prinzessin Marina ein Mädchen zur Welt, ihr zweites Kind. Die Kleine wurde nach ihrer Urgroßmutter väterlicherseits Alexandra getauft (auch ihr einjähriger Bruder Edward war nach seinem Urgroßvater väterlicherseits benannt worden). Und während des Krieges bekamen auch die Gloucesters noch zwei Kinder.

In mancher Hinsicht stimmte dieses positive Bild vom Charakter des Königs nicht ganz, denn wie sein Vater besaß auch George VI. ein unberechenbares Temperament, und er neigte zu so heftigen Ausbrüchen, daß er (nach Auskunft eines königlichen Chronisten) wenigstens einmal »derart außer Kontrolle geriet, daß er seine eigene Frau schlug«. Ganz sicher wird er dies augenblicklich bereut haben, aber es ist auch bekannt, daß die Mitglieder des königlichen Haushalts sich ganz still verhielten, wenn es wieder einmal hieß, der König sei schlechter Laune. Diese Ausbrüche mögen wohl eine

Reaktion darauf gewesen sein, daß »sie das Regiment führt, dessen können Sie sicher sein«, wie eine Freundin der Königin einmal bemerkt hat. Lady Pamela Hicks, eine Tochter von Lord Louis Mountbatten und eine der engsten Freundinnen der Königstochter Elizabeth, hat über den König berichtet, daß »er [immer wieder] plötzlich wegen irgendeiner Nichtigkeit in Zorn geriet. Dann folgte ein gewaltiger Wutausbruch, und das war absolut entsetzlich.«

Aber welche unschönen Dinge zwischen dem Ehepaar privat auch vorgefallen sein mögen, George VI. war wie sein Bruder Edward völlig abhängig von seiner Frau: »Sie war seine Willenskraft, sein alles«, wie Chips Channon gesagt hat.

Stark und entschlossen wie Wallis, die sie so sehr haßte, zeigte sich die neue Queen Elizabeth in allen Lebenslagen als eine beeindruckende Persönlichkeit. Stets auf den guten Ruf der Krone bedacht (was Elizabeths Wert bei Queen Mary erheblich steigerte) und immer um ihren Mann besorgt (was dieser zu schätzen wußte), machte sie sogar noch aus ihrer Unpünktlichkeit eine Tugend. Wenn sie sich nämlich trotz weiterer Termine nicht davon abhalten ließ, sich in aller Ausführlichkeit mit Leuten zu unterhalten, die für gute Public Relations wichtig waren.

Die Wiederherstellung eines positiven Images der angeschlagenen Monarchie konnte man schließlich nicht allein dem scheuen, stotternden König überlassen – das wußte niemand besser als seine Frau. Mit eiserner Entschlossenheit setzte sie sich dafür ein, und es gelang ihr trotz ihrer Pummeligkeit, die sie mit Chiffon geschickt verhüllte, wie eine wahrhafte Königin zu erscheinen. Und ihre beiden kleinen Prinzessinen garantierten die Zukunft des Thrones.

Die Chiffonkleider, die sie bevorzugt trug, sollten ihre schon in der Jugend matronenhaft wirkende Figur kaschieren, und der Fotograf Cecil Beaton nahm sie mit Vorliebe im Profil auf, was für ihr zu breit geratenes Gesicht günstiger war. »Können Sie hinterher daran noch etwas verändern?« fragte die Königin Beaton vor einer Fotositzung einmal augenzwinkernd – das konnte er. Und so wurden die königlichen Porträts fortan sorgfältig retuschiert, bis Brust und Taille von Elizabeth um etliche Zentimeter schmaler erschienen, als sie in Wirklichkeit waren. Die Königin legte nämlich größten Wert darauf, daß ihre Familie auf Fotos eine Aura der Lieblichkeit ausstrahlte.

Privat gab es bei den Windsors noch immer Spannungen wegen

Edward, denn ein Teil der Familie, der in England ansässig war, befürchtete, daß die Windsors aus dem Ausland zurückkehren könnten. Und so wurden die finanziellen Zuwendungen, die Edward erhielt (jährlich eine Summe von 20000 Pfund), an die Bedingung geknüpft, daß er nie mehr ohne Zustimmung des Königs heimatlichen Boden betreten dürfe. Das war ein beispielloser Schritt, eine Strafe, die eindeutig gegen die Magna Charta von 1215 verstieß. Aber diesen Akt persönlicher Vergeltung für Edwards unziemliches Betragen, wie es die Familie beurteilte, stellte das erste Dekret, das George als König erließ, noch in den Schatten.

Am 27. Mai 1937 unterzeichnete der Herrscher eine Reihe offiziell als Adelspatent bezeichnete Schriftstücke. Darin wurde festgelegt, daß der Ex-König und jetzige Prince of Wales fortan »den Titel und die Anrede Königliche Hoheit« für sich in Anspruch nehmen dürfe. Seiner Frau und möglicherweise aus der Ehe hervorgehenden Kindern sollten diese Titel jedoch versagt bleiben, und Wallis durfte sich nur Herzogin von Windsor nennen.

Im Dezember 1936 hatte King George VI. (mit Zustimmung sämtlicher Brüder) angeordnet, daß der zurückgetretene Monarch bei seiner historischen Abdankungsrede im Rundfunk als Seine Königliche Hoheit Prinz Edward präsentiert werden sollte. Denn Edward hatte ja nicht auf seinen königlichen Status, sondern nur auf den Thron verzichtet. Nach britischem Gewohnheitsrecht kann der königliche Status ohnehin nicht aufgegeben werden, denn wer als Prinz königlichen Geblüts geboren ist, bleibt dies bis zu seinem Tod. Damit behielt Edward als legitimer Sohn King Georges V. fraglos den Status einer Königlichen Hoheit. Aber George VI. entschied nun, was völlig absurd war, daß er seinem Bruder den Status einer Königlichen Hoheit neu »verleihen« müsse. Der einzige Grund dafür lag darin, Wallis diesen Status vorzuenthalten.

Dabei hatte der König nach der britischen Verfassung gar kein Recht, eine solche Statusfrage zu entscheiden. Jede Frau, so das Gewohnheitsrecht, erhält automatisch den Status ihres Ehemannes.[1]

---

[1] Eine Frau aus königlichem oder hochadeligem Geschlecht, die »unter« ihrem Stand heiratet, darf ihren eigenen Titel weiterführen. Um dafür nur ein Beispiel zu nennen: Als Prinzessin Alexandra (die Tochter Seiner Königlichen Hoheit Prinz George Herzog von Kent) Sir Angus Ogilvy heiratete, blieb sie weiterhin Prinzessin Alexandra. Da sie jedoch eine Dame ist und sich großer Sympathien erfreut, läßt sie sich als Mrs. Angus Ogilvy anreden. Um des Andenkens ihrer Eltern willen und um den Status ihrer Cousine, der Queen, zu wahren, läßt sie jedoch zu, daß man dieser Anrede den Titel »Prinzessin Alexandra« anfügt.

Nicht ganz zufällig behauptete das Pressebüro des Buckingham-Palastes, bei dem Adelspatent handle es sich um ein Dekret, das auf Druck der Regierung zustande gekommen sei. In Wahrheit aber hatte der Palast – das heißt der König und die Königin (denn keiner ihrer Untergebenen hätte es gewagt, für sich ein derartiges Privileg in Anspruch zu nehmen) – die Regierung ersucht, ein solches Adelspatent zu erstellen und dem König zur Unterzeichnung vorzulegen. Der König hatte den Premierminister nicht etwa konsultiert, sondern er hatte ihm eine Weisung erteilt.

Durch diesen einzigartigen, juristisch völlig widersinnigen Akt war Wallis die einzige Frau eines Engländers, die nicht den gesellschaftlichen Status ihres Ehemannes bekommen sollte. Als sie Prinz Edward heiratete, stieg Wallis nämlich zur Prinzessin und Königlichen Hoheit auf. So war es auch gewesen, als George 1923 Elizabeth geheiratet hatte: »Es wird hiermit in Übereinstimmung mit der allgemein anerkannten Regel, daß eine Ehefrau den Status ihres Mannes teilt, kundgetan, daß Lady Elizabeth Bowes-Jones durch ihre Heirat zur Königlichen Hoheit und Herzogin von York mit dem Status einer Prinzessin aufgestiegen ist.« Durch seinen Verstoß gegen das Gewohnheitsrecht hatte der gerade gesalbte King George VI., der vor Gott und dem Empire geschworen hatte, dem Volk und seiner Verfassung zu dienen, ebendiese Verfassung verletzt. Mit königlicher Selbstherrlichkeit (und in schlichter Unkenntnis) hat George dies zeitlebens nicht eingestehen wollen. Noch 1949 erklärte er seinem Bruder Edward: »Du solltest nicht vergessen, daß ich deine Frau trotz der Geschehnisse im Dezember 1936 zur Herzogin gemacht habe. Dafür solltest du mir dankbar sein. Aber das bist du offenbar nicht.« Diese Feststellung könnte man vielleicht amüsant finden, wenn sie nicht so falsch wäre, denn Wallis hatte Seine Königliche Hoheit Prinz Edward Herzog von Windsor geheiratet und war damit automatisch zu Ihrer Königlichen Hoheit Prinzessin Wallis Herzogin von Windsor aufgestiegen.

Überdies schrieb das Adelspatent genau jene morganatische Beziehung fest (die dadurch gekennzeichnet ist, daß die Ehefrau den Status und die Titel ihres Mannes *nicht* erhält), die 1936 zu Recht als unvereinbar mit der britischen Verfassung abgelehnt worden war. Das Adelspatent, das Edward ausgerechnet am Tag vor seiner Hochzeit zuging, war ein Dokument der Rache, und es traf den Ex-König, der auf dem Weg ins Exil war, so tief, daß er diese Enttäuschung sein ganzes Leben nicht mehr vergaß. Ihm war natürlich bekannt, daß eine Frau den Titel und die Anrede ihres Ehemannes trägt und daß der König weder die Macht noch die Kompetenz hatte, Wallis den königlichen Status vorzuenthalten. So heiratete beispielsweise Georges jüngster Sohn, der Herzog von Kent (der 1942 geborene Prinz Michael), eine geschiedene römisch-katholische Frau (Mrs. Thomas Troubridge, die in Böhmen geborene Baroness Marie-Christine von Reibnitz). Aber trotz ihrer Scheidung bestand kein Zweifel daran, daß sie den Titel einer Königlichen Hoheit führen werde, was sie auch heute noch tut.

Aber da 1937 die durch die Abdankung verursachte Kränkung noch so frisch war, konnte nichts den König davon abhalten, gegen seinen Bruder einen grausamen und sinnlosen (um nicht zu sagen illegalen und rechtsunwirksamen) Streich zu führen. In *Burke's Peerage*, einem Adelskalender von 1967, steht, die Geste King Georges VI. sei der »letzte Akt des Triumphs eines wutentbrannten, heuchlerischen Establishments gewesen [und] der schändlichste Akt der Diskriminierung in der gesamten Geschichte unserer Dynastie«. 1937 setzte sich der Herzog von Windsor gegen das königliche Dekret zur Wehr und führte im Sommer desselben Jahres verärgert mehrere Telefongespräche mit dem König, bis der Kontakt zwischen den beiden Brüdern auf Anweisung der Königin unterbrochen wurde. Ihrem Willen traute sich (einschließlich des Königs) niemand entgegenzustellen. Unterstützt wurde sie in dieser Entscheidung von Alec Hardinge und Alan Lascelles, die natürlich überaus erleichtert gewesen waren, als Edward abgedankt hatte.

Das Verhalten des Königs führte zu einer lebenslangen Verstimmung zwischen ihm und seinem Bruder. Im privaten Bereich bestand der Herzog von Windsor auf dem Hofknicks und Höflichkeitsbekundungen gegenüber seiner Frau. »Ich kenne doch Bertie«, meinte der Herzog, als er das Dekret las. »Ich weiß, daß er diesen Brief niemals selbst geschrieben hat!« Aber wer hatte dann den König beeinflußt? »Menschen, die ihm am nächsten stehen«, sagte der Herzog darauf, und alle verstanden, wen er damit meinte: Queen Elizabeth, »das eiskalte Weib«, wie der Herzog jetzt seine Schwägerin, die er einmal so gern gehabt hatte, nannte. Sie war es gewesen, die das Adelspatent auf den Weg gebracht und dafür gesorgt hatte, daß sich Edward in England nie mehr zu Hause fühlen konnte. Dabei war es offenbar ihr Anliegen – wie alle glaubten, die sie näher kannten –, den König vor der übermächtigen Persönlichkeit seines Bruders zu schützen. Außerdem wollte sie verhindern, daß eine bürgerliche Amerikanerin in den Windsor-Clan aufgenommen wird. Allerdings war die Schottin Elizabeth auch bürgerlich zur Welt gekommen und unterschied sich damit nicht von Wallis.

Es spricht nicht gerade für eine Frau, deren Eigenschaften jeder rühmte, daß sie die Entfremdung zwischen den beiden Brüdern, die sich einst so nahestanden, vorangetrieben hat.

»Wallis war von der Königin überlistet worden, die sich in dieser Angelegenheit als raffiniert und unaufrichtig erwies«, hat Angela Fox einmal im Zusammenhang mit der später allgemein bekannten Tatsache gesagt, daß King Georges Frau ihrer Schwägerin Wallis die königlichen Privilegien unter allen Umständen vorenthalten wollte und daß sie für den lebenslänglichen Zwist in der Familie verantwortlich war. »Da war nun diese Wallis, eine Frau, die realistischer und gescheiter war als die meisten der Royals, und der Palast verbreitete, sie sei eine machtbesessene Person. Das Leben hat später für sie tatsächlich eine tragische Wendung genommen, da sie und ihr Mann ein unstetes Leben führen mußten. Aber sie wurden durch königliche Intrigen in diese Rolle gedrängt, die sie freiwilling nie angenommen hätten.« Daraus entstand eine lebenslange Feindschaft zwischen den Brüdern. »Dieser stotternde Idiot« war noch fünfzehn Jahre nach seiner Abdankung Edwards Standardkommentar über seinen Bruder.

»Für die jüngeren von uns war es schwierig«, hat später der Neffe des Königs (der Sohn von Prinzessin Mary und spätere Lord Harewood) erklärt, »sich mit dem moralischen Widerspruch, der zwischen der Glorifizierung von Korrektheit und Pflicht auf der einen Seite und der völligen Vernachlässigung zentraler christlicher Tugenden wie Vergebung, Verständnis und Liebe zwischen den Angehörigen einer Familie auf der anderen Seite abzufinden.«

Von den Repräsentanten des Palastes kräftig unterstützt, wurde der Name Wallis Simpson in London allenthalben verunglimpft. »Man hört oft, daß charmante und intelligente Leute geradezu empörende Dinge über sie sagen«, hat ein anderer Beobachter des damaligen Gesellschaftslebens angemerkt. »Ich würde sehr darunter leiden, wenn ich so verhaßt wäre, wie sie es seit der Abdankung in London ist.« Laut Channon war der Haß, den Queen Mary und der ganze Hof gegen Wallis Simpson hegten, »geradezu hysterisch, und sie nehmen eine völlig falsche Haltung ein: Denn warum sollte man sie jetzt noch verfolgen, wo doch alles vorüber ist? Und warum darf der Herzog von Windsor, der so viel aufgegeben hat, nicht glücklich sein?«

Könige und Königinnen zeichnet es eigentlich aus, Gnade walten zu lassen, was diese neue Königin offenbar vergessen hat. Als eine ihrer Hofdamen sie fragte, ob der Herzog von Windsor wohl die Herzogin mitbringen werde, wenn er England besuche, giftete die Königin nur: »Nein, ganz sicher nicht. Und wenn er es doch tut, empfange ich sie [Wallis] ohnehin nicht.«

Wallis ging schließlich am 3. Juni in Frankreich mit Edward die Ehe ein. Sie sagte später, sie habe eigentlich erwartet, fortan den Titel Ihre Königliche Hoheit (IKH) führen zu dürfen, »aber nicht etwa, weil es mir um den sozialen Status ging. Vielmehr wollte ich den Titel, [weil] ich fürchtete, daß ich sonst als die Frau gelten würde, die sich zwischen David und seine Familie gedrängt hatte.« Und Wallis fuhr fort: »Die Regentschaft Georges VI. wird von zwei Frauen bestimmt. Queen Mary beherrscht die Frau des Königs [Queen Elizabeth], und diese Frau beherrscht den König.« Es sollte sich noch zeigen, daß Wallis mit dieser Einschätzung recht hatte.

Als der König seinen Bruder im Sommer nach dessen Heirat besuchen wollte, untersagte ihm Queen Elizabeth das, weil Queen Mary sie vorher »eindeutig instruiert« hatte. Ebenso versuchte sie (allerdings erfolglos), einen Besuch der Kents bei den Windsors zu verhindern. Und als Henry und Alice, der Herzog und die Herzogin von Gloucester, sich mit Edward und Wallis in Paris zum Essen trafen, zeigte »die öffentliche Reaktion, daß eine [Familien-]Versöhnung mit den Windsors nicht gerade populär war«, wie es Alice ausdrückte. Nach dieser Zusammenkunft in Paris (»die [Premierminister] Neville Chamberlain vorgeschlagen hatte und nicht wir«) erhielten die Gloucesters einen Stapel wütender Briefe.

Ungeachtet all der Pracht und des Glanzes, von denen die Krönungsfeierlichkeiten im Frühjahr 1937 begleitet waren, lag doch ein Schatten auf der Monarchie. Unsichere politische Verhältnisse auf dem Kontinent und der beängstigende Aufschwung, den der Faschismus erfuhr, verstärkten die allgemeine Depression.

Aber die Krönung wurde am 12. Mai unter großer Prunkentfaltung gefeiert. Ursprünglich sollte die Feier vom Fernsehen übertragen werden, aber der Erzbischof von Canterbury befürchtete, daß der König dem nicht gewachsen sein könnte, und so wurde die Krönung gefilmt (und hinterher geschnitten) und vom Rundfunk übertragen und kommentiert. Für das Fernsehen wurde nur die Fahrt des königlichen Gefolges vom Buckingham-Palast zur Westminster Abbey aufgenommen.[2]

Es erschienen Zeitungsartikel, in denen von einer fast religiösen Inbrunst im Engagement des Königs und der Königin für ihr Land die Rede war, einem Engagement, das über den kleinlichen Parteienstreit erhaben sei. Aber offenbar nicht über kleinliche Familienstreitereien. (*Das Schicksal hat sie gerufen* lautete denn auch der Titel eines 1939 über die Windsors erschienenen Buches). Die Menschen in England wollten ihr Selbstvertrauen zurückgewinnen, und die ganze Nation hoffte, daß es dieser Familie gelingen werde, das Volksempfinden neu zu stabilisieren. Die Rituale, die die Königsfamilie am 12. Mai 1937 vollzog, erschienen den Menschen im Land wie eine Segnung, und der neue Monarch und seine Frau schworen dabei, ihre ganze Kraft in den Dienst des Volkes zu stellen.

Während der König oft nervös und reizbar war, schien seine Frau immer entspannt und herzlich und darauf bedacht, ihn in jeder Situation zu unterstützen. Ihre zunehmende Korpulenz ließ sie viel mütterlicher wirken, und sie nahm ihr nichts von ihrem Charme. In der Öffentlichkeit lächelte sie stets, was wahrhaftig einem Bruch mit der Tradition gleichkam, denn bei Queen Mary hatte man das selten gesehen. Elizabeth verstand es auch, eine Atmosphäre zu verbreiten, in der andere sich wohl fühlten. Als der Filmausstatter Vincent Korda einmal an einem Heiligen Abend während des Krieges auf Schloß Windsor die Weihnachtsdekoration für die Prinzessinnen arrangierte, bemerkte die Königin, daß er sich nicht wohl fühlte. Sie fragte ihn nach dem Grund und erfuhr, daß ihm die Füße weh taten. »Mir auch!« rief Elizabeth und streifte ihre Schuhe ab, damit ihr Gast das gleiche tun konnte. Ihr war es stets wichtig, daß sich ihre Besucher wohl fühlten.

Die Biographin Sarah Bradford schrieb, daß sich die Königin bereits kurz nach der Krönung »in ihrer neuen Rolle ganz zu Hause ... [fühlte und] hatte daran viel Freude«. Allerdings wirkte Elizabeths Verhalten in Gesellschaft auf manche Beobachter nicht natürlich, sondern einstudiert. Harold Nicolson, ein großer Bewunderer der Königin, hatte bei einem Essen mit den Windsors und ein paar Freunden einen ähnlichen Eindruck. »Sie machte die Andeutung eines

---

[2] Am 26. August 1936 hatte die BBC die ersten Fernsehbilder in die wenigen Haushalte übertragen, die über Empfangsgeräte verfügten.

Lächelns, aus dem man schließen konnte, wie sie sich ein solches Essen vorstellte, wenn sie nicht Königin von England wäre.« So vermittelte sie den Eindruck, daß sie gezwungenermaßen die Rolle der Königin übernommen hatte. Das stimmte natürlich nicht, denn sie war über ihre neue gesellschaftliche Stellung überaus glücklich. (Auch behauptete sie Jahre später, ihr Mann sei wegen der Sorge um den Verlauf des Krieges bereits mit sechsundfünfzig Jahren gestorben. Dabei übersah sie wohl, daß George Kettenraucher und starker Trinker war und schließlich an Lungenkrebs und einer Verengung der Herzkranzgefäße gestorben war.)

Von seinem Vater unterschied sich der König am deutlichsten darin, wie er mit seinen Kindern umging. Nach einhelliger Auskunft waren George und Elizabeth äußerst liebevolle Eltern. Ihr Familienleben war durch eine von Herzen kommende Heiterkeit bestimmt, die in den nachfolgenden Generationen nie mehr herrschte. Wie sehr George auch von seinen neuen Pflichten beansprucht wurde, wie sehr er sich auch davor fürchtete, öffentliche Reden zu halten oder Fremde zu empfangen, er konnte stets sicher sein, daß er am Ende eines anstrengenden Tages von seiner Familie liebevoll aufgenommen und reichlich Zuspruch erhalten würde.

Die Prinzessinnen Elizabeth und Margaret waren die ersten Königskinder, die vor ihren Eltern keinen Hofknicks zu machen brauchten. Entgegen den Anweisungen ihrer Gouvernanten wurden Lilibet und Margaret von ihrem Vater von dieser Pflicht entbunden. Ihre Mutter widersetzte sich auf Betreiben von Queen Mary dieser Lockerung des königlichen Protokolls eisern. Sie war der Ansicht, die Kinder müßten lernen, daß die Monarchie in ihrem Leben an höchster Stelle stehe. Aber George wollte verhindern, daß ihn seine Töchter so fürchteten, wie er seinen Vater gefürchtet hatte, und tatsächlich herrschte zwischen den Eltern und ihren Töchtern ein entspanntes, herzliches Verhältnis.

Im Buckingham-Palast verlief das Leben der Familie längst nicht so angenehm wie auf Schloß Windsor, in Balmoral oder in Sandringham. Den Mädchen gefielen am »Buck-Haus« nur die Gartenanlagen. Den Palast fanden sie furchtbar ungemütlich, einem unpersönlichen Museum vergleichbar. Margaret bat sogar, ob sie in den endlosen Korridoren mit dem Fahrrad fahren dürfe. Als man ihr das abschlug, nahm sie statt dessen Rollschuhe.

Für die Erziehung der beiden Prinzessinnen war weiterhin ihre Gouvernante Marion Crawford zuständig, aber da die elfjährige Lilibet inzwischen zur wahrscheinlichen Thronerbin aufgestiegen war, unterwies sie Sir Henry Marten, der Rektor von Eton, auch in britischer Verfassungsgeschichte. Queen Mary ergänzte diesen Privatunterricht durch Bildungsausflüge, die unter anderem in den Londoner Tower, nach Hampton Court, zum Greenwich-Palast und an andere für das Königshaus wichtige historische Orte führten.[3] Und wenn das Königspaar offizielle Reisen ins Ausland unternahm – sie fuhren 1938 nach Paris und 1939 nach Amerika, wo sie wegen des drohenden Krieges die Freundschaft mit den beiden alten Verbündeten festigen wollten –, gaben sie Lilibet und Margaret in die Obhut von Queen Mary, die sie jedoch nicht so verwöhnte, wie es einst Alexandra mit ihren Enkeln getan hatte.

Von ihrer Großmutter lernte Lilibet alle protokollarischen und historischen Details, aber auch königliches Auftreten, das sie als erwachsene Prinzessin und Königin so souverän beherrschte. Mary empfing ihre Enkelin ganz offiziell in Marlborough House, und dort erlebte Lilibet, wie sich die alte Königin weigerte, das Telefon zu benutzen, weil das unter der Würde einer königlichen Hoheit sei. Wenn Mary einen Wunsch hatte, läutete sie ihren Dienern, wenn sie mit dem König oder der Königin sprechen wollte, schickte sie ihnen eine schriftliche Notiz und erwartete darauf eine schriftliche Antwort. Und was die Kleidung betraf, vertrat Mary die Ansicht, daß eine Dame – unabhängig von der Jahreszeit – niemals ohne Hut ausgehen dürfe. Prinzessin Elizabeth entwickelte unter dem Einfluß ihrer Großmutter eine Vorliebe für Hüte. Und so sieht man auch heute Queen Elizabeth II. bei öffentlichen Auftritten niemals ohne Hut.

Mary vermittelte Lilibet aber auch eine tiefe Gottesfurcht. Als einmal ein Priester nach einem Besuch den Palast verließ und versprach, Lilibet ein Buch zu schicken, dankte sie ihm, bat ihn aber, ihr »nichts über Gott« zu schicken, »ich weiß schon alles über Ihn«.

Von ihrer Großmutter zur Beachtung selbst der kleinsten Details im königlichen Benehmen angehalten, konnte es das Kind nicht verstehen, wenn andere die Regeln nicht einhielten. Als Elizabeth und Margaret einmal mit einem ihrer geliebten Corgis an der Leine an einem Wachhäuschen vorüberkamen, sprang der Hund plötzlich den wachhabenden jungen Soldaten an, und seine Leine verwickelte sich

---

[3] Da Prinzessin Elizabeth vom zweiten Platz in der Thronfolge noch durch einen Bruder hätte verdrängt werden können, war sie nur wahrscheinliche (präsumtive) Thronerbin. Hätten ihre Eltern tatsächlich noch einen Sohn bekommen, wäre er »designierter Thronfolger« geworden, da niemand ihm diese Stellung hätte streitig machen können.

um die Beine des Mannes. Es war eine Szene wie in einer Slapstick-Komödie, als der junge Mann, von einem Bein auf das andere hüpfend, zu salutieren versuchte und dabei sein Bajonett im Dach des Wachhäuschens steckenblieb. Margaret klatschte vor Vergnügen in die Hände und schüttete sich aus vor Lachen. Aber Elizabeth schaute den Soldaten nur mit einem vernichtenden Blick an und sagte, ganz im Stil von Queen Mary: »Diesmal werde ich das noch durchgehen lassen.«

Über die Streiche ihrer Schwester ging sie allerdings nicht so ohne weiteres hinweg. Wenn Margaret beispielsweise die Harke eines Gärtners versteckte oder aus Spaß einen Dienstboten herbeiklingelte, versteckte sich Lilibet, weil ihr das peinlich war.

»Ich hoffe, sie blamiert nicht die ganze Familie und schläft mitten in der Feier ein«, sagte Lilibet über ihre Schwester, bevor die Windsors zur Krönung nach Westminster fuhren. Dazu erzogen, ihre Gefühle immer unter Kontrolle zu haben, erwartete sie das auch von Margaret. Als ihre Eltern 1939 eine Reise nach Amerika unternahmen, kamen die Mädchen zum Pier. »Ich habe extra ein Taschentuch mitgenommen«, sagte Margaret. »Ich auch, aber nur zum Winken, nicht um Tränen abzuwischen«, erklärte Lilibet. Nach Art einer Schulmeisterin übernahm sie sogar für ihre Schwester die Erledigung kleiner Pflichten, damit nichts liegenblieb. Lilibets Mutter hatte auf dieses Verhalten keinerlei Einfluß genommen, so war es wahrscheinlich Queen Mary, die diesen ausgeprägten Sinn für Tugend und Pflichterfüllung bei der künftigen Königin unterstützte.

»Das Mädchen muß zu einer Königin erzogen werden, aber man darf es nicht verwöhnen«, war das Credo ihrer Großmutter. Als sie im Jahr 1938 mit Lilibet einen Laden in der Oxford Street besuchte, fand sich dort sogleich eine Schar Neugieriger ein. »Stell dir nur vor, wie viele Leute da draußen warten, um uns wieder herauskommen zu sehen«, sagte die Prinzessin zu Queen Mary. Die führte die Kleine sofort zur Hintertür hinaus und gleich in den Palast zurück. Bei einer anderen Gelegenheit erklärte Lilibet, daß sie ein bestimmtes Gericht in der Küche anders zubereiten lassen werde, »wenn ich einmal Königin bin«. Worauf Queen Mary mit hartem Unterton antwortete: »Bevor du Königin wirst, meine Liebe, mußt du erst einmal lernen, eine Dame zu werden.«

Wie sich eine Dame selbst in einer schwierigen und gefährlichen Lage verhält, konnte Lilibet im Mai 1939 erleben, als Queen Marys Wagen von einem Lkw gerammt wurde. Die zweiundsiebzigjährige

Königinmutter, die schwerere Verletzungen davontrug als ihr Fahrer und die übrigen Insassen – sie erlitt zahlreiche Prellungen, und ein Glassplitter drang sogar in ihr Auge ein –, stieg dennoch tapfer scherzend, und ohne an Würde eingebüßt zu haben, eine Leiter hinab, um das kaputte Auto zu verlassen. »Weder ihr Hut noch ihre Kleider waren in Unordnung. Das einzige, was auf den Unfall hindeutete, waren eine zerbrochene Hutnadel und ihr beschädigter Regenschirm.« Als man sie zum Ausruhen in ein nahegelegenes Haus führen wollte, ging sie erst mit, nachdem sie sich vergewissert hatte, daß die übrigen Insassen versorgt waren.

Als Lilibet ihre Großmutter einige Tage später besuchte, klagte Queen Mary über starke Schmerzen im Rücken, doch wollte sie nicht im Bett bleiben. Sie stand auf und schrieb dem Lkw-Fahrer, der für den Unfall verantwortlich war, daß sie ihm eine rasche Genesung wünsche. Die tapfere alte Dame beklagte sich nicht über ihre Verletzungen, sagte keine ihrer für den Sommer geplanten Autoreisen ab und verlangte während der Genesungszeit keinerlei Vorrechte für sich. So vermittelte sie ihrer Enkelin einen Eindruck von der Notwendigkeit einer mit Würde und Mut gepaarten königlichen Selbstdisziplin.

Was Margaret betraf, spürte sie, daß für sie nur der »zweite Platz« vorgesehen war. Ihre Großmutter war immer wieder über die lebhafte Unabhängigkeit des Mädchens erstaunt und ärgerte sich oft genug über Margarets unkönigliches Benehmen. Zeit ihres Lebens konnte Mary nicht begreifen, warum Margaret so gern Partys feierte. Am meisten aber störte sie die Vorliebe des Mädchens für das Tanzen.

Im Lauf des Jahres 1937 bemerkte die jetzt sechs Jahre alte Margaret, daß auch sie etwas Besonderes sein mußte. Darin bestärkte sie ein Erlebnis bei einem Reitturnier in Windsor, an dem sie mit ihrer Schwester teilnahm. Beide bekamen Preise, »nur weil wir Prinzessinnen sind«, wie Margaret ohne Umschweife erklärte. »Ganz falsch ist das nicht«, räumte Crawfie ein. »Oh«, sagte Margaret sichtlich enttäuscht, »ich verstehe.« Und von da an verlor sie das Interesse am Reiten.

Ganz anders Lilibet, die sich augenblicklich vornahm, es in der Reiterei sehr weit zu bringen, als wolle sie ihre unverdiente Bevorzugung wettmachen. Der Umgang mit Ponys war ihr bereits seit 1929 vertraut. Henry Owen, der königliche Stallpfleger, hatte ihr seitdem Reitunterricht gegeben. »Die Prinzessin war überaus gewissenhaft«, hat Horace Smith, ihr späterer Reitlehrer, berichtet. Bereits

1938 beherrschte sie das Springreiten, und sie machte von Jahr zu Jahr große Fortschritte. Auch als Königin ritt sie regelmäßig, bis sie es mit fünfundsechzig Jahren aufgab.

»Früher war ich Margaret von York«, klagte die jüngere Schwester einmal, »aber seit Papa König ist, bin ich gar nichts mehr.« Wie sich später noch zeigen sollte, lag in dieser altklugen Einschätzung die traurige Wahrheit. Um dieses Minderwertigkeitsgefühl zu kompensieren, verlangte Margaret von ihrer Umgebung häufig eine übertriebene Ehrerbietung, was ihre Mutter sehr ärgerte. Auch entwickelte die Prinzessin einen Eigensinn, der schon fast an Hochmut grenzte. »Liebling«, fragte ihre Mutter die kleine Margaret eines Abends, nachdem sie eine Gardinenpredigt des Vaters abgewendet hatte, »was würdest du nur ohne deine Mami tun?« Die Antwort kam sofort: »Ich würde tun, was mir gefällt, Mami.« Und genau das hat sie in ihrem späteren Leben auch getan und versucht, sich in den starren Grenzen, die ihr die Königliche Familie setzte, zu behaupten.

Der Besuch, den King George und Queen Elizabeth 1938 Paris abstatteten, wurde zu einem wahren Triumph. Er wurde ein erstaunlicher PR-Erfolg, eine brillante Demonstration anglo-französischer Freundschaft und ein persönlicher Erfolg des scheuen Monarchen und seiner geselligen Gattin, die überall bejubelt wurden. Als Hitler die Königin in einer Wochenschau sah, wie sie am Arc de Triomphe am Grab des unbekannten Soldaten eine Blume niederlegte, sagte er zu seinen Beratern, Elizabeth sei »die gefährlichste Frau in Europa«. Was Hitlers Ziele betraf, war diese Bemerkung auch keine Übertreibung, was Elizabeths Verhalten während des Zweiten Weltkrieges noch zeigen sollte.

Einen vielleicht noch größeren Erfolg als in Paris konnte das Königspaar für sich verbuchen, als es im Juni 1939 nach Kanada und in die Vereinigten Staaten reiste. Sie waren damit die ersten britischen Herrscher, die je die Neue Welt besuchten.

Präsident Roosevelt war sehr daran gelegen, seine Freundschaft mit King George zu vertiefen, denn er sah in Großbritannien seinen wichtigsten Verbündeten gegen die faschistischen Regierungen in Europa.

In New York City, Hyde Park und Washington wurden der König und die Königin so begeistert empfangen wie zwölf Jahre vorher Charles Lindbergh nach seinem ersten Transatlantikflug.

Die Würde und Schlichtheit, die das Königspaar verkörperte, trug den beiden sowohl die Sympathie der Presse wie auch der Öffentlichkeit ein, und zwischen dem Präsidenten und dem König entwickelte sich eine beständige Freundschaft. Sie fand während des Krieges in einer lebhaften Korrespondenz ihren Ausdruck. Als die königliche Reisegesellschaft im Privathaus des Präsidenten in Hyde Park am Ufer des Hudson River eintraf, bot Roosevelt seinen Gästen einen Drink an. »Meine Mutter findet«, sagte er zum König, »man sollte nur Tee trinken; sie hat was gegen Cocktails.« Erfreut darüber, daß ihnen Gin Tonic angeboten wurde, erwiderte der König augenzwinkernd: »Meine Mutter ebenfalls.«

Mit gestärktem Selbstbewußtsein kehrte der König Ende Juni nach London zurück. Mit der hilfreichen Elizabeth an seiner Seite hatte er auch in der Gesellschaft des erfahrenen amerikanischen Präsidenten eine gute Figur gemacht.

Und die Königin hatten die Amerikaner bei diesem Besuch sofort ins Herz geschlossen. »Frisch und rosig, wie sie ist, wurde Ihre Majestät sogleich zur Heldin des Tages«, schwärmte das *Time*-Magazin. »Elizabeth war die perfekte Königin: mit ihren strahlenden Augen, dem selbstbewußt erhobenen Kinn und ihrem Winken, das ebenso mädchenhaft wie königlich wirkte. Mit einem Sonnenschirm in der Hand hätte sie einem Märchenbuch entstiegen sein können.« Sie versetzte die Polizei oft in höchste Alarmbereitschaft, wenn sie bei einem offiziellen Auftritt oder einem genauestens festgelegten Bummel spontan Bürger, die ihr zujubelten, begrüßte oder Arbeitern und Schulkindern die Hand schüttelte. »Es sind die kleinen, außerplanmäßigen Ereignisse, die am meisten zählen«, schrieb ein Beobachter, »und gerade dafür haben sie [das Königspaar] einen untrüglichen Instinkt. Die Fähigkeit Ihrer Majestäten, mit den Menschen in Kontakt zu kommen, ist schon eine außergewöhnliche Begabung.« Der Besuch in Amerika war ein riesiger Erfolg: »Amerika vom Charme unserer königlich-britischen ›Verwandten‹ hingerissen«, stimmte *Newsweek* in den allgemeinen Jubelchor ein. Elizabeth faßte die Bedeutung der Reise in wenigen Worten zusammen: »Diese Reise hat uns geformt! Ich meine, sie hat uns – den König und mich – entscheidend beeinflußt. Das geschah genau zur richtigen Zeit, besonders für uns.«

Den Sommer des Jahres 1939 bestimmten aber noch weitere verheißungsvolle Ereignisse. Der König fuhr zu einem Besuch der Marineakademie in Dartmouth, wohin er seine Frau, seine Kinder und Lord Louis Mountbatten mitnahm. Der Lord war Sohn des ehemaligen Befehlshabers der britischen Marine, der 1917 zum Rücktritt gezwungen worden war und später seinen Familiennamen Battenberg anglisiert hatte. Mountbattens Schwester Alice war mit dem Prinzen Andreas von Griechenland verheiratet, und ihr jüngstes Kind, Mountbattens Neffe Prinz Philip, war damals achtzehn Jahre alt und Marinekadett in Dartmouth. Am Morgen des 22. Juli traf der 1,80 Meter große, blonde, blauäugige und athletische Prinz Philip erstmals die behütete, scheue dreizehnjährige Prinzessin Elizabeth. Sie wich ihm den ganzen Tag nicht mehr von der Seite und war voller Bewunderung für ihn. Als die Königsfamilie gegen Abend wieder abreiste, sagte Margaret zur Königin: »Schau mal, Mutter, Lilibet weint ja.« Aus dieser zarten kindlichen Verliebtheit sollte später eine Ehe entstehen, die bis heute andauert.

Philips Leben war bis dahin so verworren gewesen wie die Geschichte seiner Familie. Er war ein griechischer Prinz wie sein Vater Andreas, der von Prinz Wilhelm von Dänemark abstammte (dem späteren König Georg I. von Griechenland). Seine Mutter Alice von Battenberg (Louis Mountbattens Schwester und Urenkelin von Queen Victoria) war Engländerin. Sie war seit ihrem achten Lebensjahr taub, konnte aber sechs europäische Sprachen von den Lippen ablesen. Philip wurde am 10. Juni 1921 auf der Insel Korfu geboren und hatte anschließend ein ausgesprochen unstetes Leben gehabt. Wegen politischer Unruhen verließ die Familie Griechenland und war nach Frankreich übersiedelt. Dort ging die Ehe der Eltern in die Brüche, da Philips Vater ein leidenschaftlicher Spieler und Schürzenjäger war. Als Philip gerade zehn Jahre alt war, ließ sich Andreas in Monte Carlo nieder. Philips Mutter Alice erlitt eine Reihe von Nervenzusammenbrüchen, doch ging sie aus diesen Leiden gestärkt hervor. Sie kleidete sich fortan wie eine griechisch-orthodoxe Nonne und gründete 1949 die Christliche Schwesternschaft Martha und Maria, einen Orden, der sich dem Gebet und der Pflege der Armen und Kranken verschrieben hat.

Alices Rückzug in die Religion war jedoch keine Weltflucht. Sie widmete ihr Leben ganz dem Gebet, der Selbstdisziplinierung und der unermüdlichen Arbeit für andere Menschen. Während des Zweiten Weltkrieges versteckte sie ohne Furcht vor der Gestapo unter großen persönlichen Entbehrungen griechische Juden in ihrer Athener Wohnung. Als die Nazis sie verhörten, murmelte sie Unverständliches und erweckte dadurch den Eindruck, sie sei nicht nur taub, sondern auch nicht zurechnungsfähig. Man ließ sie wieder frei, und Alice konnte mehrere jüdische Familien vor der Vernichtung retten. Für ihre Verdienste wurde Alice von der Holocaust-Gedenkstätte

Yad Vashem in Jerusalem postum der Titel einer »Gerechten der Völ-ker« zuerkannt. In Jerusalem ist sie zwanzig Jahre nach ihrem Tod auch bestattet worden.

Der junge Philip, obwohl ein Ururenkel von Queen Victoria, hatte den Status eines staatenlosen Exilanten. Er war in Griechenland, England, Frankreich, Deutschland und dann wieder in England auf verschiedenen Schulen und Akademien gewesen. Nachdem er zwei Jahre in der Nähe von Paris die Schule besucht hatte – er nannte sich jetzt Philip von Griechenland –, holte ihn sein Onkel George Milford Haven nach England und schickte ihn dort von 1930 bis 1933 auf die Cheam School in Surrey. Anschließend besuchte Philip ein Jahr das Internat Salem am Bodensee und verbrachte danach drei weitere Jahre an der Schule von Gordonstoun in Schottland, die damals der Gründer des Salemer Internats leitete. »Prinz Philip genießt überall Vertrauen, er ist beliebt und wird geachtet«, heißt es in seinem Abschlußzeugnis.

»Er hat von allen Jungen der Schule die größte Leistungsbereit-schaft. Er ist der geborene Führer, braucht jedoch die Herausfor-derung durch eine große Aufgabe, um sich bewähren zu können. Er verlangt sich selbst stets das Optimum ab und ist mit Mittel-mäßigkeit nicht zufrieden. Philip wird sich bei jeder Tätigkeit aus-zeichnen, wenn man ihm Gelegenheit gibt, seine Energie voll ein-zusetzen.«

An akademischen Fächern war Philip nicht besonders interessiert, dafür glänzte er in Französisch, war ein erstklassiger Sportler und Ruderer. Nach der Schule nahm ihn die Königliche Marineakademie in Dartmouth auf. Er gewann leicht neue Freunde und versuchte nie-mals, sich wegen seiner Herkunft Vorteile zu verschaffen. Er war ein fairer Sportler und hatte einen ganz besonderen Witz. Doch der junge Offizier, der in Dartmouth das erstemal mit der Königsfamilie zusammentraf, hatte auch in seinem bisherigen Leben wenig Zuwen-dung und Liebe erfahren.

»Wann immer er einen Vater gebraucht hätte«, so Michael Parker, mit dem Philip sich während des Krieges in Australien anfreundete und der später sein erster Privatsekretär wurde, »war niemand da.« Das Ergebnis war eine nach außen offene und gesellige, innerlich je-doch sehr reservierte Persönlichkeit. Seine charakterliche Entwick-lung war durch rigorose Selbstdisziplin und sportliche Askese gekennzeichnet. Da er ein richtiges Familienleben nie kennengelernt hatte, entwickelte sich Philip zu einem idealen Gesellschafter, loyal, hart gegen sich und andere und wettbewerbsorientiert. »Jeder bewunderte ihn, er sah ja auch so gut aus«, hat Hélène Foufounis über ihn gesagt. Sie war seit Philips Kindheit mit der Familie befreundet und wurde später unter dem Namen Helene Cordet als Königin der Nachtklubs bekannt. Wie Philips ältere Schwestern hat sie ihn als Angeber in Erinnerung und als einen sehr ausgelassenen Jungen. In der Schule war er faul, und beim Sport lebte er auf. Er war nicht gerade um gute Manieren bemüht, sich seiner anziehenden Wirkung auf Frauen aber durchaus bewußt. »Er ist der Typ eines Tausendsassas«, sagte einmal ein amerikanischer Freund von ihm, »der sich an einer amerikanischen Universität auf dem Campus allergrößter Beliebtheit erfreuen würde. Aber manche seiner Kommilitonen würden seine ›Streiche‹ mitunter sicherlich unpassend finden. Er vermittelt den Eindruck, daß er sich am wohlsten in männlicher Gesellschaft fühlt.« Obwohl Philip bei Frauen sehr beliebt war und eine lange Liste von Eroberungen vorzuweisen hatte, haben ihn solche Gerüchte sein Leben lang verfolgt.

»Sie hat ihre Augen die ganze Zeit nicht einmal von ihm abgewandt«, so hat Marion Crawford später die gebannte Aufmerksamkeit beschrieben, mit der die Prinzessin Elizabeth an dem Nachmittag im Juli Prinz Philip beobachtete. »Auf dem Tennisplatz fand ich ihn eigentlich ziemlich angeberisch, aber die kleinen Mädchen waren sehr beeindruckt. Lilibet sagte: ›Wie gut er ist, Crawfie! Schauen Sie nur, wie hoch er springen kann!‹ Er war ihr gegenüber recht höflich.« Auch Mountbatten bemerkte bei der ersten Begegnung von Philip und Elizabeth den Glanz in ihren Augen. Mountbatten, ein Mann, der seine guten Beziehungen zur Königlichen Familie nicht oft genug hervorheben konnte (und dabei kräftig übertrieb), machte sogleich einen Plan, an dessen Ausführung er tatkräftig mitwirkte. Allerdings griff er damit weit voraus.

Einige Monate später im Jahr 1939 wurde Philip auf das von einem alten Freund Mountbattens kommandierte Schiff *Ramillies* versetzt. Gegenüber seinem Vorgesetzten Captain Baillie-Grohman äußerte Philip, er wolle die britische Staatsangehörigkeit annehmen und eine Laufbahn in der Königlichen Marine einschlagen. »Dann kam die Überraschung«, sagte der Captain später. »Philip erklärte mir nämlich folgendes: ›Mein Onkel [Louis Mountbatten] hat Pläne mit mir. Er meint, ich könnte Prinzessin Elizabeth heiraten.‹ Ich war zuerst sehr erstaunt, und nach einer Schrecksekunde fragte ich ihn:

›Empfinden Sie denn Zuneigung für sie?‹ – ›O ja, sehr viel sogar‹, lautete die Antwort. ›Ich schreibe ihr jede Woche.‹« Wie ein Cousin Philips später berichtete, hat Mountbatten seinem Neffen damals »ohne viele Umschweife eine Essenseinladung auf der königlichen Yacht besorgt«. (Dieser Cousin hat auch bestätigt, daß Philip und Elizabeth sich während des Krieges regelmäßig geschrieben haben.)

Seinem Cousin gegenüber drückte sich Philip sogar noch direkter aus: »Ich werde sie heiraten«, sagte er bereits 1941, nachdem ihn die Prinzessinnen zu einem ihrer Weihnachtsspiele eingeladen hatten. Zu dieser Zeit erschien er Marion Crawford »erheblich verändert. Der junge Mann, der dort saß, machte auf mich einen ernsthaften, charmanten Eindruck und hatte so gar nichts mehr von dem ziemlich aufgeblasenen Jungen, den ich früher kannte. Ich fand, daß er mehr denn je an einen vom Wetter gegerbten und abgehärteten Wikinger erinnerte.« Auch Chips Channon war wie noch andere davon überzeugt, daß man Philip zum künftigen Ehemann Elizabeths erwählt habe: »Er wird einmal unser Prinzgemahl sein, und deshalb dient er auch in unserer Marine.«

Und sein Name? Offiziell hieß er Philip von Griechenland. Aber selbst weniger bedeutende Königliche Hoheiten haben schließlich einen richtigen Familiennamen, und der von Philip lautete von Schleswig-Holstein-Sonderburg-Glücksburg und verwies auf seinen deutsch-dänischen Stammbaum. Auf Drängen seines Onkel Louis nahm er schließlich die anglisierte Form des Namens Battenberg an, und als er 1947 die britische Staatsbürgerschaft erwarb, tat er das unter dem Namen Korvettenkapitän Philip Mountbatten, Königliche Marine. »Ich hatte manchmal das Gefühl«, hat Philip Jahre später gesagt, daß Louis [Mountbatten] unbedingt einen Sohn aus mir machen wollte … Ich war eigentlich gar nicht sonderlich begeistert [von dem Namen Mountbatten], aber schließlich ließ ich mich überzeugen, da mir ohnehin keine bessere Alternative eingefallen ist.« Und, hätte er noch hinzufügen können, Onkel Louis wollte sich mit seinen entfernten königlichen Verwandten unbedingt enger verbinden. Aber offenbar reichte ihm das noch nicht, denn Mountbatten behauptete, daß sich sein königlicher Stammbaum bis auf Karl den Großen zurückverfolgen ließe. »Wir haben immer gewisse Vorbehalte [gegen ihn] gehabt«, hat Elizabeth Jahre später, als sie schon Königinmutter war, über ihn gesagt.

Lilibet und Margaret machten gerade Ferien in Balmoral, als Großbritannien am 3. September 1939 Deutschland den Krieg erklärte.

Die Schwestern blieben dort bis Weihnachten unter Crawfies Aufsicht, reisten dann zunächst zu ihren Eltern nach Sandringham und von dort weiter nach Royal Lodge in Windsor. Der sogenannte Sitzkrieg an der Westfront sollte bis zum Frühjahr 1940 dauern, als Deutschland in Norwegen, Dänemark, Belgien und Frankreich einmarschierte und dann die Bombardierung Londons einsetzte. Jetzt war auch die Königsfamilie wirklich in Gefahr.

Die britischen Aristokraten brachten ihre Kinder nach Kanada oder Amerika in Sicherheit. Aber als man die Königin fragte, ob ihre Töchter England nicht auch verlassen sollten, war sie überrascht, und ihre Antwort wurde zum berühmtesten Ausspruch ihres Lebens: »Die Kinder würden nicht ohne mich gehen, ich würde nicht ohne den König gehen, und der König wird das Land niemals verlassen.«

Diese Solidaritätserklärung mit dem Schicksal aller Engländer und Engländerinnen, die sich seit September 1940, als die Deutschen London bombardierten, bis Kriegsende in ständiger Gefahr befanden, trug dem König und der Königin die dauerhafte Zuneigung, Dankbarkeit und Bewunderung aller Bürger ein. Während George V. gleichsam sein Volk adoptiert hatte, wurde George VI. von seinem Volk adoptiert. Er und seine Familie waren die beliebtesten Königlichen Hoheiten der britischen Geschichte, und als dann sogar der Buckingham-Palast bombardiert wurde, band das Krone und Volk nur noch fester zusammen. »Dieser Krieg hat den Thron und das Volk enger zusammengeführt, als dies jemals zuvor der Fall gewesen ist«, schrieb Premierminister Winston Churchill am 5. Januar 1941 an den König, »und Ihre Majestäten erfreuen sich bei allen Klassen und Ständen größerer Beliebtheit als je ein Fürst in der Vergangenheit.«

Die Kinder blieben während der restlichen Zeit des Krieges auf Schloß Windsor und tauschten ihre deutschen Grammatik- gegen amerikanische Geschichtsbücher aus, während ihre Eltern täglich im Buckingham-Palast ihren Aufgaben nachgingen und zerbombte Stadtviertel besuchten. Am schwersten getroffen war das East End. Wenn der König jetzt ausging, hatte er immer eine Pistole dabei oder hatte ein Gewehr im Auto, und auch die Königin ließ sich zeigen, wie man mit einem Revolver umgeht. »Ich werde mich nicht kleinkriegen lassen wie all die anderen«, erklärte sie unter Anspielung auf die ins Ausland geflüchteten europäischen Königsfamilien. »Die Königin zeigte [laut Marion Crawford] nie, daß sie sich Sorgen machte. Sie legte ihre Kümmernisse einfach ab [wenn sie nach Hause zu den Kindern kam] und war dort nur Mutter.«

Der König trug vom ersten Tag des Krieges an in der Öffentlichkeit stets die Uniform eines Flottenadmirals. Obwohl seine Frau Oberkommandierende der drei weiblichen Versorgungsdienste war, lehnte sie offizielle Kleidung ab und trug weiterhin ihre pastellfarbenen Kleider. »Sie [die normalen Bürger] trugen stets ihre festlichste Kleidung, wenn sie zu mir kamen«, lautete ihre Rechtfertigung dafür, deshalb trat sie stets in ihrer unauffälligen, aber eleganten Zivilgarderobe auf.[4]

Die Weigerung der Königsfamilie, im Ausland Zuflucht zu suchen, und die offensichtliche Sorge des Monarchen und seiner Frau um die Ausgebombten, die Verwundeten und die Hinterbliebenen sowie der Eindruck unerschütterlicher Stärke, den George und Elizabeth dem Volk durch ihre Gegenwart vermittelten, brachten ihnen und der Krone eine Welle der Zuneigung ein, die auch das Kriegsende überdauerte. »Ich bin froh, daß sie auch uns bombardiert haben«, sagte die Königin, nachdem der Buckingham-Palast im September 1940 ebenfalls getroffen worden war, »das gibt mir das Gefühl, daß ich den Bewohnern im East End in die Augen sehen kann.«

Um ihrem Mitgefühl für ihr Volk Ausdruck zu geben, statteten George und Elizabeth den vom Krieg betroffenen größeren Orten Englands Besuche ab. Sie fuhren nach Coventry, das 449 deutsche Flugzeuge im November 1940 fast dem Erdboden gleichgemacht hatten und wo Hunderte von Toten zu beklagen waren. Aber sie fuhren auch nach Bristol, Birmingham, Liverpool und Glasgow, wo es zu ähnlichen Zerstörungen gekommen war.

In dem Schrecken und dem Leid, das die Bombardierung Londons verursacht hatte, erlebte das Volk Elizabeth und George nicht als weltfremde Herrscher, sondern, wie Churchill geschrieben hat, als Menschen, die der Bevölkerung näherstanden und sie weit mehr unterstützten als je ein britischer Herrscher zuvor. »Wenn Göring geahnt hätte, welch tiefe Gefühle die von ihm angeordnete Bombardierung des Buckingham-Palastes im gesamten Empire und in Amerika auslösen würde«, schrieb Louis Mountbatten Tage nach dem ersten Angriff auf den Palast dem König, »wäre er gut beraten ge-

---

[4] Unter den Verwandten des Königs war der Herzog von Gloucester in verschiedenen Positionen als Verbindungsoffizier tätig, bevor er 1945 für zwei Jahre als Generalgouverneur nach Australien ging. Der Herzog von Kent besuchte Stützpunkte und Fabriken der Königlichen Luftwaffe (Royal Air Force). Prinzessin Mary, beider Schwester, war die bei weitem aktivste der Geschwister und wirkte unermüdlich beim territorialen Hilfsdienst mit.

wesen, seine Mörder auf Distanz zu halten.« Bei vielen Gelegenheiten gab die mutige Königin den verzweifelten Menschen wieder neuen Mut. »Wenn ihr Wagen anhält«, hat Harold Nicolson über einen Truppenbesuch Elizabeths in Sheffield berichtet,

> »springt die Königin heraus und eilt geradewegs in die Menge und redet sogleich mit den Menschen. Einen Augenblick starren die meisten nur erstaunt, doch dann beginnen alle gleichzeitig zu reden: »Hallo! Eure Majestät! Schauen Sie mal hier!« Sie hat die Fähigkeit, jedem das Gefühl zu geben, daß sie einzig an ihm und seinem persönlichen Schicksal interessiert ist.«

Doch das Königspaar zeigte Solidarität mit seinem Volk nicht nur bei öffentlichen Auftritten, sondern der König erteilte Anweisung, auch im Buckingham-Palast den Alltagsbedarf zu rationieren. So durfte etwa heißes Wasser nicht höher als 15 Zentimeter in die Badewanne gefüllt werden, überall hingen Zettel mit Hinweisen, wie man auf noch mehr verzichten konnte. Die Zentralheizung wurde durch Holzfeuer ersetzt, und in den Schlafzimmern war nur eine Glühbirne erlaubt (»eine beträchtliche Einschränkung angesichts der Größe der Räume«, wie ein Chronist angemerkt hat).

Was seine Stellung betraf, hatte es der Monarch in diesen Jahren leichter als sein Vater im Ersten Weltkrieg, denn Winston Churchill, Georges Premierminister, war ein weit mächtigerer und durchsetzungfähiger politischer Führer, als Lloyd George es gewesen war. Obwohl er Staatsoberhaupt und Oberkommandierender der Streitkräfte war, hatte King George natürlich ebensowenig Einfluß auf die Kriegführung, wie er das als junger Mann im Ersten Weltkrieg gehabt hatte. Aber dank seines guten Verhältnisses zu Churchill war der König weit mehr als nur ein Repräsentant seines Landes. Er wurde über alles, was den Krieg betraf, auf dem laufenden gehalten. »Ich habe dafür gesorgt, daß er über alle geheimen Pläne und Aktionen informiert wurde«, hat Churchill später erklärt, »und die Sorgfalt und Gründlichkeit, mit der er die ungeheure Flut an Staatspapieren, die täglich zu bearbeiten waren, bewältigte, hat mich zutiefst beeindruckt.«

»Churchill war ein überzeugter Monarchist und nahm deshalb seine Pflicht dem König gegenüber sehr ernst«, hat Generalleutnant Sir Ian Jacob, der militärische Verbindungsoffizier des Kriegskabinetts, später berichtet. »Wenn die beiden in einem wichtigen Punkt unterschiedlicher Meinung waren, hat Churchill in der Sache natürlich nicht nachgegeben, aber er hat dem König stets mit größter Aufmerksamkeit zugehört.« Während der Zeit des Krieges hat George sein verfassungsmäßiges Recht genutzt, zu raten, zu ermutigen und zu warnen.

Dazu hatte er bereits wenige Tage nach der Kriegserklärung Gelegenheit. Am Nachmittag des 14. September 1939 führten der Herzog von Windsor und der König im Buckingham-Palast zunächst ein einstündiges Privatgespräch, bevor sie mit der Königin und den Gloucesters Tee tranken. Bei dieser Gelegenheit traf Edward erstmals wieder, seit er England am 11. Dezember 1936 verlassen hatte, mit dem König und der Königin zusammen. Queen Mary war nicht anwesend. Vielleicht wußte sie nicht, daß Wallis an dem Treffen nicht teilnehmen wollte – die Herzogin war bei ihren englischen Gastgebern in Sussex geblieben.

Anlaß des Treffens war der Wunsch Edwards nach einer Aufgabe im Dienst des Landes, wobei er an einen Posten im Ausland dachte. Dies war allerdings eine höchst delikate Angelegenheit, denn es gab Geheimdienstberichte (deren Wahrheitsgehalt erst nach dem Krieg abschließend beurteilt werden konnte), nach denen das Dritte Reich beabsichtigte, den Herzog und die Herzogin nach der Eroberung Englands durch die Deutschen wieder auf den Thron zu setzen. Nachdem die Windsors Hitler und Goebbels im Herbst 1937 einen kurzen Besuch abgestattet hatten, waren die Nazis überzeugt, daß Edward und Wallis die idealen Repräsentanten eines von den Faschisten beherrschten Königreichs wären. Diese Einschätzung war allerdings völlig falsch, denn wenn er auch politisch ahnungslos war, hat der Herzog, durch und durch Engländer, nie den geringsten Anlaß zu der Vermutung gegeben, daß er sein Vaterland verraten könnte. Er und seine Frau haben sicher darunter gelitten, daß sie keine öffentlichen Aufgaben hatten und ein unstetes Leben führen mußten, aber sie waren keinesfalls die glühenden Nazis, als die sie von ihren Kritikern immer wieder denunziert worden sind. Edward hat fraglos einige unüberlegte antisemitische Bemerkungen gemacht, und er vertrat bis zum Ausbruch des Krieges eine entschiedene Politik des »Appeasement«, der Beschwichtigung. Doch teilten diese Ansicht viele seiner Landsleute, und Premierminister Chamberlain selbst war entscheidend am Zustandekommen des Münchener Abkommens von 1938 beteiligt.[5] Ausgerechnet im Zusammenhang mit dieser

---

[5] Über den Hergang des gescheiterten Versuchs des Joachim von Ribbentrop (außenpolitischer Berater Hitlers), den Herzog von Windsor aus Spanien zu entführen und wieder auf den

krassen Fehlentscheidung (den Vertrag zur Lösung der deutsch-tschechoslowakischen Krise unterzeichneten Deutschland, Großbritannien, Frankreich und Italien) beging King George VI. den vielleicht schwerwiegendsten verfassungsrechtlichen Fehlgriff eines britischen Monarchen in diesem Jahrhundert. Nach der Rückkehr des Premierministers von seinem Zusammentreffen mit Hitler zeigte der König sich nämlich gemeinsam mit ihm auf dem Balkon des Buckingham-Palastes. In einer der umstrittensten Fragen der damaligen Tagespolitik ließ sich George also zu einem Verhalten verleiten, das ihm durch seine verfassungsrechtliche Stellung eigentlich untersagt gewesen wäre: Er unterstützte die Position einer Partei.

Das größte Problem des britischen Monarchen stellten jetzt allerdings der Herzog und die Herzogin von Windsor dar. George konnte nicht sicher sein, ob es den Nazis nicht doch gelingen werde, den ehemaligen König für ihre Zwecke einzuspannen. Deshalb beschloß George, seinen Bruder Edward als Beobachter nach Frankreich zurückzusenden. Dort blieben der Herzog und die Herzogin bis 1940 und reisten dann auf die Bahamas, wo Edward den Posten des Generalgouverneurs übernahm. Der König und die Regierung hätten das heimatlose Paar kaum weiter vom Ort des Geschehens wegschicken können, obwohl es für den Monarchen, die Königin und den Hof eigentlich keinen Grund gab, die beiden als eine Bedrohung anzusehen.

George und Elizabeth versuchten, soweit man ihnen das erlaubte, zu zeigen, daß auch im Krieg ein weitgehend normales Leben möglich sei. Am 13. November 1939 schauten sie sich im Kino den britischen Propagandafilm *Der Löwe hat Flügel* an, denn die fensterlosen Kinos waren von der allgemeinen Verdunkelungsvorschrift ausgenommen. Als der Leiter des Theaters erfuhr, daß der König (im Gegensatz zu seinem Vater) Mickymaus-Filme liebte, wurde das Programm schnell noch um einen Zeichentrickfilm ergänzt. Zwei Wochen später besuchten der König und die Königin, die Kents und die Gloucesters ein Revuetheater im West End. Die königliche Gesellschaft blieb zunächst unbemerkt, bis ein Offizier im Publikum die Hoheiten in der Loge erkannte. Er sprang auf und brach in laute Beifallsbekundungen aus.

englischen Thron zu setzen, siehe Michael Bloch: *Operation Willi* (London, Weidenfels und Nicolson, 1984).

Wie sein Vater stand George VI. ebenfalls vor der Aufgabe, während eines internationalen Konfliktes zur Aufrechterhaltung der Moral seines Landes beizutragen. Aber diesmal schien es die Möglichkeit eines raschen Sieges ebensowenig zu geben wie die Illusion, England werde den Konflikt im Handstreich beenden. Vielmehr bestimmte der alltägliche Kampf ums Überleben die Tage. Der Erste Weltkrieg war lediglich eine Episode in der Regentschaft Georges V., und die Erinnerung an diesen König war nicht zwingend mit dem Sieg der Alliierten verbunden. Aber für George VI. war der Zweite Weltkrieg eine echte Bewährungsprobe, die ihm Gelegenheit bot, sich als würdiger Führer und hervorragender Repräsentant seines Landes zu erweisen. Heute ist die Erinnerung an ihn und an die Königin unauslöschlich mit dem Vorbild an Mut und Opferbereitschaft verbunden, das sie ihrem Volk in dieser schweren Zeit gaben.

Unterdessen gingen die Prinzessinnen auf Schloß Windsor ihren Studien nach. Am Abend des ersten Luftangriffs auf London suchten die beiden Mädchen erst eine halbe Stunde nach dem Heulen der Sirenen in einem der Bunker Schutz. Als sie schließlich dort eintrafen, erklärten Lilibet und Margaret, Clara Knight habe darauf bestanden, sie so hübsch anzuziehen, als gingen sie auf eine offizielle Veranstaltung – was den Haushofmeister ängstigte, aber auch erzürnte, denn er fürchtete sowohl um das Leben der beiden Mädchen als auch um sein Ansehen.

Auch während des Krieges waren die Ankleidedamen und Gouvernanten der beiden Prinzessinnen ebenso beschäftigt wie in Friedenszeiten. Da einige Offiziere der Grenadiersgarde auf Schloß Windsor stationiert waren und das Königspaar sich meistens in London befand, durfte Prinzessin Elizabeth die Rolle der Gastgeberin übernehmen. Queen Mary hatte ihr ausgezeichnete Manieren beigebracht. Ernsthaft und umsichtig, unterschied sie sich sehr von ihrer Schwester: »Lilibet entwickelte sich rasch«, hat Marion Crawford später geschrieben,

»und die Monate … in Windsor haben ihr dabei sehr geholfen. Zum erstenmal war sie von ihren Eltern getrennt und auf sich gestellt. Bei den Mahlzeiten oder wenn wir eine Gesellschaft gaben, mußte sie die Honneurs machen, die Gastgeberin spielen und ihre Gäste plazieren. Elizabeth, die einmal ein eher scheues kleines Mädchen gewesen war, hatte sich zu einer charmanten jungen Person entwickelt, die jede Situation angemessen zu bewältigen wußte.«

An ihrem sechzehnten Geburtstag, 1942, ernannte sie ihr Vater zum Ehrenoberst der Grenadiersgarde, und bei entsprechenden Anlässen schritt sie fortan die Ehrenfront ab. Diese Ernennung hatte einen amüsanten Grund. Jedesmal, wenn Elizabeth ihre Eltern bei Inspektionen begleitet hatte, fragte sie ihren Vater: »Papa, muß ich das auch machen, wenn du einmal tot bist?« Diese ständige Frage ging dem König schließlich so auf die Nerven, daß er sie – um ihr eine Aufgabe zu übertragen, die sie nicht erst nach seinem Tod ausüben konnte – zum Mitglied der Garde machte.

Allerdings handelte es sich dabei nur um eine zeremonielle Verpflichtung. Gleichzeitig wurde die Prinzessin von ihrem Vater bei konzentrierten Arbeitssitzungen in die Staatsgeschäfte eingeführt und mußte sich täglich unter der Anleitung von Henry Martens mit den Aufgaben eines Monarchen befassen. Die Fotografin Liza Sheridan, die den König und die Prinzessin an einem Nachmittag bei einer solchen Arbeitssitzung beobachtet hat, berichtet: »Mir fiel auf,

daß er die Prinzessin auf ein bestimmtes Dokument aufmerksam machte und ihr sehr ernsthaft Einzelheiten auseinandersetzte. Die Königin und Prinzessin Margaret saßen währenddessen schweigend da und lasen oder strickten … Es herrscht [zwischen George und Lilibet] offenbar ein besonders inniges Verständnis, und dem König liegt daran, ihr nach Möglichkeit alles persönlich zu erklären.«

George wollte unbedingt verhindern, daß seine Tochter auf ihre künftigen Pflichten ebenso schlecht vorbereitet sein würde, wie er das gewesen war. Die Prinzessin nahm ihre Aufgaben sogar etwas zu ernst. Als sie einmal eine Reihe junger Offiziersanwärter abschritt, ging sie feierlich von einem zum anderen und betrachtete jeden genau, bis sie vor einem nervösen Kadetten stehenblieb, auf die Messingschnalle an seinem Gürtel zeigte und sagte: »Die könnte auch blanker sein.« Der Kommandant lief rot an und ließ sich Namen und Dienstnummer des Kadetten geben.

Seit der Zeit des großen Feldmarschalls Wellington hatte es kein Gast mehr gewagt, einen Soldaten öffentlich zu rügen. Prinzessin Elizabeth allerdings war übertrieben penibel, was sich bei ihr schon als Kind zeigte, wenn sie ihre Schuhe jeden Abend mit äußerster Akkuratesse für den nächsten Tag bereitstellte.

Einige Stunden nach dem Vorfall auf dem Kasernenhof kam es in der Truppe fast zu einer Revolte. »Wer immer in Zukunft auch kommen mag«, sagte ein Sprecher der gerügten Einheit, »Prinzessin Elizabeth jedenfalls wollen wir hier nie mehr wiedersehen!«

Der König erlaubte seiner Tochter auch, in die Landwehr einzutreten. In dieser Funktion trug sie eine Mechanikeruniform und lernte, Automotoren vorschriftsmäßig zu inspizieren. »Sie bekleidete dort eine sehr niedrige Rangstufe«, hat Marion Crawford später über die Subalternoffizierin zweiten Grades Elizabeth Windsor, Dienstnummer 230873, berichtet, »und mußte vor ihren Vorgesetzten salutieren wie alle anderen.« Als der König 1943 die britischen Truppen in Malta und Nordafrika besuchte, agierte Prinzessin Elizabeth zu Hause als Staatsrätin. Sie trat bei Veranstaltungen wohltätiger Organisationen auf und traf sogar mit hohen nationalen und internationalen Würdenträgern zusammen. Diese Aufgaben erfüllte sie natürlich nicht in offizieller Funktion, aber sie lernte dabei den Umgang mit wichtigen Persönlichkeiten und gewann an Sicherheit im Auftreten.

Ihre Schwester Margaret dagegen übernahm keine derartigen Aufgaben. Sie war weniger ernsthaft und sorgte in der Familie für Spaß und Abwechslung. Nach dem Essen spielte sie Klavier und beschäftigte sich mit Gesellschaftsspielen, während Lilibet von einem Termin zum nächsten eilte. »Ist es nicht ein Jammer, daß wir stets wie königliche Hoheiten auftreten müssen?« sagte sie einmal bedauernd. Margaret flirtete gern und »wußte bei Männern ihre Vorzüge durchaus zur Geltung zu bringen«. Einer der Diener im Schloß, so bemerkte Margaret, sah einfach »schrecklich gut aus«. Um einem anderen zu gefallen, legte sie Lippenstift und Puder auf, und bei allem, was sie tat, zeigte sie einen bemerkenswerten Humor.

Ständigen Höflichkeitsbekundungen und Schmeicheleien, wie sie am Hof üblich waren, ausgesetzt, kannte die junge Prinzessin Elizabeth durchaus die Gefahren, die mit solchen Privilegien verbunden waren. Als einmal eine Gruppe von Pfadfinderinnen ihr blaues Kopftuch bewunderte, nahm sie eines der Mädchen beiseite und fragte ängstlich: »Gefällt es Ihnen wirklich?« Das Mädchen war überrascht und erwiderte, natürlich gefalle ihr das Tuch, und fragte die Prinzessin, warum sie daran zweifle. »Weil ich im Palast immer nur Komplimente höre, egal was ich tue oder was ich anhabe. Deshalb erfahre ich nie, ob ich auch nur den geringsten Geschmack habe.«

Ihr offizielles Rundfunkdebüt gab Elizabeth am 13. Oktober 1940. Mit ihrer hohen, gleichmäßigen Stimme konnte man sie in der »Kinderstunde« der BBC hören. Sie verlas einen Text, den ein Geistlicher verfaßt hatte. Er war an Kinder gerichtet, die wegen des Krieges evakuiert und von ihren Eltern getrennt waren. »Meine Schwester Margaret Rose und ich wissen aus eigener Erfahrung, was es bedeutet, von denen getrennt zu sein, die man am meisten liebt«, mußte sie etwas pathetisch verkünden. »Wir möchten deshalb allen betroffenen Kindern unser aufrichtiges Mitgefühl ausdrücken …«. Selbst John Colville, damals stellvertretender Privatsekretär des Premierministers Chamberlain (Sohn einer Hofdame Queen Marys und später Privatsekretär King Georges VI. und Prinzessin Elizabeths), fand diese »rührseligen Worte« eher peinlich. »Aber ihr Auftritt war äußerst eindrucksvoll, und wenn unsere Monarchie überleben sollte, wird sie als Queen Elizabeth II. auch im Rundfunk sehr erfolgreich sein.«

Wer häufiger mit der Königsfamilie Kontakt hatte, konnte bemerken, daß Elizabeth trotz ihres ausgeprägten Pflichtbewußtseins ihre Stimmungen nicht immer beherrschte. Während sie eben noch strahlte und äußerst amüsant war, konnte sie im nächsten Augenblick schon finster und depressiv erscheinen – auch bei den glänzendsten gesellschaftlichen Anlässen. So wußten ihre Eltern, daß sie auf den bescheidenen Partys, die während des Krieges im Palast stattfanden, »mitunter das Mauerblümchen spielte und sich weigerte, zu den Gästen zu gehen oder Konversation zu machen«. Ihr Vater verstand es vielleicht am besten, daß diese Stimmungen immer dann auftraten, wenn sich die Prinzessin der großen Aufgabe bewußt wurde, die in der Zukunft auf sie wartete. »Laßt sie einfach in Ruhe«, sagte er dann. »Vergeßt nicht, was sie noch vor sich hat, das arme Ding.«

Von ihrem Vater hatte die spätere Königin wohl auch ihr ausgeprägtes Pflichtgefühl, ihre Abneigung gegenüber geschwätzigen Menschen und ihre Vorliebe für das Landleben geerbt. Dagegen fehlte ihr die ausgeglichene, anmutige Wesensart ihrer Mutter fast völlig. Das Temperament, ein Erbe sowohl der Sachsen-Coburg-Gothas wie der Windsors, konnte bei Prinzessin Elizabeth jederzeit zum Ausbruch kommen.

Mit sechzehn Jahren war sie knapp 1,60 Meter groß und körperlich ausgewachsen. Sie hatte dickes braunes Haar, strahlende blau-grüne Augen, perfekte Zähne und einen cremefarbenen Teint. Sie neigte zu Untersetztheit, ein Erbe ihrer schottischen Vorfahren, was ihre wenig geschickt gewählte Kleidung noch unterstrich. »Wie soll sie denn auch schick aussehen«, hat eine Bekannte von Elizabeth gesagt, »wenn eine provinzielle Schottin [Margaret MacDonald] sie einkleidet, deren Vorstellung von aktueller Mode sich darauf beschränkt, was man während des Krieges in Aberdeen getragen hat?«

Obwohl sie ihre Enkeltöchter häufig besuchte und bei ihnen blieb, wenn George und Elizabeth länger als einen Tag abwesend waren, hatte man Queen Mary während des Krieges vorsorglich evakuiert. Da der König ihren Londoner Wohnsitz in Marlborough House für gefährdet hielt, lebte sie während der sechs Kriegsjahre in einem Landhaus in Gloucestershire. Diese unfreiwillige Abwesenheit von London gefiel der alten Königin überhaupt nicht, denn sie fand »es ganz und gar unpassend«, ihre Pflichten derart zu vernachlässigen, insbesondere wegen der ständigen Anwesenheit ihrer Schwiegertochter in London.

Obwohl sie zweiundsiebzig Jahre alt war, wollte sich die Königinmutter noch nicht auf ihr Altenteil setzen lassen. Und mit einem Eifer, den viele der Diener bestaunten, ließ sie den Efeu entfernen, der an Hauswänden und Bäumen wucherte. Dabei unterstützte sie die Arbeiter tatkräftig und leistete, sicher zum erstenmal in ihrem Leben, körperliche Arbeit.

Mary war ihr Leben lang von einer Abneigung gegen Efeu, der alles überrankte, erfüllt. So ließ sie jetzt in den Gärten, an den Rändern der Wege und auf den Feldern die dort wachsenden Pflanzen beseitigen. »Im Grunde ihres Herzens war sie sehr deutsch«, hat die Herzogin von Beaufort über die Königinmutter gesagt, »denn sie besaß eine ausgesprochene Vorliebe für Zerstörung und für Ordnung.« Während der Kriegsjahre engagierte Queen Mary alle ihre Bediensteten, ihre Hofdamen, ihren Sekretär, ihren Wachmann und Chauffeur (sogar Besucher) für ihr »Efeu-Kommando«, wie sie es nannte. So sah man zwischen 1939 und 1945 in Badminton House die immer vornehm gekleidete Queen Mary mit einer Sense oder Sichel zusammen mit ihrem kleinen Stab arbeiten. Zwischendurch rauchte sie mit ihren Bediensteten eine Zigarette und trieb sie dann wieder fröhlich zur Arbeit an.

Marys exzentrische Ideen taten ihrer Beliebtheit keinerlei Abbruch, und ihre Mitarbeiter wußten auch, daß die Königinmutter mehr konnte als den Efeu auf ihrem Grundstück entfernen. Sie besuchte bombardierte Stadtviertel und Krankenhäuser, sie unterstützte den Umbau von Bunkern in Erste-Hilfe-Stationen, und oft genug mußte ihr Fahrer auf der Landstraße anhalten, um einen Soldaten mitzunehmen. In Bath bin ich »zufälligerweise einigen australischen Soldaten und Luftwaffenhelfern begegnet«, schrieb sie, »die mich gebeten haben, mich mit ihnen fotografieren zu lassen. Darauf stellten sie sich neben mich, und plötzlich spürte ich, wie einer von ihnen mich unterhakte und ein anderer den Arm um meine Taille legte … Das war wirklich sehr komisch – in meinem Alter!«

Bald darauf erlitt Mary einen schweren Verlust. Am 25. August 1942 flog George, der Herzog von Kent und jüngster ihrer noch lebenden Söhne, nach Island, wo er Einrichtungen der britischen Luftwaffe besuchen wollte. In dichtem Nebel zerschellte das Wasserflugzeug an einem Hügel in Schottland, und nur einer der fünfzehn Passagiere überlebte das Unglück. Der Herzog wurde dabei getötet, er war neununddreißig Jahre alt und drei Wochen vorher erst zum drittenmal Vater geworden.

Damit hatte die unbezwingbare alte Dame nach ihrem Ehemann nun zwei Söhne verloren (wenn man den Ex-König mitrechnet, was sie manchmal tat, sogar drei). Aber der Tod des Herzogs von Kent war für sie besonders schwer zu verkraften. Er hatte seine Mutter häufig in Badminton House besucht, und gemeinsam hatten sie die Antiquitätenläden in der Umgebung durchstöbert. Anregend, amüsant und künstlerisch begabt, hatte George viel dazu beigetragen, seiner Mutter die Last ihrer späten Jahre erträglicher zu machen. Wenn sie von seinem unsteten Liebesleben gewußt haben sollte, hat sie dazu jedenfalls geschwiegen. Ihr war wichtig, daß sie mit ihrem Jüngsten viel »offener und entspannter« plaudern konnte als mit dem König und Gloucester, die sie *boutonnés*, zugeknöpft, nannte. Als sie die Todesnachricht erhielt, war sie wie erstarrt und erklärte kurz darauf, sie müsse sofort seiner Witwe, Prinzessin Marina, beistehen.

Prinzessin Elizabeth und Prinz Philip von Griechenland führten während der Kriegsjahre einen unregelmäßigen Briefwechsel, und Weihnachten 1943 wurde der Prinz eingeladen, nach der Märchenaufführung noch einige Tage auf Schloß Windsor zu bleiben. In dem Jahr hatten sich die Prinzessinnen für *Aladin mit der Wunderlampe* entschieden, in dem Elizabeth die Hauptrolle spielte. Das Stück bestand aus der üblichen Mischung von harmlosen Scherzen, Gesangs- und Tanzeinlagen und einem furiosen Finale. Weil Philip zuschaute, sprühte Elizabeth vor Spielfreude, sang, gab Steptanzeinlagen und hielt sogar mit Margarets ausgelassener Situationskomik mit. Für Elizabeth bestand das Publikum offensichtlich nur aus einer Person und zwar dem Mann, dessen Foto inzwischen auf ihrem Nachtkästchen stand. (»Ich glaube, Elizabeth hat sich sofort in Philip verliebt, als er das erstemal in Windsor war«, berichtete Queen Mary ihrer alten Freundin Lady Airlie.) »Philip ist sehr humorvoll und sieht die Dinge genau richtig«, schrieb der König an seine Mutter. Er fügte jedoch noch hinzu, daß Lilibet mit ihren siebzehn Jahren noch viel zu jung sei, um einen Seemann mit einem Wochenlohn von elf Pfund zu heiraten, einen Mann, der nur britischer Staatsbürger geworden sei, um in der Marine des Landes dienen zu können. Schließlich, so schrieb der König weiter, habe Elizabeth auch noch nie einen jungen Mann ihres Alters kennengelernt, »deshalb sollte Philip sich das Ganze vorerst lieber aus dem Kopf schlagen«. Es gab aber auch noch von anderer Seite Vorbehalte: Der Bruder der Königin lehnte Philip rundheraus ab, weil er ihn unbritisch und damit ungeeignet fand. Dieser Meinung schlossen sich auch alte Königstreue wie Lord Salisbury, Lord Eldon und Lord Stanley an. Für sie entsprach Philip nicht dem Idealbild eines britischen Gentleman. Als man Philip Jahre später fragte, ob damals in Großbritannien eine fremdenfeindliche Stimmung geherrscht habe, erwiderte er knapp: »Unbedingt: *vide* Albert« – siehe Albert, Queen Victorias Gemahl.

Doch der König war eigentlich nur so vorsichtig wegen Lilibets Jugend und ihrer Unerfahrenheit. Ihre Erfahrungen in der Landwehr hatten nicht dazu beigetragen, ihr soziales Umfeld zu erweitern, und durch den Krieg war sie gezwungen, ein isoliertes Leben zu führen. Scheu (»fast schon linkisch«, wie ein Bediensteter ihres Vaters sie beschrieben hat), ernst, pflichtbewußt und sich ihres zukünftigen Amtes stets bewußt, entwickelte sich Elizabeth zu einer steifen, konventionell auftretenden jungen Dame.

Wenn sie auch manchmal zu Scherzen, einem Spiel oder einem Tänzchen aufgelegt war, konnte ihre Stimmung augenblicklich in tiefen Ernst umschlagen. Außerdem scheute sie sich nicht, ihre Schwester oder Fremde wegen schlechten Benehmens oder einer unziemlichen Sprache zurechtzuweisen. »Wo hast du denn eine derartige Ausdrucksweise gelernt?« fragte sie beispielsweise ihre Schwester. »Oh«, antwortete Margaret, »schon an der Mutterbrust – oder war es vielleicht bei einem anderen Besäufnis?« Ein Fremder wurde von der noch nicht einmal Zwanzigjährigen zurechtgewiesen, weil er gefragt hatte: »Wie denkt Ihr Vater darüber?« Ohne zu zögern antwortete ihm Elizabeth: »Sprechen Sie etwa vom König?«

Margaret fand immer wieder Gelegenheiten, ihrer Schwester das oberlehrerhafte Verhalten heimzuzahlen. »Lilibet«, rief sie eines Nachmittags beim Tee, als ihre Schwester ein zweites Plätzchen nahm, »das ist jetzt schon dein vierzehnter Schokoladenkeks! Du bist ja noch schlimmer als Mutter – kannst du denn nie genug bekommen?«

Inzwischen hatte sich die vierzehnjährige Margaret (von Queen Mary gern als *espiègle* – Schalk – bezeichnet) in Peter Townsend verliebt. Der Oberst der Luftwaffe war dreißig, verheiratet und hatte sich in der Luftschlacht um England ausgezeichnet. Er war inzwischen Stallmeister des Königs geworden, und die Königsfamilie hegte große Sympathie für ihn und seine Frau Rosemary. Als sie 1945 ihren zweiten Sohn zur Welt brachte, übernahm der König gern die Patenschaft. Margarets romantische Schwärmerei nahm niemand ernst, manche fanden ihre Hartnäckigkeit sogar unangenehm. »Als ich ihn das erstemal gesehen habe«, hat Margaret später gestanden, »habe ich mich sofort in ihn verliebt, aber eine Romanze ist daraus erst viel später geworden.« Die Hartnäckigkeit hatte Margaret offenbar von ihrer Großmutter, Queen Mary, geerbt.

Während des Krieges war Mary nach Gloucester umgesiedelt worden, wo sie das Landleben zu schätzen gelernt hatte. Seit ihrer Jugend hatte sie sich ihre Zeit nie mehr so frei einteilen können wie hier. Sie pflegte zwanglosen Umgang mit den Einheimischen, beseitigte den Efeu, pflanzte auf dem Grundstück von Badminton House Bäume und legte Blumenbeete an. Wenn ihre Gastgeber eine Party gaben, tanzte sie bis in die späte Nacht, und es schien, als wollte sie alle Vergnügungen nachholen, auf die sie früher ihrem Mann zuliebe verzichtet hatte.

Kurz bevor sie im Mai 1945 nach London zurückkehrte, rief sie alle auf dem Beaufort-Anwesen beschäftigten Mitarbeiter zusammen. Gerührt überreichte sie jedem von ihnen ein Geschenk und verabschiedete sich mit den Worten: »Oh, wie glücklich bin ich hier gewesen! Hier war ich für alle eine ganz normale Frau, und wenn ich zurück in London bin, muß ich wieder die Königin spielen.«

Und so trat sie auch auf, als sie kurz darauf das erstemal seit seiner Abdankung mit Edward zusammentraf. Der Ex-König besuchte seine Mutter im Oktober in Marlborough House, wo die beiden für die Fotografen posierten. Er war vor Verlegenheit völlig verkrampft, sie stand stocksteif, aber mit einem leichten Lächeln auf den Lippen. Dabei empfand sie diese Begegnung nicht etwa als einen triumphalen moralischen Sieg, wie einer ihrer Freunde berichtet hat. Was sie dabei empfand, war vielmehr der einfache Stolz einer Mutter, den sie lange hatte unterdrücken müssen. Jetzt war es bedeutungslos geworden, daß er, allzukurz, King Edward VIII. gewesen war, er war wieder David, der geliebte älteste Sohn einer alten verwitweten Mutter.

Das Familienleben, das der König und die Königin mit ihren beiden Töchtern führten, war typisch englisch, und das hatte es in dieser Form noch in keiner Generation der Dynastie gegeben. Obwohl George VI. keine Gelegenheit ausließ, sich von seiner Herkunft aus dem Haus Sachsen-Coburg-Gotha zu distanzieren, erinnerte sein häusliches Leben sehr an einen preußischen Haushalt des ausklingenden 19. Jahrhunderts. Doch kann man den Einfluß, den Elizabeth Bowes-Lyon auf ihren Ehemann hatte, gar nicht hoch genug einschätzen, besonders, was die Anglisierung betrifft. Das Familienleben war jetzt längst nicht mehr so streng reglementiert wie noch unter George V. In den Privatresidenzen der Windsors durften die Kinder nach Lust und Laune spielen, und häufig saß die ganze Familie abends zusammen. Es herrschte ein entspannter Umgangston, in Sandringham wurde viel gesungen und getanzt, in Balmoral ging die Familie fischen oder auf die Jagd. Das Leben der Königsfamilie glich dem einer Familie der gehobenen Mittelklasse.

Im Jahr 1946 verbrachte Philip drei Wochen als Gast im Buckingham-Palast, ohne daß Presse und Öffentlichkeit davon etwas erfuhren. Der Grund für diesen Besuch ist leicht nachzuvollziehen: Prinzessin Elizabeth sollte Gelegenheit bekommen festzustellen, ob sie sich auch bei einem längeren Zusammensein – von der Öffentlichkeit ungestört – mit Philip wohl fühlte. Margaret MacDonald und Marion Crawford beobachteten die Prinzessin und waren davon überzeugt, daß sie hingerissen von ihm war. Er machte ihr den Hof, wenn ihn auch die Vorstellung der Rolle als Prinzgemahl, wie sie einst Albert erfüllt hatte, doch ein wenig abschreckte. Aber der König war ja erst einundfünfzig Jahre alt, und da blieben Philip und Lilibet bestimmt noch zehn oder zwanzig Jahre Zeit, ein Privatleben zu führen, bevor sie den Thron besteigen mußten.

Das Familienleben der Windsors mit seinen geregelten Essens-, Arbeits-, Lese-, Erholungs- und Besuchszeiten machte auf Philip einen überwältigenden Eindruck. Er besuchte Lilibet jetzt häufiger, sie hörten Schallplatten, darunter auch eine Melodie aus dem Musical *Oklahoma*: »People Will Say We're in Love«. Und Philip bat sogar den König, ob er nicht mit der Prinzessin einmal allein dinieren dürfe, was ihm George erlaubte.

Trotz des strikten Schweigegebots, das im Palast herrschte, verbreitete sich schon bald in London das Gerücht, die Ankündigung der Verlobung stehe unmittelbar bevor. Um das Gerede zu beenden, dementierte das Pressebüro des Palastes im September 1946 offiziell, daß eine Hochzeit bevorstehe. Diese Erklärung – was eigentlich vorauszusehen war – weckte nur die Neugier der Zeitungsleute auf weitere Details.

Wochen nach Philips Abreise, als Elizabeth von einem offiziellen Besuch in einer Fabrik zurückkehrte, klingelte sie nach ihrer Gouvernante und Vertrauten Marion Crawford. »Crawfie«, rief sie fast unter Tränen, »es war einfach schrecklich. Sie haben nur geschrien: ›Wo ist Philip?‹«

Seit diesem Erlebnis fürchtete sich die sonst bei öffentlichen Auftritten so ruhige und selbstbewußte Prinzessin vor solchen Anlässen. Erst nach Jahren als Queen wirkte sie wieder, wie sie als junges Mädchen gewesen war.

Am 1. Februar 1947 brachen Elizabeth und Margaret zusammen mit ihren Eltern und einem von Peter Townsend angeführten Mitarbeiterstab zu einer Ferienreise nach Südafrika auf. In der überseeischen Besitzung des Empires waren die Forderungen nach Unabhängigkeit immer lauter geworden.

Die stets lächelnde und gelassen wirkende Prinzessin Elizabeth wurde überall jubelnd empfangen. Doch man hatte sie nur mit Mühe dazu überreden können, sich für drei Monate von Philip zu trennen. Für etwas Unterhaltung sorgte Peter Townsend, der ihr und Margaret die größte Aufmerksamkeit entgegenbrachte. Er arrangierte es, daß für sie die besten Reitpferde bereitstanden, und er begleitete die beiden jungen Damen sogar auf ihren morgendlichen Ausritten. Dabei gestand Elizabeth Townsend auch, daß sie nur wenig schlafen könne, weil sie immer an Philip denken müsse, in den sie so verliebt sei. Margaret dagegen, die vom Adjutanten ihre Vaters völlig hingerissen war, wandte keinen Blick von ihm.

Damals beneidete Margaret ihre Schwester um ihre Verbindung zu Philip und den glücklichen Ausgang, den die Romanze wohl nehmen würde. Diese leichte Eifersucht entstand wohl deswegen, weil sie ahnte, daß ihre und Peters Zukunft problematisch sein würde. In London war Margaret oft zusammen mit Philip und Lilibet ausgegangen, obwohl das junge Paar sicherlich lieber allein gewesen wäre. Dazu hat Marion Crawford angemerkt, »daß die ständige Gegenwart der kleinen Schwester, die sich nicht gerade sehr verständnisvoll verhielt und für sich selbst eine Menge Aufmerksamkeit in Anspruch nahm, der Romanze nicht gerade förderlich gewesen ist«.

Während des Aufenthaltes in Südafrika war der König häufig erschöpft und abgespannt, und das nicht nur wegen der Strapazen des vergangenen Krieges oder wegen seiner Sorgen um die in Großbritannien herrschende Wirtschaftskrise. Er hatte in London eine neue Regierung zurückgelassen, die sich einer beängstigend hohen Arbeitslosenquote, einer gefährlichen Energiekrise in einem harten Winter und einem besorgniserregenden Exportrückgang und Machtverfall gegenübersah. Überdies löste sich das einst riesige Empire endgültig auf. Der Gesetzentwurf, der die Unabhängigkeit Indiens garantieren sollte, war in Vorbereitung, und Ende des Jahres sollte der Monarch schon nicht mehr Kaiser dieses Landes sein.

Aber es gab noch andere, persönliche Gründe für den deprimierenden Zustand des Königs. James Cameron, ein mit der Berichterstattung über die königliche Reise betrauter Journalist, hat berichtet, daß der König vor jedem offiziellen Auftritt gezittert habe, aber nicht vor Nervosität, sondern weil er zuviel Alkohol getrunken hatte. Mehr als einmal trafen die Journalisten den König laut Cameron dabei an, wie er harte Getränke »ausprobierte«. »Wir dürfen schließlich den Zweck dieser R-reise n-nicht vergessen«, sagte der Herrscher dann nur. »Handel und was dazugehört. Die Zusammenarbeit des Empires. Zum Beispiel südafrikanischer W-weinbrand. Ich hab' ihn schon probiert. N-natürlich ein ausgezeichnetes Getränk, nur d-daß es nicht schmeckt. Und dann gibt es da noch diesen Schnaps, Van der Humm. Vielleicht ein bißchen zu süß. Aber wenn man den Weinbrand mit Van der Humm mischt – bitte, probieren Sie mal.« Der Königin gelang es jedoch, wie Cameron weiter berichtet, allein durch ihren starken Willen, den König auf dieser Reise immer wieder zu stabilisieren.

Der übermäßige Alkoholgenuß des Königs während seines bisherigen Lebens hatte zu Kreislaufproblemen geführt, und auf der Reise litt er immer wieder unter heftigen Beinkrämpfen, den ersten Vorboten einer Arteriosklerose, die ihm fortan jeden offiziellen Auftritt zur Qual machen sollte. Ferner litt der König wegen seines jahrzehntelangen hohen Tabakkonsums unter Bronchialasthma. Auf der Reise verlor er siebzehn Pfund Gewicht und sah mit seinen einundfünfzig Jahren fast so aus wie ein Siebzigjähriger.

Die Tour durch Südafrika war die letzte Reise, die von der ganzen Königsfamilie gemeinsam unternommen wurde. Man sprach sogar schon von einer Thronbesteigung Prinzessin Elizabeths – eine Möglichkeit, auf die sie indirekt auch in ihrer Selbstverpflichtung gegenüber dem Commonwealth Bezug nahm. Diese Erklärung gab sie am 21. April ab, ihrem einundzwanzigsten Geburtstag. Sie saß in einem Garten in Afrika vor einem Mikrophon und erklärte mit ihrer hohen, dünnen Stimme:

»… Es gibt ein Motto, dem sich zahlreiche meiner Vorfahren verpflichtet gefühlt haben, ein edles Motto, das lautet: ›Ich dien'.‹
Von dieser Verpflichtung waren viele ehemalige Thronfolger beseelt, die bei ihrem Eintritt in das Mannesalter eine ritterliche
Selbstverpflichtung eingegangen sind. Ich kann es ihnen in dieser
Hinsicht nicht ganz gleichtun …, aber ich kann vor dem gesamten
Empire ein feierliches Gelöbnis ablegen, das ich an dieser Stelle
aussprechen möchte. Es ist ganz einfach: Vor Ihnen allen erkläre
ich, daß ich mein Leben, sei es kurz oder lang, Ihrem Dienst widmen möchte und dem Dienst an der großen imperialen Familie, der
wir alle angehören. Allerdings kann ich die Kraft, diesen Entschluß auszuführen, nur aufbringen, wenn ich mit Ihrer Unterstützung rechnen kann, und darum bitte ich Sie heute inständig. Ich
weiß, daß Sie mir diese Unterstützung nicht verweigern werden.
Gott möge mir helfen, mein Gelübde einzuhalten. Und Gott segne
Sie alle, die bereit sind, mir dabei zu helfen.«

Aber es gab noch ein anderes Versprechen, das Elizabeth gern abgelegt hätte, und zwar das Ehegelübde, das sie Hand in Hand mit Philip
vor einem Altar schwören mußte. Insgeheim hatten sich die beiden
einander schon 1946 versprochen, als der König sein Einverständnis
zu einer Heirat gegeben hatte. Dann bat der König die jungen Leute
allerdings, mit der Hochzeit noch bis zu Elizabeths einundzwanzig-
stem Geburtstag und dem Ende der Reise nach Südafrika zu warten.
Und so kündigte im Juli 1947 der Palast offiziell die bevorstehende
Hochzeit an. Philip war inzwischen britischer Staatsbürger geworden, hatte seinen griechischen Fürstentitel abgelegt und war offiziell
vom griechisch-orthodoxen Glauben zum Bekenntnis der Kirche von
England übergetreten (dieser Übertritt war allerdings einfach für ihn,
denn beide Konfessionen fußen auf der apostolischen Tradition).
»Um ihren Vorrang vor Philip zu unterstreichen«, wie er es ausdrückte, verlieh King George Prinzessin Elizabeth am 11. November
den Hosenbandorden und zeichnete Philip acht Tage später, am Tag
vor der Hochzeit, ebenfalls damit aus.[6] Gleichzeitig wurde Philip zur
Königlichen Hoheit, zum Baron Greenwich, Earl von Merioneth und

---

[6] Der Hosenbandorden ist die höchste und angesehenste ritterliche Auszeichnung, die der
englische König zu vergeben hat. Seinen Namen verdankt der oft romantisch verklärte Orden
wahrscheinlich den Riemen oder Gürteln, mit denen die Bänder der ritterlichen Bruderschaf-
ten an der Rüstung befestigt wurden. Das Motto des Ordens *Honi soit qui mal y pense* (Ein
Schelm, wer Arges dabei denkt) bezieht sich wahrscheinlich auf den Anspruch, den Edward III.
auf den französischen Thron stellte.

Herzog von Edinburgh ernannt; später wurde er meistens mit dem letzten dieser Titel bezeichnet. Aus einer mittellosen Familie stammend, wurden Philip jetzt Adelstitel und Würden verliehen, aber als er um Elizabeths Hand anhielt, mußte er für den Ring seiner Verlobten um einige Diamanten aus einem Diadem seiner Mutter bitten.

Vielen Menschen im England der Nachkriegszeit ging es sehr schlecht, und für manche von ihnen stellte die Hochzeit ein Fest des Lichts und der Farbenpracht dar. Es war die erste Vermählung eines direkten Thronfolgers seit vierundachtzig Jahren (genaugenommen, seit der älteste Sohn von Queen Victoria 1863 Prinzessin Alexandra geheiratet hatte). Auf ausdrücklichen Wunsch der Braut hatte man sich für die ältere Formel des Eheversprechens entschieden, und so sagte die Prinzessin, daß sie ihrem Mann »gehorchen« und »dienen« wolle. Dies sorgte für einige Aufregung und zwar deshalb, weil sie als Thronfolgerin und sein zukünftiger Souverän Vorrang vor ihrem Ehemann hatte. Doch mit diesem Gelöbnis brachte die Prinzessin ihre Überzeugung zum Ausdruck, daß ein Ehemann Oberhaupt der Familie sein müsse, und an diesem Grundsatz hat die Queen in all den Jahren ihrer Ehe festgehalten.

Wie jeder Vater, der seine Tochter liebt, war der König einerseits stolz auf das neue Leben seiner Tochter, während er sie andererseits auch vermißte. Nach der Hochzeit erhielt sie von ihm einen handgeschriebenen Brief:

»Ich war so stolz auf Dich und tief gerührt, als Du gemeinsam mit mir Deinen langen Gang durch die Westminster Abbey zurückgelegt hast, aber als ich dann Deine Hand dem Erzbischof übergeben habe, hatte ich plötzlich das Gefühl, etwas sehr Kostbares verloren zu haben. Du warst während der Feier so ruhig und gefaßt und hast Deine Worte mit solcher Überzeugung gesprochen, daß ich wußte, alles ist in Ordnung.

Ich bin so froh, daß Du Mami schriftlich und mündlich versichert hast, daß die lange Wartezeit vor Deiner Verlobung und später bis zu Deiner Hochzeit zu Deinem Besten gewesen sei. Ich befürchtete schon, Du glaubtest, ich sei in diesem Punkt hartherzig gewesen. Ich wollte doch so gern, daß Du mit uns nach Afrika reist. Unsere Familie, die ›Königliche Familie‹, muß unbedingt zusammenbleiben, mit den passenden Ergänzungen zum richtigen Zeitpunkt. Ich habe Dich all die Jahre voller Stolz unter Mamis kluger Anleitung heranwachsen sehen, und Du weißt ja, daß sie für mich der wundervollste Mensch der Welt ist. Und ich weiß, daß ich bei unserer Arbeit immer auf Deine und jetzt auch auf Philips Hilfe rechnen kann. Dein Abschied hat in unserem Leben eine große Lücke hinterlassen, aber vergiß nicht, daß Dein altes Zuhause dir immer bleibt und daß Du dorthin soviel und sooft wie möglich zurückkehren kannst. Ich sehe, wie glücklich Du mit Philip bist, was nur recht ist, aber vergiß uns darüber nicht ganz. Das wünscht sich

Dein Dich liebender Papa«

Die Krönung von Queen Elizabeth II.

ELFTES KAPITEL

Im Blickpunkt der Öffentlichkeit (1948–1955)

»Ich möchte, daß einmal ein ganzer Mann aus ihm wird.«
Prinz Philip über die Erziehung seines Sohnes Charles

»Philip hat einmal zu mir gesagt«, so sein Privatsekretär Peter Parker, »daß es seine erste, einzige und letzte Aufgabe ist, sie [Elizabeth] niemals im Stich zu lassen.«

Philips Vater war 1944 gestorben, und seine Mutter führte danach ein religiös-kontemplatives Leben. Nach seiner Heirat hatte er nun endlich ein richtiges Zuhause, eine Frau, eine Familie, ein Heimatland und einen Reisepaß. Zum erstenmal in seinem Leben lernte er Stabilität und Sicherheit kennen.

Nach einem kurzen Aufenthalt in einer Suite des Buckingham-Palastes bezogen die Frischvermählten am 4. Juli 1949 (dem Amerikanischen Unabhängigkeitstag, wie Philip sarkastisch feststellte) das seit hundert Jahren von nahen Verwandten des Königshauses bewohnte Clarence House. Die unweit des Palastes in der Mall gelegene Residenz war im Krieg beschädigt worden und mußte jetzt langwierig und kostspielig renoviert werden. Dabei überwachte Philip die Arbeiten größtenteils persönlich.

Bis zu Elizabeths Thronbesteigung 1952 gingen die jungen Eheleute, in Hof- und aristokratischen Kreisen als Edinburghs bezeichnet, weiterhin ihren gewohnten Tätigkeiten nach: Er erfüllte weiter seine Funktion bei der Admiralität, sie ihre königlichen Pflichten. Wie Elizabeth dank ihrer Erziehung zu einer anständigen, pflichtbewußten jungen Dame herangewachsen war, hatten Philips Erfahrungen aus ihm einen unabhängigen, offenen, manchmal fast flegelhaften Mann gemacht. Sie war »manchmal ein bißchen jähzornig und nicht selten überkritisch«, wie schon Marion Crawford beobachtet hatte, doch Philip verstand es, sie rasch zu besänftigen. Er war sein ganzes Leben lang bemerkenswert ausgeglichen und selbstbewußt gewesen und hatte nur nach seinen eigenen Vorstellungen gelebt, was auch in Zukunft so bleiben sollte.

Er ging etwa nach dem Dienst weiterhin mit seinen Marinekameraden trinken, meistens nahm er ein Bier oder einen doppelten Brandy. Er fand auch weiterhin auf zweideutige Bemerkungen seiner Kameraden stets eine passende Antwort, was seine Frau, wenn sie in Gesellschaft waren, ebenso ignorierte, wie das früher Queen Mary bei den Geschichten ihres Mannes George V. getan hatte. Wenn der Prinz so spät nach Hause kam, daß auch die private Eingangstür verschlossen war, mußte er über eine Mauer und dann durch ein Fenster klettern. »Geschieht ihm ganz recht«, sagte Prinzessin Elizabeth nur, als sie am folgenden Morgen davon erfuhr.

Aber auch die Prinzessin war Einladungen gegenüber nicht abgeneigt, und die Edinburghs traten auf einem Maskenball des amerikanischen Botschafters Douglas zur allgemeinen Belustigung als Cockney-Zimmermädchen und als Butler auf.

Die Überraschung des Abends aber bot Prinzessin Margaret. Sie war sich ihrer Anziehungskraft inzwischen durchaus bewußt (wenig über 1,50 Meter groß, hatte sie einen Taillenumfang von 55 Zentimetern, strahlend blaue Augen und einen wundervollen Teint). Sie erschien auf dem Maskenball als »Madame Butterfly«, warf dann aber ihren knöchellangen Kimono beiseite und erschien nun als Boulevard-Schönheit »Mademoiselle Fifi«. Dann legte Margaret mit sieben Freundinnen in Spitzenhöschen, mit schwarzen Strümpfen und Strumpfhaltern einen Cancan aufs Parkett, daß die dreihundert Gäste vor Begeisterung eine Zugabe verlangten. Am nächsten Tag lautete die Schlagzeile des *Daily Express:* »Prinzessin Margaret tanzt Cancan«.

Aber Margaret hatte noch andere verrückte Einfälle. Sie lackierte sich die Fingernägel in grellen Pink- oder Rottönen und malte sich jeweils farblich dazu passend die Lippen an (Elizabeth begnügte sich mit einem Hauch von Lippenrouge). Auf die Vorhaltungen, die Queen Mary ihrer Enkelin machte, weil sie Fotos gesehen hatte, auf denen sie rauchte, reagierte Margaret, indem sie immer längere, mit Juwelen besetzte Zigarettenspitzen benutzte. Sie wurde dabei fotografiert, wie sie sich mit Freunden in bekannten und weniger bekannten Londoner Nachtklubs amüsierte. Als ihre Mutter sie fragte, ob sie nicht vielleicht etwas zuviel trinke, erwiderte Margaret, schließlich nehme ihr Vater jeden Abend vor dem Essen mindestens vier Whisky-Soda und hinterher trinke er noch etliche Brandys. Nach dem Besuch eines Theaters oder eines Balletts ließ sich Margaret mit Freunden in verschiedene Restaurants fahren und später noch in einen Nachtklub, wo sie oft bis in die Morgenstunden tanzte; häufig kehrte sie erst bei Tagesanbruch in ihre Suite im Buckingham-Palast zurück.[1]

Auf einer Italienreise schließlich wurde Margaret heimlich fotografiert, wie sie einen knappen hautfarbenen Badeanzug trug, den das Licht und die Reflexion des Wassers durchsichtig erscheinen ließ. Um einen Skandal zu verhindern, ließ der *Daily Express* die Bilder retuschieren, so daß der Badeanzug auf den Zeitungsfotos dunkler erschien.

---

[1] »Sie trinkt gern Gin und liebt Champagner«, hat ein Biograph, der sie bewunderte, über Margaret geschrieben. »Es kam vor, daß sie auf einem Mittagsempfang zwei Gläser Weißwein trank und sich dann zu einem Essen fahren ließ, wo sie noch einmal mindestens drei Gin nahm, bevor sie das nächste Glas Champagner trank. Zum Essen bestellte sie dann noch zwei Gläser Weißburgunder und anschließend einen roten Bordeaux. Als man ihr zum Nachtisch einen Château Yquem reichen wollte, rief sie: ›Nein, danke – ich darf nichts mehr trinken. Ich nehme nur noch ein Glas Champagner, wenn's genehm ist‹« (De-la-Noy, S. 177).

Aber diese Retusche war so offensichtlich, daß die britischen Zeitungsleser mißtrauisch wurden. »Ausgesprochen würdelos«, murmelte der König zu dieser Angelegenheit, wobei nicht klar war, ob er seine Tochter meinte oder ihre Kritiker. Margaret, die stolz war auf ihre Oberweite, ihre schlanke Taille und ihre wohlgeformten Beine, genoß den Trubel offensichtlich, denn sie schickte Kopien des Fotos an zahlreiche Freunde.

Etwa 1950 war sie das in der Öffentlichkeit mit Abstand am meisten beachtete Mitglied der Königlichen Familie, und sie hatte offenbar auch keine Probleme, mit Leuten unter ihrem Stand zu verkehren. Sie genoß das Scheinwerferlicht, in dem sie stand, und unterschied sich in ihren Auftritten deutlich von ihrer eher zurückhaltenden Schwester. Stilvoll in Kleidung und Benehmen, nervös und reizbar, war sie einem Flirt mit dem Sohn eines Aristokraten ebensowenig abgeneigt wie mit einem Bediensteten im Palast. Doch von ihren Eltern erhielt sie dafür nur milde Tadel. »Mit ihrem Charme konnte sie die Perle aus einer Auster hervorlocken«, hat der König einmal gesagt und ließ ihr Kapriolen durchgehen, die er bei dem rangniedrigsten seiner Gärtner niemals geduldet hätte. Und Margarets Schwester Elizabeth seufzte nur geduldig: »Schließlich ist man nur einmal jung«, obwohl Elizabeth sich niemals derartig benommen hatte. Sie hegte für ihre Schwester fast »mütterliche Gefühle«, wie Marion Crawford es genannt hat. Aber »Margarets Launen waren ihr nicht ganz geheuer und lösten böse Vorahnungen in ihr aus«.

Ständig darauf bedacht, sich den Beschränkungen des Protokolls zu entziehen, ging Margaret mit ihren Begleitern auch nicht gerade zimperlich um. Einer, der selbst kurz zu ihren Favoriten gehörte, erinnert sich:

»Ein Mann merkte sofort, wenn sie mit ihm tanzen wollte. Dabei tat sie nichts besonders Auffälliges – ein kurzer, bedeutungsvoller Blick oft nur aus dem Augenwinkel, ein Gesichtsausdruck. Eines ihrer Probleme bestand darin, immer wieder ihre loyalen, schwer gestreßten Leibwächter abzuschütteln, [und] oft stand einer von ihnen hilflos daneben, wenn Margaret im Auto eines Freundes davonbrauste.«

»I'm just a Girl Who Can't Say No«, sang Margaret fröhlich, wenn sie durch die Korridore des Palastes rauschte. Ihre Schwester und ihr Schwager hatten ihr Lied aus dem Musical *Oklahoma*, jetzt hatte

Margaret auch ihr musikalisches Motto gefunden, das allerdings wesentlich frecher war. Tatsächlich hatte sie sogar ein musikalisches Talent, besonders für komische, kesse Songs. Kein Geringerer als Noël Coward behauptete, sie habe »ein unbestechliches Ohr, ihr Klavierspiel ist so schlicht wie rhythmisch perfekt, und ihre Gesangsdarbietungen sind in der Tat sehr lustig. Die Königin ist wirklich stolz auf die Kleine.«

Voller Lebenslust, vergnügungssüchtig, ausgelassen und ohne ernsthafte Lebensziele, kannte sie offenbar nur ein Verlangen, »frei und sorglos« zu leben, wie ein Journalist damals geschrieben hat, »und die am besten gekleidete Frau der Welt zu sein«. Als ihre Mutter zu ihr sagte: »Ich lege keinen Wert darauf, mich modisch anzuziehen«, entgegnete Margaret: »Aber ich schon.«

Ihre Oberflächlichkeit und die Freude an leichten Vergnügungen lassen sich zumindest teilweise damit erklären, daß sie als Mitglied der Königlichen Familie keine normale Beschäftigung aufnehmen und keinen Beruf ergreifen durfte. Sie konnte nur ihrem persönlichen Vergnügen nachgehen und an die Befriedigung ihrer eigenen Wünsche denken und brauchte sich nicht intellektuell zu entwickeln oder sozial zu engagieren.

So ging Margaret ihrem einundzwanzigsten Geburtstag in der Überzeugung entgegen, daß der verheiratete Peter Townsend eines Tages ihr gehören werde. Bis dahin tanzte und dinierte sie mit standesgemäßen Junggesellen wie »Sunny« Blandford (dem späteren Herzog von Marlborough), Johnny Dalkeith (dem späteren Herzog von Buccleuch), dem Sportler Billy Wallace, Lord Porchester (dem späteren Leiter des königlichen Rennstalls) und Mark Bonham-Carter, einem Enkel Lord Oxfords. Aber der großgewachsene, markante und attraktive Peter Townsend mit seinem melancholischen Blick war der einzige Mann, den Prinzessin Margaret wirklich mochte, wie es Michael Parkers Frau Eileen im Anfangsstadium dieser Affäre 1949 vorsichtig umschrieb.

»Rosemary Townsend und ich waren beide mit Männern verheiratet, die häufig durch den Glanz der großen Welt geblendet wurden. Trotzdem war die Situation für mich leichter. Nach meinem Wissen hatte Mike wenigstens keine Affäre, die mich öffentlich erniedrigt hätte. Rosemary hingegen mußte als Frau und Mutter mit ansehen, wie die kaum den Kinderschuhen entwachsene Prinzessin Margaret sich intensiv um ihren Ehemann bemühte. Verständlicherweise hatte sie allen Grund, bisweilen verbittert zu sein.«

Philip hielt sich mit seiner Meinung über Margarets Privatleben zurück, vorerst jedenfalls. Er konnte Moralisten und übertriebenes Getue nicht ausstehen. Das mußte auch ein allzu beflissener Wissenschaftler erfahren, als er den Prinzen durch das National-Labor für Physik führte. Nachdem er sich über Atomspaltung und die Bedeutung der Elektronik für die Industrie geäußert hatte, legte der Mann eine kurze Atempause ein. »Das ist ja alles schön und gut«, sagte Philip, »trotzdem haben Sie bis heute noch nicht herausgefunden, warum das Badewasser gurgelt, wenn man den Stöpsel herauszieht.«

Mit Schwätzern und Journalisten hatte er noch nie viel im Sinn gehabt, außerdem gehörten sie für ihn beide der gleichen Kategorie an. »Welches sind hier die Affen und welches die Herrschaften von der Presse?« fragte er im Zoo bei der Besichtigung eines neuen Affengeheges. Als einmal ein aufdringlicher Fotograf auf einen Flaggenmast stieg, um von dort besser fotografieren zu können, und dann hinabstürzte, murmelte Philip: »Hoffentlich hat er sich seinen verdammten Hals gebrochen.« Er konnte sich aber noch drastischer ausdrücken. Als er eines Morgens nach dem Gottesdienst in Sandringham aus der Kirche trat, kam ein Journalist auf ihn zu. Der Mann hatte sich erst kurz vorher in einem Artikel positiv über Philips Navy-Tätigkeit geäußert und erwartete einen flotten Spruch oder wenigstens einen freundlichen Gruß des Prinzen. Aber vergeblich. »Verpissen Sie sich«, sagte Philip nur, eine Redewendung, die später auch seine Tochter Anne bei ähnlichen Gelegenheiten wirkungsvoll anwandte.

Eine weit unangenehmere Seite von Philip zeigte sich bereits wenige Monate nach seiner Hochzeit mit Elizabeth – es waren zahllose Gerüchte über seine hemmungslose Untreue in Umlauf.

Zu der Frauensammlung des Herzogs, wie seine Geliebten auch genannt worden sind, gehörten angeblich Gräfinnen und Varietésängerinnen, Herzoginnen und Damen der Gesellschaft. Die fast fünfzigjährige Herzogin von Abercorn, eine großgewachsene blonde Schönheit, stammte von Zar Nikolaus I. ab. Sie reiste (in Begleitung anderer Personen) mit dem Herzog auf die Bahamas. Die junge Künstlerin Lady Cavendish bewundert Philip außerordentlich; Henrietta Dunne, eine schlanke, bezaubernd schöne Frau mit beträchtlicher Oberweite, besitzt ein Rudel Hunde und gibt regelmäßig Jagd-gesellschaften. Der Prinz ist »ein großer Fan« dieser Dame, wie ein Berichterstatter es nannte. Auch die Gräfin von Westmoreland, die zum engsten Kreis der mondänen Reiter-Szene gehört, steht Philip sehr nahe und läßt ihm bisweilen Geschenke zukommen. Außerdem werden die Nachtklubbesitzerin Hélène Cordet und der Musicalstar Pat Kirkwood zum engen Freundeskreis des Herzogs gerechnet.

Keine dieser Frauen (aber auch keine der anderen angeblichen Mätressen Philips) hat je ein Wort über eine Liaison mit dem Prinzen verlauten lassen, und das trotz hoher Geldangebote der Medien. Das hat allerdings einfallsreiche Autoren nicht davon abhalten können, alle möglichen Geschichten zu diesem Thema zu erfinden.

Einige haben die Zurückhaltung der Journalisten damit erklären wollen, daß sie Elizabeth, besonders nachdem sie Königin geworden war, nicht in Verlegenheit bringen wollten. Doch das allein ist keine Erklärung dafür, weshalb die in England und Amerika gebotenen hohen Geldsummen niemanden auch nur zur kleinsten Indiskretion verleitet haben.

Im Jahr 1992 hat ein Journalist Prinz Philip einmal ganz direkt auf die Gerüchte angesprochen. »Ist Ihnen noch nie in den Sinn gekom-men«, erwiderte darauf der Prinz, »daß ich mich seit vierzig Jahren ständig unter Polizeischutz befinde? Wie zum Teufel hätte ich das, was man mir unterstellt, unter diesen Umständen denn unbeobachtet tun sollen?«

Natürlich hätte er vieles unbeobachtet tun können. Aber was immer an den angeblichen außerehelichen Eskapaden des Herzogs wahr ist, er hat sich gegenüber der Königin stets loyal verhalten, er genoß ihr Vertrauen, und er lebte mit ihr. Zyniker mögen zwar lächeln, aber nichts spricht dafür, daß Philip ein Schürzenjäger gewe-sen ist.

Auch kann niemand aus seinem näheren Umkreis – die stets wach-same Presse oder auch die Menschen, die Philip wegen seines manchmal schroffen, herabsetzenden Umgangstons nicht besonders wohlgesonnen sind – etwas Kompromittierendes über seine Ehe berichten. Was Parker gesagt hat, traf offenbar zu: Der Herzog von Edinburgh sah seine Pflicht darin, seine Frau nicht im Stich zu las-sen. »Ich glaube ohnehin nicht, daß er sexbesessen ist«, hat ein Höf-ling gesagt, der den Prinzen nie mochte, »er arbeitet alles beim Polo oder beim Segeln ab, aber nicht auf diese Weise [d. h. durch Affären]. So ist er wirklich nicht.«

Nach Auskunft des mit Philip befreundeten amerikanischen Musikers Larry Adler war der Herzog fast neidisch auf Prinz Bernhard der Niederlande. »Du kannst gehen, wohin du willst«, sagte er einmal zu ihm, »treffen, wen du willst, und sogar Affären haben, ohne daß irgend jemand es erfährt. Mich dagegen kennt man überall, und außerdem ist mir ständig der Geheimdienst auf den Fersen.« Adler erinnert sich, daß Philip in den fünfziger Jahren über seine »moralische Zwangsjacke« und seine Stellung geklagt habe. Besonders entwürdigend fand er, daß er [nachdem sie Königin geworden war] hinter seiner Frau hergehen mußte. »Er mochte das überhaupt nicht, er fand es absolut entsetzlich.«

Am 14. November 1948 wurde Prinzessin Elizabeth von einem Sohn entbunden. Ihr Vater hatte per Erlaß der unangenehmen Tradition ein Ende gesetzt, daß ein Minister der Regierung der Geburt beizuwohnen habe, was bis dahin üblich gewesen war.

Als der kleine Prinz im Dezember getauft wurde, gab man ihm mit Charles Philip Arthur George englische beziehungsweise schottische Namen, um seine deutsche Herkunft vergessen zu machen. Auch Charlotte (Lala) Bill, ein halbes Jahrhundert vorher Kinderschwester des Königs, des Großvaters des Prinzen, war so hingerissen von dem Ereignis, daß sie dem Monarchen spontan einen Kuß gab, den er, zur allgemeinen Überraschung, auch erwiderte.

Im Land war Feiertag, denn mit der Geburt des kleinen Charles war die Thronfolge auch in der zweiten Generation gesichert.

»Findest Du nicht, daß er einfach wundervoll ist?« schrieb Elizabeth einer Freundin, die das Baby im Alter von vier Tagen gesehen hatte. »Ich kann es immer noch nicht glauben, daß er wirklich mir gehört, aber das geht vielleicht allen jungen Müttern so. Jedenfalls sind die Eltern dieses kleinen Jungen sehr stolz auf ihn. Ist es nicht ein schöner Gedanke, daß seine Geburt in dieser Zeit außer uns selbst auch noch vielen anderen Leuten Freude macht?«

Charles' Eltern sind wahrscheinlich wirklich stolz auf ihren Sohn gewesen, doch keiner der beiden konnte dem Heranwachsenden ein Gefühl von elterlicher Wärme und Geborgenheit geben. Philip hatte keinerlei Erfahrung, was Vaterschaft bedeutet, denn mit seinem eigenen Vater hatte er nur kurz zusammengelebt. Elizabeth hatte zwar dank ihrer Mutter eine behütete Kindheit gehabt, aber sie selbst hatte wegen ihrer Position als Thronfolgerin und den damit verbundenen Verpflichtungen verständlicherweise keine Zeit, sich ausreichend um ihren Sohn zu kümmern. Das Baby wurde zwei Kinderfrauen, Helen Lightbody und Mabel Anderson, und der Gouvernante Miss Catherine Peebles überlassen.

Charles erhielt also eine Erziehung, wie sie für Kinder der Oberklasse typisch ist. Jeden Morgen wurde er für ein paar Minuten zu seiner Mutter gebracht. Dann sah er sie vielleicht noch einmal beim Tee oder abends, wenn er in der Badewanne saß. Sein Papa schaute einmal in der Woche für ein oder zwei Stunden vorbei. »Meines Wissens«, so Eileen Parker, die sich mit der Prinzessin häufig über die Aufgaben einer Mutter unterhalten hat, »hat sie die Kinder kein einziges Mal selbst gebadet. Dafür waren die Kinderfrauen da.« Umarmungen, Ausdruck von Zuneigung und das Eingehen auf die ganz normalen körperlichen und seelischen Bedürfnisse eines Kindes waren der eher verschlossenen Elizabeth offenbar fremd. Dies übernahmen pflichtbewußte Frauen und erledigten es mit professioneller Routine.

Charles betete seine Mutter an und sah, welche Ehrerbietung ihr von allen Seiten entgegengebracht wurde, aber er konnte seine Zuneigung nur aus der Ferne zeigen. Einer Freundin hat er viele Jahre später anvertraut, daß ihn seine Kinderfrau mehr seelisch unterstützt habe als seine Mutter.

Reverend Michael Main, der Dekan von Windsor, mit dem Prinz Philip freundschaftlich verbunden war, hat die Vater-Sohn-Beziehung einmal so beschrieben: »Ich habe es immer für ein Unglück gehalten, daß das Verhältnis zwischen Prinz Philip und Prinz Charles nie besonders gut gewesen ist [anders als zwischen Philip und seiner Tochter, Prinzessin Anne]. Prinz Charles läßt sich sehr leicht [von seinem Vater] einschüchtern.« Der Grund dafür ist leicht verständlich: »Ich möchte, daß einmal ein ganzer Mann aus ihm wird«, wünschte sich Prinz Philip, und um das zu erreichen, wandte er strengste Maßnahmen an. Seit Charles' Geburt war Philips Beziehung zu seinem Sohn unglücklich: »Häufig reichte es ihm nicht, den Prinzen zurechtzuweisen, er machte sich auch noch über ihn lustig«, hat Charles' offizieller Biograph nach langen Gesprächen mit dem Thronfolger viele Jahre später geschrieben. »Die Sticheleien, denen er immer wieder ausgesetzt war und gegen die er sich nicht zu wehren wußte, ließen [Charles] oft in Tränen ausbrechen, [und] selbst die engsten Freunde des Herzogs fanden es unbegreiflich hart, wie er mit seinem Sohn umging.« Philip wollte aus Charles einen richtigen König machen, statt dessen schüchterte er ihn nur ein.

Ungeachtet der Freude über die Geburt seines Enkels muß der König gespürt haben, daß er schwer krank war, und so fand an seinem dreiundfünfzigsten Geburtstag am 14. Dezember nicht einmal eine Familienfeier statt. »Der König leidet unter Durchblutungsstörungen in den Beinen«, hieß es in dem medizinischen Bulletin, das vom Pressebüro des Palastes neun Tage nach der Geburt des kleinen Prinzen Charles herausgegeben wurde. Aus diesem Grund sagte man die geplante Reise des Königspaares nach Australien ab, und in der Königlichen Familie herrschte große Sorge, zumal der Patient, der jetzt ständig in seinem Sessel saß, immer reizbarer und übellauniger wurde. »Er hat sich auch geweigert, das Rauchen aufzugeben«, berichtete der Londoner Büroleiter von *Newsweek*, »obwohl dies nach Auskunft der Ärzte die schlechte Durchblutung noch weiter begünstigt.« Zum Jahreswechsel 1948/1949 hegte man im Palast die Befürchtung, daß es wegen der Krankheit des Königs in der Bevölkerung zu Beunruhigungen kommen könnte, und deshalb wurde eine Erklärung herausgegeben: »Obwohl das allgemeine Befinden des Königs, insbesondere der Zustand seines Herzens, keinen Anlaß zur Besorgnis bietet, haben die Belastungen der letzten zwölf Jahre seine körperliche Widerstandskraft spürbar geschwächt.« Tatsächlich aber verschlechterte sich der Zustand Georges so beträchtlich, daß ihn die Ärzte am 12. März operierten und er während der anschließenden Genesungszeit seinen Geschäften nicht nachgehen konnte.

Aufgrund dieser Vorfälle mußte die Prinzessin nun anstelle ihres Vaters offizielle Pflichten übernehmen, weswegen sie ihrem Ehemann und auch ihrem Säugling noch weniger Aufmerksamkeit schenken konnte. Als Stellvertreterin des Königs zeigte sie sich den Anforderungen durchaus gewachsen. Bevor sie im April des Jahres 1949 zu einer Reise nach Wales aufbrach, erhielt sie einen Brief von einer Mrs. F. M. Brown, die sich freute, Elizabeth auf dem Land willkommen zu heißen, und schrieb, daß sie ihr bei der Fahrt durch ihr Dorf mit einem bunten Band zuwinken werde.

»Ich stellte mich in Dogelly auf einen Hügel an die Straße«, erinnerte sich Mrs. Brown später, »und als der Wagen mit der Prinzessin vorbeifuhr, habe ich mit meinem Band gewinkt. Sie ließ den Wagen anhalten, und wir haben drei oder vier Minuten lang miteinander geplaudert. Meine Tochter und mein Enkel war ebenfalls dabei, und die Prinzessin hat den Kleinen in die Arme genommen und gesagt: ›Das ist aber ein hübsches Baby.‹« Die Familie Brown hatte dabei das Gefühl, daß die Prinzessin unter der Trennung von ihrem Sohn und ihrem Ehemann litt.

Unterdessen wurde Philips Ansuchen um eine Versetzung entsprochen; er wurde als Oberstleutnant und Stellvertretender Kommandant für das Schiff HMS *Chequers* verpflichtet. Im Oktober 1949 legte er zu einer Manöverfahrt ins Mittelmeer ab. Daß der Prinz nun zwei Jahre unterwegs sein würde, mag vielleicht die Wahl der Worte bestimmt haben, die Prinzessin Elizabeth am 18. Oktober an die Versammlung der Mütter-Union richtete. Sie äußerte sich kritisch über die zunehmende Zahl der Scheidungen in Großbritannien, was ihr von einigen Parlamentsabgeordneten geharnischten Widerspruch eintrug, weil sie sich in moralische Fragen eingemischt hatte, was ihr angeblich nicht zukam. Die Regierung und die Öffentlichkeit erfuhren jetzt, daß ihre künftige Herrscherin, die dreiundzwanzig Jahre alt war, bereits durchaus wußte, was sie wollte. Ende 1949 und Anfang 1950 dinierte Elizabeth dann – was noch kein Thronfolger vor ihr getan hatte – mit dem Sprecher des Unterhauses und empfing den Präsidenten Frankreichs mit seiner Frau. Und sie ließ bei dieser Zusammenkunft, wie ein Chronist angemerkt hat, »die Entente cordiale« noch einmal »aufleben«.

Am 20. November 1949, ihrem zweiten Hochzeitstag, flog Elizabeth zu Philip nach Malta, der sie an Bord des Flugzeugs stürmisch begrüßte. Dann brachte man das Paar in die über dem Hafen gelegene Residenz der Mountbattens, wo sie ihr Wiedersehen mit einem festlichen Dinner feierten. Nach dem einmonatigen gemeinsamen Urlaub ging Philip wieder auf sein Schiff, und Elizabeth fuhr nach London zurück. Nach diesem Zusammensein gab es für Philip keinen Zweifel mehr an der Leidenschaft seiner Frau für Pferde, denn vor die Wahl gestellt, entweder ihrem Mann beim Cricket oder Lord Mountbatten beim Polo zuzuschauen, entschied sich Elizabeth für Polo. Auch in Gesprächen wurde deutlich, wieviel Elizabeth Pferde bedeuteten, und aus diesem Grund hat sich Philip damals dem Polosport zugewandt. »Ich habe den Fehler begangen«, hat er später gesagt, »die Begeisterung meiner Frau für Pferde zu unterschätzen.«

Im Frühling 1950 gab der Palast bekannt, daß Prinzessin Elizabeth nur noch bis Anfang Mai offizielle Termine wahrnehmen werde: Sie erwartete ihr zweites Kind. Es kam am 15. August 1950 in Clarence House zur Welt und wurde auf den Namen Anne Elizabeth Alice Louise getauft. Wieder hielt sich Philip dienstlich in Malta auf, wo er sich an Bord der *Magpie* nach Auskunft eines Mannschaftsmitglieds

wie ein »verdammtes Raubtier« aufführte. Ein anderer seiner Untergebenen hat später erklärt, daß er lieber sterben wolle, als noch einmal unter Philip zu dienen. Und ein dritter sagte über den Herzog:
»Er hat uns zwar gedrillt wie der Teufel, aber trotzdem immer wie
Gentlemen behandelt.«

Auch diesmal reiste Elizabeth wieder zu ihrem Ehemann und blieb
vier Monate bei ihm. Der Palast ließ unterdessen verlauten, daß »sie
sich in derselben Situation befindet wie die Frauen aller Marine-
Offiziere, die ihre Ehemänner an deren Standort besuchen«. Das entsprach allerdings nicht ganz der Wahrheit, denn Elizabeth traf mit
zehn Bediensteten, einem eigenen Auto, vierzig großen Gepäck-
stücken und einem Polo-Pferd für ihren Mann ein. Und die Kinder
Charles und Anne hatte sie natürlich in der Obhut von Kinderfrauen
zu Hause gelassen.

Als Elizabeth am Neujahrstag 1951 nach London zurückkehrte, war
sie erschüttert über den Zustand ihres Vaters. »Er ist ausgezehrt und
matt, häufig erschöpft und niedergeschlagen«, sagte ihre Mutter. Der
Monarch war fünfundfünfzig Jahre alt und schleppte sich nur mühsam wie ein alter Mann durch die Gänge des Palastes. Als er am 3.
Mai in London das Großbritannien-Festival eröffnete, Darbietungen
künstlerischer und wissenschaftlicher Errungenschaften, die das
Wiedererstarken des Landes nach dem Krieg dokumentieren sollten,
waren Presse und Öffentlichkeit über den gebrechlichen Zustand des
Königs entsetzt. Einige Wochen später warf ihn eine Grippe nieder.
»Ich bekomme jetzt seit ungefähr einer Woche täglich eine Penizil-
lin-Spritze«, schrieb George an seine Mutter, »deshalb müßten meine
Lungenprobleme eigentlich bald behoben sein.«

Im Juli schien es, als habe sich der Monarch wieder erholt, aber er
wurde noch schnell müde und litt unter Kurzatmigkeit. Sein Leibarzt
Sir Horace Evans befürchtete, daß die chronische Erkrankung des
Königs ernstere Ursachen habe, und eine am 16. September durch-
geführte Bronchoskopie ergab, daß George unter einem bösartigen
Lungentumor litt. Im Glauben, es handele sich nur um eine Verstop-
fung der Bronchien, die eine Entfernung des linken Lungenflügels
erforderlich mache, ließ sich der König eine Woche später im
Buckingham-Palast operieren. Zu diesem Zeitpunkt hatte Philip
bereits eine »unbegrenzte Freistellung« von seinem Kommandeurs-
posten auf der *Magpie* erhalten. Einerseits wegen der Erkrankung
des Königs und andererseits auf Elizabeths Wunsch, die ihren Mann,
da sie immer mehr offizielle Verpflichtungen übernahm, bei sich

haben wollte. Philip sollte nie mehr auf seinen alten Posten zurückkehren.

Nach der Operation des Königs war Churchills Arzt Lord Moran der Auffassung, daß George kein Jahr mehr zu leben habe. Der Königin teilte man den Ernst der Lage mit, und sie informierte ihre Töchter. Vorerst unterrichtete man die Bevölkerung ebensowenig, wie man den König über den Ernst seiner Krankheit aufklärte. Elizabeth nahm die Nachricht mit Fassung auf, denn sie hatte bereits das Schlimmste befürchtet. Margaret suchte nun immer häufiger Trost bei Peter Townsend. Doch die beiden wußten nicht, wie es mit ihrer Liebe auf Dauer weitergehen sollte. »Ich legte mich ins Heidekraut, um ein wenig zu dösen«, hat Townsend später über einen Nachmittag im Sommer berichtet, den er mit der königlichen Familie verbrachte.

»Irgendwann spürte ich, wie ich mit einem Mantel zugedeckt wurde. Ich öffnete ein Auge und sah das hübsche Gesicht von Prinzessin Margaret. Als ich auch das andere Auge öffnete, sah ich hinter ihr den König, der sich mit seinem typischen freundlichen, halb amüsierten Gesichtsausdruck auf seinen Stock stützte. Ich flüsterte: ›Weißt du, daß dein Vater uns beobachtet?‹ Woraufhin sie sich lachend erhob, zu ihm hinüberging, seinen Arm faßte und ihn wegführte, während ich meinen Träumen überlassen blieb.«

Vom 8. Oktober bis zum 17. November 1951 unternahmen Elizabeth und Philip eine anstrengende Reise nach Kanada und in die USA. Sie sollte eine Wiederholung des so überaus erfolgreichen Staatsbesuches sein, den das Königspaar 1939 der Neuen Welt abgestattet hatte. Auf Drängen des Herzogs (aber entgegen den Empfehlungen der Regierung) überquerten Elizabeth und Philip den Atlantik mit dem Flugzeug, und sie waren damit die ersten Mitglieder des englischen Königshauses, die das taten. Zuerst von den Kanadiern und dann vom amerikanischen Präsidenten Truman herzlich willkommen geheißen, stürzten sich sofort die Medien auf die Edinburghs. Das junge Paar, er dreißig, sie fünfundzwanzig Jahre alt, war ungemein attraktiv und fotogen. Sie wurden im Handumdrehen zu internationalen Stars. Allerdings stieß die britische Monarchie in Kanada nicht nur auf ungeteilte Zustimmung (»Wir fordern Selbstregierung«, stand auf Plakaten zu lesen, die in der Menge hochgehalten wurden). Und Trumans Mutter, die im November nach Churchills Wiederwahl mit Elizabeth zusammentraf, erklärte freudestrahlend: »Ich bin ja so froh, daß Ihr Vater wiedergewählt worden ist.«

Reportern fiel auf, daß sich Elizabeth in der Öffentlichkeit längst nicht so locker und souverän bewegte wie ihre Mutter; sie war zwar »perfekt geschult«, aber »gehemmt und verkrampft«, während es ihrem Ehemann auf der Tour gelang, ihr etwas von ihrer Steifheit zu nehmen und sie durch gutes Zureden zu beruhigen. Kamen Fotografen der Prinzessin zu nahe, verjagte Philip sie. Und bei einem Mittagessen klagte er, daß sie wegen der sie umdrängenden Menschenmenge kaum die Gabel zum Mund führen könne. »Wir alle verschwenden hier nur unsere Zeit«, sagte er und brachte seine Frau zurück in ihre Privatsuite. Trotz der Anstrengungen und ihrer Erschöpfung nach der Rückkehr in die Heimat im November war Elizabeth sofort einverstanden, anstelle ihres Vaters Anfang 1952 auf eine fünfmonatige Reise um die Welt zu gehen.

Auch Weihnachten hatte sich George noch nicht wieder erholt. Seine sechsminütige Rundfunkansprache mußte in Einzelpassagen über zwei Tage verteilt werden, weil seine Kurzatmigkeit es nicht anders zuließ – es war die erste Rede, die aufgezeichnet wurde. Nachdem der Januar ohne größere Zwischenfälle vorübergegangen war, schöpften die Ärzte wieder Hoffnung, und am 30. Januar besuchten der König, die Königin, Elizabeth und Margaret im Drury Lane Theater eine Vorstellung von *South Pacific*.

Am Abend fand eine Art Abschiedsgala statt, denn am nächsten Tag, den 31. Januar 1952, sollten die Edinburghs ihre geplante Weltreise antreten. Obwohl am Tag der Abfahrt ein kalter Wind wehte, ließ es sich der König nicht nehmen, das junge Paar mit seiner Frau und Margaret an der Rollbahn zu verabschieden. Dann begaben sich das Königspaar, Margaret, Charles und Anne nach Sandringham. Am Abend des 5. Februar, einem Dienstag, hörte die Familie sich einen Bericht der BBC an, in dem berichtet wurde, daß sich Elizabeth und Philip inzwischen in einem Wildschutzpark in Kenia aufhielten. Gegen 22.30 Uhr zogen George und Elizabeth sich in ihre getrennten Schlafzimmer zurück, und gegen Mitternacht bemerkte eine Wache, daß George sein Fenster fest verschloß. Am nächsten Morgen, als ein Diener den König verabredungsgemäß wecken wollte, stellte er fest, daß George in der Nacht verstorben war. Er war erst sechsundfünfzig Jahre alt. Als man seiner Frau die Todesnachricht überbrachte, ließ sie vor dem Schlafzimmer des Königs eine Wache aufstellen: »Man darf ihn jetzt nicht allein lassen.«

Ein Vertreter des Palastes informierte eine Stunde später den Herzog von Windsor in New York über den Tod seines Bruders und teilte ihm gleichzeitig mit, daß der Palast nicht wünsche, daß die Herzogin an der Beerdigung teilnehme. Erbost und voller Schmerz reiste Edward allein nach London, und zwar ausgerechnet an Bord der *Queen Mary*.

Am selben Morgen trat ein ernstblickender Bediensteter zu Queen Mary ins Zimmer, die ihm die Todesnachricht vom Gesicht ablas: »Ist es der König?« fragte sie leise. Jetzt hatte sie nach ihrem Mann den dritten Sohn verloren. Von diesem Verlust sollte sich die Vierundachtzigjährige nie mehr erholen; während des folgenden Jahres wurde sie immer schwächer und zog sich noch mehr zurück. »Ich glaube«, sagte sie zu ihrer alten Freundin Lady Shaftesbury, »daß man sich dazu zwingen muß, bis zum bitteren Ende weiterzumachen.«

Philip und Elizabeth hatten in der Nähe des kenianischen Jagdhauses, in dem sie sich zwischen ihren offiziellen Verpflichtungen erholten, Elefanten, Flußpferde und Paviane gefilmt; sie wollten ihrer Familie zu Hause dann diese Aufnahmen vorführen. Inzwischen war die Nachricht vom Tod des Königs in Afrika angekommen. Michael Parker und die übrigen Mitarbeiter benötigten Stunden, bis sie für die schlecht leserliche Nachricht die Bestätigung erhielten. Darauf klopfte Parker an die Tür der königlichen Gemächer und bat Prinz Philip hinaus.

»Er läßt sich seine Gefühle im allgemeinen kaum anmerken«, hat Parker Jahre später gesagt, »aber diesen Augenblick werde ich nie vergessen. Er sah aus, als ob für ihn eine Welt zusammengestürzt wäre.« Ein anderer Mitarbeiter hat die Reaktion des Herzogs so beschrieben: »Er wollte das [was jetzt auf ihn zukam] überhaupt nicht. Sein Leben hatte sich schlagartig verändert, und die seelische Stabilität, die er endlich gefunden hatte, war mit einem Schlag erschüttert.« Von diesem Tag an mußte er jede persönliche Regung und seine Wünsche den Erfordernissen der Stellung unterordnen, die seine Frau jetzt einnahm. Er erschien fortan häufig abweisend und freudlos und nahm eine unnahbare Haltung an, die nur wenige eng vertraute Freunde zu durchdringen vermochten.

»Es ist nie mein Ehrgeiz gewesen, dem Beratungsausschuß des Münzamtes als Präsident vorzustehen«, hat er vierzig Jahre später unter Verweis auf eine der zahllosen Organisationen gesagt, als deren nomineller Vorsitzender er jahrzehntelang fungierte. »Und auch um die Präsidentschaft des *World Wildlife Fund* habe ich mich nicht eigens bemüht. Man hat mich vielmehr gebeten, diese Funktion zu übernehmen. Ich wäre offengestanden viel lieber einfach in der Marine geblieben.«

Damals war es freilich seine erste Aufgabe, seiner Frau die Nachricht vom Tod ihres Vaters beizubringen, und man kann sich vorstellen, was sich an dem heißen Nachmittag in Afrika zwischen den beiden abgespielt hat. Bald erschien auch der Stabschef bei Elizabeth, verbeugte sich und fragte, welchen Namen sie als Königin zu tragen wünsche. »Meinen eigenen natürlich«, erwiderte sie ohne sichtliche Gefühlsregung, »welchen denn sonst?«

In diesem Augenblick war sie eins mit der Rolle, die sie seit ihrer Kindheit einstudiert hatte. Sie erschien als unglaublich gefaßte junge Frau, die nie die Selbstkontrolle verlor und von dem, was um sie geschah, kaum berührt zu sein schien. Von frühester Jugend an hatte sie gelernt, ihre Gefühle zu beherrschen, stets zuerst an ihre Familie zu denken und in der Öffentlichkeit würdevoll aufzutreten. Ordnung, Disziplin, eine modulierte Stimme und nur selten die Andeutung eines Gefühls, das war ihr in Fleisch und Blut übergegangen. Und wie es den Hinterbliebenen eines nahen Verwandten in einer solchen Situation immer ergeht, lag auch vor ihr ein Berg an Verpflichtungen. Sie schickte unverzüglich Telegramme an ihre Mutter und ihre Schwester, ihre Großmutter und an einen ihrer Onkel, den Herzog von Gloucester; den Herzog von Windsor benachrichtigte sie nicht.

»Ich erinnere mich noch, daß ich sie, nur Augenblicke nachdem sie Königin geworden war, gesehen habe«, so ein Mitglied ihres Stabes, »es waren Augenblicke, nicht Stunden. Und man hatte fast den Eindruck, daß sie ihre neue Würde genoß. Tränen habe ich keine gesehen. Sie bewahrte die Fassung, nur ihre Wangen waren leicht gerötet. Sie schien gleichsam darauf zu warten, daß sich ihr Geschick erfüllte.«

Immer darauf bedacht, sich den Wünschen ihrer geliebten Eltern zu fügen, verbarg Elizabeth ihren Schmerz hinter dem Pflichtgefühl. Am Nachmittag des 7. Februar 1952 entstieg sie auf dem Londoner Flughafen der BOAC-Maschine, die sie heimgebracht hatte. Die zierliche schwarzgekleidete Gestalt wurde von Winston Churchill (dem Premierminister), Clement Attlee (dem Oppositionsführer) und ihrem Onkel Henry Gloucester begrüßt. Die Wartenden waren bereits angewiesen worden, der neuen Königin nicht durch einen Handkuß ihre Huldigung zu erweisen, denn »ihre alte Oma und Untertanin muß die erste sein, die ihr die Hand küßt«, hatte Queen Mary gesagt, und so begab Lilibet sich noch am selben Nachmittag nach Marlborough House.

Der Kronrat trat am folgenden Tag im St.-James-Palast zusammen. »Durch den unerwarteten Tod meines Vaters«, sagte die neue Königin,

»sind die Pflichten und die Verantwortung des Herrscheramtes auf mich übergegangen. In dieser Zeit tiefer Trauer ist das Mitgefühl, das Sie und alle meine Völker mir, meiner Mutter und meiner Schwester und den übrigen Mitgliedern meiner Familie entgegenbringen, ein großer Trost. Mein Vater war das verehrte und geliebte Oberhaupt unserer Familie, aber auch der großen Familie seiner Untertanen. Den Kummer, den uns sein Verlust bringt, tragen wir alle gemeinsam.

Mein Herz ist so voll Schmerz, daß ich an dieser Stelle nur sagen kann, daß ich, wie mein Vater es während seiner gesamten Regentschaft getan hat, stets für den Erfolg der verfassungsmäßigen Regierung und für den Fortschritt, das Glück und das Wohlergehen meiner über die ganze Welt verstreuten Völker arbeiten werde. Ich weiß, daß mein Entschluß, dem leuchtenden Beispiel seiner Dienstbereitschaft zu folgen, sich dank der Loyalität und Zuneigung all derer, zu deren Königin ich berufen bin, stets neu beleben wird und auch dank des Rates der von ihnen gewählten Parlamente.

Ich bete, daß Gott mir hilft, mich dieser mir so früh in meinem Leben auferlegten schweren Aufgabe würdig zu erweisen.«

Sie war noch keine sechsundzwanzig Jahre alt.

Nachdem Elizabeth diese feierliche Erklärung abgegeben hatte, wurde die Thronbesteigung Ihrer Majestät Queen Elizabeth II. an Charing Cross, am Temple Bar Memorial, an der Londoner Börse, dem Tower von London und an der Middlesex Guildhall proklamiert, und im Hyde Park wurde Salut geschossen. Erst anschließend begab sich die neue Königin nach Sandringham, wo der Leichnam ihres königlichen Vaters aufgebahrt war. Elizabeth war die jüngste Monarchin, die seit der Thronbesteigung der erst achtzehnjährigen Victoria 1837 auf den englischen Thron gelangte.

Bis zum Begräbnis ihres Vaters, das eine Woche später stattfand, hatte Elizabeth unzählige offizielle Verpflichtungen zu erfüllen. Sie traf mit den Hochkommissaren der Commonwealth-Länder zusammen; sie begrüßte Außenminister, Botschafter, Konsuln und die Minister ihres eigenen Landes. Sie absolvierte Porträtsitzungen, denn ihr Bild würde künftig Münzen und Briefmarken zieren, und sie posierte für Hunderte von offiziellen Fotos. Bis zum 31. Mai hatte sie hundertvierzig Termine wahrgenommen, und während des restlichen Jahres sollten noch einmal über dreihundert hinzukommen. Den Tag der Krönung setzte sie auf den 2. Juni 1953 fest. Und wie empfand sie ihren neuen Status gegen Ende ihres ersten Jahres als Herrscherin? »Sie liebt es, Königin zu sein«, beschied ein Repräsentant des Palastes diese Frage. »Ihr Job ist für sie wie Champagner. Die Wahrheit ist, daß die Königin sehr gern der Chef ist.«

»Ich habe ja keinerlei Lehrzeit gehabt«, hat sie Jahre später gesagt. »Mein Vater ist viel zu jung gestorben, und ich mußte seine Aufgabe unvorbereitet übernehmen und dann das Beste daraus machen. Plötzlich steht man da und muß sich mit diesem Schicksal auseinandersetzen. Kontinuität ist dabei sehr wichtig. Diese Arbeit ist eine echte Lebensaufgabe.«

Philip fühlte sich in seiner neuen Position ausgesprochen unwohl. Seine älteste Schwester Margarita hat einmal von der schweren Depression berichtet, unter der er zum Zeitpunkt von King Georges Begräbnis litt. »Du kannst dir sicher vorstellen, was jetzt passiert«, sagte er nur traurig und verließ fast eine Woche lang seine Räume nicht mehr. Wie sich bald zeigen sollte, war die bevorstehende Krönungsfeier das einzige Ereignis, bei dem Philip eine wichtige Rolle übernehmen mußte; ansonsten führte er vorwiegend eine Art Schattendasein. Anders als einst Albert wurde er weder zum Prinzgemahl ernannt noch mit offiziellen Pflichten betraut, durch die er sich neben der Königin hätte profilieren können. Das Kabinett der Queen, ihre Regierung und die entscheidenden Persönlichkeiten bei Hof gaben alle zu verstehen, daß sie von einem aktiven, einflußreichen Herzog von Edinburgh nichts hielten. »Ich habe überhaupt keine Aufgabe«, sagte Philip einmal, und er schilderte das Problem später so:

»Weil sie die Herrscherin ist, wendet sich jeder an sie. Wenn es einen König und eine Königin gibt, wenden sich die Menschen in bestimmten Angelegenheiten an die Königin. Aber wenn sie die Herrscherin ist [d. h. nicht nur Gemahlin, sondern amtierende Königin], dann gehen die Leute mit allem zu ihr …, [und] es ist sehr schwierig, den Mitarbeitern des Haushalts klarzumachen, daß sie sich nicht immer nur an die Königin wenden, sondern auch an mich.«

Schon wenige Tage nach ihrer Inthronisation äußerte sich Elizabeth in einem Schreiben an die Familienfreundin Elizabeth Cecil, die

Marquise von Salisbury, zum Tod ihres Vaters. »Die [Hand-]Schrift war jugendlich«, wie ein Zeitzeuge berichtet, der den Brief gelesen hat, »aber stilistisch war der erste Absatz ausgesprochen förmlich und kühl. Betty [Cecil] sagte, der Brief hätte genausogut von Queen Mary stammen können. Dann zeigte die junge Königin aber doch Gefühl, und im zweiten Absatz hieß es: ›Oh, Betty, das alles ist ja so furchtbar für Mami und Margaret. Ich habe immerhin Philip und die Kinder und meine Zukunft, aber was sollen die beiden nur tun?‹ Der dritte Absatz war dann wieder distanziert. Unterzeichnet war das Schreiben mit der ziemlich groß geschriebenen Signatur, Elisabeth R.«[3]

Die Queen hätte sich allerdings um ihre willensstarke Mutter und ihre unabhängige Schwester keine Sorgen zu machen brauchen. Mit dem Tod ihres Ehemannes George erlosch der bisherige Rang und Status der vormaligen Königin, und sie hatte keine verfassungsrechtliche Funktion mehr. Es stand ihr frei, sich fortan Herzogin von York oder Königinwitwe zu nennen (auch Queen Mary war offiziell Königinwitwe und -mutter, doch nahm sie diese Würde niemals für sich in Anspruch und begnügte sich mit der Anrede Queen Mary). Die verwitwete Queen Elizabeth hatte nur Anspruch auf einen komfortablen Ruhestand und auf die Achtung und Anerkennung des Landes.

Aber in einer vom *News Chronicle* als »beispiellos in der Geschichte des Königshauses« charakterisierten Erklärung bezeichnete sie sich als Queen Elizabeth und Königinmutter. Sie verfaßte ferner eine »kleine Notiz«, in der sie ihren Landsleuten ihre Motive erläuterte. Was sie jedoch nie erklärte, war, warum sie den Titel »Königinmutter«, der eigentlich der alten Queen Mary zustand, einfach für sich beanspruchte.

Mary hatte nach dem Tod King Georges V. weder jemals so eigenmächtig gehandelt noch sich derartig in den Vordergrund gedrängt. Wenn das Land ihre Anwesenheit bei bestimmten Anlässen wünschte, erfüllte Mary dieses Ersuchen. Und so war es ihr Gefühl für Anstand und das Einhalten des verfassungsrechtlich Erlaubten, daß Queen Mary auch weiterhin in der Familie eine wichtige Rolle spielte, ohne daß sie sich dazu gedrängt hätte.

Da verhielt sich die neue Königinmutter ganz anders. Zuerst legte sie gegenüber ihrer »lieben Tochter« ein öffentliches Treuebekennt-

---

[3] Mit Elizabeth R[egina] unterzeichnet die Queen alle ihre Schreiben.

nis ab und drängte die Nation, Elizabeth »die Loyalität und Ergebenheit zu bekunden. In der herausragenden, einsamen Stellung, die sie jetzt bekleidet, wird sie Ihren Schutz und Ihre Liebe brauchen«. Das klang zunächst wie eine gutgemeinte Unterstützung, war aber eigentlich eine Anmaßung. Denn es konnte nicht Aufgabe der ehemaligen Königin sein, das Land über die Bedürfnisse ihrer Tochter aufzuklären.

In einer weiteren Erklärung stellte sich dann die Königinwitwe selbst ins Rampenlicht: »Ich bin jetzt allein zurückgeblieben, um unser Gelöbnis auch ohne ihn [den verstorbenen König] zu erfüllen. Während der ganzen Zeit unserer Ehe haben wir, der König und ich, versucht, mit ganzem Herzen und all unserer Kraft die große, uns auferlegte Aufgabe zu erfüllen. Mein einziger Wunsch ist es, daß man mir jetzt gestatten möge, die Arbeit fortzuführen, der wir uns gemeinsam verschrieben hatten.« Mit diesen Worten verlangte die Königinmutter für sich weiterhin eine aktive Rolle im Dienst ihres Landes, und sie wollte, unter Mißachtung verfassungsrechtlicher Gepflogenheiten, »die Arbeit fortführen«, die sie und George vorher getan hatten. Unmöglich, sich etwa vorzustellen, daß Queen Alexandra nach dem Tod Edwards VII. noch eine offizielle Funktion für sich beansprucht hätte. Sie hatte sich vielmehr würdevoll zurückgezogen und stand nur auf ausdrücklichen Wunsch für bestimmte Aufgaben zur Verfügung. Wie auch Mary, ihre Schwiegertochter, war sie sich ihrer Bedeutung bewußt und mußte sich daher nicht aufdrängen. Ganz anders die Witwe Georges VI. Sie nahm sich die Freiheit heraus, die Arbeit ihres Mannes fortsetzen zu wollen. Und was bliebe dann noch für die neue Königin zu tun, hätte man fragen können.

Die Königinmutter verstieß mit ihrer Erklärung gegen jede Tradition, und dadurch bekamen ihre Worte den Charakter einer Drohung und nicht eines Angebots. Sie wollte weiterhin eine Bedeutung haben. Der Inhalt dieser Erklärung, die am 17. Februar 1952, wenige Tage nach der Bestattung ihres Mannes, vom Rundfunk ausgestrahlt wurde, war verfassungsrechtlich höchst bedenklich.

Es ist wohl unbestritten, daß keinem König und keiner Königin in der englischen Geschichte soviel Verehrung entgegengebracht worden ist wie Elizabeth I. oder Victoria. Queen Mary und die neue Königinmutter Elizabeth hatten die Funktion, die Unantastbarkeit der Monarchie zu bewahren. Sie stellten die Verbindung her zu der großen Vergangenheit der Krone, die sie kraft ihrer Persönlichkeit mit der Gegenwart verbanden.

Die neue Königin hätte sich eigentlich auch um die Durchsetzungsfähigkeit ihrer Schwester keine Sorgen zu machen brauchen. Zunächst schien die selbstbewußte Prinzessin Margaret orientierungslos zu sein und suchte bei der Religion Zuflucht. Man sah sie jetzt häufig allein, ganz in Schwarz gekleidet, am morgendlichen Gottesdienst teilnehmen oder beten. Auch ließ sie sich bereitwillig von Reverend Simon Phipps beeinflussen. Dieser recht unangenehme Mensch schrieb Gedichte und traf sich mit der Prinzessin zu philosophischen Gesprächen.

Im weiteren Verlauf des Jahres traf Margaret sich regelmäßig mit Peter Townsend. Sie verbrachten auf Schloß Windsor viele Stunden gemeinsam und entdeckten dabei,

»wieviel wir uns bedeuteten. Sie hörte mir zu, während ich ihr meine Gefühle offenbarte. Dann sagte sie nur: ›Ich empfinde ebenso.‹ Das war ein für uns unendlich beglückendes Geständnis, das uns jedoch zugleich große Sorgen machte.«

Der Grund war, daß Townsends Scheidung kurz bevorstand.

Margarets Schwester hatte gerade den Thron bestiegen und war noch nicht einmal gekrönt worden. Margaret und ihre Mutter trafen nun die nötigen Vorkehrungen für ihren Umzug aus dem Buckingham-Palast nach Clarence House. Sie tauschten ihre Residenz mit Elizabeth und Philip, und die Prinzessin sagte traurig: »Ohne Papa ist nichts mehr so, wie es einmal war.«

Keiner von Margarets Freunden fand es überraschend, daß sie sich Townsend zuwandte. Er war jetzt Rechnungsprüfer im Haushalt ihrer Mutter und begleitete die beiden nach Clarence House. Inzwischen hatte er die Scheidung von seiner Frau wegen Ehebruchs eingereicht, und Ende des Jahres wurde das Verfahren in seinem Sinne entschieden. »Im Verlauf des Jahres 1952«, so Townsend später,

»waren Prinzessin Margaret und ich immer lieber zusammen. Das Jahr begann mit der Trauer um den unerwarteten Tod des Vaters der Prinzessin, und in den folgenden Monaten kam dann noch die Veränderung ihrer Lebensumstände hinzu – sie lebte jetzt allein mit ihrer Mutter (die sie sehr mochte). Auch meine eigenen Verhältnisse verschlechterten sich unaufhaltsam. Das Jahr endete schließlich mit der Auflösung meiner Familie … Wenn uns auch von unserem Stand, vom Vermögen und vom Temperament her

Welten trennten, so herrschte doch zwischen der Prinzessin und mir auf der Gefühlsebene ein vollkommener Gleichklang.«

Und so beschlossen die beiden Liebenden im Frühjahr 1953, der Queen ihren Heiratswunsch vorzutragen.

Das Königshaus hatte aber noch andere Probleme zu bewältigen. Am Tag nach der Bestattung ihres Sohnes erfuhr Queen Mary, daß Louis Mountbatten geäußert habe, der englische Thron werde jetzt vom Haus Mountbatten besetzt – Philip hatte nämlich auf Drängen von Louis dessen Familiennamen angenommen. »Die Namensfrage war ihm unheimlich wichtig«, wie der königliche Biograph Philip Ziegler geschrieben hat, »und er vertrat stets die Auffassung, das Königliche Haus sei jetzt nicht mehr das Haus Windsor, sondern das Haus Mountbatten. Allerdings mußte er in diesem Streit eine Niederlage nach der anderen hinnehmen, dennoch versuchte er immer wieder, seine Ansprüche durchzusetzen.«

Zur Überraschung ihres Mitarbeiterstabes ging Queen Mary sogleich zum Angriff über. Sie ließ Churchill über seinen Privatsekretär Sir John Colville von Mountbattens Anspruch in Kenntnis setzen. Der Premierminister berief daraufhin eine Kabinettssitzung ein und teilte den versammelten Ministern mit, daß Mountbatten versuche, den Thron für seine Familie zu reklamieren. Gleichzeitig ließ der Lordkanzler, der wie alle anderen darauf bedacht war, die Angelegenheit möglichst bald beizulegen, eine Erklärung veröffentlichen, daß King George V. für seine Nachkommen und die ganze Dynastie ausdrücklich den Namen Windsor gewählt habe.

Der ehrgeizige Mountbatten gab sich jedoch noch immer nicht geschlagen und setzte Prinz Philip so lange unter Druck, bis er am 5. März eine siebenseitige Protestnote herausgab, in der er das Kabinett darauf hinwies, daß das britische Königshaus bei Victorias Heirat mit Albert auch dessen Namen, Sachsen-Coburg-Gotha, angenommen habe. Das wiederum ärgerte Churchill, der über das Kabinett der Königin die Order erteilen ließ, für ihre Dynastie den Namen Windsor beizubehalten. Diese Entscheidung, am 21. April, Elizabeths Geburtstag, offiziell bekanntgegeben, wurde der Königin dringend »angeraten«. Als er davon erfuhr, tobte Prinz Philip. Nach seinem Einzug in die neue Residenz fühlte sich der Herzog nutzlos und überflüssig und allein gelassen, während seine Schwiegermutter und seine Schwägerin das Vertrauen der Königin genossen. »Deshalb sagte er öfter: ›Ich bin nur ein Nichts‹«, wie Eileen Parker später berichtete. »Ich glaube, er war enttäuscht – sehr enttäuscht sogar.« Dem stimmte auch ihr Ehemann zu: »Ich hatte den Eindruck, daß er Augenblicke durchlebte, in denen ihm das alles über den Kopf wuchs.«

Es überrascht daher nicht besonders, daß Philip sich mit Freundschaften außerhalb der Familie zu trösten suchte. Darunter waren so anständige und diskrete Menschen wie die Parkers. Eileen Parker berichtet, wie sie eines Abends ihre Wohnungstür geöffnet habe, »und da stand Prinz Philip vor mir – allein, mit einer Flasche Gin in der Hand. ›Hallo‹, sagte er grinsend … Ich ließ ihn eintreten.« Es war ein bitterkalter Spätwinterabend, und die Parkers heizten ihr Wohnzimmer nur mit einem kleinen elektrischen Ofen. »Wir haben uns zu dritt vor den Ofen gesetzt, uns mit ein paar Gin aufgewärmt und auf den Knien Makkaroni mit Käse gegessen. Prinz Philip schien die magere Kost, die bestimmt nicht mit der Küche des Buckingham-Palastes konkurrieren konnte, zu schmecken. Anschließend verbrachten wir einen höchst angenehmen Abend.« Diese Zusammenkünfte fanden in den folgenden Jahren häufiger statt.

Das Krönungsjahr von Queen Elizabeth 1953 begann mit einer Katastrophe. Von Lincolnshire bis Kent fanden mehr als 15 000 Menschen in den schweren Winterstürmen den Tod; weitere 25 000 wurden obdachlos. Als dann der Frühling einsetzte, brachte die feuchte Londoner Luft Krankheiten, an denen über neuntausend Männer, Frauen und Kinder starben. Die Gasmasken aus dem Krieg wurden wieder vorgeholt und an die Schulkinder verteilt.

Seit dem Tod ihres Sohnes King George war Queen Mary sichtlich schwächer geworden. Doch in den ersten Februartagen ließ sie sich trotz der Kälte zweimal durch den Hyde Park fahren, um beim Aufbau der Tribünen für die Krönungsfeier zuzuschauen. Nach dieser Anstrengung tagelang erschöpft, ließ sie verlauten, daß man die für Juni geplante Krönung unter gar keinen Umständen verschieben solle, auch wenn ihre Teilnahme fraglich sei. »Ich verliere allmählich mein Gedächtnis«, gestand sie einer Freundin – und fügte dann mit einem verschmitzten Lächeln hinzu: »Aber ich habe die Absicht, es wiederzufinden.«

Mary war geistig voll auf der Höhe. Als sie sich im Theater eine Vorstellung von *Septemberflut* angeschaut hatte, wurde sie anschließend hinter die Bühne geführt, wo bereits Gertrude Lawrence – damals mit Daphne du Maurier, der Verfasserin des Stücks, liiert – und die Schauspieler die Königinmutter erwarteten. Nachdem sie Komplimente verteilt hatte, sagte Queen Mary, sie habe manche Textstellen nicht richtig verstehen können.

»Hört ihr das?« sagte Gertrude Lawrence und wandte sich an ihre Kollegen. »Ihr müßt in Zukunft deutlicher und lauter sprechen.«

»Nicht alle«, korrigierte sie Queen Mary. »Nur Sie habe ich schlecht verstanden.«

Am 9. Februar 1953 unternahm die alte Königin ihre letzte Ausfahrt. Magenbeschwerden und Atemnot zwangen sie danach, im Bett zu bleiben. Doch ihr Interesse an ihrer Familie und an der Kultur blieb ungebrochen.

Am Nachmittag des 23. März bat sie, daß man ihr aus einem Buch über Indien vorlesen möge – jenem Land, dem sie vor einem halben Jahrhundert ihren ersten Besuch als Königin abgestattet hatte. Am folgenden Nachmittag fiel sie in eine Ohnmacht, aus der sie nicht mehr erwachen sollte. Queen Elizabeth kam kurz an Marys Bett, und man rief den Herzog von Windsor nach London. Am Abend des 24. März 1953 um 22.20 Uhr hörte die alte Königin auf zu atmen.

Nach ihrem Tod wurde auf der ganzen Welt nicht die geringste Kritik an dieser großen alten Dame laut. Und wenn redliche Pflichterfüllung ein Zeichen von Größe ist, hat es in der Familie Windsor wohl niemanden gegeben, der dieses Attribut mehr verdient hätte als Queen Mary. Bisweilen unbeugsam in ihren moralischen Forderungen und ohne Pardon, wenn jemand die Würde des Königshauses anzutasten wagte, verkörperte Mary das Idealbild einer Königin. Sie hatte so viele Kriege erlebt, so viele Menschen sterben sehen und so viel Elend kennengelernt, trotzdem blieb sie ihr ganzes Leben lang ihrem hohen Ehrbegriff treu. Ihr Charakter wird deutlich in den Worten, die sie im Krieg zu einer Gruppe von Kindern gesprochen hat:

»Vergeßt niemals, daß das Leben aus Treue zu euren Freunden und aus Achtung ihnen gegenüber besteht, aus Treue zum Schönen und Guten, Treue gegenüber eurem Land, Treue eurem König gegenüber und vor allem, und das ist die Basis, Treue zu Gott.«

Ungeachtet ihrer oft altmodischen Ansichten und ihres Perfektionismus in allem, was das Protokoll betraf, hätte Queen Mary gewiß die Entscheidung ihrer Enkelin Elizabeth gutgeheißen. Sie hatte sich auf Anraten des Herzogs von Norfolk und Großzeremonienmeisters von England, dem die Vorbereitung aller großen königlichen Auftritte oblag, dazu entschlossen, daß die Krönungsfeier im Fernsehen übertragen wurde. Damit setzten sich Norfolk und Elizabeth gegen Churchill, den Erzbischof von Canterbury und Alan Lascelles durch.

Sie befürchteten, daß eine Fernsehübertragung der Monarchie ihr Mysterium und die geheimnisvolle Aura nehmen würde. Doch Ihre Majestät behauptete (und zitierte damit das Anglikanische Gebetbuch), die Krönung müsse »im Angesicht des ganzen Volkes« erfolgen, und diese Forderung wollte sie ganz wörtlich nehmen. Sie mag aber auch an einen Ausspruch des späteren Edward VII. gedacht haben, der zu seiner Mutter, Queen Victoria, einmal gesagt hatte: »Wir leben in radikalen Zeiten, und je häufiger das Volk den Herrscher zu Gesicht bekommt, um so besser ist das für das Volk und das Land.«

Die Königin und Norfolk konnten das natürlich damals noch nicht wissen, aber durch ihre Entscheidung sorgte Elizabeth II. dafür, daß sie (und später ihre Familie) mit einem Schlag zu Medienstars und in der ganzen Welt berühmt wurden. Zwanzig Millionen Briten verfolgten im Fernsehen die Krönung am 2. Juni, und wenige Tage später hatten weltweit dreihundert Millionen Menschen den Film über dieses Ereignis gesehen.

Zur Zeit Queen Victorias waren Hochzeiten Privatfeiern gewesen, aber seit der Heirat des Herzogs von York 1923 mit Elizabeth Bowes-Jones, wurden solche Feiern zu glanzvollen Veranstaltungen für die Öffentlichkeit. Mit der Krönung 1953 gelang es dem Königshaus, die Medien für seine Zwecke einzuspannen – so war es dann auch 1981, als eine halbe Milliarde Menschen weltweit die Hochzeit des Prinzen und der Prinzessin von Wales an den Fernsehgeräten verfolgten.

Am 1. Mai begannen im Weißen Salon des Buckingham-Palastes, einem Saal von der Größe des Hauptschiffes der Westminster Abbey, die Proben. Im großen Ballsaal markierte man mit Klebeband und Kreide in kleinerem Maßstab die Entfernungen, die von den Beteiligten während des Zeremoniells abzuschreiten waren. Während der ersten Durchlaufprobe sprang die Herzogin von Norfolk für die Königin ein. Elizabeth schaute am 21. Mai den Proben zu und übernahm am nächsten Tag ihre Rolle; fünf Tage später trug sie zum erstenmal die fünf Pfund schwere St.-Edward-Krone. Die abschließenden Kostümproben fanden am 29. Mai statt, dabei war auch Prinz Philip anwesend. Er fühlte sich wie ein Schauspieler in einer Nebenrolle, leierte gereizt den Treueeid herunter, den er der Königin bei der Krönung öffentlich leisten mußte. Warf danach seiner Frau eine Kußhand zu und wollte eilends den Raum verlassen, als eine Stimme ertönte: »Sei nicht albern, Philip«, befahl die Königin, »bleib hier und sag deinen Text noch einmal, aber diesmal ordentlich.« Und so geschah es.

Die Königin bereitete sich aber auch privat vor und versuchte, lange Passagen ihres Textes auswendig zu lernen. Sie stolzierte mit einem Buch auf dem Kopf in den Ballsälen des Palastes auf und ab; sie schritt mit einer an ihrem Kleid befestigten Brokatschleppe einher, schätzte Entfernungen und Zeitabläufe ab. Und was ebenso wichtig war, sie aß vier Tage lang nur hartgekochte Eier, um die Verdauungstätigkeit zu verzögern, und sie nahm hohe Salzmengen zu sich, um ihre Nieren- und Blasenfunktion drastisch zu reduzieren. Denn am Krönungstag würde sie etwa zehn Stunden ununterbochen auf den Beinen sein.

Während der Vorbereitungen zu den Krönungsfeierlichkeiten wurde die neue Königin auch mit der ersten Krise ihrer Regentschaft konfrontiert, der Legalisierung des Verhältnisses von Margaret und Peter Townsend. Die Königin, Prinz Philip und die Königinmutter befürworteten offenbar den Heiratswunsch der beiden, da Peter inzwischen auch geschieden war. Aber da die Familie ihre Meinung nicht offen zum Ausdruck brachte, hatte Townsend das Gefühl, daß die königlichen Hoheiten eine Heirat für »unmöglich« hielten.

Natürlich stand die Königin vor einem Dilemma, für das sie nach eigener Aussage keine Lösung wußte. Denn wie sollte die junge Königin in einer Situation, da man sich eine Fortsetzung der stabilen Familienverhältnisse erhoffte, wie sie bei George VI. geherrscht hatten, ihrer starrköpfigen Schwester Margaret erlauben, einen sechzehn Jahre älteren und noch dazu geschiedenen Mann zu heiraten? Hinzu kam, daß Margaret, die in der Thronfolge an dritter Stelle stand, offiziell die Funktion einer Regentin und nicht etwa Philip die des Regenten innehatte. Sollte Elizabeth sterben oder ihre Funktion nicht mehr ausüben könnnen, mußte Margaret bis zur Volljährigkeit von Charles als Königin amtieren. Am 11. November verabschiedete jedoch das Parlament das von der Queen gebilligte Regentschaftsgesetz und setzte Philip zum Regenten ein. Dies mußte Margaret als Kritik, wenn nicht gar als eine Art Mißtrauensvotum auffassen.

Es war aber auch möglich, daß die Königin eine Doppelstrategie verfolgte. Wenn Margaret nämlich als potentielle Regentin nicht mehr in Frage kam, stand ihrer Verheiratung auch nichts mehr im Wege. Freilich gibt es für eine derartige Interpretation keinerlei Belege. Der in Vertretung des erkrankten Winston Churchill amtierende Premierminister Richard A. Butler vertrat sogar die Ansicht, Margarets Heiratswunsch habe mit der Regentschaftsfrage überhaupt nichts zu tun, da die Ernennung Philips schon länger geplant gewesen sei.

In der Woche vor der Krönung vertraute sich Townsend Alan Lascelles an, dem Hüter der Monarchie im Geiste von Queen Victoria, der sich gerade noch vehement gegen die Fernsehaufzeichnung der Krönung zur Wehr gesetzt hatte. (Lascelles war schon für George V. und Edward VII. tätig gewesen war, hatte King George VI. von 1943 bis 1952 als Privatsekretär gedient und diese Position auch unter Elizabeth beibehalten.) Als Townsend Lascelles von seinen Absichten unterrichtete, platzte der Höfling heraus: »Sie müssen entweder verrückt oder ein schlechter Mensch sein!«

Später sagte Peter: »Ich hatte eigentlich auf etwas Hilfe von ihm gehofft.«

Peter Townsend sollte aber enttäuscht werden. Obwohl sämtliche Mitglieder der Familie ihm Respekt und auch Zuneigung entgegenbrachten, war es gleichwohl »ausschlaggebend«, wie er selbst gesagt hat, »daß ich geschieden war und die Königin … verfassungsrechtlich gesehen nicht ihre Zustimmung [zu seiner Verheiratung mit Margaret] geben konnte, solange ihr Premierminister ihr von einer solchen Entscheidung abriet.« Durch die Krönung der Königin wurde ohnehin jede weitere Diskussion vorerst beendet. Niemand außer der Familie wußte zu diesem Zeitpunkt etwas über Oberst Townsend und Prinzessin Margaret.

Schließlich schien es, als würde die mit bewundernswerter britischer Präzision geplante Krönungsfeier (von dem unberechenbaren Londoner Wetter einmal abgesehen) wunschgemäß verlaufen.

Die Krönung war auf den 2. Juni 1953 gelegt worden, weil für diesen Tag gutes Wetter angesagt worden war. Aber leider regnete es. Trotzdem wurden die Millionen Menschen, die gekommen waren, dafür reichlich entschädigt. Während der Krönungswoche hatte man die in der Nachkriegszeit üblichen Lebensmittelrationen aufgestockt, jeder, der dabei war, erhielt ein Pfund Zucker und gut hundert Gramm Margarine oder Bratenfett extra.

Das große Spektakel sollte die junge Königin in einen ähnlichen Status versetzen, wie ihn einst Queen Victoria nach ihrer Wiederaufnahme des öffentlichen Lebens innehatte. Mit der Zeremonie sollte die Monarchie als Symbol der nationalen Identität, als eine verehrungswürdige Institution etabliert werden. Je deutlicher sich der Niedergang des britischen Empires abzeichnete, mit desto größerer Prachtentfaltung gestaltete man das Ereignis.

Vor dem Buckingham-Palast hatten rund 50 000 Menschen zwei Tage und zwei Nächte lang gewartet, und weitere drei Millionen säumten die Route des Festzuges. Die vom Lord Mayor, dem Londoner Oberbürgermeister, angeführte erste Gruppe marschierte am Morgen pünktlich um 7.55 Uhr vom Buckingham-Palast ab. Um 10.35 passierten die Königin und Prinz Philip in der – eigens für Edward VII. angefertigten – vier Tonnen schweren goldenen Staatskarosse das Palasttor. Elizabeth selbst war so ruhig, daß sie auf die Frage eines Bediensteten, wie sie sich fühle, »Danke, gut« antwortete. Gerade hatte sie erfahren, daß ihr Favorit für das Derby, das Pferd *Aureole*, hervorragend gelaufen war.

In der Westminster Abbey hatten bereits siebentausend Menschen Platz genommen, weitere 110 000 Gäste waren im Freien plaziert. Fast schien es, als hielten die Zuschauer den Atem an, als die mit einem Diamantdiadem und einem mit Hermelin und Goldborten besetzten leuchtendroten Umhang geschmückte Monarchin aus der Kutsche stieg. Das Prachtgewand wurde ihr abgenommen, und sie schritt kurz darauf in einem schlichten weißen Kleid zur Königsweihe. Dann salbte der Erzbischof von Canterbury, Geoffrey Fisher, Elizabeth, und sie wurde in reichverzierte Goldgewänder gehüllt und zur eigentlichen Inthronisation zum Krönungsstuhl geführt. Es war absolut still, als der Erzbischof von Canterbury die Krone hoch über dem Haupt von Elizabeth hielt und sie dann langsam absetzte. Darauf hallte die Abtei von God-save-the-Queen-Rufen wider, Trompeten ertönten, die Glocken läuteten, und überall in London wurden Kanonenschüsse abgefeuert. Anschließend vollzogen die Peers des Reiches unter der Führung von Prinz Philip ihre sorgfältig geprobte Huldigung der neuen Königin:

»Ich, Philip, Herzog von Edinburgh, gelobe Euch Lehenstreue und irdische Anbetung. Und treu und wahrhaftig werde ich Euch dienen und leben und sterben im Kampf gegen all Eure Feinde. So wahr mir Gott helfe.«

Zu diesem Zeitpunkt zeigten einige der Ehrendamen der Königin, die schon seit vier Stunden im heißen Scheinwerferlicht gestanden hatten, die ersten Schwächeerscheinungen und wurden von einem Geistlichen hinter einen Wandschirm geführt. »Der Erzbischof von Canterbury zauberte dann eine kleine Flasche Brandy hervor und sagte: ›Ich glaube, einige von Ihnen könnten einen kleinen Schluck gebrauchen‹«, wie die damals zwanzigjährige Lady Glenconner später berichtet hat. »Das war uns höchst willkommen – allerdings hat die Königin eine solche Stärkung nicht erhalten.«

Die Zeremonie dauerte vier Stunden und zwanzig Minuten. Der Festzug führte die Königin dann über Whitehall und Pall Mall auf die Prachtstraße Piccadilly, von dort ging es durch den Hyde Park, vorbei an Marble Arch, in östlicher Richtung die Oxford Street entlang, dann durch die Regent Street und den Haymarket hinab über die Mall zum Buckingham-Palast. Zurückziehen konnte sich die Königin erst nach Mitternacht, bis dahin mußte sie mit Philip, Charles und Anne immer wieder auf den Balkon hinaustreten und den von all der Pracht ganz trunkenen Menschen dankbar zulächeln und zuwinken.

Aber die Königin trug jetzt nicht nur eine Krone, sondern auch einen Glorienschein. In den nächsten vierzig Jahren sollte sich allerdings immer deutlicher zeigen, daß es eine Aura war, die von den Medien geschaffen wurde.

In den Ländern der Welt, wo die Monarchie die Zeit überdauert hatte, herrschte dieser Institution gegenüber eine eher sachliche Einstellung. So gibt es etwa in den skandinavischen Ländern und den Niederlanden bis heute konstitutionelle Monarchien, deren Mitglieder ihren Untertanen Tradition und ein Gefühl von Kontinuität vermitteln. Die Angehörigen der Königsfamilien besuchen öffentliche Schulen, üben häufig einen Beruf aus, fahren mit der Straßenbahn oder mit dem Fahrrad, gehen zum Essen in ganz normale Restaurants und leben in vielfacher Hinsicht fast wie die Bürger ihres Landes.

In England dagegen ist das anders, aber nicht etwa infolge eines königlichen Erlasses, sondern weil die britische Bevölkerung es so will. Und so war die Krönung für die Menschen des Medienzeitalters eine Art Sakrament. Und das neue Medium Fernsehen machte »jeden Mann und jede Frau im ganzen Land zu einem Teilhaber an dem Mysterium der Königssalbung«, wie es die *Times* in der Krönungswoche schrieb. Und da Millionen von Menschen daran glaubten, kam es fast einer Katastrophe gleich, als das Fernsehen der Öffentlichkeit immer neue Einblicke in das Leben der Königlichen Familie ermöglichte. Bagehot hätte es wahrscheinlich nicht ertragen, wenn er Zeuge geworden wäre, wie das Mysterium der Monarchie durch das Scheinwerferlicht der Medien immer mehr von seiner Erhabenheit und Unantastbarkeit verlor.

Die Entmystifizierung der Königsfamilie hatte zur Folge, daß ihre Lebensweise immer häufiger mit der von ganz normalen Bürgern gleichgesetzt wurde. H. G. Wells erzählt, daß seine Mutter mit einer geradezu religiösen Inbrunst und leidenschaftlichen Loyalität das Leben von Queen Victoria verfolgt habe. Für Mrs. Wells sei die Monarchin Idealbild einer Frau gewesen, die sie selbst gern sein wollte.

Im 20. Jahrhundert hatten King George VI., seine Gemahlin und die beiden Prinzessinnen der Nation das Bild einer glücklichen Kleinfamilie geboten.

Fortan wollte die Öffentlichkeit immer wieder aufs neue bestätigt sehen, daß die Königlichen Hoheiten sich im Grunde vom Normalbürger nicht wesentlich unterschieden. Als die Leute dann feststellten, daß dies in vielem sogar zutrifft, waren sie zutiefst empört. Für dieses Phänomen drängt sich die Erklärung auf, daß sich diese Veränderung nur durch den allgemeinen gesellschaftlichen Werteverlust entwickeln konnte. Denn wenn die Religion den Menschen nichts mehr geben kann, suchen sie sich eine andere Sinngebung. Die Amerikaner hatten diesen Ersatz im Kult um ihre Filmstars gefunden.

Und so war Elizabeths Krönung nicht der spirituelle Akt, der das Gemeinschaftsgefühl stärkt, als den die Bischöfe sie ausgaben. Sie war eigentlich eher einer pompösen Operninszenierung zu vergleichen, die dem Volk Pracht und Glanz bieten sollte. Wahr ist, daß Elizabeths Krönung alles andere war als ein Ereignis, das alle britischen Bürger wirklich zusammengeführt hätte. Sie war vielmehr eine exklusive englisch-anglikanische, mittelalterliche Veranstaltung, die zur Stützung einer sich auflösenden Klassengesellschaft diente. Es war in jenem Jahr viel davon die Rede, daß die Monarchie nicht nur die Wünsche des kollektiven Unbewußten widerspiegele, sondern sie sogar erfüllte. Aber niemand wagte öffentlich zu fragen, welchen Inhalt diese Wünsche eigentlich hatten. Statt dessen stand die junge Königin gleich im Mittelpunkt eines regelrechten Kultes – und das nicht nur in England, sondern in weiten Teilen der Welt. Am stärksten kam das in den Vereinigten Staaten zum Ausdruck, deren Bürger sich offenbar wieder jene Monarchie herbeisehnten, von der sie sich 1776 befreit hatten. (*A Queen Is Crowned*, ein Film über die Krönung der Queen mit einem pathetischen Text von Christopher Fry unterlegt, der von Sir Laurence Olivier gesprochen wurde, lief in einem Kino in Manhattan monatelang vor ausverkauftem Haus.)

Immerhin gab es doch Beobachter, die versuchten, die Vorgänge zu analysieren. Nach der Krönung veröffentlichte die *Times* einen Bericht, in dem es hieß, die Briten seien womöglich ein sorglos gewordenes Volk, dessen Wirklichkeitsferne bald einem realistischen Bewußtsein weichen müßte. Das »neue elisabethanische Zeitalter«, schrieb ein Kommentator, »könnte leicht zur bloßen Beschwörung eines magischen Hokuspokus werden, und es scheint, als ob das Land allein schon durch die Ankündigung einer neuen Ära an Format gewinnen könnte.«

Und so entstand zwischen der Königin von England, der Presse und der britischen Bevölkerung im Juni 1953 eine Beziehung, die viele Jahre von großer Sympathie getragen wurde. Niemand verlangte von ihr etwas Besonderes, sondern man erhoffte sich von ihr nur Anmut bei ihren Auftritten, und diesen Wunsch verstand Elizabeth mit bewundernswerter Perfektion zu erfüllen. Das zeigen auch die Film- und Fernsehaufnahmen, die im Sommer des Jahres ausgestrahlt wurden und die Königin bei ihren Besuchen in Schottland, Nordirland und Wales zeigen, wie auch die Dokumentation ihrer großen Reise mit Philip durch das Commonwealth vom 23. November bis zum 15. Mai 1954.

Doch während Ihre Majestät noch mit den Reichsinsignien, der Krone auf dem Haupt und in hermelinbesetzter Robe die Westminster Abbey verließ, war die erste Krise ihrer Regentschaft bereits ausgebrochen.

Ausgelöst wurde sie durch eine eher beiläufige Geste von Prinzessin Margaret. Als sie im Gefolge der Königin die Abtei verließ, blieb sie stehen, um mit Peter Townsend zu plaudern, und nahm ihm dabei wie beiläufig etwas von seinem Jackett ab. Während der folgenden Tage berichteten die Zeitungen fast ausschließlich über die Krönung, und kein Verleger wollte Ihre Majestät durch einen Hinweis auf die Spekulationen, die Margarets Geste ausgelöst hatte, in Verlegenheit bringen.

Am 13. Juni 1954 setzte Lascelles Churchill davon in Kenntnis, daß Margaret Peter Townsend zu heiraten wünsche. Lascelles, das sollte erwähnt werden, verband mit Margarets Zukunft ein gewisses Eigeninteresse. Er war mit der Mutter von Johnny Dalkeith verwandt, eines jungen Mannes, der früher Margaret häufig begleitet hatte. Einige Chronisten glauben, Lascelles habe den Ehrgeiz gehabt, sich durch eine Heirat seines Verwandten mit der Prinzessin näher mit der Königlichen Familie zu verbinden. Der Premierminister reagierte nach Aussage seines Sekretärs John Colville auf diese Nachricht mit der Feststellung, daß man »wahre Liebe stets unterstützen und diesem wohlgeratenen Paar deshalb nichts in den Weg stellen sollte«. Freilich wies Lady Churchill ihn später darauf hin, daß er noch einmal denselben Fehler begehe wie schon bei der Abdankung Edwards VIII., wenn er diese Argumentationsweise verfolge.

Dieser Rat blieb nicht ohne Wirkung, und als die Königin mit Churchill am folgenden Wochenende Kontakt aufnahm, erhielt sie wohl nicht die Antwort, die sie erwartet hatte. Der Premier, der vor gut anderthalb Jahrzehnten noch auf der Seite Edwards VIII. gestanden hatte, erklärte jetzt, es käme – besonders im Krönungsjahr – einer Katastrophe gleich, wenn Ihre Majestät ihrer Schwester die Heirat mit einem geschiedenen Mann gestatten würde. Ebenso äußerte sich auch Lascelles gegenüber Ihrer Majestät. Die Königin wird die beiden wohl kaum daran erinnert haben, daß etliche der Regierung angehörende Minister, darunter Außenminister Anthony Eden (der Churchill schon bald als Premierminister ablösen sollte) und auch Churchills Sohn Randolph, geschieden und wiederverheiratet waren. Doch weitere Diskussionen über dieses Thema wurden durch den Schlaganfall unterbrochen, den Churchill am 23. Juni erlitt und nach dem er sich aus der Politik zurückzog.

Und wie häufig in derartigen Fällen, war auch diesmal hinter den Kulissen noch jemand aktiv. Nach Mitteilung der Vicomtesse Hambleden (die mit Elizabeth und ihrer Mutter eng befreundet war) stützte sich die neue Königin in der ersten Zeit ihrer Regentschaft »sehr stark auf die Hilfe und den Rat ihrer Mutter, und da die Königinmutter die Affäre nicht guthieß, würde auch die Königin einer Heirat nicht zustimmen«.

Die Angelegenheit wurde dann folgendermaßen geregelt. Nach den Bestimmungen des Königlichen Heiratsgesetzes von 1772 mußte die zweiundzwanzigjährige Margaret die Heiratserlaubnis ihrer Schwester einholen. Die Königin aber konnte sich über eine religiöse Vorschrift nur mit Zustimmung der Regierung hinwegsetzen, und diese Zustimmung, hatte der Premierminister verlauten lassen, werde sie nicht erhalten. Doch gab es immer noch eine andere Lösung. Falls Margaret und Peter noch zwei Jahre warteten, nämlich bis zur Vollendung des fünfundzwanzigsten Lebensjahres der Prinzessin, konnte sich Margaret über das Veto der Königin hinwegsetzen und Townsend heiraten. In diesen Aufschub willigte Margaret ein, doch die Königin verschwieg ihr, daß später immer noch die Zustimmung des Parlaments (und, was absurd war, der überseeischen Besitzungen) nötig sein würde, um Peter zu heiraten und ihren königlichen Status beizubehalten.

Philip äußerte unterdessen seiner Frau und seiner Schwiegermutter gegenüber, er glaube, daß die Affäre die Wartezeit nicht überdauern werde. Und Sir Alan Lascelles war nach wie vor gegen Margarets Pläne. »Ich werde ihn bis zu meinem Tod verfluchen«, erklärte Margaret noch Jahre später mit einer Gehässigkeit, die für sie ganz untypisch ist.

Am 14. Juni berichtete die amerikanische Zeitschrift *People* erstmals über die königliche Romanze. Mit der widerwillig erteilten Zustimmung der Königin boten führende Hofrepräsentanten Townsend dann eine Möglichkeit, sich den Nachstellungen durch die Medien zu entziehen. Man stellte ihn vor die Wahl, sich nach Singapur, Südafrika oder Belgien versetzen zu lassen. Zwei Wochen später, am 3. Juli, brachte die *Times* eine kurze Meldung, in der es hieß: »In London war gestern zu erfahren, daß Oberst P. W. Townsend, Stallmeister der Königin, zum Luftwaffen-Attaché an der britischen Botschaft in Brüssel ernannt worden ist und seinen neuen Posten in etwa vierzehn Tagen antreten wird.«

Die Boulevard-Presse war weniger diskret. »Prinzessin Margarets Freund ins Ausland versetzt«, schrieb der *Daily Mirror* über der Schlagzeile: »Eine echte und tiefe Liebe.«

»Schon seit Wochen berichten ausländische Zeitungen über eine Romanze zwischen der Prinzessin und dem dunkelhaarigen, gutaussehenden achtunddreißigjährigen Stallmeister ihrer Schwester, der Königin … [Sie berichten ferner], daß sie bereit ist, dem Beispiel ihres Onkels, des Herzogs von Windsor, zu folgen und auf ihre königlichen Titel und Ansprüche zu verzichten, um einen Mann heiraten zu können, den sie aufrichtig liebt, der aber, wenn auch schuldlos, geschieden ist.«

Dabei fühlte man sich stark an 1936 erinnert, doch diesmal nahm die Presse weniger Rücksicht.

»Es blieb mir gar nichts anderes übrig, als [den neuen Posten] anzunehmen«, hat Townsend später dazu gesagt.

»Es gab keine Alternative. Aber indem sie mich überhastet abschoben, begingen die Verantwortlichen einen schweren Fehler, wie sich noch zeigen sollte. Sie rechneten damit, daß dadurch unsere Beziehung beendet sein würde. Das war aber nicht der Fall.«

Die Londoner Presse bauschte die Affäre immer mehr auf. Der *Daily Mirror* berichtete am 10. Juli in großer Aufmachung, das Kabinett habe Prinzessin Margaret die Heireitserlaubnis verweigert. Da sich die Prinzessin und ihre Mutter in Südafrika aufhielten, nahm Margarets Pressesprecher zu der Meldung Stellung. Die Journalisten des *Daily Mirror* witterten eine Sensation und starteten am 13. Juli eine landesweite Umfrageaktion:

So stimmen Sie ab:

+ Der 38jährige Oberst Peter Townsend, der als Pilot in der Luftschlacht um England gekämpft hat, ist schuldlos geschieden. Das Gericht hat ihm das Sorgerecht für seine beiden Kinder zugesprochen, und seine ehemalige Frau hat unlängst wieder geheiratet.

+ Wenn Prinzessin Margaret, jetzt zweiundzwanzig Jahre alt, dies wünscht, sollte sie dann die Erlaubnis erhalten, ihn zu heiraten?

Machen Sie bitte Ihr Kreuz bei JA oder NEIN.

Das Ergebnis der Umfrage wurde am 17. Juli auf der Titelseite bekanntgegeben, genau an dem Tag, als die Prinzessin aus Rhodesien zurückkehrte. Von den über 70 000 Lesern, die ihr Votum eingesandt hatten, sprachen sich 96,8 Prozent für eine Heirat der Prinzessin mit Peter Townsend aus. Natürlich ließen sich weder die Regierung noch die Kirche oder die alte Garde der Höflinge durch die öffentliche Meinung beirren.

Obwohl die Angelegenheit noch zwei Jahre ruhen und erst dann mit einem Eklat enden sollte, hatte der Palast alles, was damit zusammenhing, bisher äußerst ungeschickt gehandhabt. Das galt besonders für den Pressesprecher Ihrer Majestät Richard Colville (ein Cousin von Churchills Privatsekretär John Colville). Obwohl eigentlich zu einem höflichen Umgang mit der Presse verpflichtet, haßte Richard Colville Journalisten, und er konnte diese Antipathie auch nicht verbergen. Fragen beschied er fast ausnahmslos mit »kein Kommentar« und einem abweisenden Blick, und statt den wilden Spekulationen über Margaret und ihren Geliebten etwas entgegenzusetzen, schürte er sie noch. Auch privat hatte er häufig eine anmaßende Art. Margaret fragte er zum Beispiel einmal am Telefon: »Warum haben Sie das denn getan?« Sie war über diese Frage so schockiert, daß sie keine passende Antwort fand.

Elizabeth und Philip verließen London am 23. November 1953 zu einer sechsmonatigen Reise durch das Commonwealth. Diese Tour sollte die Loyalität der überseeischen Besitzungen zum Mutterland stärken. Die Queen wollte den Menschen für ihre Unterstützung während des Krieges danken und ihnen zeigen, »daß die Krone ein persönliches, lebendiges Band zwischen Ihnen und mir ist«, wie sie in ihrer von Neuseeland aus übertragenen Weihnachtsbotschaft sagte. Nachdem sie als erste amtierende britische Monarchin mit dem Flugzeug den Atlantik überquert hatte, war sie auch die erste englische Königin, die eine (rund 80000 Kilometer lange) Reise um die Welt unternahm.[4]

Philip fungierte nur als Begleiter seiner Frau, was ihn rasch ermüdete. »Ich glaube, Philip langweilen all diese königlichen Aktivitäten fürchterlich«, sagte ein ehemaliger Sekretär der Königin. »Diese sinnlosen Verpflichtungen und das ewige Händeschütteln hatte er grundlegend satt!«

»Alles nur Zeitverschwendung«, lautete der Lieblingskommentar des Herzogs, und in Ceylon unterbrach er eine Diskussion über die Vorteile der Demokratie mit der harten Feststellung: »Ich habe nur wenig Gelegenheit gehabt, Selbstbestimmung zu üben. Ganz sicher bin ich einer der am meisten fremdbestimmten Menschen der Welt.« Bisweilen wurde er als rüde und arrogant empfunden, und er brachte nur wenig Geduld für Leute auf, die nicht seiner Meinung waren.

Was Philip zu leisten vermochte, wurde deutlich, wenn er wie ein Oberkommandierender den Betrieb des Buckingham-Palastes beaufsichtigte. Das war allerdings auch schon beinahe die einzige Aufgabe, die er erledigen durfte. Er hatte nicht nur die Aufsicht über die 230 Bediensteten des Palastes, die 690 Räume und die 10000 Möbelstücke, sondern er prüfte auch die jährlichen Inventarlisten. Für technische Spielereien aller Art stets aufgeschlossen, bestellte er für die königliche Küche eine Geschirrspülmaschine, einen einfachen Anrufbeantworter für sein Büro und ließ ein Telefonnetz installieren, an das auch die Autos der Königsfamilie angeschlossen wurden. Beinahe täglich erhielt er eine Liste mit den meist unbedeutenden Terminen, die er wahrzunehmen hatte. Er eröffnete Krankenhäuser, nahm Truppeninspektionen vor, ging auf Universitätsempfänge oder Gartenpartys. Als er einmal bei einem Treffen mit Journalisten nach seiner Meinung über einen Pressestreik befragt wurde, entgegnete er, ohne zu zögern: »Am meisten habe ich die Karikaturen und Bildergeschichten vermißt.«

Während der langen Abwesenheit ihrer Eltern befanden sich Charles und Anne in der Obhut professioneller Betreuerinnen. Anders als die

---

[4] Auf ihrer Route lagen die Bermuda-Inseln, Jamaika, Panama, Balboa, die Fidschi-Inseln, Tonga, Auckland und Wellington, Sydney, Melbourne, Adelaide und Fremantle, Tasmanien, Ceylon, Aden, Uganda und Libyen, Malta und Gibraltar. Die Statistik belegt, daß die Tour alles andere als eine Ferienreise war: Die Königin verlor unterwegs 14 Pfund Gewicht, während sie 51 Flüge, 75 Schiffspassagen, 702 Fahrten mit dem Auto und dem Jeep und 44 Fahrten mit der Eisenbahn unternahm. Sie war auf 234 Empfängen anwesend, hielt 157 Reden und schüttelte über 5000 Menschen die Hand.

Kinder von George V. und Mary, die bei solchen Gelegenheiten von ihren nachsichtigen, liebevollen Großeltern Edward VII. und Alexandra betreut wurden, sahen Charles und Anne die Königinmutter nur selten. Nach Ablauf der Trauerzeit überwachte sie die Umbauarbeiten von Schloß Mey (das sie künftig als Landsitz nutzen wollte), und sie unternahm 1954 sogar eine Reise nach Kanada und in die Vereinigten Staaten. Als wäre sie noch immer Königin von England, bereiste sie Virginia und Maryland, stattete Präsident Eisenhower und dessen Frau einen Besuch ab, nahm an den Feierlichkeiten zum zweihundertjährigen Geburtstag der Columbia University teil und erregte durch ihre Auftritte in der New Yorker Gesellschaft großes Aufsehen.

Im Mai 1954 wurden die Kleinen schließlich zu einem Treffen mit ihren Eltern nach Libyen gebracht. »Die Kinder waren überaus höflich«, hat die Königin später einmal gesagt, »aber ich glaube nicht, daß sie wirklich wußten, wer wir sind.« Die Höflichkeitsbekundungen waren genau festgelegt. Charles mußte jedesmal den Kopf neigen, wenn er vor die Königin trat, und Anne hatte bei solchen Gelegenheiten einen Knicks zu machen. Diese Rituale haben sich bis heute in der Königlichen Familie erhalten.

Es sei noch angemerkt, daß Elizabeth II. einen viel förmlicheren Umgang mit ihren Kindern pflegte, als ihr Vater das mit seinen beiden Töchtern tat. Die Königin hielt immer Distanz zu ihren Kindern. Für die Kinder hatte das natürlich katastrophale Folgen – mit Ausnahme der kleinen Prinzessin Anne, die ein außerordentlich gutes Verhältnis zu ihrem Vater hatte.

»Dennoch war sie manchmal recht niedergeschlagen«, hat Eileen Parker berichtet, und sie sagte einmal zu mir: »Oft möchte ich gern so sein wie du, Eileen, aber leider läßt das mein Leben ja nicht zu.«

Überdies war die Königin natürlich ständig beschäftigt. Sie war sehr viel unterwegs, und wenn sie in ihrem Büro arbeitete, war den Kindern das Betreten der Räume strengstens untersagt. Mehr als einmal ging Charles als kleiner Junge am Büro seiner Mutter vorbei, als die Tür gerade aufging: »Bitte, komm doch heraus und spiel mit mir, Mami«, rief er dann und wollte schon ins Zimmer stürmen und sie bei der Hand fassen. »Wenn ich das nur könnte«, seufzte Ihre Majestät dann nur und gab einem Bediensteten durch ein Kopfnicken zu verstehen, die Tür zu schließen. Statt mit seiner Mutter spielen zu können, mußte sich Charles meistens, begleitet von Miss Peebles, mit einem Spaziergang auf der Mall zufriedengeben oder mit einer Besichtigung des Londoner Towers in Begleitung eines Detektivs und seines Privatlehrers oder mit einem Besuch in Windsor bei seiner Großmutter. Bevor Charles zur Schule kam (und auch noch dann), verlebte er eine beschützte, aber einsame und unnatürliche Kindheit trotz des ausdrücklichen Wunsches der Königin, die ihre Kinder ganz normal heranwachsen lassen wollte. Das Problem war, daß Elizabeth, die als Kind so viel Wärme und Zuneigung von ihren Eltern erfahren hatte, natürlich keine Ahnung hatte, wie normale Kinder aufwachsen. Philip räumte immerhin ein: »Wieviel Mühe man sich auch gibt, es ist fast unmöglich, sie wie normale Kinder aufzuziehen.«

Auch sonst bestimmte die Etikette alle Lebensbereiche der Kleinen. Zu Hause durften sie schon mal Süßigkeiten essen, aber nicht wenn sie im Auto unterwegs waren, denn es war den Königskindern untersagt, in der Öffentlichkeit zu essen. Ohnehin war die Erziehung des Prinzen und der Prinzessin davon bestimmt, den Kindern das Bewußtsein zu vermitteln, sie seien anders als andere Menschen. Man erklärte ihnen, daß ihre Auftritte immer perfekt und effektvoll zu sein haben. Deshalb fand der kleine Charles wohl auch nichts dabei, als er erfuhr, daß die Punktstrahler, die im Wagen der Königinmutter angebracht waren, ihr Gesicht beleuchten sollten, damit die Menschen, denen sie auf ihren Fahrten zuwinkte, sie besser sehen konnten.

Philip behandelte seine Kinder sogar noch strenger als die Königin. Als Charles einmal eine Tür offenließ und ein Diener herbeieilte, um sie zu schließen, schimpfte der Herzog: »Lassen Sie das, Mann. Er hat doch Hände, er kann das auch selbst machen.« Eileen Parker, die oft mit den beiden zusammen war, sagte später zu dem Verhältnis von Vater und Sohn: »Philip hat Charles toleriert, aber ich glaube nicht, daß er ein besonders liebevoller Vater gewesen ist. Er versuchte zwar Charles immer wieder an die Hand zu nehmen, aber er behandelte seinen Sohn ausgesprochen kalt. Mit Anne hatte er viel Spaß, aber Charles fürchtete sich, glaube ich, vor ihm.« Gründe dafür gab es genug, besonders als Philip Stephen Rutter, einen amerikanischen Jungen, engagiert hatte, der jeden Donnerstag in den Palast kam, um mit Charles Boxen zu üben. Vielleicht hatte der Herzog Angst, daß die weiblichen Betreuer den Jungen verweichlichen könnten, er unternahm jedenfalls alles, um den Prinzen abzuhärten. Charles fürchtete die Donnerstage, und seine Kinderfrau wurde nur allzuoft Zeuge, wie der Junge sich in den Schlaf weinte, denn so erniedrigend diese Boxübungen für ihn auch gewesen sein mögen, die Angst, es seinem Vater nicht recht machen zu können, war noch größer. Von diesem Gefühl hat sich der Prinz auch als Erwachsener wohl nie mehr ganz freimachen können. Was seine Erziehungsmethoden anbelangt, unterschied sich Philip nicht sehr von George V.

Der sensible Charles litt in seiner Kindheit sehr darunter, daß er einerseits von seinem Vater zu strengster Disziplin erzogen und von seiner Mutter auf Distanz gehalten und andererseits von einem großen Mitarbeiterstab umschmeichelt und bedient wurde. Man öffnete ihm die Türen, legte seine Kleider zurecht, Essen wurde eigens für ihn gekocht und ihm stilvoll aufgetragen. Auch wenn die Königin verfügt hatte, daß die Bediensteten die Kinder nicht mit »Eure Königliche Hoheit« anreden sollten, behandelte man sie aber wie Hoheiten.

Als sich die Townsend-Affäre immer mehr zuspitzte, wurde Margaret nicht gerade königlich behandelt. Während Peters belgischem Exil hatten die Liebenden fast täglich miteinander korrespondiert. Und in den zwei Jahren, die seit seiner Abreise im Juli 1953 und Margarets fünfundzwanzigstem Geburtstag im August 1955 vergangen waren, trafen sich die beiden nur einmal. Im Juli 1954 kam er inkognito nach London, war mehrere Stunden mit Margaret zusammen, traf dann noch seine Kinder und reiste am selben Tag nach Brüssel zurück. Doch der Heiratsentschluß des jungen Paares stand immer noch fest. Eine Zeitlang mahnte Alan Lascelles zur Geduld und zum Gehorsam und deutete an, daß Margaret wohl die Erlaubnis erhalten werde, Townsend zu heiraten. Aber dann nahmen die Dinge eine überraschende Wende, und es stellte sich heraus, daß Lascelles zu Margaret nicht aufrichtig gewesen war.

An ihrem fünfundzwanzigsten Geburtstag, dem 21. August 1955, lancierte Hugh Cudlipp, der Herausgeber des *Daily Mirror*, wieder einmal eine verlogene Pressekampagne. Die Zeitung schrieb:

ENTSCHEIDE DICH ENDLICH, MARGARET!

Seit zwei Jahren rätselt die Welt über die Frage: Wird Prinzessin Margaret den vierzigjährigen Oberst Peter Townsend jetzt heiraten – ODER nicht?

Vor fünf Monaten hat Oberst Townsend dem *Daily Mirror* gesagt: »Ich kann nicht das erste Wort sprechen. Das muß ich anderen Leuten überlassen, was Sie wohl verstehen werden.«

Am Sonntag wird die Prinzessin fünfundzwanzig Jahre alt, und sie sollte das Parlament direkt über ihr Heiratsbegehren informieren, ohne zuvor die Zustimmung ihrer Schwester, der Königin, einzuholen.

Sie sollte den Spekulationen endlich ein Ende bereiten!
Ob sie wohl eine Entscheidung treffen kann?

BITTE, ENTSCHEIDE DICH!

Diese Geschichte griffen alle englischen Zeitungen auf. Das *Time*-Magazin beschäftigte sich auf acht Seiten mit dem Thema. Und die Welt erwartete eine weitere Verfassungskrise.

Die Situation wurde immer unhaltbarer. Man setzte Margaret davon in Kenntnis, daß sie ihren königlichen Titel, den Status sowie ihre Prärogative verlieren werde, falls sie sich entgegen der ausdrücklichen Anweisung des Kronrates für eine Heirat entscheiden sollte. Man werde ihr ferner die ihr zustehenden Zuwendungen streichen und sie gleichsam aus der Königlichen Familie ausschließen – und das alles, weil sie die Absicht hatte, einen geschiedenen Mann zu heiraten. Die Rechtsexperten des Palastes bestätigten sogar, daß das Parlament wohl ein offizielles Abdankungsgesetz beschließen werde, demzufolge Margaret dann schriftlich auf ihre Thronfolgerechte und ihren Sitz im Staatsrat verzichten müsse. Außerdem werde Margaret gewiß nicht die Erlaubnis erhalten, in England zu heiraten. Mit anderen Worten: Die Probleme, mit denen sich die verliebte Prinzessin jetzt auseinandersetzen mußte, schienen unlösbar. Aber während im September und Oktober des Jahres 1955 die Spekulationen immer neue Blüten trieben, schien es eine Zeitlang, als wolle Margaret aus Liebe zu Peter auf alles verzichten.

Dann aber geschah etwas Unverständliches. Nach Auskunft eines mit dem Hof vertrauten Reporters »drängte der Herzog von Edinburgh die Königin und die Königinmutter, sich der Heirat entgegenzustellen«. Was ihn dazu veranlaßte, ist schwer zu ergründen; vielleicht war es der Umstand, daß Townsend (der King Georges VI. Vertrauen besessen hatte) damals gegen eine Heirat Philips mit Elizabeth gewesen war. In den acht Jahren seiner Ehe hatte sich Philip zu einem selbstherrlichen Menschen entwickelt, der diktatorischer auftrat als seine königliche Verwandtschaft. (»Es ist eine angenehme Abwechslung, sich in einem Land aufzuhalten, in dem die Macht nicht beim Volk liegt«, sagte er einmal zu General Alfredo Stroessner von Paraguay, von dem bekannt war, daß er geflohenen Nazis Unterschlupf gewährte. »Ihre Regierung entscheidet, was zu tun ist, und das geschieht dann auch.« Seine Berater hatten einige Mühe, diese Aussagen abzumildern.)

Die Königinmutter ließ sich jetzt auch davon überzeugen, daß von einer Ehe zwischen Margaret und Peter abzuraten sei. Die Königin war anfangs noch unsicher und suchte nach Möglichkeiten, dem Wunsch ihrer Schwester nachzukommen. Am 18. Oktober schließlich überbrachte der (ebenfalls geschiedene und wiederverheiratete) Premierminister Anthony Eden der Königin die Entscheidung des Kabinetts, daß es einer Heirat nicht zustimmen werde. Darauf reagierte natürlich die Presse sofort. Am 24. Oktober erschien in der *Times* ein Leitartikel, in dem es hieß, falls Margaret auf ihren königlichen Titel verzichten und unbedingt heiraten wolle, »muß sie sich von diesem Augenblick an ins Privatleben zurückziehen«, womit sie auch ihrer Schwester schaden werde, die »ihr aufopferungsvolles Dasein im Dienst der Öffentlichkeit« unter solchen Umständen »in noch größerer Einsamkeit« werde führen müssen. Darauf reagierte der *Mirror*, der die Romanze vom ersten Tag an unterstützt hatte, und schrieb: Der Artikel der *Times* bilde nur den Auftakt einer üblen Kampagne, um Prinzessin Margaret durch ein schikanöses, genau berechnetes Ultimatum zu zwingen, den Mann aufzugeben, »den sie liebt. [Unter solchen Umständen] müßte sie ihr weiteres Leben in einer ähnlichen Isolation verbringen wie die glücklosen Windsors [der Herzog und die Herzogin], entwurzelt, ziel- und hoffnungslos … Die *Times* redet damit einer längst vergangenen Zeit das Wort.«

Der Premierminister wie auch die Königin führten Gespräche mit Margaret und Peter und wiesen sie darauf hin, daß auch Elizabeth nichts mehr für ihre Schwester tun könne, wenn ihr die Zuwendungen aus dem königlichen Haushalt gestrichen würden. Auch die Kirche von England werde eine Trauung des Paares verweigern. Und sollte eine Eheschließung doch zustande kommen, müßten Margaret und Peter das Land auf unbestimmte Zeit verlassen. Nachdem man die beiden mit diesen Argumenten fast zu Verrätern und Verbrechern abgestempelt hatte, gaben Margaret und Peter dem allgemeinen Druck nach. Wie der *Manchester Guardian* schrieb, hatte die Situation »einen kräftigen Beigeschmack von britischer Heuchelei«.

Am Montag, dem 31. Oktober, gab die Prinzessin eine von Peter Townsend für sie verfaßte Erklärung heraus:

»Hiermit möchte ich bekanntgeben, daß ich mich entschlossen habe, Oberst Peter Townsend nicht zu heiraten. Ich bin mir bewußt, daß ich eine Zivilehe hätte eingehen können, wenn ich auf meine Thronfolgerechte verzichtet hätte, aber eingedenk der Kirchenlehre, nach der die christliche Ehe unauflöslich ist, und im Bewußtsein meiner Verantwortung gegenüber diesem Staat bin ich zu dem Entschluß gelangt, diese Gesichtspunkte allen anderen überzuordnen. Dies ist meine freie Entscheidung, bei der mich Oberst Townsend rückhaltlos unterstützt hat. Ich möchte allen von ganzem Herzen danken, die in dieser schweren Zeit für mein Glück gebetet haben.«

Hat sich Margaret in ihrer Entscheidung wirklich vor allem von religiösen Gesichtspunkten leiten lassen? Oder war es nicht vielleicht doch die drohende Aussicht auf materielle Armut, gesellschaftliche Ächtung und Ehrverlust für ihre Familie? Vermutlich haben alle diese Faktoren eine Rolle gespielt. Letzten Endes wurde die junge Frau gezwungen, den Mann aufzugeben, den sie seit Jahren geliebt hatte, weil kein Schatten auf die Monarchie fallen durfte. Zwar war Margaret schon immer aufsässig gewesen, aber andererseits hatte sie doch die Regeln der Monarchie anerkannt, sie war eben durch und durch eine Prinzessin.

Margaret hat ihren königlichen Status immer genossen, stets auf ihren Privilegien beharrt und unwillig reagiert, wenn man sie nicht mit den ihr gebührenden Titeln angesprochen hat. Und sie wollte niemals ihren Status als Königliche Hoheit Prinzessin Margaret, Tochter Seiner Majestät King George VI., aufgeben. Darin war sie überhaupt nicht rebellisch oder unabhängig, sondern bis in ihr Innerstes monarchistisch. Dieser Konflikt sollte auch ihr weiteres Leben kennzeichnen. Immer wieder strebte sie nach größerer Unabhängigkeit, wenn aber die Gefahr bestand, daß sie ihren Status verlieren könnte, lenkte sie sofort wieder ein. Richtig ist, und das bezeugen alle ihre Bekannten, daß die Prinzessin ihre Entscheidung – ungeachtet des äußeren Drucks – allein getroffen hat. Wie ihre Schwester wollte sie letztendlich Mitglied des Königshauses bleiben.

Peter Townsend kehrte noch vor der Veröffentlichung von Margarets Erklärung nach Belgien zurück. Und während der folgenden zwei Jahre hatten die Fotografen kaum Gelegenheit, für die sensationshungrigen Leser der Gesellschaftsblätter Margaret lächelnd zu fotografieren.

»Zunächst bat man uns, ein Jahr zu warten«, hat Margaret Jahre später gesagt,

»und dann ging eine Schmutzkampagne über uns nieder. Dann hat man uns gebeten, ein weiteres Jahr zu warten. Hätte Lascelles mir nicht bestätigt, daß eine Heirat möglich sei, hätte ich daran keinen Gedanken mehr verschwendet. Die Beziehung hätte beendet werden können, und Peter wäre friedlich seiner Wege gegangen. Statt dessen haben wir eine halbe Ewigkeit gewartet und mußten dann feststellen, daß unsere Lage völlig hoffnungslos war. Es erscheint mir inzwischen fürchterlich dumm, daß wir so lange gewartet haben, und es war gemein, uns so lange hinzuhalten.«

Auf die Frage, warum die beiden nicht trotz des offiziellen Widerstands geheiratet hätten, entgegnete Margaret leise: »Das wollte Peter nicht.« Und so ist es nach Meinung vieler wohl auch gewesen: Townsend wollte keine Ehe eingehen, mit der seine Frau in Unehre gefallen und völlig mittellos geworden wäre. Diese von Anfang an schwierige Affäre mit unglücklichem Ausgang machte die ersten Risse in der gepflegten Fassade sichtbar, die das Haus Windsor bis dahin gezeigt hatte.

Viele Bürger konnten schon damals nicht verstehen, warum der geschiedene und wiederverheiratete Anthony Eden eine Regierung leiten und Bischöfe und Erzbischöfe ernennen durfte, während man einer Prinzessin mit nur vagen Aussichten auf eine Thronfolge das Recht absprach, den Mann ihrer Wahl zu heiraten. Überdies warf die Verzichtserklärung Margarets und Peter Townsends eine verfassungsrechtliche Frage auf. Über das Recht der Thronfolge entscheidet allein das Parlament zusammen mit dem Premierminister und den Premiers des Commonwealth. Mit anderen Worten: Die Königin oder der Erzbischof von Canterbury können hier gar nicht entscheiden. Weshalb wollte man Margaret dann selbst eine standesamtliche Heirat nur unter der Voraussetzung gestatten, daß sie auf ihre Thronfolgerechte verzichtete?

Schließlich fragten sich auch viele vernünftige Leute, welcher Pflichtbegriff eigentlich einem Verzicht auf persönliches Lebensglück zugunsten der Monarchie zugrunde liege – einer Monarchie wohlgemerkt, die durch die von der Kirche gebilligte Scheidung Heinrichs VIII. im 16. Jahrhundert einen erheblichen Status- und Machtgewinn erzielt hatte. Trotzdem verlangten Königin, Regierung und Kirche von England von Margaret einen Akt äußersten Selbstverzichts. Dabei triumphierte die Scheinheiligkeit über die Wahrheit, und Prinzessin Margaret hat diese Dinge nie ganz verwunden.

Letzten Endes hat aber auch die Königliche Familie dabei Schaden genommen, denn seitdem steht sie im Mittelpunkt der Medien, die keine Gelegenheit auslassen, Glück und Leid des Königshauses der Öffentlichkeit zu präsentieren.

Prinzessin Margaret und ihr Mann, Lord Snowdon

ZWÖLFTES KAPITEL

Die erste Scheidung (1956–1965)

»Das ergibt keinen Sinn.«
Bemerkung eines Lehrers zu einem Aufsatz von Prinz Charles

Wenn ein Monarch nicht regiert, sondern nur Repräsentationspflichten erfüllt, gelten die Bewunderung und die Verehrung der Menschen
mehr seiner Person als dem Amt. Der moderne Star-Kult erlebte in
den fünfziger Jahren einen gewaltigen Auftrieb. Nicht nur wegen der

431

weltweiten Verbreitung in der Hauptsache amerikanischer Spielfilme, sondern auch, weil das Fernsehen einen Schauspieler über Nacht berühmt machen konnte.

Die Presse berichtete immer ausführlicher über die schulischen Leistungen von Charles und die Picknickausflüge seiner Eltern, was bei manchen scharfsinnigen Beobachtern Unruhe erzeugte. »Ist das neue elisabethanische Zeitalter ein Reinfall?« war ein Artikel des *Daily Mirror* im Oktober 1956 überschrieben. Immer mehr Menschen wollten jetzt wissen, welche Funktion die Königliche Familie eigentlich habe.

Den meisten genügte es offenbar, daß die Königin vor der Kamera gut aussah, daß Prinz Philip einen forschen Eindruck machte und sich kleine Witze einfallen ließ. Aber Journalisten, Gesellschaftskritiker und loyale Bürger glaubten, daß in der veränderten Welt der Nachkriegszeit die Krone keine Impulse mehr geben könne. Andere, die der monarchischen Tradition durchaus Respekt zollten, beobachteten mit zunehmender Besorgnis, wie durchschnittlich und belanglos das Leben der Mitglieder des Königshauses ablief.

Solche Besorgnisse hatten ihren guten Grund. Jahrhunderte zuvor war Queen Elizabeth I. weit enger mit ihrem Volk verbunden gewesen als Elizabeth II., ihre Nachfolgerin. Elizabeth I. hatte einen viel intensiveren und persönlicheren Einfluß auf das Leben ihrer Untertanen gehabt, sich viel freier unter ihnen bewegt und auch ihre Sprache gesprochen, nicht die Oberklassensprache, mit der sich die Windsors vom alltäglichen Umgangston deutlich abheben wollen. Und manche fragten, was für einen Sinn es haben sollte, Prinz Charles auf ein ganz normales Leben vorzubereiten, an dem er doch niemals teilhaben würde. Vielen Beobachtern wollte es deshalb so scheinen, als hätten die Windsors in der Tat nicht sehr viel Nützliches zu tun.

»Die Königliche Familie«, schrieb B. A. Young in jenem Jahr, »verfügt über reichlich Zeit: dreißig Termine in neunzig Tagen, das ist nicht gerade ein erschöpfendes Programm für einen Clan, dessen eigentliche Daseinsberechtigung darin besteht, sich in der Öffentlichkeit zu zeigen.« An dieser Tatsache war nicht zu rütteln, und wer die Hofnachrichten verfolgte, wußte auch, daß sich die Königliche Familie während des Jahres auch abwechselnd in ihren vier Residenzen aufhielt. Wie schon Edward VII. verbrachten Elizabeth und Philip mit ihren Kindern den Herbst im Buckingham-Palast, Weihnachten in Windsor und Sandringham, Ostern wieder in Windsor, den weiteren Frühling in Holyroodhouse und die Zeit von August bis Oktober in Balmoral.

Der Dramatiker John Osborne sagte seine Meinung noch offener als Young: »Niemand kann ernstlich behaupten, daß die anmutige Langeweile und die Albernheiten eines überlebten Protokolls, wie sie für unser Königshaus typisch sind, einen politischen oder moralischen Nutzen hätten.«

Genau auf diese »Beschäftigungen« des Königshauses kam John Grigg, Lord Altrincham, in einem bedeutenden Essay zu sprechen, der im Sommer 1957 in *The National and English Review* erschien. Fast vierzig Jahre später hat er gesagt: »Weder im königlichen Haushalt noch was die Aktivitäten der Mitglieder dieses Hauses betrifft, hatte sich [damals] das geringste geändert, obwohl überall von einem großartigen neuen Zeitalter die Rede war. Der große Schwindel damals war die Behauptung, das wundervolle elisabethanische Zeitalter sei angebrochen. Dabei hatte sich überhaupt nichts geändert.«

Diese Starrheit, die Unfähigkeit zur Veränderung, lag hauptsächlich an den altmodischen (oder wie Grigg sagte »verzopften«) Höflingen, von denen viele unfähig waren. Auch der loyale Alan Lascelles war ein Gefangener des Protokolls, und er konnte nicht verstehen, daß sich die Tochter George VI. so bald (es waren immerhin zwei Jahrzehnte vergangen) nach der Abdankung Edwards VIII. mit einem geschiedenen Mann verheiraten wollte. Und Richard Colville, den man wegen seiner Diskretion zum Pressesprecher der Königin ernannt hatte, war eigentlich mit Leib und Seele Marineoffizier (»ein Hoch auf den Geist George V.«) und für den Posten im Palast völlig ungeeignet.

Wie gefährlich es für Altrincham 1957 war, darüber zu schreiben, zeigen die ungerechte Kritik und die Feindseligkeit, denen er begegnete (einmal schlug ihn ein Royalist in aller Öffentlichkeit sogar ins Gesicht). Heute dagegen folgen viele Historiker seiner Einschätzung. »Alle, denen die Institution der Monarchie am Herzen liegt«, hat Altrincham damals geschrieben,

»sollten es nicht bei den scheußlichen Farbfotos einer strahlenden jungen Frau in kostbaren Kleidern bewenden lassen, sondern sich vielmehr mit den Herausforderungen der nächsten zwanzig Jahre befassen. Die Monarchie wird nur Bestand haben und auch Ansehen genießen, wenn sich ihre führenden Mitglieder voll engagieren und ihre ganze Vorstellungskraft einsetzen.«

Altrinchams Argumentation, die nach ihrer Veröffentlichung oft fehlinterpretiert wurde, richtete sich vor allem gegen das Umfeld der Königin, gegen die alten, egozentrischen Höflinge, die Elizabeths Reden schrieben, ihre öffentlichen Auftritte planten, ihre Freunde auswählten, sie nach außen hin abschirmten und dafür sorgten, daß die Herrscherin unerreichbar fern erschien. »Es wird auf Dauer nicht genügen, wenn die Queen mechanisch irgendwelche Texte abliest«, fuhr Altrincham fort, »sie muß etwas sagen, was den Leuten im Gedächtnis haften bleibt, und aus eigenem Entschluß etwas tun, was den Menschen auffällt und das ihre Aufmerksamkeit weckt. Aber bis jetzt gibt es kaum Anzeichen, daß sie sich je zu einer selbständigen Persönlichkeit entwickeln könnte.« Mit seinem Essay traf dieser kluge Autor den Kern der Sache. Der Buckingham-Palast sei offenbar außerstande, meinte er, auf die sozialen und politischen Herausforderungen der Gegenwart angemessen und innovativ zu reagieren, noch sei man in der Lage, die eigene Funktion und Bedeutung zu überdenken.

Selbst einige Familienangehörige der Königin erkannten das Dilemma und nannten es sogar beim Namen. »Für einen Menschen, der so sehr von protokollarischen Gegebenheiten, Regeln und Verhaltensvorschriften eingeengt ist [wie die Königin], muß es unglaublich schwierig sein, von der Außenwelt überhaupt noch etwas mitzubekommen«, hat beispielsweise einmal ihr Cousin, der Earl of Harewood, gesagt.

»Natürlich kann man sich über solche Entwicklungen unterrichten lassen. Trotzdem ist es schwierig zu erkennen, wie sich das Bild des Herrschers in der Öffentlichkeit verändert und wie damit angemessen umzugehen ist. Dazu benötigt man natürlich kompetente Berater mit einem ausgeprägten Urteilsvermögen. Solche Leute sind gewiß nicht leicht zu finden.«

Der Kern des Problems war, laut Altrincham, daß die englische Monarchie nicht frei von Überlegungen zur Klassen- und Rassenzugehörigkeit war. Ferner habe die konventionelle Erziehung der Königin sie lediglich auf den Umgang mit einer erstarrten Hofgesellschaft vorbereitet. Die Verpflichtungen während der Londoner Saison, die Pferderennen und Jagdgesellschaften sowie die Reisen, die sie unternahm, das alles hätte Queen Elizabeth I. zu Tode gelangweilt, behauptete Lord Altrincham mit Recht. Aber schlimmer noch, der Hof Elizabeths II. setze sich ausschließlich aus männlichen Angehörigen der weißen englischen Oberschicht zusammen. Während die englische Gesellschaft immer mehr Angehörige anderer Rassen und Nationen mehr oder weniger erfolgreich assimiliere (schließlich hatte auch Philip erst als Erwachsener die englische Staatsangehörigkeit erworben), zeige sich der Hof (laut Altrincham) weiterhin als »winzige Enklave britischer Ladys und Gentlemen. Und das ist nicht gut.« Es sollten endlich am Hof Bürger des Commonwealth zugelassen werden, argumentierte Altrincham weiter. Wenn sich die Königin wirklich als Oberhaupt des Commonwealth verstehe, müsse sich dies auch in ihrem (zwischen vier- und fünfhundert Personen starken) Mitarbeiterstab widerspiegeln. Aber noch 1994 waren die Mitarbeiter des Buckingham-Palastes ausschließlich Weiße.

Ein weiterer Beleg für die Distanz der Königin zu ihrem Volk ist nach Altrinchams Meinung ihr »Redestil, der einem, offen gestanden, sehr auf die Nerven gehen kann. Ebenso wie ihre Mutter ist sie offenbar nicht in der Lage, auch nur einige Sätze ohne Manuskript zu sprechen. Dieser Mangel wird besonders spürbar, wenn ihre Zuhörer sie [etwa im Fernsehen] auch sehen können.« Die Reden George V. seien ein echter Ausdruck seines Charakters gewesen, was jedoch nicht für Elizabeth gelte: »Gemessen an den ihr in den Mund gelegten öffentlichen Äußerungen, müßte man eigentlich meinen, sie sei ein pedantisches Schulmädchen, die Anführerin einer Hockey-Mannschaft, eine Schulaufseherin oder eine Konfirmandin.

Wir alle, die glauben, daß die Monarchie von Bestand sein und in den Angelegenheiten des Commonwealth eine wohltätige Rolle spielen kann, können nicht länger schweigen, während bestimmte Entwicklungen weiter Schaden anrichten … Der Leistungsfähigkeit [der Monarchie] sind keine Grenzen gesetzt, wenn sie nur die von George V. eingeleiteten Veränderungen fortführt.« Die Königliche Familie, fuhr Altrincham fort, brauche nicht das Leben vornehmer Nomaden zu führen. Die Königin sei Repräsentantin einer »wichtigen Institution«, argumentierte er weiter, und er hege für sie »persönliche Bewunderung« und begleite sie mit den besten Wünschen bei der Ausübung ihrer äußerst verantwortungsvollen und interessanten Aufgabe.

Da hatte sich wahrlich kein übergeschnappter Republikaner in Rage geredet. Das gleiche gilt auch für Malcolm Muggeridge, der am 19. Oktober in der *Saturday Evening Post* unter der Überschrift *Braucht England wirklich eine Königin?* einen Artikel publizierte, in dem er wesentlich versöhnlichere Töne anschlug, als der provozierende Titel vermuten läßt. »Der Hofstaat, der den Thron umgibt«, hatte der *Daily Mirror* bereits im Oktober 1956 geschrieben, »ist auch heute noch so aristokratisch und exklusiv wie eh und je.« Deshalb sei die Zeit für eine Neubewertung des gesamten monarchischen Systems gekommen, und die Königin und ihr Gatte sollten sich endlich von dem »ermüdenden Einerlei ihrer langweiligen und belanglosen« königlichen Aktivitäten lösen.

Weder Altrincham noch Muggeridge forderten die Abschaffung der Monarchie, wie es die schärfsten Kritiker getan hatten, als Queen Victoria sich nach Alberts Tod aus der Öffentlichkeit zurückzog. Trotzdem sah sich Altrincham großen Angriffen ausgesetzt. Er erhielt zahllose Schmähbriefe und Morddrohungen und wurde sogar auf der Straße tätlich angegriffen. Während etliche Mitglieder der britischen Gesellschaft sich köstlich darüber amüsierten, daß die Königin ein ganz normaler Mensch sei, erregte Altrincham Empörung, als er erklärte – wobei er an seiner Loyalität keinen Zweifel ließ –: Wenn das zutreffe, müsse man Elizabeth auch wie einen normalen Menschen behandeln und vor den schlimmsten Auswüchsen an ihrem Hof und in der erstarrten herrschenden Schicht in Schutz nehmen.

Natürlich gab es auch Zustimmung für Altrinchams Essay und für seine durchdachten Ausführungen wie auch für seine konstruktive Kritik an dem ineffizienten Hofsystem. Sogar Prinz Philip stimmte seinen Gedanken zu: »Wir sollten diese Kritik berücksichtigen«, sagte er zu seiner Frau. »Es ist unsere Aufgabe, die Monarchie funktionstüchtig zu erhalten.«

Martin Charteris, der stellvertretende Privatsekretär der Königin, erklärte sogar, Altrinchams Ausführungen seien »das Beste, was dem Buckingham-Palast seit langem widerfahren ist«. Und nicht zufällig verzichtete Altrincham alias John Grigg 1963 auf die Würde eines Lords und damit auf seinen Sitz im Oberhaus, was er folgendermaßen begründete:

»Ich bin nicht etwa gegen erbliche Titel, die sowieso nichts zu bedeuten haben, denn sie werden in der Familie vererbt, sondern ich finde, daß Parlamentssitze nicht erblich sein sollten. Wenn man den Titel Lord trägt, kommt sogleich Verwirrung auf, und man wird von einfältigen Leuten plötzlich viel zu ernst genommen, während einen die vernünftigen Zeitgenossen nicht ernst genug nehmen.«

Tatsächlich gab es am Hof durchaus Würdenträger, die begriffen, daß Grigg es ehrlich meinte und nur von ehrenhaften Absichten geleitet wurde und daß er auf der Seite der Monarchie stand.

Sechsunddreißig Jahre später galt die Kritik, die John Grigg am monarchischen System geübt hatte, noch immer, denn kaum einer seiner Reformvorschläge war aufgegriffen worden.

»Ich glaube, meine Kritik hat der Minderheit im königlichen Haushalt geholfen, die auch Veränderungen wollte. Aber diese Leute sind ihre [der Königin] Bediensteten, und sie wissen nicht, wie sie von sich aus etwas ändern sollen. Auch ihre Premierminister haben sich in dieser Hinsicht ausgesprochen untertänig und gleichgültig verhalten und nicht immer ihr [Elizabeths] bestes Interesse im Auge gehabt.

Prinzessin Margaret stimmte jetzt häufig auch in den weihevollen Ton ein, mit dem sich das Königshaus darzustellen pflegte, während sie privat ein sehr freizügiges Leben führte. (»Kümmere du dich um dein Empire, ich kümmere mich um mein Leben«, sagte sie der Königin, als die sie tadelte, weil sie mit mehreren Kadetten geflirtet hatte.)

Trotz der kritischen Stimmen blieb die Monarchie weiterhin eine unantastbare Institution, und das blieb sie auch während der ersten Regentschaftsjahre von Elizabeth II. Aber diese Wertigkeit hatte die Krone nicht allein in England, sondern auch in Amerika. Das zeigte der erste Besuch, den Elizabeth den USA im Herbst 1957 als Königin abstattete. Die US-Presse überschlug sich mit Superlativen, und im Vergleich zu der Konfettiparade, die der Königin und dem Prinzen bereitet wurde, war der Empfang eines Charles Lindbergh oder eines George V. in New York geradezu bescheiden ausgefallen.

Das ändert allerdings nichts an der Tatsache, daß die britische Monarchie für das starre Festhalten an einer hierarchischen Klassengesellschaft und für die Verteidigung der Vorrechte von ererbtem Reichtum und gesellschaftlichem Status steht. Der Monarch verkörpert nicht die Bestrebungen des Volkes, sondern die Aristokratie.

Selbst unter den Angestellten des Hofes besteht eine feste Rangordnung. Mitglieder der Oberschicht haben die höheren Stellungen inne, sie sind beispielsweise Privatsekretäre, Haushofmeister oder Oberrechnungsführer. Auch das Heer der Butler und Lakaien ist streng hierarchisch gegliedert. Es gibt eine Aristokratie von leitenden Angestellten, die mit den Beschäftigten im mittleren Dienst kein Wort reden, und diese wiederum ignorieren diejenigen, die in den unteren Diensträngen arbeiten.

Doch im Jahr 1956 interessierte das weder die Presse noch die Öffentlichkeit. Sie witterten vielmehr eine Ehekrise im Königshaus, denn im Herbst ging Prinz Philip auf eine viermonatige Reise durch das Commonwealth und die Antarktis. Philip war allerdings schon vorher allein gereist, er hatte Truppeninspektionen und Segeltörns unternommen oder an Manövern der Marine teilgenommen. Außerdem mied er tunlichst die von der Königin bevorzugten Reitveranstaltungen. Als man ihn einmal fragte, ob sich die Königin wohl auch für wissenschaftliche Versuche interessieren könnte, sagte Philip rundheraus: »Ganz bestimmt nicht. Wenn das Ding kein Gras frißt, dann interessiert sie sich auch nicht dafür.« Als die Königin davon erfuhr, war ihr Kommentar nur: »Den Charakter eines Mannes verändern zu wollen ist reine Zeitverschwendung. Einen Ehemann muß man wohl oder übel so akzeptieren, wie er ist.« So mußte sie allerdings immer wieder die bemerkenswert offenen Aussprüche ihres Mannes hinnehmen. In deftigen Worten appellierte er an britische Industrielle, endlich aktiv zu werden, und erklärte ungeniert: »Ich finde, es ist an der Zeit, daß wir endlich den Hintern hochkriegen.«

»Ich habe schon vor Jahren aufgehört, ihm solche Sprüche abgewöhnen zu wollen«, seufzte die Königin nur.

Die Häufung solcher Vorfälle nährte natürlich das Gerücht, daß es zwischen dem königlichen Paar eine ernste Ehekrise gäbe. Diese Vermutung verstärkte sich noch, als Eileen Parker sich 1956 von ihrem Mann Michael scheiden ließ. Ein Grund für diese Scheidung sei auch gewesen, wurde gemunkelt, daß der Prinz und sein Sekretär auf der Tour durch das Commonwealth den Bogen überspannt hätten, sich mit Damen amüsiert und ganz und gar nicht wie Gentlemen benommen hätten. Doch Elizabeth selbst brachte die Gerüchte über eine Ehekrise rasch zum Verstummen, als sie gegen Ende von Philips Reise im Februar 1957 mit Philip in Lissabon zusammentraf und ihm den Titel Prinz des Vereinigten Königreichs verlieh. Bis dahin war er nur inoffiziell als Prinz Philip bekannt gewesen, ein Status, den er schon seit seiner Jugend in Griechenland besaß.

Elizabeth und Philip haben sich am Tag ihres Zusammentreffens gewiß eine Menge zu erzählen gehabt, darunter natürlich auch, daß die Königin Prinz Charles vor über einer Woche eingeschult hatte. Die Idee, den Jungen in eine normale Schule zu schicken, war von Prinz Philip gekommen. »Der Junge muß lernen, mit anderen Kindern umzugehen«, war seine Begründung, und die Königin hatte ihm beigepflichtet.

Charles war der erste Thronerbe in der Geschichte des britischen Königshauses, der seine schulische Ausbildung außerhalb des Palastes erhielt. Täglich wurde Charles zur Hill House School in Knightsbridge gefahren, was vom Palast mit dem Auto etwa drei Minuten dauerte. Die Schule bestand seit fünf Jahren und hatte einhundert Schüler, darunter keinen Aristokraten. Man hatte sie ausgewählt, weil sie unbekannt war. Doch das änderte sich, als eines Morgens Elizabeth und ein Detektiv, die Charles zur Schule brachten, dort schon von einem Heer von Journalisten erwartet wurden.

Charles lernte schnell, daß er etwas Besonderes war. Als er mit seiner sechs Jahre alten Schwester eine Militärkapelle vor dem Palast vorbeiziehen hörte, fragte Anne: »Ist denn schon wieder eine Krönung?« Worauf der Prinz nur sagte: »Sei nicht blöd, die nächste Krönung ist doch meine.«

Bis dahin hatte Charles keine Lebenserfahrung. Miss Peebles hatte ihm zwar etwas Lesen und Schreiben beigebracht, aber den Umgang mit Menschen hatte er nicht gelernt. Männer wie Frauen, die seinen Eltern begegneten, verbeugten sich oder machten einen Knicks vor ihnen, und in der Öffentlichkeit wurden sie bejubelt. Fast täglich sah er Fotos seiner Eltern in Magazinen oder Zeitungen, manchmal war sogar ein Foto von ihm dabei. Von Geld wußte er nur, daß seine Mutter auf Münzen und Banknoten abgebildet war. Einkaufen, Schlangestehen, die Erledigung kleiner Pflichten, materielle Not – von alledem hatte er keinerlei Vorstellung.

In den fünf Monaten, die er in der Hill House School verbrachte, bekam er allerdings eine Ahnung davon, wie die Menschen im Land leben mochten. Neben ihm saß der Sohn eines Arztes, er lernte Arithmetik, hatte seinen ersten Geschichts-, Geographie- und naturwissenschaftlichen Unterricht. Wie seine Mitschüler mußte er bestimmte Regeln beachten, mittags seinen Teller spülen, seine Uniformjacke auf seinen Kleiderhaken hängen. Aber es war stets ein Leibwächter in der Nähe, und die meisten Lehrer trauten sich nicht, ihn mit Charles anzureden, wie man sie angewiesen hatte. Einige seiner Klassenkameraden nannten ihn Charles, andere behandelten ihn mit Hochachtung. Doch alle fühlten sich durch das Aufgebot an Journalisten und Schaulustigen gestört, die sich täglich in der Nähe der Schule aufhielten.

Auch wenn er gewollt hätte, war es für Charles fast unmöglich, mit seinen Klassenkameraden freundschaftlich zu verkehren. Sein Chauffeur hat berichtet, der achtjährige Prinz habe eines Tages gefragt, ob er nicht einen seiner Mitschüler mit dem Auto nach Hause bringen könne. »Nein«, war die Antwort, »Fremde dürfen nicht mitfahren.« Der Chauffeur schrieb später in sein Tagebuch, daß es dem Prinzen gar nicht möglich gewesen sei, außerhalb des Palastes seine Erfahrungen zu machen. »Charles hat damals überhaupt nicht begriffen, was vor sich ging«, schrieb der Chauffeur weiter, »und das wird ihm [fürchte ich] in seinem Leben noch manche Schwierigkeit bereiten, weil er nicht weiß, welcher Welt er sich nun zugehörig fühlen soll.«

Die Zeitungen berichteten tagtäglich sogar die banalsten Details aus dem Schulalltag des Prinzen. Und so erfuhr die Öffentlichkeit, daß Charles in der Ringermannschaft kämpfte, daß er am liebsten mit Finger- oder Wasserfarben malte. Mittags aß er wie die anderen Eintopf oder Karotten. Charles' Zeugnis, das mit denen der anderen Schüler am Schwarzen Brett der Schule aushing, bewies, daß er »von Anfang an gut mitgearbeitet« und in manchen Fächern »gute«, in anderen hingegen »nicht ganz befriedigende Leistungen« erbracht hatte.

Im August 1975 wechselte Charles auf das Internat Cheam in Berkshire, das sein Vater Philip einige Jahrzehnte vorher auch besucht hatte. Während der ersten achtundachtzig Tage, die er dort verbrachte, erschienen in der englischen Presse siebzig Fotoreportagen über ihn. Eine Tatsache, die es dem Leiter der Anstalt nicht gerade erleichterte, den Prinzen (wie es die Königin ausdrücklich gewünscht hatte) wie seine Mitschüler zu behandeln. Wie üblich sah Philip die Dinge nüchterner: »Es ist doch albern zu meinen, man könnte sie [die Königskinder] einfach so behandeln wie alle anderen. In Wirklichkeit werden sie doch schlechter behandelt, denn schließlich tragen sie einen bekannten Namen.« Charles sollte niemals in seinem Leben »wie alle anderen« behandelt werden, und er wußte bereits als Kind die Vorzüge seiner Stellung zu schätzen. Eines Tages wollte er gern allein im Auto durch die Gegend chauffiert werden und fragte seinen Vater: »Bitte, darf ich heute allein im Fond des Autos sitzen? Weißt du, Papa, wie ein Prinz.« Daraufhin bekam Charles von Philip erst einmal eine Ohrfeige und mußte dann neben dem Fahrer sitzen.

In Cheam fühlte sich Charles überhaupt nicht wohl. Dort fiel es dem scheuen und zurückhaltenden Prinzen, der jetzt neun Jahre alt war, schwer, Anschluß zu finden. Und so hatte die Zeit, die er bis zum Frühjahr 1962 in Cheam verbrachte, keine positive Wirkung auf die Entwicklung seines Selbstbewußtseins. »Es ist dort schrecklich – schrecklich – schrecklich«, sagte er einmal weinend zu einem Angestellten in Balmoral. »Die anderen Jungen sagen, daß ich nichts kann, daß meine Beine zu dick sind. Und sie machen sich immer über mich lustig. Hier werde ich nur schikaniert, und ich muß ständig aufpassen, daß sie mir nicht wieder einen Streich spielen.«

Jahre später hat Charles einmal über seine unglückliche Kindheit gesprochen. »Viele Freunde hatte ich nicht. Ich bin kein besonders geselliger Typ, und deshalb habe ich auch immer Angst vor Cliquen gehabt. Ich war am liebsten allein oder höchstens mit einem anderen Jungen zusammen.« Und seine Klassenkameraden und Lehrer erinnerten sich, daß der Prinz sehr unsicher war.

Charles hatte immer wieder Ärger wegen seines Titels, doch sein Spitzname »Fatty Prince« (fetter Prinz) wurde schon bald durch einen ehrenvolleren Titel ersetzt, als ihn im Sommer 1958 seine Mutter zum Prince of Wales ernannte. Offiziell hätte er dazu erst volljährig sein müssen. Dem Prinzen waren auch weiterhin die Fürbitten für die Königliche Familie in der Kapelle unangenehm, denn sein Name wurde gleich nach dem seiner Eltern genannt. »Ich wünschte, sie würden auch für die andern Jungen beten«, sagte er eines Sonntags traurig.

Um seinem Vater zu gefallen, spielte er in der Cricket- und Fußballmannschaft. Aber trotz aller Anstrengungen, sich als Sportler hervorzutun, hatten Charles und Philip nie ein gutes Verhältnis. Der Grund dafür war jedoch nicht, daß der Herzog seinen Sohn für zu sensibel und verletzlich hielt, sondern auch der Umstand, daß Lord Mountbatten, der nur zu gern Einfluß auf die Königliche Familie nehmen wollte, sich intensiv um den kleinen Prinzen kümmerte und ihm Ratschläge gab.

Während Philip mit Charles nur kühl und distanziert umging, begegnete Mountbatten ihm stets mit Herzlichkeit. Daher wurde er für Charles immer mehr zu einer Art Ersatzvater, was die Distanz zwischen dem Prinzen und dem Herzog noch vertiefte. »Ganz sicher hat Lord Mountbatten erheblichen Einfluß auf mein Leben gehabt, und ich glaube, daß ich ihn mehr bewundere als sonst jemanden. Er ist ein wunderbarer Mensch.« Solche Äußerungen, die von der

Presse zitiert wurden, verbesserten natürlich nicht gerade das Verhältnis zwischen Charles und Philip. Auch den Bediensteten entging das schwierige Vater-Sohn-Verhältnis nicht. Als der Junge einem Lakaien erzählte, daß er später gern zur Marine gehen würde, fragte der Bedienstete: »Oh, etwa unter dem Kommando Eures Vaters?« Die Antwort kam prompt: »O nein! Der würde mich ja nur herumscheuchen. Nein, ich möchte nicht unter ihm dienen. Ich möchte lieber allein dort hingehen und nur mit den anderen Seeleuten zusammensein. Aber Mami werde ich bestimmt vermissen.« Einige Jahre später kritzelte Charles auf ein Foto, das ihn gemeinsam mit seinem Vater zeigte: »Ich bin nicht geschaffen, in die Fußstapfen meines Vaters zu treten.«

Das distanzierte Verhältnis zwischen den beiden verbesserte sich auch nicht, als Charles 1962 nach Gordonstoun geschickt wurde, ebenfalls eine Ausbildungsstätte, an der auch sein Vater schon erzogen wurde. Das wenige Kilometer von Elgin in Schottland entfernt liegende Internat wurde von Kurt Hahn geleitet, einem deutschen Pädagogen, der vor den Nazis fliehen mußte. Hahns Erziehungskonzept war, die vierhundert ihm anvertrauten Jungen allein durch mönchische Disziplin und Askese zu tüchtigen Männern heranzubilden. Daher wurde im Internat auch auf eine möglichst spartanische Lebensweise Wert gelegt. Man quartierte Charles in einem großen düsteren Schlafsaal ein, den auch Dickens in einem seiner Romane hätte beschreiben haben können. An den beiden Außenwänden standen sechzig Eisenbetten auf dem kalten Holzfußboden, und für die einzige Beleuchtung sorgten nur mehrere Glühbirnen. Das Steinhäuschen eines schottischen Kleinbauern war im Vergleich mit Charles' neuem Wohnort ein Palast.

»Es steckt mehr in dir«, lautete das Motto der Schule, wobei offenblieb, was dieses »mehr« eigentlich bedeutete. Was man sich auch darunter vorstellen mochte, die Schulleitung glaubte jedenfalls, daß die Jungen ihre besten Eigenschaften nur dann entfalten könnten, wenn man sie jeden Morgen um sieben Uhr mit leerem Magen im Galopp durch die Gegend jagte. Hinterher mußten sie kalt duschen und danach zum Unterricht gehen. In diesem Institut, einer Mischung aus viktorianischem Waisenhaus und schottischem Militärlager, stand die körperliche Ertüchtigung an erster Stelle, und Mittelpunkt der Ausbildung waren Kurse in Bergrettung, Segeln und Feuerbekämpfung. Diese Kurse hatten den gleichen Stellenwert wie die Vermittlung von mathematischem und historischem Wissen. »Ich verbinde [mit dieser Schule] nur die absolut schrecklichsten Erinnerungen«, hat Lord Rudolph Russel, der Sohn des Herzogs von Bedford, gesagt. »Es ist die absolute Hölle«, gestand auch Charles einem Freund.

Wie in seinen früheren Lehranstalten fiel Charles auch in Gordonstoun nie durch herausragende Leistungen auf. Er bestand seine Prüfungen in Französisch, Geschichte und Literatur, fiel aber in Mathematik und Physik durch. Vor allem aber fühlte er sich schrecklich einsam. Selbst zwei seiner Cousins vom Kontinent, die auch in Gordonstoun ihre Ausbildung bekamen, hielten Distanz zu ihm, um sich nicht dem Vorwurf einer bevorzugten Behandlung auszusetzen. Die anderen Jungen schüchterte schon die bloße Anwesenheit von Charles ein, und manche Lehrer, die Schwierigkeiten hatten, wie sie ihn anreden sollten, nannten ihn schlicht »Windsor«.

»Fühlen Sie sich manchmal einsam?« fragte Charles eines Tages seinen Leibwächter Michael Varney.

»Das tut doch fast jeder«, entgegnete Varney.

»Und Sie? Fühlen Sie sich manchmal einsam?«

»O ja – sehr oft.«

Schon bald erfuhr man auch im Buckingham-Palast davon, daß Charles in Gordonstoun unglücklich war. Und als sich jemand bei Philip nach dem Befinden seines Sohnes erkundigte, entgegnete er achselzuckend: »Na ja, weglaufen ist er bisher noch nicht.«

Während seines ganzen späteren Lebens sollte Charles besonders unter dem Defizit leiden, daß niemand in seiner direkten Umgebung, keiner seiner Bediensteten oder Berater, es je wagte, ihn zu kritisieren oder es ihm ehrlich zu sagen, wenn er irgendeinen Unsinn angestellt hatte. »Je älter ich werde, um so einsamer fühle ich mich«, hat er einmal gesagt. Ganz sicher liegt der Grund für diese Einsamkeit sowohl in seiner besonderen Stellung begründet als auch in seinem Temperament.

»Viele Menschen haben, glaube ich, Angst davor, was andere von ihnen denken könnten, wenn sie einfach auf mich zugehen und mit mir reden. Aber dann gibt es auch welche, und die erkenne ich schon von weitem, die mir gegenüber mehr oder weniger aufdringlich und übertrieben vertraulich auftreten und dabei meist Hintergedanken haben. Das sind im allgemeinen nicht gerade die angenehmsten Menschen. Leider Gottes sind meistens die Leute am nettesten, die nicht zu mir kommen und sich vorstellen.

Manchmal denke ich: Guter Gott! Was ist bloß mit mir los? Rieche ich vielleicht? Oder hab' ich meine Schuhe verkehrt herum an? Oder was stimmt mit mir nicht?«

Die Presse fiel natürlich sofort mit Schadenfreude über den Prinzen her, als er mit vierzehn Jahren dabei erwischt wurde, wie er in einem Pub unerlaubterweise ein Glas Kirschlikör trank.

Zu einem weiteren peinlichen Zwischenfall kam es, als ein frecher Klassenkamerad eins von Charles' Schulheften stahl und an eine schottische Zeitung verkaufte. Sofort wurde der Geheimdienst beauftragt, das Heft sicherzustellen, aber wenige Tage später gab es bereits Kopien der Aufzeichnungen, die der *Stern* im November 1964 abdruckte. Und so erfuhr die Welt, was Charles dachte. Eine Demokratie, so hatte er geschrieben, bedeute, daß Menschen zur Wahl gehen dürften, die überhaupt nicht urteilsfähig seien. Aber noch aufschlußreicher war die folgende Beobachtung:

»Wenn man die Leitung der öffentlichen Angelegenheiten hauptsächlich der herrschenden Gesellschaftsschicht anvertraut, bleibt das Land wenigstens von einigen der Übel verschont, zu denen es infolge der Bestechlichkeit der Unterschicht kommen könnte. Allerdings mangelt es den Angehörigen der Oberschicht möglicherweise an Intelligenz, und sie sind durch ihr Klasseninteresse voreingenommen und schieben sich die politisch einflußreichen Posten gegenseitig zu. Der Ehrbegriff ihrer Klasse schützt sie freilich vor übermäßiger Bestechlichkeit, und ihre Angehörigen fühlen sich dauerhaft dem Wohl des Landes verpflichtet.«

Diese Ausführungen versah sein Lehrer mit dem schriftlichen Kommentar : »Das ergibt keinen Sinn.«

Im Frühjahr 1966 hielten es Charles' Eltern für ratsam, ihren Sohn für einige Zeit auf eine Commonwealth-Schule zu schicken, und so wurde er in Timbertop angemeldet, einem Pendant zu Gordonstoun in Australien. Auch hier waren Geländeläufe und Bergsteigen unabdingbarer Bestandteil der Ausbildung. Trotzdem fühlte sich der Prinz hier viel wohler als in Cheam oder Gordonstoun: »Ich fand es dort einfach wunderbar. In Australien gibt es gottlob keine Aristokratie. Die anderen Jungen waren sehr, sehr nette, großartige Burschen und sehr offen. Sie nahmen nie ein Blatt vor den Mund. Der einzige Mensch, der mir ein gewisses Unwohlsein einflößte, war ein Engländer.« In Australien lernte Charles auch Dale Harper (die spätere Lady

Tryon) kennen, eine zartgliedrige Schönheit, mit der er später in London weiterhin befreundet blieb.

Von Australien kehrte Charles noch einmal nach Gordonstoun zurück. Später immatrikulierte er sich am Trinity College in Cambridge, wo er Archäologie, Anthropologie und Geschichte studierte. Die Wahl dieser Fächer war gewiß nicht zuletzt durch seinen Aufenthalt in Australien und seine Besuche in Neuguinea angeregt worden. Charles schloß sein Studium mit einem akademischen Grad ab und war damit der erste britische Thronerbe, der dies tat.

In Cambridge entwickelte er sich auch zu einem guten Polospieler, was seinem Vater weit mehr imponierte als die Vorliebe seines Sohnes für klassische Musik und seine ernsthaften Bemühungen, Cellospielen zu lernen. Charles' Kommilitonen beschreiben den Prinzen als einen freundlichen, stets etwas verlegenen jungen Mann, der zweifellos unter der ständigen Anwesenheit eines Detektivs zu leiden hatte. »Er war auf den ersten Blick ein ziemlich umgänglicher Typ«, hat John Moloney, ein Studienkollege von Charles, berichtet. »Aber im tiefsten Innern ist er sehr reserviert. Ich glaube nicht, daß es so einfach ist, ihn wirklich kennenzulernen.«

Ein Mensch, dem dies gelang, war die dunkeläugige Schönheit Lucia Santa Cruz, Tochter eines ehemaligen chilenischen Botschafters. Die beiden hatten sich in London kennengelernt, und nach allem, was wir wissen, hatte Charles wohl mit Lucia seine erste Romanze. Wie Lord Butler, der Rektor von Trinity College, berichtet hat, verbrachten der Prinz und Lucia viele Nächte gemeinsam in Butlers Sommerhaus, das er ihnen zur Verfügung gestellt hatte.

Was die Auswahl der Schulen betraf, auf die man Charles schickte, behielt sich der Herzog stets die letzte Entscheidung vor, und die Königin beugte sich dem Argument ihres Mannes, daß eine strenge Erziehung aus Charles einmal einen guten König machen werde. Wenigstens in diesem Punkt konnte sich Philip durchsetzen, während Elizabeth seine übrigen Vorlieben meistens ignorierte. »Wenn mein Mann irgend etwas unbedingt haben will«, vertraute Ihre Majestät einer Freundin an, »sage ich zu ihm, daß er es haben kann, und sorge dann dafür, daß er es nicht bekommt.«

Diese Bemerkung ist für die Königin bezeichnend, denn Elizabeth II. ist eine Frau, die sehr wohl weiß, daß sie eine erhabene, ihr von Gott persönlich zugewiesene Stellung bekleidet. Und diese Überzeugung von ihrer Auserwähltheit erklärt wohl auch die Überheblichkeit im Umgang mit Normalsterblichen, die ihr nachgesagt wird. »Bisweilen sieht sie ein wenig leidend aus«, so eine andere

Freundin, »weil sie gelernt hat, wie ein Militär jedes Gefühl zu unterdrücken. Deshalb verschwendet sie all ihre Liebe auf ihre Hunde. Wegen ihrer Erziehung ist sie unfähig, anderen Menschen Gefühle zu zeigen.« Sie kann zwar scherzen, lachen, sich über Wichtigtuer amüsieren und sich (häufig bei Pferderennen) auch spontan freuen. Ihr Lächeln ist aber auch ebenso plötzlich wieder verschwunden, und ihr Gesicht wirkt wie erstarrt, als wäre ihr unversehens bewußt geworden, daß sie die Königin ist und sich eigentlich von allen anderen Menschen unterscheiden muß.

Während ihrer Schulzeit ließen Elizabeth und Philip ihre Kinder Charles und Anne immer wieder fotografieren. Als die blonde, schelmische Anne sieben Jahre alt war und ihren Bruder Charles im Internat besuchte, erlebte sie eine Keilerei zwischen Internatszöglingen mit und feuerte die Parteien begeistert an. Anders als Charles mußte man sie nicht eigens ermutigen, sich auf ein Pferd zu setzen, schon seit ihrer frühesten Kindheit war unverkennbar, daß sie die reiterliche Begabung ihrer Mutter geerbt hatte.

Da sie neben den offiziellen, meist steifen Fotos, die sie von Charles und Anne machen ließen, gern auch einige ungestellte Fotos ihrer Kinder haben wollten, engagierten Elizabeth und Philip einen von Margarets Freunden, den witzigen, lässig auftretenden Fotografen Antony Armstrong-Jones. Der Sohn eines dreimal verheirateten Rechtsanwalts und Neffe des berühmten Bühnenbildners Oliver Messel war genauso alt wie Margaret, und er hatte eine großartige Karriere als Modefotograf vor sich. Margaret und Armstrong-Jones gingen bald zusammen aus, entweder ins Ballett, oder sie besuchten verschiedene Partys der Londoner Szene. An der Feier des zehnten Hochzeitstages ihrer Schwester im November 1957 dagegen nahm Margaret nicht teil. »Du kannst deine zehn Ehejahre von mir aus gern feiern«, sagte sie zu Elizabeth, »aber ich bin deinetwegen noch immer unverheiratet.«

Im letzten Monat des Jahres besuchte Margaret Tony heimlich in seiner Wohnung in der Rotherhithe Street am südlichen Themseufer, und im folgenden Jahr war er regelmäßig Gast in Clarence House. Eines Abends, nachdem sie sich daheim den Marlon-Brando-Film *Der Wilde* angeschaut hatten, sah ein Diener, als er ins Zimmer trat, daß die Prinzessin und Mr. Armstrong-Jones Händchen hielten. Er verkaufte diese »sensationelle« Nachricht sofort an die Boulevardpresse und wurde daraufhin fristlos entlassen. Doch dementierte Margarets Sekretär die Freundschaft der Prinzessin mit Armstrong-Jones nicht, und während der folgenden Monate traten die beiden immer wieder gemeinsam auf. Meistens auf ausgefallenen Londoner Partys, auf denen reichlich Drogen und Alkohol konsumiert wurden und auf denen es auch sonst sehr freizügig zuging. Viele von Margarets alten Freunden waren der Meinung, daß die Prinzessin seit dem Scheitern ihrer Beziehung zu Peter Townsend irgendwie härter geworden war. Margaret litt selbst sehr unter dieser Veränderung, und wenn sie bemerkte, daß sie jemanden gekränkt hatte, tat ihr das hinterher furchtbar leid. Während ihres restlichen Lebens, selbst in Zeiten größter Verzweiflung, suchte sie (zur Überraschung vieler Beobachter) im Glauben Trost. Anders als bei den meisten Mitgliedern der Königlichen Familie wurzelte Margarets Frömmigkeit in einer echten Empfindung.

Kurz vor Weihnachten 1959 erfuhr die Prinzessin, daß (der jetzt fünfundvierzigjährige) Peter Townsend demnächst die zwanzig Jahre jüngere, in Belgien geborene Marie-Luce Jamagne zu heiraten beabsichtige. »Ich habe heute früh einen Brief von Peter bekommen«, erzählte sie einer Freundin, »abends habe ich dann beschlossen, Tony zu heiraten, und das ist kein Zufall.« Elizabeth war nicht gerade angetan von der Wahl ihrer Schwester, nicht zuletzt, weil es Gerüchte über Tony gab, daß er sich auch zu Männern hingezogen fühlte.

Hinter den Kulissen hatte aber die Königinmutter wieder einmal die Fäden fest in der Hand. Da sie ihre jüngere Tochter endlich glücklich sehen wollte, setzte sie sich massiv für eine Heirat mit Tony Armstrong-Jones ein. Sie wollte die Familie um einen populären, interessanten jungen Mann bereichern, deshalb überredete sie die Königin, das zunächst vom Kabinett vorgetragene Argument, Tonys Vater sei mehrmals verheiratet gewesen, zu ignorieren. Auch bot die Heirat Gelegenheit, all jenen, die behaupteten, es könnten nur Aristokraten in die Königliche Familie einheiraten, das Gegenteil zu beweisen. Niemand war auch verwundert, als die Königinmutter wieder einmal Schicksal spielte und ihren Angehörigen vorschrieb, was sie zu tun hatten.

Gegen alle Widerstände setzte die Königinmutter ihren Willen durch und vollbrachte damit ein kleines Wunder. Denn auch Prinzessin Marina und ihre Familie konnten Tony nicht ausstehen, wie Noël Coward erfuhr, als er mit ihr zu Mittag aß. »Ob die Heirat sich als richtig erweist, bleibt abzuwarten«, schrieb Coward zurückhaltend in sein Tagebuch. Die *Sunday Times* hingegen war direkter und erklärte rundheraus, Tony sei ein »völlig ungeeigneter Kandidat«.

447

Die Verlobung von Prinzessin Margaret und Tony Armstrong-Jones wurde am 13. Januar 1960 bekanntgegeben, und die Hochzeit fand am 6. Mai in der Westminster Abbey statt, allerdings von reichlich Getuschel begleitet. Jeremy Fry sollte Trauzeuge sein, aber dann wurde zum allgemeinen Entsetzen bekannt, daß er homosexuell ist. Der nächste Trauzeuge, den Tony vorschlug, war Jeremy Thorpe, später ein berühmter Politiker, der aber aus demselben Grund wie Fry nicht in Frage kam. (An dem dritten Mann, der dann schließlich als Trauzeuge fungierte, hatte niemand etwas auszusetzen. Es handelte sich um Roger Gilliatt, den Sohn des Gynäkologen der Königin.)

Wegen seiner zweifelhaften Freunde wurde Tony während der folgenden Jahre immer wieder der Bisexualität verdächtigt. »Haben Sie schon diesen Bericht gelesen, in dem es heißt, daß ich Rudi Nurejew voll auf den Mund geküßt habe?« fragte er 1970 einen Gast auf einer Party.

»Ja«, war die Antwort, »und stimmt es?«

Tony machte große Augen. »Ja, natürlich. Vermutlich sind die Presseleute nur eifersüchtig.« Wegen solcher und ähnlicher Geschichten glaubten viele, daß Tony sexuelle Beziehungen zu Männern wie Frauen habe. »Ich werde mein Leben nicht ändern, um den Klatschjournalisten zu gefallen«, sagte er zu den Gerüchten um ihn. Und so lebte er weiterhin ebenso unabhängig wie seine Frau. Mehr als einmal empfing er in Margarets Abwesenheit Reporter in seinem Landhaus. Tony hatte einen »ungewöhnlich schönen jungen Mann zu Besuch«, schrieb einmal ein Pressemann nach einer solchen Begegnung – was ja wohl ziemlich eindeutig ist.

Was Tony und Margaret verband, läßt sich nach Auskunft eines seiner besten Freunde mit drei Worten ausdrücken: »Sex, Sex, Sex. Die beiden waren ganz besessen davon. Sie hielten ständig Körperkontakt, selbst wenn andere Leute dabei waren.« Tony war für Margaret ein stets freundlicher und gut gelaunter Gefährte. Schon ein Jahr nach der Hochzeit, 1961, ernannte ihn die Königin zum Earl of Snowdon, und wenige Wochen später brachte Margaret einen Sohn zur Welt. Die Snowdons, wie sie fortan während ihrer Ehe genannt wurden, bezogen das sogenannte Apartment 1A im Kensington-Palast, eine mit Geldern aus Steuereinnahmen renovierte Zwanzig-Zimmer-Wohnung, für die das Paar eine symbolische Jahresmiete von umgerechnet 2500 Dollar bezahlte.

Lord Mountbatten jedenfalls war anfangs begeistert von Tony, dem eher kleingewachsenen Bräutigam (der mit seinen knapp 1,60 Metern nur neben seiner sieben Zentimeter kleineren Gattin groß wirkte), bis Tony eines Abends anläßlich der Voraus-Präsentation einer Fernsehserie über Mountbattens Leben ins Imperial War Museum kam. Tony trug eine von Valentino kreierte Abendgarderobe, bestehend aus einem schwarzen Samtjacket mit mitternachtsblauen moirierten Revers, Wildlederschuhen und einem rosa Hemd mit schwarzer Fliege. In die Stirn hatte er sich eine blonde Locke frisiert. Das war auch für Mountbatten zuviel. »Für eine Party von Homosexuellen in Kensington mag dieser Aufzug ja passend sein, aber wir sind hier, verdammt noch mal, im Imperial War Museum in der Lambeth Road in London«, entrüstete sich einer der Gäste. Doch Tony entgegnete darauf nur: »Lauter viktorianische Spießer hier. Und was soll an einer schwarzen Fliege schon Besonderes sein?«

Auch Tonys fotografische Fähigkeiten waren nicht unumstritten. Er war zwar ein hervorragender Porträtist, doch in seinen Dokumentarfilmen setzte er sich häufig über alle Konventionen hinweg. So bat er etwa bei den Dreharbeiten zu seinem Fernsehfilm *Love of a Kind*, der sich mit dem Verhältnis der Briten zu Tieren befaßte, die sechzigjährige Hausfrau Ella Petry, zwischen ihren Brüsten ein Ei »auszubrüten« – eine bemerkenswerte Leistung, die sie Jahre zuvor tatsächlich erfolgreich vollbracht hatte. »Ich hatte das Ei nur ein paar Minuten lang an meinem Brustansatz«, sagte Mrs. Petry. »Man reichte mir verschiedene Eier in unterschiedlichen Brutstadien. Ich war ungefähr drei oder vier Stunden dort, und sie haben die ganze Zeit gefilmt. [Armstrong-Jones] wollte unbedingt, daß ich ein Nylonnachthemd trage und mich zum Ausbrüten des Eis ins Bett legte. Gott weiß warum. Ihn schien die ganze Sache jedenfalls sehr zu amüsieren.«

Die Ehe der Königin war sicher, verglichen mit den amourösen Eskapaden ihrer Schwester, längst nicht so leidenschaftlich, aber einen Monat, nachdem Margarets Verlobung offiziell angekündigt worden war, brachte die Königin nach monatelanger Zurückgezogenheit ihr drittes Kind zur Welt. »Wir möchten später gern noch zwei weitere Kinder haben«, hatte der Herzog 1950 nach der Geburt von Prinzessin Anne gesagt. Jetzt war das Versprechen des königlichen Paares fast erfüllt.

Der Sohn von Elizabeth und Philip wurde am 19. Februar 1960 geboren und (nach seinem Großvater väterlicherseits) auf den Namen Andrew getauft. Der Zeitpunkt der Geburt erklärt auch, weshalb Queen Elizabeth nicht dabeisein konnte, als ihr Sohn Charles sein Debüt als Schauspieler in Cheam gab. Er hatte in einer Zusammenstellung von Szenen aus Stücken Shakespeares die Rolle von Richard III. übernommen. Vielleicht war es ganz gut, daß die Königin die Vorstellung nicht sehen konnte, vielleicht hätte sie sich aber auch amüsiert, als ihr Sohn die Worte sprechen mußte: »Und bald schon steig' ich auf den Thron.«

Über den kleinen Prinzen Andrew berichtete Charles' Kammerdiener Stephen Barry, daß er »schwer zu bändigen war – ein lebhaftes Kind, das uns ständig hinterherlief, die Diener an den Rockschößen zog und auf Stühlen herumkletterte, um ausgerechnet nach dem zu fassen, was wir vor ihm in Sicherheit gebracht hatten«. Offenbar fand der Kleine auch Vergnügen daran, nach den Dienern zu schlagen. Während Charles als Kleinkind scheu und Anne ein Wildfang war, konnte man den kleinen Andrew kaum bändigen. Wesentlich sanftmütiger und artiger dagegen war Elizabeths viertes und letztes Kind, Prinz Edward, das am 10. März 1964 im Buckingham-Palast geboren wurde.

Als Kleinkind hatte Andrew ein kugelrundes Gesicht, war ein wahrer Zappelphilipp und entwickelte sich zu einem ständig lachenden »Spitzbuben«, der unentwegt irgend etwas anstellte. Der flachshaarige Edward dagegen war ein zurückhaltendes und verletzliches Kind. Beiden Jungen gestand man zahllose Privilegien zu und schlug ihnen nichts ab. Schon vor ihrer Pubertät kannten sie nur willfährige Diener. Alle Wünsche wurden ihnen erfüllt, und ihre einzige Verpflichtung bestand darin, ihren Vergnügungen nachzugehen. Auch blieb ihnen der Besuch strenger Schulen erspart, wie sie ihr Bruder Charles hatte durchlaufen müssen.

Prinzessin Margaret brachte 1961 einen Sohn namens David und 1964 ihre Tochter Sarah zur Welt. Doch da war es um ihre Ehe schon nicht mehr zum besten bestellt. Die Prinzessin hatte weiterhin eine Reihe offizieller Verpflichtungen zu erfüllen, die sie immer mehr als Last empfand, während Tony sein Leben als umschwärmter Gesellschaftsfotograf genoß. Ansonsten suchten die beiden auf Gesellschaften, was sie einander nicht mehr geben konnten. Bereits 1965 sahen sie sich nur noch selten. Margaret war stets in Eile und jagte zu einer Filmpremiere oder einer Ballettvorstellung. Immer trug sie bei diesen Anlässen reichlich Schmuck, so daß man sie bereits »Diamanten-Lil« nannte – eine ungerechte Kritik, die sich gegenüber der Königin oder der Königinmutter niemand herausgenommen hätte.

Mitte der sechziger Jahre kannten die Medien nur ein Thema: die Snowdons. Schließlich lebten die beiden genau so, wie es die Presse und die Öffentlichkeit von ihnen erwarteten. Sie waren ein reiches, attraktives, strahlendes und temperamentvolles Paar, das sich wirkungsvoll öffentlich stritt, um sich dann ebenso theatralisch wieder zu versöhnen. Sie waren fast so etwas wie eine königliche Version von Elizabeth Taylor und Richard Burton. Sie wurden gleichermaßen bewundert wie verleumdet. Als Angehörige des Königshauses waren sie Idole, als internationale Medienstars dagegen wurden sie beneidet. Und wie schon in ihrer Kindheit trat die »ungezogene« Margaret rücksichtslos auf, benahm sich daneben und war widerspenstig. Aber das machte gerade ihren Charme aus, den sie bisweilen gezielt einsetzte. Wenn sie sich Mühe gab, ein »artiges« Mädchen zu sein, übertrieb sie auch das. Gefiel ihr aber etwas nicht, dann konnte sie äußerst unangenehm werden. Sie spielte so etwas wie die Rolle der bösen Prinzessin aus dem Märchen, den Widerpart zur goldgelockten guten Heldin.

In einem ihrer seltenen Interviews hat Margaret ganz offen über sich gesprochen. »Als meine Schwester und ich noch Kinder waren«, sagte sie,

hieß es ständig: ›Nein, Liebling, das würde ich nicht tun. Ich glaube nicht, daß die Leute das verstehen würden.‹ … Meine Schwester wurde so erzogen, daß sie immer die Gute war. Das war den Leuten natürlich zu langweilig, deshalb kam die Presse dann auf die Idee, daß ich die Böse sein müßte. Aber das hat natürlich nicht immer funktioniert. Wenn in den Medien groß über mich berichtet wurde, bekam ich hinterher viele Briefe. Die netten Briefe kamen meist aus den USA: ›Wie wundervoll, daß Sie das getan haben‹, denn die Amerikaner glaubten nämlich, daß wir Briten furchtbar altmodisch und viktorianisch sind. Und dann waren da noch kritische Briefe, die mich dessen anklagten, was die Presse fälschlicherweise über mich berichtet hatte. Diese Schreiben waren meistens anonym und kamen überwiegend aus England. Mir ist das sehr nahegegangen, und es hat mich fürchterlich aufgeregt, aber ich konnte ja nichts dagegen tun. Nach einigen dieser Pressekampagnen war ich völlig fertig, aber glücklicherweise ist das jetzt alles ausgestanden. In den letzten zwanzig Jahren hat es große Veränderungen gegeben. Jetzt könnte ich so ziemlich alles anstellen, außer ich reiße mir die Kleider vom Leibe und springe in den Brunnen auf dem Trafalgar Square.«

Margaret neigte zur Herrschsucht, sie konnte aber auch erfrischend realistisch sein: »Meine Kinder sind keine Königskinder«, sagte sie, »die Königin von England ist nur zufällig ihre Tante.«

Verständlicherweise war Margaret allerdings sehr aufgebracht, als ihr Cousin George Lascelles, der Earl of Harewood, Sohn von Prinzessin Mary, sich 1967 von seiner Gattin scheiden lassen wollte, um eine bereits geschiedene Frau zu heiraten, mit der er schon seit einigen Jahren zusammenlebte und seit 1964 einen Sohn hatte. Für die Königin, Harewoods Cousine, handelte es sich dabei natürlich um eine heikle Angelegenheit, denn auf diese rein private Entscheidung hatten sowohl das Königliche Heiratsgesetz als auch Elizabeths Stellung als Verteidigerin des Glaubens Einfluß. In der englischen Königsfamilie hatte es seit Heinrich VIII. keine Scheidung mehr gegeben. Aber diese Argumentation der Königin machte auf ihren Cousin und dessen Frau keinerlei Eindruck.

Sollte die Königin ihrem Cousin die Auflösung seiner Ehe gestatten – was er und seine unter dem Namen Marion Stein geborene Frau sich ohnehin nicht würden verbieten lassen – und ihm die Heirat mit seiner Geliebten Patricia Tuckwell erlauben? Viele Beobachter hielten eine solche Entscheidung für akzeptabel, zumal der Earl Miss Tuckwell offensichtlich liebte und unbedingt mit ihr und dem gemeinsamen Sohn zusammenleben wollte. Elizabeth konsultierte daraufhin Premierminister Harold Wilson, der erklärte, der Earl nehme in der Thronfolge Platz siebzehn ein (und nicht den dritten Platz wie Margaret während der Townsend-Affäre), außerdem lebe man im Jahr 1967 und die Öffentlichkeit zeige inzwischen geschiedenen und wiederverheirateten Männern und Frauen gegenüber weit größere Toleranz als früher.

Und so wurde schließlich die folgende Erklärung herausgegeben: »Das Kabinett hat der Königin geraten, ihre Zustimmung [zu der Heirat des Earls mit Miss Tuckwell] zu erteilen«. Und dank dieses von der Regierung angewandten Tricks konnte sich die Königin zugleich verfassungsrechtlich aus der Affäre ziehen, die Würde der Kirche unangetastet lassen und dem Begehren ihres Cousins stattgeben. Allerdings mußte das Paar eine Bedingung einhalten: Die Hochzeit durfte nicht in England stattfinden. Und so gaben sich George Lascelles und Patricia Tuckwell am 31. Juli 1967 das Jawort vor einem Richter im amerikanischen Bundesstaat Connecticut. Damit hatte es die erste Scheidung und Wiederverheiratung eines Angehörigen des Königshauses gegeben.

Charles und Diana

DREIZEHNTES KAPITEL

Ein Nimbus verblaßt (1965–1981)

»Das stellt ja sogar die Wachablösung [in London] in den Schatten.«
Prinz Charles angesichts barbusig tanzender Mädchen auf den Fidschi-Inseln

Im Jahr 1965 war der Herzog von Windsor, dessen Gesundheitszustand sich rapide verschlechterte, siebzig Jahre alt und hatte fast dreißig Jahre im Exil gelebt. Ungeachtet des Komforts, den ihnen ihre beiden Wohnsitze in Paris und im Waldorf-Astoria-

Hotel in New York boten, führten der Herzog und die Herzogin ein Nomadenleben, das ihnen keine Erfüllung brachte. So wurde der Ton, in dem sie miteinander umgingen, immer gereizter. Aber auch unter den oberen Zehntausend, auf deren Gesellschaften sie verkehrten, fühlten sie sich nicht mehr wohl. Wie Lady Pamela Hicks, die Tochter von Lord Mountbatten, treffend gesagt hat, »führten sie ein absolut oberflächliches Leben – spielten Golf und gingen ins Theater oder machten Ferien. Aber was bedeutete es ihnen schon, Ferien zu machen? Ihr ganzes Leben bestand doch nur aus Ferien!« Auch hatte die Königliche Familie während der zurückliegenden Jahrzehnte weiterhin die Windsors ignoriert. So wurden sie weder zur Hochzeit von Prinzessin Margaret 1960 eingeladen noch 1961 zu der des Herzogs von Kent und auch nicht, als 1963 seine Schwester, Prinzessin Alexandra, heiratete.

Im Februar 1965 ließ sich der Herzog von Windsor in einer Londoner Klinik wegen einer abgelösten Netzhaut am Auge operieren, nachdem er sich erst einige Monate zuvor in Houston wegen einer Erweiterung der Schlagader im Unterleib einem chirurgischen Eingriff unterzogen hatte. Obwohl damals gemunkelt wurde, Wallis nehme keinen Anteil an den Krankheiten ihres Mannes, sie fühle sich davon sogar genervt, hat Hubert de Givenchy berichtet, daß sie sich »sehr zärtlich und einfühlsam verhalten [habe], als dem Herzog seine Augen Probleme machten. Sie stand sogar beim Abendessen auf und stellte die Kerzen beiseite, wenn das Licht seinen Augen weh tat.« Wie viele andere teilte auch Lady Mosley diese Auffassung: »Ich kann gar nicht genug betonen, wie höflich die Herzogin gegenüber dem Herzog war.«

Nachdem sich Queen Elizabeth mit ihrer Mutter beraten hatte, besuchte die Königin ihren Onkel in der Klinik. Es war das erste Mal, daß sie ihn seit 1936 wiedersah. »Ich bin ja so erfreut, Sie endlich kennenzulernen«, sagte sie mit einem verlegenen Lächeln zu Wallis, die einen tiefen Hofknicks machte.[1] Elizabeth saß etwa zwanzig Minuten lang am Bett des Herzogs und unterhielt sich mit ihm hauptsächlich über die Erziehung von Prinz Charles und den Gesundheitszustand von Edwards Bruder Henry Gloucester, der zu jener Zeit gerade den ersten von mehreren Schlaganfällen erlitten

---

[1] Im Alter von zehn Jahren war Prinzessin Elizabeth schon einmal inoffiziell mit Wallis zusammengetroffen. Offiziell lernten sich die beiden erst bei dieser Gelegenheit kennen.

hatte, die ihn schließlich bis zu seinem Tod neun Jahre später zum Pflegefall machen sollten.

Kurz bevor die Königin sich verabschiedete, sagte Edward, er wolle sie noch um eine Gefälligkeit bitten. Wenn seine Zeit gekommen sei, wünsche er, daß in der St.-Georgs-Kapelle in Windsor ein Gottesdienst gehalten und er anschließend in der Familiengruft in Frogmore beigesetzt werde. Dies erbitte er auch für seine Frau. Als Elizabeth entgegnete, sie würde ihm später eine Antwort geben, wird Wallis wohl gewußt haben, daß die Königinmutter noch immer einen sehr großen Einfluß besaß. Nachdem sich Elizabeth mit ihrer Mutter abgestimmt hatte, wurde einige Tage später dem Ersuchen des Herzogs offiziell stattgegeben.

Auch andere Familienmitglieder besuchten den Herzog im Krankenhaus, darunter Prinzessin Marina und ihre Tochter Alexandra sowie die Mountbattens.

Die Königinmutter schickte zwar Blumen, kam aber nicht persönlich, was nur deutlich machte, daß sie den Windsors noch immer nicht verziehen hatte.

Am 17. Mai erhielt der Herzog Besuch von seiner ältesten Schwester, Mary. Sie brachte ihm Blumen und umarmte sowohl ihren Bruder als auch ihre Schwägerin.

Als Mary elf Tage später mit George und seinen beiden älteren Söhnen auf dem Grundstück ihres Familienanwesens einen Spaziergang unternahm, klagte sie plötzlich über Schwindel, und man führte sie zu einer Bank. Als George fragte, was ihr fehle, flüsterte Mary: »Ich weiß es nicht.« Augenblicke später starb sie, an die Schulter ihres Sohnes gelehnt; sie wurde siebenundsechzig Jahre alt. Der Herzog von Windsor, der seine Schwester immer besonders geliebt hatte, erstarrte vor Kummer, als er von Marys Tod erfuhr. Die Ärzte gestatteten es ihm jedoch nicht, an der Bestattung seiner Schwester teilzunehmen.

In den Hofnachrichten, in denen die Öffentlichkeit drei Jahre später über die Beisetzung von Edwards Schwägerin Marina unterrichtet wurde, stand der Name des Herzogs erst an letzter Stelle der trauernden Angehörigen.

Marina war bis zu ihrem Tod eine vornehme und selbstbewußte Dame gewesen und hatte nach dem Tod ihres Mannes George 1942 keineswegs zurückgezogen gelebt. Sie war eine treusorgende Mutter und Großmutter und war ein gerngesehener Gast bei allen gesellschaftlichen Ereignissen. Nach dem Tod ihres Mannes hatte sie zahlreiche Liebhaber, zu denen Douglas Fairbanks jr., Danny Kaye,

Robin Fox und David Niven gehörten. Sie traf sich mit ihnen auf ihrem Landsitz oder in ihren Gemächern im Kensington-Palast. Marina starb 1968 an einem Hirntumor im Alter von einundsechzig Jahren.

Ganz sicher war die Scheidung der Harewoods ein Grund dafür, daß sich die Königin 1967 endlich entschloß, den Herzog und die Herzogin von Windsor zu einer Feier für den 7. Juni einzuladen, die dem Andenken von Edwards Mutter Mary gewidmet war. Anlaß war die Enthüllung einer Gedenktafel für sie. Die Windsors – die auf der vom Buckingham-Palast herausgegebenen Liste der anwesenden Ehrengäste und Mitglieder des Königshauses ganz bewußt nicht aufgeführt waren – wurden mit dem größten Applaus und Jubel des Tages begrüßt, als sie vorfuhren. Wallis' elegante Erscheinung und ihr Auftreten nahmen die Londoner Presse gänzlich für das vornehme Paar ein. Bei dieser Gelegenheit ließ sich auch ein Zusammentreffen mit der Königinmutter nicht vermeiden. Zunächst tauschte der Herzog mit ihr einen förmlichen Wangenkuß aus, dann bot sie der Herzogin ihre Hand und begrüßte sie, vielleicht ein wenig übertrieben: »Wie schön, Sie zu sehen.« Wallis nahm ihre Hand, verzichtete aber auf einen Hofknicks, was sie später einem Freund so erklärte: Die Königinmutter habe dafür gesorgt, »daß die Leute sich vor mir weder verneigten noch einen Knicks machten. Warum sollte ich dann vor ihr einen Knicks machen?« Am Ende der kurzen Zeremonie sagte die Königinmutter zur Herzogin: »Ich hoffe, wir sehen uns wieder«, was Wallis weder wahrscheinlich noch sonderlich wünschenswert fand. »Und wann?« fragte sie. Doch statt zu antworten lächelte die Königinmutter nur und ging schweigend davon.

Auch Prinzessin Margaret hatte ihre Probleme mit der Gesellschaft, was sie, wie Noël Coward meinte, hauptsächlich der nicht sonderlich glücklichen Wahl ihres Ehemannes Tony Armstrong-Jones zu verdanken hatte. Als Tony 1966 zu Fotoaufnahmen nach Indien reiste, lud die einsame Prinzessin einen alten Freund zu sich ein. Es war der jungenhafte, attraktive Anthony Barton, Taufpate von Margarets Tochter Sarah. Gemeinsam mit seiner Frau war er früher schon öfter mit den Snowdons verreist. Jetzt begann zwischen Barton und der Prinzessin eine kurze, heftige Affäre, »die ursprünglich sogar von Tony begünstigt worden war«, wie die mit Snowdon befreundete Jocelyn Stevens später berichtet hat, »denn wenn man es selbst mit der ehelichen Treue nicht so genau nimmt, erleichtert es immerhin das Gewissen, wenn der Partner das auch tut. Tony hat schon einen sehr komplizierten Charakter.«

Die Liaison wäre vielleicht gar nicht bekannt geworden, hätte Margaret sich anders verhalten. Sie rief nämlich Bartons Frau an, um ihr ein Geständnis abzulegen und sich zu entschuldigen, und sie bat auch Tony um Verzeihung. Sollte sie gehofft haben, durch ihr Bekenntnis das Ende ihrer Ehe herbeizuführen? Dann hatte sie sich allerdings verkalkuliert. Denn Lord Snowdon jedenfalls war nicht gekränkt, und auch der Ehe der Bartons schadete der Seitensprung nicht.

Im folgenden Jahr ließ sich Margaret dann jedoch auf eine folgenreichere Affäre ein. Robin Douglas-Home, ein Neffe des früheren Premierministers gleichen Namens, entstammte einer mit den Bowes-Lyons, der Familie der Königinmutter, schon seit Generationen eng verbundenen Familie. Der große, blonde Mann war 1967 fünfunddreißig Jahre alt und betätigte sich als Schriftsteller und Musiker; er war geschieden und hatte ein Kind. Sein Geld verdiente er hauptsächlich als Pianist in teuren Nachtklubs. Dabei lernte ihn auch Margaret kennen, und schon bald sah man sie in London stets in seiner Begleitung. Obwohl Freunde ihr von einer näheren Bekanntschaft mit Robin abrieten, trafen sich die beiden jetzt immer häufiger. Sie tanzten gern und liebten Musik. Aber sie hatten noch weitere Gemeinsamkeiten: eine ausgeprägte Schlagfertigkeit und einen umwerfenden Humor. Sie tanzten im Travellers Club, schrieben Gedichte und – Liebesbriefe.

Als in London Ausschnitte aus diesen Briefen die Runde machten und sogar von Erpressung gemunkelt wurde, veränderte sich der Charakter der Beziehung rasch. »Ich habe Angst [vor Tony Armstrong-Jones]«, schrieb Margaret am 23. März 1967 an Robin auf Briefpapier mit der Adresse des Kensington-Palastes, und ich weiß nicht, was er aus Eifersucht alles unternehmen wird, um herauszufinden, was ich so anstelle und was Du vorhast.« Diese Worte zeigen allerdings nichts von der Gleichgültigkeit, mit der Snowdon solche Vorkommnisse hinnahm. Die folgenden Zeilen jedoch machen deutlich, was Margaret veranlaßte, ihren Mann eifersüchtig zu nennen. Als sie nämlich Robin um eine vorübergehende Trennung bat, fügte sie erklärend hinzu:

»Unsere Liebe hat den leidenschaftlichen Duft von frisch gemähtem Gras und Lilien. Versprich mir, daß Du mich nie aufgeben wirst und mir dabei hilfst, meine Ehe aufrechtzuerhalten, dann werde ich eines Tages zu Dir zurückkehren. Im Augenblick aber fehlt mir der Mut, bei Dir zu bleiben.«

Margarets widerstreitende Gefühle werden hier deutlich: Sie wollte ihre Ehe nicht gefährden, andererseits aber auch Robin als Liebhaber nicht verlieren. Überdies weckte sie, wenn es ihr auch vielleicht nicht bewußt war, Robins Eifersucht, und so hatte ihr Brief schließlich fatale Folgen. Der sprunghafte und reizbare Robin trat kurz darauf im Fernsehen in einer Talk-Show auf, wo er in Tränen ausbrach, als das Gespräch auf seine gescheiterte Ehe kam. »Ich kann bis heute nicht darüber reden«, sagte er schluchzend. Im Oktober des folgenden Jahres, 1968, beging er Selbstmord.

Fast als wolle sie die unangenehme Flüsterkampagne vergessen machen, die in der Folgezeit in London gegen sie entfacht wurde, trat Margaret jetzt nur noch herrischer auf als früher. Sie verlangte, daß eine doppelte Motorradstaffel sie zu ihren offiziellen Auftritten oder beispielsweise zum Bahnhof eskortierte. Sie schminkte sich sehr stark, benahm sich häufig wie ein Teenager und begann exzessiv zu trinken.

Zum Teil läßt sich diese Reaktion vielleicht mit dem unlösbaren Konflikt in Margarets Charakter erklären. Die Prinzessin wollte einerseits als Königliche Hoheit behandelt werden, andererseits fand sie es wieder ganz angenehm, einfach Mrs. Armstrong-Jones zu sein. Als Richard Burton aber einmal von ihr als Maggie Jones sprach, zeigte ihr vernichtender Blick überdeutlich, daß sie das nicht sehr passend fand. Auf privaten Festen konnte sie unglaublich ausgelassen sein und sich die verrücktesten Sachen einfallen lassen, und sie konnte auch im nächsten Augenblick wieder in kerzengerader Haltung die Königliche Hoheit spielen.

Die Unterschiede zwischen den Schwestern Elizabeth und Margaret wurden in den sechziger und siebziger Jahren noch deutlicher. Während sich die jüngere Margaret immer störrischer benahm und den Palast durch ihre Auftritte ständig in Verlegenheit brachte, vervollkommnete ihre ältere Schwester jene Verhaltensweisen, die man ihr schon als junges Mädchen beigebracht hatte.

Elizabeth war zwar in einem im großen und ganzen glücklichen, gleichwohl begrenzten, repressiven, völlig phantasielosen Elternhaus aufgewachsen. Ihr ehrenwerter Vater hatte sein Leben lang unter den Verletzungen gelitten, die er in seiner Kindheit ertragen mußte, und ihre loyale Mutter besaß zwar einerseits eine ungeheure Energie, war aber andererseits zeitlebens von dem Gedanken »Adel verpflichtet« geradezu besessen gewesen. Prinzessin Elizabeth wurde seit ihrem zehnten Lebensjahr auf die Thronfolge vorbereitet, und diesem Ziel wurde alles untergeordnet. Sie war erst fünfundzwanzig Jahre alt, als ihr geliebter Vater starb und sie auf den Thron gelangte. Bei ihrer Krönung wurde sie der Öffentlichkeit wie eine Heilige präsentiert, wie die Prophetin einer neuen Zeit, eine mystische Erscheinung.

Das führte dazu, daß die bis dahin ziemlich unkomplizierte, umgängliche junge Dame im Lauf ihrer Regentschaft immer mehr in einer Pose einstudierter Würde erstarrte. Je häufiger sie als Königin auftreten mußte, um so größer wurden auch die emotionalen Belastungen und Entwicklungsdefizite. Von ihr wurde nichts weiter verlangt, als sich lächelnd und winkend zur rechten Zeit am rechten Ort zu zeigen. Etwas Bedeutendes brauchte sie nicht zu vollbringen, ihren Ruhm verdankte sie sogar ausgerechnet dem, was sie nicht tat. Sie mußte jetzt unterscheiden zwischen dem, »was die Königin tun darf oder muß«, und dem, »was ich als Elizabeth für richtig halte«. Elizabeth Alexandra Mary Windsor war ein Star, die Blicke aller Menschen folgten ihr, zugleich aber beobachtete sie sich auch selbst. Der Welt präsentierte sie sich als idealisiertes Bild einer Königin.

Unter diesen Umständen verwundert es kaum, daß ihre Persönlichkeit gleichsam gefror – was nicht heißt, daß die Königin immer eiskalt war, aber berechenbar, gleichsam unwandelbar. Und so wurden ihr nicht eben bemerkenswerter Intellekt und ihr nicht sonderlich ausgeprägtes Vorstellungsvermögen schließlich von einer Pose überwölbt, die man einer Debütantin vielleicht noch als schlicht peinlich hätte durchgehen lassen, nicht aber einer amtierenden Monarchin. Außerdem sorgten Lascelles, Colville und andere Verantwortliche dafür, daß das Palast-Protokoll weitgehend unverändert erhalten blieb. Offiziell war Queen Elizabeth zwar Staatsoberhaupt, sie besaß jedoch keinerlei politische Macht. Sie stand für die britische Oberschicht und vermittelte den Eindruck, daß sie das Beste sei, was das Land zu bieten habe. Aus diesem Grund hatte Lord Altrincham auch bereits 1957 darauf hingewiesen, daß die in Großbritannien zunehmende soziale und ethnische Vielfalt am neuen elisabethanischen Hof keinerlei Ausdruck finde.

Die Hauptursache für dieses Problem läßt sich rasch erklären: Ihre Majestät die Königin hat keinen einzigen Freund, der mit ihr so sprechen würde, wie dies unter befreundeten Normalsterblichen üblich ist. Jeder – aber auch wirklich jeder, ihre Kinder und auch Leute, die sie schon vor der Krönung kannten, eingeschlossen – muß sich vor ihr verbeugen oder knicksen, wenn er oder sie vor das erhabene Antlitz tritt. Vermutlich hat es während der ersten Jahre ihrer Ehe mit Philip Gespräche gegeben, aber einfach gesagt, es gibt niemanden, der zu Elizabeth gehen, sich gemütlich zu ihr setzen und ihr sagen könnte, daß sie sich beispielsweise bei einem offiziellen Anlaß unangemessen verhalten habe. Aber auch sie hat niemanden, mit dem sie unbefangen umgehen, bei dem sie die Füße hochlegen und sagen könnte: »Jetzt brauche ich erst mal einen Drink.« Stets umjubelt und gelobt, kennt sie keine Kritik an ihrer Person und hat daher keinen Anlaß, ihr Verhalten in Frage zu stellen. Eigentlich ist Queen Elizabeth eine arme, einsame Frau. Wenn sie während einer der zahlreichen Auslandsreisen, die Philip unternimmt, wieder einmal allein ist, liest sie entweder eine Dick-Francis-Novelle oder aber sie schaltet den Fernseher ein. »Können Sie sich so etwas vorstellen?«, sagt eine Frau, die die Königin schon seit Jahren kennt. »Sie ist oft ganz allein in dem Haus, diesem riesigen Haus, dem Buckingham-Palast, und keiner ist da, mit dem sie mal reden könnte, und das Essen nimmt sie auf einem Tablett vor dem Fernseher zu sich. Ja, sie führt ein sehr einsames Leben.«

Für das Fernsehen wurde 1969 ein Film über die Königliche Familie gedreht, in dem sorgfältig ausgewählte Szenen aus dem Privatleben der Königin und ihrer Familie gezeigt wurden. Der Australier William Heseltine, stellvertretender Pressesprecher der Königin, hatte sie vorher davon überzeugt, daß ein Dokumentarfilm über das Familienleben die Nation erneut für die Windsors einnehmen werde. Und so begleiteten zwischen Juni 1968 und Mai 1969 Kameras Elizabeth bei der Arbeit, Philip auf Reisen und Elizabeth, Philip und die Kinder bei verschiedenen (genau einstudierten) Aktivitäten. Man sah sie beim Wandern, beim Füttern der Corgis, beim Schmücken des Weihnachtsbaums und beim Grillen und Anrichten des Salats für ein Picknick am Ufer eines Lochs in Balmoral. Der Film wurde dann am 30. Juni, kurz vor Charles' offizieller Investitur als Prince of Wales auf Burg Caernarvon, unter dem Titel *The Royal Family* (Die Königliche Familie) ausgestrahlt und erzielte in hundertvierzig Ländern sehr hohe Einschaltquoten. (Weil im Film immer wieder die Hunde und ihre Herrin zu sehen waren, taufte ein Spaßvogel die Dokumentation *Corgi and Beth*.)

Der Film wurde ein Erfolg, obwohl er die Monarchin nur als freundliche, willensstarke Matriarchin der Oberklasse zeigte, die weder kulturelle noch sonstige Interessen pflegt. Der Film erweckte den Eindruck, der Buckingham-Palast benutze das Fernsehen wieder einmal – wie schon bei der Krönung und den Weihnachtsansprachen der Königin –, um die Windsors populär und ihre Kritiker mundtot zu machen. Und das gerade in einer Zeit, wo die öffentlichen Haushaltsmittel, die der Familie alljährlich gewährt werden, beständig anstiegen.

»Sandringham, das bedeutet Winter und ein paar Ferientage«, sagte der Kommentator, aber in Wahrheit hat die Königin im Winter fast drei Monate Ferien. Wiederholt sah man die Herrscherin beim Öffnen der roten Aktenkoffer und beim Studium der Staatspapiere, was deutlich machen sollte, warum sie sich so selten unter ihr Volk mischt. Dabei muß man allerdings einräumen, daß es sich die Königin im folgenden Jahr zur Regel machte, manchmal eine Dorfstraße entlangzugehen (allerdings umgeben von einem Sicherheitskordon), Blumen entgegenzunehmen und hier und da eine Hand zu schütteln.

Aber niemand konnte damals die Gefahr voraussehen, die man mit all dieser vorgetäuschten Intimität heraufbeschworen hatte. Denn nachdem man den Kameras einmal einen Blick hinter die Kulissen gewährt hatte, gab es kein Halten mehr. Und so sollte es fortan nie mehr gelingen, die Medienmaschinerie – die sich jetzt immer dreistere Übergriffe leistete – wieder auf Distanz zu bringen. Die Königliche Familie wurde – von nun an immer häufiger – in den Mittelpunkt einer endlosen Seifenoper gerückt, und zwanzig Jahre später gab es dann überhaupt keine Grenzen mehr. Die Windsors wollten sich eigentlich nur als »ganz normale Menschen darstellen, aber fortan wollten Millionen von Medienkonsumenten wissen, wie normal die Königlichen Hoheiten wirklich sind. Und so zeigte sich: Bagehot hatte völlig recht gehabt. Das Tageslicht bedroht zwar einerseits den geheimnisvollen Nimbus des Königtums, es macht aber auch süchtig nach dessen Magie. Und so hatte sich die Königliche Familie 1969 paradoxerweise freiwillig dem von den Medien um Ruhm und Reichtum inszenierten Kult anheimgegeben und sogar noch mit diesen Medien kooperiert, als diese immer farbenprächtigere, strahlendere – und zuletzt skandalösere – Bilder um die Welt gehen ließen, um den unersättlichen Hunger des Publikums nach Anbetung zu stillen.

Der Investitur von Charles im Sommer 1969 zum Prince of Wales ging ein acht Wochen langes Studium der Kultur und Sprache des

Landes voraus. Seine Ernennung sollte auch von der Kritik ablenken, in deren Kreuzfeuer die Windsors unter anderem auch wegen ihrer Steuerbefreiung geraten waren.

Das Zeremoniell war erst achtundfünzig Jahre zuvor anläßlich der Investitur Edwards VII. entstanden, und es bestach durch eine glänzende Choreographie in einem mittelalterlich-romantischen Rahmen. Das Ritual bediente sich allerdings keinerlei walisischer (und auch nur sehr weniger englischer) Elemente. Das Emblem des Prinzen bestand aus einem französischen Fleur-de-lys (dem französischen Königswappen), das aus afrikanischen Federn gefertigt war, und dem deutschen Motto *Ich dien.* Charles wurde vom katholischen Herzog von Norfolk geleitet, die Zeremonie fand in einem nonkonformistischen Land statt (das die religiöse Oberhoheit der englischen Krone nicht anerkennt), und schließlich kniete der Prinz noch vor seiner anglikanischen Mutter nieder.

Inzwischen einundzwanzig Jahre alt, durfte Charles jetzt auch öffentlich seine Meinung sagen, die kaum etwas mit den Auffassungen der gleichaltrigen Hippys, geschweige denn Revolutionären, gemein hatte. Auf die Frage, ob er gern ein anderes Leben führen würde, erwiderte er:

»Nein, das denke ich nicht. Außerdem wäre das auch nicht möglich, zumal ich nun einmal diesen gesellschaftlichen und familiären Hintergrund habe. Es wäre für mich gewiß sehr schwierig, etwas anderes zu tun. Man hat mich schließlich auf meine Aufgabe vorbereitet, und ich fühle mich mit ihr verwachsen. Ich habe dieses Pflichtgefühl gegenüber England, gegenüber dem Vereinigten Königreich und dem Commonwealth, und ich habe das Gefühl, daß ich eine Menge tun kann, wenn ich dazu nur die Gelegenheit erhalte.«

Das Problem allerdings war damals wie heute, daß Charles – wie der ewige Prince of Wales Edward VII. – kaum etwas zu tun bekam. Seine Mutter übertrug ihm so gut wie keine Aufgaben, mit Ausnahme einiger zeremonieller Verpflichtungen, und er durfte natürlich auch keinen Beruf ausüben. Immerhin war er der erste Prince of Wales, der einen Universitätsabschluß vorweisen konnte, und er spielte an seinem College auch fröhlich in der Satire mit, in der seine Kommilitonen ihn mit Spott überhäuften. Er wurde Mitglied in der Madrigal Society; er spielte Cello; er schrieb Beiträge für eine College-Zeitung. Er gab Rundfunk- und Fernsehinterviews, in denen er sich immer wieder als Sohn seiner Mutter erwies (»Von meinem Standpunkt aus betrachtet, ist es sinnlos, etwas verändern zu wollen nur um der Veränderung willen«). Dagegen ging ihm der brüske, mitunter rüde Humor seines Vaters völlig ab.

Überdies war Charles, auch hierin seiner Mutter ähnlich, selten spontan, fast als hätte er Angst, den Niedergang der Monarchie durch entsprechendes Verhalten noch zu beschleunigen. »Ich glaube, ich bin eher ein Problem«, hat er damals gesagt, und damit hatte er sogar recht. Er war jetzt Juniorchef des von seinem Großvater so genannten königlichen Familienunternehmens, er hatte keine verfassungsrechtlich definierte Rolle und keine Macht, und seine eigene Zukunft war vom Tod seiner Mutter abhängig. »Was für einen grauenhaft langweiligen Job Sie nur haben«, sagte einmal mit erstaunlicher Offenheit die Mitarbeiterin einer Fluggesellschaft zu ihm. »Und wie recht sie hatte!« ergänzte Charles, als er später einigen Ministern von dieser Bemerkung berichtete.

Und so blieb ihm nichts anderes übrig, als im Privatleben die Rolle eines Prinzen zu spielen. »Er war stets nett und freundlich, aber immer auch Seine Königliche Hoheit«, so sein Kammerdiener Stephen Barry. »Er erwartete, daß er unverzüglich bekam, was er wollte, [und] er ist ständig mißtrauisch, weil er fürchtet, daß ihn jemand übervorteilen könnte, weil er der Prince of Wales ist.« So gesehen war Charles seinem Vater dann doch wieder ähnlicher, als man auf den ersten Blick hätte meinen können.

Philip ist direkter und abweisender als sein Sohn und macht sich weniger Gedanken über die Reaktionen anderer oder die Formalitäten, die das Leben eines Mitglieds des Königshauses bestimmen. Als er einmal einen brasilianischen Militär fragte, woher er seine vielen Medaillen habe, bekam er zur Antwort: »Aus dem Krieg.« Woraufhin der Herzog mit bemerkenswerter Indiskretion konterte: »Ich wußte gar nicht, daß Brasilien so lange im Krieg war.« Was den Mann zu der spitzen Bemerkung veranlaßte: »Jedenfalls, Sir, verdanke ich sie nicht der Heirat mit meiner Frau.«

Als Philip 1969 einen Erweiterungsbau des Rathauses von Vancouver eröffnete, hatte er den Namen des Bauwerks vergessen, und so sagte er: »Hiermit erkläre ich dies Ding für eröffnet – was es auch sein mag.« Die Kanadier fanden diesen Ausspruch sehr ungehörig, und Philip versuchte sich zu entschuldigen, indem er erklärte: »Es hat an dem Tag geregnet, und ich wollte es einfach hinter mich bringen, besonders da das Publikum nur aus fünfzehn Passanten mit Regenschirmen bestand.« Als ihm berichtet wurde, daß die Krone in

Kanada immer mehr an Rückhalt und Akzeptanz verliere, ließ er sich zu einer reichlich aggressiven Rede hinreißen:

»Sie haben hier in Kanada die Monarchie, weil man der Meinung war, daß diese Institution dem Land von Nutzen sein könnte. Es ist eine völlige Fehleinschätzung zu glauben, daß die Monarchie in diesem Land um ihrer selbst willen existiert. Ganz sicher nicht … Wir kommen nicht aus Eigeninteresse hierher … Und wir hätten durchaus andere Möglichkeiten, uns zu amüsieren. In Anbetracht des Pensums, das wir hier zu bewältigen haben, und der wenig angemessenen Gegenleistungen können Sie sicher sein, daß das alles im Interesse des kanadischen Volkes und nicht etwa zu unserem eigenen Vorteil geschieht. Wenn die Menschen irgendwann einmal der Meinung sein sollten, daß [die Monarchie] hier keine Zukunft hat, dann lassen Sie uns die ganze Affäre um Gottes willen freundschaftlich und ohne Streit beenden.«

Schon einige Monate vorher hatte er bei einem Zusammentreffen mit den Studenten der Universität Edinburgh die Geduld verloren. Als einer der Studenten ihn nach der Meinungsfreiheit fragte, giftete Philip ihn an: »Halten Sie den Mund, und werden Sie erst mal erwachsen!« Die Zuhörer taten daraufhin ihr Mißfallen durch Zischen und Buhen kund, und Philip brüllte in dem allgemeinen Lärm: »Glauben Sie bloß nicht, daß ich hier irgendeine Form von Zensur ausüben möchte. Weder der [Dekan des Colleges] noch ich haben daran das geringste Interesse. Wir mögen vielleicht inkompetent sein, aber unaufrichtig sind wir nicht. Auch ich habe meine Erfahrungen mit der Meinungsfreiheit gemacht, denn man ist mir schon oft genug wegen meiner Äußerungen über den Mund gefahren. Außerdem erklärt man mir immer wieder, was ich sagen darf und was nicht. Warum sollte ich Ihnen also vorschreiben, was Sie zu sagen haben?«

Nach Auskunft eines Höflings fühlt sich der Herzog häufig »durch die Passivität der Königin irritiert. Verstehen Sie, sie weiß weit besser, wann sie ›nein‹ zu sagen hat als wann sie die Initiative ergreifen und ›ja‹ sagen sollte. Deshalb ermuntert er sie bisweilen: ›Also los, Lilibet. Mach schon. Tu es doch einfach.‹ Sie wiederum kann die schlechte Laune, die er häufig hat, nicht ausstehen. Als er einmal stundenlang Porträt sitzen mußte, verlor er schließlich die Geduld und wollte einfach gehen. Doch da befahl die Königin: ›Du bleibst hier!‹ Und er hat gehorcht.«

Eine derartige Reaktion hätte Margaret wohl kaum gezeigt. In ihrem Leben herrschte in den siebziger Jahren ein völliges Durcheinander. Während dieser Zeit war ihre Ehe bereits zerbrochen. Sie und ihr Mann waren immer weniger zusammen, und beide hatten zahlreiche Affären. »Aber was am schlimmsten ist«, hat Margaret gesagt, »Tony hat mich in Gegenwart der Kinder angebrüllt. Und das war zuviel für mich!«

Margaret ging in die Offensive. Anfang 1973, sie war zweiundvierzig, sorgte sie für einen Skandal, als sie eine Beziehung mit dem fünfundzwanzigjährigen Roderick (Roddy) Llewellyn einging, die mehrere Jahre dauern sollte. Der Altersunterschied zwischen den beiden war ebensogroß wie zwischen ihr und Peter Townsend, nur daß sie jetzt die Ältere war. Roddy war ein scheuer, nervöser Mann, der bis dahin als Assistent am College für Heraldik und als Gelegenheitsmodell gearbeitet hatte. Er war 1,75 Meter groß, schlank, konnte gut reiten und nahm durch sein auffallend attraktives Lächeln für sich ein. Er trug häufig einen Silberohrring, Lederkleidung und Ketten, eine Aufmachung, die für allgemeine Entrüstung sorgte. Ein Jahr vorher hatte Roddy mit einem männlichen Liebhaber gelebt, der ihn großzügig unterstützte. Als das Verhältnis auseinanderging, hatte er zwei Selbstmordversuche unternommen. Von Margarets Berühmtheit angezogen und emotional verunsichert, ordnete er sich bereitwillig der Führung Ihrer Königlichen Hoheit unter. Als schließlich Fotos veröffentlicht wurden, auf denen Margaret und Roddy auf der karibischen Insel Mustique zu sehen waren (Margaret hatte dort von Freunden zur Hochzeit ein Haus geschenkt bekommen), hatte Tony, der damals schon mit der Frau zusammen war, die er später heiraten sollte, genau den Vorwand, den er brauchte, um seiner Ehe ein Ende zu setzen.

Wie ein Palastchronist es noch milde ausgedrückt hat, war die Beziehung zwischen Margaret und Roddy »schon beinahe bizarr«. Sie spielten Bridge mit Freunden, sie gingen tanzen, sie gaben Abendgesellschaften und zeigten sich in London ganz offen. Doch Freunde der beiden waren überzeugt, daß Roddy der Prinzessin nicht die Gefühle entgegenbrachte, die sie sich erhoffte. Vielleicht ist er nicht einmal ihr Geliebter gewesen. »Ich werde Prinzessin Margaret niemals heiraten«, sagte er einmal und fügte hinzu, daß dies aus persönlichen Gründen nicht möglich sei. »Außerdem möchte ich keine Kinder haben.«

Margarets und Roddys Freundschaft wurde schon bald der Königin und der Königinmutter bekannt, die entrüstet waren, nach der

Scheidung des Earl of Harewood mit einem neuen Skandal, der dem Ansehen der Königlichen Familie schadete, konfrontiert zu werden. Seit Edward VIII. hatte kein dem Thron nahestehendes Mitglied der Dynastie so ungeniert öffentlich geflirtet. Aber auch trotz zahlreicher Konferenzen und Appelle an das Paar dauerte die seltsame Affäre von Margaret und Roddy fünf Jahre.

Im Jahr 1974 gab es einige melodramatische Höhepunkte in der königlichen Seifenoper. Als Roddy wieder einmal verreist war, schluckte Margaret eine Handvoll leichter Schlaftabletten. »Sie war danach eine Zeitlang ein bißchen benommen«, hat eine Freundin später berichtet. »Aber das Ganze war eigentlich eher ein Hilferuf als der ernsthafte Versuch, sich umzubringen. Vielleicht hatte sie von Roddy etwas erwartet, was er nicht erfüllen konnte.« Ein anderer Freund meinte zu der Beziehung: »Im Bett lief zwischen den beiden ohnehin kaum etwas, und Roddy hat einmal gesagt, daß die körperliche Seite der Beziehung für ihn nie ganz einfach gewesen ist.« Unterdessen hielten Königinmutter und Queen Elizabeth den Atem an und hofften bei jeder Trennung der beiden, daß dies nun endgültig das Ende wäre.

Während dieser aufregenden Affäre lag der Herzog von Windsor mit Kehlkopfkrebs todkrank darnieder. Er war geistig voll auf der Höhe, während Wallis unter gelegentlichen Bewußtseinsstörungen litt. Zu ihrer Arthritis, die sie schon seit längerem quälte, war inzwischen eine Arteriosklerose hinzugekommen, und der Herzog bemerkte bei seiner Frau immer häufiger plötzliche Persönlichkeitsveränderungen und Gedächtnisstörungen. Prinz Charles besuchte das Herzogspaar im Oktober 1971 in ihrem Haus in Paris. »Onkel David sprach davon, wieviel Schwierigkeiten ihm meine Familie in den letzten dreiunddreißig Jahren bereitet habe«, schrieb er danach in sein Tagebuch. »Ich habe ihn offen gefragt, ob er seine letzten Lebensjahre gern in England verbringen würde …, [aber] er glaubt, daß ihn dort ohnehin niemand mehr kennt… Die Begegnung war erschütternd.«

Am 18. Mai 1972 statteten dann die Königin und Philip, die sich zu einem Staatsbesuch in Frankreich aufhielten, dem leidenden Herzog, dem es inzwischen so schlecht ging, daß er sein Schlafzimmer nicht mehr verlassen konnte, einen Besuch ab. Von der Krankheit geschwächt, bemühte sich Edward verzweifelt, sich aus seinem Rollstuhl zu erheben, verbeugte sich vor seiner Nichte und küßte sie. »Meine liebe Lilibet, es ist schön, dich wiederzusehen«, sagte er mit schwacher Stimme, bevor er wieder in seinen Stuhl sank. Jahrzehnte des Grolls und des Hasses, die Vertreibung des Herzogs und der Herzogin aus England, der beschämende Mangel an Mitgefühl und Großherzigkeit bei der Königlichen Familie – dies alles schien an jenem Frühlingsmorgen plötzlich vergessen zu sein, denn Edwards bevorstehender Tod ließ alle Geschehnisse der Vergangenheit belanglos erscheinen.

Eine Woche später, am 27. Mai, bat Edward seine Frau, ihm einen Pfirsich dünsten zu lassen – sein Lieblingsgericht während seiner schweren Krankheit –, doch er konnte nichts Festes mehr zu sich nehmen. Angsterfüllt und nach Luft ringend, sah er Wallis an, die stundenlang an seinem Bett saß und seine Hand hielt. Am 28. Mai 1972 um kurz nach zwei Uhr morgens schloß Edward für immer die Augen. Wallis, die ein paar Schritte entfernt in einem Sessel geruht hatte, trat just in dem Augenblick an sein Bett, da sein Herz zu schlagen aufhörte.

Als sie den Leichnam ihres Mannes am 5. Juni in Windsor zur letzten Ruhe geleitete, befand sich Wallis in einem Schockzustand und in tiefer Verwirrung. Zweimal bat sie Familienangehörige, ihren Mann zu suchen. Und zu Premierminister Heath sagte sie: »Sie müssen uns unbedingt in Paris besuchen. Der Herzog und ich würden uns darüber sehr freuen.« Aber kurz bevor der Sarg in die Erde gesenkt wurde, sagte sie zu den Umstehenden: »Er war mein Leben. Ich wage nicht daran zu denken, was ich ohne ihn tun soll. Er hat soviel für mich aufgegeben, und jetzt ist er von uns gegangen.« Prinz Charles kümmerte sich voll aufrichtigen Mitempfindens um sie. »Sie gehört doch zur Familie«, sagte er.

Aber die Herzogin konnte auch den Schmerz anderer mitempfinden. Einige Wochen später, als sie erfuhr, daß William, der einunddreißigjährige Sohn von Henry und Alice von Gloucester, bei einem Flugzeugabsturz ums Leben gekommen war, brach sie in Tränen aus. Sein Vater Henry, der letzte noch lebende Sohn König George V. und Queen Marys, erlitt weitere Schlaganfälle, die ihn völlig bewegungsunfähig machten. So lebte er noch zwei Jahre, bis er 1974 verstarb.

Wallis bewältigte die Trauerzeit mit einer bewundernswürdigen Selbstdisziplin. Eines Tages besuchte Louis Mountbatten sie in Paris, um die persönlichen Hinterlassenschaften des Herzogs – Uniformen, Staatsroben und Auszeichnungen – abzuholen und der Königin zu übergeben. Edwards Privatbriefe allerdings bekam er nicht. »Es war einfach furchtbar«, berichtete Wallis später ihrer Freundin Aline de Romanones. »Er wollte, daß ich auf der Stelle ein Testament aufsetze und alles der Königlichen Familie vermache und natürlich auch ihm einiges. Er hatte schon aufgelistet, wer was bekommen sollte. Na ja, ich habe mich, so gut es eben ging, für meine Rechte eingesetzt. Schließlich möchte ich nicht unfair sein, und was der Königlichen Familie zusteht, das sollte sie auch erhalten.« Ohne ihre würdevolle Haltung aufzugeben, gelang es Wallis immerhin, für sich Privatpapiere und Vermögenswerte im Gegenwert von etwa drei Millionen Pfund zu behalten (die sie später größtenteils dem Pariser Pasteur-Institut zu Forschungszwecken vermachte).

Nach Edwards Tod lebte Wallis in großer Zurückgezogenheit. Sie las viel und verfolgte interessiert die politische Entwicklung, die ihr zunehmend Sorge bereitete. »Überall auf der Welt gibt es nur Mord und Totschlag«, klagte sie, »nichts als Gewalt und Entsetzen. Ich verstehe diese Welt nicht mehr und kann daran keinen Gefallen mehr finden.« Wallis hatte ihr Leben lang unter Heimweh nach Amerika gelitten und nie richtig Französisch gelernt. Als Edward noch lebte, hatte sie für ihre Gäste hervorragend gekocht. Während ihrer letzten Lebensjahre jedoch aß sie am liebsten einen einfachen Hamburger.

»David hat mich geliebt«, sagte Wallis in ihren letzten Lebensjahren jedem, den sie traf. Dabei schweifte ihr Blick ziellos umher, ohne jemanden zu sehen. »Er hat mich wirklich geliebt«, murmelte sie vor sich hin. Als sie immer schwächer und verwirrter wurde, mußte die Herzogin zwischen 1972 und 1986 meistens das Bett hüten, bis sie zwei Monate vor Vollendung ihres neunzigsten Lebensjahres starb. Sie wurde südlich des Victoria-und-Albert-Mausoleums auf dem Königlichen Friedhof in Frogmore beigesetzt. Auf ihrer Grabtafel steht: »Wallis – Herzogin von Windsor« ohne die Abkürzung S. K. H., die allein ihrem Ehemann vorbehalten war.

Queen Victoria, Alexandra, Gemahlin Edwards VII., Mary, Ehefrau George V., Elizabeth, Gattin George VI., Queen Elizabeth II. und schließlich Prinzessin Margaret, sie alle sind herausragende Frauen der Windsor-Dynastie, die sich durch Kraft und Unabhängigkeit ausgezeichnet haben. Prinzessin Anne, die 1971 ihren einundzwanzigsten Geburtstag feierte, ist eine nicht minder bedeutende Persönlichkeit. Ungeduldig bei oberflächlichem Gerede und gegen übertriebene Etikette, fühlte sie sich schon als junges Mädchen auf dem Land und auf dem Rücken eines Pferdes am wohlsten. In der Schule zeigte sie keine besonderen Leistungen, was sie aber allem Anschein nach nicht störte. »Sie hat nie besonders intensiv gearbeitet«, hat Cynthia Gee, ihre Betreuerin an der Benenden School in

Kent, später berichtet. »Sie war nicht dumm, aber sie lernte nicht mehr, als sie unbedingt mußte.« Ihre Bildung schloß die Prinzessin bereits vor ihrem achtzehnten Lebensjahr ab.

Direkter, offener und ungehemmter als Charles, hat die 1,75 Meter große Prinzessin mit ihren vollen Lippen und ihrer Kinnpartie mehr von Philip geerbt als von der Königin. Als junge Erwachsene wollte Anne gern liebenswert, entspannt und leutselig erscheinen, aber aufgrund ihrer Erziehung gewannen die königliche Selbstbeherrschung und der Zwang zur Etikette immer wieder die Oberhand. Wenn etwa eine Schulkameradin oder eine Freundin es wagte, von »deiner Mutter« zu sprechen, blitzten Annes Augen zornig auf, und sie korrigierte: »Ich nehme an, du meinst Ihre Majestät die Königin.«

Ihre große Leidenschaft waren Pferde und das Reiten, und auf einer Reitveranstaltung lernte sie im Jahr 1969 auch einen jungen Makler namens Sandy Harper kennen. Der zweiundzwanzigjährige Sohn eines Oberstleutnants war begeisterter Polospieler, und schon bald sah man Sandy und Anne in London nur noch gemeinsam. Er war immer distinguiert gekleidet, sie dagegen trug orangenefarbene Hosenanzüge, kurze malvenfarbene Röcke und wagenradgroße Hüte. Während einer Vorstellung des Musicals *Hair* sprangen sie beim Finale auf die Bühne, um mit den Darstellern zu tanzen, von denen einige splitternackt waren. Als Anne dann das Theater verließ, beschimpfte sie einen Pressefotografen, der es gewagt hatte, sie »Anne« zu nennen. »Manchmal spielt sie verrückt und tanzt wie wild herum«, so ein der Königlichen Familie nahestehender Herzog, »bis ihr plötzlich wieder bewußt wird, wer sie ist.«

Wie Anne sich in den siebziger Jahren entwickeln würde, war nicht vorauszusehen, aber eines war klar, sie ging ihren eigenen Weg und stand auch ihrem Bruder nicht besonders nahe. »Sie war stets ungeduldig mit ihm«, so Charles' Kammerdiener. »›Los, mach schon, Charles‹, schrie sie ihn immer wieder an. Und sie beklagte sich ständig darüber, daß er so langsam sei.« Ob ihr Hang zur Bevormundung auch zum Bruch mit Harper führte, ist nicht bekannt, jedenfalls zeigte er seine Verlobung mit einem Fotomodell an. Und Anne wandte sich wieder ihren gewohnten Beschäftigungen zu. Sie ritt, segelte, fuhr Ski und eröffnete ein Krankenhaus oder eine Schule.

Anne sagte ihre Meinung immer offen. Wie es ihr in Australien gefalle, wollte man wissen, als sie im Frühjahr 1970 dem Land einen Besuch abstattete. »Keine Ahnung – man sieht ja nichts bei diesem verdammten Wind hier.« Ob sie tatsächlich »verdammt« gesagt habe, wurde sie hinterher gefragt. »Muß wohl so sein«, entgegnete sie nur. »Schauen Sie bitte mal hier herüber, Liebste«, bat sie einmal ein Fotograf. »Ich bin nicht Ihre Liebste«, erwiderte Anne frostig, »für Sie bin ich immer noch Eure Königliche Hoheit.« Und das war sie auch.

Ihre nächste Reise im Sommer 1970 führte die Prinzessin gemeinsam mit Charles nach Washington, wo sie von Präsident Nixon, seiner Frau und seinen Töchtern empfangen wurden. Anne beschimpfte die Fotografen, klagte, daß ihr sowenig Zeit für Besichtigungen bleibe, stöhnte über die Hitze – und wurde zu ihrer eigenen Überraschung von der Presse gehätschelt, weil die Leute von Annes Lockerheit genauso entzückt waren, wie sie sich durch Charles' Steifheit befremdet fühlten.

»Haben Sie vielleicht ein Maßband?« fragte sie einen Verkäufer in der Pulloverabteilung eines Warenhauses. Als man ihr eins brachte, knöpfte Anne ihren Mantel auf und sagte: »Könnten Sie wohl mal bitte meinen Brustumfang messen. Als ich das letztemal einen Pullover gekauft habe, mußte ich zu Hause feststellen, daß er nicht paßte.« Vor den Augen der übrigen Kunden wurde dann der Brustumfang der Prinzessin gemessen und von dem Verkäufer laut verkündet.

Am zweiundzwanzigsten Geburtstag Annes erklärte Philip einem Freund, daß er seiner Tochter »irgendeine sinnvolle Aufgabe« wünsche, »die Frage ist nur, was das sein könnte«. Allen, die sich überhaupt die Mühe machten, darüber nachzudenken, war klar, daß Anne ihrer Tante Margaret sehr ähnlich war, nicht zuletzt wegen ihrer raschen Stimmungswechsel. So konnte sie beispielsweise eben noch kichern und schon in der nächsten Sekunde jemanden kalt zurechtweisen, wenn er ihr gegenüber die Etikette nicht beachtete.

Das war nicht verwunderlich, wenn man bedenkt, daß man der Prinzessin von klein auf beigebracht hatte, daß andere Menschen sich zu erheben hätten, wenn sie den Raum betrat, das Besteck erst dann in die Hand nehmen durften, wenn sie mit dem Essen begonnen hatte, und jemand mit ihr nur sprechen durfte, wenn sie das Gespräch eröffnet hatte. Und ständig wurde sie von Leibwächtern begleitet.

Doch auf Partys oder in Nachtklubs war es Anne völlig egal, was ihre Sicherheitskräfte von ihrem Benehmen hielten. »Sie sollten sie mal beim Tanzen beobachten«, meinte eine Freundin. »Fünf Minuten nach ihrer Ankunft hat sie schon die bestaussehenden Männer um sich geschart.« Nach dem Ende ihrer Freundschaft mit Sandy Harper gehörten unter anderen Richard Meade und Guy Nevill zu diesem Kreis. Meade, der bei den Olympischen Spielen im Reiten eine

Goldmedaille gewonnen hatte und als Immobilienmakler in Surrey arbeitete, war ein flotter, elegant gekleideter junger Mann, der schon als Annes zukünftiger Ehemann angesehen wurde. Das gleiche galt freilich auch für Neville, den vermögenden Erben des Marquis von Abergavenny, und für Robert Rodwell, mit dem sie sich auf dem Tanzparkett der Diskothek La Valbonne zeigte. »Entspannen Sie sich«, sagte sie zu ihm, während sie mit ihm tanzte. »Sie werden mich schon nicht beschädigen, schließlich bin ich nicht aus Meißner Porzellan.« Sie tanzte mit vielen Männern, verabredete sich mit einigen, aber sie versprach niemandem etwas.

Am 14. November 1973 heiratete die dreiundzwanzigjährige Anne den gutaussehenden Hauptmann Mark Phillips von der Königlichen Dragonergarde. Er war fünfundzwanzig Jahre alt, ein aus der ländlichen Oberschicht stammender Bürgerlicher und ein begabter Reiter. Er hatte die Prinzessin 1968 auf einem Fest kennengelernt, auf dem das gute Abschneiden der britischen Reiter bei den Olympischen Spielen gefeiert wurde. Phillips hatte der britischen Equipe als Reservemann angehört.

Die Hochzeit wurde zu einem großen Medienereignis und vom Fernsehen in die ganze Welt übertragen.

Vier Monate später gingen die Berichte über einen dreisten Entführungsversuch um die Welt. Als Anne und Mark am 20. März 1974 von einer Filmpremiere heimfuhren, wurde ihr Wagen auf der Prachtstraße The Mall von dem Nervenkranken Ian Ball gewaltsam gestoppt. Dieser Ball hatte einen Entführungsplan ausgeheckt und hoffte, für die Prinzessin ein Lösegeld von drei Millionen Pfund erpressen zu können. Annes Leibwächter, ihr Chauffeur, ein am Tatort anwesender Journalist und ein Polizeibeamter wurden von Ball durch Schüsse schwer verwundet, die Prinzessin und Mark blieben unverletzt. »Warum hauen Sie nicht ab?!« schrie Anne den Mann an, als er sie aus dem Wagen zu zerren versuchte. »Was bedeutet das Ganze eigentlich?« Nicht für eine Sekunde verlor sie ihre Kaltblütigkeit, und zwei Stunden später saß sie schon wieder am Steuer ihres Wagens und fuhr wie geplant zu ihrem Landsitz in Sandhurst. »Offen gestanden«, sagte sie später, »hatte ich gar keine Zeit, in Panik zu geraten, deshalb hab' ich den Kerl nur laut beschimpft. Außerdem war ich so erstaunt darüber, daß auf der Straße alles seinen Gang ging, die Taxis und Autos fuhren einfach vorüber, niemand nahm Notiz von uns.«

Die Ehe der Phillips verlief ohne besondere Höhepunkte oder außergewöhnliche Vorfälle. Anders als Antony Armstrong-Jones wollte Mark keinen Titel von der Königin annehmen. Das fand allerdings nicht die Zustimmung von Elizabeth und Philip, denen Marks gesellschaftliches Auftreten ohnehin nicht gefiel, denn er konnte sich nur über Pferde und seine Tätigkeit in der Armee unterhalten, und er hatte überdies einen recht einfachen Humor. Ein Reporter beobachtete den Hauptmann Phillips beispielsweise dabei, wie er seltsame Spaßartikel kaufte, darunter Teebeutel, deren Genuß starke Blähungen verursacht, und Zuckerwürfel, aus denen, wenn sie sich auflösen, Kondome zum Vorschein kommen. »Er hat eben einen derben Humor und macht gern mal einen kleinen Spaß«, lautete der Kommentar des Sprechers des Buckingham-Palastes.

Was Anne anbelangt, so ordnete sie sich ihrem Mann, wenigstens zu Anfang ihrer Ehe, unter. »Alle für unser gemeinsames Leben wirklich wichtigen Entscheidungen treffe selbstverständlich ich«, hatte Mark ihr erklärt und sich damit eigentlich übernommen. Wie sich zeigen sollte, bezogen sich die Entscheidungen ohnehin nur auf die Verwaltung des Gutes Gatcombe Park in Gloucestershire, wo sich die beiden 1976 niederließen. Und so übernahm Phillips diese Aufgabe, während Anne ihren königlichen Verpflichtungen nachging. 1977 wurde mit Peter Phillips der erste Enkel der Königin geboren, 1981 folgte seine Schwester Zara. Anne und Mark entschieden sich dafür, daß ihre Kinder ohne Titel aufwuchsen. Anne selbst nahm jedoch 1987 den Titel einer »Princess Royal« an, den die Königin ihr angeboten hatte. Es ist die höchste Würde, die weiblichen Mitgliedern des Königshauses verliehen werden kann. Ein paar Jahre später wurde sie auch noch in den Hosenbandorden aufgenommen.

»Manchmal möchte ich ein ganz anderes Leben führen als mein jetziges«, hat Anne bekannt, »denn es hat doch einen entschieden öffentlichen Charakter. Ich glaube allerdings nicht, daß ich eine andere Wahl habe. Ich bin in ein durch bestimmte Verpflichtungen geprägtes Leben hineingeboren worden, und eine Ablegung dieser Pflichten ist nicht vorgesehen.« Allerdings sah sie wohl ihre Ehe nicht als eine solche Verpflichtung an, denn sie trennte sich bald von ihrem Mann.

Eheliche Verbindungen und Scheidungen, wie sie früher für die Mitglieder des Königshauses überhaupt nicht in Frage gekommen waren, standen bei den Windsors in den siebziger Jahren auf der Tagesordnung. So heiratete 1978 beispielsweise der sechsunddreißigjährige Prinz Michael von Kent, das jüngste von Georges und Marinas drei Kindern, die schöne und intelligente Marie-Christine von Reibnitz, eine in Böhmen geborene geschiedene, römisch-katholische Baronin. (Hätte der Herzog von Windsor noch gelebt, wäre er vermutlich wütend gewesen, als die neue Prinzessin mit »Ihre Königliche Hoheit« bezeichnet wurde, denn schließlich gingen im britischen Gewohnheitsrecht Titel und Würden des Mannes nicht automatisch auf seine Ehefrau über.)

Im selben Jahr trennten sich auch die Snowdons endgültig. Am 10. Mai 1978 ließ der Buckingham-Palast verlauten, daß Prinzessin Margaret und Antony Armstrong-Jones, die inzwischen über zwei Jahre getrennt lebten, ein neues Gesetz für sich in Anspruch nehmen wollten, das besagt, daß nach einer Trennungszeit die Scheidung automatisch ausgesprochen werden kann. Er war inzwischen mit der Frau liiert, die ihm bei Filmarbeiten in Australien assistiert hatte und die er später heiratete, während Margaret noch immer mit Roddy Llewellyn umherreiste und Nachtklubs besuchte. Roddy, der einen Zusammenbruch erlitten hatte, trat zu diesem Zeitpunkt gerade als Pop-Sänger auf. Der junge Mann brachte Margaret durch sein Benehmen immer wieder öffentlich in Verlegenheit, und als er sie im folgenden Jahr verließ, begann sie wieder exzessiv zu trinken und fiel in eine tiefe Depression. Als die Scheidung der Prinzessin öffentlich bekanntgemacht wurde, lag Margaret gerade mit einer Leberentzündung und einer Entzündung der Magen- und Darmschleimhaut, bedingt durch ihren Alkoholkonsum, im King-Edward-VII.-Hospital. Sie wies ihre Anwälte an, in die von Tony verlangte sechsstellige Abfindung einzuwilligen; das Sorgerecht für die Kinder wurde ihr zugesprochen.

Die noch nicht fünfzigjährige Margaret stand nun im Kreuzfeuer der Kritik. Die Medien nahmen die Untreue ihres Mannes einfach nicht zur Kenntnis und gaben allein Margaret die Schuld an der Scheidung. Tony erklärte, er sei der betrogene Ehemann, »erniedrigt und in einer untragbaren Position«. Daraufhin erwiderte Margaret mit bemerkenswerter Offenheit: »Lord Snowdon hat sich teuflisch klug aus der Affäre gezogen.«

Es herrschte auch immer wieder Aufregung über die großzügigen Zuwendungen, die Margaret aus der Staatskasse erhielt. Sie beliefen sich 1975 immerhin auf 125 000 Pfund jährlich. »Wir sind besorgt um Prinzessin Margarets öffentliches Ansehen«, erklärte ein Sprecher des Kensington-Palastes. »Uns sind in dieser Angelegenheit allerdings die Hände gebunden, und wir können den Medien auch nicht vorschreiben, nur Positives über die Königliche Familie zu berichten.«

Margaret schien den Boden unter den Füßen verloren zu haben, und auch mit ihrer Gesundheit stand es nicht zum besten. 1974 hatte man ihr Teile einer Lunge wegen Krebs entfernen müssen, trotzdem rauchte sie weiterhin sehr stark, was sie zusätzlich gesundheitlich und nervlich schwächte. Es folgten mehrere Klinikaufenthalte wegen Lungen- und Brustfellentzündung und Erkrankungen der Atemwege. Das erste weibliche Mitglied des Königshauses, das sich sexuelle Freizügigkeiten gestattet und sich über die meisten der traditionellen Tabus hinweggesetzt hatte, spielte jetzt im Kreise der Windsors eine fast tragische Rolle. Margaret war krank und einsam und schwankte abwechselnd zwischen ungemein mutigen Taten und bemerkenswert größenwahnsinnigen Auftritten hin und her. Da es ihr an der Kraft fehlte, sich für die großen Anliegen ihrer Zeit zu engagieren, trat sie lediglich als Lebe- und Gesellschaftsdame in Erscheinung, und es ist müßig, darüber zu spekulieren, was aus ihrem Leben hätte werden können, wenn sie Peter Townsend geheiratet hätte – freilich vermögen die schlichten häuslichen Freuden die auf der Sonnenseite Geborenen meist nicht sehr lange zufriedenzustellen.

Die Königin reagierte wie erwartet. Nach Auskunft etlicher Höflinge war sie verärgert, verwirrt und der Auffassung, ihre Schwester habe grundlegende Werte des Königtums verraten. »Was sollen wir nur mit Margaret machen?« lautete in jenem Jahr ihr Standardspruch. Während sich Elizabeth auf ihr Silbernes Thronjubiläum einstimmte, sorgte Margaret wieder für Aufregung. Sie war seit Heinrich VIII., der Anna von Kleve verstoßen hatte, das erste Mitglied der engeren Königlichen Familie, das sich scheiden ließ. Die Königliche Familie konnte sich daher in Zukunft nicht mehr als Vorbild an Moral und Stabilität präsentieren. Nach Margarets Scheidung erhoben sich immer mehr Stimmen, die bezweifelten, daß es klug oder auch nur ratsam sei, ein überaus kostspieliges und zudem auf Illusionen beruhendes monarchisches System aufrechtzuerhalten, das in erster Linie durch die menschlichen Schwächen seiner Repräsentanten von sich reden machte.

Margaret kam jetzt in die reiferen Jahre und sie wurde ruhiger und ausgeglichener. Sie hatte eine enge Verbindung zu ihren Kindern und gewann auch zahlreiche Freunde außerhalb des engeren königlichen Kreises. Im Grunde genommen von freundlichem Charakter, gelang es ihr allmählich, die Ecken und Kanten ihrer bisweilen hart erscheinenden Persönlichkeit abzuschleifen, einen klaren Blick für menschliche Verfehlungen und Schwächen und Mitgefühl für die Benachteiligten zu entwickeln. Häufig einsam und vielfach von der Presse verleumdet und von der Öffentlichkeit mißverstanden, fand sie niemals den Mann, der ihr den nötigen Halt hätte geben können und den sie so dringend gebraucht hätte. Mit über sechzig Jahren ging sie – nur von einer Hofdame begleitet – sonntagmorgens noch des öfteren in die Westminster Abbey. Aber sie tat dies nicht in offizieller Funktion, sondern vielmehr als einfache Gläubige unter anderen Gläubigen, die sich hier aus dem gleichen Grund versammelten wie sie. Sie war nichts weiter als eine begüterte Frau, die ihre Armut im Geiste eingestand.

Prinz Charles wurde 1978 dreißig Jahre alt, und die Königin dachte über eine Verheiratung des Thronerben nach. Der Prince of Wales schien sich jedoch für keine Frau entscheiden zu können. Sollte sich etwa wiederholen, was der spätere Edward VIII. als Prince of Wales seiner Familie geboten hatte? Und weil Charles keinerlei Interesse bekundete, sich zu verheiraten, machte bald das Gerücht die Runde, der Prince of Wales sei homosexuell. Um diesem Gerede ein Ende zu bereiten und seine Absichten kundzutun, trat Charles, wie viele berühmte Persönlichkeiten in vergleichbaren Situationen, im Fernsehen auf, um in eigener Sache zu sprechen. »Sie dürfen nicht vergessen, wenn man in meiner Position heiratet, muß man bei der Wahl einer Frau bedenken, daß sie möglicherweise eines Tages Königin sein wird. Deshalb muß man sie sehr sorgfältig auswählen«, sagte er zu einem Moderator der BBC.

»Charles denkt viel über die Ehe nach«, so ein Freund, »und er überlegt ständig, was aus einem Paar wird, das sich Hals über Kopf ineinander verliebt und dann ein halbes Jahr später wieder auseinandergeht.« Der Prinz wollte wissen, ob so etwas häufig passiert, und als sein Freund ihm antwortete, daß Veränderungen im Leben ganz normal sind, geriet Charles abermals ins Grübeln, »weil er ja wußte, daß er nur eine Chance hatte. Einen zweiten Versuch würde es für ihn nicht geben, und daher mußte er gleich beim erstenmal die richtige Entscheidung treffen.«

Das Junggesellenleben des Prince of Wales dauerte an. Im Jahr 1971 nahm er an der Königlichen Marineakademie in Dartmouth an einer sechswöchigen Schulung teil; danach diente er als Leutnant auf der HMS *Norfolk*.

Frauen spielten im Leben von Charles schon eine Rolle, allerdings nicht die Hauptrolle. »Er hat das Junggesellenleben wirklich genossen«, meinte sein Kammerdiener Stephen Barry, »[denn] wenn er seine offiziellen Verpflichtungen erfüllt hatte, konnte er tun, wozu er Lust hatte, ohne daß er auf eine Frau Rücksicht nehmen mußte und seine sportlichen und jagdlichen Aktivitäten hätte einschränken müssen.« Er verabredete sich auch mit jungen Damen die er sogar zu offiziellen Veranstaltungen einlud. Darunter waren Georgina Russell (die Tochter des britischen Botschafters in Spanien), Bettina Lindsay (die Tochter eines Oberhausmitglieds), Lord Astors Tochter Elizabeth, Lady Victoria Percy (die Tochter des Herzogs von Northumberland), Lady Henrietta Fitzroy (eine Freundin aus Kindertagen), Lady Jane Grosvenor (die Tochter des immens reichen Herzogs von Westminster), Dale Harper, Lady Tyron und mehrere hübsche Schauspielerinnen. In England und im Ausland traf er immer wieder Frauen, die mit ihm flirteten, ihn anhimmelten oder in Ehrfurcht vor ihm erstarrten. Und wie jeder beschäftigungslose Mann, der gewohnt ist, alles zu bekommen, was er sich wünscht, der jedoch über keine sonderlich hochentwickelten intellektuellen, moralischen oder ästhetischen Begabungen verfügt, tat er genau das, was müßiggehende Leute mit Einfluß, Sozialprestige, reichlich Zeit und einem ausgeprägten Bedürfnis nach Ehrerbietung stets tun. Er tändelte mit attraktiven, bereitwilligen jungen Frauen herum. »Also das stellt ja selbst die Wachablösung [in London] in den Schatten«, sagte er, als er auf den Fidschi-Inseln einem Fruchtbarkeitstanz barbusiger Mädchen zuschaute. Und so wäre vielleicht auch sein Kommentar zu einer Reihe kurzer Affären ausgefallen, die er in diesen Jahren hatte. Keine seiner Freundinnen hat jemals etwas über ihre Beziehung mit dem Prince of Wales verlauten lassen, keine hat sich je in der Presse über Charles geäußert.

Die meisten der jungen Damen, die einen vertrauten Umgang mit dem Prinzen pflegten und öfter in den Palast oder nach Balmoral eingeladen wurden, waren binnen kürzester Zeit von den Medien umlagert. Und die meisten von ihnen hatten diesen Andrang schon bald ebenso satt wie Charles' Zögerlichkeit außerhalb des Schlafzimmers. Es gab also tatsächlich Affären, wie auch ehemalige Bedienstete bestätigen. Doch von romantischen Beziehungen zu sprechen wäre übertrieben, denn eine Frau durfte in Charles' Leben keine beherrschende Rolle spielen. »Sie durften ihn nie unterjochen«, kommentierte Barry diese Affären. »Das einzige, wovon Prinz Charles sich beherrschen läßt, sind seine Arbeit und seine sportlichen und jagdlichen Aktivitäten, Mädchen kommen erst an dritter Stelle. Prinz Andrew dagegen, der eine ganz andere Zukunft als sein Bruder zu erwarten hat, zeigt sein Interesse an Mädchen sehr viel deutlicher.

Der Prince of Wales ist im Grunde genommen schüchtern und extrem vorsichtig.«

Sein Problem lag bestimmt auch darin, daß er sich bei seiner Entscheidung für eine Frau weniger von romantischen als von dynastischen Überlegungen leiten lassen mußte: Seine Ehefrau mußte der Königlichen Familie angenehm sein, denn sie würde die Mutter des künftigen Königs von England sein. Sie mußte aus einer angesehenen Familie stammen, eine gute Erziehung haben und durfte durch keinen Skandal aufgefallen sein; überdies mußte sie protestantischen Glaubens sein. In der Vergangenheit hatten zahlreiche Frauen, die Charles kannte, diese Kriterien erfüllt. Doch in den siebziger Jahren war es nicht mehr so einfach, eine junge Frau zu finden, die dem viktorianischen Tugendkatalog entsprach und die bereit war, sich mit der passiven Rolle einer königlichen Gattin und Mutter abzufinden. Charles mußte eine Frau finden, die keine persönlichen (geschweige denn romantischen) Ansprüche stellte, die bereit war, all ihre Ambitionen und Wünsche dem Interesse der Familie Windsor unterzuordnen.

Der Prinz wirkte auf Gesellschaften eher unbeholfen und steif und besaß gar nichts von dem unbeschwerten Charme seines Vaters. Jede junge Dame mußte ihn mit »Sir« anreden, solange er ihr nicht etwas anderes erlaubte. Das war selbst für eine königstreue und moderne junge Dame ein bißchen viel verlangt.

So verlor auch Georgina Russell bald das Interesse an der Gesellschaft des Prince of Wales, als sie ihn eine Woche zum Fischen nach Schottland begleitete. Er ließ von den Dienern spartanische Mahlzeiten bereiten (weil er laut Barry »gerade mal wieder auf einem seiner Spartrips« war) und stand oft tagelang mit der Angel bis zu den Hüften im Wasser von Bächen oder Flüssen. Georgina hielt es keine Woche mit ihm aus und reiste vorzeitig ab.

Ebenso erging es Lady Sarah Spencer (Lady Dianas älterer Schwester), die nicht nur wegen ihrer Magersucht unter großem Streß stand, sondern vor ihrem Rendezvous mit Prinz Charles verständlicherweise überaus nervös war. Als der verliebte Charles 1977 dann auch noch Skiferien mit Sarah machte, galt sie bereits als ernsthafte Kandidatin. Doch dieses Gerücht erstickte sie im Keim, als sie einem Journalisten erzählte: »Ich werde ihn bestimmt nicht heiraten. Ich bin nicht in ihn verliebt, und ich würde niemals einen Mann heiraten, den ich nicht liebe, sei es ein Müllkutscher oder sogar der König von England.« Der Prinz sei »ein Romantiker, der sich rasch verliebt«, fügte sie noch hinzu. Diese Offenheit hat Sarahs Großmutter sicher verärgert. Sie war eine Hofdame der Königinmutter, und beide Damen hatten wohl gehofft, die Ehe zwischen Sarah und dem Prince of Wales stiften zu können.

Auch Lady Jane Wellesley, die Tochter des Herzogs von Wellington, konnte mit Charles' Späßen offenbar wenig anfangen.

Im Jahr 1979 war Anna Wallace, die Tochter eines reichen Landbesitzers, eine weitere von Charles' Favoritinnen. Die große Blondine hatte für Charles eine große sexuelle Anziehungskraft. Sie war sich ihrer Bedeutung für den Prinzen bewußt und auch der Macht, die sie über ihn hatte. Sie ging zwar auf die Werbung von Charles ein, scheute sich aber nicht, in der Öffentlichkeit mit ihm herumzustreiten. Anna verabredete sich aber auch mit anderen Männern, was schließlich zum Ende der Freundschaft mit Charles führte. Als Detektive des Palastes noch herausfanden, daß sie sogar schon einmal mit einem Mann zusammengelebt hatte, war das ein zusätzlicher Grund. So erging es auch der schönen Davina Sheffield, die Charles vorher aber noch kräftige Vorwürfe machte, weil er auf einem Ball in Schloß Windsor in ihrer Anwesenheit anderen jungen Damen den Hof machte. Auch die Amerikanerin Laura Jo Watkins, eine Admiralstochter, traf sich mehrmals heimlich mit Charles in London und Miami. Aber wegen ihrer Nationalität kam sie als ernsthafte Anwärterin nicht in Frage.

Bis Lady Diana Spencer auftauchte, wurden keiner Heiratskandidatin so große Chancen eingeräumt wie Prinzessin Marie Astrid von Luxemburg.

»CHARLES HEIRATET ASTRID – OFFIZIELL«

meldete der *Daily Express* am 17. Juni 1977 in großer Aufmachung.

»Die Verlobung wird der Buckingham-Palast am kommenden Montag offiziell ankündigen. Das Problem der unterschiedlichen Konfessionen der Brautleute – sie ist römisch-katholisch – wird verfassungsrechtlich geregelt: Die aus der Ehe hervorgehenden Söhne sollen nach den Lehren der Kirche von England erzogen werden, die Töchter im katholischen Glauben. Die Königin und Prinz Philip haben dies akzeptiert, auch führende Kirchenrepräsentanten gaben ihren Segen. Der achtundzwanzigjährige Prinz Charles und die dreiundzwanzig Jahre alte Astrid sind sich zum erstenmal vor einem Jahr begegnet.

Obwohl der Palast die Verbindung der beiden bisher geheimgehalten, sogar eine Bekanntschaft der beiden geleugnet hat, war von einem engen Freund gestern abend zu erfahren, daß sie sich schon bei ihrer ersten Begegnung ineinander verliebt haben. Astrid – die durch die Heirat zur Prinzessin von Wales und später vielleicht zur Königin aufsteigt, ist die Tochter des Großherzogs von Luxemburg. Ihre Mutter, die ehemalige Prinzessin Josephine Charlotte, ist die Tochter des ehemaligen Königs Leopold von Belgien und seiner Gattin Astrid.«

Kurz darauf stellte sich heraus, daß die Geschichte eine Zeitungsente war. Astrid und Charles hatten sich zwei- oder dreimal getroffen, ohne ein besonderes Interesse füreinander gezeigt zu haben. Nachdrückliche Dementis des Buckingham-Palastes werteten die Medien jedoch als sicheren Beweis dafür, daß schon bald die Hochzeitsglocken läuten würden. Doch in Wahrheit hatte Charles eine innige Verbindung mit Camilla Shand, mit der ihn Lord Mountbatten bekannt gemacht hatte.

Der Familie Shand gehörte fast die Hälfte der überaus wertvollen Immobilien in Belgravia, der vornehmsten Londoner Wohngegend. Camilla (die sechzehn Monate älter war als Charles) besaß eine direkte und ungezierte Art und interessierte sich wie der Prinz vor allem für sportliche Aktivitäten, liebte das Landleben und hatte den bodenständigen Humor mit ihm gemeinsam. »Sie war schon immer ein richtiger Wildfang«, so ihr langjähriger Freund Broderick Munro-Wilson, »stets guter Laune und zu Späßen aufgelegt. Sie wußte immer etwas zu erzählen und war dabei überaus gescheit und sehr temperamentvoll.« Kevin Burke (mit dem sie als Achtzehnjährige eine Zeitlang befreundet gewesen war) hat sie ebenfalls als »wahnsinnig lustig … und sexy« beschrieben. »Sie kam immer wieder auf Alice Keppel, ihre Urgroßmutter, zu sprechen, die ihr offenbar ständig im Kopf herumging.« Nach Auskunft des offiziellen Biographen des Prince of Wales begann die Romanze zwischen Charles und Camilla im Herbst 1972: »Er hat sich auf der Stelle in sie verliebt … [und] hatte den Eindruck, daß seine Gefühle erwidert würden.«

Im Freundeskreis gaben Camilla und Charles immer wieder lustige Geschichten über Alice Keppel zum besten, die schon mit dem ältesten Sohn von Queen Victoria liiert gewesen war, als dieser noch Prince of Wales war. Auch während seiner Regentschaft als King Edward VII. blieb Alice seine Mätresse.

Camilla durfte dem Prinzen sogar bei der Organisation seiner persönlichen Angelegenheiten helfen und beriet ihn bei der Einteilung seiner Mitarbeiter, der Auswahl seiner Garderobe und der Aufstellung seines Terminkalenders. Ihm treu ergeben, aber nicht besitzergreifend, hatte sie für Charles eine ähnlich Bedeutung wie Freda Dudley Ward für Edward VIII., den Herzog von Windsor. Als Camilla den Offizier Andrew Parker-Bowles vom Königlichen Kavallerieregiment heiratete – er hatte auch schon Prinzessin Anne den Hof gemacht – und anschließend zwei Kinder bekam, riß die Beziehung zu Charles ab. Im Jahr 1979 – Charles' Ersatzvater, Lord Louis Mountbatten, war im August durch eine IRA-Bombe getötet worden – nahmen die beiden ihre Verbindung dann um so leidenschaftlicher wieder auf. Charles hat 1994 selbst zugegeben, daß Camilla damals seine Geliebte war.

Charles' Vorbehalte gegen die Institution der Ehe mögen zum Teil auch darin begründet gewesen sein, daß er miterleben mußte, wie sich die Beziehung seiner Eltern allmählich veränderte. Wo hätte er auch sonst ein Beispiel dafür finden können, wie sich die Verbindung zwischen zwei Menschen im Lauf der Zeit wandelt?

Nach mehr als vierzigjähriger Ehe gingen Elizabeth und Philip in den späten siebziger Jahren vorwiegend getrennte Wege. Sie schliefen in getrennten Schlafzimmern, wie sich bei den polizeilichen Untersuchungen mehrerer Einbrüche und der späteren Sicherung der königlichen Gemächer herausstellte. Und sie stritten sich – mitunter sogar ziemlich lautstark. »Sie brüllen sich an und verspritzen Gift und Galle«, flüsterten die Bediensteten, als Elizabeth und Philip sich eines Abends nach einer heftigen Auseinandersetzung wütend in ihre Gemächer zurückzogen.

Elizabeth und Philip hielten aber auch außerhalb des Palastes die Aggressionen, die sie gegeneinander hegten, nicht zurück. Der ehemalige Außenminister Tony Crosland hat einmal eine solche Mißstimmung persönlich miterlebt. Während einer Atlantiküberquerung 1976 geriet die königliche Yacht *Britannia,* nachdem sie von den Bermudas abgelegt hatte, in rauhe See. Ein Unwetter mit Windstärke neun war angekündigt, und das Schiff schwankte mit 45 Grad Schlagseite im aufgewühlten Meer. Die Königin erschien trotzdem zur festgesetzten Cocktailstunde vor dem Abendessen und »blickte philosophisch, ja fast fröhlich drein«, wie Crosland sich erinnert. »Einen Schritt hinter ihr ging ihr Gemahl, aus dessen Gesicht die sonst übliche Frische gewichen war. Er sah blaß und mitgenommen aus. »Wow!« schrie die Königin, als die *Britannia* ins Schlingern geriet und ihr Chiffontuch ihr ins Gesicht wehte. Und sie kreischte nochmals wie ein Kind, das mit Vergnügen Achterbahn fährt.

Am nächsten Tag hatte sich der Sturm gelegt. Als die Passagiere beim Mittagessen saßen, kam die Königin noch einmal auf den letzten Abend zu sprechen und sagte: »Ich habe noch nie so viele graue, grimmige Gesichter bei einem Dinner gesehen.« Sie legte eine Pause ein und fuhr lachend fort: »Und Philip ging es offenbar gar nicht gut, wie ich zu meinem Vergnügen feststellen mußte.« Dann lachte sie schadenfroh, denn schließlich ist ihr Mann Admiral der Flotte.

Aber ungeachtet aller ehelichen Turbulenzen ist Prinz Philip für die Königin bis heute der Partner geblieben, der ihr vorurteilsfrei und ganz offen seine Meinung über alle nur denkbaren Themen sagt. »Es ist nicht mehr zu leugnen, daß wir [Elizabeth und Philip] allmählich in unser Lebensmittelalter eintreten«, hat er einmal im Fernsehen gesagt. »Womöglich bringt man uns ja ein bißchen mehr Verehrung entgegen, wenn wir einmal sehr alt sind. Augenblicklich jedenfalls durchleben wir eine ziemlich uninteressante Zeit.« Prinz Philip ist neugierig, stellt viele Fragen, kümmert sich auch um unangenehme Dinge, schimpft hier ein bißchen, tadelt dort. Er findet sehr leicht Zugang zu anderen Menschen und bekommt einen größeren Einblick als Elizabeth. Deshalb ist seine Meinung auch so wichtig für sie.

Charles war 1979 einunddreißig Jahre alt und noch immer Junggeselle. Sein sinnentleertes Leben bedrückte ihn, und er zog sich immer mehr in sich selbst zurück. Nach Mountbattens Tod im selben Jahr gab es niemanden mehr, dem er sich anvertrauen konnte. Seine Mutter achtete er zwar, doch sie war für ihn von jeher die ferne, vielbeschäftigte Herrscherin gewesen. Seine Großmutter, die ihm in seiner Kindheit viel Wärme und Zuneigung entgegengebracht hatte, war achtzig Jahre alt und kaum die geeignete Zuhörerin für einen jungen Mann. Und was Philip anbelangt, sagte ein Höfling treffend: »Der letzte Mensch, den Charles um Rat gefragt hätte, war sein Vater.«

Da er sich nach einer Beschäftigung sehnte, begann Charles 1980, Pläne zur Umgestaltung von Highgrove House zu entwickeln, einem knapp 100 Hektar großen Gut, vom Herzogtum Cornwall für den Prinzen erworben. Er hatte sich auf dem Anwesen niedergelassen, um in der Nähe von Camilla Parker-Bowles zu sein. Doch verbrachte er auch mit seiner späteren Frau viel Zeit in Highgrove. Er malte und las, empfing Gelehrte und Wissenschaftler, überwachte die Pflege der Gärten und verlegte sich auf biologische Landwirtschaft.

Im Buckingham-Palast wurde unterdessen mit großem Nachdruck nach möglichen Heiratskandidatinnen für den Kronprinzen gesucht. Wie robust die Gesundheit der Königin auch sein mochte, für Charles' Familie hatte die Heirat des Thronfolgers inzwischen höchste Priorität, auch wenn er sich selbst als Junggeselle ganz wohl fühlte, wie sein Kammerdiener und seine Freunde berichteten. »Du solltest in dieser Sache jetzt besser eine Entscheidung treffen«, sagte sein Vater zu ihm, »sonst bleibt zum Schluß keine mehr übrig für dich.«

King George V. hatte nach dem Ersten Weltkrieg die Anforderungen, die mögliche Ehepartner von Mitgliedern der Königsfamilie erfüllen mußten, erheblich verringert. Sie mußten nicht mehr unbedingt königlichen Geblüts sein, sondern konnten auch der Aristokratie entstammen. Aber Elizabeth und Philip hatten inzwischen große Schwierigkeiten, sogar in der Oberschicht junge Damen mit einwandfreiem Ruf, passendem Stammbaum und dem gewünschten Auftreten und Erscheinungsbild zu finden. Zudem waren nach den Bestimmungen des Königlichen Ehegesetzes römisch-katholische Bewerberinnen weiterhin ausgeschlossen. »Der einzige Vorteil, den eine Ehe mit einer Prinzessin oder der Angehörigen einer königlichen Familie bietet«, hatte Charles vor einigen Jahre gesagt, »besteht darin, daß solche Frauen wissen, worum es geht.«

Auf einer Jagdgesellschaft im November 1977 wurde Charles dann mit Diana, Lady Sarah Spencers jüngerer Schwester, bekannt gemacht. Er hatte sie bereits, als sie noch ein Kind war, auf dem Landsitz ihres Vaters Edward John Spencer gesehen. Spencer war der Achte Earl dieses Namens und ebenfalls als Vicomte Althorp bekannt, nach dem Familiengut in Northamptonshire.[2] Johnnie Spencer hatte schon King George VI. und dann Queen Elizabeth II. als Stallmeister gedient. Dieses Amt hatte er 1954 aufgegeben, um Frances Roche zu heiraten, eine Tochter des Barons und der Lady Ruth Fermoy.[3] 1956 stieg Lady Fermoy, eine lebenslange Freundin der Königinmutter, zu ihrer Ersten Hofdame auf, eine Position, die sie bis zu ihrem Tod 1993 innehatte.

Die Spencers hatten drei Töchter, die in Park House auf Gut Sandringham aufwuchsen: die eher zurückhaltende Lady Sarah, mit der

---

[2] Es war einer jener seltsamen Zufälle, daß auch Wallis Simpsons erster Mann ein Earl Spencer war.

[3] Lady Fermoy brachte im Januar 1936 ihre Tochter Frances zur Welt. Damals saß Queen Mary am Sterbebett ihres Mannes und hatte sich nach dem Befinden der Wöchnerin erkundigt.

Charles bereits früher befreundet gewesen war, Lady Jane (die später Robert Fellowes, den Privatsekretär der Königin, heiratete) und Lady Diana.

1969 ging die Ehe der Spencers wegen der Seitensprünge des Earls und der Lady in die Brüche. Beide Eltern gingen anschließend neue Ehen ein (Earl Spencer mit der Tochter der Liebesromanautorin Barbara Cartland). Die Scheidung belastete die kleine Diana sehr, und sie fand nie mehr jene Sicherheit, die ihre Mutter durch die Trennung von ihrem Mann zerstört hatte.

Diana war als Kind selten fröhlich oder spontan, sie war von scheuer Zurückhaltung, und ihre Schüchternheit begleitete ein Hauch von Melancholie. »Einerseits war sie ein sehr trauriges kleines Ding«, erinnert sich ein Nachbar in Norfolk. »Nicht mürrisch, aber sie wirkte irgendwie verloren und litt ganz sicher unter einem Mangel an Geborgenheit. Was Diana am meisten fehlte, war ein richtiges Familienleben. Mag ihr Vater auch ein Earl sein, jedes kleine Mädchen mit einer ganz normalen Familie und einem richtigen Zuhause, sei es auch im Londoner East End, war bei weitem besser dran als sie.« Während ihrer Kindheit ging niemand mit ihr in den Zoo, in ein Kindertheater oder den Zirkus. Beständigkeit und liebevolle Zuwendung erfuhr sie ebensowenig wie eine richtige Erziehung.

Allerdings war Diana nach Auskunft ihrer Kinderfrau Mary Clarke »durch und durch eine kleine Schauspielerin und sehr raffiniert, trotzdem mitfühlend, aufrichtig und sensibel.« Jedenfalls zeigte sich während ihrer Internatszeit in Kent und später in der Schweiz, daß »sie nicht sehr selbstbewußt« war, wie sie eine Klassenkameradin charakterisiert. »Ich weiß noch, wie eine von uns sie zu einem neuen Cashmere-Kostüm beglückwünschte und Diana errötete und sagte: ›Das hat meine Mami für mich ausgesucht.‹ Und das in einem Alter, in dem wir alles haßten, was unsere Mütter uns vorschlugen!«

Aber sie war eine Spencer und hatte ein Gespür für gesellschaftliche Chancen. An dem Nachmittag im November 1977 war Diana vom Prince of Wales ganz angetan, er war dreizehn Jahre älter als sie, groß und schlank. Als er sie ansah, kicherte sie verschämt. »Ich weiß noch, daß ich dachte, was für eine fröhliche, amüsante und attraktive Sechzehnjährige sie doch ist«, hat Charles später über jene Begegnung gesagt. Als man Diana davon berichtete, stellte sie nur fest: »Das ist ja eine ganz schöne Geschichte, aber ich glaube, er hat mich gar nicht bemerkt.«

In gewisser Hinsicht war der Zeitpunkt ideal: Er hatte sich gerade mit Anna Wallace herumgestritten und konnte deshalb die Bewunderung eines hübschen Mädchens gut brauchen. Währenddessen spekulierten zwei ihm nahestehende Frauen – die Königin-Mutter Elizabeth und ihre Freundin Ruth Fermoy – darüber, daß die scheue Diana durchaus eines Tages Charles' Frau sein könne. (Kurz vor ihrem Tod 1993 räumte Lady Fermoy freimütig ein, daß sie von der Partie schon damals nichts gehalten, jedoch geschwiegen habe.)

Diana, so wollte es scheinen, knüpfte dort an die Familien-Ambitionen an, wo Lady Sarah aufgehört hatte und sollte die Träume Sarahs und ihrer Vorfahrin, der Herzogin von Marlborough wahrmachen. Diese beeindruckende Dame hatte bereits zweihundert Jahre zuvor an einer Allianz der Spencers mit den Hannoveranischen Königen gebastelt und versucht, jene frühere Lady Diana Spencer mit dem damaligen Prinzen von Wales zu verheiraten. Und so entwickelte sich aus den Hoffnungen der Königin-Mutter und ihrer Freundin ein sorgfältig orchestriertes Heiratskomplott, nicht zuletzt weil Louis Mountbatten, der noch immer darauf hinarbeitete, seine eigene Familie möglichst eng mit dem Königshaus zu verbandeln, 1977/78 alles daran setzte, seine Enkelin mit Charles zu »verkuppeln«.

Die Verbindung zwischen Charles und Diana »hatte viel von einer arrangierten Ehe«, hat Harold Brooks, der Direktor und Herausgeber von *Burke's Peerage*, gesagt. »Prinz Charles brauchte eine hübsche Frau, und das war Diana. Sie war neunzehn, verliebt in den Prinzen und wollte ihn unbedingt heiraten. Ja, es war eine arrangierte Ehe.« Sie war allem Anschein nach wirklich in ihn verliebt. Seine Liebe aber galt einer anderen Frau.

Diana hatte einen beeindruckenden Stammbaum vorzuweisen, dem unter anderen auch Heinrich VII. und Jacob I. angehörten. Ferner waren vier Mätressen von Charles II. und Jacob II. unter ihren Vorfahren. Eine frühere Sarah Spencer war Gouvernante der Kinder Queen Victorias gewesen. George Washington, John Quincy Adams, Grover Cleveland und Franklin D. Roosevelt gehörten ebenso zur entfernten Verwandtschaft wie Winston Spencer Churchill; die Schauspieler Humphrey Bogart und Lillian Gish waren etwas entfernteren Zweigen der Familie entsprossen. Die derzeitige Generation der Spencers, so *Burke's-Peerage*-Herausgeber Brooks, hatte zwar »niemanden von besonderer Bedeutung [vorzuweisen], aber immerhin eine Reihe netter Leute, die in schönen Häusern wohnen und das Glück haben, mit fast sämtlichen Mitgliedern der Aristokratie verwandt zu sein«.

Dianas Großeltern väterlicherseits waren gut mit Queen Mary befreundet gewesen. Womöglich fand die Königinmutter aber auch bemerkenswerte Übereinstimmungen in ihrem und Lady Dianas Charakter. Schließlich waren sie beide Töchter alter aristokratischer Familien, und daß Johnnie Spencer King George VI. gedient hatte, gab dem Ganzen noch einen sentimentalen Aspekt. Die persönliche Verbundenheit der Königinmutter mit Lady Fermoy hat deren Enkelin schließlich noch besonders attraktiv erscheinen lassen.

Aber mit sechzehn war Diana für eine Ehe mit Prinz Charles natürlich noch zu jung. Ihre Großmutter und die Königinmutter rieten deshalb dazu, noch etwas zu warten. Mit neunzehn wurde Diana im August 1980 zu einer Party auf die königliche Yacht *Britannia* eingeladen. Sie wirkte auf eine »wohltuende Art ungekünstelt«, wie Stephen Barry später berichtete, »aber sie ließ Charles nicht aus den Augen.« Da er so im Zentrum der Aufmerksamkeit stand, war es vielleicht unvermeidlich, daß er schließlich Kenntnis von ihr nahm. »Mit ein bißchen Glück bin ich vielleicht demnächst die Prinzessin von Wales«, sagte sie mit verträumter Stimme zur Frau von Mountbattens Enkel.

Aber welchen Eindruck Diana an diesem Tag auch machte, Charles lud sie im September nach Balmoral ein.

Wo immer sich der Prinz und seine schöne Dame jetzt sehen ließen, folgte ihnen die Presse. Unterdessen sah auch Queen Elizabeth – unter dem Einfluß ihrer Mutter – in Diana die ideale Gattin für ihren Sohn. Sie war jung, zeigte Bereitschaft, sich anzupassen, und es gab in ihrer Vergangenheit keine Skandale. Ihre Unerfahrenheit, so konnte man hören, sei ihr größtes Kapital.

Die Unterschiedlichkeit von Diana und Charles beachtete freilich damals noch niemand. Wie seine Mutter bevorzugt auch Charles den Reitsport, während Diana mit Pferden nichts anfangen kann. Er dagegen hat kein Interesse, die feinen Restaurants und Diskos zu besuchen, in die Diana gern geht. Charles zieht das Landleben vor, sie fühlt sich dagegen in der Stadt am wohlsten. Diana mag Pop- und Rockmusik, während Charles am liebsten Cellokonzerte hört. Aber was noch wichtiger ist: Beide hatten höchst unterschiedliche Vorstellungen von der Liebe, der Ehe, dem Familienleben. Aber auch was ihre öffentlichen Verpflichtungen betrifft, lagen ihre Auffassungen weit auseinander. Sie hatte ein Familienleben nie kennengelernt, während er sich als Bestandteil eines exklusiven Familienunternehmens fühlte, das von seinen Angehörigen im Dienste der Krone lebenslange Loyalität verlangt.

Gemeinsam hatten sie dagegen zum Beispiel das mangelnde Interesse am Weltgeschehen. Überdies machte die Königin denselben Fehler wie einst Queen Victoria, auch sie bereitete Charles auf seine künftige königliche Aufgabe nur sehr beiläufig und oberflächlich vor. Lady Diana hatte bis dahin lediglich als Kindergärtnerin gearbeitet und zeigte keine besonderen Interessen.

Höflinge, die bei Dianas Onkel Erkundigungen eingeholt hatten, teilten der Königin mit, daß Diana bisher noch keine Liebschaften gehabt habe. Dianas Freunde freilich glaubten das nicht. Denn sie war beispielsweise bis zum Herbst 1980 ein Jahr ständige Begleiterin von James Boughey gewesen, einem gutaussehenden blonden Leutnant, der »nicht gerade dafür bekannt war, platonische Beziehungen zu pflegen«, wie es ein Informant nannte. Ferner gab es etliche Rendezvous mit dem acht Jahre älteren George Plumptre, dem kultivierten Sohn eines Abgeordneten des Oberhauses. Und auch mit Daniel Wiggin, einem Freund ihres Bruders, ist sie des öfteren ausgegangen.

Wie ernst diese Beziehungen waren, läßt sich nicht mehr feststellen, denn in dem Augenblick, da Diana Spencer zur Princess of Wales aufstieg, verfielen all jene, die sie bis dahin gekannt hatten, in ein undurchdringliches Schweigen. Wer es gewagt hätte, jetzt noch zu sprechen, hätte sich nämlich automatisch der lebenslangen gesellschaftlichen Ächtung durch die gesamte Aristokratie ausgesetzt. Bekannt ist nur, daß Diana zwischen ihrem sechzehnten und neunzehnten Lebensjahr regelmäßig mit Freunden zu Wochenendpartys aufs Land fuhr, im Freien campierte und Verabredungen mit jungen Männern hatte.

Anfang des Jahres 1981 fand es Queen Elizabeth immer befremdlicher, daß Charles noch zögerte, der Beziehung zu Diana einen offiziellen Charakter zu geben. Deshalb erklärte die Königin ihrem Sohn in Absprache mit Prinz Philip: »Die Vorstellung, daß diese Geschichte noch einmal ein Jahr so weitergehen könnte, ist für alle Beteiligten unzumutbar.« Schließlich stellte ihm sein Vater ein Ultimatum. Weitere Treffen mit Diana seien ihrem Ruf schädlich, sagte er, zudem leide ebenfalls die Reputation der Königlichen Familie, Charles müsse deshalb eine Entscheidung treffen.

Freilich gab es noch andere Gründe für den Druck, den die Königsfamilie ausübte. Charles' Verhalten schien viel Ähnlichkeit mit dem Edwards VIII. zu zeigen. Auch Charles war der begehrteste Junggeselle der Welt, auch er stand seiner Mutter eher distanziert gegenüber und fühlte sich wie Edward zu verheirateten Frauen hingezogen. Auch Charles war sehr einsam und einem unsicheren, nie erwachsen gewordenen Jungen vergleichbar wie einst Edward.

Diese Ähnlichkeiten waren natürlich auch der Großmutter von Charles nicht entgangen, die in ihrem Engagement für die Windsors Queen Mary noch übertraf. Zusammen mit Lady Fermoy wurde deshalb die Königinmutter jetzt aktiv und lud Diana im folgenden Monat in ihre Residenz in Balmoral ein. Man wird wohl nie erfahren, was bei dieser Gelegenheit besprochen wurde, aber nach Auskunft des Kammerdieners von Charles wurde Diana einige Tage später auf den neuerworbenen Landsitz Highgrove eingeladen. Dreimal brachte man sie im Herbst des Jahres 1980 nach Gloucestershire zu Charles. Bei diesen Besuchen war auch Camilla Parker-Bowles anwesend, die der Prinz offenbar gebeten hatte, seine künftige Prinzessin zu begutachten.

Charles und Diana waren natürlich Menschen ihrer Zeit, und die Vorstellung, daß sie vor ihrer Verheiratung nie intim miteinander gewesen seien, ist gewiß nur die puritanische Version dieser verworrenen Seifenoper. Im November 1980 verbrachten sie in Westengland zwei Nächte im selben Abteil des Königlichen Zuges. Als er der Verleumdung bezichtigt wurde, lächelte Robert Edwards (der Herausgeber des *Sunday Mirror*) lediglich und sagte: »Wir recherchieren unsere Geschichten stets äußerst gründlich.« Freilich wollte er seine Gewährsleute partout nicht beim Namen nennen.

Und so begriff der Prince of Wales allmählich, daß er sich, da er ja ohnehin heiraten mußte, auch gleich für Diana Spencer entscheiden konnte. Sie erweckte einen unschuldigen Eindruck, schien noch formbar und bereit, sich unterzuordnen, und neigte offenbar nicht (wie Anna Wallace) zu egozentrischen Ausbrüchen. Außerdem war sie jung, robust und entstammte einer guten Familie – so daß für die Zukunft der Windsors mit gesundem Nachwuchs zu rechnen war. Deshalb versorgte das Pressebüro des Palasts die – in Alarmbereitschaft befindlichen – Medien sogleich mit Berichten über eine moderne junge Frau, die Kinder liebte, sich modisch kleidete und für ihre WG-Mitbewohner Pastagerichte kochte. Außerdem hatte Diana ja trotz ihrer aristokratischen Herkunft in ihrem Leben so viel mitgemacht, daß ihrer Geschichte zudem noch ein leichter Aschenputtel-Beigeschmack anhaftete, obwohl *dieses* Aschenputtel gewiß kein von Schmutz besudeltes Küchenmädchen war. Dianas Stiefgroßmutter Barbara Cartland, jene gewaltige Königin rosaroter Schmonzetten und gleichfarbiger Kleider, nannte Diana denn auch »eine vollkommene Barbara-Cartland-Heroine«.

Während ihrer Brautzeit nannte Charles Diana ganz selbstverständlich bei ihrem Vornamen; sie freilich mußte ihn vorerst noch mit »Sir« anreden und wurde von dieser Verpflichtung auch nicht so bald entbunden. Sie nahm Einfluß auf seine Art, sich zu kleiden. »Sie hat ihm immer wieder kleine Geschenke gebracht«, so Barry, »meistens Hemden und Krawatten, und ich muß zugeben, daß seine Garderobe durch sie richtig Pep bekommen hat.« Nach ihren Besuchen bei Charles wurde Diana abends regelmäßig nach London zurückgefahren, dort arbeitete sie im Young-England-Kindergarten in Pimlico.

Am 24. Februar kündigte der Buckingham-Palast offiziell die Verlobung des Prince of Wales mit Lady Diana Spencer an, und ein Heer von Pressefotografen drängelte sich auf dem Rasen des Palastgartens, um das junge Paar Arm in Arm abzulichten. An Dianas Finger funkelte ein 28 000 Pfund (über 50 000 Dollar) teurer Diamantring.

Ob sie verliebt seien, wollte ein Reporter wissen.

»Natürlich!« sagte Diana lächelnd.

»Was immer ›verliebt‹ genau heißen mag«, konterte Charles. Von einer großen Romanze zeugte diese Zurückhaltung gewiß nicht.

Und tatsächlich war es auch keine große Romanze. »Ich nehme an, daß sich diese Verbindung am Ende als richtig erweisen wird«, vertraute Charles damals einem Freund an. »Ich möchte unbedingt das Richtige für dieses Land und für meine Familie tun – aber manchmal habe ich schreckliche Angst davor, ein Versprechen abzugeben, das ich später bereuen könnte.« Vielleicht hat er bei diesen Worten an Camilla gedacht, die seine große Liebe war. »Ich habe Charles einmal gefragt, ob er noch in Camilla Parker-Bowles verliebt sei«, so Francis Cornish, zum damaligen Zeitpunkt der Zweite Privatsekretär des Prinzen, »aber er hat mir auf meine Frage keine Antwort gegeben.«

Auch die Journalisten ließen das Paar mit ihren Fragen nicht in Ruhe, und sie machten bei jeder Gelegenheit Fotos. Die ständig von der Presse belagerte Diana versuchte weiterhin, morgens mit ihrem Auto nach Earls Court in Pimlico zu fahren. »Ich arbeite sehr gern mit Kindern«, sagte sie, als sie sich wieder einmal durch die Meute der Presseleute drängen mußte, »und ich habe gelernt, daß man für diese Arbeit viel Geduld braucht.« Und sie fuhr lächelnd fort: »Deshalb können die Herrschaften von der Presse stets mit meinem vollen Verständnis rechnen.« Diese Schlagfertigkeit war charmant und scharfsinnig, sie war eben ein modernes Mädchen. Sie konnte aber auch anders reagieren. Eines Tages verfolgte sie ein Dutzend Wagen mit

Journalisten, und als sie schließlich vor dem Haus einer Freundin in Mayfair ankam, brach sie an deren Schulter in Tränen aus. Ein offenbar vom schlechten Gewissen geplagter Reporter legte ihr eine Notiz auf den Wagensitz, in der es hieß: »Das haben wir nicht gewollt. Wir bitten aufrichtig um Entschuldigung.«

Als die Königin ihre von den Pressefotografen rücksichtslos gejagte künftige Schwiegertochter in den Nachrichten sah, sagte sie seufzend: »Es wird ihr nichts anderes übrigbleiben, als sich daran zu gewöhnen.«

Keiner von Dianas Freunden wird sehr überrascht gewesen sein, daß sich damals schon die ersten Anzeichen einer Bulimie bemerkbar machten. Sie aß riesige Mengen und nahm hinterher Abführmittel oder führte ein Erbrechen herbei. Von dem Gedanken besessen, daß jedes Gramm Fett ihrer Schönheit abträglich sei, wurde Diana zu einer Schlankheitsfanatikerin. Von diesem Wahn wurde sie auch gewiß nicht durch die gemeinsamen Mahlzeiten mit Charles befreit, der ebenfalls nur sehr wenig zu sich nahm: reichlich Früchte und Gemüse, sehr wenig Eiweiß, keine Süßspeisen und fast keinen Alkohol. Und nach den höchst seltsamen Regeln unserer Zeit galt zudem als ausgemacht, daß eine Frau sich beim Essen noch größere Zurückhaltung auferlegen müsse als selbst ein genügsamer Mann.

Aber für die Öffentlichkeit war die Lady der Inbegriff von Jugend und Frische – und schon bald auch von Glanz und Pracht. Und so erwartete man aus der Verbindung von Charles und Diana, gleichsam als Wiedergutmachung für das traurige Ende, das die Beziehung zwischen Prinzessin Margaret und Peter Townsend 1955 genommen hatte, eine Romanze mit glücklichem Ausgang. Fünfundzwanzig Jahre waren seitdem vergangen, und währenddessen hatte der Palast immer wieder versucht, die Medien zu beeinflussen, positive Meldungen über das Königshaus zu veröffentlichen – auch die Produktion des Films *Die Königliche Familie* von 1969 diente dieser Absicht.

Die *Times* und viele andere englische Zeitungen gehörten inzwischen zum Imperium des australischen Geschäftsmannes Rupert Murdoch. Dieser Medienzar sah keine Notwendigkeit, die Interessen der englischen Oberschicht, geschweige denn der Königlichen Familie, zu wahren. Die Journalisten schrieben, was die sensationshungrigen Zeitungskäufer lesen wollten.

Am 25. Februar dokumentierte die Presse daher in aller Ausführlichkeit Dianas Umzug nach Clarence House und zwei Tage später in den Buckingham-Palast, wo sie zwei eigene Bedienstete bekam und unter Anleitung der Königinmutter und eines kleinen Stabes von Höflingen in die Regeln und Pflichten des Hoflebens eingewiesen wurde. Diana mußte die Geschichte der Windsors studieren und sich insbesondere mit den Lebensläufen der früheren Prinzessinnen von Wales vertraut machen. Und Diana lernte schnell. Sie übernahm bald auch die Verantwortung für den Haushalt in Highgrove, engagierte einen Innenarchitekten und studierte eifrig Farb- und Tapetenmuster sowie Sitzmöbelbezüge.

An der Familiengeschichte zeigte sie allerdings wenig Interesse. Oliver Everett, Charles' Zweiter Privatsekretär, sollte sie darin unterweisen und schlug ihr die Lektüre von James Pope-Hennessys umfangreicher und beeindruckender Queen-Mary-Biographie vor. Diana nahm das Buch, dankte Everett, und als er gegangen war, schob sie es unwillig beiseite: »Wenn er wirklich glauben sollte, daß ich das alte Zeug lese, hat er sich aber geirrt!«

Währenddessen befand sich Charles auf einer offiziellen Reise durch Australien und Neuseeland, von wo er Diana häufig anrief. Einer dieser Anrufe wurde – vermutlich vom britischen Geheimdienst – mitgeschnitten.

Diana: »Ich freue mich schon, daß du bald wieder bei mir bist und wir miteinander ausgehen können.«

Charles: »Vielleicht wissen wir dann gar nicht, worüber wir reden sollen.«

Diana: »Vielleicht kannst du mir dann von all den Blondinen erzählen, die du getroffen hast. Aber das macht mir nichts, weil du jetzt mir gehörst.«

Charles: »Ja … Ich bin so froh, daß meine Neuseelandreise beendet ist. Inzwischen weiß ich nämlich alles über die dortige Papierindustrie. Aber viel interessanter ist, wie es dir eigentlich geht.«

Diana: »Ich vermisse dich sehr, Charles. Ich bin zwar nie allein, aber wenn ich daran denke, daß unzählige Menschen mit dir zusammensein können und ich nicht, bin ich richtig eifersüchtig.«

Charles: »Na, vielleicht bist du in ein paar Jahren froh, wenn du mich ab und zu mal für eine Weile los bist.«

Diana: »Niemals.«

Charles: »Ich werd' dich in zehn Jahren noch mal daran erinnern.«

Die Queen und der Herzog von Edinburgh

VIERZEHNTES KAPITEL

Ein unerwarteter Palastbesucher (1981–1994)

»Ein schrecklich dummer Fehler.«
Prinz Charles über seine Ehe

Von ihrer Verlobung und Heirat 1981 bis zur Geburt ihrer beiden Söhne 1982 und 1984 und ihrer offiziellen Trennung 1991 ist die Beziehung zwischen Charles und Diana von der britischen Presse in nahezu jedem Detail dokumentiert worden. Außerdem sind über ein

Dutzend Bücher zu dem Thema erschienen, die eine neugierige, sensationshungrige Leserschaft mit Skandalen und skurrilen Einzelheiten, deren Wahrheitsgehalt vielfach fragwürdig ist, versorgt haben. »Was wollen wir eigentlich«, fragte der Herausgeber des *Sunday Mirror* am 26. Oktober 1986 auf der Titelseite seiner Zeitung, »die Monarchie oder eine Seifenoper?« Seine Leser jedenfalls bekommen von beidem reichlich. Denn diese Dynastie lieferte in der Tat nur einen müden Abklatsch der gleichnamigen Fernsehserie.

Kein Land kann es mit Großbritannien in puncto öffentlicher Liturgie und bühnenreifem Zeremoniell aufnehmen, und so erlangten der Prince und die Princess of Wales und die Yorks – mit erhabenen Titeln bekleidet, in glanzvollen Inszenierungen verheiratet und allüberall gefeiert – fabelhaften Weltruhm. Sie sind zwar nicht besonders helle oder talentiert, und sie können auf nichts Anspruch erheben als auf ihren Rang und ihre Stellung, eine gewisse Fotogenität und ein gefälliges Auftreten, doch das reicht offenbar bereits aus, um ihren Weltruhm zu begründen. Wie durch ein Wunder wird ihnen zudem eine längere Frist im Rampenlicht gewährt, als den meisten »Stars« vergönnt ist, und das vor allem, weil Neuigkeiten über die Königliche Familie den Status seriöser Nachrichten haben und bisher als ausgemacht galt, daß Prinz Charles eines Tages König von England sein werde.

Wenn man sich mit diesem Berg von Worten näher befaßt, drängt sich der Eindruck auf, daß die Mitglieder der Königsfamilie unglaublich interessante, geistreiche, stilvolle und intelligente Leute sein müssen, die zudem noch gesellschaftlich und kulturell Bedeutendes leisten. Aber das ist ganz und gar nicht der Fall. Die schlichte Wahrheit ist vielmehr, daß in der niedergedrückten britischen Gesellschaft unserer Zeit – die ihren Bedarf an melodramatischem Glamour hauptsächlich aus amerikanischen Fernsehserien wie *Denver Clan* (*Dynasty*) deckt – der Prince und die Princess of Wales und später der Herzog und die Herzogin von York in der globalen Seifenoper der Medien lediglich das unterrepräsentierte heimische Element vertraten.

Selbst Prinz Philip räumte dies ein: »Die Leute wollen doch im Grunde genommen eine Art *Denver-Clan*-Produktion, die jedermann vor Augen führt, wie wir privat leben. Die Öffentlichkeit will immer neue Sensationen oder Skandale. Für was anderes interessieren sich die Leute doch überhaupt nicht.« Aber die traurige Wahrheit ist, daß es, was die meisten Mitglieder der Familie Windsor betrifft, auch kaum etwas anderes zu melden gab. Denn was in dieser Dynastie vorging, war in der Tat aufregender als die gleichnamige Fernsehserie.

Als Charles und Diana am 29. Juli 1981 in der St.-Pauls-Kathedrale in London heirateten, sollen angeblich 750 Millionen Menschen auf der ganzen Welt das Geschehen im Fernsehen verfolgt haben. »Eine Fürstenhochzeit ist die glanzvolle Version eines allgemeinen Geschehens«, hat Bagehot geschrieben, »und bindet auf diese Weise die Menschen aneinander.«

Der die Kathedrale erfüllende Glanz (auch von den Scheinwerfern des Fernsehens), der Jubel der Millionen Menschen in den Straßen Londons, das Aufgebot an Kutschen, die Uniformen und die feierliche Musik, die Braut mit ihrer überlangen Schleppe – das alles übertraf an Public Relations noch die kühnsten Träume des Britischen Amtes für Touristik. Gleichzeitig aber gingen in Liverpool Hunderte junger Leute auf die Straße und kritisierten, daß die Feierlichkeiten in London vor dem Hintergrund einer beispiellos hohen Zahl an Arbeitslosen stattfänden (zwölf Prozent der arbeitsfähigen Bevölkerung war zu Beginn der achtziger Jahre ohne Beschäftigung. Es war die höchste Zahl seit der Weltwirtschaftskrise).

Aber diese unangenehmen Tatsachen wurden von der Presse tunlichst nicht gemeldet, schließlich war die Hochzeit des Prince of Wales und seiner jungen Braut seit der Krönung Elizabeths das glanzvollste gesellschaftliche Ereignis, das man auf der Insel erlebt hatte.

Die Kommentatoren sprachen denn auch atemlos von einer Märchenhochzeit und von der geradezu überirdischen Romanze des Prince of Wales mit seiner neuen Prinzessin. Aber die Wahrheit sah ganz anders aus. Der bei seiner Heirat zweiunddreißigjährige Charles hatte sich als Junggeselle durchaus wohl gefühlt und war eher widerwillig dem Druck gefolgt, die Ehe einzugehen. Schließlich war es seine Aufgabe, den Fortbestand der Familie Windsor zu gewährleisten. Auch hatte wohl niemand vorhergesehen, daß die außergewöhnliche öffentliche Verehrung, die seiner Frau entgegenschlug, den Eindruck entstehen ließ, daß Charles' Leben und Werdegang eigentlich erst durch seine Heirat ihren Höhepunkt erreichen würden. Und seine junge, glanzvolle Gemahlin rückte nun schon bald in das Zentrum der Scheinwerfer.

Bis zur Trennung von Charles und Diana 1992 wurde Großbritannien von einem beispiellosen Medienrummel um die Prinzessin von Wales überrollt. Jedes Lächeln, jedes Stirnrunzeln, jedes Zögern und jeder Anflug von Langeweile Dianas, jeder Blick und jede

Bewegung wurden psychologisch gedeutet und mit ihrem Verhältnis zur Königlichen Familie in Zusammenhang gebracht. Diana war jetzt die angebetete und schwärmerisch verehrte Göttin Diana. »Ich hätte es früher einfach nicht für möglich gehalten, daß die Zeitungen auf der Titelseite über eine neue Frisur der Prinzessin von Wales berichten könnten«, reagierte ihr Friseur Richard Dalton darauf. »Es gibt doch wahrlich genügend wichtigere Dinge in der Welt. Aber was sie auch tut, es ist immer eine spektakuläre Nachricht wert.«

Und so berichtete die Presse selbst über die winzigsten Details, zählte Dianas Lieblingsrestaurants und die Adressen ihrer Freunde auf und verfolgte sie auf all ihren Wegen mit Teleobjektiven und Mikrophonen, ihr Bild zierte die Titelblätter aller Illustrierten. Erst als sie 1993 bei verschiedenen Anlässen Reden vom Blatt ablas, hörten die meisten erstmals ihre Stimme, die eher zaghaft, monoton und nicht sonderlich warm klang. Und selbst nachdem sie eine Zeitlang Sprechunterricht genommen hatte, wirkte Diana als Rednerin nicht wesentlich überzeugender. Freilich erwartete das ja auch niemand von ihr – sie mußte lediglich irgendwo erscheinen, um von allen Seiten angehimmelt zu werden. Und obwohl sie als Privatperson durchaus über einen Fundus schlüpfriger bis obszöner Witze verfügte, galt sie als die Madonna der Britischen Inseln. (»Ich konnte sie mit meinen schmutzigen Witzen nie in Verlegenheit bringen«, so Richard Dalton, »aber umgekehrt ist ihr das durchaus ein paarmal gelungen.«)

Prinz Charles war über die vorbehaltlose Bewunderung, die seine Frau überall hervorrief, erstaunt und beunruhigt. Als das Prinzenpaar einen Australienbesuch unternahm, wollte die Presse wissen, warum Diana bei keiner der offiziellen Veranstaltungen anwesend war. »Tut mir leid«, sagte Charles mit einem bittersüßen Lächeln: »Sie werden leider mit mir vorlieb nehmen müssen. Das ist zwar nicht ganz fair, aber Sie können ja Ihr Geld zurückverlangen.« Er konnte den Wirbel nicht verstehen, nicht begreifen, warum die Presse und die Öffentlichkeit reagierten, als wäre Diana ein Weltwunder.

»Bei allem Respekt gegenüber Charles«, sagte der australische Premierminister Bob Hawke, »ist sie die attraktivere Persönlichkeit. Sie ist jung, sprühend und einmal etwas ganz anderes. Ich habe bisweilen gespürt, daß das eine gewisse Spannung zwischen den beiden erzeugte, aber sie konnte ja nichts dafür.« Fast als wolle er an der umjubelten Frau an seiner Seite unbedingt irgendeine Schwäche finden, klagte Charles, daß ihr Mangel an Bildung geradezu verblüffend sei. Als er sie einmal gefragt habe, ob sie als Kind Rudyard Kiplings

Nur so Geschichten für Kinder (*Just So Stories For Little Children*) gelesen habe, habe sie geantwortet: »Nur so – was?« Und das war nicht witzig gemeint.

»Ein schrecklich dummer Fehler.«

So hat Charles selbst seine Heirat mit Lady Diana Spencer kommentiert. Und nach Auskunft seines offiziellen Biographen wurde dieser Fehler schon bei der Hochzeitsreise auf der *Britannia* deutlich, als der bezaubernde Charme der Braut (angeblich) plötzlich in Melancholie umschlug. Sie war schon bald davon überzeugt, daß Charles seine Liaison mit Camilla Parker-Bowles nicht beendet hatte, sondern sie weiterhin liebte. Und als die beiden schließlich den letzten Teil ihrer Flitterwochen in Balmoral verbrachten, fand Diana zwei Liebesbriefe von Camilla, die »so vertraulich klangen, daß man daraus auf eine langjährige tiefe Verbundenheit der beiden schließen konnte«, wie ein Mitarbeiter des Prinzen später gesagt hat. »Der vertrauliche Ton des Briefes offenbarte Diana zudem, daß Charles die erklärte Absicht hatte, seine Beziehung mit Camilla fortzusetzen.«

»Er war total frustriert«, so ein Freund der Königlichen Familie über die Reaktion des Prinzen auf seine Heirat, »und er hegte immer mehr den Verdacht, der Hof sei an der Ehe nur insoweit interessiert, als sie den Zwecken der Monarchie diente. Rückblickend betrachtet, hatte er mit dieser Auffassung natürlich vollkommen recht.«

Diana reagierte auf die veränderte Situation, unter der sie litt, mit Anfällen von Appetitlosigkeit und Bulimie. Bei Essen in der Familie konnte sie so gut wie nichts zu sich nehmen und stocherte häufig nur nervös auf ihrem Teller herum. Nach solchen Dinners sahen sie öfter Bedienstete, wie sie in der Küche noch etwas von den Resten nahm. »Ich weiß nicht, wie sie bei einem Staatsbankett zurechtkommen will, wenn sie sogar schon durch ein Essen im Familienkreis überfordert ist«, sagte die Königin zu Charles, als dieser im Spätsommer 1981 mit seiner Frau in Balmoral zu Besuch war.

Doch Diana machte bei Staatsbanketten eine glänzende Figur. Sie war groß, schlank und sah bezaubernd aus in ihren ausgefallenen und oft auch gewagten Abendkleidern. Und sie zog sich auch sonst gut an, ganz anders, als man es von Queen Elizabeth und Prinzessin Anne gewohnt war. Außerdem war Diana sehr fotogen, worin sie alle anderen Windsors übertraf. Als sie sich von Charles trennte, war sie wohl die meistfotografierte Frau der Welt.

Trotzdem hatte sie eigentlich keine feste Rolle innerhalb der Königlichen Familie. Da es für Diana keine sinnvolle Beschäftigung gab, ging sie einkaufen (zwischen 1981 und 1991 gab sie fast 850 000 Pfund – mehr als zweieinhalb Millionen Mark – für Garderobe aus), traf Freunde zum Essen, besuchte Modedesigner und Couturiers und verbrachte ihre Zeit mit Ballettänzern, Filmstars und Rock-Musikern.

Für das Scheitern der Märchenehe zwischen Charles und Diana sind gewiß auch die Verhältnisse im Buckingham-Palast verantwortlich. Prinzessin Marie Louise, eine Enkelin Queen Victorias, sagt über ihr eigene Situation, daß ihre Ehe mit dem Prinzen Aribert von Anhalt »gewiß nicht allein wegen meines Gatten« [schiefgelaufen sei]. Ich habe die – wie ich damals glaubte – durch die Engherzigkeit des höfischen Umfeldes bedingten Einschränkungen vehement abgelehnt und einfach nicht toleriert.« Das mag auch für Diana zutreffen.

Doch der Wert, den Diana für die Windsors hatte, war unübersehbar – das gilt vielleicht besonders für die Königin selbst. Seit ihrem Silbernen Thronjubiläum 1977 war sich die Queen ihrer Popularität bewußt, und sie wußte auch, daß die Erstarkung der Monarchie den öffentlichen Auftritten ihrer Familie zu verdanken war. Voller Energie und moralisch untadelig, war sie gleichsam das Zentrum der nationalen Selbstbewunderung, Symbol für ein Idealbild, das das Volk von seinem Land hatte. Das galt inzwischen auch für Diana.

Was ihren Charme und ihre mitfühlende Art betrifft, erinnerte Diana an eine frühere Prinzessin von Wales, die schöne Alexandra von Dänemark. Auch Diana ist schön und auf ihre Erscheinung bedacht, keine Intellektuelle, eine Frau, die unter ihrer schlechten Ehe leidet, und sie ist jemand, der sich für unterprivilegierte Kinder, aber auch für die eigenen einsetzt. Aber bei Diana zeigte sich noch ein ganz anderes Phänomen: Die Öffentlichkeit war geradezu süchtig nach ihrem Bild und wollte alles über sie wissen. Ihr schlug eine unbeschreibliche Zuneigung entgegen, sicher auch deswegen, weil sie innerhalb der Königlichen Familie eine Ausnahmeerscheinung war.

Das Verhältnis von Charles und Diana war ähnlich wie das von Edward VII. und Alix: Sie konnte ihn persönlich nicht an sich binden, so daß er woanders Zerstreuung suchte. Geduldig mit Kindern, freundlich zu Erwachsenen, sympathisch, aber mit wenig Phantasie (auch darin Alexandra gleich), konnte Diana für den Prince of Wales nicht die anregende Gefährtin sein, die er sich wünschte – die war ihm wohl weiterhin seine Geliebte Camilla Parker-Bowles.

Auch die Geburt ihrer Kinder änderte nichts an den unterschiedlichen Auffassungen des Prinzenpaares, denn Charles sah keinen Grund, weshalb nicht Kinderfrauen auch seine beiden Söhne betreuen sollten, wie das bei ihm und seinen Geschwistern gewesen war. Aber auch hier reagierte Diana ähnlich wie Alexandra (und völlig anders als Queen Mary). Sie nahm sich ein Vorbild an Alix, verbrachte viel Zeit mit ihren Kindern, badete sie häufig selbst und las ihnen vor. 1991 war Prinz William neun und Prinz Henry sieben Jahre alt. Sie besuchten inzwischen die Grundschule in Kensington; später schickte man sie auf die Ludgrove School, ein Internat. Aber trotz ihres regen gesellschaftlichen Lebens hatte Diana ständig Kontakt mit ihren Söhnen – was Prinz Charles gänzlich übertrieben fand.

Die Familientreffen und die Domizile der Windsors mochte Diana nicht besonders. Sandringham kam ihr wie ein schlechtes Hotel vor, und Balmoral war für sie nur Schauplatz für langweilige Familienpicknicks: »Regen und Langeweile bis zum Überduß«, so ihre Auskunft über einen Aufenthalt dort im Herbst. Außerdem irritierte sie, daß die Queen durch nicht benutzte Zimmer ging, um dort die Lichter auszuschalten, oder daß sie die Bettücher wenden ließ, um die Wäschekosten niedrig zu halten. Wenn jemand zu bemerken wagte, die Räume in Balmoral seien schlecht geheizt, sagte Elizabeth nur: »Dann zieh doch noch einen Pullover an.«

Diese Sparsamkeit hatte sich von der Mutter auf den Sohn vererbt, wie Diana bald erfahren sollte. In Highgrove und in der Wohnung des jungen Paares im Kensington-Palast hatte Charles Anweisung erteilt, keine Essensreste wegzuwerfen. So war der Kühlschrank immer voller Reste, und der Prinz erkundigte sich bei den Bediensteten, wie man daraus neue Mahlzeiten bereiten könne. Als die Königin an einem Obststand die Apfelpreise sah, »gab es monatelang keine Äpfel mehr in ihrem Haushalt«. Ähnlich war es bei Charles, der vegetarisch aß, wenn ihm die Geflügelpreise zu hoch waren.

Deshalb verwundert es nicht, daß Diana jede sich bietende Möglichkeit wahrnahm, um sich zu zerstreuen. Auf einem Wohltätigkeitsball tanzte sie bis vier Uhr morgens, und die Prinzessin von Wales »blühte geradezu auf und war sich offenbar plötzlich all dessen bewußt, was sie vermißte«.

Mit großer Begeisterung besuchte die Prinzessin Ballettaufführungen. Während der frühen achtziger Jahre freundete sich Diana mit dem Tänzer Wayne Sleep vom Royal Ballet an, mit dem sie sich auch traf, um mit ihm Tanzunterricht zu vereinbaren. Die beiden planten in seinem Studio in South Kensington Dianas Debütauftritt im Covent Garden in einer vierminütigen Jazztanz-Einlage. Monatelang probten sie dafür. »Die Prinzessin wäre offenbar gern Tänzerin geworden«, vermutete Sleep. »Sie hat eine Schwäche für das Showbusiness und liebt es zu überraschen.« Aber bei Hof fand man dieses Engagement Dianas einer Königlichen Hoheit unwürdig. Als sie schließlich ihren Auftritt hatte, wunderten sich manche, daß sie gar nicht schüchtern war. »Man braucht kolossale Nerven, um sich auf die Bühne des Covent Garden zu stellen und zu tanzen«, war Wayne Sleeps Kommentar dazu.

Temperament und Unabhängigkeit waren Kennzeichen dieser modernen jungen Engländerin. Deshalb konnte sie auch nicht verstehen, warum ihre Leibwächter sie selbst beim Einkaufen oder sogar zum Essen bei Freunden begleiteten. »Sie machte es den Männern außerordentlich schwer, sie zu bewachen«, wie es einer der engsten Berater des Prince of Wales sagte. »Sie wollte einfach nicht einsehen, daß sie die Prinzessin von Wales war und nicht mehr tun konnte, was ihr gerade in den Sinn kam.«

Die Verehrung, die seiner Frau weltweit entgegengebracht wurde, nahm Charles in den Jahren 1982 bis 1992 immer mehr von seinem Selbstbewußtsein. Während Dianas Funktion außer Frage stand, war seine dagegen nicht so eindeutig. Diana war, überall wo sie gemeinsam hingingen, der unbestrittene Mittelpunkt, ihr galt das Interesse des Publikums, während er bei solchen Gelegenheiten peinlich berührt, nervös und mit hinter dem Rücken verschränkten Händen daneben stand.

Prinz Charles erkannte, daß der ständige Presserummel für Diana »eine schreckliche Feuertaufe« sei. Doch das hielt die Medien nicht davon ab, die Prinzessin weiter zu verfolgen.

»Zuerst stellen sie dich auf einen Sockel und erwarten, daß du dort ohne jeden Fehltritt herumbalancierst. Da sie den Sockel errichtet haben, entscheiden sie auch, wann sie ihn wieder abreißen. Meistens macht ihnen das auch noch Spaß. Und das alles geschieht nur zur Unterhaltung des Publikums … Vielleicht hat die Hochzeit, die so perfekt geplant war und von den Medien wie ein Hollywood-Film vermarktet wurde, den Leuten den Blick getrübt. Aber wie dem auch sei, mir macht das alles angst, und ich bin sicher, daß es auch Diana manchmal entsetzt.«

Wie der Biograph des Prinzen bestätigt, reagierte Seine Königliche Hoheit auf die Beliebtheit Dianas manchmal auch mit Eifersucht: Der Ruhm, der seiner Frau überall vorauseilte, »nagte an seinem Selbstwertgefühl und nährte in ihm die Tendenz wegzulaufen«.

Schon sehr bald zeigten sich zwischen dem Prinzen und der Prinzessin deutliche Anzeichen einer tiefen Entfremdung. Der Sportler Charles riskierte immer gewagtere Kunststücke auf dem Polofeld und sprang sogar aus Helikoptern ab. Seinem Großonkel König Edward VIII. nicht unähnlich, schien er manchmal regelrecht mit seinem Leben zu spielen. »Ich möchte mir selbst beweisen, daß ich rational etwas bewältigen kann, was vielleicht gefährlich ist oder vor dem ich Angst habe«, sagte Charles dazu. »Ich möchte beweisen, daß ich meine Angst überwinden kann … Ich habe ständig das Gefühl, daß ich meine Existenz rechtfertigen muß.« Aber wie Diana einfach nichts falsch machen konnte, konnte er nie etwas richtig machen. Wie schon Queen Mary, Edward VIII. und George VI. liebte auch Charles Gärten. Seine Vorfahren hatte man damit noch ernst genommen, über ihn machte man sich jetzt nur lustig.

Wenn das junge Prinzenpaar gemeinsam auftrat, schien Charles in Dianas mächtigem Schatten fast zu verschwinden, Ihr Ruhm überstrahlte seine Anwesenheit. Diana sprach anfangs nie öffentlich, erst seit 1992 verlas sie häufiger für sie verfaßte Reden, und so war es allein ihr Bild, das die Menschen verzauberte. Dadurch war sie um so begehrenswerter und erschien beinahe unirdisch. Auch wenn über Affären mit anderen Männern gemunkelt wurde, war sie doch über jede Kritik erhaben. Als allerdings Charles' Affäre mit Camilla Parker-Bowles publik wurde, stürzten sich gleich die Journalisten auf diese Story, und Charles war einem Nervenzusammenbruch nahe.

Während sich die Familie also in einer schweren Krise befand, reiste Queen Elizabeth II. im Königreich umher, und bei jedem ihrer Auftritte kamen die Menschenmassen auf Straßen und Plätzen zusammen, allein um ihre Königin zu sehen.

Weniger amüsant für Elizabeth war vermutlich die Begegnung mit dem arbeitslosen Michael Fagan, der seine Königin leidenschaftlich liebte. Eines Morgens im Juli 1982 gelang es ihm, in den Buckingham-Palast einzudringen. Er bummelte durch die Gemäldegalerie und inspizierte den Thronraum. »Ich wollte doch nichts Verbotenes tun, ich wollte nur mit der Königin reden. Dann sah ich die Näpfe mit dem Futter für die Corgis, und da wußte ich, daß die Königin nicht weit sein kann.«

Und kurz darauf stand er bereits in der Suite der Königin. »Ich trat durch die Tür, und da lag ein kleines Bündel im Bett«, berichtet Fagan weiter.

»Ich dachte: Das kann nicht die Königin sein, die ist bestimmt viel größer. Ich bin zum Fenster gegangen und hab’ die Vorhänge etwas geöffnet. Das Licht muß sie geweckt haben. Jedenfalls setzte sie sich auf und sah mich völlig verschreckt und verständnislos an. »Was tun Sie hier? Hinaus! Hinaus!« schrie sie nur. Ihr scharfer Akzent hat mir richtig angst gemacht, aber ich hab’ sie nur angeschaut und gesagt: »Ich finde, Sie sind eine nette Frau.« Aber sie hat nur gerufen: »Hinaus! Hinaus!« Und dann nahm sie ein weißes Telefon, sagte einige Worte hinein, sprang aus dem Bett, lief durch das Zimmer und verschwand durch eine Tür. Ich war überrascht, wie flink sie war, wie ein junges Mädchen. Alles hat vielleicht dreißig Sekunden gedauert. Ich war traurig und enttäuscht, denn die Königin war ganz anders, als ich sie mir vorgestellt hatte. Ich hab’ mich einfach aufs Bett gesetzt und geheult.«

Die Königin konnte natürlich nicht wissen, daß Fagan harmlos war und sich mit »seiner Königin nur über die allgemeine Lage der Nation unterhalten« wollte. »Wahrscheinlich hab’ ich mir dazu den falschen Ort ausgesucht«, räumte er später ein und fügte schalkhaft hinzu: »Vielleicht hätte ich besser zum Mittagessen erscheinen sollen.«

Später stellte sich heraus, daß Fagan schon einmal im Buckingham-Palast gewesen war. »Die Sicherheitsvorkehrungen waren so schlecht, daß ich eigentlich nur beweisen wollte, daß ich unbemerkt hineinkomme«, sagte er. Er hatte sich auf Elizabeths Thron gesetzt und eine Flasche Wein geleert. Dazu meinte er: »Ich hatte ein hartes Stück Arbeit hinter mir, schließlich mußte ich die ganze Regenrinne hinaufklettern. Deshalb war ich sehr durstig, und einen Wasserhahn gab es nirgends, da habe ich mir den Wein aus einem Schrank geholt.«

Zu Prinz Philip kamen keine ungebetenen Besucher. Er begleitete die Königin weiterhin auf ihren Reisen, wachte über ihre Sicherheit und sorgte nach wie vor mit seinen bissigen Bemerkungen für peinliche Situationen. Zu einer Gruppe schottischer Studenten, die Peking besuchten, sagte er: »Wenn Sie noch lange hierbleiben, bekommen Sie Schlitzaugen.«

So etwas nahm die Presse natürlich allzugern auf, und besonders wenn Philip allein verreiste, folgten ihm die Presseleute auf der Jagd nach Sensationen. So besuchte Philip zum Beispiel die Herzogin Alexandra Anastasia (genannt Sasha) von Abercorn und ihren Mann in den Tropen. Auf den Fotos, die Journalisten bei dieser Gelegenheit machten, hatte man Herzog James einfach wegretuschiert. Jetzt war Philip am Schwimmbecken zu sehen, nur mit einem Handtuch bekleidet, wie er seinen Arm um Sashas Schultern legte.

Wenn die Presse über Prinz Andrew berichtete, brauchte sie allerdings nicht zu übertreiben, um publikumswirksame Schagzeilen zu bekommen. »Wie überall«, sagte die Königin 1991, »finden auch in unserer Familie bisweilen Auseinandersetzungen statt, und auch in den Reihen der Windsors gibt es eigenwillige und ungestüme junge Leute.« Vielleicht hat sie dabei an ihren Sohn Andrew gedacht, der mit neunzehn Jahren die Schule verlassen und eine Laufbahn als Marinepilot eingeschlagen hatte.

Die Presse schrieb über seine zahlreichen Affären, darunter die mit der Porno-Darstellerin Koo Stark (mit der er sich im Haus seiner Tante Margaret auf der Insel Mustique traf), den Modellen Vicki Hodge (die dreizehn Jahre älter war als er und ihre Geschichte später an die Presse verkaufte), Gemma Curry und Carolyn Seaward, die 1980 Miss Großbritannien war, und der Kanadierin Sandi Jones, die bei den Olympischen Spielen in Montreal als Prinz Andrews Betreuerin eingesetzt war. »Wir haben sie einfach entwischen lassen«, so eine Miss Jones, die zu Andrews Sicherheitsstab gehörte. »Andrew ist, was das betrifft, sehr einfallsreich. Er ist eben ein junger Mann, der sich mit seinen Freundinnen amüsieren möchte.« Und genau das tat er.

Seine vielen Affären trugen ihm den Spitznamen »Randy Andy« (Scharfer Andy) ein. Aber der Charmeur Andrew konnte sich auch recht unköniglich danebenbenehmen. So besprühte er etwa Autos, übergoß Journalisten mit weißer Farbe (»Das hat mir echt Spaß gemacht«) und zwickte junge Damen, die gerade aus der Kirche kamen. Als er einmal in einem schottischen Kilt auftrat, sagte er einem Journalisten ungefragt: »Darunter trägt man gar nichts mehr«, und er fügte augenzwinkernd hinzu: »Aber sonst ist unter diesem Kilt alles in bester Verfassung.«

Wie schon in seiner Kindheit hielten ihn die Bediensteten auch jetzt noch für »ausgesprochen schwierig«, da er sie weiterhin schikanierte und manchmal sogar bedrohte, und das trotz der Zurechtweisungen seiner Mutter. Malcolm Barker, der viele Jahre im Palast tätig war, berichtet, daß es in der Familie zu erheblichen Spannungen kam, als Andrew fast jeden Abend eine andere Frau in seinen Räumen empfing und mit irgendwelchen Marine-Kumpels Partys feierte, die regelmäßig mit infantilen Essensschlachten und dem Zertrümmern von Weingläsern endeten.

Am meisten Sorgen machten der Königin die erotischen Eskapaden. Eigentlich mischte sie sich in die Romanzen ihrer Kinder nicht ein, aber die Affäre mit Koo Stark (die 1981 begann) ging doch zu weit. Als Elizabeth erfuhr, daß Koo in Sexfilmen mitwirkte, führte sie ein ernstes Gespräch mit ihrem Sohn. »Es ist eine Sache, wenn ein Prinz sich mit einer Filmschauspielerin zeigt«, sagte ein Palastsprecher, »aber eine andere, wenn er mit einem Sexfilmstar Ferien macht. Die Königin ist entrüstet.«

Nicht gerade amüsiert war die Königin auch, als der Prinz sich 1984 an einer Transvestitendarbietung beteiligte. In einer Art Parodie auf die traditionelle Inspektion der Mannschaften in Galauniform schritt Andrew bei dieser Gelegenheit (ausgerechnet an Bord des Kriegsschiffs HMS *Brazen* [= eisenhart, aber auch schamlos, unverfroren]) eine Front seiner mehr oder weniger entblößten und mit BHs und Damenhöschen verkleideten Marine-Kumpels ab und wurde dabei fotografiert. Der Zwischenfall war jedoch mehr als eine geschmackliche Entgleisung, denn just zu dieser Zeit wollten hartnäckige Gerüchte von ausgelassener bisexueller Aktivität wissen, bei der sich Andrew und seine Kameraden vergnügt hatten. Zur Beschwichtigung solcher Gerüchte trug der Prinz auch nicht gerade bei, als er sich 1984 in Gegenwart von dreißig seiner Marine-Kumpels (von denen sich mindestens die Hälfte als schwul bekannte) den Hintern von mehreren Mädchen versohlen ließ, die als »sexy Kellnerinnen« kostümiert waren.

Bei Hof gelangte man zu der Auffassung, daß nur eine Heirat Andrew von seinen seltsamen Vergnügungen heilen werde. Als Diana 1992 einundzwanzig Jahre alt wurde, lud sie zu ihrer Geburtstagsparty auch eine entfernte Bekannte ein. Es war die temperamentvolle zweiundzwanzigjährige rothaarige Sarah Margaret Ferguson. Sie war die Tochter des Majors Ronald Ferguson (der zuerst Polomanager von Philip, dann von Charles gewesen war) und von Susan Fitzherbert, die ihre Familie jedoch im Stich gelassen hatte, um den argentinischen Polospieler Hector Barrantes zu heiraten. Als die von ihren Freunden nur »Fergie« genannte Sarah Ferguson ins Spiel kam, stand ein Höhepunkt in der Windsor-Seifenoper bevor.

Sarah war im Wesen Prinz Andrew sehr ähnlich, doch hatte sie nicht seine Arroganz. Die am 15. Oktober 1959 (vier Monate vor Andrew) geborene junge Frau war völlig ohne Hemmungen und glänzte durch Forschheit und nicht eben überragende Geistesgaben. Sie hatte eine Sekretärinnenschule besucht, wo sie als »muntere Rothaarige« charakterisiert wurde, »ein wenig ungestüm, aber mit Initiative und einer Persönlichkeit, die sie in einigen Jahren gewiß zu ihrem Vorteil einsetzen wird«. Nach Abschluß ihrer Ausbildung arbeitete Sarah einige Zeit in einer PR-Agentur, wo ein Vorgesetzter fand, daß sie »zuviel Zeit am Telefon« verbringe. Ihre nächsten Stationen waren eine Kunstgalerie und ein Kunstbuchverlag.

Wie Diana stammte auch Sarah aus keiner intakten Familie; ihre Eltern waren geschieden und hatten beide wieder geheiratet. In ihrer Jugend ohne Halt und ein festes Ziel, reiste Sarah mit zwanzig gemeinsam mit einer Freundin für vier Monate nach Südamerika. Danach hatte sie eine Reihe von Liebesaffären. Zunächst lebte sie zwei Jahre mit dem Geschäftsmann Kim Smith-Bingham zusammen, den sie in Argentinien kennengelernt hatte. Er machte Sarah mit dem Witwer Paddy McNally bekannt, einem vermögenden Autorennfahrer, der zweiundzwanzig Jahre älter war als sie und zwei Töchter hatte. Sarah und Paddy lebten drei Jahre lang (meist in der Schweiz) zusammen. Die Beziehung ging nach Auskunft von Freunden schließlich in die Brüche, weil »Paddy [Sarah] direkt vor ihren Augen ständig untreu war« und sich weigerte, sie zu heiraten.

Im Frühjahr 1985 kehrte die inzwischen fünfundzwanzigjährige Sarah wieder nach London zurück, wo Diana sie und einige wenige Freunde und Bekannte zum Rennen nach Ascot einlud. Dort lernten sich Sarah und Andrew kennen, und er machte gleich seine kindischen Späße mit ihr. Als er erfuhr, daß sie gerade Diät hielt, versuchte er sie mit einem kalorienreichen Schokoladendessert zwangszufüttern. Halb im Scherz verpaßte sie ihm einen Klaps auf die Wange. »In dem Augenblick hat es angefangen«, hat der von solcher Dreistigkeit hingerissene Andrew später bekannt. Die Liebe der beiden erinnerte denn auch mehr an eine sportliche Veranstaltung als an eine konventionelle Romanze, und nach einer einjährigen leidenschaftlichen Affäre wurde im März 1986 die Verlobung des Paares bekanntgegeben. »Sie ist entweder in Andrew oder in die Königliche Familie vernarrt«, sagte Major Ferguson mit erstaunlicher Offenheit. »Ich glaube, daß es eher die Windsors sind.«

Elizabeth und Philip waren über die Verbindung erfreut, denn sie glaubten, daß eine unkomplizierte, fröhliche junge Frau wie Sarah, die nicht ganz ohne Erfahrungen war, Randy Andy würde zähmen können. Auch hatte Sarah einen respektablen Stammbaum vorzuweisen; ihr Vater entstammte einer Offiziersfamilie, und es zählten vier Herzöge zu ihren Vorfahren.

Die Freude des Königshauses über diese Verbindung wurde jedoch leicht getrübt, als Sarah auf die Frage, wie sie ihre künftigen königlichen Pflichten erfüllen wolle, antwortete: »Ich freue mich schon darauf, diese Pflichten zu erfüllen oder was immer ich mit ihnen machen werde.« Für die Presse war diese launige Auskunft natürlich eine Meldung wert, während die älteren Mitglieder des Königshauses damit nicht einverstanden gewesen sein werden. Der Kommentar aus dem Palast lautete denn auch: »Es gibt nun einmal keine eigene Schule, wo Prinzessinnen Charme lernen können. So wird Sarah wohl oder übel durch gutes Beispiel lernen müssen. Am wichtigsten ist es, daß sie zunächst einmal nicht nur Zurückhaltung lernt, sondern auch, was Diskretion ist.« Diskretion sollte aber auch später nicht gerade zu Andys und Sarahs Stärken gehören. Mollig, nett anzuschauen und durch nichts und niemanden aufzuhalten, sollte Sarah schon bald die Rolle des »lustigsten Weibs eines Windsors« spielen.

Kurz bevor Andrew und Sarah im Juli 1986 heirateten, ernannte die Königin ihren Sohn zum Herzog von York und verlieh ihm damit den Titel, den früher einmal ihr Vater getragen hatte. Das »verrückte Huhn« Sarah war jetzt Herzogin von York. Aber anders als ihre Vorgänger waren die neuen Yorks nur ein stets zu Späßen aufgelegtes, harmloses Paar, das nur an sich selbst und seinem Vergnügen interessiert war. Wieder einmal war es Philip, der die Situation ziemlich klar durchschaute: »Ich bin sehr erfreut, daß [Andrew] heiratet, aber nicht etwa weil ich glaube, daß ihm das irgendwelchen Ärger ersparen wird.« Er sollte recht behalten. Nichts konnte Andrew verändern, auch die Geburt seiner beiden Töchter Beatrice 1988 und Eugenie 1990 nicht.

Und so amüsierten sich die Yorks in der Öffentlichkeit, sie balgten und küßten sich, dinierten mit Freunden in Restaurants, tranken in Nachtklubs und gaben Interviews. Man fühlt sich bei ihnen an die Figuren in der amerikanischen Fernsehserie *Denver Clan* erinnert.

Ihr Leben war oberflächlich und leer, und auch deshalb war wohl ihre Ehe von Anfang an zum Scheitern verurteilt.

Als man die Herzogin von York über das Leben im Buckingham-Palast befragte, fiel ihr nur ein, daß die Toiletten dort nicht so funktionieren wie woanders. Und über ihre Ehe sagte sie: »Andrew kommt freitags kaputt nach Hause. Am Samstag haben wir dann Streit, am Sonntag versöhnen wir uns wieder, und anschließend muß er zu seinem Stützpunkt zurück.« Mit solch geistlos dahingeplappertem Gewäsch eröffnete Sarah in der Tat eine neue Ära der britischen Monarchie.

Die Königin ließ dem jungen Paar für fünf Millionen Pfund Sunninghill Park, ein luxuriöses Domizil, bauen. Es lag sieben Kilometer von Schloß Windsor entfernt und ganz in der Nähe des Hauses, in dem Sarah ihre Kindheit verbracht hatte. Schon bald wurde das Anwesen in Anlehnung an den Namen der Ranch in der Fernsehserie *Dallas* South York genannt.

In der Öffentlichkeit fiel das junge Paar hauptsächlich durch kindische Späße auf. So benutzte Sarah etwa 1987 in Ascot ihren Sonnenschirm hauptsächlich dafür, männlichen Freunden den Allerwertesten zu malträtieren. Sie erklärte kichernd: »Los – betrinken wir uns.« Und da Sarah sich den Ritualen der Königsfamilie nicht unterordnen wollte, blieb sie eine Außenseiterin, die nur durch einen Zufall in den Palast geraten war.

Während Diana unter diesem Leben psychisch und physisch sehr litt, schien Sarah ihre Skandale sogar noch zu genießen. Schon am Anfang ihrer Beziehung suchten der Prinz und Sarah außereheliche Affären. Sarah hatte Pech – mit einem Teleobjektiv erwischte sie ein Fotograf, als sie mit dem Texaner Steve Wyatt an der Riviera turtelte und wie sie später mit dem amerikanischen Finanzier John Bryan in einem Hotel in Thailand abstieg.

Den letzten Anstoß zur Trennung der Yorks gaben einige im August 1992 publizierte Fotos der Herzogin mit Bryan: Beide tauschten in Gegenwart von Sarahs kleinen Töchtern Zärtlichkeiten aus. Man sah eine Sarah, die sich von ihrem Liebhaber umarmen ließ, der sie zudem von Kopf bis Fuß abküßte und ihren Zehen seine besondere Aufmerksamkeit zuwandte. Sofort wurde die Herzogin als treulos abgestempelt, und ihr Ehemann galt als der Betrogene. Erst recht, als seine Frau 1994 bekannte, sich schon dreimal einem Aids-Tests unterzogen zu haben. Daraus schloß man, daß sie einen lockeren Lebenswandel führte. Aber auf die Idee, daß sie sich vielleicht auch wegen des Vorlebens ihres Mannes Sorgen gemacht hatte, kam niemand.

Diese einseitige Verurteilung Sarahs war ungerecht, denn Andrew hatte auch sehr freizügig gelebt und Verhältnisse mit verschiedenen Frauen gehabt – sogar mit Kameraden, wie zu hören war. Man munkelte, Sarah habe des öfteren bei der Rückkehr in ihr Haus bei London Andy dabei ertappt, wie er sich gerade mit einem jungen Seemann im Schlafzimmer amüsierte. Und so hieß es in einem Rundfunkbericht: »Er war am liebsten mit seinen Marinekameraden zusammen, und er war Sarah auch als Liebhaber nicht gut genug.« Bedienstete im Buckingham-Palast und in Sunninghill Park wurden immer wieder Zeuge von Streitigkeiten der beiden – besonders (so ein Mitarbeiter) als »Sarah feststellte, daß Andrew auch an seinen freien Tagen nicht immer nach Hause kam. Darüber war sie schrecklich verärgert. Sie fühlte sich als ›Seemannswitwe‹ ohnehin nicht besonders wohl, und als sie dann noch herausfand, daß er sie manchmal absichtlich warten ließ, war sie wirklich wütend.« Einmal sagte sie resigniert: »Für ihn gibt es nichts Wichtigeres, als Helikopter zu fliegen. Mein Mann hat mir außerdem erklärt, daß er in erster Linie ein Prinz und Marineoffizier ist und erst an dritter Stelle Ehemann.«

»Sie haben versucht, die kleine Rothaarige in einen Käfig zu sperren«, sagte sie 1994. Aber das ließ sie nicht zu. Als die finanzielle Seite der Trennung in ihrem Sinne geregelt war, flog sie in den Fernen Osten und nach New York, und sie bemerkte scharfsinnig Freunden gegenüber: »Meine Töchter sind meine Eintrittskarte in die Freiheit.« Und tatsächlich sah man sie in den folgenden zwei Jahren in der Öffentlichkeit immer mit ihren kleinen Töchtern. Auch traf sie sich weiter mit John Bryan. Sie machte außerdem eine Psychotherapie und sah, wie sie selbst es ausdrückte, »noch einen langen Weg vor mir«. Vielleicht werde sie ja auf einer einsamen Insel mit sich ins reine kommen, meinte sie, und natürlich wolle sie »meine Kinder, die Bibel und einen Mann« dorthin mitnehmen.

Die Entdeckung ihrer Romanze mit Bryan durch die Presse sei ihre »erniedrigendste Erfahrung überhaupt« gewesen, hat Sarah dazu gesagt und brachte Argumente zu ihrer Verteidigung vor: »Während der ersten sechs Jahre unserer Ehe, hat [Andrew] im Jahr etwa zweiundvierzig Tage mit mir verbracht. Die Kinder haben ihn ohnehin kaum gesehen.« Als die Yorks schließlich im März 1992 endgültig auseinandergingen, erhielt die Herzogin umgehend 500 000 Pfund, weitere 1,4 Millionen Pfund wurden für ihre Töchter auf ein Treuhandkonto eingezahlt, und die Herzogin bekam zusätzlich noch eine halbe Million, damit sie sich ein Haus kaufen konnte. Aber warum nur wandte sich die Königliche Familie während der schwierigen ersten Monate nach der Trennung vollständig von Sarah ab, und weshalb luden die Windsors die York-Kinder in dieser Zeit zu den allfälligen Familienfesten stets ohne Mutter ein? »Das ist eine gute Frage«, hat Sarah einmal gesagt. »Ich glaube, daß die Dinge mit ein bißchen weniger Feindseligkeit und ein wenig mehr Wohlwollen wesentlich einfacher und weniger schwierig und verletzend hätten sein können.«

Andrew lebte weiter wie bisher, ganz ähnlich wie Prinz Eddy, der älteste Sohn Edwards VII., der bereits mit achtundzwanzig Jahren starb. Und seit 1994 konnte die Presse über den Herzog und die Herzogin von York nichts Spektakuläres mehr berichten.

Wie sich das rücksichtslose Verhalten ihrer Eltern auf die psychische Entwicklung der kleinen Beatrice und Eugenie ausgewirkt hat, bleibt abzuwarten. Das gilt ebenso für die kleinen Prinzen William und Harry, Charles' und Dianas Kinder.

Die Yorks waren nicht die ersten Windsors der jüngeren Generation, deren Ehe scheiterte. Denn 1989 hatten sich schon Mark Phillips und Anne getrennt, worüber sich die Königin »traurig, aber nicht überrascht« zeigte. Die beiden beendeten eine sechzehnjährige »Scheinehe«, wie es ein Hofberichterstatter nannte, eine Verbindung, die durch außereheliche Affären und eine von der Neuseeländerin Heather Tonkin gegen Mark angestrengte Vaterschaftsklage belastet war (Phillips zahlte der Klägerin fünf Jahre 80 000 Pfund jährlich). Auch ging das Gerücht, daß Peter Cross, der ehemalige Polizist und jetzige Leibwächter Annes, ihr Geliebter sei (und sogar der Vater eines ihrer Kinder).

Die offizielle Scheidung der Ehe folgte zwei Jahre später, und Anne heiratete den Kommandeur Timothy Laurence, Stallmeister der Königin wie einst Peter Townsend, dessen Beziehung mit Prinzessin Margaret keinen glücklichen Ausgang nahm.

Das Verhältnis zwischen Anne und der Presse war lange ziemlich frostig gewesen, doch jetzt stieg das Ansehen der Prinzessin bei den Medien, den Politikern und in der Öffentlichkeit wieder.

In den achtziger und frühen neunziger Jahren reiste Anne fast 25 000 Kilometer im Jahr für ein Kinderhilfswerk in der Welt umher, um den Hungernden, Heimatlosen und Kranken zu helfen. Dafür mußte sie sich gegen Cholera, Typhus und eine Reihe anderer Tropenkrankheiten impfen lassen. Sie nahm ohne zu klagen die Unbequemlichkeiten auf sich, die sie in den ärmsten Teilen Afrikas, des Nahen Ostens, Indiens und Rußlands erwarteten. Ihre Mutter hatte ihr 1987 den Titel »Princess Royal« verliehen, und die Presse sprach jetzt von der »blühenden Prinzessin«. Freilich war Anne eine Rose, die auch kräftig stechen konnte. Als sie einmal im Zug nach London immer wieder von einem Fotografen belästigt wurde, schrie sie den Mann zu guter Letzt wütend an. »Verpissen Sie sich!«

Schmeicheleien und falsches Lob lehnte sie ab, und sie ging hohe persönliche Risiken ein, als sie in die unterentwickelten Regionen reiste. Premierminister Edward Heath nannte sie »eine der aktivsten königlichen Wohltäterinnen aller Zeiten, die unermüdlich auf Reisen ist und sich furchtlos den Gefahren aussetzt, die überall in den von Trockenheit und von geheimnisvollen Krankheiten heimgesuchten Ländern drohen, die aber auch, wo immer sie Kinder trifft, sich mit großem Verständnis um deren Probleme kümmert«. Gerade wegen ihrer unaufdringlichen Großzügigkeit und der Distanz, die sie zu den Medien hielt, hatte ihre Hochzeit mit Timothy Laurence im Dezember 1992 allgemein eine gute Presse. Auch wurde deutlich, daß ihre gesunde Lebenseinstellung auf ihren Sohn Peter und ihre Tochter Zara gewirkt hatte, die sie, so gut es ging, von der Öffentlichkeit abgeschirmt hatte.

Von allen Kindern der Königin steht nur Prinzessin Anne mit beiden Beinen im Leben. Vielleicht sind die Menschen deshalb nicht so von ihr fasziniert wie von Diana. »Ich habe wohl nie der allgemeinen Vorstellung von einer Märchenprinzessin entsprochen«, hat Anne gesagt, als sich ihre Schwägerin auf dem Höhepunkt ihrer Popularität befand. »Die Prinzessin von Wales hat offenbar bei den Medien eine Lücke gefüllt, die ich nicht hätte ausfüllen können, allerdings hatte ich auch nie die Absicht, dies zu tun. Ich wußte schon früh, daß ich eine solche Rolle nicht spielen kann.« Ihre direkte Art, ihr Mut, ihr abweisendes Auftreten Journalisten gegenüber – diese Verhaltensweisen fanden die volle Zustimmung ihres Vaters, denn er wird sich in ihr wiedererkannt haben.

Wie es aussieht, ist Anne das einzige der vier Windsor-Kinder, das überhaupt ein Problembewußtsein hat. Deshalb wurde auch der Wunsch laut, Anne möge die nächste englische Herrscherin sein, was allerdings unmöglich ist.

Zu Beginn der neunziger Jahre hielt der traditionsbewußte Kronprinz Charles verschiedentlich Vorträge über Architektur und biologische Landwirtschaft. Dabei konnte er weder die Presse noch die Öffentlichkeit davon überzeugen, daß er mehr ist als ein ruheloser und entwurzelter Mann, dessen Schicksal es ist zu warten.

Edward, der 1994 dreißig Jahre alt war, hat offenbar wie seine beiden älteren Brüder auch kein echtes Ziel. Wie Charles und Andrew macht auch er keinen besonders intelligenten oder interessanten Eindruck. Berühmt ist er nur wegen seiner Abstammung. Die britische Presse hat sich schon mehrmals über seinen andauernden Junggesellenstand lustig gemacht, und seine Freundschaften mit jungen Männern haben immer wieder dem Gerücht Nahrung gegeben, daß er schwul sei – wenn auch vielleicht nicht sonderlich glücklich in seiner Haut, denn selbst als Dreißigjähriger erinnerte Edward noch immer an einen farblosen, ungeformten Jungen. Für die Fundiertheit der Gerüchte sprach überdies die Tatsache, daß keine der jungen Damen, mit denen er gesellschaftlichen Umgang pflegte, je angedeutet hat, daß sie mit dem Prinzen mehr als eine platonische Beziehung verbunden hätte.

Wie seine beiden älteren Brüder besuchte auch Edward das Internat Gordonstoun. Anschließend studierte er in Neuseeland und legte im Juni 1986 in Cambridge sein Examen in Geschichte ab. Auf Drängen seines Vaters ging Edward anschließend zur Königlichen Marine, die er allerdings schon nach vierzehn Wochen wieder verließ. »Ich habe mich mit dieser Entscheidung wirklich lange herumgeschlagen«, sagte er hinterher. »Vor vier Jahren wollte ich noch unbedingt zur Marine, aber als ich dann dort war, habe ich festgestellt, daß der Militärdienst – egal bei welcher Waffengattung – für mich nicht der richtige Weg ist.«

Prinz Philip reagierte auf diese Entscheidung seines jüngsten Sohnes mit einem solchen Wutausbruch, daß dem armen Edward die Tränen kamen. »Ich habe versucht, ihm klarzumachen, daß ich für die Marine einfach nicht geeignet bin«, hatte Edwards Großonkel George Herzog von Kent Jahrzehnte früher seinem Vater George V. geklagt. »Aber er versteht mich einfach nicht. Was soll ich dagegen tun?« Und so wiederholte sich bei Edward, nicht nur was seine Arbeit betraf, sondern auch privat, die Familiengeschichte. Denn weder Philip noch George V. zeigten auch nur das geringste Verständnis für die homosexuellen Neigungen ihrer Söhne. Im Frühjahr 1994 sprach dann sogar einiges dafür, daß die Königin ihren jüngsten Sohn auf Druck des Herzogs von Edinburgh zu einer Heirat zwingen würde. Der Palast ließ in jenem Jahr nämlich etwas über zarte Bande verlauten, die sich angeblich zwischen Edward und der jungen PR-Beraterin Sophie Rhys-Jones entwickelt hatten.

Nach einem Jahr des Nichtstuns entschied sich Edward als erster Sohn eines britischen Monarchen, keine Militärlaufbahn einzuschlagen. »*Was* willst du machen?« schrie Philip, als Edward ihm berichtete, daß er als Assistent bei Andrew Lloyd Webbers Produktionsgesellschaft arbeiten wolle. Während der Herzog von Edinburgh die Aktivitäten seiner Tochter Anne stets mit großem Interesse (und Wohlwollen) verfolgte, war dies bei seinen Söhnen nicht der Fall, und besonders gegenüber Edward führte sich Philip wie ein Despot auf. Daß sein Sohn ausgerechnet zum Theater wollte, war nicht zu glauben. Wie ein enger Vertrauter der Familie einmal sehr drastisch gesagt hat, verhielt sich der Herzog von Edinburgh

»gegenüber seinen Jungen wie ein Schwein. Deshalb hat sich Charles auch lieber Rat von Mountbatten geholt als von seinem Vater. Philip war unerbittlich hart und übte ständig Druck aus. So wollte er sie abhärten und charakterlich formen und weiß überhaupt nicht, was Mitgefühl oder Freundlichkeit bedeutet. Das liegt natürlich an seinen eigenen Kindheits- und Jugenderfahrungen, und damit hat er stets seine Umgebung schikaniert.«

»Die ganze Familie kuscht vor ihm«, so ein anderer Vertrauter Philips, »und alle haben Angst vor ihm.«

Über Edwards angeblichen Hang zum gleichen Geschlecht wurde erstmals 1990 in aller Öffentlichkeit gesprochen, als die Zeitungen über seine »innige Freundschaft« mit dem Schauspieler Michael Ball berichteten, dem Hauptdarsteller in einem Lloyd-Webber-Musical. Edward brach daraufhin sein Schweigen und sprach mit einem Reporter in New York über diese Gerüchte: »Das alles ist mir und meiner Familie gegenüber unfair. Wie würden Sie sich fühlen, wenn jemand von Ihnen behauptet, daß Sie schwul sind? Die Gerüchte sind völlig absurd. Ich bin nicht schwul!« In England und Amerika reagierte man auf diese Auskunft so, als hätte ein Mann, der beim Stehlen erwischt wird, hysterisch geschrien: »Ich bin kein Dieb!«

Edward Windsor stieg dann 1994 zum zweiten Direktor der TV-Gesellschaft Ardent Productions auf, die hauptsächlich Beiträge über Kunst produziert. Dies fand nur wenig Widerhall in der Öffentlichkeit. Bedauerlicherweise gefiel sich Edward jetzt auch immer häufiger in der Pose der jungen Königlichen Hoheit. Einmal inszenierte er sogar eine Art Parodie auf die Fernsehwelt, ein amateurhaft zusammengezimmertes, eher peinliches Stück, in dem er neben anderen auch seine Schwester und die Herzogin von York auftreten ließ. Nachdem die Presseleute genötigt gewesen waren, vierzehn

Stunden lang bei Wind und Regen auszuharren, um dem königlichen Fiasko beizuwohnen, durften sie Prinz Edward zu guter Letzt ein paar Fragen stellen. »Ich hoffe, Sie haben sich gut amüsiert«, sagte er, und als er darauf keine fröhliche Zustimmung erhielt, fragte er zögernd: »Hat es Ihnen denn gefallen?« Weiterhin Schweigen. »Jedenfalls«, sagte Edward spöttisch, »möchte ich Ihnen für Ihre überaus begeisterte Reaktion danken. Was haben Sie eigentlich den ganzen Tag über hier gemacht?« Und mit diesen Worten stolzierte Seine Königliche Hoheit nach Auskunft des Journalisten Andrew Morton »wie eine pikierte Ballerina« davon.

Doch Diana und Charles konnten durch keine der Neuigkeiten, die es über Anne, Andrew oder Edward zu berichten gab, von den Titelseiten der Boulevardpresse verdrängt werden. Und als die 1981 geschlossene Märchenehe zehn Jahre später vor ihrer Trennung stand, berichtete die Presse ausführlich über alle Einzelheiten. »Charles und Diana: Anlaß zur Sorge«, behauptete eine Schlagzeile der *Daily Mail* am 2. Juli 1991. Als am 9. Dezember 1992 der Premierminister die Trennung offiziell bekanntgab, wurde das Privatleben der Königlichen Familie Gegenstand einer offiziellen Erklärung im Unterhaus. Darauf stürzten sich natürlich die Berichterstatter.

Solange die britische Monarchie auf der Bewahrung alter Formen bestand und weiterhin ihre Privilegien forderte, konnten weder Charles und Diana noch Andrew und Sarah eine für das ausgehende 20. Jahrhundert typische Ehe führen.

Die Aussichten des Prince of Wales auf den Thron waren nicht sehr günstig, denn die Gerüchte, nach denen Elizabeth beabsichtige, nach vierzig Jahren als Herrscherin zugunsten ihres Sohnes zurückzutreten, verstummten, als der Palast 1991 bekanntgab, daß »ein freiwilliger Thronverzicht die Monarchie an der Wurzel treffen würde. Ein solcher Schritt hat von jeher als Bedrohung der Institution [der Monarchie] selbst gegolten. Der Vorschlag [einer Abdankung], so gut er auch gemeint sein mag, entspricht so gar nicht den Traditionen und der mystischen Aura der Monarchie, wie sie sich in Großbritannien herausgebildet hat. Würde man ihn befolgen, würde das den magischen Charakter der Monarchie nicht unberührt lassen.« Der Geist Bagehots zeigte sich wieder einmal als überaus mächtig, und das von der übrigen Gesellschaft isolierte Leben, wie es seit Victorias Zeiten für die Angehörigen des Königshauses die Norm gewesen war, blieb auch weiterhin der Maßstab. »Ich kenne nur wenige Menschen«, hat

511

sogar die sonst nicht gerade zurückhaltende Prinzessin Anne gesagt, »mit denen ich überhaupt über die Königliche Familie oder darüber reden würde, was wir daheim tun. Denn an so etwas erinnern sich die Leute leicht und klatschen dann darüber.«

Nach Auskunft eines Herzogs, dem sich der Prinz in jenem Herbst anvertraute, »war Charles sehr traurig« über das Scheitern seiner Ehe. »Er schüttelte immer wieder den Kopf und konnte es einfach nicht begreifen, warum alles so schiefgelaufen war. Ich fragte ihn, ob er sicher sei, daß die Ehe nicht doch noch zu retten sei. Nein, sagte er, es gibt kein Zurück.«

Der Prinz und die Prinzessin hatten das Bett schon seit 1987 nicht mehr geteilt. Zu diesem Zeitpunkt tröstete James Hewitt die Prinzessin, und Camilla kümmerte sich um den Prinzen. Charles erklärte am 29. Juni 1994 vor dreizehn Millionen Fernsehzuschauern, die Ehe sei schon vor über sieben Jahren »unrettbar zerrüttet« gewesen und erst danach sei er seiner Frau untreu geworden. Seine Familie war über dieses öffentliche Eingeständnis außer sich. Im Winter 1987 hatte Diana aber noch ein anderes Problem, unter dem sie litt: In jenem Jahr kamen ihre Söhne nämlich in die Schule – für zahllose Mütter ein ganz normales Ereignis, für die Princess of Wales jedoch offenbar ein traumatisches Erlebnis. Denn ihre beiden kleinen Jungen stellten für sie jetzt augenscheinlich immer mehr jenen Lebenssinn dar, den ihr Ehemann und ihre angeheiratete Verwandtschaft ihr versagten. Zu jener Zeit erlitt Diana laut Stephen Barry des öfteren solche Tobsuchtsanfälle, daß sie in Althorpe und Highgrove Möbel und Spiegel zertrümmerte und Dutzende ihrer Bediensteten feuerte oder so verletzte, daß diese aus Wut auf Diana freiwillig gingen. »Letzten Endes setzt Diana immer ihren Kopf durch« hat ihr Vater einmal gesagt. »Ich glaube, Charles hat das noch nicht begriffen, aber er wird es schon noch. Glauben Sie mir, er wird das noch begreifen.« Diese Lektion brauchte freilich ihre Zeit.

Charles versuchte die melodramatischen Szenen anfangs vielleicht in der Hoffnung zu ignorieren, mit der Zeit werde seine Frau sich schon beruhigen und wieder vernünftig werden. Aber mit dieser Taktik erreichte er gar nichts. Er sprach zu Diana von seiner Rolle und von seiner Zukunft. »Meine Pflicht«, hörte ihn einmal jemand zu seiner Frau sagen, »steht höher als meine Loyalität zu dir.« Eine solche Kundgabe würde gewiß die meisten Ehepartner überfordern – eine emotional so bedürftige Frau wie Diana aber muß bei dieser Mitteilung innerlich geradezu erstarrt sein. Was seine emotionale

Distanziertheit betrifft (ganz zu schweigen von der Tatsache, daß seine Zurückhaltung Diana wehtat), ist Charles ganz der Sohn seiner Mutter. Was indes die wohlwollende Herablassung anbelangt, mit der er Frauen begegnet, ist er wiederum der gelehrige Schüler seines Vaters. »Man kennt ihn als einen charmanten Chauvinisten, der sich zwar gerne von attraktiven Frauen helfen läßt, sie aber intellektuell und als Mitarbeiterinnen nicht als gleichberechtigt gelten läßt«, so ein ehemaliger Berater des Prinzen.

Zwischen 1983 und 1992 traf der Prinz Camilla Parker-Bowles regelmäßig. Von Charles' Freund Roland Driver wissen wir, daß Diana auf die Besuche mit »Schreikrämpfen und dem Vorwurf« reagierte, daß ihr untreuer Gatte »ein egoistisches Schwein sei – und was der nicht druckreifen Schimpfworte mehr sind«. Zugleich trat Dianas Bulimie wieder auf. Dies alles und noch ein paar weitere Probleme veranlaßten den aufgebrachten Charles, seiner Mutter vorzujammern: »Begreift denn niemand, daß sie verrückt ist. Sie ist verrückt!«

Als Dianas Selbstvertrauen wuchs und auch ihre gesellschaftliche Bedeutung zunahm, wollte sich die Prinzessin mit ihrer Lage nicht mehr abfinden, und spätestens ab 1990 sprach sie zu ihren Freunden ganz offen von ihren Eheproblemen. Sie wandte sich auch an die Presse, um der Öffentlichkeit eine private Notsituation zu erklären und um Sympathie und Verständnis zu werben. Diana hatte ihre Freunde offenbar autorisiert, sich ganz offiziell an Andrew Morton zu wenden, der dann das Buch *Diana. Ihre wahre Geschichte* (Diana: Her True Story) verfaßte. Die Darstellung der Gründe, die zum Scheitern ihrer Ehe mit einem gefühllosen Mann geführt hatten, wurde ein internationaler Bestseller. Zusammen mit den Fotos von Diana, die um die Welt gingen, verschaffte ihr Mortons Buch eine ungeheure Publicity.

»Sie ist alles andere als eine glückliche Frau«, äußerte Dianas Freundin Carolyn Bartholomew gegenüber Morton. Und wie zum Beweis dafür, daß diese Behauptung richtig ist, folgten kurz darauf mehrere halbherzige Selbstmordversuche der Prinzessin. Einmal stürzte sie sich eine Treppe hinunter; ein andermal warf sie sich gegen eine Glasvitrine; beim drittenmal schlitzte sie sich die Handgelenke mit einem Zitronenhobel auf. Doch die Verletzungen, die sie sich bei diesen Akten selbst zugefügt hatte, ließen sich allesamt mit Hilfe eines Antiseptikums und kleiner Verbände problemlos heilen.

Zusammen mit der Lawine von Farbfotos, die jetzt auf die Welt niederging, steigerte Mortons Buch Dianas Popularität ins Unermeßliche. Die Prinzessin bediente mit ihrer traurigen Geschichte die

Besessenheit der Briten und Amerikaner für alles, was mit Königlichen Hoheiten zu tun hat – den Mega-Stars einer Welt, der nicht
mehr viel geblicben ist, woran Glaube sich noch aufrichten könnte –
waren doch die Objekte dieser Anbetung kaum mehr von den Prota-
gonisten der täglichen Fernsehserien zu unterscheiden.

Für die Königliche Familie trug Diana fortan den Stempel »Verrä-
terin« auf der Stirn – aber als Mutter des künftigen Königs konnte
man sie gleichwohl nicht einfach abschieben. Die Königin-Mutter
wiederum wollte nicht begreifen, warum ein junges Mädchen, das
sich einen monogamen Ehemann gewünscht hatte und in dieser
Hoffnung betrogen worden war, mit ihrem Kummer sogleich an die
Öffentlichkeit gehen mußte. Als Diana dann 1992 gemeinsam mit
der Königlichen Familie der Fahnenparade beiwohnte, wurde sie von
den übrigen Hoheiten geflissentlich übersehen. »Man hätte die Luft
mit einem Schwert durchschneiden können«, so ein an dem Geschehen beteiligter Augenzeuge. Nur Prinzessin Margaret begegnete der
Princess of Wales überaus herzlich, da sie davon überzeugt war, daß
ihr Neffe Dianas Ideale mit Füßen getreten und sie maßlos erniedrigt
hatte.

Charles folgte dem Beispiel seiner Frau und gab 1994 dem Autor
Jonathan Dimbleby Details aus seinem Leben bekannt und überließ
ihm persönliche Briefe und Tagebücher. Vorher hatte er noch inoffiziell den Journalisten Penny Junor und Ross Benson seine Version der
Geschichte seiner Ehe unterbreitet und angedeutet, daß er nichts dagegen hätte, wenn Diana in den Berichten nicht so gut wegkommen
würde. Und so wurde Diana dann in Junors Artikeln im *Today*-Maga-
zin als eine hysterische Person beschrieben, die für das Scheitern ihrer
Ehe selbst verantwortlich sei – eine egoistische Frau, die sogar ihre
beiden Söhne gegen den Vater aufgehetzt habe. »Charles verdient unser ganzes Mitgefühl«, schrieb Junor, »er mußte zusehen, wie seine
Freunde in berufliche Spitzenpositionen aufstiegen, während er selbst
noch immer auf einen Job vorbereitet wurde, den er womöglich nie bekommen wird. Und in dieser Lebenskrise konnte er von Diana keinerlei Hilfe erwarten. Er ist zeitlebens ein Star gewesen, und sein Status-
verlust [zu Dianas Gunsten] hat an seinem Selbstbewußtsein genagt.«

Während frühere Königliche Hoheiten ihre Streitigkeiten unter
sich ausgetragen hatten, vollzog sich hier etwas ganz Neues: Der
Prinz und die Prinzessin von Wales diskutierten über ihr Leben in
aller Öffentlichkeit. »Der Prinz und die Prinzessin von Wales«, so
Lord Rothermere, der seinen Vater 1978 als Herausgeber der *Daily*

Mail und des *Evening Standard* abgelöst hatte, »haben sich dieser Zeitungen bedient, um sich für das Scheitern ihrer Ehe zu rechtfertigen«. Sogar Premierminister John Major griff in die Auseinandersetzung ein und warf Diana fortgesetzte Manipulation der Presse vor. Dem Prinzen machte er den Vorwurf nicht.

Ironischerweise hatten die Hoheiten selbst den Kritikern der Königlichen Familie die Angriffspunkte geliefert – besonders als Tonbandmitschnitte intimer Gespräche des Prinzen und der Prinzessin von Wales an die Öffentlichkeit gelangten. Queen Victorias ältester Sohn hatte damit begonnen, die Königliche Familie zu demokratisieren, der Erbe von Queen Elizabeth II. tat alles, um diese Institution lächerlich zu machen.

Der Gipfel der Peinlichkeiten war erreicht, als schließlich 1993 mehrere Telefongespräche von Charles und Camilla Parker-Bowles vom Dezember 1989 veröffentlicht wurden. Fast zur gleichen Zeit wurden die Mitschnitte von Telefonaten zwischen Diana und James Gilbey bekannt. Er war ein vermögender Gebrauchtwagenhändler, den Diana mehrmals bis spät in die Nacht in seiner Wohnung besucht hatte. Die Authentizität der Telefonate oder der persönlichen Gespräche wurde vom Palast nicht bestritten, niemand nannte sie eine Fälschung. Es ließ sich nun nicht mehr länger leugnen: Die einstige Märchenehe war zu einer traurigen Farce verkommen.[1]

Die Königin und Prinz Philip waren wutentbrannt. Sie beriefen Familienkonferenzen ein, drängten Charles und Diana zur Zurückhaltung, rieten zum Schweigen und erinnerten die beiden an ihre Pflicht – doch alles umsonst. Natürlich verloren die Tonbandmitschnitte im Laufe der Zeit einiges von ihrer Brisanz, aber sie bewiesen gleichwohl, daß der Erbe des englischen Thrones wie eine Figur aus einem Schundroman sprechen konnte. »Ich möchte dich überall berühren, überall, oben und unten, innen und außen«, flüsterte der Prinz von Wales Camilla 1989 in einem der Gespräche zu. Und sie erwiderte mit gleicher Inbrunst: »Genau das brauche ich im Augenblick. Ich kann einen Sonntagabend ohne dich einfach nicht ertragen.« Überdies begehrte sie ihn »so wahnsinnig, wahnsinnig, wahnsinnig«, was ihn wiederum zu der berüchtigten Bemerkung veranlaßte, daß er zwar am liebsten sein Dasein in ihrer Hose verbringen würde, ihm jedoch

---

[1] Der Inhalt des sogenannten Squidgy-Tonbands wurde von dem Amateurfunker Cyril Reenan in Oxfordshire aufgefangen. Manche glauben, er habe eine bereits fertige Aufnahme empfangen, die vom Palast (oder vom Regierungs- oder Geheimdienstapparat) per Funk weitergeleitet wurde. Aber wie es auch gewesen sein mag, Mr. Reenan ist für den illegalen Einsatz seiner Abhörvorrichtung niemals juristisch belangt worden.

womöglich lediglich das traurige Schicksal eines Tampons beschieden wäre, der von der Klosettspülung in den Orkus befördert werde.

Die von ihrem Freund Gilbey »Squidgy« genannte Diana immerhin ließ sich am Telefon nicht zu derartig vulgären Geständnissen hinreißen. Auf Gilberts Einlassung, daß es für ihn »uncrträglich« sei, wenn er nicht jeden Augenblick mit ihr sprechen könne, entgegnete sie nur: »Das geht mir genauso.« Bezüglich ihrer königlichen Verwandtschaft allerdings nahm sie kein Blatt vor den Mund: »Verdammt noch mal, nach allem, was ich für diese beschissene Familie getan habe … Ich kann die Zwänge dieser Ehe einfach nicht mehr ertragen. [Charles] macht mir das Leben zur Hölle.« Am rätselhaftesten klang sie, als sie über ihre Beziehung zu Charles? oder Gilbey? sprach oder sich für eine Phase der selbstauferlegten Keuschheit rechtfertigen wollte, denn sie erklärte: »Ich möchte nicht schwanger werden.« Daß Gilbey ihr Liebhaber gewesen ist, konnte Diana nie hundertprozentig nachgewiesen werden, obwohl das Geturtel der beiden nicht eben auf eine platonische Beziehung hindeutet. Für James Hewitt hegte Diana gewiß zärtliche Gefühle oder war wenigstens in Leidenschaft für ihn entbrannt. Die detaillierten Angaben über seine Romanze mit der Prinzessin, die er in einem 1994 erschienenen Buch machte, wurden zwar vom Buckingham-Palast heruntergespielt, aber nie offiziell dementiert.

Und so erfuhr die Welt, daß der Prince of Wales gegenüber Camilla erklärte, er würde sein Dasein am liebsten »in [ihrer] Hose« verbringen – »dann wäre alles so viel einfacher«. Sie mußte überdies zur Kenntnis nehmen, daß Charles' Frau ihr Herz an diverse junge Müßiggänger verloren hatte, daß die Yorks es lediglich auf möglichst unbehelligten Lebensgenuß abgesehen hatten und daß Prinz Philip seine Fremdenfeindlichkeit wie eine Ehrenmedaille spazierentrug und die Engländer vor dem Umgang mit »Schlitzaugen« warnte.

Die Königlichen Hoheiten erschienen immer mehr wie eine Gruppe unfähiger Langweiler, deren einziger Lebenszweck offenbar darin bestand, die Öffentlichkeit mit unappetitlichem Gesprächsstoff zu versorgen. Die Herzogin von York machte Ski-Ferien, während Prinz Andrew sich mit seinen Marine-Kumpels amüsierte. Prinzessin Anne war damit beschäftigt, ihren Schatz mit Liebesbriefen einzudecken. Der Vicomte Linley (Margarets Sohn) wurde derweil in voller Montur auf einer Transvestitenparty irgendwo in der Karibik gesichtet. Dianas verheirateter Bruder berichtete der Presse unter Tränen über eine ehebrecherische Affäre in Paris. Hauptmann Mark Phillips wiederum zahlte seiner Mätresse regelmäßig Schweigegeld. Neben all den Horrormeldungen, die allabendlich in den Nachrichtensendungen über die Bildschirme flimmerten, bot die Königliche Familie den Medien ständig neuen Stoff für irgendwelche wunderlichen Klatschgeschichten und unterhaltsame Nichtigkeiten.

Es gab schlicht keine mystische Aura mehr, die es sich zu verteidigen gelohnt hätte, kein Mysterium, an das man hätte glauben, kein würdevolles Betragen, dem man hätte nacheifern können. Mit anderen Worten: Die Königliche Familie als Symbol einer großen, glorreichen Tradition war hinfällig geworden.

Queen Elizabeth gab auch jetzt ihre vornehme Zurückhaltung nicht auf, doch hatte sie keinerlei Einfluß auf das Verhalten ihrer Kinder und ihres durch Heirat hinzugekommenen Anhangs – eine Frau, die zwar Bewunderung erweckte, aber keine Liebe.

Prinz Philip, den die Ehe-Eskapaden seiner Kinder zutiefst anwiderten und der es nach fast fünfzig Jahren bis obenhin satt hatte, immer nur den königlichen Mantelträger zu spielen, verbrachte jetzt immer mehr Zeit in den Tropen, sei es in Begleitung von Freunden oder einer Geliebten, je nachdem, welchem Gerücht man Glauben schenkt. Doch das kümmerte offenbar ohnehin niemanden so recht. Etliche seiner Verwandten und früheren Berater wünschten dem jetzt über Siebzigjährigen sogar das späte Glück weiblicher Zärtlichkeit und Wärme.

Demoskopen befragten die Bürger im Land nach ihrer Meinung über das Königshaus. Wozu ist die Königliche Familie eigentlich noch gut, wollten viele wissen. Was für ein Image vermitteln Hoheiten, die nur noch ihre Ehestreitigkeiten öffentlich austragen und keinerlei Pflichten mehr erfüllen? Was tun sie eigentlich für Großbritannien?

Im Jahr 1994 war ein großer Teil der Briten der Ansicht, daß man die Monarchie abschaffen und durch einen gewählten Präsidenten ersetzen solle. Der Wunsch nach einer Republik war jetzt sogar stärker als zur Zeit von Queen Victorias Rückzug aus der Öffentlichkeit. Über die Hälfte der englischen Bevölkerung sprach sich für einen Rücktritt der Monarchin aus und erklärte, die Institution der Monarchie sei überholt und eher schädlich für den Ruf des Landes. Eine von der BBC in Auftrag gegebene Umfrage ergab, daß die Briten ihrer Krone kaum Zukunftschancen einräumten.

Selbst das große Feuer, das 1992 in Schloß Windsor neun historische Räume (einschließlich der St.-Georgs-Halle und des Großen Empfangssaales) zerstörte – ein Brand, der manchen als Sinnbild für den Untergang der Monarchie erscheinen wollte –, löste kaum Betroffenheit aus. Das Schloß gehöre der Königin und sie solle auch für den Wiederaufbau aufkommen, so die fast einhellige Reaktion auf die Ankündigung der Regierung, die Wiederherstellung des Schlosses aus Steuermitteln zu finanzieren. Darauf ließ ein Sprecher des Palastes verlauten: »Wir alle hatten darauf vertraut, daß eine Tragödie dieses Ausmaßes Bestürzung und Hilfsbereitschaft auslösen würde. Aber da haben wir uns wohl geirrt.«

Tatsächlich übernahm dann die Queen einen Großteil der Restaurierungskosten, wie sie auch eine Kürzung der Zuwendungen akzeptierte, die ihr, ihrem Mann und der Königinmutter alljährlich vom Parlament gewährt werden. Aber Armut drohte Elizabeth deswegen nicht, denn der Wert ihres persönlichen Vermögens belief sich 1992 auf schätzungsweise 6,6 Milliarden Pfund, eine Summe, die täglich allein zwei Millionen Pfund Zinsen abwirft. Außerdem willigte Ihre Majestät ein, für ihr Privatvermögen ebenfalls Steuern zu entrichten; die Höhe ist allerdings nicht bekannt. Queen Victoria und Edward VII. hatten es mit der Zahlung ihrer Steuern sehr genau genommen, aber Anfang der dreißiger Jahre kam King George V. mit dem Schatzkanzler überein, daß sein Einkommen aus dem Herzogtum Lancashire von jeder Steuer befreit sein sollte. Dieses Privileg wurde von seinem Sohn King George VI. noch ausgeweitet, so daß die Königliche Familie für ihre Privateinkünfte überhaupt keine Steuern mehr zahlen mußte.

Tatsächlich haben die Windsors, wie es scheint, der Öffentlichkeit selbst die besten Argumente für die Abschaffung der englischen Monarchie geliefert. Schließlich haben sie sich bis zum Überdruß als ganz normale Menschen präsentiert und können folglich auch nicht mehr Anspruch auf ganz ungewöhnliche Privilegien erheben.

Jahrhundertelang war England – mit seiner Sprache, seiner Literatur, seiner Musik und seiner Kunst – eine der vitalsten Kulturen der Welt gewesen. Doch jetzt, da das Land von wirtschaftlichen, politischen und sozialen Problemen gebeutelt wurde, steuerte das Haus Windsor auch nicht einen einzigen produktiven Gedanken zur Erneuerung der britischen Gesellschaft bei. Queen Elizabeth erweckte zwar durchaus den Eindruck einer anständigen Frau, nur daß ihr wildentschlossenes Pflichtbewußtsein in der Realität keinerlei Anknüpfungspunkte mehr fand, denn ihre Familie hatte sich ihrem Einfluß und die Regierung dem Bannkreis ihrer Macht entzogen.

Trotzdem befand sie sich als Monarchin wahrscheinlich genau am richtigen Platz, denn die Legende des Hauses Windsor ist vielleicht vor allem die Geschichte einer Reihe starker, oft mißverstandener Frauen, die bisweilen mit einer Menge Problemen zu kämpfen hatten und oft genug von den Fügungen eines Geschicks überrascht wurden, das sie gleichwohl mit bemerkenswertem Mut, nicht selten gar mit außergewöhnlicher Anmut annahmen.

Queen Victoria, die Großmutter Europas und des ersten britischen Monarchen, der sich Windsor nannte, hatte sich auf ein langes Leben mit ihrem geliebten Albert eingerichtet. Sein plötzlicher Tod hatte beinahe sie selbst und die Monarchie zerstört, aber dann kehrte sie doch wieder auf die öffentliche Bühne zurück und konnte noch vierzig Jahre lang bemerkenswert viel Einfluß ausüben. In ihren letzten Lebensjahren legte sie zudem eine Menschenfreundlichkeit an den Tag, die dem erhabenen Bild, das sie sich von der Bestimmung ihres Reiches machte, ganz neue Züge hinzufügte.

Ihre mit einem leichten Gehfehler belastete Schwiegertochter Alexandra mit ihrem berühmten Lächeln und ihrer unprätentiösen Glaubensfestigkeit hielt ihre Familie ungeachtet aller Widrigkeiten zusammen. Die aus Dänemark stammende Prinzessin strahlte eine nicht nur oberflächliche Schönheit aus und verkörperte zu guter Letzt in ihrer Güte und Herzlichkeit die besten Seiten ihrer Wahlheimat. Obwohl taub, hörte sie noch die schwächsten Hilferufe der Armen und Kranken, und selbst in der Einsamkeit des Alters war sie der Inbegriff des Gleichmuts. Wer, der sie persönlich und nur von ferne kannte, konnte sich dem Zauber der schönen Alix entziehen?

Queen Mary, kerzengerade von Gestalt und bis ins Mark prinzipientreu, schlug zwar nicht solch herzliche Zuneigung entgegen wie Alexandra, aber sie übte auf ihren Mann und ihre Kinder keinen geringeren Einfluß aus als ihre Schwiegermutter – und nicht zuletzt natürlich auf ihre Enkelin Elizabeth. Für Mary war England ihr Leben und der König ihre höchste Berufung. Zwar hat sie als Mutter die Bedeutung emotionaler Zuwendung und Geborgenheit für ihre Kinder nie richtig erkannt: Denn sie sah einzig ihre königliche Pflicht und lebte darin wie eine Nonne im Kloster. In einem entscheidenden Punkt allerdings hatte die alte Queen Mary völlig recht: Wer sich selbst ganz und gar für eine gute Sache hingibt, der findet langfristig die einzig dauerhafte Erfüllung, die das Leben zu bieten hat. Als sie schließlich starb, wollten die Bekundungen der Wertschätzung und Hochachtung gar kein Ende nehmen.

Victoria und Alix starben mit achtzig, Mary sogar erst mit sechsundachtzig Jahren. Und wohl kaum jemand war sich der Langlebigkeit ihrer Vorgängerinnen deutlicher bewußt als die heutige Königin-Mutter Elizabeth. Von vielen als die geliebte Großmutter des ganzen Landes betrachtet, hat sie sich je länger desto mehr zu einem mit Wehmut verehrten Symbol jener Vergangenheit verklärt, die uns Heutigen schon so fremd erscheint. Natürlich hat sie in ihrem inzwischen fünfundneunzigjährigen Leben so manchen Schock erlitten, doch hat sie sich durch solche Erfahrungen »nie beirren lassen«, wie ihr alter Freund Lord Charteris (der ehemalige Privatsekretär der Königin) einmal gesagt hat. Denn sie ist »aus einem hartem Holz geschnitzt. Vielleicht ist es ihr deshalb immer wieder so gut gelungen, sich zu schützen, weil sie wie der berühmte Vogel Strauß bisweilen ganz gerne den Kopf in den Sand steckt. Was sie nicht sehen will, das schaut sie einfach nicht an.«

Ihre Tochter, die Königin, hat vielleicht von allen diesen Frauen den realistischsten Blick in die Zukunft gewagt. »Nach so vielen Jahren in meinem königlichen Amt muß ich heute feststellen, daß ich nicht mehr so leicht zu überraschen bin«, hat sie auf einer Versammlung der Commonwealth-Regierungschefs im November 1993 gesagt. Damals hieß es, daß Australien und möglicherweise auch Kanada die Absicht hätten, sämtliche Bande der Loyalität zur britischen Krone zu kappen, und Elizabeth war sich dieser Gefahr nur zu deutlich bewußt. Deshalb fuhr sie fort: »Heute verfüge ich über so viel Erfahrung, nicht zuletzt dank meiner Pferdeleidenschaft, daß ich kein Geld darauf wetten würde, wie viele Länder in vierzig Jahren noch dem Commonwealth angehören und welche Länder dies sein und wo ihre Regierungschefs zusammentreffen werden. Auch werde ich gewiß keine Wette darauf abschließen, in wievielen Ihrer Länder zu jener Zeit das Oberhaupt des Commonwealth noch zugleich als Staatsoberhaupt fungiert. Ich vermute, die einzige sichere Wette ist, daß zwei Personen und ein Schiff dann nicht mehr zugegen sein werden: Prinz Philip, die *Britannia* und ich selbst. Aber man kann ja nie wissen.«

Im ausgehenden 20. Jahrhundert sind die Windsors nicht mehr das Sinnbild einer Nation, die sich trotz erheblicher Widerstände auf den Trümmern eines zerfallenen Imperiums erheben und sich zu einer sozialen Demokratie entwickeln könnte. Genaugenommen repräsentieren sie überhaupt nichts als sich selbst, und was aus ihnen geworden ist, scheint bisweilen so absurd, daß sich darüber kaum noch ernsthaft Bericht erstatten läßt. Victoria, Alexandra, Mary, die Königin-Mutter Elizabeth und ihre gleichnamige Tochter: Alle diese Frauen haben an etwas geglaubt und für etwas gelebt, was über ihre eigenen Interessen und Wünsche hinausging.

Aber die neue Generation der Windsors – vergnügungssüchtig, von den Medien vergöttert und mit den meistfotografierten Gesichtern der englischen Geschichte – ist offenbar außerstande, ein anderes Lebensziel als den eigenen Augenblicksruhm zu verfolgen. Zwar mögen sie von ihren »Untertanen« noch immer Treue, Ehrerbietung und rückhaltlose Loyalität erwarten, dennoch traktieren sie die Welt stets aufs neue mit der Botschaft, daß die Königliche Familie vornehmlich Unreife, Verantwortungslosigkeit, Frivolität und Nutzlosigkeit charakterisieren. Sie verkörpern für ihr Land weder die Erinnerung an eine oftmals große Geschichte, noch helfen sie ihm bei der Bewältigung einer unübersichtlichen Gegenwart oder gar einer höchst fragwürdigen Zukunft.

Unter solchen Umständen bedarf es zur Abschaffung der britischen Monarchie keiner gewalttätigen Revolutionäre mehr, auch werden ihre Exponenten vielleicht nicht wie die verhaßten Abbilder eines Lenin oder Stalin von ihrem Sockel heruntergeholt. Vielleicht verschwinden die Sinnbilder der britischen Monarchie, einer Dynastie, die an ihrer eigenen Engstirnigkeit zugrunde gegangen ist, ganz einfach in den Ausstellungsvitrinen des Tower of London. Weil ernsthafte Beobachter die jungen Windsors inzwischen ohnehin nicht mehr ernst nehmen können, erfüllt die englische Königsdynastie heutzutage nicht einmal mehr ihre angestammte positive PR-Funktion.

Dort in den Mauern der Schlösser und Paläste, die die englische Krone ihr eigen nennt, wohnen jene, die den Fall des Hauses Windsor selbst herbeiführen.

Diana, Charles und ihre Söhne William und Harry

FÜNFZEHNTES KAPITEL

Das entzauberte Königreich (1995 ...)

»Sie tun mir sehr leid.«
Prinz Charles über seine beiden Söhne

Im Juni und September 1995 feierten Charles' und Dianas Kinder – Ihre Königlichen Hoheiten Prinz William Arthur Philip Louis und Prinz Henry Charles Albert David – ihren dreizehnten beziehungsweise elften Geburtstag. Nach den Feierlichkeiten und den ausgedehnten Sommerferien kehrten sie in ihr Internat Ludgrove School in Berkshire und zu seinem geregelten Tagesablauf zurück. Das Internat wird von zweihundert Schülern besucht. Sie müssen jeden Morgen um 7.15 Uhr aufstehen, frühstücken gemeinsam im Speisesaal, besuchen dann den Unterricht, treffen sich auf dem Sportplatz, ziehen sich zum Abendessen um und müssen pünktlich um 20.00 Uhr das Licht ausschalten.

Die beiden Prinzen genießen keine besonderen Privilegien, von ihren Klassenkameraden werden sie Wills und Harry genannt. So gesehen erscheint das Leben der beiden Jungen eigentlich ganz normal und kaum anders als das zahlreicher anderer Kinder vornehmer englischer Familien, die sich ein teures Internat auf dem Land leisten können.

Aber auch in Berkshire sind stets einige Männer des königlichen Sicherheitsdienstes anwesend, und auch hier stehen die beiden Jungen fast pausenlos im Blickpunkt der Öffentlichkeit. Ob sie einen Vergnügungspark besuchen, mit ihrer Mutter Skiferien machen, mit ihrem Vater fischen oder wandern gehen oder in den Kensington Gardens Fahrrad fahren, stets werden William und Harry von Fotografen und Reportern verfolgt. An einem Frühlingstag ging ihre Mutter mit ihnen einmal auf einen Hamburger in ein beliebtes Schnell-Restaurant. Als die drei Hoheiten eine halbe Stunde später wieder gehen wollten, verstopften dreihundert Leute die Straße, und ein Kamera-Team hatte bereits seine komplette Ausrüstung installiert. Das Leben dieser berühmten Jungen wird noch sorgfältiger dokumentiert, als es vor Jahrzehnten bei Shirley Temple der Fall war oder heute bei Macauley Culkin. Noch bevor sie überhaupt irgend etwas getan haben, sind sie bereits Stars.

Wills, der in der Thronfolge an zweiter Stelle rangiert, ist reserviert und ernst, ein vorsichtiges, introvertiertes Kind, das öffentliches Aufsehen scheut. Im Bewußtsein seiner hohen Stellung und seiner zukünftigen Bestimmung ist er zu einem streng wirkenden und etwas übertrieben würdevoll auftretenden Teenager herangewachsen. In seinen Augen liegt oft eine frühreife, ahnungsvolle Traurigkeit. Ein Onkel hat ihn einmal einen »ausgesprochen selbstbeherrschten, intelligenten und reifen Jungen« genannt, der allerdings »förmlich und steif« sei und »am Telefon älter klingt, als er in Wahrheit ist«. Stets um seine Mutter Diana besorgt, der er sehr nahesteht, hat Wills mehr als einmal erklärt: »Ich möchte nicht König werden. Ich möchte Polizist werden, damit ich auf meine Mutter aufpassen kann.« Er ruft sie oft vom Internat aus an, um sich zu erkundigen, ob es ihr gutgeht. Offenbar fühlt er sich seit der Trennung seiner Eltern für Dianas Wohlbefinden besonders verantwortlich. »Ich hoffe, daß ihr beide jetzt glücklicher seid«, sagte er zu seinen Eltern, als er von ihrer Trennung erfuhr.

Das Ergebnis einer Meinungsumfrage besagt, daß dreißig Prozent der Briten der Meinung sind, Prinz William solle direkt nach Queen Elizabeth den Thron besteigen und an die Stelle seines Vaters treten. Doch das wird wohl kaum geschehen, es sei denn, Charles dankt ab, doch dazu hat er bisher keine Neigung erkennen lassen.

Harry ist extrovertierter und selbstbewußter als sein älterer Bruder. Er ist »ein schelmischer kleiner Bursche«, hat Dianas Bruder über ihn gesagt. Anders als Wills ist Harry ein waghalsiger Skiläufer und Reiter und ein Draufgänger beim Go-Kart-Fahren. Es macht ihm großen Spaß, andere Menschen nachzuäffen. »Harry ist ein frecher Kerl«, so die Prinzessin von Wales, »genau wie ich.« Und genau wie sie nimmt er nur einen untergeordneten Rang in der dynastischen Hackordnung ein, und sofern seinem Bruder nichts Tragisches zustößt, wird Harry stets eine Nebenrolle spielen.

Fehlen wird es den beiden Jungen nie an etwas. Ihre Urgroßmutter hat bereits zwei Drittel ihres Privatvermögens von sechsundzwanzig Millionen Pfund treuhänderisch für die beiden Prinzen angelegt; den Rest bekommen ihre anderen Urenkel.

Die schwierige Situation, in der sich die beiden Brüder befinden, haben auch wichtige Regierungsrepräsentanten erkannt. Als der Prinz und die Prinzessin von Wales sich über die Ausbildung ihrer Kinder und das Sorgerecht stritten, hat beispielsweise der Vorsitzende des Sozialausschusses im Unterhaus, Frank Field, Premierminister John Major gedrängt, in die Erziehung und Ausbildung der Prinzen einzugreifen. Field vertrat die Auffassung, daß »weise Männer« auf die Entwicklung der beiden Jungen einwirken sollten, denn ihnen traut er offenbar mehr Einfühlungsvermögen und Kompetenz zu als der Königin und ihrem Hof. »Die beiden Enkel der Monarchin sollten das gleiche Recht haben wie alle jungen Untertanen der Königin. Man darf ihre Zukunft deshalb nicht dem Königlichen Hof und dem engeren Umkreis der Königsfamilie überlassen, denn sie tragen schon jetzt die Mitverantwortung für das Unglück der Familie.« Sicher eine zutreffende Beobachtung, die jedoch keine Konsequenzen haben wird.

Diana ist eine liebevolle Mutter. Sie macht mit ihren Söhnen Ferien, verwöhnt sie und tut offenbar alles, um die Förmlichkeit, mit der Charles mit ihnen umgeht, auszugleichen. Er besteht darauf, daß die beiden Jungen wie perfekte kleine Gentlemen gekleidet sind und tadellos sitzende Jacketts und Krawatten tragen, und daß sie vornehm und zurückhaltend auftreten. Aber er sieht auch die große Belastung, der die Kinder ausgesetzt sind. »Sie tun mir sehr leid«, hat er einmal traurig gesagt. »Ich hoffe, daß es ihnen gutgeht. Schon bald werden sie größer sein als ich.«

Charles fährt mit den Jungen gern ins schottische Bergland. Diana besucht mit ihren Söhnen lieber Disney World in Florida. Dort sausen die jungen Windsors dann die Wasser-Rutschbahn hinunter, unternehmen einen »Star-Wars«-Raumflug, schwatzen mit einem Schauspieler, der den »Indiana Jones« darstellt, oder schütteln der Schönen und dem Biest die Hand. Die Jungen tauchen dort immer wieder einmal wie aus dem Nichts auf und stehen plötzlich an der Spitze einer Besucher-Schlange, nachdem man sie durch unterirdische Tunnel zu den zahlreichen Attraktionen des Vergnügungsparks geschleust hat.

Aber nach dem Besuch von Disney World dürfen die Prinzen ihre Suite abends nicht mehr verlassen. Nach den Sicherheitsvorkehrungen, die Queen Elizabeth veranlaßt hat, müssen die beiden Jungen nach Einbruch der Dunkelheit für sich bleiben. Das Abendessen wird Prinzessin Diana, Prinz William und Prinz Henry in einem privaten Eßzimmer serviert, von dem aus sie die Lagune überschauen und über Cinderellas Schloß noch die letzten Feuerwerksraketen aufsteigen sehen können. Walt Disneys phantastisches Reich ist »der glücklichste Ort der Welt« genannt worden. Jeder möchte daran glauben, daß es ein kleines Stück Welt gibt, in dem man sich sicher fühlt und fröhlich sein kann und wo alles reibungslos funktioniert. Ein anderes magisches Reich wird die nächste Generation der Windsors vielleicht nicht mehr erleben.

Danksagung

In den drei Jahren, die ich an diesem Buch gearbeitet habe, war ich auf die Großzügigkeit, Hilfsbereitschaft und Kooperation zahlreicher Menschen angewiesen.

Die Mitarbeiter der folgenden Bibliotheken haben mich stets zuverlässig beraten. Mein Dank gilt daher: der London Library, der British Library, der Zeitschriftenabteilung der British Library in Colindale; der Bibliothek der Universität Reading (England); den Forschungsbibliotheken der Universität von Kalifornien in Los Angeles und der Beverly Hills Public Library.

Alan Williams vom Imperial War Museum in London ist mir und meiner Londoner Forschungsassistentin Erica Wagner eine unschätzbare Hilfe gewesen.

Im Buckingham-Palast, im St.-James-Palast und in Clarence House haben mich folgende Herren freundlich unterstützt: Kommandeur Richard Aylard (Königliche Marine, R. N.), Privatsekretär S. K. H. des Prinzen von Wales; Brigadekommandeur Miles Hunt-Davis, Sekretär S. K. H. des Herzogs von Edinburgh, Kenneth Scott, Presseoffizier Ihrer Majestät der Königin. Danken möchte ich auch Martin Gilliat, dem unlängst verstorbenen Privatsekretär Ihrer Majestät (der Königinmutter) Queen Elizabeth.

Zu Beginn dieser Arbeit habe ich meinen guten Freund und Kollegen, den Autor Robert Lacey, konsultiert, der (neben anderen wichtigen Büchern) eine Reihe von Werken über Mitglieder der Königlichen Familie verfaßt hat. Er hat mich auf Persönlichkeiten und Orte hingewiesen, die ich sonst vielleicht übersehen hätte.

In Los Angeles hat sich mein früherer Assistent Douglas Alexander freundlicherweise die Zeit genommen, im Forschungsteam und an der Entwicklung des Manuskripts in verschiedenen Stadien mitzuwirken.

Besonders wichtig waren natürlich die Gespräche mit Zeitzeugen. Deshalb möchte ich den folgenden Personen für ihre Geduld, Hilfe

527

und Unterstützung danken. Wie es im Text deutlich wird, stehen diese Personen in einem speziellen Zusammenhang mit dem Thema dieses Buches: Cleveland Amory, Michael Bloch, Sarah Bradford, Lady Colin Campbell, David Emanuel, Elizabeth Emanuel, Angela Fox, John Grigg, Nicholas Haslam, Kenneth Rose und Philip Ziegler.

Sandra Greatorex von der Agentur Hulton Deutsch war unermüdlich in der Suche nach wichtigen Fotografien; das gilt auch für Ian Blackwell von der Popperfoto-Agentur.

Mein langjähriger Freund Michael Korda vom Verlag Simon & Schuster in New York ist mit der Idee für dieses Buch an mich herangetreten, und ich bin ihm zutiefst dankbar für seine Unterstützung und Ermutigung während der Arbeit (von den zahllosen gemeinsamen Essen gar nicht zu reden). Sein Kollege Chuck Adams hat an der Entstehung des Buches ebenfalls Anteil genommen, so daß ich in jedem Stadium der Arbeit auf den Rat, die Aufmerksamkeit und die Hilfe dieser beiden tüchtigen Lektoren und ihrer Kollegin Maggie Lichota, die mir wertvolle Hinweise gab, rechnen konnte. Eine produktivere Zusammenarbeit kann sich ein Autor nicht wünschen.

Weitere Mitarbeiter des Verlages Simon & Schuster, denen mein Dank gilt sind Rebecca Head und Cheryl Weinstein, die mir wichtige Arbeiten abgenommen haben.

Auch Nick Webb und Carol O'Brien vom Londoner Büro von Simon & Schuster haben das Projekt von Anfang an unterstützt; später kam Helen Gummer hinzu, sie hat die britische Ausgabe betreut. Ihnen allen gilt mein herzlicher Dank.

Auch den begeisterten, freundschaftlichen Zuspruch meines französischen Lektors Renaud Bombard vom Verlag Presses de la Cité in Paris weiß ich sehr zu schätzen. Das gleiche gilt für die Zusammenarbeit mit Hans-Peter Übleis vom Wilhelm Heyne Verlag in München, der sich stets dafür eingesetzt hat, meine Arbeiten dem deutschen Publikum zugänglich zu machen.

Abner Stein und Octavia Wiseman, meine Literaturagenten in Großbritannien, haben mich bei meiner Arbeit von Anfang an tatkräftig unterstützt. Sie zeichnen sich durch Umsicht, Ruhe und Urteilsvermögen aus und haben auf mich wie auf das Projekt einen stabilisierenden Einfluß ausgeübt.

In meiner näheren Heimat steht mir Elaine Marksons Literatur-Agentur seit siebzehn Jahren mit Rat und Tat zur Seite. Es ist schwer, Worte zu finden, um die Leistung meiner lieben Freundin Elaine angemessen zu würdigen: Die Wachsamkeit, mit der sie mich und meine Karriere begleitet hat, ihr Glauben an mich und ihre stete Zuneigung sind für mich stets von unschätzbarem Wert gewesen. Ich möchte ihr ein einfaches, liebevolles Dankeschön sagen und kann nur hoffen, daß sie weiß, wie sehr ich mich ihr verpflichtet fühle. Auch Elaines Mitarbeiter: Tasha Blaine, Sara DeNobrega, Elizabeth Stevens, Geri Thoma und Sally Wofford-Girand sind bei Bedarf stets mit herzlicher Ermutigung, wachem Interesse und endloser Geduld zur Stelle gewesen.

Außerordentlich glücklich bin ich auch über die tägliche Zusammenarbeit mit meinem Forschungsleiter und persönlichen Assistenten Greg Dietrich, dem es immer irgendwie gelingt, alle notwendigen Arbeiten auszubalancieren. Ich fühle mich durch sein Engagement für meine Arbeit geehrt, und ich bin ihm dankbar für sein Vertrauen und seine freundschaftliche Kooperation.

Ein besonderes Glück ist es auch gewesen, daß meine Londoner Forschungsassistentin und Redakteurin Erica Wagner das Projekt von Anfang an begleitet hat. Sie ist durch London gefahren, hat zahllose Stunden in Bibliotheken und Archiven verbracht, Dokumente und Fotografien aufgespürt, unentwegt gelesen, Kurzexposés verfaßt, wichtige Fragestellungen herausgearbeitet. Es ist nicht übertrieben, wenn ich behaupte, daß dieses Buch ohne Ericas wache Intelligenz, ihren Eifer und Scharfsinn nicht entstanden wäre.

Für ihre freundschaftliche Unterstützung danke ich ferner: John Darretta, Lewis Falb, Ed Finegan, Fred McCashland, Irene Mahoney, Gerald Pinciss, Kirtley Thiesmeyer und Graham Waring. Ohne sie wäre mein Leben wesentlich ärmer.

Auf der Widmungsseite sind die Namen Mary und Laurence Evans abgedruckt. Als ich die beiden erstmals vor sechs Jahren traf, hatte ich gerade mit der Arbeit an einer Biographie über ihren großen Freund Laurence Olivier begonnen. Die konkrete Hilfe und tägliche Inspiration, die sie mir damals gewährt haben, waren für mich von unschätzbarem Wert, und so ist ihre Mitwirkung in dem Buch allenthalben spürbar. Seit jener Zeit haben sie mein Leben durch ihren Rat, ihren Humor, ihr Mitgefühl und ihre stete Fröhlichkeit bereichert. Was Sie in Geschichtsbüchern und Prospekten auch lesen mögen: Das Beste, was England zu bieten hat, sind Laurie und Mary Adams. Sie sind meine großzügigen, aufrichtigen Freunde, und ihnen möchte ich in dankbarer Verehrung dieses Buch zueignen.

D. S.   26. März 1995

Bibliographie

Alice, Princess, Countess of Athlone. *For my Grandchildren*. London: Evans, 1966.

Alice, Princess, Duchess of Gloucester. *Memoirs*. London: Collins, 1983.

–, *Memories of Ninety Years*. London: Collins & Brown, 1991.

Allison, Ronald, und Sarah Riddell, Hrsg., *The Royal Encyclopedia*. London: Macmillan, 1991.

Alsop, Susan Mary. *To Marietta from Paris*. New York: Doubleday, 1975.

Altrincham, Lord (später John Grigg). *Kenya's Opportunity*. London: Faber & Faber, 1955.

–, »The Monarchy Today«, *The National & English Review*, Aug. 1957.

Amory, Cleveland. *The Best Cat Ever*. Boston: Little, Brown, 1993.

–, *Who Killed Society?* New York: Harper & Bros., 1960.

Arnold, Harry. »How Those Gay Rumors Started«, *Daily Mirror*, 10. Apr. 1990.

Arnstein, Walter L. »Queen Victoria Opens Parliament: The Disinvention of Tradition«, *Historical Research*, Juni 1990.

Aronson, Theo. *Royal Family: Years of Transition*. London: John Murray, 1983.

–, *The Royal Family At War*. London: John Murray, 1993.

Asquith, Lady Cynthia. *The King's Daughters*. London: Hutchinson, 1937.

Atkinson, A. B. *Unequal Shares*. Harmondsworth: Penguin, 1974.

Austin, Victoria. »Charles, Diana and the Dilemmas of Divorce«, *Royalty*, Herbst 1993.

Bagehot, Walter. *The English Constitution*. London: Kegan Paul, 1898; außerdem Oxford: The University Press, Ausgabe 1929.

Bailey, Gilbert. »She Could Charm the Pearl Out of an Oyster«, *The New York Times Magazine*, 21. Aug. 1949.

Barker, Malcolm J., zus. mit T. C. Sobey. *Living With the Queen*. Fort Lee, N. J.: Barricade Books, 1991.

Barry, Stephen. *Royal Service*. New York: Avon, 1983.

Battine, Cecil. »Our Monarchy and Its Alliances«, *The Fortnightly Review*, Sept. 1917.

Battiscombe, Georgina. *Queen Alexandra*. London: Constable, 1969.

Baxter, A. B. *Destiny Called to Them*. Oxford: The University Press, 1939.

Beard, Madeleine. *English Landed Society in the 20th Century*. London: Routledge, 1989.

Bedfordshire Times and Independent, Aug. 1921.

Benson, E. F. *Queen Victoria*. London: Longmans, Green, 1935.

Bentley-Cranch, Dana. *Edward VII*. London: HMSO, 1992.

Birkenhead, Lord. *Walter Monckton*. London: Hamish Hamilton, 1969.

Bloch, Michael. *The Reign and Abdication of Edward VIII*. London: Black Swan, 1991.

Bloch, Michael, Hrsg. *Wallis and Edward: Letters 1931-1937*. New York: Summit, 1986.

Blundell, Nigel, und Susan Blackhall. *Fall of the House of Windsor*. London: Blake, 1992.

Boothroyd, Basil. *Philip, An Informal Biography*. London: Longman, 1971.

Botham, Noel, *Margaret: The Untold Story*. London: Blake, 1994.

Bradford, Sarah. *The Reluctant King: The Life & Reign of George VI, 1895-1952*. New York: St. Martin's, 1989.

British Medical Journal, Mai 1910.

Broad, Lewis. *The Abdication: Twenty-five Years After*. London: Frederick Muller, 1961.

Bryan, J., III, und Charles J. V. Murphy. *The Windsor Story*. New York: William Morrow, 1979.

Buckle, G. E. Hrsg. *The Letters of Queen Victoria: A Selection from Her Majesty's Correspondence Between the Years 1862 and 1885*. London: John Murray, 1926.

Campbell, Lady Colin. *Diana in Private*. London: Smith Gryphon, 1993.

Cannadine, David. *The Decline and Fall of the British Aristocracy*. New Haven: Yale University Press, 1990.

Cannon, John, und Ralph Griffiths. *The Oxford Illustrated History of the British Monarchy*. Oxford und New York: Oxford University Press, 1992.

Carey, M. C. *Princess Mary*. London. Nisbet, 1922.

Cathcart, Helen. *The Queen Herself*. London: W. H. Allen, 1983.

–, *The Queen Mother*. London: W. H. Allen, 1965.

–, *The Queen and Prince Philip: Forty Years of Happiness*. London: Coronet/Hodder and Stoughton, 1987.

–, *The Royal Bedside Book*. London: W. H. Allen, 1969.

»Charles: The Private Man, The Public Role«, ITV documentary broadcast (United Kingdom), 29. Juni 1994.

Chase, Edna Woolman, und Ilka Chase. *Always in Vogue*. London: Victor Gollancz, 1954.

Christopher, Prince of Greece. *Memoirs of HRH Prince Christopher of Greece*. London. Hurst and Blackett, 1938.

Clark, Stanley, *Palace Diary*. London: Harrap, 1958.

Clarke, Mary. *Diana Once Upon A Time*. London: Sidgwick & Jackson, 1994.

Colville, John. *The Fringes of Power: Downing Street Diaries*, Bd. 2, 1941-April 1955. London: Hodder and Stoughton, 1985.

Corby, Tom. *H. M. Queen Elizabeth the Queen Mother*. London: Award Publications, 1990.

Coughlan, Robert. »Britain's National Debt«, *Life*. 31. Okt. 1949.

Crawford, Marion, *The Little Princesses*. London: Cassell, 1950.

–, *Queen Elizabeth II*. London: George Newnes, 1952.

Critchfield, Richard. *An American Looks At Britain*. New York: Doubleday, 1990.

Crosland, Susan. *Tony Crosland*. London: Jonathan Cape, 1982.

Davenport-Hines, Richard. »Margaret«, *Tatler*, Juni 1992.

Davies, Nicholas. *Diana: A Princess and Her Troubled Marriage*. New York: Carol/Birch Lane, 1992.

De-la-Noy, Michael. *The Queen Behind the Throne*. London: Hutchinson, 1994.

Delderfield, Eric R. *Kings and Queens of England and Great Britain*. Newton Abbot und London: David & Charles, 1990.

Dell, John. »Prince Philip«, *Cosmopolitan*, März 1953.

Dempster, Nigel, und Peter Evans. *Behind Palace Doors*. New York: Putnam, 1993.

–, *HRH The Princess Margaret: A Life Unfulfilled*. London: Quartet, 1981.

Dimbleby, Jonathan. *The Prince of Wales: A Biography*. London: Little, Brown, 1994.

Dimbleby, Richard, *Elizabeth Our Queen*. London: University of London Press, 1953.

Donaldson, Frances. *Edward VIII*. London: Weidenfeld and Nicolson, 1974.

–, *King George VI and Queen Elizabeth*. London: Weidenfeld and Nicolson, 1977.

Duff, David. *Queen Mary*. London: Collins, 1985.

Dullea, Georgia. »Mercy, Mischief and a Royal Fiction«, *The New York Times*, 16. Feb. 1994.

Duncan, Andrew. *The Reality of Monarchy*. London: Heinemann, 1970.

Edgar, Donald. *The Queen's Children*. Middlesex: Hamlyn Paperbacks, 1979.

Edwards, Anne. *Royal Sisters*. New York: Jove, 1991.

Elliott, Caroline, Hrsg. *The BBC Book of Royal Memories*. Jersey City: Parkwest, 1994.

Ellis, Jennifer, Hrsg. Mabell Countess of Airlie, *Thatched with Gold*. London: Hutchinson, 1962.

Ellison, John. »Wallis Windsor, Duchess in Exile«. *Daily Express*, 13. Feb. 1979.

Erlich, Henry. »Anne of the Twenty Years«, *Look*, 28. Juli 1970.

Esher, Reginald Viscount. *Cloud-Capp'd Towers*. London: John Murray, 1927.

–, *The Girlhood of Queen Victoria*. London: John Murray, 1912.

–, *Journals and Letters*, 4 Bde. London: Nicholson & Watson, 1934-1938.

Ferguson, Ronald. *The Galloping Major: My Life and Singular Times*. London: Macmillan, 1994.

Fisher, Baron J. A. F. *Memories*. London: Hodder & Stoughton, 1919.

Fisher, Clive, *Noël Coward*. London: Weidenfeld and Nicolson, 1992.

Fisher, Graham und Heather. »Princess Anne: Britain's Royal Swinger«, *Good Housekeeping*, Juli 1970.

Flanner, Janet. *An American in Paris*. New York: Simon & Schuster, 1940.

–, *London Was Yesterday, 1934-1939*. London: Michael Joseph, 1975.

Frankland, Noble, *Prince Henry, Duke of Gloucester*. London: Weidenfeld and Nicolson, 1980.

Friedman, Dennis. *Inheritance*. London: Sidgwick & Jackson, 1993.

Frischauer, Willi. *Margaret: Princess Without a Cause*. London: Michael Joseph, 1977.

Fry, Plantagenet Somerset. *The Kings and Queens of England and Scotland*. New York: Grove Weidenfeld, 1990.

Fulford, Roger, Hrsg. *Dearest Child: Private Correspondence of Queen Victoria and the Princess Royal*. London: Evans, 1964.

–, *Dearest Mama: Letters Between Queen Victoria and the Crown Princess of Prussia*. London: Evans, 1968.

Gilbert, Martin. *Winston S. Churchill*, 5 Bde. London: Heinemann, 1976.

Giles, Frank. *Sundry Times*. London: John Murray, 1986.

Golby, J. W., und A. W. Purdue. *The Monarchy and the British People*. London: B. T. Batsford, 1988.

Gore, John. *King George the Fifth: A Personal Memoir*. London: John Murray, 1941.

Graham, Caroline. *Camilla – the King's Mistress: A Love Story*. London: Blake, 1994.

Green, Michelle. »Royal Watch«, *People*, 22. Aug. 1994.

Green, Michelle, und Terry Smith. »Diss and Tell«, *People* 17. Okt. 1994.

Greenslade, Roy. »Elizabeth the Last? – Down the Royals! Up the Republic!« *The Guardian* 28. März 1994.

Grigg, John. »Queen Elizabeth II«, *The Listener*, 24. Dez. 1970.

Hall, Philip. *Royal Fortune: Tax, Money and the Monarchy*, London: Bloomsbury, 1992.

Hall, Unity. *The Private Lives of Britain's Royal Women: Their Passions and Power*. Chicago: Contemporary Books, 1991.

Hall, Unity, und Ingrid Seward. *Royalty Revealed*. New York: St. Martin's Press, 1989.

Hamilton, Ronald. *Now I Remember*. London: Hogarth, 1984.

Hamilton, Willie. *Blood on the Walls*. London: Bloomsbury, 1992.

Hardinge, Helen. *Loyal the Three Kings*. London: William Kimber, 1967.

Harewood (Earl of), George (Lascelles). *The Tongs and the Bones*. London: Weidenfeld and Nicolson, 1981.

Heald, Tim. *Philip: A Portrait of the Duke of Edinburgh*. New York: William Morrow, 1991.

Hibbert, Christopher. *Edward VIII – A Portrait*. London: Penguin, 1982.

Hindley, Geoffrey. *The Guinness Book of British Royalty*. London: Guinness, 1989.

Hoey, Brian. *All the King's Men*. London: HarperCollins, 1992.

–, *Monarchy: Behind the Scenes with the Royal Family*. London: BBC Books, 1987.

Holden, Anthony. *Charles*. London: Weidenfeld and Nicolson, 1988.

–, *A Princely Marriage*. London: Bantam, 1991.

–, *The Tarnished Crown*. New York: Random House, 1993.

–, *Their Royal Highnesses*. London: Weidenfeld and Nicolson, 1981.

Holland, Henrietta. »The Royal Collection«, *The Tatler*, März 1994.

Hough, Richard. *Born Royal: The Lives and Loves of the Young Windsors*. New York: Bantam, 1988.

–, *Edward and Alexandra: Their Private and Public Lives*. London: John Curtis/Hodder and Stoughton, 1992.

Hull, Fiona Macdonald. »Diana's Battle Royal«, *Ladies' Home Journal*, Apr. 1994.

Hutchins, Chris, und Peter Thompson. *Sarah's Story: The Duchess Who Defied the Royal House of Windsor*. London: Smith Gryphon, 1992.

Inglis, Brian. *Abdication*. London: Hodder & Stoughton, 1966.

James, Paul. *Margaret: A Woman of Conflict*, London: Sidgwick and Jackson, 1990.

–, *Princess Alexandra*. London: Weidenfeld and Nicolson, 1992.

James, Robert Rhodes, Hrsg. *Chips: The Diaries of Sir Henry Channon*. London: Weidenfeld and Nicolson, 1967.

Jay, Antony. *Elizabeth R*. London: BBC Books, 1992.

Jones, Thomas. *Whitehall Diary*, 2 Bde. Oxford: The University Press, 1969 und 1971.

Judd, Denis. *The House of Windsor*. London: Macdonald, 1973.

–, *The Life and Times of George V*. London: Weidenfeld and Nicolson, 1993.

–, *Prince Philip*. London: Sphere, 1991.

Jullian, Philippe. *Edward and the Edwardians*. London: Sidgwick & Jackson, 1967.

Kay, Richard. »Anne Wanted Her Freedom«, *Daily Mail*, 1. Sept. 1989.

–, »Revealed: secret heroism of Prince Philip's mother«, *Daily Mail*, 26. Juli 1993.

Keay, Douglas. *Royal Pursuit: The Palace, The Press and The People*. London: Severn House Books, 1983.

Kenyon, J. P., Hrsg. *Dictionary of British History*. Ware, England: Wordsworth Editions, 1992.

King, Stella. *Princess Marina, Her Life and Times*, London: Cassell, 1969.

»King's Story, A«. Eine Dokumentation für das Fernsehen von Jack Le Vreu, 1965.

Lacey, Robert. »The King and Mrs. Simpson«, *Radio Times*, 3.-10. Dez. 1976.

–, *Majesty*. 1977.

–, *Princess*. Toronto: McClelland and Stewart, 1982.

–, *Queen Mother*. Boston: Little, Brown, 1986.

Laguerre, Andre. »Clues to a Princess's Choice«, *Life*, 10. Okt. 1955.

Lancet, The, 18. Feb. 1911.

Latham, Caroline, und Jeannie Sakol. *The Royals*. New York: Congdon & Weed, 1987.

Lee, Sydney, *King Edward VII*, 2 Bde. London: Macmillan, 1927.

–, *Queen Victoria*, London: John Murray, 1904.

Lees-Milne, James. *The Enigmatic Edwardian: Life of Reginald Brett, Viscount Esher*. London: Sidgwick & Jackson, 1986.

–, *Harold Nicolson*. London: Chatto & Windus, 1981.

Levy, Alan. »Queen Elizabeth and Philip«, *Good Housekeeping*, Nov. 1957.

Lewis, Brenda Ralph. »Queen Consort of England«, *Royalty*, Bd. 12 Nr. 8 (1993).

Life and Times of Lord Louis Mountbatten, The. Eine Dokumentation für das Fernsehen, 1969.

Litvinoff, Sarah, und Marianne Sinclair, Hrsg. *The Wit and Wisdom of the Royal Family*. London: Plexus, 1990.

Lloyd George, David. *War Memoirs*, 6 Bde. London: Nicholson and Watson, 1933-1936.

Lockhart, J. G. *Cosmo Gordon Lang*. London: Hodder & Stoughton, 1949.

Longford, Elizabeth. *Louisa, Lady-in-Waiting*. London: Roxby & Lindsey, 1979.

–, *The Oxford Book of Royal Anecdotes*. Oxford: The University Press, 1991.

–, *The Queen Mother*. London: Weidenfeld and Nicolson, 1981.

–, *The Royal House of Windsor*. London: Book Club Associates, 1974.

–, *Royal Throne*. London: John Curtis/Hodder & Stoughton, 1993.

–, *Victoria, R. I.* London: Weidenfeld and Nicolson, 1964.

Lovell, Mary. *Straight On Till Morning: The Life of Beryl Markham*. London: Century Hutchinson, 1987.

Maclean, Veronica. *Crowned Heads*. London: Hodder & Stoughton, 1993.

Magnus, Philip. *Edward the Seventh*, London: John Murray, 1964.

Manchester, William. *The Last Lion*. Boston: Little, Brown, 1983.

Marie Louise, Princess. *My Memories of Six Reigns*. London: Evans, 1956.

Martin, Kingsley. »The Evolution of Popular Monarchy«, *The Political Quarterly*, Apr. 1936.

–, »Strange Interlude: Edward VIII's Brief Reign«, *The Atlantic*, Mai 1962.

Martin, Theodore. *Queen Victoria as I Knew Her*. Edinburgh, 1908.

Menkes, Suzy. *The Windsor Style*. London: Grafton, 1987.

Mercer, Derek Hrsg. *Chronicle of the Royal Family*. London: Chronicle Communications, 1991.

Metcalfe, James. *All the Queen's Children*. London: Star/W. H. Allen, 1981.

Middlemas, Keith. *The Life and Times of George VI*. London: Weidenfeld and Nicolson, 1974.

Middlemas, Keith, und John Barnes. *Baldwin*. London: Weidenfeld and Nicolson, 1969.

Montgomery-Massingberd, Hugh. *Burke's Guide to the British Monarchy*. London: Burke's Peerage, 1977.

–, *Debrett's Great British Families*. Exeter: Webb & Bower, 1988.

Monypenny, W. F., and G. E. Buckle, Hrsg. *The Life of Benjamin Disraeli, Earl of Beaconsfield*, 6 Bde. London: 1910-1920.

Morley, Sheridan. *Gertrude Lawrence*. London: Weidenfeld and Nicolson. 1981.

Morrah, Dermot. *Princess Elizabeth*. London: Odhams, 1947.

Morrow, Ann. *Princess*. London: Chapman, 1991.

–, *The Queen*. Suffolk: Book Club Associates/Granada, 1983.

Morton, Andrew. *Diana: Her New Life*. London: Michael O' Mara, 1994.

–, Diana. Ihr neues Leben. Rastatt: Hestia, 1994.

–, *Diana: Her True Story*. London: Michael O'Mara, 1992.

–, Diana. Ihre wahre Geschichte. Rastatt: Moewig, 1992.

–, *Inside Buckingham Palace*. London: Michael O'Mara, 1991.

–, *Theirs Is the Kingdom*. London: Michael O'Mara, 1989.

Moye, Hedda. »Hair: By Royal Appointment«, *OK!*, Mai 1994.

Munro-Wilson, Broderick. »In Praise of Camilla«, *Daily Mail*, 24. Nov. 1994.

Murray-Brown, Jeremy, Hrsg. *The Monarchy and Its Future*, London: Allen and Unwin, 1969.

Nairn, Tom. *The Enchanted Glass*. London: Picador, 1990, *New Idea*, 22. Jan. 1993.

Nicolson, Harold, *King George the Fifth*. London: Constable, 1952 (Nachdruck: Pan, 1967).

Nicolson, Nigel, Hrsg. *Harold Nicolson, Diaries and Letters*, London: Collins, 1968.

Parker, Eileen. *Step Aside For Royalty*. Maidstone: Bachman and Turnes, 1982.

Parker, John. *Prince Philip*. London: Sigdwick & Jackson, 1990.

–, *The Princess Royal*, London: Coronet/Hodder and Stoughton, 1989.

–, *The Queen*. London: Headline, 1992.

Pasternak, Anna. *Princess in Love*. London: Bloomsbury, 1994.

Payn, Graham, und Sheridan Morley, Hrsg. *The Noël Coward Diaries*. Boston: Little, Brown, 1983.

Pearson, John. *The Ultimate Family*. London. Michael Joseph, 1986.

Petrie, Sir Charles. *The Modern British Monarchy*. London: Eyre and Spottiswode, 1961.

Player, Leslie, zus. mit William Hall. *My Story: the Duchess of York, Her Father and Me*. London: Grafton/HarperCollins, 1993.

Ponsonby, Arthur. *Henry Ponsonby: His Life from His Letters*. London: Macmillan, 1942.

Ponsonby, Frederick, *Recollections of Three Reigns*. London: Eyre Methuen, 1951.

Pope-Hennessy, James. *Lord Crewe: The Likeness of a Liberal*, London: Constable, 1955.

–, *Queen Mary*, London: George Allen and Unwin, 1959.

»Power of the Royals, The«, *The Guardian*, 9. Jan. 1995.

»Prince of Wales, The«, *The Spectator*, 17. Okt. 1925.

Pryce-Jones, David. »TV Tale of Two Windsors«, *The New York Times Magazine*, 18. März 1979, S. 112.

Quennell, Peter, Hrsg., James Pope-Hennessy, *A Lonely Business*. London: Weidenfeld and Nicolson, 1981.

Rocco, Fiametta. »A Strange Life: a profile of Prince Philip«. *The Independent*, 13. Dez. 1992.

Romanones, Aline de, »The Dear Romance«, *Vanity Fair*, Juni 1986.

Rose, Kenneth. *King George V*. London: Macmillan, 1983.

–, *Kings, Queen and Courtiers*. London: Weidenfeld and Nicolson, 1986.

Royal Family In Wartime, The. London: Odhams, 1945.

Ryan, Ann. »Prince Charles And The Ladies In Waiting«, *Harper's Bazaar*, Okt. 1972.

St. Aubyn, Giles. *Edward VII*. London: Collins, 1979.

–, *Queen Victoria*. London: Sinclair-Stevenson, 1991.

Salway, Lance. *Queen Victoria's Grandchildren*. London: Collins and Brown, 1991.

Seward, Ingrid. »Diana«, *Majesty*, Okt. 1994.

–, *Royal Children*. London: HarperCollins, 1993.

–, *Sarah, HRH The Duchess of York*. London: Fontana/HarperCollins, 1991.

Shew, Betty Spencer. *Queen Elizabeth, the Queen Mother*. London: Macdonald, 1955.

Shupbach, W. »The Last Moments of HRH The Prince Consort,« *Medical History* 26 (1982).

Sinclair, David, *Two Georges: The Making of the Modern Monarchy*. London: Hodder & Stoughton, 1988.

Sinclair, Marianne, und Sarah Litvinoff, Hrsg. *The Wit and Wisdom of the Royal Family: A Book of Quotes*. London: Plexus, 1990.

Small, Collie. »The Blooming of Margaret«, *Collier's*, 17. Juli 1948.

Sondern, Frederic, Jr. »Royal Matriarch«, *Life*, 15. Mai 1939.

Stoeckl, Baroness Agnes de. *Not all Vanity*. London: John Murray, 1952.

Strachey, Lytton. *Queen Victoria*. London: Chatto & Windus, 1921.

Taylor, Noreen. »Saying What Everyone Thinks«, *The Spectator*, 7. Jan. 1995.

Thornton, Michael. *Royal Feud*. London: Michael Joseph, 1985.

Tomlinson, Richard. *Divine Right: The Inglorious Survival of British Royalty*. London: Little, Brown, 1994.

Townsend, Peter. *Time and Chance*. London: Collins, 1978.

Trzebinski, Errol. *The Lives of Beryl Markham*. London: Heinemann, 1993.

Van der Kiste, John. *Edward VII's Children*. Phoenix Mill, England: Alan Sutton, 1989.

–, *George V's Children*. Phoenix Mill: Alan Sutton, 1991.

Vanderbilt, Gloria, und Thelma Lady Furness, *Double Exposure*. London: Frederick Muller, 1958.

Vansittart, Peter. *Happy and Glorious!* London: Collins, 1988.

Varney, Michael, zus. mit Max Marquis. *Bodyguard to Charles*. London: Robert Hale, 1989.

Vickers, Hugo. *Cecil Beaton*. London: Weidenfeld and Nicolson, 1986.

Walker, John. *The Queen Has Been Pleased: The Scandal of the British Honours System*. London: Sphere, 1986.

Wallace, Irving. »Princess Elizabeth«, *Collier's*, 22. März 1947.

Warwick, Christopher. *The Abdication*. London: Sidgwick & Jackson, 1986.

–, *George and Marina*. London: Weidenfeld and Nicolson, 1988.

Watson, Francis. »The Death of George V«, *History Today*, Dez. 1986.

Weinreb, Ben und Christopher Hibbert. *The London Encyclopedia*. London: Papermac/Macmillan, 1987.

Weintraub, Stanley. *Victoria*, New York: Dutton, 1988.

Weir, Alison. *Britain's Royal Families*. London: The Bodley Head, 1989.

Wheeler-Bennett, John. *King George VI: His Life and Reign*. London: Macmillan, 1958.

Whitaker, James. *Diana v. Charles*. London: Signet, 1993.

–, Carles gegen Diana. München: Heyne, 1993.

Whiting, Audrey. *The Kents*. London: Futura, 1985.

Who's Who 1992, London: A & C Black, 1992.

Wilson, A. N. *The Rise and Fall of the House of Windsor*. London: Sinclair-Stevenson, 1993.

Wilson, Edgar. *The Myth of British Monarchy*. London: Journeyman/Republic, 1989.

Windsor, The Duchess of. *The Heart Has Its Reasons*. London: Michael Joseph, 1956.

Windsor, HRH The Duke of. *A Family Album*. London. Cassell, 1960.

–, *A King's Story*. London: Cassell, 1951.

–, »My Garden«, *Life*, 16. Juli 1956.

The Windsors. Eine vierteilige JTV Fernsehserie, 1994 in Großbritannien und den USA gesendet. Produktion und Regie: Kathy O'Neill und Stephen White.

Winter, Gordon, und Wendy Kochman. *Secrets of the Royals*. London: Robson, 1990.

Woman's Own 16. Juni 1987.

Woodham-Smith, Cecil. *Queen Victoria: Her Life and Times*. London: Hamish Hamilton, 1972.

Woon, Basil. *The Real Sarah Bernhardt*. New York; Boni and Liveright, 1924.

Wrench, John Evelyn. *Geoffrey Dawson and Our Times*. London: Hutchinson, 1955.

Young, Kenneth, Hrsg. *The Diaries of Sir Robert Bruce-Lockhart 1915-1938*. London: Macmillan, 1973.

Ziegler, Philip. *Diana Cooper*. London: Hamish Hamilton, 1981.

–, *King Edward VIII*. New York: Random House, 1991.

Register

H

Hahn, Kurt 442
Haig, General Sir Douglas 191
Haldane, Richard B. 129, 148
Hall, Mick und Jerry 16
Halsey, Sir Lionel 301
Hambleden, Vicomtesse 420
Händel, Johann Gottfried 177
Hansell, Peter 143 f., 146
Hardie, Keir 104 f.
Hardinge, Alexander (Alec) 108, 237, 291, 310 f., 355
Hardinge, Helen 291 f.
Harmsworth, Esmond 328, 331 f.
Harper (Lady Tryon), Dale 444, 476
Harper, Sandy 469, 470
Hawke, Bob 494
Hays Morgan, Harry 260
Heath, Edward 467, 508
Heinrich II., König 21
Heinrich VII., König 484
Heinrich VIII., König 96, 177, 325, 430, 452, 474
Heinrich von Battenberg, Prinz 49, 52
Helena von Waldeck-Pyrmont, Prinzessin 49
Helena (Tochter von Queen Victoria), Prinzessin 49, 56, 121 f.
Hélène von Orléans, Prinzessin 88
Helene Wladimirowna von Rußland, Großherzogin 283
Henry (»Harry«, Sohn von Charles und Diana), Prinz 14, 497, 507, 523-526
Henry (Sohn von Georg V.), Prinz, Herzog von Gloucester 105, 132, 134, 136, 146, 169, 194, 202 f., 208, 213, 221, 223, 227, 244, 252 ff., 256 f., 293, 299, 322, 345, 357, 404, 454, 467
Heseltine, William 460
Hewett, Stanley 304
Hewitt, James 16, 512, 515
Hicks, Lady Pamela 352, 454
Hirohito, Kaiser von Japan 254
Hitler, Adolf 300 f., 323, 363, 372 f.
Hoare, Sir Samuel 164

Hodge, Vicki 501
Hoesch, Leopold von 323
Hore-Belisha, Leslie 333

I

Irving, Henry 113

J

Jacob I., König 26, 484
Jacob II., König 345, 484
Jacob, Sir Ian 371
Jagger, Bianca und Mick 16
Jamagne, Marie-Luce 447
James, Henry 232, 321
James, Herzog von Abercorn 501
James, Lord 116
John (Sohn von George V.), Prinz von York 105
John, Elton 12
John, Prinz von York 146 f., 194, 219 f., 243
Jones, Edmund 40 f.
Jones, Maggie 458
Jones, Sandi 501
Jordan, Dorothea 29
Josephine Charlotte von Luxemburg, Großherzogin 479
Joynson-Hicks, Sir William 245 f.
Junor, Penny 514

K

Karl der Große, Kaiser 368
Karl I., König 342
Karoline, Königin 27
Katharina von Aragon, Königin 96
Kaye, Danny 455
Keble, John 176
Keppel, Alice 80 f., 109 f., 131, 139, 149, 154, 157 f., 320, 479
Kerr-Smiley, Maud 213 f., 269, 273
Keyser, Agnes 110 f., 157
Kilenski, George 286 f.
Kingsley, Charles 53
Kipling, Rudyard 278 f., 296, 494
Kirkwood, Pat 395
Kitchener, Lord 178, 191

547

480 f., 487 f., 495 , 497, 499, 512 f., 515 f.
Parker-Bowles, Andrew 14 f., 480
Paul von Jugoslawien, Prinz 283
Paul von Serbien, Prinz 232
Peebles, Catherine 397, 439
Peel, Sir Robert 35 f.
Percy, Lady Victoria 476
Petry, Ella 449
Philip, Prinz, Herzog von Edinburgh 19 f., 23, 385 ff., 389 f., 394-397, 399-403, 406 f., 410 f., 413 f., 416 f., 419 f., 425 ff., 432, 435 f., 438, 440-443, 445 f., 449, 460 f., 463, 466, 470, 472, 478, 480 ff., 490, 492, 500 ff., 504, 509 f., 515 ff., 520
Philip, Prinz von Griechenland 48, 246, 365-368, 379 f., 382 f., 385 ff.
Philip, Prinz von Battenberg (Mountbatten) 48, 99, 189
Phillips, Mark 471 f., 507, 517
Phillips, Peter 472, 508
Phillips, Zara 472, 508
Pius IX., Papst 141
Plumptre, George 486
Plunket, Patrick 23
Pompadour, Madame 78
Ponsonby, Frederick 190, 192, 195, 204, 212, 223
Ponsonby, Sir Arthur 159
Ponsonby, Sir Henry 73
Pope-Hennessy, James 166, 273
Porchester, Lord 23, 393
Preston, Kiki Whitney 256
Pryor, Samuel 206
Pusey, Edward 176

R

Raffey, Mary 327
Redesdale, Lord 157
Redgrave, Vanessa 253
Reenan, Cyril 515
Reibnitz, Marie-Christine von 355, 472 f.
Reid, Sir James 117 f.
Reid, Whitelaw 157
Rhys-Jones, Sophie 509

Ribbentrop, Joachim von 323, 372
Richard III., König 449
Rickatson-Hatt, Bernard 316 f.
Roberts, Julia 16
Roche, Frances 482
Rodwell, Robert 471
Rogers, Katherine und Herman 271 f., 329, 342
Romanones, Aline de 467
Roosevelt, Franklin D. 363 f., 484
Roseberry, Archibald 81
Rosebery, Lord 64, 201
Rothermere, Lord 514
Rothschild, Baron von 348
Ruskin, John 46
Russell, Georgina 476 f.
Russell, Lord Rudolph 443
Rutter, Stephen 425

S

Salisbury (in der Zeit von Königin Victoria), Lord 68
Salisbury (in der Zeit von George VI.), Lord 380
Samuel, Herbert 276
Santa Cruz, Lucia 445
Scott, Sir Walter 262
Scott-Gatty, Sir Alfred 162
Seaward, Carolyn 501
Shaftesbury, Lady 403
Shakespeare, William 202
Sheffield, Davina 478
Shand, Camilla 479 f.
Shelley, Hellas 7
Shelley, Mary 12
Sheridan, Liza 375
Simpson, Ernest 213, 269, 271 ff., 282 f., 285 ff., 289, 291 ff., 316 f., 320 f., 324-327, 329
Simpson, Wallis (Herzogin von Windsor) 15, 269-275, 280-293, 295, 300, 306, 308, 310-317, 320-343, 345, 348, 352-357, 454 ff., 467 f., 482
Sleep, Wayne 498
Smith, Horace 362

Bildnachweis